増補新版　北一輝思想集成

増補新版

北一輝思想集成

国体論及び純正社会主義（自筆修正増補）
日本改造法案大綱
2.26 事件調書
ほか

書肆心水

増補新版　北一輝思想集成　**目次**

凡例

一　構成

＊本書は二〇〇五年書肆心水発行の『北一輝思想集成』に『国体論及び純正社会主義』の北一輝自筆修正を増補し、判型を四六判からＡ５判に変更した新版である。

＊本書には北一輝（北輝次郎）の三大著作『国体論及び純正社会主義』『支那革命外史』『日本改造法案大綱』のうち『国体論及び純正社会主義』『日本改造法案大綱』の二作全文を中心に、自己と自作について語った「二・二六事件調書」（抄）、および、対外論策数篇、遺書・絶筆を収録した。

＊「対外論策篇」として括ったものは、『日本改造法案大綱』西田税発行版が参考（論）文として収める「ヴェルサイユ会議に対する最高判決」「『支那革命外史』序」「ヨッフェ君に訓《おし》ふる公開状」の三篇、および、「対外国策に関する建白書」「日米合同対支財団の提議」の二篇である。

二　表記

＊読みやすさを旨とすると共に底本の忠実な再現を重視して、以下に断る置換と註釈的付加以外には手を加えていない。

＊文字は、現在標準的な新漢字と、現在一般に使用される範囲の仮名文字（「ゑ」や合略仮名を除くの意）を使用した。

＊仮名づかいは右記仮名文字表記に関わる例外を除き、誤ったものもそのままとした。送り仮名も全てそのままとした。

＊（　）で括ったルビ書きと行内の割註は、本書発行所による便宜的なものである（現代仮名づかいで表記した）。

＊正誤を判断しかねる記述等への「ママ」のルビは全て本書発行所による（ごく些細なものには省いた）。

＊踊り字（ゝゞヽヾ〱）は、現在でも一般的な「々」以外は使用せず、繰り返す文字に置き換えた（遺書中の一字を除く）。

＊拗音と促音の小字表記は底本で使用されていなければ使用しなかったが、いわゆる片仮名語（外国人名・地名など）のみ適宜拗音と促音の小字表記を使用した（ヨツフエ→ヨッフェ、など）。

＊鍵括弧（「」『』）は底本の通りに表記した。
＊西洋人名の姓名区切りに使用されている読点《とうてん》は中黒点《なかぐろ》（・）に置き換えた（西洋地名もそれに準じた）。姓名区切りの読点がないものに中黒点を補ったものもある（アダムスミス、など）。
＊読点《とうてん》や中黒点《なかぐろ》なく語が並列され、とりわけ読みにくい場合に限り（例・「政治産業学術思想の腐敗」）、原文では使われていない「◦」の記号を補って「政治◦産業◦学術◦思想の腐敗」のように表記した。
＊底本で片仮名表記が基本になっているものは平仮名に置き換え、各篇冒頭でそのむね断った。
＊誤記・誤植・誤用の類は適宜訂正したが、特に『国体論及び純正社会主義』では相当箇所に及ぶこともあり、訂正箇所はいちいち示さなかった（陶汰→淘汰、甘んする→甘んずる、など）。
＊『国体論及び純正社会主義』において、句点であるべき読点、読点であるべき句点と判断したものも右同様に訂正した。また同書では片仮名表記部分に傍線が施されているが、これは省いた。
＊現在一般的ではないものの、誤記・誤植・誤用とは言えない用字は底本のままとした（小女／少女、積集／集積、諱忌／忌諱、など）。ただし、現在では違和感が強いと思われるそれについては置換した（畜積→蓄積、貯畜→貯蓄、など）。
＊人名の誤りと思われるものは底本のままとし、ルビ書きで指摘した。
＊些細な表記不統一は底本のままとした（模倣／摸倣、憶説／臆説、など）。
＊本書収録の諸篇は執筆時期も異なるので表記には揺れがあり（マークス／マルクス、ツラスト／トラスト、など。同一篇内で揺れているケースもある）それはそのままに表記したが、頻出するダーウィンの表記揺れのみは「ダーウィン」に統一した。また、二・二六事件調書中における「ロシヤ／ロシア」「シベリヤ／シベリア」の表記揺れは後者に統一した。
＊外国地名・外国国名・外国人名・外来語の当て字は現在一般的な片仮名表記に置き換えた。もともと片仮名表記されているものはそのまま表記した（エヂプト、等）。置き換えたものは五十音順に以下の通り。
愛蘭・愛蘭土（アイルランド）亜細亜（アジア）雅典・亜典（アテネ）阿富汗（アフガン）阿弗利加・亜弗利加（アフリカ）亜米利加（アメリカ）亜羅比亜（アラビア）英吉利（イギリス）伊太利（イタリア）印度（インド）浦塩斯徳（ウラジオストク）埃及（エジプト）墺太利・懊太利（オーストリア）和蘭（オランダ）加奈陀（カナダ）希臘（ギリシャ）基督（キリスト）西比利亜（シベリア）瑞西（スイス）西蔵（チベット）独逸・独乙（ドイツ）土耳古（トルコ）巴里（パリ）比利賓（フィリピン）仏蘭西（フランス）白耳義（ベルギー）馬来（マライ）猶太（ユダヤ）羅馬（ローマ）露西亜（ロシア）倫敦（ロンドン）

三　底　本

*底本には『北一輝著作集』第三巻（みすず書房刊、二〇〇四年二月二十日第三版第四刷発行）を使用した。

二・二六事件調書

国体論及び純正社会主義

*底本には北輝次郎著『國體論及び純正社會主義』（北輝次郎刊、明治三十九〔一九〇六〕年五月九日発行）を使用した。

*自筆修正は『自筆修正版　国体論及び純正社会主義』（ミネルヴァ書房刊、二〇〇七年十二月二十日発行、長谷川雄一／C・W・A・スピルマン／萩原稔編集）により、自筆修正として註記されているものの全てを記載した。

*自筆修正は［　］▽△の記号を使用して次の要領で註記した。

1. **挿　入**

社会主義　↓　民主社会主義　と挿入加筆がある場合の本書における表記

［民主］社会主義

2. **改　変**

社会民主々義　↓　民主社会主義　と改変されている場合の本書における表記

▽改社会民主々義［▽民主社会主義］

3. **削　除**

あらざるを以てなり　↓　あらざるなり　と文字列が削除されている場合の本書における表記

あらざる▽削除を以て△なり

其の事　↓　其事　と一文字だけ削除されている場合の本書における表記

其削除の事

3. **その他の註記**

［　］で括り、二行割の小字で自筆修正ないし説明を註記

註記例　［三行アキ］［以下の自筆修正の挿入箇所不明瞭］

日本改造法案大綱

＊底本には北一輝著『日本改造法案大綱』（西田税刊、大正十五〔一九二六〕年五月十日再版発行の伏字のわずかな方の版）を使用した。

＊あわせて北一輝著『日本改造法案大綱』（西田税刊、大正十五〔一九二六〕年五月十日再版発行の伏字の多い方の版、大正十五年二月十一日発行の伏字の多い方とわずかな方の両版）、北一輝著『日本改造法案大綱』（改造社刊、大正十二年〔一九二三〕年五月十一日三版発行〔五月九日発行・五月十日再版発行〕）、内務省警保局保安課・昭和十年版『国家改造論策集』（芳文閣出版部刊、一九九〇年十月三十日復刻初版発行）も参照・使用した。

＊右記のように、同書の大正十五年「西田税版」には初版（二月）と再版（五月）があるが、左記の特殊事情がある（詳細は次項「『日本改造法案大綱』西田税版について」参照）。

＊初版・再版ともに同じ奥付（発行日）を持ちながら、伏字がわずかの版（「巻一」の末尾一ブロックのみ）と、伏字が多くあるものの二種類がそれぞれに存在しており、つまり、計四種類の本がある。伏字がわずかの版同士（初版と再版）、伏字の多い版同士（初版と再版）は基本的に同じである。但し誤植等の差異がわずかにあり、再版の方にのみ誤植の見られる箇所もある。本の寸法は四種ともほとんど同じ。右記改造社版の内容は、この伏字の多い方の版とおよそ同じである（用字等の差異が多少あり、西田版付録の「参考（論）文」諸篇は収録されていない）。

＊収録テキストの配列は初版により、「第三回の公刊頒布に際して告ぐ」を先頭にした（詳細は次項「『日本改造法案大綱』西田税版について」を参照）。

＊「第三回の公刊頒布に際して告ぐ」を除き原文は片仮名表記であるが、平仮名に置き換えた。

＊伏字の多い方の版における伏字範囲を、▽　△のルビで示した。

＊目次の小見出しに対応する本文の記述をゴシック体で表記した（原文にその処理はない）。

＊底本は初版ではなく再版を採用したが、右記特殊事情から理解される初版にはない再版のわずかな誤植は、初版によって訂正した。

ヴェルサイユ会議に対する最高判決

＊底本には北一輝著『支那革命外史』（大鐙閣刊、大正十〔一九二一〕年十二月一日再版発行〔十一月二十五日発行〕）を使用した。

＊底本以外に参考にした版は、『支那革命外史』平凡社刊、昭和六（一九三一）年三月十五日発行、および、内海文宏堂書店刊、昭和十二（一九三七）年八月十日増補四版発行、の二版である。
＊これは『日本改造法案大綱』西田税版にも「参考（論）文」として収録されている。

『支那革命外史』序

＊底本には北一輝著『支那革命外史』（大鐙閣刊、大正十〔一九二一〕年十二月一日再版発行〔十一月二十五日発行〕）を使用した。
＊底本以外に参考にした版は、『支那革命外史』平凡社刊、昭和六（一九三一）年三月十五日発行、および、内海文宏堂書店刊、昭和十二（一九三七）年八月十日増補四版発行、の二版である。
＊これは『日本改造法案大綱』西田税版にも「参考（論）文」として収録されている。

ヨッフェ君に訓《おし》ふる公開状

＊底本には北一輝著『日本改造法案大綱』（西田税刊、大正十五〔一九二六〕年五月十日再版発行の伏字がわずかな方の版）を使用した。
＊底本以外に参考にした版は、『日本改造法案大綱』大正十五年・西田税版の諸版である。

対外国策に関する建白書

＊底本には北一輝著『支那革命外史』（内海文宏堂書店刊、昭和十二〔一九三七〕年八月十日増補四版発行）を使用した。（この版は増補四版とされているが、奥付に示されている発行日記録から考えると、第一と第二の版は大鐙閣版、第三の版は平凡社版を指している。）
＊原文片仮名表記であるが、平仮名に置き換えた。

日米合同対支財団の提議

＊底本には、同右、北一輝著『支那革命外史』（内海文宏堂書店刊）を使用した。
＊原文片仮名表記であるが、平仮名に置き換えた（平仮名表記部分は片仮名表記に置き換えた）。

遺書・絶筆

＊底本には『北一輝著作集』第三巻（みすず書房刊、二〇〇四年二月二十日、第三版第四刷発行）本文・口絵を使用した。

四　『日本改造法案大綱』西田税版について

＊『日本改造法案大綱』大正十五年・西田税発行版は二版四種の存在を確認した。みすず書房版『北一輝著作集』第二巻の解説には「初版と再版とで本文の前半が著しく異っている。即ち再版では伏字〇〇〇〇が非常に多い。」とあるが、正しい事情の詳細は左記の通り。

＊既述のように、初版・再版ともに同じ奥付（発行日）を持ちながら、伏字がわずかの版（「巻一」の末尾一ブロックのみ）と、伏字が多くあるものの二種類がそれぞれに存在しており、つまり、計四種類の本がある。伏字がわずかの版同士（初版と再版）、伏字の多い版同士（初版と再版）は基本的に同じである。但し誤植等の差異がわずかにあり、再版の方にのみ誤植の見られる箇所もある。本の寸法は四種ともほとんど同じ。

＊**初版の伏字の多い方**の版の収録内容は、順に左記の通り。

タイトルページ（北一輝氏著　日本改造法案大綱）
第三回の公刊頒布に際して告ぐ（一～一九ページ）
目次（一～四ページ）
凡例（一～三ページ）
本文（緒言～結言／一～一四八ページ）
妙法蓮華経化城喩品引用（一四九ページ）
参考論文
　『支那革命外史』序（一五三～一七四ページ）
　ヴェルサイユ会議に対する最高判決（一七五～一九一ページ）
　ヨッフェ君に訓ふる公開状（一九三～二二一ページ）
　『国体論及《ママ》純正社会主義』序文（緒言）（二二三～二三五ページ）

奥付

＊初版の伏字のわずかな方の版の収録内容は、順に左記の通り。

タイトルページ（北一輝著　日本改造法案大綱　大正八年八月稿）
第三回の公刊頒布に際して告ぐ（ページ番号なし）
凡例（一〜三ページ）
目次（一〜四ページ）
本文（緒言〜結言／一〜一四八ページ）
本文用紙とは別の用紙一丁（印刷なし）
参考文（ページ番号なし）
『支那革命外史』序
ヴェルサイユ会議に対する最高判決
ヨッフェ君に訓ふる公開状
『国体論及《ママ》純正社会主義』序文（緒言）
奥付

＊再版の伏字の多い方の版の収録内容は、順に左記の通り。

タイトルページ（北一輝氏著　日本改造法案大綱）
第三回の公刊頒布に際して告ぐ（一〜一九ページ）
目次（一〜四ページ）
凡例（一〜三ページ）
本文（緒言〜結言／一〜一四八ページ）
妙法蓮華経化城喩品引用（一四九ページ）
参考論文
『支那革命外史』序（一五三〜一七四ページ）

　ヴェルサイユ会議に対する最高判決（一七五〜一九一ページ）
　ヨッフェ君に訓ふる公開状（一九三〜二二一ページ）
　『国体論及《ママ》純正社会主義』序文（緒言）（二二三〜二三五ページ）
　奥付

＊**再版の伏字のわずかな方**の版の収録内容は、順に左記の通り。
タイトルページ（北一輝著　日本改造法案大綱　大正八年八月稿）
凡例（一〜三ページ）
目次（一〜四ページ）
本文（緒言〜結言／一〜一四八ページ）
本文用紙とは別の用紙一丁（印刷なし）
参考文
　第三回の公刊頒布に際して告ぐ（一五一〜一六九ページ）
　『支那革命外史』序（一七一〜一九二ページ）
　ヴェルサイユ会議に対する最高判決（一九三〜二〇九ページ）
　ヨッフェ君に訓ふる公開状（二一一〜二三九ページ）
　『国体論及《ママ》純正社会主義』序文（緒言）（二四一〜二五三ページ）
　奥付

＊本書巻末「参考資料（底本画像）」にそれぞれ特徴的な諸ページのうちの数ページを掲載した。

増補新版　北一輝思想集成

北 一輝

I

自己を語る（二・二六事件調書抄）

一九三六年（昭和十一年）

憲兵隊調書

第七回聴取書

住所　東京市中野区桃園町四十番地
無職　北　一輝こと　北　輝次郎
五十四年

右者昭和十一年四月十七日、東京憲兵隊本部に於て本職に対し左の陳述を為したり。

国家改造運動の経緯に就て。

私は佐渡に生れまして、少年の当時、何回となく順徳帝の御陵や日野資朝の墓や熊若丸の事蹟などを見せられて参りまして、承久の時の悲劇が非常に深く少年の頭に刻み込れました。

帝の痛ましさと云ふ様な事、乱臣賊子《らんしんぞくし》（国を乱す臣下と親に背く子）の憎むべき事と云ふ様な事は単純な頭に刻み込まれて来ました。其当時の佐渡でありますから、ほんの絶海の孤島で私は漁夫の子供等と一緒に育つて来まして、何等外界の刺戟《しげき》もなく、真実の自然児として生活して居りました。
二十一、二歳の時、東京に出まして独学を致して居りました。

二十三歳の時、「国体論及び純正社会主義」と云ふものを書いて自費で出版しました。夫《そ》れは少年時代の書物であり、且つ不完全の儘《まま》で出したものでありますが、其の所謂、私の社会主義なるものは其の書物の序文に長々と書いてあります通り、当時の社会主義者と謂《い》ふものの全部が（幸徳、堺、片山、大杉等です）悉《ことごと》く日露戦争に反対したのに対して、私は国家を離れた社会と謂《い》ふものは無いから、社会主義を謂《い》ふならば日露戦争を是認せよと云ふのが道義であると極めて強く力説して置きました。此点は少年時代の思想であつても間違つて居らなかつたと思ひます。只当時の社会主義と云ふ言葉の中には、空漠とした種々の夢想が入つて居りまして、「マルクス」の翻訳一冊あるでなし、只貧富の間隔無く、万民悉《ことごと》く富み楽しむ位の程度が社会主義位のものでありました。殊に其の書物の巻末に於て、東洋にも社会主義がある、即ち孔孟の「井田《せいでん》の法」が夫《そ》れで有ると云ふ馬鹿馬鹿しい子供らしい事が書いてある等、全く空想時代のものであります。然し山路愛山の様な大家でも「井田の法」は社会主義であると名付けてある程でありますから、如何に自分の思想が幼稚で空想的であつたか、お判りの事と思ひます。

其の国体論の部分に於ては、日本の歴史の解釈に就て、一つの見方として他の後の歴史研究家に相当暗示を与へたと云ふ事を聞いて居ります。

自分の国体観に就ては、其後三十四歳になつて信仰に入りましたから、五年十年と修業を積む様になつて、日本の神国たる根本の意義が判りました。二十歳時代ではそう云ふ指導者もありませぬ。自分等一般青年等は多く懐疑的でありました。

其後書物「国体論及び純正社会主義」を印刷して居りました印刷屋が、支那革命党機関紙「民報」を印刷して居つた所であつたために、其の私の書いた書物が支那留学生、亡命客に多く読まれまして、其の因縁から、故宮崎滔天の導きで二十四歳の秋、孫逸仙、黄興、宋教仁等の列座の席上支那の革命党に参加しました。

二十九歳になりまして、第一革命が勃発しましたので、直ちに支那に渡りました。揚子江の上下を往来して居りましたが、其後自分は支那の動乱の中に入りまして、征服者としての君主が如何に亡び易いか（満洲国皇帝は民族を征服したる君主であり、第一革命は民族独立運動でありました。即ち革命と謂《い》ふよりも民族独立運動と謂《い》ふ方が正当であります）、同時に支那自身の漢民族中に、君主と仰ぐべき者がないために、大統領が度々起きたり倒れたり、又は袁世凱が皇帝とならうとして一つも国内の建設が出来ないので、万民塗炭《とたん》の苦しみを続け居るを見、痛切に皇統連綿の日本に生れた有難さを理論や言葉でなく、腹のどん底に泌み渡る様に感じました。又欧洲大戦前の事でありますから、英仏独等の諸国の勢力が支那の上にのしかかつて居るのを体験を以て知りました。

嘗《かつ》て外侮を受けた事のない日本の有難さを感じ続けて来たのであります。

私は、支那を救ふには支那の力では駄目で、日本の正義と実力とを以てしなければ他に道はないと云ふ事を痛切に感じました。私は、思想はこの時を以て初めて確《きま》つたと思はれます。

私は、支那を中心とした対外活動が、私の使命であると考へまして、夫《そ》れ以後、対外的の事ば《か》りに注意を払ふ様になりました。三十四歳の一月に、私は突然信仰の生活に入りました。同時に第三革命が支那に起きましたので「革命の支那 及《および》 日本の外交革命」（「支那革命及日本の外交革命」＝「支那革命党及革命之支那」）と云ふ印刷物を百部作りまして、当局の少数の人に丈配布しました。大隈内閣の時でありまして、故矢野竜渓君から、当時の外相石井菊次郎氏 及《および》 大隈首相が革命の事情が判らないので話せと謂《い》ふ事でありましたので、印刷物としたのでありました。三回位に分けて配布しました。初めの支那革命の説明は、皆喜んで了解して呉れました。後半の日本外交革命と謂《い》ふ点になりましたら、皆驚いて態度を変へました。

其の理由は、日本はロシアと英国を敵にすべきものである。ロシアからはシベリアの半部を奪ひ、英国からは東洋 及《および》 南太平洋に於ける英国の領土を奪ふべきものである。英露二ケ国は当時の如く支那に蟠踞《ばんきょ》し居ては、支那の保全は望むことが出来ない。そして日本と米国の間に経済的の同盟関係を結び、支那に対しては攻守同盟の形を以て、最も礼儀を尽した保護関係とすべきものであると謂《い》ふ解説を論じてあります。

之は、当時日本は支那を援《たす》けて露に向ひ、又日英同盟に捉はれて何処迄も英国の御用をして居つた時でありますから、当時の政府としては喜ばない理論であつたのは勿論であります。只一人朝鮮に居つた寺内総督が、友人の朝鮮京城の或る人を通して、私に賛成のことを申して来た丈《だ》けであります。

此の印刷物が、後々大川周明君に依つて出版されまして「支那革命外史」として相当売れましたのです。

「日本改造法案」の後半に書いてある外交策は、少しも其の意見を修正しないで益々私の信念を固めて主張して来て居りました。今日となりましては、恐らく反対する人もありませぬでしょうし、自分は将来も日本の国是となることと信じて居ります。

私の根本思想を申しますれば、この「支那革命外史」に書いてある日本の国策を遂行させる時代を見たいと謂《い》ふ事が唯一の念願でありまして、自分も亦《また》微力ながら少しづつでも働いて来て居ります。私は其の刷物を書き残して再び支那に渡りました。これが大正五年であり、それから大正八年迄支那に居りました。そして欧洲大戦の終ると同時に、初めて「国家改造案原理大綱」と謂《い》ふものを書きました。

それを書いた目的は、ロシア大帝国が先づ倒れ、ドイツ、オーストリア帝国が倒れると謂《い》ふ具合に成り、且つ「ウィルソン」等が世界大戦は帝国主義に対する「デモクラシー」の戦であると謂《い》ふ事を世界に宣言し、日本代表の石井大使も同じ事を声明すると謂《い》ふ様な有様で、世界の風潮従って日本の風潮は「ウィルソン」に非らざれば「レーニン」「トロツキー」であると謂《い》はれ、日本はドイツと同じ帝国主義を以てドイツと同じ運命を辿るものだと謂《い》ふ様な気運が漲《みなぎ》り渡つて居る時代でありました。

私は、其の改造案には、全般を通じて帝国主義を強調し、日本の如き領土狭小の国家に於ては、国家の生存権として侵略主義も亦《また》日本に於ては正義であると主張して居ります。そして改造案全体として観るときは、日本帝国を大軍営の如き組織となすべしと謂《い》ふ精神を以て記載したのであります。従《したが》つて当時「レーニン」の政府になつたが故に、ロシアは満洲に於ける侵略を停止すべしと云ふ様な空しき期待が支那の当局者、又は日本の輿論《よろん》に行はれて居つたのに対して、改造案は「ロマノフ」朝であろうと「レーニン」政府であらうと、日本はロシアより奪ふことに変りなしとまで明言してあります位であります。

其の当時（大正八年）は、日本国内に於ても、頻々として「ストライキ」が起り、米騒動が起り、大川周明が上海に私を迎へに来た時には、東京の全新聞は悉《ことごと》く発行不可能の「ストライキ」であると云ふ様な状態、世界の革命風潮が、日本をふきまくつて居る最中でありました。

私は丁度それを書き終つて居りましたので、大川に交付した。天皇大権の発動で日本を改造する様に論述してある主意から、革命的運動者と行動を共にせずに、吾々は何処迄も一天子中心の国家主義改造で進まねばならぬと云ふ事を確《かた》く約束しました。大川は一泊の後、日本に皈《かえ=帰》りました。私は同年十二月末上海を出発しました。

私は霊感に依つて、当時の東宮（皇太子）殿下に法華経を献上すべく、それ丈《だ》けを持ちまして、大正九年一月始めに東京に着いて猶存社《ゆうぞんしゃ》に入りました。法華経は小笠原長生氏の手を通じて非公式ながら殿下に献上が叶ひました。爾後《じご》、同小笠原氏から承りますと（虎の門事変後）、恐《おそれ》多くも最も御手近くに置かれて居られるとの事であります。

其後、虎の門事件と謂《い》ひ桜田門事件と謂《い》ひ、其他共産党の不敬なる未遂事件と謂《い》ひ、神仏の御加護が殊に今上《きんじょう》陛下に深甚無量であることが思ひ当られるのであります。大正十年一月御成婚問題の事がありまして、大川周明、満川亀太郎、島野三郎、私等幾分臣民の本分を尽した事が有ります。今日日月並び輝くを仰ぎ見て、殊に東宮殿下の御降誕を見る等、益々御聖徳をたたへまつる次第であります。

大正十二年後藤新平が「ヨッフェ」を連れ来まして、日本の輿論《よろん》も思想界の全部も、悉く《ことごとく》「ヨッフェ」を支持し、礼讃する奇怪な状態でありましたので、私の一人の責任に於てロシアの承認すべからざる所以及《および》不日《ふじつ》（まもなく）日本はシベリアに対して発言するであらうと云ふ事を、私としては、相当論理的に書きました。三万部程印刷して配布致しました。其のために政友会、加藤高明氏の立憲同志会《ママ》が其の議論に一致して呉れましたので、後藤新平及《および》ヨッフェの計画は一時其の為に頓座したのであります。之は「ヨッフェ君に訓《おし》ふる公開状」として、西田が編輯《へんしゅう》しました、「日本改造法案」附録に載せてあります。

其後、昭和七年、五・一五事件の時、海軍の士官が「ロンドン」条約に依つて奮起したと公判廷に於て論述して居るに拘《かかわ》らず、反《かえ》つて其の元兇である牧野に対しては、門前から一発の爆弾で胡魔化した丈で過ぎ、そしてロンドン条約の時は、末次等と死物狂になつて働いた西田を襲撃させると云ふ様な、誠に奇怪なことを私は見ましたので、私は過去に於て、支那の第一革命の時、実際に働いた盟友が四人も五人も同志の権力慾のために暗殺されて居る苦い経験から、益々世の中に対して厭世的の様な考を懐いて、自分の行くべき途は祈りの途であり、神秘の世界であると信じまして、益々訪客を謝絶して専心信仰の修業を努めて居りました。

只五・一五事件一月程前に、日仏同盟に関する建白書（「対外国策に関する建白書」）と云ふものを秘密に少部数謄写して、当局者の方々に送りました事がありますし、昨年七月対支投資に於ける日米財団の提議（「日米合同対支財団の提議」）を、同様少部数印刷しまして、財界有力者にも意見一致を求めました。昨年十一月、支那に行かうとして居つたのであります。広田外相が永井柳太郎君に頼んで一寸《ちょっと》都合があるから出発を見合せて呉れとの事であつたので、今年の春になつたなら行かうとして居つたのであります。私は国際関係を離れたる国家改造案と云ふものが有り得ないと考へますので、私の支那行きも見方依《に》れば其の実行の一部とも謂《い》へますが、実はあの「日本改造法案」と謂《い》ふ名前は、其の内容から云ひます時は正当ではありませんので、寧《むし》ろ大帝国建設案大綱とでも謂《い》ふべきものであると考へて居ります。其の意味で支那行きを計画して居つたのであります。

重臣ブロックに対する私の考へは、世人は、陸軍又は海軍が、重臣ブロックに何等か含む所ある様に考へて、陸海軍側から働きかける様に信じて居ります。然し重臣ブロックと謂《い》へば、牧野を中心としたものでありますが、之は明《あきら》かに海軍に対して重臣等の無法なる干渉から起きた事でで《ママ》あります。

ロンドン会議は仏も伊も既に脱退したので日本丈《だ》け残つて居なければならぬ義理も理由もありません。殊に財部《たからべ》の如きは「ロンドン」で二度も引揚げを決心して居ります。それにも不拘《かかわらず》、東京で牧野、幣原等が主となつて英米二国大使の恫喝に盲従して、東京から条約調印の訓令をして居るのであります。財部は辞表を懐にして、「シベリア」から朝鮮に着きました。朝鮮総督の斎藤実は、財部の辞職は内閣の転覆になるので呉から谷口を呼んで後任の軍令部長の約束を致し、東京に皈《かえ＝帰》るや直ちに軍令部長加藤、次長末次を馘《くびき》つて、無理に強行しようとしました。当時の東郷元帥を議長として軍事参議官会議の奉答文の内容は、ロンドン条約御批准すべからず、と事実を明瞭に書いてあるにも不拘《かかわらず》、枢密院に批准の時は軍事参議官の奉答文は、軍の秘密事項なるが故に提示するを得ず、と云ふ様な三百代言（詭弁を弄する人）の如き理屈を並べ、提示を拒絶し、枢密院をも無理に強行通過せしめたのであります。

草刈少佐は自殺し、浜口は暗殺された時になつて、牧野、斎藤等が枕を高くして寝れる道理はありません。

後五・一五事件の公判の時、海軍士官等はロンドン条約に奮《憤》激したと云ふことを陳述して居りますが、犬養は野党で政略的にロンドン条約攻撃の尻馬に乗つて居つたのでありますし、牧野こそ刺殺すべきものであるに不拘《かかわらず》、牧野を胡魔化して通つたと云ふ事は誰にも云《ママ》ひません。反《かえ》つて牧野を打ち漏したのは残念だ、殺すべきものは牧野である、と云ふ声が津々浦々まで渉りましたので、牧野は五・一五の時、危険を逃れたが、五・一五以来は海軍以前《外》のものからものろはれることを自分で知りまして、そして海軍の正義派と近い陸軍の将軍等に対しても、常に恐怖の念を以て見て居つた事は想像されます。

昨年の真崎教育総監更迭《こうてつ》問題に対して、牧野、斎藤が統帥事項に斯《係》る事を承知しながら、陰から魔の手を延べたと云ふことも想像されます。即ち牧野、斎藤等のブロックに取つては、陸海軍と自分との関係は、殺すか殺されるか、喰ふか喰はれるかの絶対の境地にあつたものである。海軍に関しては、兵力量の点に於て、陸軍に対しては人事異動の点に於て、彼等重臣ブロックは明《あきら》かに陸海軍を攪乱し、身の危ふきのを守らうとしたのであります。

私は十分の十分迄、重臣が悪くて陸海軍が悪くはないと思ひます。事実、鈴木貫太郎氏の如きはロンドン条約の関係の人であり、渡辺教育総監の如きは、重臣ブロックに依つて前総監を押のけて居座つたものであると云ふ様にでも見られて、今回の襲撃目標に、選ばれたのではないかと想像されます。
即ち今回の襲撃されたる重臣等は、改造方面に於ては、何等関係なく、陸海軍の統帥事項を蹂躙するものなりと云ふ理由から、陸海軍青年等の陸海軍の自己防衛から行はれたものであると考へられます。

陳述人　北一輝事　北　輝次郎

右録取し読み聞かせたる処、相違なき旨申立つるに付、署名拇印せしむ。

昭和十一年四月十七日
東京憲兵隊本部
陸軍司法警察官　陸軍憲兵少佐　福本亀治
筆記者　陸軍憲兵軍曹　丸山正夫

警視庁聴取書（一）

聴取書（第一回）

本籍　東京市杉並区和泉町番地不詳
　平民戸主
住居　東京市中野区桃園町四十番地

無職　北　一輝事
　　　北　輝次郎
四月生五十四歳

右者昭和十一年三月十七日本職に対し任意左の通り陳述したり。

一、出生地は新潟県佐渡郡両津町湊六十一番地
一、官公吏ではありません。
一、位記。勲章。年金。恩給はありません。

一、兵役関係はありません。
一、前科
昭和五年十月三十日頃暴力行為等処罰に関する件違反に依り大審院に於て懲役三月、執行猶予四年の言渡を受けました。
一、学歴　出生地の小学校高等科を卒業。県立佐渡中学校に入学、四年級の時中途退学（病気の為め）致しました。
一、職業経歴　私は中学中途退学致しましてからは病気の療養を為し、多少遺産がありましたから、二十二歳のとき上京種々の書籍を買ひ込み、或は図書館に通ひ独学を致して居ました、二十三歳のとき著述を志し『国体論及び純正社会主義』と題して二十四歳のとき自費出版を致しました。
其の著述の因縁から当時日本に来て居ました、孫逸仙、黄興、宋教仁、張継、等に迎へられまして当時の支那革命党の結社の中に這入《はい》りました。

紹介者は宮崎滔天等でありました。

二十九歳の秋、支那に第一革命が起りましたので、直ちに支那に渡りました。上海、武昌、南京等を往来して居ました。

三十歳の時《(一)》革命が終りまして意外にも袁世凱の政府となり、事を共にして居ました宋教仁が暗殺されたり等の事がありまして出先官憲との衝突を招きまして三年間の退去命令により帰京したのであります。

其後間もなく支那には第二革命が起り支那の革命巨頭等も全部失敗の為め日本に亡命して参りました。

大正四年の十二月第三革命が起きましたので、当時大隈内閣でありまして革命の本質内情が政府の当路《とうろ》者に判つて居りませんので、其の多忙の中に私は筆を執りまして「革命の支那　及《および》　日本の外交革命」と題しまして（「支那革命及日本の外交革命」＝「支那革命党及革命之支那」）百部印刷しまして、刷り上つた度毎に二、三回に分けまして同五年三月迄に朝野の人々に送りました。

夫《そ》れが《(一)》大正十年頃と思ひますが、大川周明君が「支那革命外史」と題しまして公刊をして呉れましたのは此の印刷物であります。

同年の夏から支那に再び渡りまして大正八年の十二月迄上海に居りました。其の間に世界の大戦も終りまして、私は必ず世界の第二大戦が起るものと信じまして、夫《そ》れには日本が戦争中、ロシアの如き国内の内部崩壊又はドイツの如き五ヵ年間の戦勝を続けながら最後に内部崩壊に依り敗戦国となつた実例を見まして、日本は是等の轍《てつ》を踏んではならない、即ち免かれざる世界第二大戦の以前に於て国内の合理的改造を為す事を急務と考へ、

「国家改造案原理大綱」と題するものを書きました。之れは大正八年八月の事であります。

恰度《ちょうど》此の執筆が終らんとする時に、大川周明君が満川亀太郎君の紹介を持つて上海に参りました。

日本の形勢が今にも革命騒ぎにでもなる様な危急時を告げまして支那を捨てて日本に帰つて働らく事を勧めましたので
私は執筆中の改造案を示し大川君は旅館の一夜夫《そ》れを読了しまして『此の通りやらう』と申し、私も『夫《そ》れでは成るべく速く日本に帰らう』と約束致しました。

夫《そ》れで同年十二月末、上海を立ちまして翌大正九年一月一日長崎に着きました。

直ちに上京、大川、満川君等のやつて居りました猶存社に居住して共に国家主義の啓蒙に努めました。

処《ところ》が前に私が執筆し、大川、満川君等が謄写版で出した改造案は間もなく禁止処分となりました。

大正十二年「ロシア」の承認問題でヨッフェが日本に参りまして日本の輿論《よろん》の全部又は日本思想界の指導者等の殆んど全部がヨッフェに共鳴して如何にもヨッフェを支持するかの如き風潮になりましたので、
大川、満川君等のヨッフェに傾いて居たのを無視して私単独で北一輝の署名を以つて、

『ヨッフェ君に訓《おし》ふる公開状』と題する小冊子約三万部を出版、全国的に配布しました。夫《そ》れでヨッフェの来朝目的を不可能に致すことが出来ました。其以前に就いて私、大川、其他の間に反復離間が行はれまして私に対する感情が甚だ好くありませんでしたので、
私は猶存社の表札を外しまして其裏に北一輝と書きまして遂に猶存社を解散したのであります。

夫《そ》れ以来私は自分独自の自由な立場を以つて政界の人々にも又時々起つてくる問題にも自分の信念に於て或は敵となり或は味方となつて一切の団体的生活とは全然交渉を絶つて一年々々と世間から遠ざかつて参りました。

「国家改造案原理大綱」は内務省と話し合ひの上出版を許されました。

「日本改造法案大綱」

と題して全部西田税に与へまして出版、配布其他一切の事少しも私は干渉しませんで来ました。

西田税は大正十一年頃と思ひます。大川君か満川君の紹介で私を訪ねて参りましたのが初めてであり、当時士官学校に居り、其後二、三回訪づれましたが、士官学校卒業と同時に朝鮮に赴任したとの事で暫《しばら》くは参りませんでした。

其後二、三年過ぎました大正一四年春頃かに軍隊から退き上京して、当時

大川周明、満川亀太郎、安岡正篤、中谷武世、松延繁次其他を知らない人があると思ひますが、旧本丸に大学寮がありましたので其処に参加したと云ふ事をききました。夫《そ》れで度々私方を訪問する様になりました。

其内、西田は大学寮の運動に飽足らん様になり私も「改造法案」を西田に与へまして私との直接関係になつたのであります。

朴烈、文子の怪写真問題、宮内省怪文書事件等に依つて西田に次で私も市ケ谷刑務所に収容されて翌年の（昭和二年）一、二月頃保釈出所致しました。其後昭和七年の春「日仏同盟に関する建白書」（「対外国策に関する建白書」）と題し、二、三十部秘密謄写致しまして陸海軍、外務、其他当局者に送附致しました。

之れによつて当時国際聯盟に於ける日本の困難な立場の時欧洲の政界などで日仏同盟説の風説が日本に電報されたりしたのであります。

更に昭和十年七月「対支投資に於ける日米財団の提唱」（「日米合同対支財団の提議」）と題する建白書を二、三十部秘密謄写にしまして前記の当局者 及《および》 財界の有力者に送附致しました。

此の意見は日米は絶対に戦ふべからず、日本の実力を以つて米国の資本を支那に存分投資せしめて英国の日米離間策、ロシアの日米戦争計画等を不可能に終らしめて、一方支那其ものは米国の力を借りて日本を排斥せんとする数十年来の排日作戦を根底から不可能ならしむるものでありまして、

自分としては昨年秋頃から支那に其意志を通ずる方法を執つてもありますし此の三月には自分自身支那に参る予定であつたのであります。

一、健康状態

右眼は十九歳の時負傷致しまして視力は明暗を知る程度であります、其他二十年来腸が悪く一般に虚弱であります。

一、趣味、嗜好は

趣味は田園、山野等に遊ぶのが最上唯一の趣味であります。嗜好は煙草だけであります。

一、宗教信仰は

信仰は何宗と限りませんけれ共《ども》、大正五年一月（三十四歳の時）以来法華経読誦に専念し爾来《じらい》此事のみを自分の生命とし一年一年と修業を致しまして二十年間を一貫致して居ります。従つて日々の祈りの生活は勿論、神社仏閣等の参拝は私

の真剣なる生活であります。
一、家族の状況は
父慶太夫《ママ》（私二十歳の時死亡）
母リク　八十一歳
私
妻ヤス　五十三歳
長男大輝　二十二歳
等でありまして、
母は本籍地杉並区和泉町に末弟晶《アキラ》の家族と共に暮して居り、私の方は妻子三人、外に女中三人、自動車運転手一人等であります。尚《な》ほ次弟昤吉は杉並区荻窪に一家を持つて居ります。
一、生活状態は
二年程別に収入がありませんので三井の有賀長文氏から後に池田成彬に引継ぎまして盆暮に各一万円宛《ずつ》、支那関係からして昨年末迄貰《もら》つて居りましたので其金でやつて居ります。
一、今回の事件に関しては
（掲載中略）
右録取し本人に読み聞けたるに相違無之旨申立て署名拇印せしむ。

昭和十一年三月十七日
於警視庁

陳述人　北　輝次郎
司法警察官特別高等警察部特別高等課勤務
警部補　関口照里

聴取書（第三回）

住居　東京市中野区桃園町四十番地
無職　北一輝事
北　輝次郎
当五十四歳

右者昭和十一年三月十九日（、）本職に対し任意左の通り陳述を為したり。
一、今回の事件前後の事で記憶を呼び起こしました事は、二月二十六日か七日かと思ひますが、西田から聞きましたのは、行動隊の合言葉は
『尊皇討奸』

であると云ふ事、三銭切手を貼つて味方の印として居ると云ふ事です。

三銭切手の訳は高杉晋作の詩に「真乎《しんこ》（まことに）浮世価三銭」とあるからださうでした。
一、社会に対する認識 及《および》 国内改造に関する方針
一言にして申しますれば、現在の日本は其の内容は経済的封建制度とも申すべきものであります。
三井、三菱、住友等
を往年の御三家に例へるならば、日本は其の経済生活に於て、
黄金大名等の三百諸侯に依つて支配されて居るとも見られます。従つて政府の局に当る者が
政党にせよ、官僚にせよ、又は軍閥にせよ、夫等《それら》の表面とは別に、内容は経済的大名等、即ち財閥の支持に依て存立するのでありますから、総て悉《ことごと》く金権政治になつて居るのであります。
金権政治は、如何なる国の歴史も示す通りに政界の上層は勿論、細末の部分に亘りても、悉《ことごと》く腐敗堕落を暴露する事は改めて申す迄もありません。

最近暗殺其他、部隊的の不穏な行動が発生しましたが、其時は即ち金権政治に依る支配階級が、其の腐敗堕落の一端を暴露し始めて、幾多の大官、巨頭等に関する犯罪事件が続出して、殆んど両者併行して表はれて居る事を御覧下されば御判りになります。

一方日本の対外的立場を見ます時(、)又欧洲等に於ける世界第二大戦の気運が醸成されて居るのを見ます時、日本は遠からざる内に対外戦争を免かれざるものと覚悟しなければなりません。

此時戦争中又は戦争末期に於て、前例、ロシア帝国、ドイツ帝国の如く国内の内部崩壊を来す様な事がありましては、三千年の光栄ある独立も一空に帰する事となります。此点は四、五年来漸《ようや》く世の先覚者の方々が認識して深く憂慮して居る処であります。

其処で私は、最近深く考へまするには、日本の対外戦争を決行する以前に於て先づ合理的に国内の改造を仕遂げて置き度《た》いと云ふ事であります。

国内の改造方針としては、金権政治を一掃する事、

即ち御三家初め三百諸侯の所有して居る富を国家に所有を移して、国家の経営となし、其の利益を国家に帰属せしむる事を第一と致します。

右は極めて簡単な事で、之等諸侯財閥の富は地上何人《なんぴと》も見得る処に存在して居りますので、単に夫《そ》れ等の所有を国家の所有に名儀変更をなすだけで済みます。又其従業員即ち重役から労働者に至る迄、直ちに国家の役人として任命する事に依りて極めて簡単に片付きます。

私は人性自然の自由を要求する根本点に立脚して、私有財産制度の欠く可《べ》からざる必要を主張して居ります。即ち共産主義とは全然思想の根本を異にして、私有財産に限度を設け、限度内の私有財産は国家の保護助長する処のものとして法律の保護を受くべきものと考へて居ります。

私は約二十年前、資産限度は一百万円位で良からうと考へましたが、之は日本の国富如何に依る事でありまして、二百万円を可とし、三百万円を可とすると云ふ様な実際上の議論は共に成立つ事と存じます。

只根本原理として皇室に雁行《がんこう》するが如き富を有し、其富を以って国家の政治を擅《ほしいまま》に支配するが如きは、国家生存の目的からしても許す可《べ》からざるものであり、同時に共産国の如く国民に一銭の私有をも許さぬと云ふ如きは、国民の自由が

国家に依つて保護さるべきものなりと云ふ、自由の根本原理を無視したものとして、私の主張とは根本より相違するものであります。

故に私の抱懐する改造意見としては日本現在に存する、一、二百万円以上の私有財産を（従つて其の生産機関を）国家の所有に移す事だけでありまして、中産者以下には一点の動揺も与へないのを眼目として居ります。

若《も》し此点だけが実現出来たとすれば、現在の日本の要する歳出に対しては直ちに是等の収益だけを以て充分以上に足りて余りあると信じます。即ち今の租税の如きは其の徴収の必要を認めなくなります。此事は根本精神に於いて国民の自由と平等が（即ち当然国民の生活の安定が）国家の力に依つて保護助長せらるべきものなりと云ふ事を表はして居るのであります。従つて維新革命の時に已《や》むを得ざる方便として存在せしめて居る今の華族制度は封建時代の屍骸として全廃する事の如きは言ふ迄もありません。

日本の国体は一天子を中心として万民一律に平等無差別であるべきものです。

夫《そ》れでは如何して此の改造を実現すべきかの手段を申上げます。

此の改造意見は日本に於いてのみ行はれ得るものであります。即ち聖天子が改造を御断行遊ばすべき大御心の御決定を致しますれば即時出来る事であります。

之に反して大御心が改造を必要なしと御認めになれば、百年の年月を待つても理想を実現することが出来ません。

此点は革命を以て社会革命をなして来た諸外国とは全然相違するので、此点は私の最も重大視して居る所であります。

私は皇室財産の事を考へました。皇室財産の歴史は帰する処徳川氏時代の思想的遺物に加へて欧洲王室等の中世的遺物を直訳輸入したものであります。

日本皇室は言ふ迄もなく国民の大神であり、国民は此の大神の氏子であります。大神の神徳に依りて国民が其の生活を享楽出来るものである以上、当然皇室の御経費は国民の租税の奉納を以てすべきものでありまして、皇室が別に私有財産を持たれて別途に収入を計らるる事は国体の原理上甚だ矛盾する処と信じて居ります。

一方、共産党の或者の如きは皇室に不敬を考へる時、
日本の皇室は日本最大の「ブルジョア」なりと云ふ如き誤れる認識を持つ者を見るに就きましても、皇室財産と云ふ国

体の原理に矛盾するものは是正する必要ありと思ひます。

私は皇室費として数千万又は一億円を毎年国民の租税より、又は国庫の収入より奉納して御費用に充て、皇室財産は国家に下附すべきものと考へて居ります。此の皇室財産の国家下附と云ふ事が私の改造意見実行の基点を為すものであります。

聖天子が其御財産を国家に下附する模範を示して、国民悉《ことごと》く陛下の大御心に従ふべしと仰せらるる時、如何なる財閥も一疑なく大御心に従ふべきは、火を睹《み》るよりも瞭《あきら》かなりと信じます。即ち諸外国に於ける如き流血の革命惨事なくして、極めて平和に滑かに改造の根本を建設することが出来ると信じます。

私は十八年前（大正八年）「日本改造法案」を執筆しました。其時は五ケ年間の世界大戦が平和になりまして日本の上下も戦争景気で、唯ロシア風の革命論等を騒ぎ廻り又ウィルソンが世界の人気男であつたが為に、其の所謂似て非なる自由主義等を伝唱し、殆んど帝国の存在を忘れて居る様な状態でありました。従つて何人《なんぴと》も称《とな》へざる世界第二大戦の来る事を私が其の書物の中に力説しても、亦《また》私が日本が大戦に直面したる時ドイツ帝国及びロシア帝国の如く国内の内部崩壊を来たす憂なきや如何等を力説しても、多く世の注意を引きませんでした。

然るに、四、五年前から漸《ようや》く世界は第二次大戦を捲き起すのではないかと云ふ形勢が何人《なんぴと》の眼にもはつきりと映つて参りましたし、一方国内は支配階級の腐敗堕落と農民の疲弊困窮、中産者以下の生活苦労等が又現実の問題として何時内部崩壊の国難を起すかも知れないと云ふ事が又、識者の間に認識せられ憂慮せられ参りました。

私は私の貧しき著述が此四、五年来社会の注意を引く問題の時に其一部分の材料とせらるるのを見て、是は時勢の進歩なりと考へ、又国内が大転換期に迫りつつある事を感ずるのであります。

従《したが》つて国防の任に直接当つて居る青年将校、又は上層の或る少数者が、外戦と内部崩壊との観点から、私の改造意見を重要な参考とするのだとも考へらるるのであります。又私は当然其の実現のために輔弼《ほひつ》の重責に当る者が大体に於て此の意見、又は此の意見に近きものを理想として所有して居る人物を希望し、其人物への大命降下を以て国家改造の第一歩としたいと考へて居たのであります。

勿論世の中の大きな動きでありますから、他の当面の重大な問題、例へば統帥権問題の如き、又は大官巨頭等の疑獄事件の如き派生して、或は血生臭い事件等が捲き起つたりして、実現の行程はなかなか人間の智見を以ては予め予測する事は出来ません。

従《したがっ》て予測すべからざる事から吾々が犠牲になつたり、対立者側が犠牲になつたり、総て運命の致す処と考へるより外何《ママ》等具体的に私としては計画を持つては居りません。

只私は日本は結局改造法案の根本原則を実現するに到るものである事を確信して如何なる失望落胆の時も、此確信を以て今日迄生き来て居りました。即ち私と同意見の人々が追々増加して参りまして一つの大なる力となり、之を阻害する勢力を排除して進む事を将来に期待して居りました。

両勢力が相対立しまして改造の道程を塞《ふさ》いで如何とも致し難い時は、改造的新勢力が障害的勢力を打破して、目的を遂行する事は又、当然私の希望し期待する処であります。但し今日迄私自身は無力にして未だ斯る場面に直面しなかつたのであります。

私の社会認識及《および》国内改造方針等は以上の通りであります。尚今回の事件に関する私の前後の気持は後で詳しく申述べ度《た》いと思ひます。

右録取し本人に読み聞けたるに相違無之旨申立て署名拇印せしむ。

陳述人　北　輝次郎

昭和十一年三月十九日

於警視庁

司法警察官特別高等警察部特別高等課勤務

警部補　関口照里

警視庁聴取書（二）

住居　中野区桃園町四十番地

無職　一輝事
北　輝次郎
当五十四年

今回の二・二六事件に関して私の関係して居る事に付ては、先程から度々申上げて置きましたが、本日は更《さ》らに私の存じて居る事及《および》現下非常時局に対する認識や将来に対する私の観察等に付て申上げますが、私の立場もある事ですから御質問に対する御答へとして御話し申上げます。

（掲載中略）

問　尚現下非常時局に対する其許《そのもと》の認識を申述べよ。

答　私は二・二六事件に付ては廿《二十》八日夕刻以後拘束されて居ります為めに事実に基いた判断を申述べる事は出来ません。

然し青年将校以外の千五百名の士卒（兵士）が単に上官の命令なりと云つて出動し又上官の命なりとして家を破壊し人を殺傷したと云ふ事は人間の持つて居る常識上信ずる事は出来ません。

只左様にしなければ陸軍当局としても、又引卒して出動した青年将校としても、千五百名もの人々に重大な罪を及ぼすので他を欺くには之れは最上にして且つ最賢明な方法と存じます。但し他を欺くは方弁《便》として宜しいが、自分自から欺いてはならない重大な事と存じます。

卒然として考へて見ても敵国人にもあらざる又寝て居て内乱を考へて居る人でもないものを、常識ある壮丁が上官の命令なりとして之れを殺傷する道理はありません。即ち戦争の場合に仮定しますれば、攻撃すべき物は敵国人であると云ふ理解情意が指揮者の将校にも、命令に従つて動く士卒にも完全に共通して居りますから、進めと命ずれば進み、撃てと云へば撃ち、殺せと云へば殺すのであります。将校と士卒との関係は将校にのみに意志ありて士卒は全然意志なき動物であると云ふ事は軍本来の建前から考へ得べからざる事であります。

然らば今の青年将校等が士卒を引率して所謂重臣大官等の襲撃に向つた時、士卒又当然に国家国民の為めに之れ等を襲殺すべきものなりと云ふ意志情熱があつたものと見なければなりません。勿論千五百人のものが全部が左様とは考へませんが（大衆的行動には其の行動に賛成せないものも勢にまき込まれて同一行動を採るのでありますから）少くも半数や千人位は国家国民の現状に対する不満を平常持つて居り、従つて自己と同一なる不満を持てる将校に信頼して行動を共にする事を或は喜んでしたものも多からうと思ふのであります。

私は東北農村問題に付いて一昨年冷害の時、軍部内青年将校等が人一倍痛心して居た理由として、第一は殆んど全部の兵卒の生活苦家庭苦に付きて一心同体的の悲しみを持つて居た事を見ました。又其の人々や東北の兵卒等は人間の出来る極度までの忍耐はするが、一朝爆発した時は野牛の暴れる様に手が付けられなくなるのだと云ふ様なことを軍隊訓練上からの経験談として聞いて居た事もあります。

私は日本の社会制度が行き詰つて仕舞つた、夫《そ》れには軍部の力で何んとか打開して貰《もら》ひ度《た》いものだと云ふ空気が、殊に五・一五事件以来殆んど日本の津々浦々に迄《みなぎ》漲つて居た事を観察して居ります。

従つて入営をして来る子弟は父母兄妹の惨苦を後に残して来て居る者が多いので、当然訴ふる処として自己の指揮者である上官即ち青年将校に向つて、吾々国民の窮苦を如何にすべきかと云ふ悲しい心持ちを披瀝する等の事はあり得る事と存じます。軍隊の建前として、上官は部下の苦楽を己れの苦楽として平時に於ても労《いた》はり導いて行くべきものとなつて居りますから、他の社会よりも此の同感同情は幾倍も密接なものと考へられます。

私は政治を採られる当局者として今の時、一時一般を欺いて行くのは最上策でありますが、上に立つ当局の方々が自分自らを欺いて青年将校丈《だ》けのした事件であると云ふ風に考へては、危険なる禍根は日本全国の軍隊内而も下士卒の間に埋蔵せられて居るものと見なければなりません。即ち今後二度と三度と斯る事件があるだらうかと云ふ問題は誠に当局者らしくない質問と思はれます。

私は今回の二・二六事件は青年将校が仕遂げた事としては大き過ぎたと考へます。即ち日本全国からの生活苦に悩んで居る壮丁を全国の軍隊に兵卒として編入して居る以上、直接指揮者である青年将校と斯る事情の許《もと》に兵卒となつて居るものの間に涙の結合となり血の約束となり、遂に火の爆発となるべき事は、止むを得ざる事乍《なが》ら否定出来ない事実であります。

問 其の許《もと》の日本改造法案なるものが軍部に影響せる理由に付いて申述べよ。

答 私の改造法案が軍部の青年将校を指導して此処に至らしめたと云ふ様な御言葉を聞く時には私自身誠に不可解に存じます。

何んとなれば一冊の著述が左様な大勢力を及ぼすと云ふ事は常識上考へられない事であるからであります。

私の改造案の後半部は全部対外策を論述してあります。全体、国家の改造を考へるに、誠に日本の様な強国として国際関係を軽視したる改造意見なるものはあり得べき道理はありません。

例へば明治維新の時に徳川の三百諸侯を一掃して一天子の統一国家に建造した事は、国内から見れば国内改造であります。けれ共《ども》其の改造に到達する迄には日本の国際関係が門戸を開放しなければ存立出来ない対外情勢に迫られたので、対外関係から起きた維新の国内改造とも見る事が出来ます。即ち徳川氏の幕府建設当時は国際関係に於ては門戸を封塞し、国内の三百諸侯をして相牽制疲弊せしめて徳川一家の安全を国家組織の根本方針として居りましたが、対外関係から其の根本が覆《くつがえ》つたのであります。

私は改造案を書きました時、既に日本の改造は日本の対外政策遂行上、維新の時と同様に止むを得ざる結果として国内改造に帰着するものと断じて、前半の国内改造意見よりも後半の対外策に付いて力説詳論した訳であります。

青年将校が私の改造案を見る時は先づ直ちに対外策から門に這入《はい》つて来るのは其の為めであります。十八年前の古い冊子でありますが其の当時から南北満洲領有を明言し、シベリアの領有をも明言し、支那との攻守同盟(最大強国と最弱小国との同盟は実質に於て支那が日本の保護国たる事を意味して居ります)を説き、日米の戦争の如きは勿論亡国の沙汰として斥け、日米経済同盟をも主張してあります。又世界第二大戦の機会に於て、英国と日本との一戦を力説して総て当時日本の採つて居た対外策とは全然相違したものを書き示したものであります。

従つて当時には殆んど重要視されませんでしたが、満洲事変が起きますと私が主張してをります北満洲の領有と云ふ事も易々と実現されまして、当時迄は専門の陸軍と雖《いえど》も満洲と云ふ時は南満洲のみであつた狭い見解を事前に於て打開して置きました事等、一方同事変までは満洲放棄論すらあつた位の時勢でありましたので、陸軍部内殊に青年将校の間に該冊子が再読、再検討される様になりました。

満洲事変と同時に直ちに国際聯盟の大騒ぎでありました。夫《そ》れに付いても該冊子には一顧の価値なき存在であるとして国際聯盟を無視して置きました。国際聯盟に於きましては当時の平和主義者微温的な社会主義者等は、夫《そ》れに依つて世界の平和が保証されて居ると考へた位で、且《かつ》又日本が国際聯盟の外に居る場合は日本の危険であると考へて居る様な元老重臣があつた時です。私の改造案の附録に書翰を附して国際聯盟の主唱者ウィルソンを笑倒し、米国は国際聯盟に参加せざるべしと明言したのも述べてあります。

再読、再検討した青年将校等は軍部直接の頭上にかかつて来た満洲事変と同時に国際聯盟脱退の事が起きましたので（而して国際聯盟の脱退から元老、重臣等の虞《おそ》れるが如き国際的不幸が一つも日本に来ないで、却つて日本は自由の天地に延びる事が出来たので）私の改造案を一種予言書の如く取扱つて来る風潮が起りました。改造法案が俄《にわ》かに軍部間に拡つたのは時勢のかかる変化からであります。

同書にはロシアとの戦争を明言してあります。又附録にもヨッフェに訓する公開状を附して日本とロシアとの両立出来ない事を明記してあります。之れは永年間日本が親露政策に変じて其の為めに国内的には共産党の洪水を招き導く様な結果を来たしたので、日本の当局も思想界の指導者等も、ロシアを撃破する以外に日本及《および》支那の安全を図る途なしと云ふ事に到達しました。之れ等に対して私は全部が迷うても私一人迷はないで進んで来た言動に対して、青年将校等が又前同様の予言書的の意味合ひを以て益々広く読む様になつたと思ひます。

又私は五・一五事件直後荒木、末次等の全盛時代、御承知の通り日米戦熱は米国にも日本にも漲《みなぎ》つて居りました。然るに私の改造案には日米両国は断じて戦争どころか経済的同盟関係にあるべきものであると力説してあります。

斯様な風潮の時は軍部内でも北（私）の対米策は誤れりと云ふ様な声もありましたが、爾来《じらい》日米戦争熱は悉《ことごと》く英国の伝統政策として、日米相戦はしめて、漁夫の利を得んとするものである事が漸《ようや》く明《あきら》かになつて、軍部内にも又私と同意見のものが多くなつた事は事実であります。

以上申述べました様に改造法案で力説してある部分が、大半、対外策で、当時悉《ことごと》く日本の国策と反対したのでありましたのが、数年来逆に私の意見に日本及《および》世界の時勢が一致して来ましたので、青年将校等は今度は急に何も彼も鵜呑みにする様な傾向にもなつたと思はるる節もあります。

青年将校は直接に国防の第一線に立つものでありますから他の社会の人々よりも真剣に再三検討をするものもありますそうで、従つて反面に北一輝の改造法案が軍部を惑乱せしめると云ふ様な非難も起きるのであります。

私は此の非難は全然理由ない事と存じます。

問 同書に戒厳令を布《し》いて改造するとあるは如何なる意味か。

答 其の冊子に明記してあります通り、非常の大改革でありますから国内の動揺を防ぐ為めに戒厳令を布《し》いて流血の惨事を予防する意味のものであります。

該書起草当時は大正八年であり世界はウィルソンの讃美に熱狂し、一方レーニン、トロツキーの革命成功のために其の崇拝熱は日本にも極度に上つて居り、日本の思想界の全部は低級な自由主義と共産主義の雷同謳歌許《ばか》りと云ふ有様でありました。私は日本に何時何どき此の思想の革命騒ぎが起るかも知れぬと思ひましたので、聖天子を中心としたる国家改造が行はるる時、必ず之れ等の非国家的思想が其の改造を妨害する勢力となるであらうと見て、戒厳令施行と云ふ事を巻頭に明記したのであります。然るに何年かの間に共産主義運動は官権の力に依つて殆んど撲滅され、又国体明徴問題等に依つて天皇大権の本質が再検討されて殆んど津々浦々に至る迄、天子の大御心には貧富貴賤の差別なく一律に服従すべきものなりと云ふ理念も普及しましたので、今日となりましては起草当時の如く絶対的に戒厳令の必要ありと云ふ程妨害勢力を重視して居りません。

但し大改革の時でありますから其の時に乗じて掠奪、放火、強姦、殺傷等の動物的犯罪が行はれ易いものと見なければなりませんので或は短期間必要であるかとも存じて居ります。

尚申述べ度《た》いのは軍部が常に戒厳令を以て反対派を弾圧し改造を断行すると云ふ様な風評を聞く事がありますが、之れは前申述べました大川君等の所謂三月事件から歪曲されて陸軍部内の一部に考へられて居る事で、改造法案起草者としては当時は素より今日も勿論曽《かつ》て考慮しない処であります。

同案には大活字にて「日本の軍隊は同胞の殺傷に用ふべきものにあらず」と明記してある位であります。

勿論世の中の動きは水の流れの様なもので、起草者又は計画者がああもし度《た》い、かうもし度《た》いと考へる事とは別に、山があり谷があり其の為めに水は自分自身の欲する処に流れて行きますし、又暴風雨等の予想せざる条件に依つて折角《せっかく》築いた堤防を破壊して人畜田野を荒廃せしむる事も水の勢　即《すなわ》ち世の中の動きで、私としては今更愚痴を申しても詮ない事であります。

問　然らば其の許《もと》は青年将校等が国家改造案に示されて居る内部改造の部分に付いては如何様に考へて居ると思ふか。

答　青年将校等は前述の如く対外策から国家改造案を受入るる結果として、当然に同書の内部改造の部分に同意見を持つものが相当多数である事は私も想像し又聞知《ぶんち》して居ります。

国家社会の改造に付て世界一般に行はれた理論は勿論共産主義の理論であります。而し日本に於て国家を否定したる社会の存在は現実の事実として考へ得られぬ事でありますし、又私有財産を有せずして国民に自由独立の生活基礎がありませんから、国家の観点からも個人の観点からも改造意見としては何等価値ないものであります。

一方されぱと申して現在の資本主義制度が行き詰りになつて国際間に於ける国家生活の上からも当然資本の国家的統一を要求されて居りますし、国内に甚だ敷《し》き貧富の存在する事が政界財界の腐敗、従つて一般社会の堕落と動乱とを現出して居りますので、今日となりては資本主義制度が最早《もは》や終末に近づいて維持すべきものにあらずと云ふ事も又一般に普及された認識となつて居ります。

右の様に共産主義は不可なり、資本主義又不可なりとすれば日本に於ては私の改造案の主張したる如く国家至上主義に立脚して大資本を国家の所有経営となし、個人の私有財産に限度を設けて個人の自由を保証し、甚だ敷《し》き貧富の懸隔なき国家組織にする以外に他に如何なる方法もありません事は、私の信ずる処であるのみならず青年将校等も大体に於て同意見らしく思はれます。

勿論青年将校等は経済理論等の如きは専門外でありますから、只吾々が有する常識の程度と同じ意味に於て大体論として左様に信じて居る様であります。

問　最近相次ぐ動乱が比較的軍部を中心として起きて来ると云ふ事は如何なる訳か。

答　第一の原因として

日本の警察制度が凡《あら》ゆる方面に完備して居りまして、民衆運動が全然実際問題として一つの効果を挙げる事が出来なくなつたからです。警察を破り得る衆団《ママ》的武器は勿論、昔年《せきねん》の如く大挙して官庁に迫り訴へる事も出来なくなりましたので、改造的要求を持つて居るものは有動無動《ママ》悉《ことごと》く軍部の関係ある方面に働きかけましたので、軍部内は此の数年間騒然として何等か風雲のまき起る源の様になつたのであります。見方に依れば日本の完備せる警察制度が国民大衆の改造的要求を軍部に追ひ込んだとも断ずる事が出来ます。此の点は軍部を攻撃するよりも貴方々警察当局としては御気の毒に考へて然る可《べ》きものかと存じます。

第二の理由は

軍部本来の建前として軍部の本体を為す処の下士兵卒は云ふ迄もなく国民大衆から徴集するものであります。

従つて国民大衆が窮乏のどん底にある農民であり労働者であり、又中産者と雖《いえど》も生活の不安は充分に持つて居るものでありますから、夫《そ》れ等が軍本体を為す下士兵卒として青年将校等の保護指揮の許《もと》に参ります時は、即ち国民大衆の改造的要求として意識的にも無意識的にも軍隊内に一種の風潮となつて漲《みなぎ》り渡つたのであります。

勿論冷血な利己的な将校等は之れを痛感する程度は左程《さほど》でもありますまいが、情愛の深い軍務に熱心な将校等は其の風潮を敏感に感じて一日も速かに国家を合理的に改造しなければならぬと云ふ様な情熱が軍部独自の現象として起つて来たのであります。

殊に日本の陸軍はロシア及《および》ドイツの将校とは全然違つて部下の窮苦を自己の窮苦と感じ、部下の家庭内の事に迄も配慮してやると云ふ殆んど親子の様な情愛を以て組織されて居りますので、自然に国民の生活苦を直ちに軍隊直接の問題として考慮する様になつたのであります。

そして青年将校の上官である佐官級や将官も（冷血利己的なものは別として）之れ等の報告を聞き又自ら中央、地方の民衆に接して、「之れでは国家をどうにか改造しなければならぬ。」と云ふ結論と云はうか信念と云はうか一種軍部独特の空気が出来上つたのであります。

之れは陸海軍部以外の他の各省では（例へば農林省と雖《いえど》も直接農民を無給で徴集使用して居るのではなく、商工省と雖《いえど》も又直接労働者や商家の店員を無給で徴集使用して居るものでありませんから）全然実状を異にして居りますので、陸海軍部の如く、国民大衆の生活苦即ち陸海軍部自身の危急存亡とまでは痛切に実感を以て迫られて居らないからであります。

此の点は他の人々が陸海軍を視るときに之れを思ひやらずしては、只軍部が騒ぐと云ふ非難許《ばか》りになつて施政の対策としては真相に触れないことになりますから御注意を願上げる次第であります。

其の結果として今の警察制度は現在の資本主義制度の番犬であり、軍人丈は夫《そ》れを打破して新時代を造る先駆者であると云ふ様な信念が軍隊自身は勿論他の改造的要求を持つ人々及《および》団体の間に信念の如くなつて来た次第であります。

私は今申上げた説明によりまして軍部自身が自己の立場を理解すると共に他の治安維持に当る官憲の方々も原因の根本を考察されて対策を考慮して頂き度《た》いと考へて居ります。

問 軍部に派閥の争ひがあると云ふが如何なる理由か。

答 改造運動が軍部内に起きる迄は他の各省と同じく何等争ひはありませんでした。

之れを例へますと維新前に外国の勢力が日本に迫到《ママ》して来なかつた以前は水戸藩でも長州藩でも薩摩藩でも幕府の封建治下に於て平和に日を送つて居ました。然るに欧米の圧迫に対して幕府の封建政治では国が持てない、幕府を倒して一天子の統一国家にしなければならないと云ふ思想及《および》運動が夫《そ》れ等の藩に行はれる様になりますと、水戸藩は派閥の争ひの為めに両派共全滅し、長州も薩摩も各藩内の争ひで非常な悲惨なる犠牲を出して居ります。此の理由は幕府を倒して天子を立てると云ふ事は当時に於ては治安維持に当るものから見て秩序紊乱者でありますから之れを弾圧致します。然し治安維持の為めにする弾圧が結果に於て幕府を援《た》すくる為めの弾圧となりますから之れを佐幕派と名付け、夫《そ》れに対して尊皇派との間に血の争ひを続けたのであります。

今の陸軍が内部に派閥を為して争つて居ると云ふ事も之れと同じ次第でありまして、国家を改造仕様とすれば当然現在の国家の治安を破壊し、軍部内の秩序をも紊乱する事になりますので、治安秩序維持の為めに改造派を弾圧する勢力に対して部内の改造派は之れを目して元老、重臣、財閥等の為めに自分等を圧迫するものなりと考へて一面中層部及《および》上層部をも尊皇、佐幕に傾くものがある如く一方に加担するので、此処に軍部未曽有の争撃《ママ》を生じたのであります。

此の見方に立ちますと今回の二・二六事件が良く判ります。

即ち尊皇派が薩摩藩及《および》長州藩に於て長い努力の後に各々其の藩の権力を握つて遂に伏見鳥羽に進出したる如く、陸軍、海軍の権力を自分の信ずる尊皇の人々に握らしむる事を先決問題として計画行動をしたであらう事は、想像するに難くないのであります。

私は根本を見て居りますから陸軍首脳部の人々にも派閥的色彩のあるものには一切交りを避けて居りましたが、大川、建川等の方法は賛成出来ませんが、三月事件と云ひ十月事件と云ひ、五・一五事件と云ひ、等しく国家改造の先駆者として行動したものでありますので、其の動機は私は非常に尊敬をして極めて純心《ママ》なものであると認識して居ります。

又大本教の本質の兇逆不逞なる事を知らずして、改造的一勢力なりと誤認して夫《そ》れと深入りした人々に対しても其の動機の何れにあるかを察して、大本教と同罪的に取扱ふ事は断じて其の途に非ずと考へて居る次第であります。

問　今回の二・二六事件に行動せる青年将校等の統帥権干犯を如何に考へて居るか。

答　私は此の御質問に対しては誠に恐懼《きょうく》に堪へぬ事で説明らしき説明を致し兼ねますが、只形式にのみ依らないで彼等の本心が不忠不敬のものでないと云ふ事は私は充分信じて居ります。

陛下は国民の父でありますから彼等及《および》士卒等は、父子の間を疎隔《阻》して陛下の赤子の窮苦をも訴ふる事が出来ない様にしてあるので、其の中間に存する邪魔物を取り除くに非常手段を用ひたものと想像致して居ります。兵力を以てする方法以外に他の方法がなかつたかとは一応私共も考へる処でありますが、今回彼等の襲撃目標とした所謂重臣ブロックなるものは、陛下の周囲に難攻不落の堅塁を築き巡らして如何なる国民の痛切なる叫びも天聴に達する事が出来ない様になつて居るので、万止むを得ざる手段としてあの方法に出たものかと思はれます。議会があるではないか、何十種かの新聞社があるではないかと申しますが、議会は政権を得るには彼の重臣等の意志に反し機嫌を損つては到底得る見込みがないので、殆んど重臣に対して奴隷の如くなつて居ります。新聞社は純然たる株式組織で営利会社として存在して居る丈《だ》けでありますから、営利の目的に反する議論主張は望む方が無理であります。即ち立憲国に於ける合法的主張を達成する議会も、輿論《よろん》機関も斯様な有様では、合法的運動と云ふ事は、即ち重臣ブロックに盲従して行動する以外に合法的のものはありません。誠に嘆けかわ《ママ》しき現象で立憲国に於て全然合法的行動が取れなくなつて仕舞つたと云ふ事が今回の事件を視るに就いて考慮すべき点と思はれます。

私が前申述べました如く青年将校が自己の私心の為めに命令権を利用して兵卒を恣《ほしいまま》に動かしたと云ふ事でありますれば、兵馬大権の干犯になる事は勿論でありますが、士卒等と共に陛下の赤子として父なる陛下に訴へんが為めに此の方法以外になしとしてした事でありますとすれば、動機に於て統帥権干犯ではありませんと思ひます。

只形式が如何にも陛下の軍隊を御命令に依らずして動かしたと云ふ事からして、其の動機は全然蔽はれて只不忠不敬の賊名を負はされて居るのを嘆き悲しむ次第であります。

問　所謂重臣ブロックの中心を為して居る牧野伸顕が幾多の事変毎に軍部の狙撃目標となつて居る事は如何なる理由か。

答　重臣ブロックは牧野を中心として結成されたものであります。夫《そ》れに対して陸海軍部が両立すべからざる程の憤恨を持つに至つたのは別に重大な理由がありまして、国家改造問題とは全然関係のない事であります。

夫《そ》れはロンドン条約を牧野を中心とした勢力が無理無体に強行締結した事に発生して居ります。

ロンドン条約とは御承知の通り英米日仏伊の五ヶ国がロンドンに会商して軍備縮小を約束せんとした会議でありますが、既に仏伊の二ヶ国は英米の自分勝手の主張に対して会議の要なしとて脱退をしたのでありますから、日本としても日本一ヶ国丈《だ》けロンドンに居残つて英米の同盟的圧力の許《もと》に会議を続ける必要はなかつたのであります。

然るに当時の浜口・幣原内閣は牧野と共に英米に追随しなければ日本の前途が危くなるとも誤算しまして、ロンドンよりも東京に於て英米二ヶ国大使とぞくぞく会見を重ね、遂に海軍軍令部の反対をも押切つてロンドンにある全権等に条約調印の訓令を東京から発したのであります。海軍々令部の反対は（軍令部長加藤寛治、軍令部次長末次信正）兵力量の決定は海軍大臣代理である浜口一人の決定すべきものに非ずして、大元帥に直属する海軍軍令部長との意見一致にあらざれば、即ち統帥権を干犯するものなりとして不承諾を称《とな》へたのであります。（ロンドン条約は三ヶ国の兵力量を決定するものであります。）

一方ロンドンに於ては財部海相は国内の海軍全部の反対を知つて屢々《しばしば》脱退帰国せんと決意した位で、世人の考へる様に財部其の人からロンドンに於て条約の兵力量を日本の為めに安全なる協定だと考へたのではありません。

然るに軍縮会議はロンドンに於て決定されずして、東京に於て牧野、幣原及《および》英米二ヶ国大使に依つて決定されましたので、財部もロンドンを去る時には責任の重大なるを感じて辞表を懐《ふとこ》ろにしてシベリア経由で帰途に就いたのであります。

然るに財部が辞職しましては、第一ロンドン条約が御批准にならないのみならず、内閣は直ちに瓦解するのでありましたから、当時の朝鮮総督斎藤実方に於て財部を慰撫し、且つ策謀を巡らしたのであります。

其の策謀は軍令部長及《および》次長を罷免して谷口を以て交《か》ふる事に定め、呉にあつた同人を呼んで三者約束を確定して財部は上京したのであります。（財部の上京の時は閣議を開いて居つて、御意の変らぬ中にと云ふ方針で自宅にも帰らせず、多数警官の包囲で内閣々議に検束拘引する様な状態であつたのは此の為めであります)。此の時草刈少佐は汽車の中で割腹自殺しましたし、東郷元帥 及《および》 伏見の宮元帥の中心とせる海軍軍事参議官の硬骨漢は憤慨其の極に達して、其の後に開かれたる参議官会議の奉答決議は実質に於てロンドン条約は御批准遊ばさるべきものにあらずと云ふ内容を持つたものでありまして、東郷元帥は夫《そ》れを参内奉答致しました。

然るにも不 拘《かかわらず》 枢密院会議に於ては、軍事参議官会議の奉答文の内示を要求せるに不 拘《かかわらず》、政府側は軍の機密に属する事項にして提出の義務なしと云ふ詭弁を弄して無理押しに枢密院を通過せしめ、該条約を御批准成立せしめたのであります。

此の為めに財部は即時辞職致しますし、浜口は暗殺されますし、牧野、幣原に対する海軍の憤りは上下を挙げて赤熱的になつたのであります。

其の後五・一五事件の公判の時に陸軍側の士官学校生徒等は、政党財閥を打破する事が目的であつたと申しましたが、海軍士官等はロンドン条約の時の統帥権干犯の事実を述べて、爆発の原因が其処にある事を力説しました。之れは当時襲撃されました犬養総理はロンドン条約当時は野党でありまして、従つて政権争奪の便宜上ロンドン条約を攻撃し、統帥権干犯を非難して居つたのでありますから、其の為めに犬養を襲殺したと云ふ事は理屈に合はないことになります。且つ其の元兇である牧野は殊更《ことさ》らに襲撃を避けたのでありますから、公判廷に於てロンドン条約が原因なりと云ふ海軍士官古賀等の陳述は誠に理由のないものとなります。

然し乍《なが》ら之れは只理論でありまして、前申しました通り世の中の大きな動きは理屈以上の別の力に依つて動くもので、五・一五事件の被告等の陳述が不合理の箇所あり等とは考へないで、海軍側も陸軍側も只一斉に牧野を打ち洩らしたのは残念である、牧野は必ず殺さなければならないと云ふ情熱が漲《みなぎ》り渡りました。

之れは折角《せっかく》牧野にとりて五・一五事件の際に自分丈《だ》けが無事であつた幸福を無にして、今にも陸海軍に依つて襲殺されると云ふ不安恐怖を招いたもので、人事誠に意外な事であります。

牧野としましては其以後自分の一身を守る為めにも、益々自己のブロックの拡大強化を図り、自己に敵意あるものに政権を渡す事は自己を直ちに危険に晒す事であると考へ、斎藤内閣 及《および》 其の延長岡田内閣等を以てして自己一身の防禦に専念したのであります。即ち牧野に採《ママ》りては殺すか殺されるか、喰ふか喰はれるか、絶体絶命の立場に置かれたので、人情さもある事と思はれます。

陸軍側の恨みをうけた最近の原因は、牧野と共に斎藤が軍部の自分達に対する不穏なる空気を知つて、其の中心点を真崎教育総監（荒木は平の軍事参議官でありますから）にありと判断して、真崎を取り除ける事が自分達の一身の安全を図る道であると考へまして、永田局長を中心とせる勢力を動かして真崎を無法に首を切つたのであります。

陸軍の人事は海軍と同じく大元帥の統帥系統に属するもので、如何なる重臣と雖《いえど》も自己に不都合なるが故に恣《ほしいまま》に進退せしむると云ふが如き策謀は、明《あきら》かに統帥権干犯でありまして、曽《かつ》て海軍が兵力量の決定に於て統帥権干犯を叫んだと同じく、昨年夏は陸軍は人事異動に於て統帥権干犯の事実ありと云ふ大激動を陸軍部内に与へたのであります。即ち牧野を中心とせる重臣ブロックは斯様な次第で、陸軍にも海軍にも自己の内部を攪乱し、統帥権を干犯するものなりとして深刻なる憤恨を植え付けたのであります。此の事が御判りになりますと今回の二・二六事件に於て牧野、斎藤を第一標的とし、鈴木侍従長がロンドン条約当時の一役割を為した（加藤軍令部長の参内を阻止した）為めに襲撃された事、又渡辺教育総監が牧野、斎藤等の魔手に依つて首を切られた真崎の後に居据つたと云ふ点から襲撃された事も推論して御解りになる事と思ひます。

以上申述べた通り之れ等は陸海軍部特有の事情からまき起つた血煙でありまして、重臣ブロックを倒すと云ふ事と国家改造問題とは全然理由をも異にし又関係のない事であります。

只自分は重臣等が何事も自己本位に考へないで天下の大局から言動しなくては斯る不詳事は繰り返されぬとは保証致し兼ねるのであります。

Ⅱ　国体論及び純正社会主義

【「国体論及社会民主主義」と改変の後さらに「国体論及び民主社会主義」と改変してそれを抹消】

一九〇六年（明治三十九年）

自筆修正では第一編と第二編が統合されて五編構成から四編構成となる。
自筆修正による改変を↓で示す。

第一編　社会主義の経済的正義
第二編　社会主義の倫理的思想
　↓第一編　黄金大名政治　↓経済的封建政治　↓経済的貴族国時代
第三編　生物進化論と社会哲学
　↓第二編　社会進化論　↓進化律の統一的組織
第四編　所謂国体論の復古的革命主義
　↓第三編　国体論　↓後編　現代国体の解説
第五編　社会主義の啓蒙運動
　↓第四編　啓蒙運動時代　↓維新革命の完成

緒言

現代に最も待望せられつつあるものは精細なる分科的研究に非らず、材料の羅列事実の豊富に非らず、誠に渾《す》べてに渉る統一的頭脳なり。固《もと》より微小なる著者の斯ることの任務に堪ふるものに非らざるは論なしと雖《いえど》も、僭越の努力は、凡ての社会的諸科学、即ち経済学、倫理学、社会学、歴史学、法理学、政治学、及び生物学、哲学等の統一的知識の上に▽改社会民主々義［▽民主社会主義］を樹立せんとしたることなり。［則ち本書は民主社会主義の原則的理論を以て現代日本人として視得る一切の社会的智識を批判解説したり。］

著者は古代中世の偏局的社会主義と革命前後の偏局的個人主義との相対立し来れる思想なることを認むと雖《いえど》も、其等の進化を承けて今日に到達したる▽改社会民主々義［▽民主社会主義］が、［前者の要求たる］国家主義の▽削除要求△を無視するものに非らざると共に亦《また》［後者の理想たる］自由主義の▽削除理想△と背馳《はいち》すといふが如く考へらるべきものにあらずと信ず。故に、本書は首尾を一貫して国家の存在を否む今の社会党諸氏の盲動を排すると共に、彼等の如く個人主義の学者及び学説を的に鋒《ほこ》を磨くが如き惑乱を為さざりき。▽改即ち本書の力を用ひたる所は所謂講壇社会主義といひ国家社会主義と称せらるる鵺《ぬえ》的思想の駆逐なり。第一編『社会主義の経済的正義』に於て個人主義の旧派経済学に就きて語る所（、）少なくして金井◦田嶋《島》諸氏の打撃に多くを尽くしたる如き、第二編『社会主義の倫理的理想』に於て個人主義の刑法学を軽々に駁《ばく》して樋口氏等の犯罪論を論破するに努めたる如き是れなり。［▽否、彼等は個人主義を攻撃すといふに係らず国家を否認することは、国家的存在に於てのみ見らるる社会其者の否認《ママ》して自殺論法なると共に、其の根本思想が仏国革命時代の個人主義的革命思想なることを暴露する者なり。而しながら」社会の部分を成す個人が其の権威を認識さるるなくしては▽改社会民主々義［▽民主社会主義］なるものなし。殊に欧米の如く個人主義の理論と革命とを経由せざる日本の如きは、必ず先づ▽改社会民主々義［▽民主社会主義］の前提として個人主義の充分なる発展を要す。

▽改第三編『生物進化論と社会哲学』［▽第二編『社会進化論』］は社会哲学を生物進化論の見地より考察したるものなり。即ち正確に名《なづ》くるならば『生物進化論の▽改一節［▽組織及び其の結論］としての社会進化論』と云ふべし。而しながら今日の生物進化論はダーウィン以後其の局部的研究に於ては著しく発達したるに係らず全体に渉りて尚混沌たり。即ち『組織』と『結論』となし。故に本書は其の主たる所が社会哲学の攻究《こうきゅう》（学芸を修めきわめる）に在るに係らず、単に生物進化の事実の発見として継承せられつつあるものに整然たる組織を建てて凡ての社会的諸科学の基礎となし、更に目的論の哲学系統と結び附けて推論を人類の今後に及ぼし以て思弁的ながらも生物進化論の結論を綴りたるものの始めなる点に於て、著者は無限の歓喜を有することを陰蔽する能はず。固《もと》より人類今後の進化につきては今日の科学は充分なる推論の材料を与へず且つ斯るものの当然として著者其人の傾向に支配さるる所の多かるべきは論なしと雖《いえど》も、是れ慎重なる欧米思想家の未だ試むるに至らざる所、後進国学者の事業として最も大胆なる冒険なり。而して著者は▽改社会民主々義［▽民主社会主義］の実現が則ち其の理想郷に進むべき第一歩たるべき宗教的信念として是れを▽改社会民主々義［▽民主社会主義］の宗教と名《なづ》け、社会主義とキリスト教との調和衝突を論争しつつある欧米社会主義者と全く異なれる別天地の戸を叩きたり。由来キリスト教の欧米に於て思想界の上に専権を振ふこと今尚ローマ法王の如くなるは恰も日本に於て国体論と云ふものの存するが如し。日本の社会主義者に取りては『社会主義は国体に抵触するや否や』の問題にて已《すで》に重荷なり。更に『社会主義はキリスト教と抵触するや否や』といふ欧米の国体論を直訳によりて輸入しつつある社会主義者の或者の如きは解すべからざるも甚だし。而しながら本論は固《もと》より宗教論にも非らず又生物進化論其者の説述が主題に非らざるは論なく、人類社会といふ一生物種属の進化的説明［を現代諸科学の智識に求めたる研究］なり。著者は、憐むべきベンヂャミン・キッドの『社会進化論』が人類社会を進化論によりて説明せるダーウィン以後の大著なりとして驚歎されたる如き今日、この編を成したるにつきて聊《いささ》かの自負を有す。

▽改第四編『所謂国体論の復古的革命主義』［▽第三編『国体論』］は則ち日本のキリスト教につきて高等批評を加へたるものなり。即ち、社会主義は国体に抵触するや否やの論争にあらずして我が日本の国家其者の科学的攻究なり。欧米の国体論

がダーウィン及び其の後継者の生物進化論によりて長き努力の後に智識分子より掃蕩せられたる如く、日本のキリスト教も亦《また》冷静なる科学的研究者の社会進化論によりて速かに其の呼吸を断たざるべからず。この編は著者の最も心血を傾注したる所なり。著者は今の凡べての君主々権論者と国家主権論者との法理学を悉《ことごと》く斥け、現今の国体と政体とを国家学及び憲法の解釈によりて明らかにし更に歴史［哲］学の上より進化的に説明を与へたり。著者は潜《ひそ》かに信ず、若《も》し本書にして史上一片の空名に終るなきを得るとせば、そは則ち古今凡べての歴史家の挙《こぞ》りて不動不易の定論とせる所を全然逆倒し、書中自ら天動説に対する地動説といへる如く歴史解釈の上に於ける一個の革命たることに在りと。この編は独立の憲法論として存在すると共に、更に始めて書かれたる歴史哲学の日本史として▽改社会主義［▽民主社会主義］と係はりなく見られ得べし。［固《もと》より一切に亙りて一貫徹底せざる者は真理に欠くる者として民主社会主義の歴史的発展の叙述が此の編を貫通して流るることは亦《また》論なし。］

▽改第五編『社会主義の啓蒙運動』［▽第四編『啓蒙運動時代』］は善悪の批判の全く進化的過程のものなることを論じ▽改第二編『社会主義の倫理的理想』［▽第一編『経済的封建政治』］に於て説きたる階級的良心の説明と相待（俟）て階級闘争の心的説明をなしたり（西田版『日本改造法案大綱』に再録の版には「階級的良心の説明と相待て」の部分が抜けている）。而して更に国家競争に論及し帝国主義が亦《また》世界［的社会］主義の前提なることを論じたり。権威なき個人の礎石を以て築かれたる社会は奴隷の集合にして▽改社会民主々義［▽民主社会主義］に非らざる如く、［世界的］社会主義の世界聯邦論は聯合すべき国家の倫理的独立を単位としてのことなり。百川の海に注ぐが如く▽改社会民主々義［▽民主社会主義］は凡ての進化を継承して始めて可能なり。個人主義の進化を承けずして［民主］社会主義なく、帝国主義の進化を承けずして世界［的社］ママ主義なく、▽削除私有財産制度の進化を承けずして共産社会△なし。故に▽改社会民主々義［▽民主社会主義］は今の世の其等を敵とせずして凡てを包容し凡ての進化の到達点の上に建てらる。彼の、社会主義の理想は可なりと雖《いえど》も果して実行せられ得るやといふが如き疑惑は、今日の▽改社会民主々義［▽民主社会主義］を以て人為的考案のものと解して歴史的進行の必然なる到達と考へざるが故なり。本書が終始を通じて［民主］社会主義を歴史的進行に伴ひて説き又多く日本歴史の上に其の理論と事実とを求めて論じ、殊にこの編に於て儒教の理想的国家論を解説したるが如きこの故なりとす。［東洋哲学史の開巻に示されたる東洋のプラトーを論究したることは民主社会主義を以てマルクス、クロポトキンに始まると考ふる者の迷蒙を啓くに足るべし。］

凡ての社会的諸科学は社会的現象の限られたる方面の分料（科）的研究なるを以て、単に経済学若《も》しくは倫理学の如き局部の者を以て［民主］社会主義の論述に足れりとすべからず。殊に本書は煩瑣なる多くの章節項目の▽改如き規矩《きく》［▽に限定された る題目］を設けず、議論の貫徹と説明の詳細を主として放縦に筆を奔《はし》らしたるが故に一の問題につきても全部を通読したる後ならずしては完《まった》き判定を下し得ざるもの多し。固《もと》より一千頁に渉る大冊を捧げて斯る要求を敢てする著者の罪は深く謝する所なりと雖《いえど》も、全世界の前に提出せられたる大問題の攻究として多少の労力は避けざるべきなり。

著者は弁護を天職とする所謂学者等にあらず、又万事を否認する事を以て任務とする革命家と云ふものに非らず。只、▽改学理［▽真理］の導きに従ひて維持すべきは維持すべきを説き棄却すべきは棄却すべきを論ずるに止まる。学者の論議は法律の禁止以外に自由なり。故に、著者は本書の議論が政府の利益に用ひられて社会党の迫害に口実を提供するに至るとも、若《も》しくは又社会党其れ自身の不利と悪感とを挑発するに至るとも少しも係はりなし。例へば、万国社会党大会の決議に反して日露戦争を是認せる如き、全日本国民の輿論《よろん》に抗して国体論を否認せる如きその例なり（西田版『日本改造法案大綱』に再録の版の、伏字の多い方の版では、「国体論を否認せる」の部分が文字数分空白）。［帝国］政府の権力と雖《いえど》も一派の学説を強制する能はず。［万国］社会党の大勢力と雖《いえど》も多数決を挿《さしはさ》んで思想の自由を軽視する能はず。▽削除▽改一学究［▽書生］の著者に取りては政府の権力と云ひ社会党の勢力と云ひ学理攻究の材料たる以外に用なし△。

故に、著者の社会主義は固《もと》より［断じて］『マークスの社会主義』と云ふものにあらず、又その民主々義は固《もと》より［断じて］『ルーソーの民主々義』と称するものにあらず。著者は当然に著者自身の▽改社会民主々義［▽民主社会主義］を有す。著者は個人としては彼等より平凡なるは論なしと雖《いえど》も、社会の進化として見るときに於ては彼等よりも五十歳百歳を長《た》けたる白髯《はくぜん》禿頭《とくとう》の祖父曽祖父なり。

新しき主張を建つるには当然の路として旧思想に対して排除的態度を執らざるべからず。破邪は顕正に先《さきだ》つ。故に本書は専ら打撃的折伏《しゃくぶく》的口吻《こうふん》（言いぶり口ぶり）を以て今の所謂学者▽改階級［▽等］に対する征服を以て目的▽改とす。［▽を明かにする手段としたり。］

著者は絶大なる強力の圧迫の下に苦闘しつつある日本現時の社会党［諸氏］に向つて最も多くの同情を傾倒しつつあるものなり。而しながら其の故を以て彼等の議論に敬意を有するや否やは自ら別問題なり。彼等の多くは単に感情と独断とによりて行動し、其の言ふ所も純然たる直訳の者にして特に根本思想は仏国革命時代の個人主義なり。即ち彼等は社会主義者と云はんよりも社会問題を喚起したる先鋒として充分に効果を認識せらるべし。著者は▽改社会民主々義［▽民主社会主義］の▽改忠僕たらんが［▽厳密正確なる理論の］為めに同情と背馳《はいち》する［多く］の議論を余儀なくされたるを遺憾とす。

本書征服▽削除△の目的なり▽改［▽に征服せられたり］と云ふ学者階級に至りては只以て可憐なりと云ふの外なし。率直の美徳を極度に発揮して告白すれば、余りに鶏を割く（小事の処理）が如くにして徒らに議論の筆を汚辱するに過ぎざるの感ありと雖《いえど》も、それぞれの学説の代表者として大学の講壇に拠り智識階級に勢力を有すと云ふことのみの理由によりて指定したるもの多し。言責は固《もと》より負ふ。而しながら今の日本の大学教授輩より一言の弁解だも来るが如き余地を残し置くことあらば是れ著者が義務の怠慢にして弁解其事が本書の不面目なり。故に著者は或る学者▽削除――例へば丘氏の如き――△に対しは固《もと》より充分なる尊敬を以てしたりと雖《いえど》も、大体に於て――特に穂積［八束有賀長雄］氏の如きに対しては――甚しき侮弄を極めたる虐殺を敢行したり。斯くの如きは学術の戦場にヂュネーヴ条約なしと云ふが為めにあらずして、今の学者等が▽改長き間勝ち誇れる驕傲と陰忍卑劣とが招きたる復讐とす。［▽日本現代の国体と天皇とを汚辱し、日本将来の国家的国民的進展を残賊する凶悪の源なるを以てなりとす。］

文章は平易［詳細］の説明を旨としたり。而しながら寛恕を請はざるべからざるは、開放せられたる天地に論議しつつある学者等の想像し得ざるべき筆端《ひったん》（筆の運び）の拘束なり。為めに学者階級との対抗に当《あた》りて土俵の七八《しちはち》分までを譲与し、時に力を極めて搏《う》たんとしたる腕も誠に後《しり》へより臂《ひじ》を制せらるるを常とす。加ふるに今の大学教授輩の或者の如きは口に大学の神聖を唱へながら、権力者の椅子に縋《すが》り哀泣して掩護《えんご》を求むるに至つては如何ともすべからざるなり。▽改権力者にしてこの醜態を叱斥《しっせき》せざる間は決して思想の独立なし。［▽著者は固《もと》より自由の迷信者に非らず。而しながら責任と権威に覚醒したる自由民の国家に非らずしては永遠の生命なし。著者が神道的国体論と高天ケ原的日本歴史とを粉砕して純正なる現代国体と高貴なる日本民族の覚醒史とを論述したる所以の者、敢て真理の為めの真理に非らず一日本国民たる道念に基きたる者なり。天動説を以て迫害したるローマ法王よりも刑死せられて地動説を後世に残したるガリレオは遥かに天を欺かざりしなり。但し固《もと》より一点現行法律を犯す所なし。］（西田版『日本改造法案大綱』に再録の版には「権力者にしてこの醜態を叱斥せざる間は決して思想の独立なし。」の部分が抜けている）

▽削除（章末まで）社会民主々義を讒誣《ざんぶ》（無実の言い立てによる陥れ。中傷）し、国体論の妄想を伝播しつつある日本の代表的学者なりとして指名したるは左の諸氏なり。故に本書は▽改社会民主々義［▽民主社会主義］の論究以外、一は日本現代の思潮評論として見らるべし。

金井延氏『社会経済学』

田嶋《島》錦次《治》氏『最新経済論』

樋口勘次郎氏『国家社会主義新教育学』及び『国家社会主義教育学本論』

丘浅次郎氏『進化論講話』
有賀長雄氏『国法学』
穂積八束氏『憲法大意』及び帝国大学講義筆記
井上密氏　京都法政学校憲法講義録
一木喜徳郎氏　帝国大学講義筆記
美濃部達吉氏　早稲田大学講義筆記
井上哲次郎氏　諸著
山路愛山氏及び国家社会党諸氏
阿辺部《（安部）》磯雄氏及び社会党諸氏

日露戦争の翌年春

著　者△

編集註

＊底本では右記「緒言」に続いて、六八ページにわたり内容目次が掲げられている。章番号とその章のページ範囲が示され、内容見出しが羅列されているが、ここに掲げるのは省いた。

＊底本の各章冒頭には同様に内容見出しが羅列されており、こちらは本書でもそのまま収録した。章頭羅列見出しの文言が本文上部欄外のそれと異なっている場合は、誤記・誤植・脱落を除いて本文に付された見出しの文言のほうを採用した。

＊本文上部欄外見出しなど、底本の体裁は巻末の「参考資料（底本画像）」に例示した。

＊なお、本文上部欄外見出しは自筆修正で全て削除されている。

国体論及び純正社会主義

北輝次郎著

第一編　社会主義の経済的正義

［「第一編　黄金大名政治」と改変の後「経済的封建政治」と改変し、さらに「経済的貴族国時代」と改変］

第一章

所謂社会の秩序と国家の安寧幸福／政府の迫害と学者の讒誣《さんぷ》／貧困の原因／機械の発明／機械工業の結果にあらず／経済的貴族国／経済的勢力と政治的勢力（本文になし）／人格なき経済物／奴隷制度／個人主義の旧派経済学／個人主義の発展と歴史の進化／個人主義経済学の革命的任務／スミス当時の貴族国経済組織／経済界の民約論／個人主義の叛逆者／階級に阻害されたる自由競争／機械と云ふ封建城廓／自由競争の二分類／機械中心問題の社会的諸科学／個人主義は革命に至る／個人主義の論理的帰結／官許無政府党員／所謂社会主義者に混ぜる個人主義者

【自筆修正による第一章内容見出しの大幅変更は次のとおり】

第一節

貧困と犯罪／現今の社会に秩序あり国家に安寧幸福ありやの反問／社会と国家とは民主社会主義の下に真の秩序と安寧幸福とを求めざるべからず／旧思想の迫害は新社会の誕生までを覆ふ卵殻たる者

第二節

機械工業の為めの貧困と解するは甚しき奇怪なり／機械の発明は人類の労働に代はらんが為めなり／ギリシャの自由民より六倍の自由なるべき筈／貧困の原因は機械工業の罪に非らず経済的貴族国の為めなり／欧米及び日本の経済的貴族国組織は一切の国民生活を革命以前に逆倒せり／経済的君主経済的諸侯の絶対無限の統治権／経済的統治権に殺活せらるる奴隷土百姓《サーフ》／明かに黄金大名を見る／人格なき経済物としての市場売買／厳然たる奴隷制度の復活／奴隷の穴倉、奴隷の捕獲、奴隷の酷使、奴隷の投棄、奴隷貿易商人あり

第三節

元来の▽改個人主義「▽民主主義」は現時の経済的貴族国を弁護すべき者に非らず／▽改個人主義「▽民主主義」は中世までの革命に於ける基本思想なり／▽改個人主義「▽民主主義」の要求なき上古中世に於ける社会専制／ローマ法王の社会的専制に対して個人の権威を叫びて起てるルーテルの「信仰の自由」／同一なる其れを国王貴族等の社会専制に対して主張したるルソーの「政治の自由」／更に其れを中世的社会専制の経済組織に対して主張したるアダム・スミス

の「職業の自由」／スミス時代に於ける職業の自由なき諸制度の事例／『富国論』は経済的方面より叫ばれたる『民約論』なり／『富国論』を以て現代の弁護を為すは▽改個人主義［▽民主主義］の反逆者なり／現代にスミスの期待したる職業の自由ありや／自由競争とは競争し得べき機会の自由なる獲得を前提とす／スミスは中世的特権的組織を打破せんが為めに革命論として自由競争を説きしのみ／今の自由競争とは二大階級内に於ける競争の自由として説き得べし／機械と云ふ封建城郭を黄金大名等に占有せしむべきや否やの根本問題／▽改個人主義［▽民主主義］者はスミスを再びして革命の先鋒たるを要す／国家を「止むを得ざる害物」と名《なづ》くる▽改個人［▽民主］的無政府主義／▽改個人主義［▽民主主義］を資本の威力に於て用ふる官許無政府党員／所謂社会主義者中の▽改個人主義［▽民主主義］的思想家

▽削除（段落末まで）社会主義の深遠なる根本義は直に宇宙人生に対する一派の哲学宗教にして厳粛なる科学的基礎の上に立ち、貧困と犯罪とに理性を攪乱せられて徒らに感情と独断とによりて盲動する者に非らず。而しながら貧困と犯罪とを以て蔽はれたる現社会より産れて、新社会の実現に努力しつゝある実際問題たる点に於て論究の順序が先づ貧困と犯罪の絶滅ならざるべからず。故に吾人《ごじん》（われわれ）は第一編『社会主義の経済的正義』に於て社会主義の物質的幸福を説き、第二編『社会主義の倫理的理想』に於て社会主義の精神的満足を論じ、而して第三編に於て『生物進化論と社会哲学』として社会進化の理法と理想とを論じ、社会主義の哲学を説き、社会的諸科学の根本思想たる者を述べ、以て第四編『所謂国体論の復古的革命主義』に入りて古来の妄想を排して国家の本質及び憲法の法理と歴史哲学の日本史を論じ、第五編『社会主義の啓蒙運動』に及《およん》で実現の手段を論ぜんとす。△

［第一節］

貧困と犯罪――実に［民主］社会主義の実現によりて斯《こ》の人生の悲惨醜悪なる二事が先づ社会より跡を絶つとせば、［民主］社会主義は此の地球を導きて天国に至るべき軌道を発見せる者と云ふべし。而して［民主］社会主義は実に此の発見のために今や全地球に征服の翼を張るに至れり。

然るに顛倒の甚しき。却《かえっ》て今の政府と学者とは［民主］社会主義を迫害し讒誣《ざんぶ》するに当りて、常に必ず社会の秩序を紊乱すといひ、国家の安寧幸福を傷害すといふ。而しながら斯くの如き誣妄《ふもう》（ないことをあるように偽ること）は已《すで》に現今の社会に秩序あり、今日の国家に安寧と幸福とあることを▽改確実［▽前提］として云へるものなり。［民主］社会主義は実に反問せざるべからず、現今の社会に紊乱すべきだけの秩序ありや、今日の国家に傷害すべからざるほどの安寧と幸福とありやと。今日の科学的社会主義は徒らに感情的言辞を弄して足れりとするものにあらず、理性にして其の光を文明の名に蔽はれざるならば、此の反問は実に凡ての口より聞かるべき疑問なり。若《も》し或る階級の権勢と栄華とを築かんがために警察官の洋刀と軍隊の銃鎗とによりて危ふく支へらるる状態を指して秩序なりと云はば、現今の社会は斯る秩序の精微複雑なるものを有す。身命を失ふもの日に限りなくして財産は野蛮部落の如く多く各自の物質力によりて各自に保護せらるるに係らず、吾人は財産を保護し身命を安固にすといふ法律の下に国家の安寧幸福を受けつつあり。［民主］社会主義は斯る状態の秩序と斯る安寧幸福とを以て地球の冷却するまで維持すべきものなるかの如く信ずるものにあらざるが故に、政府の迫害と学者の讒誣とは此の意味よりせば誠実なる憂慮より出《い》づるものなりとすべし。同類なる人類の血と汗とを絞り取りて肥満病に苦しむものに取りては今日の国家は安寧幸福を与ふべしと雖《いえど》も斯る滋養物の供給を負担せしむる社会の秩序は血と汗との階級に取りては紊乱すべからざるほどに尊貴なるものとは考へざるべし。生るるとより死に至るまで脱する能はざる永続的饑饉の地獄は富豪の天国に隣りて存す。この餓鬼道の餓死より遁《のが》れんが為めに男は盗賊となり女は売婬《ばいよう》婦（婬は淫の誤記とも考えられる。以下同）となり、而して国家は赤煉瓦の監獄を築きて盗賊に安寧を与へ、妓楼を警官に護衛せしめて売婬婦に幸福を受けしむ。この幸福を受く可《べ》き売婬婦を繁栄ならしめんがために売婬の料を以て政府は設けられ、洪澣《こうかん》の法典は学者の脳醬（漿）を絞りて安寧を与へらるべき盗賊の歓迎のために存す。文明の華なりと称する新聞紙は強窃盗の記事、毒殺刃傷の報道、老病の縊死《いし》、貧婦の投身、幼児の遺棄、乞食の凍餓といふが如き記事を補綴して其の文明の華を紙面に飾りつつあり。而して残忍に慣らされたる吾人には其の紙面に附着せる斑々たる血痕と紙背より洩るる悲鳴の声を忘却して、斯る平凡なるものの代りにより一層の悲惨なる出来事の物語を待たしむ。斯る永続的饑饉を出すべき秩序、凍餓の幸福、殺傷の安寧は学者の奴隷的弁護を受くべき或る階級に取りては一指も触れしむべきものに非らざるべしと雖《いえど》も、社会と国家とは実に［民主］社会主義の下に真の秩序と安寧幸福とを求めざるべからず、ああ貧困と罪悪▽改、［▽犯罪！］これ人類に伴ふ永遠の運命のものか。キリスト教徒は是れ神の御旨なりと誣《し》ひ、仏教徒は未来に於て極楽に行くべしと偽《いつ》はる。而も貧民はたとへ極楽に行くとも已《すで》にマルサスの在りて人口論を以て拒絶すべく、己れの形に似せて作れる男をして盗ましめ女をして婬《よう》を鬻《ひさ》ぎて糊口《ここう》せしむるの残虐は神の観念と相納《い》れずして悪魔の名あり。

而しながら［民主］社会主義者は決して斯る障害に対して徒らに憤怒するものにあらず。新らしき理想の前に旧思想の横《よこた》はりて急歩ならしめざるものは社会進化の常態にして、彼等は障害として横《よこた》はると共に社会維持の或る任務に服し以て新社会の誕生までを蔽ふべき卵殻たるものなり。而して社会進化の断崖に臨みて権力階級の圧迫あるは是れ即ち権力者の権利にして、［民主］社会主義を実現すべき運動の本隊たる階級の尚未だ奴隷として彼等の鞭の下に唯々《いい》たる間は、［民主］社会主義は社会の秩序と国家の安寧幸福の名に於て迫害さるべきを避くる能はず。——［民主］社会主義が社会より冷笑せられ、国家より恐怖せらるるは其の空想なるが故に非らず又激烈なりといふが為めにもあらず、只政府の迫害と学者の讒誣《ざんぶ》あるを以てのみ。［民主］社会主義！　何ぞ彼等の言ふが如きものならんや。

［第二節］

［民主］社会主義とは何ぞ。

先づ説明の順序として現社会の大多数階級の貧困なる原因を察せざるべからず。如何にして大多数は斯くまでに貧困なりや。

経済学者はこの解釈として近世文明の機械工業の結果なりといふを以てせり、吾人［民主］社会主義者も亦《また》然かく信ずるものなり。而しながら若《も》し此の問に対して斯く答へられて吾人が満足し得るならば、実に甚しき奇怪なりと云ふべし。鉄道は地球の周囲を六十回し月までの距離の二倍に達せりといふ。而も人類の多くは其の生れたる地方に植物の如く定着して旅行の自由だも無きなり。ウォターベリ会社の懐中時計は僅▽改かに一個［▽一個僅かに］五分間を以て完成せらるといふにあらずや。而も農夫にして此の必要品の一個を夢む［る］ならば贅沢なりとせらる。アダム・スミスが分業の利を説くに引例せし留針の製造に於て彼の当時分業の結果十人にて一日四万八千個を作るとして驚歎されしもの、今日は僅かに一個の器械にて一分間に百八十個を製し単に三人の監督者は七十個の器械を運用して一日七百五十万個を容易に製出すといふ。農業につきて見るも、僅かに八馬力の蒸気脱穀器は八十人の農夫に休息を与ふべく、蒸気犂は一日に五六《ごろく》町歩を耕やし、風力、水力、蒸気力による喞筒《しょくとう》（ポンプ）は一時に数百町歩を灌漑するを得べし。嘗《かつ》て八十年前に五百人の強壮なる男子労働者が終日の労働を要したるもの、今は一人の監督者だにあらば一個の器械にて足るといふにあらずや。一八八七年の古き統計によるも、世界諸国の蒸気力のみを合して尚全世界の人口即ち十億人の労働に匹敵すと云ひ、イリーの言によればアテネ全盛の時すら一家十人の奴隷を有するもの僅少なる富豪なりしに、今日吾人は一家六十人の奴隷を有する割合の機械の発明なりと云ふにあらずや。——この近世文明の機械工業は何を意味するぞ。斯る農具の発明あるに係らず、可憐の童幼の時より弓腰の老衰に至るまで案山子《かかし》の如く泥土の中に其の生を送らざるべからずとせば意義なきことなり。全人類に匹敵すべき蒸気力は全人類をして労働の苦痛より脱せしむることに於て始めて理由あるべし。ギリシャの自由民が十人の奴隷によりて其の燦爛たる文化の階級を作り上げしならば、其れに六倍せる機械の労働力を有する吾人は人類種属といふ階級を挙《こぞ》りてギリシャ自由民の如く精神的活動に入るべき理にあらずや。機械が発明さるるならば、其の発明されたるだけ社会より貧困を駆逐すべく、近世機械工業の為めに社会大数《ママ》多が貧困に陥れりとは実に八に五を加へて三となると云ふが如き顛倒せる答案なり。労働の苦痛に代るべき者が機械ならば、機械の発明によりて労働者は其の苦痛の時間を減少さるべく、然るに減少は労働時間の上に来らずして労働者の数の上に落下し、絶間なき失業者を産む。失業者は更に新たなる機械によりて需要さるるまで食ふべき労働の途なきなり。而して其の辛じて途を得たる者と雖《いえど》も、休まず眠らざる機械と共に終日終夜を労働に過ごして不霊の自働機械と化し去る。物質的生活の資料を供給すべき機械は却《かえっ》て労働者の維持し来れる物質的資料を奪ひ、精神的生活に入るべき閑暇を与へずして却《かえっ》て機械の周囲に労働者を精神なき動物として繫ぐに至れり。――貧困の原因は茲《ここ》に求めよ。是れ機械工業の罪に非らず、近世文明の与《あず》かり知らざる所なり。原因は茲《ここ》に存す。――即ち経済的貴族国の故なればなり。経済的君主、経済的貴族の秩序的掠奪あればなり。

実に今日の所謂大資本家といひ大地主といふ者は単一なる富豪にあらず国家の経済的源泉を私有して殺活与奪の自由あることに於て全き意義の大小名なり。北米の富豪の如きは広大なる領土を有し幾万の賃銀奴隷を殺活するの自由なることに於て、恰もルイ十四世の如き主権の本体たる家長君主なり。幾多の実業雑誌と称せらるる黄金宗の宗教時報とも称せらるべきものを開きて巻頭に載せられたる其の御真影を見よ。石油王某、鉱山王某、製鉄王某、某々の銀行某▽改［▽王］、某々の石炭王。斯る尊号は決して比喩に於て用ひらるるに非らず、彼等は実に王位の尊厳と権力とを有するものなればなり。――否、現今世に存する近代国家の国家機関たる君主等は殺活与奪の権を有する彼等に比するならば誠に無権力なるものに過ぎず。独立戦争によりて英王の苛政より脱せるワシントンの子孫は国土及び人民を君主の財産として所有せる時代の絶対無限権の家長君主等を奉戴して其の下に奴隷として呼吸しつつあるなり。フランス革命の名に於て皇帝と貴族の手より土地を奪ひて自由平等を呼びたる全欧州は、斯る新国王と新貴族とに一切の経済的源泉▽改［▽根源］を掠奪せられて再び革命以前に逆倒せり。我が日本に於ても然り、往年の貴族は其の国土を国家に返還せしめられたるに、更に国家の経済的源泉▽改［▽根源］を掠奪して私有せる新たなる大小名は生じつつ始まれり。今日日本皇帝と雖《いえど》も国家の領土を掠奪し国家の臣民を殺活すべき権利なし、国土及び人民は天皇の私有地にあらず天皇の経済物たる奴隷にあらず。然るに普天の下地主の王土にあらざるなく、率土《そっと》の浜《ひん》（国土の限り）資本家の王臣にあらざるなし。若《も》し某々の王と称せらるる経済界の家長君主等にして其の帝王の名なく大名の称なきが故に彼等の恐るべき権力を注意せざるならば、是れ南面して朕と称せざる者は王にあらずと云へる王覇の▽改［▽之］弁なり。一切の政治的勢力は経済的勢力なり、国土及び人民を所有せる経済的勢力の上に立てる幕府時代の大小名を見て単に公債の所有者たる今の華族の如何に権力の皆無にして痕跡に過ぎざるかを見よ。然れば限られたる王室費によりて支へらるる欧州諸国の君主よりも、土地と資本との経済的家長君主の如何に優《ゆた》かに強盛なる権力を有するかは想像せらるべし。一年の収入八千五百万円のロシア皇帝の経済的勢力は其の政治的勢力をして専制ならしむる所以なりと雖《いえど》も、二億八千六百万円のロックフェラー第一世が人類の咽喉に対して直接の権力あるに加(如)かざるべく、《▽改》「▽べし。」又トルコ皇帝が如何に東洋の暴君なりとも、其の収入が二千万円に過ぎざる間は、其れに二倍して尚余りある、カーネー戦勝王《ゼ・コンクエラー》が叡聖文武にましまさざる時より以上の権力に《▽改》「▽を」振ふこと能はず。ドイツ皇帝が如何に実質なき神聖ローマ皇帝の虚名を襲踏《ママ》せんがために帝国主義を主張すとも、其の歳入が一千八百万円のラッセルゼーチ陛下の三分の一の其れに過ぎざる間は三分の一の算盤に於て権力を得べし。――全社会の貧困は斯る経済的君主。経済的諸侯の掠奪あればなり。彼の大小名に代りて再び大小名となりし地主の下に於ける土百姓《サーフ》は、国家に対して多くの権利なき代りに大小名に対して無限服従の義務あり。地代借地料と称せられたる苛重なる年貢租税を奉納し、少しく滞納し御意に逆ふことあらんか、土地の取上げとなり御所払ひとなる。彼等は『百姓は死なぬやう生きぬやう治むべきこと』と定められたる幕府の貴族政治の如く、新たなる貴族の下に蜜蜂の如く働き、働きて得たる凡ての蜂蜜を地代なる名に於て悉《ことごと》く取り上げらる。而して彼等は地主の前に凡ての独立を失ひて土百姓《サーフ》の如く土下坐せざるべからず。大阪の大資本家等が坐して地方の土地を占め最も冷酷なる代官をして誅求収斂《ちゅうきゅうしゅうれん》を逞《たくましゅ》うせるは実に将軍家直轄の御領地なり。彼等は地方の地主が旧慣等に制限せられて契約をなすに反してリカードの地代則其のままに於てし、土地の騰貴に伴ふ地代の増加を以て契約を継続する能はざるを待ち猶予なく土地を取り上げて御所払ひをなす。御所払ひとは旧幕時代のことにして居住の自由を剥奪することにあらずや。斯る権力は平等の国民にあらず、単一なる地主にあらず、事実上の疑ひなき貴族国の君主なり。

否！　彼等は只に事実上の貴族なるのみならず、大名たるの栄誉と権力に伴ふべき尊号を有す。『殿様』といひ『御前』と呼ばれ、其邸宅は旧大名の跡に構へられて『御屋敷』と称せらる。彼の資本家なるものに至りては工場と名《なづ》くる城廓を築き、学者と政治家とを家老とし、無数の年俸奴隷。月給奴隷を武士となし足軽として其の範図(版)内に号令し他の経済的君主と混戦しつつあり。彼等の街頭に馬車を駆るや大名の御通りの如く考弱《ママ》男女を追ひ散らして行く。彼等大小名は今や全く当年の馬鹿大名となり、忠勤と私利と相半ばする家臣等の画策によりて其の尊栄と安全を維持しつつあり。利子と名《なづ》け利潤と称せらるる租税は、家臣等の忠勤によりて大名の馬鹿をして更に馬鹿たらしむべく、大名の知らざる方法を以て知らざる間に河の如く流れ込み山の如く積む。而して四囲の迎合阿諛《あゆ》（へつらい おべっか）のために馬鹿大名が『身共』の身体は特別の構造を有すと考へたる如く、彼等は彼等自身を国民と同胞なりと考ふることに於て貴族たる面目を汚すかの如く感ず。旧大名が道楽半ばに御仁政を敷きて快を取りしことのありしが如く、彼等に於ても慈善なる名に於て天下を欺かんと試むることと無きにあらず。而しながら彼等黄金大名に於ては黄金によりてのみ其の権勢を維持し得る大名なり。彼等にして黄金の一片を失ふときは其れだけ他の大名に対する対抗力の失墜なり。――ああ斯る貴族国の土百姓《サーフ》と素町人よ！　彼等は人に非らず。商品として見らる。市価を有す。此の商品は魚の如く早く沽《(沽=売)》されば腐敗するものなり。市価は需要供給の原則によりて支配せらる。法理的に云へば彼等は人格にあらずして物格なり。封建諸侯の百姓町人が経済物として大名の自由なる処分の下にありしが如く、彼等は資本家の自由に処分するを得べき経済物にして人格ある国家の一分子にあらず。故に斯る経済物の多く集り来たることは供給過多による物価下落の経済学によりて経済物の物価を下落せしめ、此の経済物が空腹によりて斃死《へいし》（野垂れ死に）せんとするや、一切の条件を考ふる暇なからしめて貴族等の自由なる処分権を認識せしむ。――即ち、破産者、失業者、地方よりの放逐者が工場の門前に供給過多と空腹の圧迫を以て叢《むら》がり集まることは、経済的貴族国の群雄諸侯が驚くべき権力を振ひ、其の家臣等が乗じて以て忠勤を抽《ぬ》きんじ功名を博すべき機会なり。――而して此の機会が不断に存在し、永続して絶ゆることなきが故に、其の足に一たび縛せられたる契約の鉄鎖を墓穴にまで引き摺《ず》り行き、茲《ここ》に厳然たる奴隷制度は復活せり。

奴隷制度！　鎖と鞭とあるもののみが奴隷制度にあらず。法理的に云へば人類の人格が剥奪されて他の同類の自由なる生殺の下に在るを名づく。即ち彼の群雄戦国封建制度に於て土地と共に人民が貴族等の所有権の下に経済物として存したりし者の如き亦《▽改》［▽則ち］奴隷制度なり。吾人は鎖と鞭とありし時代の奴隷が三百弗《ドル》の価せし間は今の労働者より幸福なりしや否やを知らず。而も昼は鉄鎖に繋がれて働き夜は暗黒なる穴倉の中に眠りしローマの奴隷と、今日、九尺二間の病毒に充満せる裏長屋に豚の如く父子重り合ひて眠り、一日十三四《さんし》時間の長き一分の休息だに得ずして機械に縛せらるる賃銀奴隷とが然かく差別あるを信ずる能はざるなり。ローマの奴隷は俄《(餓)》ゆることだけは無かりき、而も今日の契約奴隷、賃銀奴隷は、会社の破産のために、失業のために、不景気の為めに、雨天のために、数日数十日に渉る断食――而して餓死は稀有のことに非らず。正義を顕現すべき法律は実に明《あきら》かに自由と平等とを万人に与へたり。而しながら餓えて昏倒《こんとう》せんとするものの耳に就きて自由を囁やき、眼に平等の法律を示すとも一片の麺麭《パン》の皮は遥かに正義よりも高貴なり。自由と平等とを呼吸して生活する能はざる動物は其の妻子の恩愛のために如何なる苦痛をも侮蔑をも忍びて、嘗《かつ》て其の足を顧みて繋がれたる鉄鎖を疑はんとだにせざるなり。昔時《せきじ》奴隷の子孫は家系によりて永久に奴隷となり、近世封建時代の百姓町人は階級によりて子々孫々百姓町人たりしが如く、賃銀奴隷の腹より世に落ちたる子女は永劫に賃銀奴隷を脱する能はず、小作人の子は小作人に、日雇取の孫は日雇取たらざるべからず。戦敗の捕虜が奴隷とせられ、債務者が身を奴隷にして債権者の使役に致せし如く、此の惨憺たる経済的戦闘の敗者と債務者とは又賃銀奴隷たるより外生くるの途なし。ロシアの農奴が其の主人の名を記せる金属を頸に捜《ママ》みて働ける如く、蟻の如く工場より這《い》ひ出づる賃銀奴隷は其の印半纏《しるしばんてん》に奴隷所有主の記号を附けられて侮辱せらる。過度の労働時間は彼等をして全く動物化せしめ、面貌は黒奴《こくど》（黒人奴隷）の如く、野蛮性の回帰のために甚しく粗暴に愈々《いよいよ》野卑となれり。嘗《かつ》て米合衆国の南部に於て、四年間に利益を得尽さんがために奴隷を極度まで酷使して斃死《へいし》せしむべしとの動議が拍手喝采を以て可決せられし聯邦議会ありしが如く、天命を短縮する長時間の労働、人性を残賊《ざんぞく》する（害する）婦人小児の労働を禁ずべき工場法案が有耶無耶《うやむや》の間に消え去りし大日本帝国議会あり。ローマの奴隷の病む者あるときは餌薬《じやく》を与ふるよりも、更に強壮なる奴隷を買ひ求むる方が遥かに利益なりとして之を河中の離れ島に棄て鳴号して死せしめたりと云ふ。而も今日の労働者は病気老衰にあらず職業のために受けたる負傷も職に堪へずとして棄てらる。而も其の棄てらるるや大都会の中央に於てし、無智なる世人は彼等の病みて路傍に呻吟するを恰も頑童の湖辺に打ち上げられたる猫の死骸を見んとして集まる如く彼等の周囲に繞《め》ぐりて憫《ママ》憐と好奇の面貌とを以て眺めつつあるは屢々《しばしば》見る所なり。農夫の如きは土地と共に売買せらる。ローマ人の所謂『話し得る農具』なり、中世史の土百姓農奴なり。而して此の奴隷の繁殖は廉価なる黄色奴隷として海外に輸出せらる。彼の国法の保護の下に立てる移民会社なるもの、一個厳然たる奴隷貿易商人にあらずして何ぞ。――貧困の原因は近世文明にあらず機械工業にあらず、実にこの経済的貴族国の故なり。▽削除（貴族国、家長君主、奴隷制度等の法理的意義及び歴史的説明につきては更に第四編の『所謂国体論の復古的革命主義』及び第五編『社会主義の啓蒙運動』を見よ）。△

［第三節］

然るに解すべからざることは、嘗《かつ》て貴族国の貴族政治と奴隷制度とを顛覆したる▽改個人主義［▽民主主義］が、今や却《かえっ》て此の新形式の貴族政治と奴隷制度とを弁護して経済的貴族国の維持に努力しつつあることなり。是れ燦爛たる国家の被布に眩惑して内容の醜怪なるを忘却せる、所謂旧派経済学［派］なるものなり。

［民主］社会主義は固《もと》より▽改個人主義［▽民主主義］と根本の思想に於て相納《い》れざるものなりと雖《いえど》も、▽改個人主義［▽民主主義］

の理想が如何に文明史の潮流を指導して流れつつありしかを考ふるならば個人主義［▽民主主義］の尊厳なる意義につきて決して不注意なるべからず。人類の歴史が進化の断崖に漲《みなぎ》り落ちんとせる時、即ち過去の革命は常に個人主義［▽民主主義］の名［▽要求］に於てせられたりき。ルーテルがローマ法王の権力に対して思想の自由を呼びて起ちしより、フランス国民が天賦の平等を論じてマルセーユ城に突貫せしに至るまで個人主義［▽民主主義］は実に革命思想の源泉なりき。これ理由あることなり。個人主義［▽民主主義］は之を説明の理論としては誠に一の臆説に過ぎずと雖《いえど》も、理想として考ふるならば、或る高貴なるものを有す。社会の組織は自由の活動を理想とすることに於て進化すべく人類の幸福は万人の平等を理想として達せらるべし。今日の野蛮人は如何にすとも数百千年来の奇異残忍なる旧慣を脱する能はずして、個人は唯その奇異なる習慣や残忍なる迷信の犠牲として生るるかの如し。老いたる父母を殺して興宴する習慣も幼児を捕へて猛獣に供ふる迷信も、其の一たび古来よりの習慣とさるるや個人は一の疑ふことをだに得ざるなり。故に彼等は幾万年を経たるべき今日と雖《いえど》も依然たる喰人族の蛮風に止まりて進まず。吾人の歴史も亦《また》始めは然らざるを得ざりき。当時に於ては只社会的本能によりて社会的動物として存在せる社会を維持し以て他の社会との生存競争にのみ忙《せ》はしく、為めに個人は全く犠牲たるの外なかりき。エジプトの驚歎すべき文明も単に王及び僧侶の無用なる土木に過ぎずして、而も個人は何が故に彼等の犠牲たらざるべからざるかにつきては一の考ふる所なかりしにあらずや。バビロンの栄華然り、アッシリアの富有亦《また》然りき。ギリシヤ。ローマの末年に及びては聊《いささ》か個人の権威の認めらるるに至りしと雖《いえど》も、而もソクラテースは無智の群衆に思想の自由を蹂躙せられ自ら社会国家なる名の前に其の大なる人格を放棄して毒杯を仰ぎたりき。ローマの大都は貴族と乞食の府となりしと雖《いえど》も、個人は何が故に乞食たらざるべからざるかといふことの疑問は無かりき。以降一千年、所謂中世暗黒の時代となりてゲルマン蛮族が文化に浴するに至るまでローマ法王なる名に於て社会の圧力は個人の凡ての者を無視したりき。凡ての者、習慣も、坐作《ざさ》（立ち居）も、行為も、言語も、思想も、政治も法律も、天下のことを挙げて法王の一命［▽一令］の下に在るに至れり。僧侶の破戒も、僧職の売買も、贖罪符も、些《いささか》の疑問なしに信ぜられたりき。是れ法王一人の専制にあらず、社会の権力が法王を通じて個人を蹂躙したる者なり。――歴史の進化は個人々格の覚醒に在り。人類は宗教革命に於て茲《ここ》に個人の権威を知り、『信切（仰）の自由』となりぬ。［▽れり。］――個人々格の覚醒は歴史の進行に伴ひて更に其の覚醒を拡げ行く。人類は更にフランス革命の名に於て貴族と帝冠を顚覆し茲《ここ》に『政治の自由』を宣言したり。無用の貴族に土地を私有せしめて国民は奴隷たる可《べか》らず、国民の運命は誕生の僥倖《ぎょうこう》に過ぎざる一個人たる国王輩の掌中に置かる可《べか》らずと。個人主義［▽民主主義］の経済学は此の革命の風潮に乗じて唱道せられたる者なり。（第三編『生物進化論と社会哲学』［▽『社会進化論』］に於て偏局的社会主義と偏局的個人主義［▽民主主義］を論じたる所を見よ）。

　実に此の個人主義［▽民主主義］の旧派経済学は過去の貴族国経済組織の革命のために起り革命の任務は充分に尽くしたる者なり。――歴史は経済界のルーソーに感謝せざるべからず。アダム・スミスの富国論［▽『富国論』］は実に貴族国経済組織に対する革命の民約論［▽『民約論』］にあらずや。凡ての分科的諸科学は時の根本思想たる本流の分派なり。個人主義［▽民主主義］といふ大潮流は、ルーテルに於て信仰の自由［▽『信仰の自由』］となり、ルーソーに於て政治の自由［▽『政治の自由』］となり、而して彼れアダム・スミスに於て実に『職業の自由』となりて発せるなり。スミスに於て当時の貴族国経済組織を見る、蛛蜘の巣の如き法制定規、雑多なる習慣々例は全部破壊せざるべからざるものなりき。即ち革命の外なかりしなり。国内に刺激を与ふるに欠くべからざる外国人の営業を排斥せんがために居住法あり。その居住法によりて組合に属せざれば何人《なんぴと》も其の市府に於て営業を為す能はず。これがために［彼の近世文明に於ける最偉大者］ジエームス・ワットも其の発明せる蒸気機関を以て営業する事をグラスゴー市のために拒絶せられたりき。公平と名《なづ》けられたる判事ありて、資本家と労働者との間に立ちて賃銀を公平に決定すとの名義を以てする権力階級の残虐なる爪牙ありき。名は国家に於てするも実は経済上の智識もなく誠実も公平もなき官吏の方寸《ほうすん》（中心）にて物価を公定する専制ありき。組合の権力は絶頂に達し、徒丁の年期より種々の慣習より製作品の品質形状大小に至るまで恣《ほしいまま》に制限を設けて一歩もその外に出《い》づる能はざりき。而して無用なる貴族国王等の寵幸《ちょうこう》によりて特許せる無数の独占営業ありき。経済界の民約論は斯くて経済的方面より貴族国に対する革命的任務を果すべく書かれたるなり。

　今の富国論を継承する個人主義［▽民主主義］の経済学者にして真に個人主義［▽民主主義］の意義を解するならば、其れを以て今の経済的貴族国を弁護するが如きは実に個人主義［▽民主主義］の叛逆者なり。今の社会に個人の自由ありといふ者あらば、そは其等の音響を発するときの唇のみに在り。唇にもあらず、言論の自由、思想の自由は遠き以前に去れり。ルーテルの信仰の自由によりて戦へる新教徒の子孫は、今や黄金大名の寄附金のために信仰の自由を売却して侍僧となり全く当年の旧教の地位に代りぬ。［▽れり。］ルーソーの政治の自由によりて得たる鮮血の憲法は今や黄金貴族の玉座を築かんがための礎石たるに過ぎずなれり。［――］スミスの職業の自由今将《は》た何処に在りや。経済的貴族等が其の縁故と寵幸《ちょうこう》者とを以て職業の統治権を独占するが為めに、余りある経綸の才を抱けるものも三四《さんし》十銭の賃銀を得て終生を暗黒なる鉱坑の中に送らざるべからず。自由競争によりて彼れ取《とり》て代るべしと云ふか。是れ徳川の封建制度に於て一剣天下を横行せし元亀天正の戦国を夢むる者、今の法制経済を学ぶ青年書生は凡て、是れなり。馬鹿大名の下に匍匐《ほふく》する封建時代よりも由井正雪《ゆいしょうせつ》（江戸期の軍学者。倒幕を計り計画漏れて自刃）等に取りては戦国の昔は遥かに鼓舞せられたるべし。若《も》し一剣を以て徳川の封建制度に反抗して諸侯に取《とっ》て代りしものありしならば猿の如く口より手に生活しつつある労働者は一時間に坐《すわり》ながら数百万円づつの利潤ある経済的諸侯に取《とっ》て代るを得べし。或は往年の山田長政の如く北米に渡航し満韓に赴きて経済的諸侯たらんとするか、而も海外の藩《(版)》図は已《すで》に更に大なる其等に分割せられ終りたるに非らずや。今日三井。岩崎を望む者あらば其の不可能なる日本皇帝たらんことを企だつるが如く、不敬漢とは呼ばれざるべきも発狂者と見らるべきは論なし。自由競争とは競争すべき機会の自由なる獲得を前提としての立言なり。重き一台の車に、老病の父母と、貧血の妻と、飢餓に泣く子女とを載せて、よろばひながら坂を昇り行く失望の子を、軽裘肥馬《けいきゅうひば》（富貴な人の外出時のいでたち）の一鞭を振つて嘲笑し去る者ありとせば、そは地獄に存在すべき自由競争なり。繊弱なる婦女子と可憐なる童幼とを駆りて終生を機械囂々《ごうごう》の下に繋ぎ、嘗《かつ》て拝顔することをも得ざる工業主と自由に競争せよと云ふ、是れ封建諸侯と一土百姓とが自由競争に在りといふと等しき残酷なる侮弄なり。自己の殺活の権下に在る奴隷の戦ふべき武器なきを知りて、而も教育財産の鎧に身を固め雲の如き家臣に護衛せられ、資本の鎗《やり》を閃《ひらめ》かして対等の勝負を求む、こは自由競争にあらずして捕虜の虐殺なり。スミスは自由競争のために自由競争を説きしに非らず、貴族国顛覆のために自由競争の対等に行はるべき平等の天地を理想せるのみ。然るに今や再び経済的貴族国が美はしき自由平等の法律を被布として建てられ、社会は当時の如く上下の二大階級に越ゆべからざる空間を隔てて割裂したり。職業の自由とは空しく富国論の紙上に残りて——見よ、吾人は囚徒の如く機械の周囲に繋がる。実に人類の労働に代はるべく期待せられたる機械は、今や貴族階級の城廓となりて往年の平民を威圧したる如く全社会の上に轟々の響を為して臨む。社会より貧困を駆逐せんがために歓迎せらるべき機械は、今や貧困者を絞殺し、絞殺を免れたる僥倖《ぎょうこう》者をも失業の不安に脅かして運転す。ああ機械発明に逆比例する貧民階級の拡大と失業者発生の驚くべき速力。斯る石壁と溝壚とを以て築ける城楼よりも遥かに金城鉄壁の器械を以て黄金貴族の護らるる時、何の自由競争あらんや。自由競争とは階級に伴ひて二つに分類さるべし、即ち黄金貴族間の残虐なる経済的混戦の放任、及び賃銀奴隷間の麺麭《パン》屑に対する餓鬼道的争奪これなり。——尊き個▽改人主義〔▽民主主義〕と我がスミスとは斯ることの為めに自由競争を説かんや。富国論が児戯に類するニユコメンの蒸気機関を只一ケ所に而も偶然に引用せるに過ぎざるは彼が一百年前の人なればなり。彼にして存するならば今日の経済学は機械を本論とし他は凡て附録に組み替へよと云はん。今日一切社会の問題は機械より湧沸す、社会的現象の凡ては機械を中心として繞《めぐ》る。実に機械と云ふ封建城廓を貴族階級に占領せしむ可《べ》きや否やが一切社会的諸科学の根本問題なり。

▽改個人主義［▽民主主義］の根拠なき誤謬なることは後に説く。只その誤られるにせよ之を今日の経済的貴族国の下に於て唱道せんとする者あらば、そは嘗《かつ》てスミスが為せる如く革命の先鋒たらざるべからず。経済的貴族の闕下《けっか》（天子の御前）に匍匐《ほふく》して、徒らに望みなき賃銀奴隷を欺瞞するを以て職業となす如きは其者に取りては職業の自由たるべしと雖《いえど》も、スミスは地下に慟哭すべし。否、▽改個人主義［▽民主主義］の論理的帰結は国家を以て『止むを得ざる害物』と名《な》づくる如く一の無政府主義に在り。彼の個人の絶対的自由に憧憬して無政府主義を唱ふる者の如きは［民主主義の］論理的進行の当然にして、其の或者の爆烈《（裂）》弾に訴ふるが故に強力禁圧▽改せらるると雖《いえど》も、現社会の［▽せらる。而も現社会を］『止むを得ざる害物』を［▽なりとする］▽改個人主義［▽民主主義］［を金権］に於て讃美しつつある者は爆烈《（裂）》弾よりも大規模なる餓死に訴へて其の主義を実現しつつある官許無政府党員なり。社会主義にせよ、▽改個人主義［▽民主主義］にせよ、其の現社会の経済的貴族国なるを認めるならば悉《ことごと》く反対の側に立たざるべからず、今日日本に於て一括して社会主義［者］と目せらるるものの中に依然として旧式の独断的自由平等論を為しつつある者を見るが如き其の▽改個人主義［▽民主主義］者にして現社会革命の余儀なきを認むる者の例なり。（▽改故に彼等は広き意味に於ける社会革命家と云ふべし、後に説く）。［▽（革命的▽改個人主義［▽民主主義］が単に革命的なりと云ふの理由に於て民主社会主義と或る一派を有して而も根本に於ける相異が前者の中世的思索系に属する所以は論述の進行に伴ひて明確なるべし）。］

第二章

〔第四節〕

経済的貴族国の歴史的考察／個人的労働時代の勤倹貯蓄／マークスの価格論の誤謬／『大日本史』と『資本論』／資本は掠奪の蓄積なり／経済的土豪／資本家発達の歴史／日本の土地兼併は資本の侵略なり／工業革命の日本／賃銀奴隷間の餓鬼道的競争

〔第五節〕

経済的群雄の元亀天正／恐惶《ママ》／企業家の所謂『自己の責任』／恐惶《ママ》を負担するものは全社会なり／経済的元亀天正はツラストの経済的封建制度に至る／ツラストの物価低落は経済的兵火なきが故に事実なり／ツラストの誅求《ちゅうきゅう》苛斂《かれん》は封建なるが故に亦《また》事実なり／封建時代の百姓一揆とツラストに対する同盟罷工／売買関係の私法にあらず公法の統治関係となる／経済的封建制度は経済史の完結にあらず

〔第六節〕

革命の発火点は権利思想の変遷にあり／〔民主〕社会主義は権利論によりて立つ／▽改個人主義〔▽民主主義〕の掠奪せる所有権神聖の金冠／権利思想の変遷／腕力は所有権を確定すと云へる占有説の古代思想／占有の国王貴族を顚覆せる労働説／〔民主〕社会主義は社会の所有権神聖を主張す／資本家の機械占有と往年の奴隷占有／機械は死せる祖先の霊魂が子孫の慈愛のために労働す／リカードの不備の点と地代則の説明／地代は人口増加の結果なり／都会地の地代は社会文明の賜《たまもの》なり／無数の土地所有権弁護論／薄弱なる加工説／▽改個人主義〔▽民主主義〕時代の独断的権利論／▽改個人主義〔▽民主主義〕の権利の理想は形式に於て似たるも〔民主〕社会主義と混同すべからず／▽改個人主義〔▽民主主義〕の法理学は亦《また》其の経済学の如く現社会の弁護にあらず／権利とは社会生存の目的に適合する社会関係の規定なり／社会の利益即ち権利にして正義なり

［第四節］

実に此の経済的貴族国に対しては貴族主義を主張するものに非ざるよりは、如何なる者と雖《いえど》も打破の外なきを認むべし。而して科学的社会義は凡ての社会的諸科学の原理に立ちて根本的革命を主張するものなり。故に［民主］社会主義は此の経済的貴族国につきて歴史的知識を要す。如何にして革命せられたる封建の敗《廃》墟の上に更に革命を繰り返へすべき経済的貴族国の建設さるるに至りしか。

此の説明は『資本』と『土地』との解釈なり。然るに下等なる物質を以て組織されたる頭脳の学者は経済的貴族国の城廓たる資本の説明に於て今尚勤倹貯蓄の結果なりと云ひて甘んず。斯る学者は貧困に生るれば天理教を信じ狐狸を礼拝して世を終るべき憐れなる天賦の為めに、経済史の進行に置き去られて一世紀前の知識に止まる者なり。——彼等は個人的生産時代の知識を以て社会的生産の現代を解釈せんとする者なり。而しながら彼等は已《すで》に充分に其の任務を尽せる者にして只安らかに死の手に抱かしめば足る。吾人は今日旧派経済学の死屍に鞭《むち》つものにあらず。例令《仮令・たとえ》ば茲《ここ》に滔々たる大河の一所に停滞して数方　哩《マイル》に渉る湖を湛へたりとせよ。而して其の湖面の上に狡猾《こうかつ》なる獺《うそ》（カワウソ）が小さき頭を出して、この澎湃《ほうはい》たる大湖の水は皆余が河畔に労《はたら》きて掬《く》み来りし結果なりと云ひしとせよ。生き残れる旧派経済学者なる者は、然りこれ獺《うそ》の勤倹貯蓄の結果なりと云ひて信仰しつつある者なり。経済学の問題は湖面にあらず、河流にあらず、遡つて水源に疑問を集中せざるべからず。農夫の有する一丁の鍬《くわ》、大工の持てる一振の斧は固《もと》より彼等が勤倹貯蓄の結果なるべし。山と河とに分かれて働きし翁媼《おうう》の昔話の時代に於て、アダム、イヴの労働を命ぜられたる時代に於て、勤倹貯蓄は実に資本の源泉なりき。而しながら機械発明以後の資本は斯る個人的労働の資本とは流れ来る所の水源に《を》異にす。若《も》し一瓶の美酒に数百人の血液を湛たへ、赤道直下に労《はた》らく幾万同胞の涙を凝集して輝やく粟大のダイヤモンドに其の浪費を飽かしむる能はずして、終生の辛苦は消費の途を発見するに在りと云はるる所の経済的貴族の資本が、却《かえつ》て幾何級数の勢を以て一年は一年より倍加し行くを尚且つ勤倹貯蓄の結果なりとせば、世界の凡ての辞書は直に其等の文字を訂正せざるべからず。若《も》し個人の勤労の結果なりと云ふならば生るるとより何等の勤労なる者をせざる彼等資本家の資本は無より有を生ずるものなり。是れ個人的生産時代の勤倹貯蓄にあらず、社会的生産を資本家に独占せしむる掠奪の蓄積なり。——▽削除△［プルードンに首唱せられたる］『資本は掠奪の蓄積なり』と云ふ科学の帰結は生産を社会的に為しながら個人的の分配を為して生産せる社会が分配に与《あず》かることを得ざるを以てなり。カール・マークスの『資本論』が頗《すこぶ》る遠き以前の知識なるがために其の枝葉の点に於て無数の非難を被むるべき余地ありと雖《いえど》も、『資本は掠奪の蓄積なり』と云ふ大原則は引力説の如く不動の真理なり。彼が其の価格論に於て貨物《かぶつ》の価格は需要供給によりて決定せられず之を生産に要する労働時間の長短によりて定まるとして一切の議論を建設せしがために、［――］路傍にて拾ひし宝石は一分間の価格より外有せずして数時間を要する机は其れに数十倍する高価なるかと云ふが如き、［――］労働時間なき天産物は無代価なるかと云ふが如き、［――］同一の石炭にして発掘の困難なる者は容易なる其れより価格を高くして買ふものあるかと云ふが如き、［――］長時間の労働が無用の生産に終りし時と雖《いえど》も短時間の有用なる貨物《かぶつ》よりも高き価格を有するかと云ふが如き、［――］一時間にて釣りし一尾の魚と時計師の一時間と著述家の一時間と其価格に於て同一なるかと云ふが如き、［――］斯る正当なる批評に対して根拠より動揺せしが為めに、遂に資本が掠奪の蓄積なりと云ふ鉄案をも蔽はしむるに至りしことは事実なり。而して今日社会主義者と称せらるる者の中に於て、恰も生物進化論者がダーウィンを偶像とせるが如く、マークスの資本論を信仰個条［――信者の祖師開山に対する如き――］として今尚物価は労働時間の長短によりて計算さると論じて甘んずるものあることも亦《また》事実ならずと云はず。而しながら長き討究を以て磨き上げられたる真理は彼の価格論に大なる修正を加ふると共に削除『資本は掠奪の蓄積なり』▽削除△なりと云ふ経済的貴族国の基礎を愈々《いよいよ》厳粛に発見するに至れり。即ち革命されたる貴族の土地が各国の歴史によりて（日本に於ても幕末の順逆論の歴史によりて）掠奪なることを発見せられたる如く、マークスの資本論は経済的貴族の『資本』が亦《また》等しく掠奪なることを科学的帰納に於て発見したる者なり。

　故に過去の貴族を顛覆せる革命家が歴史的叙述に於て貴族の土地掠奪の跡を明示せる如く、此の経済的貴族国を革命すべき社会主義は資本家掠奪の跡を歴史的攻究を以て明示す。故に水戸の『大日本史』の如くマークスの『資本論』は経済的貴族の発生し発達し来れる歴史を明《あきら》かにす。彼の価格論の誤謬を去れる真理は下の簡単なる一言に在り。――労働者の賃銀は需要供給の原則によりて支配せらる。而して人口の増殖は労働者の供給を過多にし機械の発明は（其の事業の拡張さるる時を外にして）需要を減少せしめ、賃銀の市価をして労働者自身を維持し得る食物の市価にまで低落せしむ。資本家は此の食物の市価に於て労働者と契約し一日十三四《さんし》時間の長時間を労働せしむ。此の長時間の労働によりて得る生産物の中（必ず注意するを要す（、）吾人は労働の時間其者を価格となして長時間の労働によりて得る価格の中とは云はず）、労働者の賃銀たる食物の市価だけを引き去り、残れる生産物の有用なる価値を需要せらるることによりて生ずる価格は悉《ことごと》く資本家の掠奪する所となる。この掠奪の蓄積は更に転じて資本となり、更に労働者の庸《やと》削除ひ入れとなり、更に大なる掠奪となり、雪塊の転々するが如く更に其の資本を増大し行く。是れ貴族国の萌芽たる土豪の発生せるが如きものにして漸時（次）に経済的群雄割拠の戦国となり（例へば現時の日本の如し）、更に厳然として動かざる経済的封建制度の大資本家合同の時代となる（例へばツラストの北米の如し）。

実に斯る無数の土豪的小資本家が、僅かに一世紀間に於て僅少の群雄割拠となり厳然たる経済的諸侯となりて発達し来れる所以の者は、実に近世文明の機械工業にあり。経済的貴族国の城廓なりと云へるもの是れなり。重力落下の物理的原則によりて支配せらるる歴史の進行は、十九世紀に至つて彼自身が発明せる汽車と競争すべき速力を以て走り来れり。此の時勢の汽車に一歩を先んじて投じたる、否多くは或る事情のために自ら知らずして車中に転がり入りし僥倖《ぎょうこう》者が今の経済的貴族或はその父祖なり。機械工業を利用することに於て智巧なる、或は幸運なる者は其機械の城廓に拠りて独立手工業者を圧倒せり。而して圧倒せられたる独立手工業者は麺麭《パン》のために其の独立を維持する能はずして戦勝者の軍門に降り労働者となる。――経済的貴族国の萌芽は茲《ここ》に於て培養せらる。嘗《かつ》て独立手工業者の独立なる経営が其の労働の結果に対して全部の所有権を主張したりしもの、今や自己労働の果実が食物の市価たる賃銀のみを除去して他の凡て掠奪さるるに一の疑ひをだに抱かず其の贓品《ぞうひん》（窃盗など財産犯によって得た財物で、被害者が法律上の回復追求権をもつもの）の所有権神聖の下に唯々として働くに至り▽改ぬ。［▽れり。］汽車に乗り後れたる一歩の差は如何に健脚を以て走るも及ぶべきにあらず。一歩の幸運児は掠奪せる価格の蓄積を以て更に新機械を使用し、是を使用する能はざる他のより小さき資本家を圧倒す。而して更にその新機械を以て其の資本を増大し、増大せる資本を以て更に新機械を使用し、更に之を使用する能はざるより小さき資本家を圧倒す。圧倒は更《さ》らに資本の増大となり、資本の増大は亦《また》更に転じて圧倒となる。茲《ここ》に至りては勤惰にあらず賢愚にあらず、資本増大の速力は新機械の発明に応じて数学的確実を以て進行す。而して新機械の発明と其れに対抗する能はざる大資本家の敗北とは、無数の失業者をして彼等の門前に集まらしむ。――経済的貴族国の土豪等は茲《ここ》に於て征服の翼を張る。失業者は失業者各自の競争のために其の市価を動物として生存し得るだけに低落せしめ、背後に迫り来る空腹と妻子の悲鳴とは彼等をして餓鬼の如く奴隷の鉄鎖を争はしむ。始めには少なくも一家妻子を維持し得るだけの賃銀を以て最低限度とせるもの、今や腕力を要せざる機械は家庭の神聖と幸福とを詩人と道徳家の問題に残して、臨月の母と頑是なき児童とを捕縛して工業に繋ぐ。

此の経済的戦国の君主等は更に其資本を以て地方に侵略して土地の掠奪となり、土地を掠奪して存する地方の大地主は其の掠奪によりて得たる資本を以て其の範図（版）を拡張す。高利なる資本は土地占領の弾丸となりて働らく。日本に於てはアイルランドの大地主の如く革命前の欧州の如く、戦争の掠奪による土地の占有者は維新革命によりて其の掠奪物を国家に返へし、今は無権力なる華族として痕跡を残すのみ。（故に［民主］社会主義を直訳的口吻《こうふん》に於て唱へ土地は戦争の掠奪なりとして没収を主張するは▽改的なき発砲たるべし［▽武力的略奪に依らざる現代日本の土地問題に何等の批評たらざるべし］）。日本は諸侯の所有権の下に小作権をのみ有したりし者に国家が権利を附与して小有土農夫国となれり。（故に国家が公債の利子を負担して与へたる権利は国家に回復の自由ありと云はば聊《いささ》か論理的なるべし）。［『　《ママ》』を見よ］兎《と》に角《かく》日本の土地は一たび戦勝の掠奪者の手より離れたることは事実なり。而も今や新たなる掠奪者は資本の威力によりて土地を併呑しつつ始まれり。近年機械工業の起ると共に資本は無限に需要せられて無限の価値を表はし、年々誤算なく入る所の諸外国に類例なき利子利潤に比較しては、猫額大の水田に旧き小農式を以て一家老幼の営々たるも尚最低度の生活を維持するより外なき土地の薄利は余りに甚しき懸隔なり。往時農家の複《副》業として重要なる収入を為せる織業紡績等も凡て資本に奪はれたり。地租の負担は大地主にとりては地代の社会的産物に対する社会の権利なるべきも小有土農夫にとりては微少なる所有権に対する威嚇なり。彼等は蜜蜂の如く働きたる諸侯の小作人たりし土百姓《サーフ》当時と多くの相違ある生活を為す能はざるなり。都人士の嘲笑する赤毛布は其の嘲笑さるる如く東京見物の時と鎮守の祭礼の時とより外には鄭重に保存さるる贅沢品なり。畳なき茅屋《ぼうおく》と泥と破れとに充てる布衣とは、実に中農と称せらるる農業者の一般階級に於ける平常の生活なり。若《も》し中農と称せらるる者が其の二三《にさん》子女をして中農の名に応ずるだけの中等教育を受けしめんとせば借財せざるべからず。敢て子女の教育に限らず、平常に於てすら斯《かく》の如き低度の生活を送りて漸《ようや》く祖先よりの神聖視する土地を維持せる彼等が、暫 々《ママ・しばしば》襲はるる不作、疾病、等によりて借財に陥るや高利なる資本は土地の上に蛇の如く纏《まと》ひて、如何に労働の上に労働し如何に低度なる生活を更に低下すとも、土地の薄利は到底資本の高利に対抗する能はずして高利は高利を産み、数年ならずして其の神聖視する土地は都会の資本家、或は資本の自由なる他の大地主に兼併せらる。――実に英国に於て『工業革命』の惨劇を演じて一瞬の間に小有土農を掃蕩したる機械工業は実に此の可憐なる東洋の英国の上に工業革命を繰り返しつつあるなり。如何に統計は土地兼併の戦慄すべき速力を以て進みつつあるかを示す▽改よ。［▽か。］吾人は決して無智なる農業者をして文明の光輝ある生活も知らず、子女に高等なる教育をも受けしめず、只その生れたる土地に粘着せしめば足ると云ふものに非らず、▽削除否、社会主義は其の実現と共に日本の未開なる小農法の如きは根底より棄却して大農法の機械農業に改めざるべからざるを主張する者なり。△然しながら此の年々数限りなく土地を駆逐せられて浪々する同胞の前途につきて単に、是れ自然に大農法に至ること英国の如くなるべしとして悦ぶことは実に英国の工業革命と同一なる恐怖すべき形勢を忘却せるものなり。彼等は何処に行く。老衰せる父母は祖先墳墓の地を離るるに忍びずとなして掠奪せられたる土地の上に農奴《サーフ》となることにあり。若き男女は各々賃銀奴隷となりて食を求むべく都会に叢《むら》がり集まることに在り。父子相見《あいまみ》えず兄弟妻子離散す。

ああ農奴と奴隷の日本！　経済的貴族国の下に於ては彼等は何処に浮浪するも農奴と奴隷とより外に生くるの途なきことを知らざるなり。土地を放逐せられたる地方労働者が都会に流れ来りて喪家の犬（喪家の狗。喪中の家の犬、または、やどなし犬。転じて、やつれて元気のない人の譬え）の如く桂庵（奉公等の紹介者。口入れ屋。雇人の請宿）の戸口に排徊するの時は彼等と同一なる苦境に沈淪《ちんりん》（零落）せる都会労働者が工場の門前に掃き出さるるの時なり。ローマの奴隷商人は奴隷の頸に代価、年齢、能力を書きつけて飼小屋の中に置き以て人の来り買ふを待てりと云ふも、今日の桂庵は日に数百人を以て数ふる彼等に対して飼小屋をも有せず又食物をも与へ得るものにあらず。自由と平等の文字を額に烙印されたる奴隷は、如何なる困難を忍びても先づ口を糊することに急ならざるべからず。——経済的貴族国の君主等は茲《ここ》に至て其の経済的統治権を振って愈々《いよいよ》強大を加ふ。得業者に対する失業者の競争、失業者と失業者との競争、都会労働者と地方労働者との競争。実に賃銀奴隷階級の餓鬼道的競争は酸鼻《さんび》（むごくいたましいさま）を極む。

［第五節］

賃銀奴隷間の餓鬼道的競争と共に（完全に行はるる自由競争よ！）、一方に於て資本家間の相殺的競争は真に血の河を流しつつあり（前《さ》きに自由競争を二大階級に従ひて分類すべしと云ひしは是れなり）。

経済学者は、資本家が其の家老家臣を率ひ賃銀奴隷を招集して商工業を営むと云ふを見て生産なりと云ひつつあり。而しながら事実は多く然らずして彼等は生産せんがために企業なる者をなすにあらず、他の対抗者の生産を打破せんが為めに労働を命令しつつあるなり。是れ奇矯なる文字の玩弄にあらず、却《かえっ》て元亀天正の群雄が国利民福の為めに戦争せしと云ふが如き経済学者こそ文章に於て形容辞に富む。彼等は大部分他の生産を破壊せんとする意志を以て費やされたる破壊費を却《かえっ》て生産費と名《なづ》く。——実に経済的戦国なり。機械の響、鉄槌の音は戦場の突貫鯨波《げいは》（大波。鬨の声）の声なりとすべし。彼等経済的群雄は人情も、名誉も、高尚なる快楽も、精神霊能の開発も、一切を忘却して只管《ひたすら》戦争にのみ熱狂す。殺伐なる群雄が血に渇せる如く黄金に渇する彼等経済的群雄は、暗殺襲撃を以て親戚も朋友も眼中に映ぜざるものなり。元亀天正の群雄が連合反間の目的のために妻女の贈与放棄を手段として平然たりしが如く、令夫人と令嬢なるものとは資本の聯合のために結婚せしめられ市場の競争のために離婚さる。野蛮人の道徳家たらんには其の資格として殺戮、強奪、喰人の欠くべからず▽改と云ふ［▽ざる］如く、資本家階級の道徳家たらんには一切の不道徳と名《なづ》けられたるものを履行して洒然《しゃぜん》たるべき良心を要す。彼等は床に即くときと雖《いえど》も、如何にして彼の顧客を奪ふべき、如何にして彼の工場を顚覆すべき、如何にして彼の一家を倒すべきと云ふ計画に頭脳を悩ましつつあるなり。彼等は夢に悪魔と囁やく。同一なる営業者と云ふことは彼等にとりては地獄に落つるまでの仇敵にして、若《も》し戦敗者の一家にして零落離散し、其の父老が内職の燐寸《マッチ》箱を張り、世波を知らざる若者が腰弁当の小官吏となり、可憐なる愛女の細腰に飾るべき何者をも有せざるに至るが如きことあらば、是れ彼等の生涯に於ける最高調の満足にして、黄き歯を露はして嘲笑し、手を拍《たたい》て凱歌を唱ふ。この戦闘のために彼等は特殊の良心を有す。驕慢に満てる額も顧客の前には恥も外聞も解せずして叩頭《こうとう》し、利益を与ふべき官吏の足下には罪人の如く匍匐《ほふく》す。法螺《ほら》と吹聴とは彼等にとりては最も高貴なる道徳なり。自家の正直、自己の勤勉、自店の誠実、而して其の製品の優秀抜群なる虚構より他の誹謗排撃に至るまで、実に一切転倒せる道徳を奉ず。賄賂、買収、運動、広告、世にあらゆる醜悪なる良心に於てする醜悪なる戦闘なり。（▽改『社会主義の倫理的理想』に於て階級的良心を説ける所を見よ）。［▽（後に説く階級的良心の解説を見よ）。］而して戦闘は軍事費なくして継続する能はず。彼等は『生産費』なる名の下に経済的兵火の軍事費を租税の如く全社会の購買者に負担せしむ。而して戦闘のために明を失へる彼等は各々需要を超越する生産をなし、掠奪されたる全社会が其の生産物を購買するの力尽くるや恐慌《ママ》となる。恐慌《ママ》！　此の一語は地震の如く戦勝者も戦敗者も共に仆《たお》す。如何にロッセルが『唯野蛮なる民族のみ恐惶《ママ》を免かるるのみ、而も之を免かるるも彼等は幸福なりと云ふを得ず』と云ふとも、又リカードが『恐惶《ママ》を歎くは富豪が其の満船の貨物の風波に逢はんことを恐れて貧民の安全を欲するの愚と等し』と云ふとも、そが野蛮人も知らざる如き悲惨なる爆発を来たし実に全社会を船に載せて難破する如く数年の蓄積を一朝にして掃蕩す。而して之れ必ず十年毎に来り其の小なる者は常に至る処に在り。而《しか》もチェオンスは其の責任を太陽の黒点に負担せしむ。——この経済的元亀天正の禍害を被むる者は、往年の戦乱の下に在りし百姓町人の如く実に労働者と全社会となり。然るに凡ての経済学者が彼等企業家なる者の定義を下すや、皆必ず、『企業家とは自己の計算によりて自己の責任を以て労働者を雇傭して生産に従事する者なり』と云ふ。自己の計算と云ふことが空虚の誤算と我利の計画なりといふことならば充分に真なるべく、生産に従事するといふことも或る程度まで偽りならざるべし。而しながら『自己の責任』といふに至りては憤怒すべき欺瞞なり。彼等は何日その責任なるものを尽くしたる事ありしか。利益は自己の責任に於て負担することは便宜にして事実なり。而も需要供給が世界的経済に拡張せられて徹頭より暗中の飛躍に過ぎざる彼等が無謀なる計算のために、一切の損失困難禍害を負担する者は実に労働者と全社会となることを知らざるべからず。掠奪の蓄積に過ぎざる資本の喪失は彼等冒険者にとりては本来の裸体なり。而しながら工場の閉鎖によりて生ずる労働者の失業、失業者によりて被る社会の危険と動乱とは『自己の責任』は別問題とするに似たり。愚昧と残忍との系統的組織に過ぎざる経済学は、失業者の如きは小活字を以て一隅に葬り去る。而も一人の失業者は其の老母をして縊《いし》死せしめ、其の妻をして貧血に病ましめ、その女をして売媱《ばいよう》婦たらしめ、而して彼自身をして『犯罪たるべき危険状態』として流浪せしめ、愈々《いよいよ》食なくして飢ゆるや終に一銭の窃盗となり更に殺人の強盗となる。経済的群雄の元亀天正のために、一戦敗者の生ずる毎に社会の下層は実に一個の犯罪階級と化しつつあるなり。而してこの犯罪者によりて害せらるるものは猛犬と門壁とを有する上層の犯罪階級――詐欺、賄賂、官金費消、投機、政治の罪悪によりて安全なる設備を有する邸宅に住する犯罪階級にあらずして、備へなき家屋の中産者と労働者との階級なり。彼等は上層の犯罪階級の為に一切の生産を掠奪せられ生産物の購入に於て軍事費を課税せられ、戦敗者の生ずる失業者のために更に僅少なる残部を脅かさる。『自己の責任』とは企業家一人の覆没《ふくぼつ》を以て抹殺さるべきものにあらず。

　而しながら、この資本家間の殺戮戦は近き将来に於て全く停止すべきものなり。米合衆国の如きは已《すで》に殆ど全く停止しつつ始まれり。彼等が小企業家を倒し、大企業家を倒し、より大なる企業家を倒しつつ進む間に、彼等は数十の戦勝者と相対抗せるを発見す。――経済的元亀天正は経済的封建制度に至るべき歴史的過程なり。資本家は徳義につきては良心の感覚は甚だ痴鈍なるも利害につきては驚くべき鋭敏の耳を有す。目醒むるとより黄金々々と呼び眠るまで経済々々と囁きつつある彼等が、竜虎の相撃が大損失の愴（創）傷なくして終るものに非ざることに気附かざるの理なし。広告によりて数千万円を費やし、競争によりて物価を低落せしむるよりも、最後まで踏み止まりし大資本間の合同は経済史当然の潮勢なり。ツラスト是れなり。而して他の階級に相競争せる労働者も亦《また》強固なる労働組合を組織し茲《ここ》に二大階級は其の階級間に於ける自由競争を停止［せんと］す。

　我が経済的群雄戦国の日本に於ても近時ツラストの唱呼漸《ようや》く高くなり来れり。恐くは今後十年の後に於ては米合衆国の如き厳然たる経済的封建制度となるべし。資本家の歴史が斯くて封建制度に入るや、大名階級の聯合によりて全社会を抑圧し、大名階級は盤石の上に築かれて全社会の上に権力を振ひ誅《ちゅうきゅう》求苛斂《かれん》（租税などのむごくきびしいとりたて）し始じむ。彼等が大合同による経費の節約と新機械応用の自由と、原料の安価なる買入と、一切の広告競争の無用とのために驚くべき利潤の増加を来し、為めに其の余沢を以て或は物価を低落せしめ、全社会をして経済的兵火より免かれしむることは事実なり。故に吾人は皮相的見解者の如く徒らに慷慨してツラストは物価を騰貴せしむと論ずるものに与《く》みせず、統計は明《あきら》かにツラストが小資本家時代よりも物価を下落せしめて全社会を幸福ならしめつつある事実を示めせばなり。然しながらツラストの誅求苛斂といふことは亦《また》統計の示めす所なり。何となれば、そはツラストなればなり。経済的封建制度なればなり。封建制度は群雄戦国より兵火の禍害なしとするも封建制度の誅求苛斂は其の封建制度たることに於て論なき事実なり。若《も》し経済的諸侯にして永久に賢明に、又賢明なるもののみならば社会の購買力を計りて物価を低落せしめ、仁君なる崇尊と共に永続的に血液を絞り取ることは安全なる方法にして、過去の貴族等も頗《すこぶ》る斯る智巧ありき。然しながら彼等の多くが馬鹿大名なるが如く、絶対無限の専制権には驕慢と暗愚とが伴ふ。経済界の専権を有するツラストは其の生産が社会の購買力によりて維持さるるものなる▽削除△ことを観慮《ママ》せずして物価の横暴なる騰貴は続々として起る。これがために起る彼の生産過多▽削除△――実はイリーの所謂消費不足の為めに依然たる経済界の動乱は今の北米に見よ。経済的貴族国に於て驕慢暗愚のために顛覆する諸侯と其れが為めに生ずる百姓一揆とは当然の現象なり。――実にツラストは専制無限権の封建諸侯なり。彼等は人類咽喉の支配権を有す。ツラストにとりては売買を保護する私法と云ふもの化して以て明白なる公法となる。法律学者の云ふが如く、公法とは権力関係を規定し私法は平等関係を規定すといふものならば、而して権力関係とは強き意志が弱き意志に対する関係にして命令し服従するの関係なりといふに在るならば、人類の物質的生活に対する一切の権力、生殺与奪の絶対専制権を有する彼等は、全き意味に於ける統治者にあらずや。対等の意志による売買にあらず、此の統治者が物価を命令し、之が消費者たる社会が服従する明白なる統治関係なり。彼等は売買と云ふ名の下に全社会に対して租税を徴収する真の経済的貴族、経済的家長君主なり。

而しながら貴族制度が国家主権の公民国家に至りし如く（▽改『所謂国体論の復古的革命主義』を見よ）、「▽（『国体論』に於て維新革命を論述せる所を見よ）、」経済的封建制度は亦《また》決して経済歴史の完結にあらず。彼等がツラストの大合同を為さんとするや、無用なる、若くは利益少なき工場を閉鎖し、其の工場によりて立てる都会をトルコ人の如く破壊し、際限なく発明さるる新機械の使用毎に一時に数万の労働者を失業者として社会に放逐す▽削除△――失業者の或者は軽蔑に漲《みな》ぎれる慈善家の微笑に迎へられ、社会は監獄の鉄門を地獄の如く開放して待つ。切迫は労働者をして尊き諸侯に叛乱せしむ——恰も封建時代の百姓一揆の如く。彼等は大団結を為して数十日数閲《えつ》月に渉る同盟罷工（ストライキ）を為して百姓一揆を継続す。罷工又罷工、工場の閉鎖又閉鎖、アナーキストは飛躍し、労働者の飢餓は暴行となり、終に警察権濫用の口実となり、更に軍隊の発砲となり、実に惨澹《さんたん》の市街戦を演ず。

河流は流るる所に流るるものなり。ナイヤガラの大瀑布はオンタリオ湖に落ちんがために轟き、全社会は［民主］社会主義に落ちんが為めに沸騰す、屢々《しばしば》繰り返へされて屢々《しばしば》敗らるる同盟罷工の百姓一揆が終に政権▽改［▽国家的権力］の上に起ち現はれて『［民主］社会主義』の旗幟《きし》の下に集まるの時、茲《ここ》に経済的貴族国は顚覆して維新革命の断崖に漲《みな》ぎり落つ。

［第六節］

革命の発火点は権利思想の変遷に在り。故に［民主］社会主義は徹頭徹尾権利論によりて立ち些《いささか》の調和折衷を許さず。［民主］社会主義にして権利の前に怯懦《きょうだ》（臆病、意志薄弱）なるが如きことあらば社会と国家とは秩序と安寧幸福の名に於て之を十字架に上《のぼ》すも一人の涕泣《ていきゅう》すべき使徒も無かるべきなり。

現今、［民主］社会主義を審問して判《さ》ばきつつある者は所有権神聖の金冠を戴ける個人主義▽改［▽民主主義］なり。而しながら▽削除個人主義よ、△［民主］社会主義は爾▽改［▽今日の民主主義］が戴ける金冠其者よりして掠奪物なることを指示する者なり。金冠は侵《お》かす可《べか》らず、所有権は神聖なり。而しながら単に所有権神聖と云ふが如きは内容なき文字にして其の所有する理由によりて神聖なる権利が帰属する所を異にす。マークス以前の空想的社会主義の如く資本家階級の所有権を認識して只神に求め涙を流すとも厳格なる権利は冷笑すべきなり。科学的社会主義は自ら金冠を戴きて凡ての者の上に神の如く判▽改《さ》ばく。［▽判ばかざるべからず。］

中世貴族国時代に於ては、我は我が力を以て天下を取れり、王たらんと欲すれば王、帝たらんと欲すれば帝と云へる権利の声ありき。而しながら維新革命は国家主義▽改［▽国民国家主義——民主社会主義——］の権利を以て遡つて之を否みたり。是れ占有説と称せらるる者にして、征服と略奪とによりて国を建てたるローマが占有の論墟《ママ》に十二銅柱を建てたる如き是れなり。是れ古代中世に於ける凡ての民族に共通なる権利［思想］にして、日本民族の祖先が此の国土を掠奪して権利を設定せしが如き是れなり。腕力が所有権を確定すと云へる者是れなり。此の権利思想は永き間継続したりき。欧州に於ては大革命以前まで日本に於ては維新革命以前まで、土地の所有権は此の占有説によりて国王貴族を神聖ならしめたり。然しながら土地に対する本来の占有者は決して一個人にあらずして民族全体の発見と戦闘とによる占有なり。而して占有によりて得たる所有権は占有すること能はざるによりて所有権の理由を打ち消さる、故に、骸骨が墓中より臂《かいな＝腕》を延べて其の占有を継続する能はざるが故に相続権の如きは占有説によりては解すべからざることとなり、為めに之を今日に於て唱へんとするならば相続によりて生ぜる財産、及び財産を相続せしめんとする理由を、自家の論理によりて暗殺することとなる。▽改否、［▽而して］是れ実に国王貴族が其の土地に対する所有権を打破せられたる所以にして、革命前後は▽改個人主義［▽民主主義］の労働説を以て所有権を説明するに至れり。実に労働の果実が労働せる個人の所有となると云ふ明白なる理由は、遊牧時代より農業時代に入り（一面他の民族に対して主張せる占有説と共に）民族内個々の間に於ける個人労働の果実を無視せんとするものに対して生産を保護したり。而してこの労働説による所有権の要求は中世の封建諸侯の掠奪に対して市民の商工業を保護し、更に占有説によりて立てる国王貴族の土地所有権を打ち消して唱へられたり。彼の革命の大破裂に於て掠奪によりて得たる彼等の土地財産を顚覆せるものは、実に此の労働の果実は労働せるものの所有なりと云ふ労働説が占有説の掠奪を否認したる者なり。焉《いずくん》ぞ地代資本の如き社会的産物を占有なる名に於て掠奪せしめんが▽改ため［▽為め］に、労働説の▽改個人主義［▽民主主義］が所有権神聖の語に飾られて唱へ［られ］んや。個人的労働によりて個人の所有権が神聖なる時代は歴史に葬られたり。社会的労働の今日、社会のみの所有権が神聖なり。実に、所有権神聖の如き語は寧《むし》ろ社会の権利を神聖なりと云ふ者にして却《かえっ》て［民主］社会主義の金冠たりとすべし。

　実に［民主］社会主義は社会が社会労働の果実に対して主張する所有権神聖の声なり。然るに機械の公有を以て所有権を無視すとの抗弁は何たることぞ。若《も》し何者の労働せる果実なるに拘《かかわ》らず余の占有せるものは余の権利なりと云はば、是れ腕力を以て所有権を確定せる近代以前の権利思想にして、人類を鎖と鞭とによりて占有するが故に奴隷廃止は所有権を無視すと云ふと同一なる議論なり。▽改個人主義［▽民主主義］を主張して［民主］社会主義に対抗するならば▽改個人主義［▽民主主義］の権利論を以てすべく、而して所有権は労働せるものに在りとの正義は実に▽改個人主義［▽民主主義］の法律の理想たり。然れば機械の公有を労働説の▽改個人主義［▽民主主義］に於て否定せんと欲するならば、権利の主張者はワット以下の発明家の子孫たるべくして、単に排泄作用の労働より外為せしことなき資本家は其の労働の果実たる醜怪なる物質に対してのみ神聖なる所有権を得べし。否、機械其れ自体が労働の限界分量を限りて分割するを得べきものにあらず、一つの蒸気機関に於けるワットの個人的効果は其の機械を組み立つるに用ひられたる全智識の百千分の一にも過ぎず――故に▽改個人主義［▽民主主義］は非なり。真に法律の理想によりて円満なる所有権を主張し得るものは、其等個々の発明家にもあらず、其の占有者たる階級の資本家にもあらず、又その運転を為しつつある他の階級たる今の労働者にも非ず、只歴史的継続を有する人類の▽改混然［▽渾然］たる一体の社会のみ。機械は歴史の智識的積集の結晶物なり。機械は死せる祖先の霊魂が宿りて子孫の慈愛のために労働しつつあるものなり。愛児の大多数をして地獄の苦痛に投じながら二三《にさん》悪童の野蛮時代なる権利思想を以て占有を主張すとも今日の正義は許容せざるなり。故に若《も》し所有権神聖の理由を以て［民主］社会主義に対抗せんとするものあらば［民主］社会主義は寧《むし》ろ社会労働の果実たる資本に対して所有権神聖の名に於て公有を唱ふと云はん。

社会労働の果実に対する社会の所有権は又地代の上に要求せらる。何人《なんぴと》も知れる如くリカードの地代則によりて、地代が人口増加の結果と社会文明の賜《たまもの》なることは確定せられたる事実なり。固《もと》より後世の学者によりて充分に指摘せられたる如く、耕境（経済的に耕作を行い得るか得ないかの限界に立つ土地。耕作限界）の伸縮は彼の云ふが如く、時に応じて迅速に行はるるものにあらざるべし。小作料の如きは多く在来の慣習慣例に妨害せられて其の法則のままに上下する者にあらざるべし。外国米の輸入、外国の土地の開墾等によりて又その法則の圧伏せられて働らかざることあるべし。彼は旧世界の英国に生れたるが故に土地は始め豊饒の地よりのみ耕やさるると思ひ全く反対の現象の存する新開国を知らず、為めに其の法則が事実上の根拠に於て薄弱なりしことはあるべし。即ち旧派経済学の抽象論に走る弊害の俑《よう》（死者とともに埋葬する人形）を為せる（俑を作る。木偶・土偶を埋める風習がやがて殉死という不仁な風習を生じさせるもととなったとして、これを孔子がつよくにくんだという故事から、善くないことをし始める。悪例をつくる）▽改彼れ［▽彼其人］たることに於て、他の多くの働きを為す社会的条件を忘却せる非難は充分に理由あり。而しながら斯る欠陥に充《み》てるに拘《かかわ》らず、彼れが如く考ふることによりてのみ地代の説明せられ得るものなることは一般の学者の否まざる所なり。吾人は固《もと》より旧派経済学の無数の誤謬を認むることに於て社会主義者の名が示す如くなりと雖《いえど》も、彼の如き方法によりて地代を思考し得べしとする者なり。――穀物の市価は最も多き生産費によりて定まる。斯る生産費の差額は土地の肥度と市場への便宜とによりて生ず。斯く多くの生産費を要する下等地を耕作せしむるに至るは人口増加の為めに穀物の需要多くなるが故なり。されば今、生産費差額を全く土地所有者に払ひ土地を借りて耕作に従事するも、下等地を耕作すると同一なる利潤を得べし。茲《ここ》に於て其の生産費差額は常に全く地代となる。而して人口愈々《いよいよ》増加すれば、更に多くの生産費を要する下等地に耕境を低下せしめ、其の低下するだけ生産費の差額を多くせしめ、其れだけ地代を増加せしむ。故に現今小作人が地主に払ふ多額の地代は全く現今の如く増加せる人口の結果なり。増加せる人口と生《坐》食せる地主と何の関係あらんや。実に人口増加の結果たる地代が所有権神聖なる名の下に常に全く地主に掠奪せられつつあるが如きは個人主義の権利思想に［も］背馳《はいち》す。

都会地の地代は実に明白に社会文明の賜《たまもの》なり。停車場の設けられて其の附近の地代が増加することは地主の所有を神聖ならしむべき理由にあらず。交通の発達による地代の増加は蒸気と電気との収得すべきものにして、立ち退きを怒号する地主の労働の果実にあらず。東京市将来の土地暴騰を見込みて土地を買収しつつある富豪等は、将来の発達による東京市の所得たるべきものを現在の坐食によりて掠奪すべき権利を有するものにあらず。地主は如何に蚯蚓《ミミズ》の如く一升の土を喰ひて脱糞しつつ銀座街頭を匍匐《ほふく》するも一升の金と化し去る消化器を有するものにあらず。――仏国革命の［個人《ママ》主義］時代の権威たりし所有権神聖とは今や却《かえ》つて社会の主張すべき正義にして地主は占有によりてする掠奪者なり。

吾人は茲《ここ》に世に存する無数の私有財産権の弁護論につきて煩はしく語らざるべし。労働説によりて機械の私有すべからざるのは上述の如く、又占有説に基きて土地を所有する理由なきことも上述の如し。而しながら今日の土地は例令《仮令・たとえ》地代のみ社会的産物なりとするも土地其者は往年の貴族の如く掠奪による占有に非ざるが故に尚以上の諸説によりて所有権其もの▽改［▽者］を無視さるべからずと論ずるの余地あり。是れに対しては或は贓品《ぞうひん》の売買は無効なりと云ふを以てすべく、又或は吾人が先きに説ける資本の高利による土地侵略の非義を以て打破するを得べし。而しながら彼等は加工説なる者に残りて対抗を試む。即ち今日の土地の上に加へたる長き間の勤労と云ふことなり。而しながら斯る薄弱なる議論は其の所謂加工なるもの▽改［▽は］部落共有の占有に係る土地に対しての小作権に過ぎざりしことを忘却せるものにして、且つ著述家が畢《生》世の心血を濺《そそ》ぎて書ける版権にしてすら事《時》効によりて消滅するを知らざるものなり。土地の表面の一呎《フィート》を攪乱せるに過ぎざる僅少なる加工が如何にして天空より地軸に達するまでの所有権を確定し得るか、又数百年の後に至るも連綿として時効の来ること無きを得るか。資本家の蔵する応挙の画幅に拙劣なる画工が一抹の白墨を塗抹し是れ余が加工なりと云はば資本家は画工の所有権に服従するか、此の地球は地主の奇蹟によりて六日間に創造せられたる者にあらざるなり。

而しながら吾人は断言す、斯る議論は等しく共に個人主義▽改［▽民主主義］時代の根拠なき思弁的独断の権利論なりと。権利とは社会関係なり、社会と社会との間、若《も》しくは社会の会員と会員との間に於ける意志の発動すべき限定されたる境界なり。人類と神との間は宗教が支配し、人類と他動物との間は生物学が支配す。故に人類社会の関係たる権利の説明に於て、或は神を雲間より引き卸して天賦の権利を唱ふる如き、或は人類は生物なるが故に生存の権利ありと云ふが如きは、其の形式に於て［民主］社会主義の理想に類似せりと雖《いえど》も全く個人主義［▽民主主義］時代の革命論なり。（今日［民主］社会主義者に混ぜる個人主義［▽民主主義］の［▽的］革命論者は尚斯る権利論を為す）。故に吾人は個人的生産時代の権利思想を以て現制度を弁護せんとするものに向つては上述の如く其等の諸説の却《かえっ》て、そが嘗《かつ》て貴族国に為せし如く此の経済的貴族国の根拠を覆へすに至るべきことを指示すと雖《いえど》も、［▽指示す。而も］真理によりてのみ言動すべき［民主］社会主義は誤れる個人主義［▽民主主義］時代の天賦人権論的思想によりて社会の所有権を建設せんとするものにあらず。即ち此の経済的貴族国に対しては［民主］社会主義も個人主義［▽民主主義］も共に同一なる側に立つべきものなりと雖《いえど》も、［民主］社会主義は［民主］社会主義にして根拠なき個人主義［▽民主主義］とは同一視さるべからず。故に個人主義［▽民主主義］の経済学が再び繰り返へさるべき革命党たるの外なき如く［意味に於て］、此の権利論の問題に於ても個人主義［▽民主主義］の法理学は経済的貴族国に対して弁護者たるべきものに非らずと云ふことを解せば足る。［民主］社会主義の権利論は議論の基礎を単に思想上に於て思考し得べき原子的個人に置かずして社会を利益の帰属すべき主体となす。故に若《も》し利益と云ふ文字を一時的便宜又は眼前の政策といふが如き粗雑なる意味に用ゆること国家社会主義者の如くならず［▽用ひず］、社会と云ふ生物が（『生物進化論と社会哲学』を見よ）［▽（社会其者が生物なる所以の説明は『社会進化論』を見よ）］其の生存進化の目的に適合する手段との意義に解するならば、社会関係は其の目的に適合する手段として変遷し、関係の規定たる権利はその変遷に従ひて進化す。故に原始的平等と部落共有制とは平和なる原人社会に於ては其の社会の目的に適合せる社会関係の規定たることに於て、平等と共産とが其の当時の権利なりき。然るに人口の増殖して遊牧時代に入りて漂浪し農業時代に入りて土地を争ふに於ては其の社会生存の目的の為めに他の部落を排斥して土地を占有することが権利として其の時代の正義なりき。而して斯く他部落に対しては強力の正義によりて権利を認むると共に、其の部落の社会内の会員間に於ては牛羊を牧し農作を営む等の労働に伴ふ果実に対する権利として私有財産制が設定せられたり。即ち掠奪による土地の占有も或る時代に於ては権利にして私有財産制度も亦《また》或る時代の来るまでは正義なり。然しながら社会の進化と共に新らしき正義は古き権利を破りて進む。嘗《かつ》て充分の正義たりし占有の権利思想は個人主義［▽民主主義］の権利思想たる労働説によりて打破せられたり。而して今や又個人が終局目的なりとする思想は社会が利益の主体なりと云ふ新たなる他の正義によりて打ち消されたり。［民主］社会主義の権利論は社会が利益の源泉［▽根源］にして又利益の帰属する所なりと云ふ根本思想に於て▽改個人主義［▽民主主義］の其れを排す。

故に［民主］社会主義は徹頭徹尾権利論によりて立つと云ふと雖《いえど》も、其の権利とは独断的正義の理想に憧憬して▽改社会の［▽個人の権利又は］利益を無視すと云はるるが如き者に非らずして、社会の利益即ち権利にして正義なり［とす］。▽改然らば正義と権利との名に於て土地及び生産機関の公有を主張する社会主義は社会の生存進化の目的に適合する利益なるか。［▽則ち土地及び生産機関の『最高所有権』が社会、換言すれば民主社会主義に依りて組織されたる国家に存する権利観念の根本点に於て資本的▽改個人主義［▽民主主義］及び革命的▽改個人主義［▽民主主義］の理想と両立せざる者なり。］

第三章〔本章全文削除〕

社会の権利即ち社会の利益／経済的戦国の軍隊的労働組織と経済的公民国家の其れ／今日の公民国家の軍隊と社会主義の労働軍／経済史の大々的革命／社会主義に対する無数の非難を先づ現社会に提出せよ／人類の歴史は経済的貴族国に止まるか／社会主義の国旗を濫用せる国際法違反の国家社会主義或は講壇社会主義／『社会経済学』と『最新経済論』／国家社会主義は学界に於ける社会主義当面の敵なり／金井博士の社会主義評／氏は社会主義を解して掠奪階級の地位を転換するものとす／氏は資本と資本家とを混同す／氏は資本の説明と権利論につきて無学なり／田島博士と金井博士の人性の解釈よりする非難／人性の解釈に於て新旧経済学の五十歩百歩／旧派経済学と共に新派は公共心を解せず／社会主義時代の公共心による経済的活動／有機的活動の生理的要求／有機的休息と今日の懶惰《らんだ》／将来の快楽又は精神的快楽の動機なし／労働は今日神聖に非らず／神聖の意義／労働を忌避するは自由民たらんとの権利思想なり／国家社会主義は労働を忌避せしむ／今日の貨幣は人生其者の価格を代表す／貨幣の媒介なき地位と名誉とに対する利己心の経済的活動／万人平等の分配は権力濫用の経済的懸隔なからしむると共に個性発展の障害なからしめんが為めなり／田島博士の独断的不平等論／社会主義は個性の不平等を認め分配は不平等となる／金井博士は平等に分配さるる購買力と云ふことを享楽及び慾望の絶対的平等と誤まる／独断的平等論と独断的不平等論／不平等の正義なりし時代と平等の正義なるべき時代／田島博士の不平等論は自殺論法なり（本文になし）／平等観発展と歴史の意義／独断的平等論の逆進的批判と独断的不平等論の粘着的弁護／元来よりの平等に非らず又元来よりの不平等に非らず／社会主義の自由平等論の真意義／『社会問題解釈法』と憐むべき一記者／田島博士の経済的貴族国の弁護論／氏は君主国を却《かえっ》て共和国と云ふ／賃銀基金説の誤謬とラサールの賃銀の鉄則／労働者は生産物の分配を予じめ受くると云ふ新派の驚くべき空論／氏は企業的才能と利益の主体たる企業家とを同一視す／氏の外国貿易よりする非難／氏の所謂強大なる専制国／君主の目的と利益との為めに国家が手段として存する専制国に比すべき今日の資本家制度／田島博士の所謂微弱なる共和国、金井博士の所謂生産の減退／社会主義と偏局的社会主義／今日の所謂官吏と社会主義時代の監督者／ドイツに於て社会民主々義と云ふ理由／官吏専制の生産は国家社会主義其者なり／生産を減退すと云ふ非難の起る理由／社会主義は分配論に重きを置かず／今日の分配的眼光と共産時代

／個人的分配の理論的不能／分配は生産に伴ふ／円満なる理想としての共産主義／清貧の平分にあらず上層を引き下ぐるに非らず／社会主義は大生産によりてのみ実現さる／ツラストの資本家間のみの合同を更に全社会の合同となす／ツラストの浪費なき大ツラスト／生産権が個人の財産権たる今日と売官制度／小企業家と小資本家の尚存在し得べしと云ふ事実とツラストが社会主義に至ると云ふ事実とは別問題なり／鵺《ぬえ》的社会主義と純正社会主義

【本章全文削除】

実に土地及び生産機関の公有を正義と権利との名に於て主張する社会主義は社会の目的に適合する利益ならざるべからず。故に本編に題せられたる社会主義の経済的正義とは即ち社会主義の実現による経済的幸福と云ふことと同意義なりと解せらるべし。正義に反する者は利益にあらず利益を来さざる者亦《また》正義ならず。社会主義が正義によりて土地及び生産機関の公有を主張するは其の社会の利益のためにする公共的経営によりて全社会を経済的幸福に進ましむることを意味す。

経済的群雄戦国は経済的封建制度に至り経済的封建制度は更に経済的公民国家に至る。徴兵的労働組織と云ふ者これなり。

固《もと》より現今の生産と雖《いえど》も或る程度まで軍隊的労働組織なることは事実なり。即ち工業革命前に於けるが如く各人各個が全く孤立的生産を為したるが如くならず、機械は集合的労働によりて運転さるべきものなるが故に其の間に秩序と一致とを生ずるに至りしを以てなり。而しながら元亀天正の貴族国時代に於ける軍隊と、今日の公民国家の軍隊とは二つの重大なる根本点に於て異なる。——即ち貴族国時代の武士は其の君主との主従的契約関係によりて戦闘に従事せるに反し、今日の公民国家の軍隊に於ては全国民が国民各自の義務として又権利としての徴兵組織となれること。戦国時代の戦闘の目的は君主に帰属すべき利益の為めにのみ存し、其の武士と人民とは君主の目的の為めに手段たりしに反し、今日の公民国家の戦闘は国家の目的と利益との為めに為さるる事是れなり。今の経済的貴族に率ひられて戦ひつつある此の経済的戦国に於ては、資本家と其の従属者の関係は往時の米禄封土に於けるが如く全く賃銀年俸等の契約関係に於て成立し、而して奴隷的服従の道徳を以て経済的貴族の富を為さんが為めにのみ戦はる。往年の貴族等が其の奴隷的従属の家臣を気儘《きまま》に放逐し怒に任せて恣《ほしいまま》に斬殺するの権利ありしが如く、今日の経済的貴族も亦《また》その忠勤に是れ日も足らざる学者と事務員とを自由に解雇し、自己の利益の為めには幾万の労働者を餓死に陥るるの権利を認識せらる、往年の彼等が領土拡張の利益と他を凌駕すべき権力の為めに万骨を枯らすべき道徳上の権利を有したる如く、今日の経済的貴族も其の貪慾と蓄財の為めには幾千労働者の手足を機械の刃に掛けて切断し不完全なる鉱坑の設備に投して之を殺戮するも道徳上の無責任なり。而して元亀天正の当時幾多の貴族の各地に割拠して相攻伐し以て他の国土及び人民を兵火に荒らしたる如く、今日の経済的群雄も亦《また》各業に割拠し相互に他の生産と労働者とを経済的乱軍の兵火に掛けて焼き払ひつつあり。吾人は是れ以上に社会主義の労働的軍隊を以て今日の公民国家の軍隊に比することを止めざるべからず。何となれば其は亦《また》二つの重要なる根本点に於て異なる。——即ち今日の公民国家の軍隊は外国の利益と権利とを排斥せんがために少くも対抗せんが為めに徴集訓練せらると雖《いえど》も、社会主義の労働的軍隊は全世界と協同扶助を共にせんがために生産に従事すること。今日の公民国家の軍隊は絶対の専制と無限の奴隷的服従の階級とに組織せられ、其の報酬の如きは往年の主従の如き差ありと雖《いえど》も、社会主義の労働的軍隊に於ては各個人の自由と独立は充分に保証せられ、権力的命令的組織を全く排斥して公共的義務の道徳的活動と他の多くの奨励的動機とによりて労働し、物質的報酬に至つては如何なる軽重の職務も全く同一なること是れなり。即ち約言すれば、社会主義の軍隊的労働組織とは徴兵の手続によりて召集せられたる壮丁より中老に至るまでの国民が、自己の天性に基く職業の撰択と、自由独立の基礎に立つ秩序的大合同の生産方法なりと云ふを得べし。

是れ実に経済歴史の大々的革命なり。然しながら国司土豪より群雄戦国となり遂に封建制度を経て公民国家の権利義務たる国民的軍隊組織に至りし政治歴史の潮勢を見たるならば、此の経済的土豪の発達し併呑せられて群雄戦国の興隆滅亡となり更にツラストの経済的封建制度にまで流れ来りし経済歴史の潮流が独り維新革命の断崖を廻避して経済的公民国家の国民的労働軍に至らざるの理あらんや。只、現状に甘ずる人類の最む賤むべき弱点のために嘗《かつ》て封建制度を人類終局の社会組織と為して公民国家の今日を想望し得ざりし如く、此の経済的封建制度の下に兢々惶々《きょうきょうこうこう》として徒らに潮波に漂ひて溺れつつある者は、此の『徴兵的労働組織』と云へる社会主義の理想に無恥も甚しき冷笑を以て臨む。曰く人は奨励の利己心なくして懶惰《らんだ》（け怠）とならざるか、曰く人は肉体的労働を忌避せざるか、曰く果して職業撰択の自由あるか、曰く各個人の独立は如何にして保証し得るか、曰く官吏専制の時代を現出せざるか、曰く天性不平等の人に平等の分配は不当に非ざるか、曰く生産を減退せしめて社会を挙げて甚しき貧困に陥れざるか。曰く何、曰く何。紛々として限りなし。

吾人は明《あきら》かに之を告げん、社会主義は是等凡ての高貴なる要求を全うせんがために唱へらると。社会主義にして若《も》し是等高貴なるものの中一の欠陥にても存するあらば其の終局目的たる社会の進化と云ふが如きも空想に止まるべく実に傷けられたるダイヤモンドに過ぎざるべし。然しながら吾人は切に希望す、斯る無数の質問を社会主義の提案に向つて発する者が、其の発せんとする前に先づ少しく静思して発せんとする所の同一の質問を現社会の前に提出すべきことを――現社会は人をして利己的奨励の動機を挫《くじ》き社会凡てをして懶惰《らんだ》とならしめつつあらざるか。――現社会は皆人をして肉体的労働を忌避せしむるに至ることは無きか。――現社会に於て職業の撰択は自由なるか。――現社会に於て個人の独立は果して保証せられ居るか。――現社会は甚しき官吏専制に非ざるなきか。――現社会は果して天性の不平等に応ずる正当の分配を為しつつあるか。――現社会は経済的兵火或は経済的誅求《ちゅうきゅう》苛斂《かれん》を以て生産を相破壊し以て全社会を甚しき貧困に陥れつつあるに非ざるか。

恐くは否と云ふべし、然らば先決問題あり――進化論は誤謬にして人類の歴史は経済的貴族国に止まりて地球の冷却するまで嘗《かつ》て変ることなきか。

吾人は社会主義の詳細なる説明、及び以上の如き無数の批難に対して答へんがために茲《ここ》に代表的学者を指定すべし。それは講壇社会主義或は国家社会主義を主張すと称する者なり。是れ一は講壇社会主義なる者の真相を暴露して彼等の欺瞞より社会主義を保護せざるべからざる必要あればなり。実に純正社会主義は必ず斯る欺瞞によりて汚辱さるべからず。彼等は其の大学の講壇より唱へらるるが故に講壇社会主義と呼ばれ、政府によりて取られたるが故に国家社会主義と称せらると雖《いえど》も、斯るものは実に社会主義的傾向だも無きものなり。国家は政府のことにあらず、講壇の神聖は資本家階級の私曲に蹂躙さるべからざるは論なし、而も何れの政府も其の権力階級の便宜は之を国家の名に於てし、資本家階級が事実に於て智識階級を使役するを以て神聖なるべき大学の講壇と倫理的制度たる国家とは、今や却《かえっ》て真理を讒誣《ざんぶ》し国家の権利を無視する所の彼等欺瞞者に剽窃せられたり。否、彼等は少しも社会主義にあらず、只、現今の経済的貴族国が厳粛なる個人主義によりては却《かえっ》て、維持さるべきに非ざるを知れるが故に、資本家主義が社会主義の国旗を濫用して其の退却の遁路を濁《ママ》さんと計る国際法違反に過ぎず。我が日本の如きに於ては猶《なお》社会主義の幼稚にして全社会の未だ便々として眠れるが為めに資本家主義が絶対無限権を振ひつつあるの時なり。故に吾人は我国に於ける講壇社会主義者といひ国家社会主義者と称しつつある者が社会主義の勢力に譲歩せしめられたるより生ぜる国際法違反の卑劣なりとは云はず。而しながら単に通弁（通訳）の如く外国人の所説を翻訳して報告するに過ぎざる一般の大学教授輩に於ては、温和折衷と云ふが如きは理解力の乏しき頭脳に適合すべく、又他面に於ては社会主義に対する悪感情より免るることに於て利益なりとすべし。而して其の社会主義の国旗を濫用して公平厳正なるかの如き感を与ふるが為めに明確に真理を解せざる社会主義者を疑惑に彷徨せしめて社会主義の提契（携）者なるが如き感を与へ特に一般世人に社会主義を讒誣《ざんぶ》して伝ふるの効果に至りては誠に以て警戒すべきなり。実に講壇社会主義なる者は神聖なる大学の講壇より説かるべきものに非らずして汚されたる講壇が資本家の弁護に勉むる『資本家社会主義』と名《なつ》くべく、国家社会主義の名も亦《また》国家に帰属すべき権利の主張にあらずして権力階級の政府が自家の官吏をして権力の維持を図らしむる『政府社会主義』と称すべし。純正社会主義は斯る狐狸と同行する者にあらず。

国家社会主義が国家の本質及び法理を解せざることは後の『所謂国体論の復古的革命主義』及び『社会主義の啓蒙運動』に於て説く。茲《ここ》には社会主義の経済的正義――即ち社会主義の経済的幸福を全く解せずして国家社会主義を主張しつゝある学者の代表的なるものを指定して論ぜんとす。而して此の代表的学者として見らるべき者に東京帝国大学に於ては法学博士金井延氏あり（金井延（かない・のぶる）。一八六五～一九三三。経済学者、社会政策学者。東京大学卒。ドイツ留学後明治二十三年、帝国大学法科大学教授及び法学博士。経済学部新設に尽力し、初代学部長となる。ドイツ歴史学派の理論を紹介、社会政策の必要を力説、社会政策学会を創立。日本は経済発展途上段階にあるとして、西欧のような階級的対立を避けるため国家の役割を重視して、社会主義を強く批判した）、京都帝国大学に於ては法学博士田島錦次《治》氏あり（田島錦治（たじま・きんじ）。一八六七～一九三四。経済学者。帝国大学卒業後ドイツ留学。帰国後明治三十三年、京都帝国大学教授）。前者の『社会経済学』及び後者の『最新経済論』によりて吾人は其の大体を察し得べし。而しながら注意すべきは『最新経済論』の社会主義に対して浅からぬ同情を有するに反し『社会経済学』の甚しき非社会主義的悪感に漲《みな》ぎれることなり。固《もと》より前者と雖《いえど》も『社会党は本《も》と社会問題解釈の目的を以て起りたれども今や社会党それ自身が社会問題の目的物となれり』と云ふが如き礼儀を逸せるの言無きに非らずと雖《いえど》も、『社会経済学』の如く経済学の利益を数へて『悪意を以て殊更に起らしめ公安を害するの虞《おそれ》甚しき謬説を匡《ただ》すの効用あり。世人一般の斯学に暗きを利用し、否濫用してドイツ其の他に於て社会民主党並びに其の亜流が為せる悪《にく》むべき所行は今尚吾人の記憶に存せり。之を匡正《きょうせい》（誤りをただす）するは只それ正確なる経済学の攻究に在り』との緒論を以て始まれる、実に全巻を通じて恐怖と憎悪の念を以て書かれたるが如きものの比にあらず。然しながら『最新経済論』が社会主義に対して同情を失はざる温《穏》健の態度なるだけ、其れだけ博士の誤解が読者にとりて堅実に受取らるべく、『社会経済学』が悪感の挑発を以て任務とするの力に劣るものに非らず。而して二者共に十数段《ママ》（十数版?）を重ねたる堂々の大著たることに於て、全国数万の法制経済の公私大学書生が如何に経済学の概念と同時に社会主義に対する誤解と悪感とを播かして先入思想と為しつつあるや知るべからざるなり。吾人は固く信ず、実際の運動に於て社会党が勢力を占むる場合には国家社会主義の随行することはあるべきも、純然たる資本家経済学が維持すべからざる今日に於て真理の敵として経済的貴族主義唯一の残塁として学界に残るものは実に此の国旗濫用の国際法違反者なりと。

吾人は先づ金井博士の『社会経済学』が如何に社会主義の根拠より解する能はざるかを下の一節によりて知れり。曰く。

『社会主義の論者は往々資本の起原は元来労力に在るを以て生産事業より生ずる凡ての利益は悉《ことごと》く之を労働者に報酬すべきものなりと説けり。然れども之れ大《おおい》に誤まりたる説たるに過ぎず。社会の尚未だ全く開けざる時代に於ては論者の如く資本の生ずるは全く労力によれりと云ふを得べくこの点に於て労力は資本の起原なりと断ずるを得べきかなれども、当時の所謂資本なるものは其の生ずるや否や直ちに消費されしを以て未だ真正なる資本の利益を与ふるに暇なし。其れより漸《次》時進みて以て漸《ようや》く今日の所謂資本なるものを生ずるに至りしなり。之を資本の増加する順序の大要とす。即ち然らば資本の増加するに当りて其の増加する所以の者は単に労力にのみ是れ依るに非らずして、資本其物も亦《また》大《おおい》に与《あず》かりて力ありと云ふを得べし。若《も》し此の時に際し資本全く無かりせば労力は只孤立して何等生産の用を為すを得ざるべし。畢竟《ひっきょう》労力は資本に逢うて其の用ひらるる所を得べく、資本も亦《また》労力を得て活潑なる生産的の活動をなすを得べし。是を以て両者は恰も車の両輪の如く離るべからざる関係を生ず。この両者に自然を加へて生産のこと全きを得るは、尚車の廻転する両輪の外に其の走る場所、其の動く力を要するが如し。若《も》し資本の起原は労力なるを以て生産事業より生ずる所の利益を挙げて之を悉《ことごと》く労力に報酬するを得べしと云ふを得ば、同様の論拠によりて其の要を為さしむる所のものは資本なるを以て凡ての利益は之を悉《ことごと》く資本に帰せざるべからずと云ふを得べし。然れども資本が労力を得て其の用をなすと同時に、労力は資本によりて始めて其用を為すを得るものなれば、到底両者は応分の報酬を得て可なるものなり。』

『未開時代に於ても資本の起原は独り労力のみによるに非らず。労力は資本の父たるべきも其の母たる自然なくんば資本は決して生じ得べからざるなり。然らば即ち自然物を供給する土地の所有者も亦《また》相当の報酬を受けざるべからざるの理なり。現今の経済社会に於ける分配は不公平なる所あるにも係らず、社会主義の論者は尚一層不公平なる分配を為さんとするものなり。加之《しかのみならず》、今日の社会に於ける資本は資本として労力を助けつつあるものなり。且つ多くは生産的の資本として活動しつつあるものなり。資本其れ自身が又他の新たなる資本を生ずるの時代なり。然らば即ち資本家に対しても報酬せざるべからざることは言を待たざる所なるべし。論者の誤れること以て知るべきなり』

　斯る誤解は敢て金井博士のみに限らず尚多くの資本労働の調和を計ると云ふものの議論にして彼の社会学の上より講壇社会主義を説きつら《ママ》る文学博士建部遯吾氏の如き亦《また》その一人なり。而しながら社会主義の理論は如何に深遠にして容易に研究し得べからざるものなりとも、斯る根本点よりして解せざる如きものは社会主義につきて無知なりとするより外なし。世人は金井博士が嘗《かつ》て労働問題に係はりしことのあるが故に或は社会主義者なるかの如く考へ、而して金井博士の大《おおい》に恐怖して屢々《しばしば》弁解に尽くせりと雖《いえど》も、斯くの如き点より誤解する者の社会主義者に非らざるは博士の弁解に有力なる証明を与ふる者なり。吾人は博士の社会主義に悪感を抱けるを以て敢て歯を以て歯に償ふ者に非らずと雖《いえど》も、他の主義を批難せんと欲せば少くも他の文字を解し得るだけの能力を要求す――実に斯る非礼なる要求は帝国大学教授法学博士の欠くべからざる能力なり。博士が社会主義の主張を解して『社会主義の論者は往々資本の起原は元来労力に在るを以て生産事業より生ずる凡ての利益は悉《ことごと》く之を労働者に報酬すべきものなり』として批難しつつありと雖《いえど》も、社会主義は斯ることを要求せざるものなり。現在生存して労働しつつある個人或は階級のみが過去の祖先の肉体的精神的労働の蓄積たる資本より生ずる生産物の全部を壟断《ろうだん》（利益の独り占め）すべしとは社会主義の要求せざる所なり。社会主義は資本家階級が祖先労働の蓄積たる資本より生ずる凡ての生産物の掠奪を否認する如く、現在の労働よりして過去の労働に対する壟断が労働者階級の権利なりとは是認せざるなり。社会主義は階級の掃蕩を計る、資本家階級と労働者階級とを対立せしめて其の上に資本労働の調和と云ふが如き補綴を以てせんとする者とは論拠其者よりして異なることを知らざるべからず。資本労働の調和を計ると云ふものは現在の資本家労働者の二大階級を永劫不滅の制度なりと認識し、其の何れかの階級が歴史と社会との生産物をより多く掠奪すべきかを争論するものにして、社会主義は此の二大階級を絶滅して『社会』が歴史的累積の智識と社会的労働とを以て得たる生産物に対して所有権を有すと云ふ者なり。故に社会主義が実現せられて、掠奪さるる階級、壟断する階級の消滅せるときに於ては敢て資本労働の調和なる名の下に社会の生産物を各階級に掠奪壟断することなく、一切の生産物を所有する社会に対して、生き残れる資本家も、地主の子女も、繊弱なる婦女も、幼児も、又労働する能はざる不具癈疾《はいしつ》も当然の分配を要求することを得るなり。吾人が前《さ》きに機械を以て祖先の霊魂が其の中に宿りて子孫の慈愛の為めに労働するものなりとは此の意味なり。然れば今日の如く資本家階級のみが祖先の偏寵を恣《ほしいまま》にする能はざる如く、労働し得る強壮者のみが自己労働以外なる祖先霊魂の労働をも壟断して身心の劣れる不幸なる祖先の愛児を排斥し得べき者に非らず。社会的生産時代の生産物は個人的労働時代の分配的眼光を以て計るべからず。否！　資本家階級に帰属すべき利益の為めに主張せらるるものを資本家主義と称せらるるならば、金井博士及び一般の資本労働調和論者の解する社会主義なる者は労働者階級のみの利益を終局目的とするかの如く考ふるが故に労働者主義と名《な》づけらるべし。固《もと》より社会主義は当面の救済として又運動の本隊として今の労働者階級に陣営を置くものなりと雖《いえど》も、此れあるが為めに労働者階級を維持する者と解すべからず、階級なき平等の一社会たらしむるのみ。社会主義は社会が終局目的にして利益の帰属する主体なるが故に名あり。現今の階級的対立を維持して掠奪階級の地位を転換せんと考ふる如きは決して社会主義に非らず。

金井博士が文字を解する能力の欠亡よりして、階級絶滅に努力する社会主義を却《かえっ》て労働者階級を維持して掠奪階級の地位を顛換せんと図るものなるかの如く解すると共に、実に資本と資本家とを混同しつつあり。曰く『資本それ自身が又他の新たなる資本を生ずるの時代なり然らば即ち資本家に対しても報酬せざるべからざることは言を待たざるべし』と。斯る最も重大なる点に於ける思想の混乱は一千頁に渉れる『社会経済学』の大著をして全く反故《ほご》の補綴となし終れり。金井博士は試に親《みずか》ら省みることを要す、我れ金井延なる者は経済学者なるか将《は》た経済学なるかと。若《も》し金井延なる者が経済学なりと云はば経済学が談話し、経済学が散歩し、経済学が最敬礼を為し天皇陛下万歳を叫ぶ如き活動能力は思考し得べからざることに非らずや。経済学者と経済学とを混同することの斯《かく》の如くならざるならば、何が故に資本の効用より直ちに転じて資本家の掠奪に権利を附するや。社会主義は資本家の無用を云ふのみ、決して資本の無用を口にしたることあらず。地主の無用を云ふのみ、自然の無用を主張したることあらず。労働者の開放《ママ》と云ふのみ、労働せずして生存し得と云ひしことあらざるなり。資本の無用と云ひて而も其の無用なる資本の公有の為めに身を捨てて努力する矛盾は人類として有り得べからざることにして社会主義にあらず。地主以前に自然あり、地主亡ぶとも自然は生産の源泉として存す。社会主義は此の地球を去りて他の遊星に移住すべしとは云はざるなり。

　斯る白痴の如き文字の使用は帰する所《（、）》博士が社会主義につきて理解せる何者をも有せざればなり。社会主義の革命主義たるは其の経済学の歴史的研究に於て資本家掠奪を《（の）》跡を知り而して現在掠奪しつつある経済的貴族国なるを発見したるを以てなり。『資本は掠奪の蓄積なり』。此の一語は実に社会主義が革命の旗幟《きし》を翻へす城廓にして、若《も》し社会主義に一矢を試みんとせば必ず此の語が的たらざるべからず。然るに博士の所謂資本の説明なるものを見よ。『当時の所謂資本なるものは其の生ずるや否や直ちに消費されしを以て未だ真正なる資本の利益を与ふるの暇なし。其れより漸時《（次）》進みて以て漸《ようや》く今日の所謂資本なるものを生ずるに至りしなり。之を資本の増加する大要とす』と。而しながら是れ一千頁に渉る大著としては余りに大要なりき。而して社会主義が厳粛なる権利論を以て立つに反して博士の其れは古来存在せる無数の権利思想の相刺殺する者を羅列して恬然《てんぜん》たりとは驚くの外なし。『一個人の財産所有権は人類が占有と労力とによりて外界の財産特に貨物《かぶつ》に捺印する所の人類としての性格に其の源を発し社会国家が法制上此れの性格を認むるに至り完備するものなり』と。是れフランス革命を起したる占有説と労働説とが平坦なる頭脳の上に権利を争はずして存在せるものにして余りに完全に過ぎたる調和なりき。（資本労働の調和につきては『社会主義の啓蒙運動』を見よ）。

田島博士の『最新経済論』は其巻末にカール・マークスの学説の大略を解説したるが如きに見ても、金井博士の如く社会主義を労働者主義と解し、資本と資本家と土地と地主とを混同するが如き醜態なきは論なし。而しながら博士も亦《また》国家社会主義者たることに於て国家社会主義の陥れる浅見は多く免る能はず。其の人性の上よりして社会主義を排したる者に曰く。

『極端なる社会主義の学者の希望する所は往々経済的活動の原動力の一なる利己心を道徳心に変換し、而して自家の想像せる国家即ち社会的国家に於て其の人民をして各々の全力を注ぎ労働に従事せしめ、其の報酬は之を労働に応じて公平に分与せんとするにあれども是の学説たる未だ人間本性の全体を看破せるものに非らず。従《したがっ》て実効を見ること甚だ困難なるべきは論を待たざる所なり』

金井博士の『社会経済学』にも、

『生産の要具たる土地資本をして社会の共有物たらしめ、生産物の分配をして一に各人の労働にのみ依らしむるも亦《また》過去に於ける文明進歩の状態に矛盾するものなり。一たび利己心を全く排斥して公共心にのみ依らば経済上の進歩は茲《ここ》に全く休止すべし。而して経済上に於ても亦《また》一般社会上に於けると同じく、休止の状態は退歩と同一の結果に帰すべければ、共産制度によりて組織せられたる社会は日ならずして終に如何ともすべからざる窮困に陥るか、或は人類の歴史上見るを得ざる専制の行はるる社会となるに至るべし』

吾人は単に『最新経済論』と『社会経済学』とのみならず無数に出版さるる新派経済学なるものの著書に於て、実に旧派経済学の誤謬なる人性に対する見解の駁論を開巻第一章に見る。固《もと》より旧派経済学の如く人間を以て単に貨幣をのみ慾望する動物と仮定するが如きは今更《いまさら》に彼等新派経済学の尊き駁論を待たず已《すで》に遠き以前に於て社会主義者と人間霊能を直覚する文学者（例へばカーライルの如き）とによりて打破しつくされたる者なり。人間を以て貨幣のみによりて動く動物なりと仮定することによりては、他の文学、歴史、芸術、科学等に対する人類の強盛なる活動を説明する能はざるは固《もと》より、経済学其れ自身の対象とする経済的現象をも、解釈する能はざるは論なきことなり。貨幣のみを慾望する利己的動物ならば、慈善によりて貨幣を授受する如き、寄附金による貨幣の流通の如き、名誉、恋愛、権勢、其の他の政治的軍事的活動の如きによりて生ずる流通交換の経済的現象が一切説明されざるなり。吾人は新派経済学が此の偏見を脱却して人類には他の公共心即ち社会性の本能的に存在するを認識し、公共心による経済的活動を研究の対象に包容せるを嘉《よみ》するものなり。——而も尚、人類の利己心を説明するに貨幣によりてのみ満足さるるものと断定して推論を進むるに至りては、人性を解せざるに於て真に五十歩百歩の好き例なり。

否、新派経済学は公共心による経済的活動を解せざることに於て亦《また》旧派経済学を多く凌駕するものに非らず。社会主義は実に人類が強盛なる公共心によりて生産に従事するに至るべきことを期待するものなり。支那の傭兵よりも日本の徴兵が公共心によりて遥かに活動せるを知れるならば、今日の傭兵的労働者よりも社会主義の徴兵的労働軍が如何に熾烈なる公共心によりて経済的活動に従事し生産的効果を挙ぐるかは日清戦争の懸隔によりても想像せらるべし。人類が一私人の命令によりて死する者に非らざるを知れるならば、今日の傭兵的労働者が貪慾なる資本家の利益の為めに全力を注ぎて労働せざるは当然の事理なり。傭兵的労働者が無数の監督あるに係らず尚且つ懶惰《らんだ》の隙を得んと窺ひつつあるは恰も支那の傭兵が尚背後に指揮官の軍刀あるに係らず潰乱して退却せしと同一なる理由なり。社会主義の徴兵的労働隊を以て無数の官吏の監督を要するものと速断し、人類の歴史上見るを得ざる甚しき専制の行はるる社会となるべしと云へる金井博士の如きは、維新革命後封建諸侯の廃せられて徴兵組織となれる当時西南役に於て実物教訓の指示さるるまで徴兵の武士に及ばざるべきを憂慮せると同一なる浅見なり。公共心が一切を排除して進むときに於て何の監督を要せんや、一大隊の指揮者が凡て戦死せるに係らず尚戦争を継続せし如き事実は専制の甚しき軍隊に於てすら希有のことに非らず。生存の慾望ある生物として人の最も避くる所の死に於てすら公共心の動機は他の凡ての動機に打ち勝ちて働くとせば、平和に、愉快に、社会の為めにする労働なることを明《あきら》かに意識して服する一日四五《しご》時間の僅少なる肉体的活動に於て、人の利己心が公共心を圧伏すと考ふる如きは嬰児《えいじ》の推理力にも劣る。（茲《ここ》には暫《しば》らく利己心と公共心とを浅見者の使用する儘《まま》に用ゆ、尚『生物進化論と社会哲学』を見よ）。——否、四五《しご》時間の労働は生物として生理的に要求せらるるものなり。有機体は有機的活動を要す。学者が散歩せずして終日を書見にのみ耽《ふけ》る能はざるが如く、学生が体操せず又長時間の遊戯なくして英語。数学の修得に堪へざる如く、嬰児《えいじ》が揺藍の中に在りて絶えず自動機械の如く手足を動かしつつある如く、人類は有機体として如何に精神的事務に従ふものと雖《いえど》も苦痛なく倦怠に至らざる程度の労働は却《かえっ》て当然の生理的要求なり。今日牢獄に在るものの禁錮の無為に堪へずして自ら進て定役《ていえき》を願ひ出《い》づるを以て通例とするが如きは全くこの理由なり、（故にベラミーは其の回顧《ルッキング・バックワード》に於て特別なる懶惰漢を此の生理的要求の束縛に置きて無為の苦痛を味はしめんが為めに滑稽の口吻《こうふん》を以て独居せしむるの制度を語れり）。——而しながら有機体は有機的活動を要すると共に又有機的休息を要す。吾人は今日の賃銀奴隷が懶惰となり易き事実を見て人性の本質は懶惰に在るかの如く考ふる浅見の学者をして、彼等の懶惰ならざるべからざる理由を解し易からしめんが為めに斯く想像せんことを要《もと》む。即ち今の経済学者が七歳の時より白髪を過ぎて墓穴に至るまで一日十二三《にさん》時間一年三百六十日、休息時間なく寧日《ねいじつ》なく希望なく変化なく興味なく、例へばフォーセットの小経済学一冊を繰り返へし繰り返へし無限に繰り返へして一生を送るべき単調の運命に捉へられたりとせよ。斯くても学者は其の経済学に対して懶惰ならず又懶惰は人性の本質なりと云ふ信念を維持し得るや。斯る仮設《ママ》の問は殆んど常識を欠ける者に非ざれば発し得ざる如きなり。而も斯る常識を欠ける事に於て法学博士大学教授は社会主義を批難する議論を綴りつつありとせば如何。労働者は斯る没常識の仮設《ママ》を事実に於て味《あじわ》ひつつあるなり。早朝より日没まで機械の耳を破るが如き運転の傍に在りて単に鉄板を反覆するに過ぎざる労働あり。夏日の焼くが如き日中に至るも休息時間なく石炭を火に投ずるのみの労働あり。而して凡ての階級を通ぜる労働者は斯る変化なき一日を繰り返へし希望なき一年を繰り返へし以て単調なる一生を終るなり。労働者は有機体以下なる石にあらず又有機体以上なる神にあらず。有機体として学者が有機的活動の散歩を要《もと》むる如く有機体として要求さるる労働者の有機的休息が懶惰と名《なづ》けらるるは労働者を無機物の機械と考ふるが故なり。のみならず、懶惰其れ自身と雖《いえど》も今日の社会組織に於ては当然なり。人は苦痛の動機によりて動くものにあらず、眼前の苦痛を忍び又物質的の其れを甘受するものは将来の快楽若《も》しくは精神的快楽の其等に打ち勝ちて働らくものあればなり。今日の賃銀奴隷の如く徒らに他人に帰属すべき利益の為めに生産し、自己の眼前には暗黒の躍るより外何者も認めざる境遇に繋がれたるものが、眼前の苦痛を回避せんが為めに懶惰に走るは明白の事理にあらずや。又社会主義の時代に於けるが如く其の労働によりて社会の幸福が増進さるることを明《あきら》かに意識するならば仮令《たとい》特別の事情により労働時間の多く又肉体的苦痛の少なからざるものありとするも精神的快楽の動機は利己心の其れを圧伏して働くべく、然るに労働が軽蔑すべき奴隷の職たる今日に於ては精神的快楽の動機は皆無なり。（尚『社会主義の倫理的理想』を見よ）。

実に労働と云ふ語の中には軽蔑の意味が伴ふ、是れ奴隷の職なればなり。奴隷は軽蔑せられ自由民は尊敬せらる。今日多くの世人に神聖なりとせらるる軍務に服することも其が奴隷の職なりし間は甚しく軽蔑せられたりしが如きこれなり。由来、神聖と云ひ下賤と云ふが如きは其の時代に於ける社会組織の状態に在りて職業その事とは全く関係なきことなり。故に吾人は一般社会主義者の如く戦争は罪悪にして労働は神聖なりと主張して甘ずるものにあらず。理想ならば可なり。今日労働は決して神聖にあらず軽蔑すべき奴隷の職にして、神聖なるものは一の黄金のみなり。黄金ならば盗賊の者にても、賄賂のものにても詐欺の者にても、売婬《ばいよう》の者にても、理由は問はずして価値に高下なし。神聖とは断る其れ自体の価値を有して外部的条件によりて妨げられざる絶対者にのみ名《なづ》けらるべきもの、例へべ《ば》絶対無限権を有せし時代の君主を神聖と称したりしが如し。今日の労働の如きは其の如何なる労働なるかの相対的条件によりて差等を附せらる、決して神聖なる者に非らず。今日の労働が肉体的と精神的との相対的条件によりて或は尊敬せられ或は軽蔑せらるる所以の者は明《あきら》かに労働が絶対者なる神聖に非ざるの証にして、其の軽蔑せらるる肉体的労働は奴隷の軽蔑すべきが故なり。奴隷は軽蔑せられ自由民は尊敬せらる。故に今日精神的労働の万人に希望せられ肉体的労働の忌避せらるるは労働の難易にあらず尊卑にあらずして奴隷の屈従よりも尊敬さるべき自由民たらんとの権利思想の要求なり。――権利の前には何者も稽首《けいしゅ》せざるべからず、労働の神聖と雖《いえど》も。――此故にこそ階級打破の社会主義あるなり。精神的労働は掠奪階級が其の掠奪によりて培養せる花なるが故に掠奪階級の背景に輝やき、肉体的労働は屈従階級が其の屈従者たることを表白する所以の労働なるが故に軽蔑せらるるを解せば、奴隷の階級と自由民の其れと無くして、即ち全社会悉《ことごと》く平等の権義によりて相愛する自由民として、自由民たる権利として又義務として以て労働するに至らば、茲《ここ》に労働は外部よりの相対的条件によりて差等せらるることなく、労働すること其れ自体が絶対者として神聖なるべし。然るに階級打破の社会主義に対して人は労働を忌避すべしと云ひ懶惰《らんだ》の為めに官吏専制に至るべしとの非難は何事ぞ。国家社会主義こそ資本家階級の掠奪者と労働者階級の奴隷とを維持する者、故に労働は神聖にあらず。――人をして懶惰ならしめ労働を忌避せしむるものは却《かえつ》て国家社会主義その者に非らずや。軍人の職が軽蔑より光栄に至れる如く労働をして屈従労働の忌避より階級無き神聖に至らしめよ。軍人の光栄に代れる労働の神聖は軍人が戦場に於て表はす如き公共心を以て生産に活動すべし。

　而しながら田島博士の誤解せる如く、社会主義は今日直ちに経済的活動の『原動力の一たる利己心を全然道徳心に変換せん』と主張する者に非らず。吾人は『今日直ちに』と云ふ前置きを置く、何となれば今日の強盛なる利己心は人類が私有財産制度に入りしよりの強盛にせられたる本能にして、社会主義の実現後三四《さんし》世の後に及ばば共産制度に適合すべき道徳心の本能化すべきは社会進化の理想として吾人の充分に信ずべき根拠あればなり。(『生物進化論と社会哲学』の道徳の本能化を論じたる所を見よ)。兎《と》に角《かく》社会進化の斯る一階段に到達する間までは利己心が公共心と相並《あいならん》で社会的活動の二大柱たることは疑ひも無き事実なり。故に社会主義は経済的活動に於て利己心の動機を無視するものにあらず。而ながら利己心の動機を無視せずと云ふことは利己心が貨幣によりて満足さると云ふことに非ざるなり。吾人が前《さ》きに新派経済学の人性に対する見解は旧派経済学の其れと五十歩百歩なりと云へるもの是れなり。彼等は須《すべか》らく経済学の貝殻より頭を出して先づ『貨幣』の中に含まるる元素を分析することを要す。貨幣の本体たる黄金が光輝ある物質なるが故に珍重さるるは本来の意義にして野蛮人はこの意味に黄金を使用す。然るに黄金が貨幣に用ひらるるに於ては単に光輝ある物質と云ふ意味にあらず又単に他の物質の代表と云ふ意味にも非らずして黄金の代表する者は実に人生其者の価格なり。一片の黄金の中には、生存の安慰籠り、疾病の平癒籠り、家庭の快楽籠り、子女の教育籠り、老後の休養籠り、丈夫《ますらお》の威厳、貞操の神聖、良心の独立、政治の自由。公共の活動、智識。品性、権力、名誉の源泉、実に一切人生の意義籠れるなり。然るに社会主義の実現されて人生の価格が黄金によりて評価されざるに至るも、尚黄金が人性と同一なるメートルを保つと考ふるならば憐むべき思考力なり。社会は権力組織に非ざれば黄金を以て購買すべき権力なく、政治なる名に於て黄金の掠奪が営業となれる世にざれば《あらざれば》政治業者たらんが為に要《もと》むる黄金を要せず、又黄金によりて購買し得べき政治業者無し。公共的活動を為さんとするには今日の如く一私人の奮励を要せず、公共が公共の財産を以て活動すべく、個人に賄賂を贈るべき財産と必要となきと同時に、賄賂に値する権力を有し誘惑さるべき専制と奴隷の官吏組織なし。個人は国家の物質的保護によりて何人《なんぴと》にも其の良心の独立を屈するの必要なく、道徳の履行は経済上の強迫と誘惑と無くして本能的に行はるべし。明哲なる学者と熱誠の政治家が無智にして豚の美服《びふく》せるが如き資本家の前に匍匐《ほふく》するの醜態もなく老狒《ろうひ》（エロじじい）の獣慾に蕾の小女を弄《もてあそ》ばしむるの残忍も去るべし。子女の養育は公共に於て其の費用を支弁し、教育は社会之に任ず。病みては公共の病院と医師の自由あり、老いては養老金の下賦あり。平等の分配の為めに家庭は経済的従属関係より生ずる専制と屈従と無くして純潔なる父母の恋愛と親子の慈悲とのみによりて結合せられ、今日存する生存の不安の如きは夢むべくもあらず。今日黄金の中に籠る是等凡ての要素を引き去りて残れるものを考へよ。貨幣は全く本来の光輝ある物質に過ぎざるに非らずや。而して又社会主義の提案の如く、手形が紙幣を代表し紙幣が黄金を代表し更に黄金が貨物《かぶつ》を代表すと云ふが如き重複を去りて、貨物其物を直接に代表する紙片を以て貨幣とすとするも、人生の充分なる満足は大《おおい》に拡張されたる公共財産によりて足れりとするが故に、其の紙片が今日の貨幣の如く人生其者の価格を有して争奪の対象となるが如きは想像すべきものに非らず。所謂経済学者なる者は須《すべか》らく顧みるを要す、人が貨幣を欲するは貨幣其者なるか、貨幣の光輝ある性質なるか、貨幣の与ふる快楽なるか、貨幣によりて購買し得る他の一般の快楽なるか、快楽を受くる所の自我なるか、自我の実現に在るか、一層高き自我に到達せんとする或る他の目的の手段に在るか。——守銭奴と装飾とは貨幣の要求さるる一の理由なり、衣食の満足は又実に他の一の理由なり。而もその満足の後に於て貨幣の無限に要求せられつつあるは実に名誉と地位に対する購買力あるを以てなり。而して斯る重大なる購買力が単に一個の鉱物に存するは名誉と地位が貨幣によりて築かるる社会組織なるを以てのみ。社会主義が斯る社会組織を革命したる後に於ては、名誉と地位に対する利己心は貨幣の介在を待たず名誉其者、地位其者に対する利己心の活動となり、活潑に生産的動機を刺激すべし。新派経済学者にして少しく思考を回《めぐ》らさば、経済的競争の無くなると共に彼の武士が尚経済的階級あるに係らず利己心の満足を他の名誉文武の道に求め黄金を扇面に載せて触るるをだに汚らはしとせる事実を認むべきに非らずや。社会主義の徴兵的労働組織は大《おおい》に公共心の強盛なる活動を待期《ママ》すると共に、社会の或る進化に達するまでは名誉と地位に対する利己心の競争によりて生産的活動の刺激さるべき奨励的設備を要すと信ずる者なり。

故に社会主義の万人平等の分配と云ふことは固《もと》より権力濫用の源泉たる経済的懸隔なからしむるに在りと雖《いえど》も、一は亦《また》個人性の発展をして障害なからしむることに存すと考へらるべし。若《も》し物質的報酬にして人為的差等の存するならば、而して差等し得べきものならば、個人は個性其者の発展によりて得べき名誉と地位の途を取らずして、先づ名誉と地位とに早く到達すべき物質的報酬の多額なるべき職を択び個性の発展は第二次に位すべし。是れ個性個々の傾向を曲げ発展を障害するに至るべきものにして、今日の社会主義が在来の労働に比例する報酬の差等と云ふ提案を排斥したる所以なり。社会主義の批難者は茲《ここ》に至て不平等論を囂々《ごうごう》す。

田島博士の『最新経済論』は曰く

『人は元来不平等なり。而して社会の万般の事情は益々人をして不平等ならしむ。この故に経済上の絶対的平等を望むは猶《なお》人面の同じからんことを望み、人寿の等しからんことを望むが如し』

『人は元来不平等なり。智力◦徳力◦体力の人々に同じからざるは蓋《けだ》し其の面より甚しきものあり。是の故に人が社会を組織するに当りては各個人決して平等の関係を維持する能はずして賢は必ず愚を率ひ、君子は必ず小人を役し、強者は必ず弱者を制すべし。是に於てか夫唱婦随となり、君尊民卑となり、自由民及び奴隷の区別となり、富豪及び貧困の差別となる。依之見之《これによってこれをみるに》、社会の不平等なるものは人性自然の結果のみ』

金井博士の『社会経済学』は曰く、

『一個人の私有財産を全く廃止し人々の享楽並びに慾望の満足をして絶対的に平等ならんことを欲するものなり』

社会主義の分配につきては本編の後に説くべし。而しながら明《あきら》かに告げざるべからざるは分配の平等と云ふことと経済上の絶対的平等と云ふこととは決して同意義に非らず。多病なるものは公共の病院に多く依頼することに於て不平等なるべく、多くの子女を有するものは社会の学校に多くの教育を仰ぐことに於て不平等なり。旅行家は鉄道を、学者は図書館を、美術家、音楽家、皆其れ々々に美術館、音楽堂を多く使用することに於て経済上の不平等なり。即ち不平等なる各個人が各々不平等に公共財産を使用することに於て享くる所の経済上の利益は各々不平等なり。故に個性の不平等に応ずる正当の分配と云ふことを要求するならば社会主義は此の公共財産の大なる拡張を以て要求を満足し得べし。――社会主義は個人の不平等を忘却せるものに非らず。其の平等の分配と云ふことは分配さるるだけの私有財産が平等なりと云ふことに過ぎずして、享楽及び慾望の満足をして絶対的に平等ならしむと誣妄《ふもう》する金井博士の如きは学者として誠に卑しむべき不真面目なり。分配の平等とは平等の購買力を分配さるると云ふことなり。この平等の購買力を不平等なる個人が不平等に使用することに於て購買さるる経済的貨物《かぶつ》は決して絶対的平等のものにあらず、固《もと》より絶対的平等の享楽を与へ慾望の満足を絶対的に平等ならしむるものにあらず。同一なる価格を以て購買せる書籍と葡萄酒とは経済的貨物として与ふる所の享楽に於て平等なるものに非らず、又同一なる価格なるが故に書籍と葡萄酒とは凡ての人に平等に慾望さるるものに非らず、金井博士は厳粛なる一個の主義に対して単に誣妄を伝播するを以て足れりとするに似たり。只遺憾なるは社会問題の専攻を以て法学博士たり大学教授たる田島錦次《治》氏にして、人は元来不平等なりの一語より糸の如く一切の演繹を為して平然たることなり。社会主義は固《もと》より個人としての不平等を認む、而も其の故に人類としての同類を個性に陰蔽せられて平等主義を主張するを憚かる者にあらず。平等主義！　社会主義は固《もと》より社会主義にして社会の生存進化を終局目的とすと雖《いえど》も、其の目的の為めに平等の平面の上に自由なる競争を為し得べき社会組織を強烈に要求することに於て明《あきら》かに自由平等論を継承す。而しながら社会主義の自由平等論は個人主義時代の革命思想の如く、自由の為めに自由を、平等の為めに平等を唱ふるものに非らず、又人は元来自由平等なるが故に不自由不平等なる社会を打破すべしと云ふものにあらず。何となれば元来より自由にして平等なるものならば不自由不平等なる社会を（個人主義の思想なるを以て契約によりて）組織するの理なく、自由のための自由、平等のための平等とはフエリーの政治的手婬《淫》なりと云へる如く効果なきことなればなり。而しながら社会主義の自由平等論は田島博士の如き人は元来不平等なりとの根拠なき臆説を許容するものにあらず、何となれば原人社会に対する科学的推理は本能的社会性に於て平和に存在せる原始的平等なりと云ふことに在ればなり。――即ち社会主義の平等論とは斯る恣《ほしいまま》なる臆説の如く元来よりの平等と云ひ元来よりの不平等と云ふに非らずして、社会の生存進化の為めに階級的不平等を去りて平等の平面の上に自由なる活動を為さしむべしとの要求なり。故に其の平等を説くに当りても『身長。肥痩。強弱。性情。趣向等は不平等なれども推理し談話し理性を有する動物として他の動物と異なる点に於て等し』と云ふが如き生物学の許容せざる非科学論断を為さざると共に、又個性の不平等を認識するに於ても『最も下等なる人類と最も高等なる人類との間に在る優劣は、最も高等なる動物と最も下等なる人類との間に在る差よりも大なり』との言を科学的権威の如く遵奉して議論の基礎を築くものに非らず。何となれば推理し談話し理性を有することは単に人類に限らず他の動物の高等なる者に於ては或る程度まで之を有するを以て人類をのみ特別に他動物と隔絶せる天空に置く能はざるは生物進化論の原理なると共に、接近を同一分類に置くと云ふ生物分類の原則によりて恰も犬の黒きを猫に分類し赤きを狐に入れ洋犬の大なるを馬に和犬の小なるを羊に組み込まざる如く、高等なる動物を人類に組み込むか下等なる人類を高等動物に分類するかに非ざれば野蛮人と高等動物の接近を人類間の隔絶より甚だしと形容する能はざればなり。即ち社会主義の自由平等論は人に元来より平等なるが故にとして正義なるかの如く主張せざると共に、人は元来より不平等なりとして自由平等を非義なるかの如く考ふるものにあらず。正義とは社会の生存進化に適合することを示す外包的言辞にして其の内容は地理的に又時代的に異なる、社会の生存進化の為めに古代の奴隷制度は充分に正義にして中世の君権万能、貴族専制も決して非義に非らざりしは何人《なんぴと》も知れる所の如し。而しながら正義の内容は常に流転して止まず。古代奴隷制度の正義或は中世の君主貴族の万能専制の正義を以て今日及び今後の正義を律する能はざるを知れるならば、何が故に田島博士の如く人は元来不平等なりとの凝結せる独断を以て正義の歴史的進化を無視するや。『人は社会を組織するに当りては賢は必ず愚を率ひ、君子は必ず小人を役し、強者は必ず弱者を制すべし』との博士の前提は必ずしも真ならずとは云はず。而もこの前提あるが故に『茲《ここ》に於てか夫唱婦随となり、君尊民卑となり、自由民及び奴隷の区別となり、富豪及び貧困の差別となる、依之《これによって》見之《これをみるに》、社会の不平等なるものは人性自然の結果のみ』との結論は明《あきら》かに社会の進化につきて無智なるものなり。若《も》し此の前提あるが故に常に必ず此の結論なかるべからずと考ふるならば国家社会主義なる者の主張は下の如くならざるべからず。――人は元来不平等なり。而して社会の歴史は進化するものに非らず、正義は古今不変なり、故に今日の民法を改めてローマ以前の家長無限権の下に家族を物格とし、天皇と華族とをして国土及び人民を経済物としての殺活贈与の権ある家長君主となし、国際戦争の捕虜と債務者とは鉄鎖を繋ぎて奴隷とせざるべからず、而して貧富の懸隔は人は元来不平等なる人性自然の結果なるを以て資本労働の調和と云ひ労働者保護と云ひ国家社会主義其者と云ひ、不平論と相納《い》れざる空論なりと。　社会進化の跡を顧みよ。　社会は其の進化に応じて正義を進化せしむ。河流は流れ行くに従ひて深く広し、歴史の大河は原人部落に限られたる本能的社会性の泉よりして社会意識発展の大奔流となりて流る。――人類の平等観これなり。家長権の制限、婦人の独立、奴隷の解放、而して国王と貴族とを顚覆せるフランス革命の大瀑布。社会主義はこの大瀑布の波瀾を受けてさらに千尋の断崖に漲《みな》ぎり落ちんが為めに奔りつつある社会意識の大河流にあらずや。此のナイヤガラを経てオンタリオ湖に落下し、社会意識が鏡の如き湖面に漲ぎり渡り、人類の平等観が全地球に発展せられたる時――茲《ここ》に社会主義の主張する社会の進化と、個人主義の理想したる平等の平面の上に行はるる自由なる活動と在り。若《も》し六千年の歴史を有する吾人にして此の大河流に浮びつつあるものなることを解せざるならば、歴史なきことに於て祖先が猛獣と戦ひしと云ふが如き口碑伝説より外有せざる南洋の土人部落にも劣る。（否！　東洋の土人部落に於ては二千五百年の平等観発展の大河流を順逆論に蔽ひて未だ一の歴史無し、有するものは南洋の其れの如く口碑伝説を集めたる古事記日本紀のみ。『所謂国体論の復古的革命主義』を見よ）。――故に吾人は自由平等論を斯る意味に於て主張す。即ち社会進化の理想を実現せんが為めに嘗《かつ》て家長専権となり君主無限権となり奴隷制度となりしが如く、社会の進化して同類意識が甚しく鋭敏となりて在来の正義とされたる不平等を排し、平等を正義とし平等の団結自由の活動によりて今後の社会を進化せしめんとするに在りと。戦争による掠奪の権利、占有による土地私有制度が社会の或る進化までに適合して正義なりしが如く、家長権も貴族も奴隷も亦《また》社会の或る進化までは充分の正義として社会の目的に適合したる者なり。故に自由平等論を歴史の波濤に逆進して不平等の非義を唱ふることの誤れる個人主義時代の独断論なるは論なく、今日社会主義者の或者が尚依然として斯る議論を継承しつつあるも其は或者なるが故にして社会主義の真理は此の為めに蔽はるべからず。而も社会の或る進化に至るまでに不平等の一たび正義たりしを以て今日今後の社会進化に抵抗するを事とし、甚しく鋭敏となれる同類意識の階級的懸隔に堪ふべからざるに及びても尚平等論を圧伏せんとするは更に遥かに取るに足らざるべく、国家社会主義なるものは一の真理もあらず。正義は逆進して可否さるべからず又弁護を事として粘着すべからず、元来よりの平等と云ひ元来よりの不平等と云ふことは共に根拠なき非科学的論断なり。何となれば元来よりの不平等と云はば人類一元論によりて元来は不平等に非ざりしと云はるべく、又元来よりの平等と云はば凡ての生物は元来は単細胞生物の進化せるものなるを以て一切の動植物は平等なりと論じ、終局平等即差別の哲学に論陣を移転するの外無きに至るべければなり。吾人は社会主義を主張する者なり、社会進化の理想に適合する手段を執れば可なり、故に吾人は元来平等なり不平等なりと云はずして、社会進化の理想のために此の不平等なる社会を打破して平等と自由とによりて新社会を組織せんと主張するものなり。即ち吾人は人類其者が元来より自由平等なりしか又懸隔差異ありしかを論争せずして、社会進化の理想のために物質的保護を均一に与ふべしと要求するものなり。――社会主義の自由平等論とは此の真理なることを明確に解せよ。田島博士及び凡ての国家社会主義者にして社会主義の平等論を人類其者の同一不異と誤解せず物質的保護の平等の事なるを知れるならば、而して物質的保護の平等が或る程度まで今日の法律の上に現はれて、美人も醜婦も、八十歳の高齢も三歳の夭死も、其の身命に対する危艱脅迫に対して平等の物質的保護を受けつつあるを解するならば、『経済上の絶対的平等を望むは猶《なお》人面の同じからんことを望み人寿の等しからんことを望むが如し』との非難は誠に噴飯すべき方角違ひの者となるを知るべし。社会主義は平等主義なり、而も個人性の障害なき発展を図らんが為めにする物質的方面のみに於ける平等主義なり。（平等論につきては更に『社会主義の倫理的理想』及び『生物進化論と社会哲学』を見よ）。

吾人は殊更に田島博士の賢明を傷《きずつ》くる者に非らず。社会主義が貧弱没趣味なる下層的平等の中に個人の人格を溶解し去る衆愚主義と解せらるるが為めに、而して或時代の社会主義が斯る者なりしが為めに、独断的不平等論は今日学者階級に於ける勢力にして偶々《たまたま》田島博士の之を口にしたるを以てなり。嘗《かつ》て安部磯雄氏の『社会問題解釈法』に向つて一書を著はして論戦の光栄を要《もと》めたる一記者の如きは此の勢力に漂溺せる者にして、而も人間には如何に智識。道徳。品性。文章等に於て不平等の存するかを、其の論弁に於て記者自身の身を以て証拠立てしが為めに論拠に甚だ有力を加へたることありしが如き是の例なりとすべし。

資本家社会主義者が斯る独断の不平等論を呶々《どど》する所以の者は此の経済的貴族国の維持に在り。如何に田島博士がその弁護の為めに『最新経済論』を汚辱しつつあるかは左の一節に見よ。

『抑々《そもそも》現今の労働者が企業者の如く企業上の危険を犯すことなくして常に定額の賃銀を受取ることを得るは実に彼等に取りて利益ある方法なりとす。仏国経済学者エミール・ヴァリエ氏が賃銀制度を批評して、一種固有の組合にして其の組合の一部は業務より生ずる危険の外に立ちて其の報酬、及び報酬を受くるときが予定されたるものなりと云ひしは真に至当の言なりとす。余輩は又セルニユスキー氏が賃銀制度を改革するを以て文明の退歩を望むものなりとの痛言に同意を表せざるを得ず。実に人間に企業者と労働者との別を生じたる所以は自然の勢なり。人は平等なりと云ふ社会主義の学説は毫《ごう》も実際に適せず。試に思へ労働者が一致団結して企業家を排斥し生産組合なるものを組織すとするも、其の労働者の中に才能の優れたるものと劣りたる者と在る以上は、才能あるものは主として企業的業務に従事し劣れるものは力役的業務に従事するに非らざれば何を以てか世界の市場に競争して勝を制するを得んや。仮令《たとい》彼等の説の如く一国の主権の力を仮《ママ》りて一国内だけは企業家を駆逐して其の国内の生産事業は凡て皆労働者の生産組合によりて行ふを得べしとするも他の諸国には機敏なる企業家尚存し労働者を使役して之に当らんには、其の国は必ず不振の地位に立つべきこと恰も微弱なる共和国が強大なる専制国に其軍事上。外交上後れを取ると一般ならんのみ。故に吾輩は社会主義者の説の如く生産組合を凡ての産業に適用して現今行はるる賃銀制度と企業家の存在を社会より駆逐するの説に同意する能はず。我輩は賃銀制度の革命者にあらずして改革者を以て自ら任ぜざる能はず』

若《も》し以上の言が金井博士の如く徒らに非社会主義的悪感情の伝播を任務として書かれたるものなりとせば、『最新経済論』は吾人の為めに憐むべき愚弄の題目となり、茲《ここ》にも文字上の能力を疑はるべき帝国大学教授法学博士を見出すべかりしなり。田島博士は固《もと》より通弁的学者に非ざるべく、特に吾人の如きは何々氏曰くとの虎威は最も快よしとせざる所なるが故にエミール・ヴァリエの言は恐らくは単に博物傍証の用に過ぎざりしことと信ず。而しながら今日の賃銀制度を目して却《かえっ》て一種固有の組合なりとの言を自己の責任に於て裏書人となるとは何たる不謹慎ぞ。組合制度の生産とは社会主義の或る程度までの発現にして社会主義的生産制度と呼ばるるものなり、然るに若《も》しヴァリエの言の如く賃銀制度が已《すで》に一種の生産組合ならば是れ現社会が已《すで》に社会主義の理想郷なりと云ふことにして、世界の社会党は悉《ことごと》く解散すべく而して社会党処分策を以て社会政策上の難問とせる『最新経済論』も焼棄して可なり。生産組合は組合員の発言権を要し、生産に関しては共和的合議制を要す。経済的貴族が其の家臣等の画策を聞きて生産に関する一切の事を決定し、労働者は賃銀の多少以外には一言の容吻(喙)も為す能はず、斯るものを何の国語に於て組合と称するや。一人の利害によりて身命を奪ひ居住営業の自由を剥奪し得る国家は決して共和国と命名せられざる如く、資本家の権利によりて賃銀奴隷を工場の門外に放逐し明日にも糊口《ここう》の途を失はしむる生産の専制君主国は生産的共和国と全く異なれる今日通用の文字、資本家制度。賃銀制度の名あり、何を苦《くるしん》でか経済学の根本思想より覆すが如き文字の混同を為すや。統治権が国家の権利に非らずして君主及び諸侯が統治よりして得る利益の帰属する主体たりし時代を共和国と命名せざるならば、生産が経済的家長君主等の統治権として其の目的と利益との為めに労働者を物格として処分しつつある今日を、何が故に生産的共和国たる生産組合に比するや。社会主義の生産組織は固《もと》より大《おおい》に今日の生産組合と異なること論なしと雖《いえど》も、或者は政治的革命の途によらず生産組合を経て社会主義に到達すべしとまで考ふるほどなりとせば、斯る馬を指して鹿と云ふが如きは学者として不謹慎の極と云ふべし。生産組合は生産組合なり、賃銀制度は賃銀制度なり。ヴァリエと田島博士とは人類界の言語を使用せざる者なり。

　而しながら斯く賃銀制度を却《かえっ》て生産組合に混同する所以の者は考ふるに団結的生産の利益が資本家一人のみに帰せずして労働者も其の利益に与《あずか》りて高き賃銀を得べしとの議論を為さんが為めなり、固《もと》より旧派経済学の仮説する如く、賃銀基金なるものの世に存すべき理なく、其の基金に対する需要者（即ち労働者）の人口の増減によりて賃銀が常に一定の点より一定の点までの間を上下すとは議論として貫徹せざる者なり、故に其の基金説の上に築かれたるラサールの『賃銀の鉄則』が大《おおい》に修正さるべきは論なし。即ち企業家が労働者に賃銀を払ふは将来の生産物より配当さるべき労働者の分を先き払ひとなすものにして、賃銀は生産物より支払はるとの説明は或る場合の事実なることは吾人固《もと》より否まざるものなり。而しながら或る場合とは凡てのことに非らず、企業家が其の生産物によりて利益を得ざる時に於ては労働者へ支払ひたる賃銀は決して生産物の中より出《い》でたる者に非ざるを以て、この説明も多く仮説に過ぎず。吾人は斯る枝葉を云為《うんい》（言行）する者に非らず、問題は賃銀が支払はるる所に非らずして賃銀が契約さるる所に在り。企業家が労働者と賃銀を契約せんとするや、生産物の利益によりて支払ひ得べき将来を期待して『需要』すると共に、市場に於ける労働者は空腹の圧迫と人口過多とを以て『供給』しつつあるなり。――即ち労働者は労働を売ると云ふ名の下に（恰も人身其者を売る娼妓が媱《よう》のみを売ると云ふ如く）、肉体を需要供給の法則の上に横《よこた》へて人身売買を行ひつつあるなり。而して一たび買はれて契約の鉄鎖に繋がれたる奴隷は其の生産物の利益につきて何等の要求もなく、支払はるる賃銀が仮令《たとい》企業家の已《すで》に有する資本の中より出《い》づるとも又企業者が将来生産物より得べきを期待して先払ひを為せるものなりとも、又其の期待の誤りて他の資本家の金庫より出《い》づるに至るとも、そは神と雖《いえど》も解する所に非ず。奴隷の価格は已《すで》に市場に於て決定されたればなり。新派経済学者は企業家が生産物の中より賃銀を支払ふべきを期待して労働者を需要するを以て、供給者が経済物として已《すで》に市場に於て価格の決定さるるをも顧みず、又恰も其の期待の誤りなきものなるかの如く独断し、即ち賃銀制度は一種固有の生産組合にして労働者は生産物に対して分配を予《あらか》じめ受くる便利なる制度なりとは何たる空論ぞ。否！　自ら称して科学的なりと云ひ経験的なりと云ふ新派経済学は此の点に於て旧派の其れよりも如何に甚しく空論に耽《ふけ》りつつあるよ。『其の組合員の一部は業務より生ずる危険の外に立ちて其の報酬及び報酬を受くるときが予定されたるものなり』。『現今の労働者が企業の危険を犯すことなくして常に定額の賃銀を受取るを得るは実に彼等に取りて利益ある方法なり』。然らば失業者とは企業の危険を負担せず予定されたる定額の賃銀を受取りたるが故なり！

田島博士の経済的貴族国の弁護論は前《さ》きに言へる独断的見解の不平等論に在り。即ち企業家と労働者との別を生したる所以は不平等なる人性自然の結果にして仮令《たとい》労働者の生産組合を以てするも企業の才能あるものは企業的業務に服し他は力役的業務に従事するに至るを以て平等の労働組織は不可能にして企業家は不滅なりとの議論これなり。而しながら是れ即ち文字の能力を疑はるべき所にして、社会主義は今日の企業家を排すと雖《いえど》も企業家的才能の者を独断的平等論によりて無視するものに非らず。国家社会主義の白眉たるイリー博士の如く企業家を工業の船長なりとして重要視する事は絶対に否まざるも、彼の如く工業の船長が同時に工業の船主たらざるべからざる理由を認めざるものなり。法理的に云へば自己の目的の為めに自己の利益に帰属すべき権利の主体として企業を為す今日の企業家を排すと雖《いえど》も、国家の目的の為めに国家に帰属すべき利益のために国家の機関として企業を為す才能ある者を無用なりと云ふに非らず。繰り返へして云へば、工業の船主たり利益の主体たる企業家は国家にして、全国民は国家の機関として国家の利益の為めに或は筋肉を労し或は才能を働かす所の労働者なりとすべし。更に繰り返へして云へば、過去貴族国時代の家長君主等の如く自己の目的の為めに自己の利益に帰属すべき権利の主題として存せしむる今日の経済的貴族国を打破して、恰も今日の中央地方の官吏が国家の目的の為めに国家に帰属すべき利益の為めに国家機関として存する如く、企業的業務に服する機関を其の才能ある者に行はしむることに在り。即ち博士の言の如く労働者の生産組合中にて企業の才能ある者が企業的業務に従事すとも、其の全《企》業者は所謂企業家と全く異なれる組合の機関にして、即ち或る種類の労働者たるに過ぎず。統治権を行使する才能ある者が直ちに統治権の主体たる諸侯君主たらざるべからずと云ふ理由なきが如く、企業の才能ある者が必ず利益の主体たる企業家たらざるべからざるの理なし。この点に於て博士も亦《また》金井博士の如く我れ田島錦《治》次なるものは経済学者なるか将《は》た経済学かと顧みるの要あり。独断的不平等論に頭脳の中枢を腐蝕せられたる者は斯くまでに賢明を蔽はるるか。

田島博士の経済的貴族国の弁護論は余蘊《ようん》なき者なり。氏は放縦に専制権の利益を列《なら》べて憚からず。曰く、『其の国内の生産業は凡て労働者の生産組合によりて行ふを得べしとするも他の諸国には機敏なる企業家尚存し労働者を使役して之に当らんには其の国は必ず不振の地位に立つべき事恰も微弱なる共和国が強大なる専制国に兵事《軍事・前出表記》上。外交上後れを取ると一般ならんのみ』。是れ事実なり。故に一国家内に於ける生産組合が労働者の適度の労働時間と高尚なる生活との為めに、他の廉価なる賃銀奴隷の酷使によりて廉価なる生産費にて足る資本家組織の産業と市場の競争に勝《た》へざることは事実にして、是れが為めに社会主義が一局部の生産組合の方法を排し政権の上に立ち現はれて国家が凡ての産業を国家の手に吸集《ママ》せんとする如く、外国に於けると同じき資本家的産業の存在は社会主義の実現されたる国家の産業に妨害たるべきが故に、茲《ここ》に社会主義の万国国際大同盟の運動あるなり。斯ることは社会問題専攻の博士の不注意なるべき理なく彼の矢野文雄氏の微温的なる『新社会』が此の点に於て殊更に注意を払ひて書かれたるが為めなることは何人《なんぴと》も知れる所の如し。而して其の微温的なるにせよ一国内に於ける社会主義の或る程度までの実現が必ずしも不能にあらず、国家内の資本と労働の団結の為めに経済的先進国に対抗し得べしとの矢野氏の議論は博士の根拠なき推理を打消して余りあるべし。何となれば小資本の分立的競争よりも大資本の合同的活動が遥かに有力にして、相殺的。破壊的労働よりも団結的。秩序的労働の大なる生産を来すべきは経済学の原理にして、之を国際競争に行ふも彼の幕末に名《ママ》ける各藩貴族の分立が外国に破られたるに係らず、団結せる一公民国家となりては強大なるロシアにすら打勝ちたるが如くなるべければなり。只、看過すべからざることは『強大なる専制国』の語を以て現今の生産的専制国を讃美する博士の根本思想に在り。

若《も》し専制国と云ふ語が国家の目的と利益との為めに国家の統治権を専制に行使する国家機関の政体なりとの意味ならば専制に伴ふ機敏と秘密とが戦闘或は外交の激甚なる競争に於て国家を利すべきは疑ひなき事実なり。而しながら君主が統治権の主体として君主の目的と利益との為めに国家が客体たる物格として取扱はれし家長国時代を指して専制国と云ふならば、其の専制権の行使によりて利せらるるものは君主にして国家に非らざることは亦《また》論なし。（『所謂国体論の復古的革命主義』に於て国家を人格と物格とに分類したる所を見よ）。故に若《も》し田島博士の所謂強大なる専制国たる今の資本家制度に於て、資本家が其の生産団体の機関として団体の利益のために団体の目的のために生産権を行使するならば、たとへ其が専制なりとも専制によりて得べき利益あらば其の生産に与《あず》かれる団体員に当然なる権利として拘《均》霑（均霑（きんてん）。均しく潤う。平等に利益を得る）すべきなり。而しながら是れ決して現今の状態に非らず。資本家は其の生産権を恰も家長君主の如く自己の統治権として自己の目的と利益との為めに振ひ、年俸。月給。賃銀によりて家臣奴僕たる団体員は資本家の目的の下に客体として存するに過ぎず。故に斯る意味の強大なる専制国に於ては其の強大なる国家、生産団体ならば強大なる生産団体を有することは君主と資本家の利益にして、其の強大なる国家或は生産団体を率ひて君主と資本家の強大を加ふることは権利の主体たる彼等に帰属すべき利益にして、其の利益が偶然に他に溢霑するや否やは問題外なり。故に英国に於て一八九五年の統計、百三十五億万円の収入中八十五億万円まで全人口の八分の一の経済的君主等に帰属することは強大なる専制国に於ける専制君主の権利なるべきも、其の君主の目的の利益との為めに物格として存する他の八分の七が飢餓点を上下しつつ英国は強大なる国家に非らず。統計家の残酷なる悪戯は、米国シカゴ市の富を全人口に平分して一人一万円となり一家五六《ごろく》万円の割合なりと計算しつつあるも、失業者と犯罪者とに充満せる米国は貧弱なる国家にして、強大なる者は数十の経済的専制君主のことなり。岩崎黄金皇帝が其の高き屋に登りて朕富めり民焉《いずくん》ぞ富まざらんやと宣《のたま》ふとも、強大なる者は岩崎なる者のことにして賃銀奴隷と農奴とによりて組織せられたる大日本帝国は決して強大なる国家に非らず。日清戦争に勝ち日露戦争に勝ちて、利益線の膨脹、貿易圏の拡大が無数に存在する経済的家長君主の強大を加ふるとも、其れによりて国民と国家とが強大なりや否やは全く問題を異にす。十六軍団の陸軍と数十万噸《トン》の海軍とを以て武装せる巨人が骸骨の如く餓へて、貧民の上には小盗人を働き富豪の前には脆《ひざまず》きて租税の投与を哀泣しつつある醜態を見よ。大日本帝国は今や利益の帰属すべき権利の主体たる人格を剥奪せられて経済的家長君主等の為めに客体として存するに過ぎずなれり。経済的専制君主等は強大なるべし。而しながら大日本帝国は斯くても強大の国家か。

田島博士は恐くは斯る意味に於て『強大なる専制国』の語を吐きしに非らざるべく、単に社会主義の生産組織を指して『微弱なる共和国』と名《なづ》けたるに対照せしが為めなるべし。ああ微弱なる共和国！　共和国何ぞ必ずしも微弱ならん。而しながら微弱の一語は社会主義に対する死活問題なり、是れ氏に限らず堂々たる学者より常に聴く所にして、社会主義の実現は生産を減退すとの全く顚倒せる誣妄《ふもう》これなり。金井博士の『社会経済学』にも。

『若《も》し強ひて之を実行せんとせば生産を監督し凡ての生産に従事するものは子孫の教育養生のみならず、又一般に消費をも監督せしめんが為めに非常に多数の官吏を要することは免かるべからざるなり。然れども尚これよりも更に恐るべきは指揮監督の任に当れる上級官吏の無限の権力を有し絶えず之を実行するの地位に立つに至らんこと是れなり。斯くして社会は古来比類なき圧制に苦しむに至るのみならず、際限なき干渉と監督との行はるるにも係らず生産の結果は決して現制度の下に於けるよりも多からざるべし。否 却《かえっ》て少なかるべし。何となれば已《すで》に経験によりて知れる如く方今《ほうこん》（現今）の社会にも自利心の活動全く無きか或は少なき所にては生産甚だ少なきか或は悪しきかは一般の事実なればなり』。

　是れ社会主義に対する両刀論法なるべし。社会全員の貧困か国家万能主義かとの両刀は全社会の富有と同時に個人の自由独立を主張する社会主義をして逃路なからしめんとする者なるべし。而しながら其の刀は共に地を撃てるに過ぎず。――社会主義は全社会の驚くべき富有と個人の独立とを共に得べきことを確信するものなり。吾人は決して尊敬すべき金井博士を通弁的学者なりと信ずるものに非らずと雖《いえど》も、社会主義を以て官吏専制の国家万能主義と誤解して強烈に個人性の権威を主張する者は所謂個人主義なり。（個人主義の大なる意義につきては後の『生物進化論と社会哲学』を見よ）。而しながら誤解さるるが如き偏局的社会主義はプラトー以前の遠きに千年前のこととして如何に官吏の干渉を許したるかは婦人の貞操をまで監督せしめたるにても知るべし。現今の科学的社会主義は決して斯る素朴なる本能的社会性によりて無意識に繋がれたる古代の復古主義にあらず。十九世紀に至るまでの個人主義の清鮮なる覚醒を受けて社会性と個人性との確実なる自覚の上に新らしく築かれたる全く別個の理想なり。此の精細は更に『生物進化論と社会哲学』に於て説く。而して官吏の監督無くしては生産的活動を萎縮せしむと推想することの人性に対する無智識に基くことは前《さ》きに説けり。而しながら社会主義の世と雖《いえど》も決して僅少なる監督者の凡て無用なりと云ふにあらず。只其の監督者とは今日の官吏と全く別種の者なることを忘却せざれば足る。今日の官吏の重要なる任務は権力階級の維持の為めに常に反抗せんとする劣弱階級を抑圧することに在り、而して経済的誘惑によりて腐敗し易き組織の下に置かれ、階級組織の為めに専制の驕慢と奴隷の卑屈あり。斯る者が社会主義の実現されたる暁に於ても尚存在すと考ふるは、日出《い》でて尚狐の隠れずと云ふと同一なり。今日の如く上官の前には叩頭《こうとう》の芸術家たるに過ぎざる者が転じて社会に対するや帝王の如き権力を振ふは此の経済的懸隔と権力的階級組織の暗黒なる社会なればなり。監督者の推挙に至りても決して今日の官吏の如く、妻君の縁故、形式の試験、月謝納附の履歴書、政党騒擾の猟官に非らずして撰挙によりて立ち、而して其撰挙と云ふも其の軍中より撰出されしローマ末年の皇帝の如くならず、労働の義務を終へたる局外者より労働軍中の適当せる者を撰挙すとのベラミーの提案の如くせば何処に専制あらんや。而して今日の司法官の職が人格ある人物の名誉職となりて権力の濫用を監視して個人の自由独立を保護して立つべく、且つ労働的兵卒も監督者も又今日の企業家に相当する所の重大なる機関も同一の分配を受けて経済的に対当の地位に立つとせば其間 亦《また》何ぞ専制と卑屈の官吏的階級あらんや。この故を以て古代よりの偏局的社会主義即ち国家万能主義を個人主義の革命によりて一たび全く顚覆してフランスの如くなる能はざりしドイツに於ては民主々義なる名に於て個人の権威が社会の利益の為めに強大に主張せられ、中世の遺物を載せて流れ来れる国家万能主義の浮氷を国境外に駆逐せんが為めに『社会民主々義』なる者あるなり。即ち社会主義と共に民主々義の主張せられつつあるは個人の権威が社会なるの名に於てする他の個人の意志に汚辱さるべからずとの要求にして、何ぞ今日の如き官吏を以て生産を司らしむるを得べしと考ふる者ならんや。――否！　今日の国家万能の官吏専制を以て生産を司らしめ或は生産に容吻《(喙)》せしめんとする者こそ金井博士等の所謂国家社会主義に非らずや。金井博士の用ふる両刀論法の一刀は却《かえっ》て深く国家社会主義自身の心臓を貫けるに過ぎず！

　茲《ここ》に於て問題は、金井博士の所謂生産を減退せしむと云ひ、田島博士の所謂微弱なる共和国と云ふことに帰す。これ誠に以て顚倒せる誣妄《ふもう》なり。社会主義は生産を減退せしむるものに非らずして生産を増進せんが為めなり。微弱なる共和国に非らずして強大なる産業的共和国を現出すべき者なり。吾人は斯る全く顚倒なる誤解が敢て二氏のみならず充分に尊敬せらるべき人々の頑強に維持する所となるを見る毎に、誤解者が何の理由によりて斯る非難を発するかを考慮したりき。而も吾人は上来打破し来れる不見識或は無思慮より外に斯る非難の発せらるべき理由を見出す能はざりき。若《も》し有りとせば空想的社会主義及び今日の社会主義者の或者が分配の不公平を論議する事に力を注ぎつつあるを見て生産の多少を顧みず平等の清貧に至るべしと考ふることに在るか。

　而しながら吾人は断言す、科学的社会主義は決して分配論に重きを置くものにあらずと。これ奇怪に似たるも吾人の特に強く主張せんと欲する所なり。空想的社会主義時代に於ては独断的平等論の規矩《きく》を以て上層の階級を只下層に引き下ぐれば可なりと考へしが如きもあり、又社会主義の発見に導きたる動機が現社会の分配の不道理不公平に在りしを以て、分配論が主張の眼目なるかの如く思はるるは社会主義者自身と雖《いえど》も亦《また》免かれざる所なり。而しながら社会主義の真髄は分配論に非らずして実は生産論に在るなり、即ち土地及び生産機関の公有と其の公共的経営と云ふことが社会主義の脊髄《(椎)》骨なるなり。事実に見るも世界の社会党は無数に異なれる分配論によりて嘗《かつ》て離散せしことなく、生産論を中心として合同して動かざるなり。由来分配と云ふ語は私有財産的臭気を有す。固《もと》より分配さるる配当額が私有財産として全く各個人の権内に属することとなれば此の語を然かく不当なりと云ふに非らずと雖《いえど》も、一切を現社会の標準によりて推論するより外知らざる彼等に取りては分配と云ふ語は直ちに、大《おおい》に拡張されたる公共財産の存することを想像せずして、私有財産制度の非社会的観察を以て受取らる。現今存する僅少なる公共的財産は私有財産制度の砂漠中に在るオアシスなるを以て図書館には鉄網あり公園には鉄柵あるの止むを得ざるに係らず、而も尚この非社会的思想より外有せざる今日の人と雖《いえど》も決して軍艦に対して分配を主張し兵営の建物に向つて分配を要求せざるに非らずや。是れ軍事上のことは往年の大名の如くならず国家の経営すべき者なることを解すればなり。故に此れと同様に生産上の事も決して一私人に任ずべき者に非らずとのことが明瞭に了解せらるるに至らば、兵営よりも大なる工場、軍艦をも築造する大製造所の如きを今日の如く私有財産制度の分配的眼光を以て眺むるの不合理は存せざるべきなり。然らば社会財産の大部分は共産として存すべく分配さるる部分の如きは平常の生活と社会の進化に応じ個性の傾向を満すための購買力なるべく、決して現今用ひらるる分配——名誉。権力。生活。恋愛の凡てを含有する意義の分配に非らざるは明白なるべし。故に社会主義者の分配に対する提案は種々に異なり、サン・シモンの如きは労力に比例する分配の差等と云ひ、ルイ・ブランの如きは理想の極致を掲げて能力に応じて生産し必要に応じて消費すと云ひ、今日の社会主義者は万人平等の分配と云ふ。固《もと》より『能力に応じて生産し必要に応じて消費す』とのブランの理想は吾人の理想にして遠からざる将来に於て達し得べき者なり。然しながら斯る理想的の共産社会は生産のより一層に多くなり道徳的進化の更に一段の高きに到らざれば実現さるべからざる者なるを以て、科学的社会主義は現今の程度に応じて万人平等の分配に止まりて次の進化を待つ者なり。固《もと》より現時の日本に於て今日直ちに社会主義の実現さるる者と仮定せば、『新社会』の如くシモンの提案を暫《しばら》くの間《あいだ》取ることは生産の然かく発達せざる国の状態として可なるべしと雖《いえど》も、斯る実現は決して今日に期待さるべからず(『社会主義の啓蒙運動』を見よ)。のみならず、一個の生産物の上に其の生産に従事せる人々の個人的勤労の限界を附する能はず、又歴史的累積の智識の効果が其の中に如何ほどの分量に於て含まるるや知る能はず、生産物とは渾然たる一個不可分の社会的歴史的産物なるを以て、其れを個人的に現在的に分配の差等を設けんとするは、社会的生産時代に於て個人的生産時代の分配法を継承する者にして今日の正義とする所と甚しく背馳《はいち》すべければなり。吾人は分配論に関する種々なる提案を時代的に進化すべき者と見よと云へる見解を執る。分配は生産に伴ふ。社会と云ふ生物は其の生存進化の物質的資料たる生産の多少に応じて分配法の正義を異にす。彼の生産の最も欠亡せる喰人族が其の社会生存の目的のために同類の肉をも分配さるべき物質的資料の中に加へて相殺戮する如く、今日までの私有財産制度が戦争或は法律の形に於て他の社会と或は他の階級との間に於て掠奪の分配を為しつつある如く、原始的平等の部落共産制に在りては原始的共産なるべき原始的生産物の富有ありて行はれ、将来に来るべき共産的分配は無限なる発明による共産的生産の富有ありて行はれ、其れに到達すべき階級たる社会主義の万人平等の分配は万人をして平等の分配に与《あず》かりて経済上の慾望が相衝突するの要なきまでの富有なる大生産を徴兵的労働組織によりて来さざるべからず。孟子が『民水火に非ざれば生活せず、昏暮に人の門戸を叩いて水火を求むるに与へざる者なし、至て足ればなり。聖人の天下を治むる菽粟《しゅくぞく》（類穀）あること水火の如くならしむ。菽粟水火の如くにして民焉《いずくん》ぞ不仁なる者あらんや』と云ひしは豊饒なる平原に人口の稀薄なりし尭舜時代の原始的部落共産制に於ては真なりしなるべく、之を私有財産制度に入りて君主貴族等の掠奪階級が生じたる素朴なる萊《らい》（雑草茂る荒地）犁の農業的産業時代に主張せるは固《もと》より空想に過ぎざりしは論なし（孟子の社会主義につきては後に『社会主義の啓蒙運動』に於て説く）。而しながら、今日再び人口より遥かに超過せる生産を為し得べき機械は続々として発明せられつつあり。この機械を以て今日の如く経済的貴族階級の独占して相破壊するが如き方法に於て生産せざるに至らば、分配論の如きは生産の進化に伴ひて自ら解釈さるべきなり。――故に吾人は社会の進化して万人平等の分配と云ふ一階級を越へて純然たる共産的社会に至るべき事を円満なる理想として有する者なり。今日の社会主義者が孔子の如く少きを憂へず均しからざらんことを憂ふと云へる過去の空想的社会主義を脱して、挙《こぞ》りて土地及び生産機関の公有に全力を注ぎつつある者は一切が大生産を挙ぐることによりてのみ解釈さるるものなるを知ればなり。微弱なる共和国と云ふに至りては今の社会主義を以て空想的時代の其れと同一視し、只退嬰的に清貧の平分に甘んずと解すればなり。社会主義は貧少なる分配を平等にすべきことを主張せずして寧《むし》ろ富有なる公共財産に対して個性の相異に応ずる共産的使用によりて満足を得べきことを理想とする者なり、上層階級を下層に引き下ぐる者にあらずして下層階級が上層に進化する者なり。誣妄《ふもう》も極る。

然らば如何にして全社会をして今日の上層階級の如き幸福なる生活を受けしむるほどの大生産を得るや、曰く歴史的進行の流《ながれ》に従ひて至るべきのみと。吾人が前《さ》きに経済的貴族国の歴史を述べて、経済的土豪より経済的群雄戦国となり更に経済的封建制度に至ると云へる如く、経済史の潮流は今や実に滔々としてツラストに流れつつあり。而して群雄戦国の兵乱に苦《くるし》みたる者が封建制度の貴族政治を悦びたる如く今の経済学者は挙《こぞ》りてツラストの大生産を讃美しつつある者なり。是れ固《もと》より当然のことにして分立せる資本が合同せる資本よりも多く経済的にして協同の労働よりも相破壊し合ふ労働が多くの生産を来すと云ふが如き痴呆の存すべき理なく、経済的封建制度は群雄戦国の経済的兵火なきを以て彼等諸侯と共に社会を利して大生産を挙ぐるを得るは疑ひなき眼前の事実なればなり。如何に米国の法官がツラスト禁圧に全力を注ぎたりとも、又如何に労働者と小資本家とが其の横暴に恐怖して極力妨害に努むとも歴史の大潮流は木柵石塊を以て阻むべからず、全世界は今や殆んど全くツラストと《ママ》を以て蔽はれんとす。嘗《かつ》て北米の石油業者の破壊的競争の為めに石油は徒らに倉庫に積まれ地に流れて顧みられざりしが如き大損失を来せし者、一八八二年スタンダード石油ツラストの組織さるるや、実に生産費の六割を減じ近年の配当総額六億万円に近しと云ふにあらずや。四十億円の資本を合同して成れるカーネギーの鉄製ツラストが如何に他の合同なき欧州の資本家を支那の市場より駆逐せるかを見よ。グールゴース製糖会社は全米国の悉皆《しっかい》を合同し、ナショナル・ビスケット会社は全国大製造会社の九割を合同し、ロンドンに於ては八百屋すらツラスト組織となれりと云ふに非らずや。社会主義はツラストが如何に専横を働くとも歴史の進行に逆ひて小資本分立の前世紀を回顧する者にあらず、ツラストの進行を継承して更に大合同に進まんとする者なり。ツラストの資本家大合同は同業者間の破壊的競争を止めて広告の莫大なる浪費と各自の破壊的行為による資本の徒費《とひ》（無駄使い）なしと雖《いえど》も、そは単に資本家間の大合同に過ぎずして他の労力大合同の労働組合と激甚なる戦闘を絶たざるが故に如何に資本と労力の浪費あるや知るべからず――是れツラストの尚労力と資本との関係に於て全からざる合同にして大なる浪費をなして生産を傷害する所以なり。ツラストの資本家大合同は暗中の飛躍に過ぎざる経済的混戦を止めて需要供給の関係を統計に於て眼下に俯瞰《ふかん》するの便宜あるが為めに従来の如く十年毎の大恐惶《ママ》を来すが如きことは無しと雖《いえど》も、而も其の経営が専制権に伴ふ暗愚と驕慢に基くを以て需給の関係を見るの明を蔽はれ、諸侯等の誅求《ちゅうきゅう》苛斂《かれん》の為めに社会の購買力を枯渇せしめて茲《ここ》に頻々たる生産過多となり社会は如何に資本と労力を消費しつつあるや知るべからず――是れツラストの尚消費と生産との関係に於て全からざる合同にして大なる消費を為して生産を傷害しつつある所以なり。ツラスト資本家大合同は無数の小売人を要せず、同業者間の破壊の為めに要する人員、及び収益少なき工場を閉鎖するより解雇する労働者等によりて労力の消費を避くることに於て大なる利益を得つつありと雖《いえど》も、其の節約されたる労力は直ちに生産の途に即《つ》く能はずして徒《いたずら》に節約たらざるのみならず或は社会の慈善に衣食して次ぎの需要までを遊食し或は社会を脅かして犯罪者となる。社会の被る労力の浪費は如何に多大なるや知るべからず――是れツラストが猶《なお》凡ての関係に於て全からざる合同にして大なる浪費を為して生産を傷害する所以なり。而して経済的活動の二大動機たる公共心は個人的契約関係の為めに圧伏されて働かず自己心は階級的隔絶による絶望の為めに刺激さるる所なし――是れツラストが全社会を打て一丸とせる大合同に非らずして全社会を富有ならしむべき大生産を来す能はざる所以なり。社会主義は此の資本労力の大浪費あるツラストを社会の経営に移して斯る浪費の欠淊《陥》を去れる者なりと考へらるべし、経済的群雄戦国は経済的封建制度に至り、経済的公民国家に至る。社会主義は社会の為めにする生産なるを以て社会の購買力を枯渇するが如き誅求《ちゅうきゅう》苛斂《かれん》なく、専制の暗愚より生ずる生産過多なく、無責任なる労働者の解雇、工場の閉鎖より生ずる失業者なく、労力資本の二大階級の闘争より生ずる資本労働の徒費《とひ》無し。而して平等の分配の為めに自由に行はるる個性発展によりて達せんとする名誉と地位に対する利己心の強盛なる活動あり、社会に帰属すべき利益なることを意識して努力する公共心の神聖なる刺激あり。経済学者なる者はツラストの大生産を禿筆爛舌して説きながら、ツラストの進化を受けて其進化を継続し更に其れ《よ》りも遥かに大生産を来すべき社会主義を誤解して却《かえっ》て生産を減退せしむと云ひ微弱なる共和国と云ふは何たることぞ。彼等は一個人の利己心をして社会の経済的源泉を左右せしむるを然かく賢明なる制度なりと思はば何が故に大倉某の如き者をして砲兵工廠の工場主として砲弾に砂を入れ銃丸に石を混ぜしめざるや。国家生命の根源たる生産権を個人の財産権として存せしむる今日の売官制度を然かく確定の経済組織なりと思はば何が故に統治権を皇帝の利益の為めに存する財産権として官職を売買しつつある支那朝鮮の如くならしめざるや。

而しながら誤解すべからず、ツラストの経済的封建制度の一転して社会主義の経済的公民国家に至ると云ふこと、ツラストの時代に小企業家と小資本家との存在する余地なしと云ふこととは自ら別問題なり。統計は明《あきら》かにツラストの大企業家合同が其れと同業の小企業家を併含し圧倒すると共に、ツラストの余沢によりて立つ小企業家は其れに併行して発生し、又大規模によりて生産する能はざる美術品修繕業等の手工業的小企業家はツラストの勢力範囲の外に立ちて存在しつつあるを示し、月給年俸にて雇傭さるる精神的労働者及び賃銀に衣食する肉体的労働者と雖《いえど》もツラストの株券を買ひ一面小資本家となり得べきを以てなり。故に吾人は社会主義者中の皮相的見解者の如くツラストの勢力を見て直ちに小企業家の存在し得べき余地なきかの如く信じ、社会の階級的隔絶を直ちにツラストの株券の悉《ことごと》くが黄金貴族階級に独占さるる者なるかの如く解するの誠に独断論なるを知る。而しながら斯る小企業家と云ふが如き小さき掠奪者の存在し得べきは恰も封建時代の政刑《せいけい》（政治と刑罰）普及せざるが為に森林に山賊あり市井に賻《博》徒ありしが如く黄金大名の目を避けて鼴鼠《えんそ》（モグラ）の如く存する者にして、其のツラストの株主として小資本家たり得べしと云ふが如きは、恰《も》も封建時代と雖《いえど》も、土百姓《サーフ》のみに非らず貴族階級に隷属して掠奪階級を組織せる武士若くは足軽仲間の階級ありしが如し。若し封建時代と雖《いえど》も森林に山賊あり市井に聘(博)徒ありと云ふ理由を以て、貴族階級と土百姓《サーフ》の階級とのみならず其間に武士と云ひ足軽仲間と云ふが如き掠奪階級の介在せしと云ふ理由を以て、人類の政治史が封建制度を以て終局とせざりしことを解するならば、彼の講壇社会主義者なる者が社会主義者中の皮相的見解者を窮追するに此の経済的封建制度の下に於て小企業家と小資本家の存在し得べき余地ありと云ふを理由として、却《かえっ》て自ら経済史の進行を忘却せるが如き失態に陥るは何事ぞ。金井博士と田島博士との著書に於ては此の点よりする非難は見出されざりしと雖《いえど》も、自ら称して講壇社会主義を主張すと云ふ者の多くは殊に此の点に力を極めて純正社会主義の前に抵抗を試む。京都帝国大学教授法学博士桑田熊三(藏)氏の如き、千山万水楼主人の名の下に読売新聞紙上に流麗の筆を揮《ふる》つて大《おおい》に議論せし法学士河上肇氏の如き、『社会問題解釈法』に対して論戦を求めたる一著者の如き是なり。社会主義は小企業家と云ふが如き小さき掠奪者が尚経済的諸侯の勢力外に立ちて存在しつつある現時代に甘ずる者に非らずして来るべき時代に於ては小企業家をも存在せしめて掠奪せしむべからずと主張する者なり。精神的肉体的労働者がツラストの株券を得て一面小資本家の小さき掠奪者として経済的貴族の下に隷属して存在しつつある現時代に甘ぜず、来るべき時代に於て小資本家をも存在せしめて掠奪せしむべからずと主張する者なり。即ち、経済的封建制度の下に於て小企業家と小資本家の尚存在しつつありと云ふことは其れだけの事実にして、経済的階級国家が歴史的進行の当然として経済的公民国家に至ると云ふこととは他の事実にして別問題なり。講壇社会主義者の議論は経済史の進行する将来を看る能はずして経済的貴族国の維持を以て思想の基礎とし、純正社会主義は経済史の潮流に従ひて経済的民主国を理想す。而して今日の権利思想は強力による所有権の主張にあらず。個人的労働に対する個人的分配の正義にあらず。社会が凡ての富の生産者にして凡ての富の所有者たることは、今日の国家に於ても種々の法律に於て其の『最高の所有権者』たる事を現はしつつあるを見るべし。斯く国家が最高の所有者と承認さるるまで権利思想の進化し正義の理想の向上せる今日に於て尚小企業家と云ひ小資本家と云ふが如き小さき掠奪者の存在し得べきことを理由として経済的維新革命を阻害せんと試むるは何ぞや。

是れ先きに先決問題と云ひしものなり。曰く——進化論は誤謬にして人類の歴史は経済的貴族国に止まり地球の冷却するまで嘗《かつ》て変ることなきか。

『社会経済学』と『最新経済論』とが社会主義に関して伝播しつつある誣妄《ふもう》は決して以上に止まらず。只《ただ》、吾人が以上の二氏を殊更に指定して打破したる所以の者は其の肩書と地位と而して其著書の名声とが斯る思慮なき讒誣《ざんぶ》に光輝を放つものなるを認め、特に半鳥半獣の鵺《ぬえ》の如く社会主義の仮面を剽窃して被れるが為めに純然たる資本家経済学よりも世を毒することに於て遥かに甚だしき者あるべきを信じたるが故なり。而して以上の説明に於て彼等の云為《うんい》する所が些《いささか》の社会主義的傾向だになく『政府社会主義』或は『資本家社会主義』に過ぎざることを明《あきらか》にし、以て弁妄《べんぼう》（事理に反する議論の弁駁）の間に於て純正社会主義の本義を経済的方面に於て或る程度まで示し得たりと信ず。――純正社会主義は鵺的社会主義の誤解するが如く掠奪階級の地位を転換せんとする者にあらず、一切階級を掃蕩して社会が社会の権利に於て社会の利益を図る者なり。純正社会主義は 鵺的社会主義の如く経済的活動の動機を圧伏する現社会を弁護するほどに人性につきて無智なる者に非らず、公共心の強盛なる刺激と共に利己心の障害なき発動によりて驚くべき経済的活動を期待する者なり。純正社会主義は鵺的社会主義のごとく階級隔絶を維持して労働を軽蔑忌避せしむる者に非らず、労働それ自身を外部的条件の上に置きて絶対に神聖ならしむる者なり。純正社会主義は鵺的社会主義の如く独断的不平等論によりて今日の階級的不平等を維持して歴史の潮流に逆らはんとする者に非らず、同類観の鋭敏になれる社会進化に応じて社会の進化の為めに個人性の発展を障害なからしめんとして物質的保護の平等を図る者なり。純正社会主義は鵺的社会主義の如く一私人の目的の為めに為さるる専制を讃美する者にあらず又国家万能主義を以て今日の官吏をして生産に係はらしめんとする者にあらず、個人主義の覚醒を承けて僅少にして平等なる監督者を賢明なる選挙法によりて社会の機関たらしむる者なり。純正社会主義は鵺的社会主義の誤解する如く微弱なる生産をなし清貧の平分に甘ずる者にあらず又分配論を重要視する者にあらず、一切が大生産によりてのみ実現さるることを知りてツラストの進化を更に進化せしめツラストに伴ふ凡ての浪費を去り、資本家間のみの合同を更に全社会の大合同に来らしめ、私人の権利たる生産権を国家の目的と利益との為めにする公権となし、個性発展の競争と公共心の強烈なる動機によりて全社会を驚くべく富有ならしむることに在り。而して此の富有は利己的妄動の障害なく犯罪なく盲目の企業なく階級の争闘なく恐惶《ママ》の大破裂なく、経済的誘惑を去れる平等の出発点よりする競争の自由と、智識の遺漏なき広漠なる普及とによりて発明は更に発明を産み機械は更に機械を作り、累積して止まざる資本は又さらに其累積して止まざる資本を止まずして累積し、今日の程度を以ては想像し得べからざる速度を以て増加又増加して無限無際辺に進む――実に社会の権利と利益とを主張する純正社会主義は此の社会進化の理想を根本義とす。徒らに政府と資本家との為めに国家の権利と講壇の神聖を汚辱して鵺の如く怪鳴する彼等は社会主義と名《なづ》けらるべき何者をも有せざるなり。鵺的社会主義にとりては経済的貴族国は人類歴史の終局にして地球の冷却するまでの制度なり、純正社会主義は進化論の上に立ちて厳粛なる科学的基礎によりて推理し明確に社会進化の理想を意識して努力す、断じて錦繍《きんしゅう》に包まれたる糞土の塊と混同すべからざるなり。

而しながら社会主義の理想郷に到達するまで資本家階級に対する階級闘争の一挙にして勝を制する能はざるが為めに、社会進化の跡が国家社会主義の途を経由するの形を現すや否やは自ら別問題なり。（後の『社会主義の啓蒙運動』を見よ。）

第二編　社会主義の倫理的理想

〔第一編に統合〕

▽改第四章　［▽第三章］

［第七節］

▽改個人主義［▽民主主義時代］の犯罪観／先天的犯罪者の多くも祖先の社会的境遇の遺伝なり／生活の慾望と下層階級の犯罪／犯罪者の多くは家庭に於ける道徳家たらんが為めなり／カルカッタの獄に繋がれたる貧民階級／緊急状態権と▽改個人主義［▽民主主義］の刑法学の矛盾／▽改高尚なる［▽より高き］生活の慾望と上層階級の犯罪／▽改高尚［▽より高き］と云ふ文字の内容は今日黄金を以て充塞せらる／▽削除講壇社会主義の犯罪観△／▽削除樋口勘次郎氏の犯罪不滅論△／▽削除犯罪は病的現象に非らず△／▽削除社会良心△／▽削除進歩の先駆者と犯罪者△／▽削除生体の根本的組織の革命と其れに伴ふ必然的現象たる犯罪の消滅△／▽削除デュルクハイムの承認せる宗教的犯罪の消滅と社会主義による経済的原因に基く犯罪の消滅△／▽削除普通良心の鋭敏と刑罰の軽減△／▽削除社会良心の進化△／▽削除社会主義は余りに多くを将来に期待する空想なりと云ふ先入思想△／▽削除重力落下の原則と社会の進化△／▽削除宗教に関する犯罪の時代と社会良心の進化△／▽削除強者の意志に反する犯罪の時代と普通良心の進化△／▽削除生体の根本的組織の革命と犯罪の質の変化△／▽削除犯罪の質と数△／▽削除偏局的社会主義時代の社会良心と社会主義時代の社会良心△／▽削除樋口氏は報復主義の刑法論を取る△／▽削除社会良心の進化と死刑△／▽削除法律の時代と道徳の時代△／▽削除個性の変異を尊重する社会良心は変異の個性を犯罪視する者に非らず△

［第八節］

今日の多くの犯罪は各階級の各《おのおの》 異なれる階級的良心と国家社会の利益を理想とする良心との衝突なり／良心の内容の社会的作成／国家の法律は階級的行為を律するを得べきも社会の道徳は階級的良心を責むる能はず／ドイツ皇帝の階級国家時代の良心／経済的貴族階級の良心／裸体に生れたる良心と階級的衣服／貧民階級の良心作成の状態／一国家一社会内に地方的時代的良心を混在せしむ／［民主］社会主義と▽改［▽は］階級的良心を削除掃蕩の為めに革命主義となる／階級的良心と階級闘争

［第九節］

削除『人は只社会によりてのみ人となる』削除／倫理的生物と倫理的境遇／狼に養はれて獣類に退化せる小児の事例／獣類の如く退化する変化性は神の如く進化する変化性なり／遺伝と境遇／摸倣性の説明／現今の人は凡て狼の手に養はれ

つつあり／空腹即ち犯罪飽腹(食)即ち犯罪と云ふ意味

［第十節］

［民主］社会主義と個人の責任／思想の独立信仰の自由あるは其の独立信仰を認むる社会良心あるを以てなり／［民主］社会主義の自由論の真意義／▽改純正社会主義［▽民主社会主義］は▽改個人主義［▽民主主義］の進化を継承す／私有財産制と▽改個人主義［▽民主主義］(本文になし)／［民主］社会主義は亦《また》私有財産制の進化を継承す／経済上の独立と政治上及び道徳上の独立／私有財産制度の高貴なる意義と民主々義／経済的貴族国の現代として政治の自由なく道徳の独立なし(本文になし)／現社会に個人の自由なきは其の根底たる個人の私有財産なくなれるを以てなり／▽削除社会主義時代には個人は他の如何なる個人にも属せずして社会に属す△／▽削除忠君と愛国△／▽削除個人は社会に対する経済的従属関係より社会の幸福進化に努力すべき政治的道徳的義務を意識するに至る△／▽削除売買廃止は亦《また》この理由による△／▽削除献身的道徳の武士道と素町人の利己的道徳との差は経済的関係に於て責任を有すると有せざるとによる△／▽削除国家社会に対する経済的従属関係より国家社会に対する献身的道徳を生ず△／▽削除個人主義と社会主義とを混同しつつある奇観△／［個人は社会に対する経済的従属関係より社会の幸福進化に努力すべき政治的道徳的義務を意識するに至る／▽改個人主義［▽民主主義］の要求は民主社会主義に依りて満足せらるべし／日本に於て▽改個人主義［▽民主主義］と社会主義の論争を輸入するは無用なり］

［第七節］

▽改以上、吾人は社会主義の実現による経済的進化によりて貧困の消滅すべきことを説きたり。本編に於ては更に社会の道徳的進化によりて犯罪の消滅を論ずべし。［▽次ぎに現社会組織の下に於ける犯罪を論ずべし。］

吾人は先づ▽改個人主義［▽民主主義時代］の犯罪観を排斥せざるべからず。固《もと》より刑法学者によりて体質犯と命名せられたる種々の生理上の病的原因に基く犯罪、又は酒精《アルコール》中毒の為めに不徳に抵抗する意志の薄弱による犯罪、又は父母の犯罪的傾向の遺伝による犯罪の如きは、其の犯罪者其者に原因の存するを以て、個人を犯罪の責任体となす▽改個人主義［▽民主主義］の刑法学は或る程度までの理由を有す。而しながら斯る一局部の者を捉へて犯罪人には凡て先天的特質ありとして無用なる方面に研究の力を注ぎし時代は過ぎ去りて、今や犯罪は殆ど全く社会の必然的現象なりとして取扱はれつつあり。而して其の体質犯と云ふ先天的特質の犯罪者と雖《いえど》も、犯罪者が其の犯罪的特質を先天的に有するは其の父母若《も》しくは其の祖先が或る特殊の境遇若《も》しくは社会的圧迫の下に在りて陥りたる犯罪的傾向を遺伝するに基くと解せらるるに至れり。固《もと》より吾人は犯罪が社会の▽改必要［▽必然］的現象なりと云ふ理由を以て、意識の主体たる個人の責任を悉《ことごと》く無視する者に非らずと雖《いえど》も、十九世紀の始めより犯罪の驚くべく増加せる事実は、社会進化の一過程として社会組織其者の革命さるるより外責任を問ふべき何者をも見出すべからざるべきを思ふ。弁護を天職とする学者の解釈としては是を以て或は人口の増加に帰し、富の増殖に帰し、或は犯罪発見に関する司法機関の精微に赴きたる結果に帰すべし。然しながら司法機関の精微に比例して犯罪の巧妙を加へ、人口の増加、富の増加に比例して犯罪の増加すと云ふが如きは現社会が或る進化の断崖を走りつつある故なるを解せざるが為めにして、実は増加せる富が精微なる司法機関に護られたる或る階級に壟断《ろうだん》せられて増加せる人口は其の凍餓《とうが》を免かれんが為めに巧妙なる犯罪を為しつつありと云ふことが多くの理由なり。人は生物なり。生物は生活の慾望を有す、何が為めに生活の慾望を有するかの如き問ひは、何が為めに生物たりしかと云ふ答への与へられざる▽改かぎり［▽限り］に於ては吾人の知り得る所に非らずと雖《いえど》も、只人は生物として生活の慾望を有することは事実なり。生活の慾望の為めには空腹裸体なるべからず。人は此の生活の慾望を有する生物としての第一の慾望の為めに、▽改さらに［▽更に］高尚なる生物として生活すべき第二第三の慾望が圧伏さるるを以て犯罪に陥るを余儀なくせらる。空腹即ち犯罪と云ふことは社会主義者中の皮相的見解者の信ずる如く凡ての説明たり得べき者に非らずと雖《いえど》も、社会の下層階級より出《い》づる殆ど凡ての犯罪者は実に全く此の経済的欠亡に原因するなり。

否▽改！［▽。］彼等は家庭に於ける道徳家とならんが為めに社会の犯罪者となる。一疋《いっぴき》の動物界に於ても一疋の生物其者が生存競争の単位に非らざる如く（次ぎに説く▽訂『生物進化論と社会哲学』［▽『社会進化論』］を見よ）、今日の激烈なる経済的生存競争の社会に於て単位たる者は実に家庭なり。鴉《カラス》が悪童に其の雛を奪はるる時に如何に鷲の如く狂ふかを見よ。可憐の雉子《キジ》が鼬《イタチ》に其の卵を襲はるる時に如何に闘鶏の如く闘ふかを見よ。本来菜食動物に生れて最も柔和なるべき人類と雖《いえど》も、其の妻子の愛の故に狼の如き純然たる肉食獣と化し去る。――実に社会の犯罪者の多くは家庭に於ける道徳家たらんが為めなり。［民主］社会主義の倫理的理想は固《もと》より之れを是認せず。然しながら国家の▽改我利の為めには人類の幸福、世界の平和を無視し、外交を以て欺くも兵力を以て侵略するも貿易の名に於て掠奪するも、是れ国家の道徳なりと云ふマキアベリズムが帝国主義の名に於て主張されつつある今日に於ては、［▽存立及び発展の為めには他の持てる者を欺き若《も》しくは奪はざるを得ざる現実社会に於いては、（競争の単位が国家民族又は家庭たる所以は『　』《ママ》を見よ）］若《も》し彼等犯罪者の或者にして余は小さき帝国主義者として讃美さるべき栄誉を有すと云はば▽改如何に［▽如何ん］する。今日、吾人は空気を掠奪して相争はず、然るに昔時《せきじ》カルカッタに於て残虐なるインド王に捕へられたる百人の英人が一小孔によりて辛ふじて空気を通じ得る牢獄に繋がれたる時、欠亡の圧迫は終に充分に道義ある人士のみなりしに拘《かかわ》らず、其の一小孔より空気を吸入せんことを争ひて相殺傷せしむるに至りしと云ふ。是れ何ぞインドの▽改昔噺［▽一例］ならんや現今眼前に存す。都会の膨脹と共に一方に城廓の如き障壁を繞《めぐ》らし森林の如き花木によりて新鮮にせられたる空気を占有しつつあるに拘《かかわ》らず、九尺二間の豚小屋の中に於て、腐敗と熱気の流通せざる空気の為めに如何に無数の小児が窒息して殺されつつあるかを見よ。都会の小児死亡の統計は明《あきら》かに之れを語る。若《も》し▽改個人主義［▽民主主義］者にして空気の欠亡の時に於て相殺傷せるカルカッタ獄中の英人を絞殺に処すべしと主張せざるならば、吾人は実に此の空気の如く充満せる富の中に於てカルカッタの獄に繋がれたる貧民階級の一銭の窃盗をも羅織《らしょく》（小罪を探り出す）して縛せんと迫る縄の説明を要《もと》む。今日の刑法と刑法学とは緊急状態権を認むるに非らずや。若《も》し其の緊急状態権の説明としてギリシャにありし例なりとして引用さるる、船の覆没《ふくぼつ》の時に於て一人が他の一人の抛りて浮べる木を奪ひて溺死せしめたるも緊急状態なりとして寛仮《かんか》（大目に見て許す）さるるならば、而して妻子父母の溺死を救はんが為めにも其緊急状態権の拡張されたるならば、吾人社会は社会の制度によりて下層階級を不断の緊急状態に落し置きながら、尚且つ軍艦より一片の木片を盗みて溺死を免かれんと悶《もだ》へつつある如き難破者に対して、個人主義「▽民主主義」なる者の犯罪を呼ばはるに何の理由を以てするや。斯くの如くにして彼等は其の家庭を維持する能はず破壊の断片となりて終に自暴自棄の再犯三犯となり、而して其の小さき断片は所謂将来恐るべき悪童となりて次代の犯罪者として待つ。

上層階級の犯罪と雖《いえど》も然り。人は生物として生活の慾望を有す、而しながら人はプラトーの謂《い／おも》へる如く単に生活するのみならず更に高尚なる「▽『より高き』」生活に至らんとする傾向的生物なり。然るに元来此の内容無き高尚「▽『より高き』」と云ふ語の中に、今日充塞せられたる者は黄金のみなり。黄金の時計を有せざれば医師は病者の信頼を失ひ、黄金の眼鏡を持たざる学者は其の学説の価値を保つ能はず。単に排泄作用を営むに過ぎざる一塊の腐肉も黄金の後光を帯びては旦那様として崇められ、ホッテントットの部落に於てのみ第一流の美人も黄金の指環を有すれば乃《すなわ》ち令嬢として其の斗大《とだい》（大きいこと）の臀後《でんこ》に擾々《じょうじょう》たる恋慕者を引率するを得るなり。高尚「▽『より高き生活』」と云ふ語の内に含まれたるプラトーの内容は全く駆逐せられて黄金が全部を占領せり。斯くの如き今日に於て、下層階級が生活すべき黄金を得んが為めに犯罪者となる如く、上層階級が高尚なる「▽より高き」生活を為さんとして又等しく犯罪者となるは論なき事に非らずや。窮迫に陥れられて犯罪者となるも、誘惑に囲繞《いじょう》せられて犯罪者となるも、其の犯罪者こそ薄倖なる犠牲にして社会は社会の必然的現象として自己の責任に顧みることを要す。善良なる境遇に置かるれば下層階級より強窃盗を出さざる如く、詐欺。収賄。売節の如き犯罪が決して上層階級より産るるの理なし。学者が其の真理を黄金に沽《沽＝売》りて生活せざるべからざるが為めに更に高尚なる「▽より高き」生活を為さんとして黄金の前に真理を曲げて高く沽《沽＝売》るに非らずや。官吏が其の地位によりて得る黄金を以て生活せざるべからざるが為めに、更に高尚なる「▽より高き」生活を為さんとして其の地位を高き黄金に沽《沽＝売》りて賄賂を貪《むさ》ぼるにあらずや。憲法によりて現在の地位は保証せられて生活の憂ひなき司法官と雖《いえど》も、現在より高尚なる「▽更により高き」生活を営まんが為めに私曲「▽上官の不法なる意志」に誘はるるは避くべからざることなり。遊廓に育てられたる子女が貞操を解せずと云ふ如く、黄金に埋没さるる銀行員の詐取費消等は、高尚なる「▽より高き」生活を営まんが為めとすれば阻むべき途なし。今日の政治業者なる者が学識。才能。文章。論弁「▽広才大徳」等によりて立つ能はずして、投票を買収すべき黄金によりて代議士の椅子を得、其の得たる椅子も黄金によりて得べき車馬、壮大の邸宅によりて飾らざるべからざる時に於ては、例《ママ・たと》へ彼等の奉ずる資本家経済学の自由競争による物価下落の原理を以て一頭百金の市価は聊《いささ》か噴飯に値すと雖《いえど》も、高尚なる「▽より高き」生活を営まんとする傾向的生物なりと云へるギリシャの哲学者は止むを得ざることなりとして看過すべし。——▽改個人主義［▽民主主義］の刑法学は斯く窮迫に陥れられたる下層階級と誘惑に囲繞《いじょう》せられたる上層階級とに向つて、意志自由論の独断的仮定を挟《さしはさみ》て徒らに個人の責任を▽改啜々する者なり。［▽のみ問はんとする者なり。］

［以下削除（一三二ページ途中まで）］個人主義の意志自由論の今日に於て科学的批評に堪へざることは事新らしく説くの要なし。然しながら意志自由論の根拠なきことを知悉《ちしつ》せる講壇社会主義者なる者にして社会主義の倫理的効果を解せざるに至つては誠に思考すべからざることなり。吾人は茲《ここ》に其の例として講壇社会主義者中の倫理的方面に研究の力を注ぎつゝある名声ある一教育学者樋口勘次郎氏を指定すべし（樋口勘次郎（ひぐち・かんじろう）。一八七一〜一九一七。教育学者。高等師範学校卒業。同校付属小学校訓導を経てヨーロッパ留学。帰国後は国家社会主義教育を主張）。其の『教育家と国家社会主義』と云ひ、『国家社会主義新教育学』と云ひ、『国家社会主義教育学本論』と云ひ、皆厳粛なる理論の上より社会主義の犯罪絶滅を期待しつゝあることを以て純然たる空想なりと論ぜり。吾人は厳粛なる理論の上より犯罪絶滅の必ず社会主義の実現によりて期待さるべきを信ずる者なり。誠に其の『国家社会主義新教育学』中に於て氏の論ずる所を掲げしめよ。

『社会的事実の病的なるか否かを知らんは斯くまでに複雑にして困難なるを、往々にして簡単なる演繹論法によりて軽々しく断言するは癖事なり。之れが為めに同じ事実を或者は病的とし或者は正的とし何れとも区別し難《がた》く議論の絶えぬこと甚多し。』

『例えば彼の犯罪の如き、明《あきら》かに病的現象の如く見え、多くの刑法学者亦《また》然りと為す者の如し。されどデュルクハイム教授は（其の数の或る範囲を超えざる限りは）健康状態なるを論じて曰く、『刑罪は啻《ただ》に一種の社会に現はるるのみならず、あらゆる社会の或る程度に於て見らるる現象なり。其の形状には変化あり。されど罪悪として取扱はれ、刑罰の下に置かるる所為《しょい》は何れの社会にも之れあり。若《も》し社会の高等に進むに従ひて人口と刑罪との比例が少なくなり行くならば、罪悪は今仮りに常態とするも、次第に其の性質は変し行くこと例へば宗教的信仰の如き者なりとするを得ん。されど吾等は此の想像を確かむる一理由だも有せず、否寧《むし》ろ其の反対の方面に向はしむる事実却《かえっ》て多し。吾人は統計によりて十九世紀の始めより刑罪の進行を観察するを得るが、各国共に其の数を増加せざるなし。仏国に於ては凡《およ》そ三百パーセントの増加なり。天下何れの所にか此れにましたる普通性を現はせる現象あらんや。啻《ただ》に普通なるのみならず、其の数を増加し行くは、社会の組織内に於て他の現象との関係上必然の結果なるによらざらんや。刑罪を社会的疾病となすは、病気の偶発性の者にあらずして、生体の根本的組織より発生することあるをも許すなり。此れ生理と病理とを全く混同することとなり。勿論刑罪の変体を呈することあるべし。例へば其の数の非常に多き時の如し。罪人の過多なるは健康なる社会に非らざるべきや疑ふべくもあらず。只或る数まで達し而して之を超過せざる程度に於て罪人に存することは之を尋常のことゝせざるを得ず。而してこの割合は各社会につきてのみ決定するを得べし。斯く云へばとて刑罪の心理的若《も》しくは生理的に変体なるをば許さざるにあらず。罪人個々を取りて見るときは病的なり。其の社会現象として一定数まで現はるることは病的にあらず』と。(ニ)

『斯る結論は一見奇矯に感ぜらるべしと雖《いえど》も、聊《いささ》か考慮を費やす時は其の人生の欠陥に出《い》づるは止むるを得ざる結果なるのみならず、公共衛生の為めに欠くべからざる現象にして健康なる社会の必要なる要件の一なるを知るに足るべし。第一、刑罪は如何なる社会も之れを免かるる能はざることなれば之れを常態とせざるを得ず。前諸章に於て道徳上の罪悪を社会の公共良心を犯すより成立するを明《あきら》かにせり。豈《あ》に道徳上の罪悪のみならんや、刑法上の罪悪も亦《また》然り。刑法は道徳的良心の保護者なり。さればあらゆる社会に此の罪悪なからしめんには、全会員が一様なる良心と又これに服従する傾向とを有せざるべからず、されども若《も》し現在社会の良心が、今入り込み居らぬ人々の心を開きて入り込み、若《も》しくは今までの感じの弱かりし者に強く感ぜられんには、従前よりは強き者、鋭敏なる者とならざるべからず。殺人犯の無くならんためには、血を見るを忌む心が今まで殺人犯を為したる社会の層の中に浸み込まざるべからず。其れが為めには全社会の道徳感情の強くなるを要するや明《あきら》かなり。且つ殺人犯が減ずるときは減ずるほど一級の良心の殺人犯を見る益々酷なるに至るべし。されば是と同時に今日さまでのことと思はれざりし罪悪が鋭敏に感ぜられて、前《さ》きに殺人犯が与へしと同じ感覚を与ふるに至るべきなり。強盗も窃盗も同じく他人の財産を尊重するの感情を犯す者なり。されど強盗は悪事と感ずる者の尚窃盗はさまでに感ぜざるがあるべし。他人の財産を犯すを悪しとする感情の愈々《いよいよ》鋭くなりて強盗の減少するに従ひ窃盗を悪と感ずる者は増加し行くべきの理。最初軽罪として扱はれたる窃盗が前よりは重き罪に問はるべきは自然の勢。野蛮社会を見よ。我等の社会にては重罪に問はるべきことの日常に行はれて世の責罰を免かるるを。同じ社会につきても世の進むに従ひて軽き罪を重く見るに至り。同じ時代の中に於ても、又種々の階級、小社会の中には各《おのおの》異なれる良心ありて、政治社会にては罪とならざることの教育社会にては罪となること多し。何れの社会にても罪の絶えざるはこれが為なり。(ニ)

『抑々《そもそも》人は遺伝を異にし、体質を異にし、傾向を異にし、境遇を異にするを以て、全く同一の感情を有せんことは想像し得べからず。既に其の間に多少の相異ありとせば、必ず普通良心の命ずる所に従はざる者の出《い》づるを免かれ難かるべし。而して其の僅微なる犯罪も次第に強き感情を生ずるに至るべければ、罪人は終に絶ゆる時無かるべしと云ふなり（』）。『是れに依て之を見れば罪悪は社会に必然なり。凡ての社会生活の諸事情と結合して離るべからざる関係を有す。故に其の適度に現はるることは恰も婦人の月経の人身に有益なる如く、社会に対して有益なりとせざるを得ず（』）。『人間社会の道徳は次第に進化する者にして、此の進化は社会全般の進化に対して必要なるが此の道徳の進化あらんためには道徳の根底に横たはれる社会良心の極端に強からざるを要す。何となれば、若《も》し社会の良心が常に厳重にして聊《いささ》か之れに遠ざかれる者をも圧抑せば此処に変遷なく又進化なかるべければなり。凡ての組織の保守的労力ありて改革に妨害なる事は前にも之れを言へり。実に過酷なる社会良心は却《かえっ》て社会を停滞せしむるを免かれず。詳言せば一人の罪人も出《い》づる余地なき社会は其の社会良心の権力強大なるの証にして、誰も之れに触るるを肯《がえん》ぜざるべし。従《したがっ》て社会進歩の途も壮《杜》絶すべきなり。或る社会の進歩せん為めには個人の特性の発揮せらるるを要す。ソクラテスの道徳界に出《い》で、ガリレオの物理界に出《い》で、ルーソーの哲学界に出《い》で、ルーテルの宗教界に出《い》でんためには、社会の智識に若干の「ゆるみ」あるを要す。此の「ゆるみ」は一方に水平以上の罪人たる進歩の先駆者を出すに必要なると同時に、他方には進歩の殿騎《でんき》（しんがりの騎兵）なる水平以下の罪人を伴ふは止《やむ》を得ざるの結果と云はざるべからず』。

吾人は、犯罪を以て社会的疾病の偶発性の者に非らずして生体の根本的組織より発生する者なりと云へるデュルクハイムの言を全き真理と認むる者なり。――故に吾人は犯罪を現社会の組織に伴ふ必然的現象となし社会主義を以て生体の根本的組織より革命せんと企図す。然しながらデュルクハイムより演繹して犯罪の永久に絶ゆるの期なしと推論せる樋口氏の主張を全く否む者なり。デュルクハイムが社会の高等に進むに従ひて人口と刑罪との比例が少なくなり行くならば罪悪は今仮りに常態とするも次第に其の性質の変し行くこと例へば宗教的信仰の如き者なりとするを得んと云へるは吾人の主張せんとする所なり。――故に吾人は宗教的信仰に係はる犯罪の消滅せるが如く今日の経済的競争に基く犯罪の消滅すべきことを社会主義に於て期待す。而しながら其の為めに普通良心の鋭敏を加へて今日の窃盗が強盗の刑罰を以て取扱はるべしと云へる樋口氏の議論を全く否《いな》む者なり。殺人犯の無くならんためには血を見るを忌むの心が今まで殺人犯をなしたる社会の層の中に浸み込まざるべからずと云へる樋口氏の議論は社会の進化として正当の推理なり、而も血を見るを忌む所の普通良心が其の鋭敏になれるが為めに今日血を以て罰せざりしことにまで血を以てすべしとは理由なき臆断なり。我等の社会に於て重罪たるべきことが野蛮社会に於ては平常に行はれて責なしと云へる樋口氏の事実は固《もと》より事実なり、而も吾人の社会に於て罪とならざることの野蛮社会に於ては峻酷なる刑罰を以て問はれつつあることは亦《また》注意すべき事実なり。樋口氏の罪悪を指して社会衛生に必要なること婦人の月経の如しと云へるは価値なき比喩の玩弄に過ぎずと雖《いえど》も、普通良心より悪人を以て遇せられたる卓越せる個性が社会を進化せしめ又進化せしむべきことは吾人の充分に認識する所なり。而も氏の指示せるソクラテースと云ひ、ガリレオと云ひ、ルーテルと云ひ、其の宗教的信仰に背反したるの故を以て罪悪視せられたるは個人性を蹂躙するを不可とせざる偏局的社会主義時代の普通良心なりしが為めにして、個人主義の覚醒を承けて社会良心が個人性の変異を尊重する今日及び今後に於てはデュルクハイムの所謂『罪悪は今仮りに常態とするも次第に其性質を変し行くこと宗教的信仰の如き者なりとするを得んと』《ママ》云へる如くなるべきを考へざるべからず。氏は犯罪の数と質とを無視し、道徳と法律とを無視し、而して普通良心の進化を無視す。

豊富なる学識を有する樋口氏の如きに向つて斯る重大なる点を無視せりと云ふが如きは誠に道徳現象の専攻者たる名誉に対して甚しき非礼たるを免かれず。而しながら是れ敢て氏の罪に非らずして過《あやまっ》て講壇社会主義の誘惑に陥れるが為なり。講壇社会主義の純正社会主義に対抗しつつある旗幟《きし》は実に『社会主義は余りに多くを将来に期待する空想なり』と云ふ一語に在りとす。――ああ空想！　社会主義は空想なりと云ふ先入思想の全社会に蔓延せるは、実に吾人社会主義者に取りて政府の迫害よりも学者の讒誣《ざんぶ》よりも最も頑強なる敵なりとすべし。而して講壇社会主義なる者は此の先入思想に誤られて生し、此の先入思想に油を灑《そそ》ぐことを以て任務とす。――吾人が講壇社会主義を以て純正社会主義の当面の敵として断じて思想界より駆逐せんと欲する所以の者は実に此の社会主義は空想なりと云ふ旗幟《きし》の翻れるを以てなり。何をか憚からん――重力落下の原則が物理界に行はるる如く社会に行はるる事を信ぜば、何ぞ過ぐる一世紀間の進歩は中世暗黒の一千年間に優ることを忘却するや。胎児の九ケ月間は十億万年の生物進化の歴史を繰り返へし、文明国の児童は二十才にして六千年の文明を経歴す。社会主義は過去無意識的進化の蠕動《ぜんどう》的進動に放任する者にあらず。吾人は明《あきら》かに告げん、社会主義は実に驚くべき多くのことを社会進化の理法に随《したが》ひて将来に期待する者なり。而して最も近き将来の期待は先づ『貧困』と『犯罪』との二事だけを社会より消滅せしむることに在りと。講壇社会主義を奉ずる経済学者が講壇社会主義の為めに誤られて貧困を人類と共に存する永遠不滅の者なりと信ずる如く、講壇社会主義を奉ずる樋口氏は其の倫理学を講壇社会主義の為めに誤られて犯罪を地球の冷却するまで存する永遠不滅の者なりと解す。――由来講壇社会主義なる者は表皮を科学的研究の名に飾りて根本思想は進化論以前の者なり。

実に、進化論の思想によりて社会進化の跡を見よ。犯罪は数に於て尚残るも質に於て消滅せし者多く、法律は漸時《次》に其の範囲を道徳に譲り、普通良心は社会の進化と共に進化せり。例せば、宗教的信仰によりて社会の組織せられたる時代に於てはデュルクハイムの言へるが如く宗教的犯罪は当時の社会の常態にして、今日の野蛮社会が吾人の社会に於て罪とならざる噴飯すべき偶象、愚を極めたる祭礼に対する些少の違非をも虐殺しつつあるが如くなりき。樋口氏の挙示せしソクラテース、ガリレオ、ルーテルの如きが当時の社会良心より犯罪視せられたる如き是れなり。然るに今日は宗教によりて社会の組織さるるに非らざるが故に、デュルクハイムの謂《い／おも》へるが如く其の生体の根本的組織より発生する宗教的犯罪は無くなれるにあらずや。而して宗教的信仰に対する社会良心は大《おおい》に進化して違警罪によりて制裁さるる婬《淫》祠邪教を外にして異教徒無宗教者を直に犯罪者（法律上及び道徳上）と認めざるに至れるに非らずや。強力が凡ての道徳法律の源泉として社会の組織されたる時代に於ては強力者の意志に背反することが犯罪なりき。仏国革命以前及び維新革命以前の階級国家時代（階級国家の意義につきて後の『所謂国体論の復古的革命主義』を見よ）に於て皇帝若《も》しくは貴族の意志に反することは直ちに社会良心より犯罪を以て目せられ、梟斬絞磔の刑罰を以て臨まれたるが如き是れなり。而しながら当時の貴族階級。諸侯階級は全く存在の意義を異にせる痕跡となりて残り、国土及び人民の所有者たりし各国皇帝も国家機関となりて内容を一変せる今日の公民国家に於ては（凡て後に説く所を見よ）、貴族諸侯の意志に反するを以て罪せられたるが如き犯罪は全く消滅し、其の存する不敬罪の刑法と雖《いえど》も決して強者たる皇帝の権を維持するが為めに非らずして国家の利益の為めに国家が国家の機関を保護する制度として全く別意義の者となれるに非らずや。彼のドイツ皇帝が仏国革命の如く中世史と近世との截然として区劃《くかく》されざりしを倖ひとして自己の虚栄心の為めに国家の制度を曲用《ママ》し年々無数の不敬罪犯人を作りつつあるも、ドイツ国より進化せる米仏等に於ては斯る強者の権に基く犯罪は存せざるに非らずや。而して社会良心も大《おおい》に進化して強者の意志に背反する者あるも或る場合を除きての外は決して犯罪者（法律上及び道徳上）として遇せざるに至れるに非らずや。——実に生体の根本的組織の革命さるる毎に其の或組織に伴ふ必然的現象たる犯罪は其の質を変じ行くこと斯くの如くなるを見《みれ》ば、今日の経済的階級国家が其の根本的組織を社会主義によりて革命されたる後に於て独り今日の経済的原因を中心とせる犯罪の消滅せざるの理あらんや。彼の『社会主義評論』の河上肇氏が今の社会主義者を評して人の経済的慾望に限りある者なるかの如く速断すとなして今日の経済的犯罪の絶滅を期待する社会主義を難ぜる如きは、向上的生物たる傾向の鋒《ほこさき》が現時の経済的競争の為めに経済的方面に現はれたるに過ぎざるを考へざる浅見なり。

樋口氏の推論は尚維持さるべき余地あり。即ち、犯罪は質に於て社会組織の革命と共に変ずとし、今日の経済組織の革命されたる後に於て今日の経済的犯罪は消滅すとするも、人は遺伝、体質、傾向、境遇を異にするを以て皆一様の良心を有する者に非ざるべく、従《したがっ》て其の良心に随《したが》はざる所の犯罪者は永久に絶へざるべきを以て数に於て存すべしと云ふことなり。而しながら是れ社会良心の進化と云ふことを忘却せるが為めなり。若《も》し今の科学的社会主義にして個人主義の革命を承けて個人性の権威を尊重すべきを知らざる偏局的社会主義の如き者ならば、偏局的社会主義の社会良心によりて遺伝、体質、傾向、境遇、を異にせる個人は直に犯罪者として取扱はるべし。即ち宗教革命の名に於て個人の権威が認められざりし以前の凡ての大思想家が迫害されたる如き是なり。今日宗教的信仰に対する社会良心が大体に於て個人の自由を信仰に認むるに至れるを知れるならば、来るべき社会主義の時代に於て社会良心が退化してローマ法王時代に逆倒するが如きことを想像し得べきや。特に樋口氏が社会良心の鋭敏に進むことより誤解して、今日軽視されたる罪も鋭敏になれる社会良心を以て今日よりは重く罰せらるべしと云へる如き、単に理論としても、今日の鋭敏ならざる社会良心を以てすら軽視する者を鋭敏になれる社会良心が重刑を以て報復すと説くが如きは矛盾の甚しき者なるのみならず（是れ其思想中に報復主義の刑法論を混在す）、社会良心の鋭敏になれるが為めに刑罰を加ふるに堪へずして刑法の如き単に犯罪者を社会より隔離するに過ぎざるに至れる事実を無視する者也。例を死刑に取りて見るに、実に刑法学者の言ふが如く人を殺し得る凡ての方法を以てしたり。猛獣に喰はしめしもあり、鰐魚《ワニ》と闘はしめて殺せしもあり、象に踏み殺さしめしもあり、ローマの如きは数種の虎狼を飼養して犯罪者と闘はしめ市民の最上の娯楽たりき。日本の如きも絞あり、斬あり、梟《ふくろう》（さらし首）あり、鋸引あり、火責あり、水責あり、車裂あり、牛裂あり、釜煎あり、磔あり、火焙《ひあぶり》あり。其の磔の中にも手足を縛し直立せしめて殺すあり、逆倒して数日間弄殺するあり、板に横臥せしめて大釘にて手足を打ち面を剥ぎて漸時《次》に殺すあり。其の火焙《ひあぶり》の中にも二本の青竹の上に魚の如く横《よこた》へて焙《あぶ》るあり、織田信長の吾妻踊と名《なづ》けて歓べる雀躍して火中に死せしむるあり、其の火刑の火を罪人の妻子をして燃やさしめし残忍もありき。体刑の如き今日支那とトルコとを除きては各国凡て存せざる所なるに、眼をえぐり耳を斫《き》り、鼻をそぎ、陰部を去りし如き残忍は近き以前まで平常の軽罪なりき。今日、怠納処分として済むべきことも僅か一百年前の徳川氏の貴族国時代に於ては、水籠、簀《あじか》巻、木馬、等の苦痛を加へ厳寒老親幼児と共に一家凡て水牢に入れ膝を没して立たしめし酷刑ありき。斯くの如きは一例に過ぎずと雖《いえど》も、体刑の廃滅に帰し死刑も絞台若《も》しくは電気等の方法により可成的《なるべく》苦痛を去るに努めつつあるに見《みれ》ば樋口氏の如き推理は誠に原因結果を顚倒せる者なり。仏国にて一八一〇年に死刑たるべき罪百五十種ありしに今日は二十二種に減少し、英国にては一八七〇年に死刑たるべき罪二百七十種ありしも今日は最も重大なる者のみ三種を残し、而も各国殆ど悉《ことごと》く特赦権を以て刑の執行をなすこと無くなれりと云ふに見よ。斯く身体に加ふる外部的苦痛なく、其の自由を剥奪し、労働を附課する刑罰も罪人に苦痛を与ふることが目的に非らずして社会より隔離せんが為めにする余儀なき方法なりと解せらるるに至れるは社会良心の大《おおい》に進化せる所以にして、外部的強迫力によりて道徳を励行せる法律の時代（即ち他律的道徳時代）が漸時《次》に道徳の維持を内部的強迫力即ち良心の制裁に移す道徳の時代（即ち自律的道徳時代）に進化しつつあることを示す所以なり。社会良心の進化して鋭敏となることは吾人樋口氏と共に充分に認識する者なりと雖《いえど》も、其の鋭敏となれる社会良心は犯罪者に刑罰を加ふるに堪へざるに至るべしとして推論さるべく、今日棄却されたる報復主義の刑法論を以て犯罪者の上に鋭敏に逆比例する酷刑を以て反撃すべしとは想像すべからざることとなり。社会の進化を認め道徳の進化を認むるならば普通良心の進化を認《みとめ》て其が個性の変異を尊重する所の普通良心たることを認めよ。二十世紀に実現さるべき社会主義の前に中世暗黒時代の社会専制国家万能の偏局的社会主義の過ぎ去れる者を以て非難の矢を番《つが》ふとは何事ぞ。樋口氏は只講壇社会主義の倫理的方面の代表者の如き観あるが故に指定したるに過ぎずと雖《いえど》も、斯る思想はダーウィン以後の者にあらずして浜の砂の如く尽きじと云ひし石川五右衛門の哲学系統に属する者なり。（尚『生物進化論と社会哲学』に於て死刑淘汰の刑法論及び生存競争の意義を論じたる所を見よ）。［一二五ページからの連続削除ここまで］

［第八節］

吾人は信ず、今日の多くの犯罪は寧《むし》ろ各階級に各《おのおの》異なれる階級的良心と国家主義社会主義を理想とする良心との衝突なりと。

之を以ての故に階級的社会に対する根本的革命の［民主］社会主義あり。法理的見解よりすればフランス革命以来、維新革命以来の国家は中世史までの如く階級国家にあらず、日《▽改》本天皇［▽国《▽改》王貴族］［▽各国皇帝］と雖《いえど》も国家の一分子たる点に於て他の分子たる国民と同様に強盛なる愛国心を有し、愛国の良心に於ては階級的差等なし。而しながら之を経済的方面より見れば国家の内容は階級的にして経済的諸侯階級、経済的武士の階級、経済的土百姓《サーフ》の階級に分れ従《したがっ》て各階級各々異なれる階級的良心を以て相対立す。——▽削除△故に今日の犯罪は国家社会が国家社会の利益を害する良心及び行為に対して命名しつつある所にして、各階級より見れば階級的良心が国家主義社会主義の良心と相背馳《はいち》すと云ふことなり。即ち、今日の経済的原因を中心とせる上層階級及び下層階級の凡ての犯罪は其の経済的階級国家なるが為めに経済的階級を異にせるより異な［れ］る各階級の階級的良心が国家社会の法律道徳より犯罪として取扱はるるなり。例せば国家の法律は貧民階級の強窃盗を犯罪として所罰《ママ》しつつありと雖《いえど》も貧民階級の階級的良心は恰も貧民教育に従事する者が強盗の罪悪なるを解せざる児童を発見すと云ふが如く然かく良心に背反せる罪悪にあらずとし、社会の道徳は地主資本家階級の驕奢《きょうしゃ》貪慾を［憎悪指弾すべき］背徳として指弾しつつありと雖《いえど》も地主資本家の階級良心は然かく良心に苛責さるべき非道とせざるが如き是れなり。

由来、良心とは単に道徳的判断を意識する本体と云ふだけのことにして其の内容は些少なる遺伝的傾向を除きて全く空虚なる者なり。即ち判断する所の意識は先天的の者なりと雖《いえど》も如何に判断すべきやと云ふ内容は全く後天的の者なり。而して其内容は後天的に社会より受くる道徳的訓誨《くんかい》、即ち父母の形に於て投射せられ摸倣さるる社会的慣習。家庭、近隣、学校、交遊、書籍等を通じて現はるる社会的智識によりて形成せらるる者なり。即ち、個性の変異を外にして其の個人に影響するだけの社会的境遇に存する社会良心によりて凡ての良心は形成せらるるなり。而して現今の社会国家は法律の上に於てのみ一社会一国家なりと雖《いえど》も、経済的実質に於ては無数の階級的層に割裂せるが為めに、個人は各階級内の個人として存し、各階級内に存する階級的良心を以て其の良心となすの外なく▽改［▽外なし］。従《したがっ》て、国家主義社会主義の理想を行為の上に規定しつつある法律よりしては所刑《ママ》するの理由ありと雖《いえど》も、良心の背反を以て始めて罪悪とする道徳の上よりしては其の階級が▽改［▽階級的］良心の▽改［▽に］背反したる場合の外道徳上の責任を責むる能はざるなり。故に国家主義。社会主義の倫理的理想より見れば、彼のドイツ皇帝が朕と称して噴飯すべき驕慢暴戻《ぼうれい》を極めたる圧制とは削除国家に対する叛逆にして社会の利益を害する罪悪なりと雖《いえど》も、中世［の］階級国家時代の階級的良心を惰力として継承しつつある者なりとせば其の行為の如何に係らず彼の良心につきて道徳的責任を問ふ能はず。何となれば空虚を以て産れたる彼の良心の内容には、皇帝は国家の利益の為めに存すと云ふ愛国心なく、国家は皇帝一人の利己心を満足さすべき手段として存すと云ふ中世時代の国家観、朕は天なる神より蒼々《そうそう》たる朕の臣民を附与せられたる神聖不可侵なる者にして脱糞などを為す人類以上の者なりと云ふ君主観を注入せら▽改れ、［▽せられる。］便佞《べんねい》（口さきが巧みで人の気に入るようにたちまわり心のねじけていること）迎合の宮廷的慣習、奴隷的道徳の社会良心より湧出する皇帝陛下万歳の声と、及び宦官的法律学者、仮《たと》へばザイデルによりては国家とは国土及び人民のことにして君主は国家の外なる空中にぶら下り居る者なりと教へられ、ボルンハックによりては国家とは君主の別名にして国土及び人民は地球に存在する者に非らずと教へ《▽改》られ、［▽教へられる。斯くして］全く其の良心を中世の者に形成せられたるが為めに、近代の社会国家よりして其の《▽改》［▽彼自身の］良心に背反せざる行為なるに係らず罪悪視せらるるなり。資本家地主階級の経済的貴族と雖《いえど》も然り。彼等は中世史の貴族が凡ての土地と人民とを自己の目的の為めに存する者と考へて誅求《ちゅうきゅう》苛斂《かれん》を恣《ほしいまま》にしたる如く、労働者と小作人は黄金大名階級の栄華を築かんが為めに世に産れたる人類以下の者なりと考ふるが故に餓莩《がひょう》（餓死者）の途に横《よこた》はるをも顧みずして掠奪を逞《たくましゅう》うし、而して経済的武士の階級とも云はるべき《削除▽改》［▽階級たる］政治家事務員等の誠忠に奉戴せらるるが為めに恰も往年の土百姓《サーフ》を下等人種と考へたる如く一般階級の上に貴族として驕慢を極むるなり。故に彼等の行為は国家社会の立場より見て残忍たり得べきも、良心の上より批判すべき道徳的責任の点よりしては決して不徳にあらずと知らざるべからず。――人は肉体に於て裸体に生れて其の社会階級の種々の衣服を着せらるる如く、等しく裸体に生れたる良心も其の社会階級の異なるに従ひて種々異なれる衣服を着せらる。裸体に産れたるドイツ皇帝の肉体が一呎《▽改（フィート）》もある愚を極めたる冠と児戯の甚しき勲章なる金属の［▽土人の酋長の如く金銀珠玉の］玩具を以て飾らるる如く、等しく、《削除》裸体に生れたるドイツ皇帝の良心にはカイゼル髯《ひげ》の写真は礼拝すべき者海軍拡張の《▽改》［▽愚昧驕傲なる］演説は《▽改》［▽も］ヒヤヒヤノーノー《（Hear！Hear！）》と云ふべからざる勅語なりと云ふが如き中世時代の特権を以て野蛮人の如く入墨せらる。経済的貴族等は其の裸体に生れたる肉体が労働者の汗と涙とによりて織られたる錦繍《きんしゅう》に装飾さるる如く、等しく裸体に生れたる其の良心は労働者の血と骨とに餓えて猛獣の心臓の如くなれり。而して一般下層階級を見よ！　彼の幾千万の労働者と小作人は裸体なる肉体に襤褸《らんる》を着せらるるが如く、裸体なる良心に着せらるる所の者は、種々の醜汚なる慣習、父母の残忍なる家庭、餓へて犬の如くなれる四隣の境遇、売婬《ばいよう》の勧誘、犯罪の誘導、婬《（淫）》靡残暴なる思想、実に世に在するあらゆる襤褸《らんる》を以て其の良心の内容を形成せられつつあるに非らずや。幸福なる者が充分に開発せられたる境遇に生れ、暖かき母の懐と威厳ある父の手とに訓育せられ、古今の智識、世界の精神によりて良心の内容を形成せらるるに係らず、斯くの如く不潔にして粗野なる動物の如き群集中に豚の如く産み落され、疾病によりて泣く時も生活に忙《せ》はしき母の殴打《おうだ》によりて沈圧せられ、只夕《ゆうべ》より外に相見《まみえ》ざるべき父は終日の労苦と前途の絶望を自暴自棄の濁酒に傾け怒号して帰へる、智識も無く世界も無し。――吾人は此の意味に於て貧困即ち犯罪と云ふことを全き真理として主張すべし。経済的幸福に置かれて開発されたる良心を有する者、若《も》しくは開発されたる良心に近《ちかづ》くことによりて良心の開発せられたる者は、仮令《たとい》経済的欠亡に投ずることありとも犯罪者たるが如きことの無きは当然なり。故に空腹即ち犯罪と云ふことを斯る場合に推及すること皮相的見解の社会主義者の如くならば其は固《もと》より非科学的なり。而しながら経済的欠亡の階級に生れ落ちて良心の開発せらるる時なく、又開発せられたる良心に近づく時なき貧民階級に対して、其の階級内の階級的良心を以て批判することなく直ちに国家主義社会主義の尊き理想を掲げて犯罪を以て呼《よば》はるとは何たる▽改独断ぞ。［▽何等の根拠なきことなり。］法理的見解を以て見れば今日の国家は一国家一社会なるを以て刑法は国家の国民、社会の会員に対して国家主義社会主義の良心を以て一様の行為を要求するを得べし、而しながら道徳的立場に立ちて考ふれば其の国民と会員とは各《おのおの》異なれる階級的良心に従ひて行動しつつあるを以て一様の国家主義社会主義の良心を挿《さしはさん》で批判する能はざるなり。黒奴《こくど》の嬰児《えいじ》を遺棄することが黒奴の部落に於て不道徳にあらざるを▽削除知れ△るならば、喰人族の人肉を喰ふことが喰人族の部落に於て不道徳に非らざるを▽削除知れ△るならば、貴族国時代の奴隷的服従が当時に於て不道徳に非らざりしを▽削除知れ△るならば、今日の民主的国家に於て自主独立の行動を不道徳に非らずとするに至りしを▽削除知れ△るならば、而して道徳とは地方的に（即ち縦的に）又時代的に（即ち横的に）それぞれ異なるを知れるならば、此の来るべき大革命前の混乱を極めたる現代に於て一様の道徳的批判を以て凡てを律せんとすること▽削除△の妄《みだ》りなるは言を待たざるべし。黒奴の如き良心を有する貧民階級あり、喰人族の如き良心を有する地主資本家階級あり、未だに貴族国時代の奴隷的服従を道徳的義務とする良心あり、民主的国家の現代を強烈に意識して行動せんとする良心あり。［――］恰も一国家一社会の内に地方と時代とを異にせる数種の民族、数世紀間の祖先を混在しつつあるが如し。実に今日の犯罪は犯罪本来の意味に於ける良心の背反と云はんよりも、甚しく相異せる階級的良心が国家社会の利益を理想とする良心によりて▽改打撃［▽処罰］せらるることなり。犯罪者の或者は固《もと》より自ら良心の命ずる所に反して悪を為す者あるべしと雖《いえど》も、其の良心の些少なる不徳とする所が他の良心より重大なる悪とせられ、又其良心に従ひて善を為せりと信じつつ他の良心より犯罪とせられつつあるなり。――この故にこそ［民主］社会主義は革命主義となる。現今の経済的階級国家を打破し［統一し］て経済上に於ても一国家一社会となし、以て国家社会の利益を道徳的理想とする良心の下に現時の階級的良心を掃蕩せん事を計る。而して階級的良心の掃蕩によりて統一せられたる普通良心は偏局的社会主義時代の其［れ］の如く個性の発展を抑圧するが如き偏局の者ならず、社会国家の利益と共に個人の自由独立を最も尊重する所の普通良心として進化すべし。斯く階級的良心の掃蕩せられて統一せられたる普通良心となり、而も其普通良心が個性の発展を尊重する所の者に進化せる［民主］社会主義の世界に於て罪悪の絶滅を信ずること《▽削除△》は果して空想なるか。（《▽削除》階級的良心の説明は後の階級闘争を説くに重要なり、《△》階級闘争は単に階級的利益若《も》しくは階級的感情のみに非らずして、実に階級的良心と階級的良心との衝突なれば《▽改》なり［▽なることを注意すべし］）。

［第九節］

ベルゲマン曰く『《削除》人は只社会によりてのみ人たるを得《削除》』と。此の一語は実に［民主］社会主義が其の倫理的理想の実現を社会制度の革命［的組織］によりて期待しつつある所なり。《▽削除》ベルゲマンの社会的教育学が我国に於ても三種の翻訳を有し、樋口氏の教育学の基礎となれる如く、《△》今日の科学的倫理学教育学の根本原理は実に人は只社会によりてのみ人たるを得と云ふことにあり。蓮が沼沢に養はれて花さく如く、薔薇が日光に浴して芳ふ如く、花園に於て胡蝶が舞ひ砂漠に於て獅子が吼ゆる如く、一切の生物は皆それぞれの境遇に置かれて其の種属を成せし生物進化の原理によりて、倫理的生物は倫理的生物の生存に適する倫理的境遇を要す。《▽削除》講壇社会主義に誤られたる樋口氏は社会主義の倫理的効果を殆ど全く解せざるかの如くなるに係らず、其の『国家社会主義新教育学』に於て驚くべき事実を掲げ、以て個人が如何に社会によりて作らるるかを示したりき。《△》『一八五〇年の博物年報にムルヒゾン氏がスレーメン大佐より「フォルデリンデン」の「アウデ」地方に於て狼の群中に児童の発見せられし五個の事実を報ぜり。曰《い》はく「カウブール」「ルーナック」地方には豺狼《さいろう》（山犬や狼の類）多くして幼児を奪ひ去ること屢々《しばしば》ありき。勿論其中の多数は喰ひ殺さるれども稀には哺乳養育せらるることあり。ある時憲兵等「アウデ」より「グップッチェ」の岸に向ひて進みしに三個の動物の水飲みに来るあり。彼等馳せ行きて之を捕へしに焉《いずくん》ぞ図らん二匹の乳児と一個の小児ならんとは。彼は裸体のまま四肢にて歩行し、肘と膝との皮膚は骨状に硬化せり。其の当に捕へられんとするに当りて猛り怒りて人を嚙み、又掻かんとすること其の伴侶の如く、更に言語を知らず、其の理解力は恰も幼き犬児に似たりと』。是れドイツの例のみに限らずテニソンのアーサー王の詩に『狼は時々人の子を盗みて之を食ひしも、自己の子の失せ又は死したる時は其の恐ろしき乳頭を人間の子に借せ《▽改》［▽借し］たり。其の窟に住みたる子供は其の食する時にうなり《▽改》［▽呻くなり］、其の獣なる母の四足を擬《ま》ね、究極終に狼に優る狼の如き人と成長せり』とあるに見ても古来より稀有のことに非らざるなり。

斯《こ》の、人は獣類の境遇に置かるれば一代を以ても獣類の如く退化する変化性ありと云ふことは、直ちに是れ人は神の如き境遇に置かるれば取《敢》て一代を以てとは云はざるも神の如くにまで進化し得る変化性ありとの推理に来らしめずや。固《もと》より遺伝の事実の軽視すべからざるは論なく遠き以前の喰人族の風習が隔世遺伝の形に於て現はれ殺人罪を犯せし者ありと云へば、吾人が現今犯しつしある無数の罪悪が或る特殊の境遇によりて遺伝として現はるることは考ふべからざるに非▽改らずと雖《いえど》も、［▽非らず。］而も斯くの如きは今日の刑法にて已《すで》に病的現象として明《あきら》かに犯罪の外に置く者。且つ、遺伝とは其の遺伝的傾向の発現すべき境遇に於てのみ始めて発現すべき者なるを以て、［民主］社会主義［時代］の▽改［倫理的］境遇に於て今日の個▽改人主義［▽経済的貴族国］時代の犯罪的遺伝が発現する機会多しとは思考さるべからず。（尚次ぎに説く『生物進化と社会哲学』［▽『社会進化論』］に於て道徳の本能化を論じたるを見よ）。実に、狼の社会に養はれたる人の子が獣類の歩行を模倣して半獣半人の怪物となりしが如く、吾人は人類社会に養はれて父母の歩行を模倣するが故に人類の形を得るなり。古来より人は理想を有する者なりと云ひ、傾向の生物なりと云へるが如く、今日の科学的研究も▽削除△人は模倣性を有すと云ふことを以て確定せられたる事実とせり。斯《こ》の模倣性の為めに吾人は母の膝に抱かれたる時よりして蕾の如き唇を動かして母と同一なる発音を為さんには如何にすべきかと考へつつあるが如き眺めを以て唇の進▽改動［▽運動］を模倣しつつあり。而して其の辛ふじて発音し得るに至りては其の発音中に如何なる意味が含まるるかも考へずして発音と共に発音の中に含まるる思想其者を善悪の取捨なくして模倣す。其の漸《ようや》く長じて近隣の児童と嬉戯するに至りても又等しく年長の侶伴《りょはん》の言語挙動を撰択なく模倣す。而して学校に入るに至りて教師朋友の其等を模倣し、書冊に掲げられたる古今人物の其等を模倣す。而して更に斯る間に於ける智識の発達は模倣の対象を撰択せしむるの判断を生じ、撰択又撰択の結果、模倣せる高き者の達せらるると共に又更に高き者を模倣して其の高き者に達し、其の高き者の達せらるるや又更に高き者を模倣して其の高き者に達せんとす。斯く模倣の対象は始めは其の父母、家庭、近隣等にして漸時《次》に学校となり、社会となり、書籍となり、古今の人物となり、世界の思想となる。而して是等先在の理想にして尚足らずとせられ更に一層の高き対象を求むるに至るや、茲《ここ》に其の已《すで》に模倣して得たる先在の材料を基礎として、各個人の特質を以て更に高き者を内心に構造し、構造せられたる理想を模倣することによりて到達を努力す。此の特質と其の構造せられたるものの高貴偉大なる者が即ち英雄なり。故に史上に足跡を残したる英雄は其の特質に於て偉大高貴なる者ありしと雖《いえど》も、其の特質を発揮せしむる基礎として［の］材料を供給する社会的境遇に於て幸運なりしものならざるべからず。古今英雄の伝説は凡て之を証す。彼の戦陣の英雄が血痕の附着せる揺籃中に眠り、革命の英雄が旋風前の陰暗なる黒雲中に産声を挙げし如き是れなり。

山河に悠遊《ママ》することによりて詩人西行あり、石山寺の月を眺めて源氏物語は書かる。超然内閣と盲従議会とを以てはグラッドストーンの雄弁は産れず。チェファーソンの独立宣言書は国体論の材料を組立てて書かれたるものにあらず。人は只社会によりてのみ人となる。吾人の如き明白なる野蛮人は▽削除今日の如き△野蛮部落の如き未開なる社会組織を脱する能はざるが故に斯る野蛮人となれるなり。今日社会の大多数はドイツの森林に発見せられし如く、蒸気と電気とを有する大都会の中央に於て実に獣類の手に養はれつつあることを気附かざるか。地主資本家階級の社会に見よ、神の如き発展を為し得べき人類として生れたる嬰児《えいじ》は、先づ摸倣すべき対象として眼前に現はるる者は実に狼の如く残忍に［して］狒々《ヒヒ》の如く婬《（淫）》蕩なる父、四囲の迎合阿諛《あゆ》の為めに絹服の豚に過ぎざる令夫人と称せらるの▽改［▽るる］母あり、嬉戯の間に摸倣すべき対象としては便佞《べんねい》隠険なる乳母、婬《（淫）》靡野卑なる僕婢、競々《（兢々）》として命是れ従ふ出入の子女のみ。斯くのごとき▽改［▽如き］不幸なる境遇に人となれる彼等が、其の等しく人と云ふに係らず喰人族のごとき▽改［▽如き］良心を有する人として作らるるは何の怪しむべきことかあらむ。下層の貧民階級に至りては全く狼の手によりて狼として養はる。狼のごとく▽改［▽如く］四肢を以て匍匐《ほふく》することは教へられざるも生作▽改［▽座作］進退悉《ことごと》く獣類なり。爪を以て掻き牙を以て噛むことは学ばざるも小児間の争闘が狼の父母によりて多く歓迎さるることは事実なり。此の餓鬼として睥睨《へいげい》する山の神（かかあ）が摸倣の理想として白紙の如き心情の奥に投射さるる時、ベランメーとして息巻く宿六が酒気を吐きて蠑螺《えいら》（サザエ）の如き鉄拳を未だ形成されざる灰白質の頭脳に加ふる時、其の子女が長じて黒奴《こくど》の如き良心を有すると▽改［▽に］何の疑《うたがい》かある。実に今日の上層階級も下層階級も法律と道徳とが要求する国家社会の利益を目的とする良心は其の始めより胸裏に形成せられざるなり。是の意味に於て空腹即ち犯罪なり、而して飽食亦《また》即ち犯罪なり。

人は只社会によりてのみ人となる。［民主］社会主義は倫理的生物が倫理的制度に於てのみ倫理的生物たり得べきことを発見して革命の手を社会の［根本］組織に降しつつある者なり。［『国家は倫理的制度なり』と呼びしマルチン・ルーテルの理想は民主社会主義の下に於て完き実現を見るべし。］

［第十節］

而しながら誤解すべからず、［民主］社会主義は社会の中に個人を溶解する者にあらず。倫理的制度によりて倫理的生物たると共に、倫理的生物が平等の物質的保護と個性の自由を尊重する社会良心の包容中に於て更に倫理的制度の進化に努力すべき責任を有することを要求す。［——民主］社会主義の自由平等論とは即ち此の意味なり。（平等論の意義につきては前編の『社会主義の経済的正義』に於て説けり）。偏局的社会主義時代の社会良心は其の内包の甚だ狭隘《きょうあい》にして個性の自由なる発展を許容せざりしが為めに個人は全く社会の強力中に併呑せられ、ソクラテスもルーテルもガリレオも皆犯罪者として遇せられ為めに社会の進化に於て誠に遅々たるの外なかりき。而しながらフランス革命に至るまで［▽前後］の偏局的個人主義［▽民主主義］の如く思想上に於てのみ思考し得べき原子的個人を終局目的として、社会は単に個人の自由平等の為めに存する機械的作成の者なりと独断せるが如き者に非らず。思想と雖《いえど》も、信仰と雖《いえど》も、決して個人の自由に非らず、思想信仰の上に於て個人の自由を尊重する所の自由なる社会良心あるが故に自由なり。［——］故に社会良心が思想信仰の自由を許容せざりし時代に於てはソクラテスもガリレオもルーテルも悉《ことごと》く犯罪者なりき。［▽なりしに非らずや。］良心の社会的作成なることを帰納せる科学は思想も信仰も或る個性の特異が発展する場合を外にして全く社会に先在せる思想信仰を継承して其の個人の思想信仰を成作する者なることを論結せしむ。思想と信仰とは決して偏局的個人主義［▽民主主義］の独断するが如く始めより自由なる者に非らざるなり。社会専制国家万能の偏局的社会主義時代の思想信仰を有する社会良心は個人の良心を作成して思想の独立信仰の自由を認識せざる者とし、機械的社会観を有する偏局的個人主義［▽民主主義］時代の社会良心は仮令《たとい》社会の利益を阻害するも思想の独立信仰の自由は犯すべからずと云ふ思想信仰を以て個人の良心を作成す。——故に吾人の純正社会主義［▽民主社会主義］が社会進化の為めに個人の自由を尊重すとは、思想信仰は原子的個人に先天的に独立自由に存すと云ふ意味にあらずして、社会進化の為めに個人の自由を尊重する所の社会良心を以て思想の独立信仰の自由を許容すべしと云ふことなり。社会進化の為めに社会良心の内包は偏局的なるべからず、社会の進化を終局目的とすると共に其の目的を達せんが為めに個性の自由なる発展を障害なからしむべし。純正社会主義［▽民主社会主義］は此の点に於て明らかに個人主義［▽民主主義］の進化を継承す。

個人主義［▽民主主義］！　実に此の偏局的個人主義［▽民主主義］は中世史までの偏局的社会主義と共に純正社会主義［▽現代の民主社会主義］を築ける二大柱なり。個人主義［▽民主主義］が中世貴族階級の土地（当時に於ては経済的源泉［▽根源］の凡て）を占有せるを否認して自由平等を叫びたる如く、純正社会主義は［▽民主社会主義が］現代の経済的貴族階級の経済的源泉［▽根源］（即ち土地及び資本）の壟断《ろうだん》を公有にせんとするは、実に此の個人の自由平等にあり。経済的に自由平等ならずしては他の凡てに自由平等なる能はず。吾人が先きに平等の分配とは物質的保護の平等によりて個性の自由なる発展を為さしめんが為めなりと云へる如く、個人主義［▽民主主義］のフランス革命は其の個人の自由の為めに［先づ］経済的に自由なるべく貴族階級の経済的源泉［▽根源］の占有を否認して私有財産制を樹立したるなり。――純正社会主義［▽民主社会主義］は亦《また》この点に於て明《あきら》かに私有財産制の進化を継承す。経済的に独立する者は政治的に道徳的に独立し、経済的に従属する者は政治的に道徳的に従属す。君主が土地及び人民を（経済物として）占有せる時代に於ては人民は財産権の主体にあらず君主に経済的従属関係を有せしを以て政治的に道徳的に従属し、君主のみ経済的に独立せしを以て政治的に道徳的に独立したり。（日本に例せば鎌倉幕府以前までの如し）。而して貴族階級が土地を掠奪して経済的に独立するに至るや茲《ここ》に君主に対抗して政治的に道徳的に独立し以て［其の］支配権を承認せず忠順の義務を拒絶したり。（日本にては維新以前までの貴族国時代の如し）。而して一般階級に於ては土百姓《サーフ》として土地と共に貴族の所有物にして財産権の主体たる人格にあらざるを以て其の経済的従属関係よりして政治的に道徳的に無限の従属に服し、彼の武士の如き下層階級に対しては絶大の権威を弄したりしと雖《いえど》も其の経済的従属関係の為めに貴族階級に対しては政治的に道徳的に嘗《かつ》て独立することなかりき。（後の『所謂国体論の復古的革命主義』を見よ）。［▽（『国体論』の歴史解釈を見よ）。］然るに個人主義［▽民主主義］の思想は仏国革命の名に於て貴族階級に独占せられたる土地を全国民の労働によりて獲得すべき私有財産制度の下に置き而して革命の波濤は横ざまに東洋に波及して維新革命の［人格的覚醒は亦《また》其の］民主々義を経済上に現はして土地私有制を確立したるなり。

然るに今や如何。歴史は恰も逆行せるかの如き形を以て世は再び経済的貴族国時代となれり。否、冷静に考ふれば［▽（正確に言ひ表せば］経済史の進行として経済的公民［▽国民］国家に至るまでの過程として経済的貴族国を経過しつつあり。［］経済的源泉［▽根源］たる土地と資本とは経済的貴族階級の封建城廓となれり。経済的貴族のみ政治的に道徳的に無限の自由を有して国民は凡ての独立を失ひて奴隷の如く服従を事とするに至れり。講壇社会主義者の田島博士が［▽今日尚］資本家と労働者との関係を君臣の関係の如しと形容して讃美せるが［▽する者ある］如く、年俸月給によりて従属する精神的労働者も賃銀によりて従属する肉体的労働者も誠に往年の武士若《も》しくは土百姓《サーフ》の如く専制の支配権を承認し奴隷の忠順を履行しつつしあり。貴族国時代の武士階級が［▽は］其の下層に対しては虎の如く威を振ひたるに係らず馬鹿大名の前に平身匍匐《ほふく》し、其の経済的従属よりして自己の身を大名の所有物と考へ、切腹を命ぜらるるも御手討《おてうち》に逢ふも嘗《かつ》て其の従はざるべからざる理由を疑ふこと無かりしが如く［▽無かりき。同様に］、今の黄金大名に隷属して経済的武士の階級を作れる事務員政治業者の如きは其の下層階級に対しては抑圧侮辱を事とすと雖《いえど》も、其の年俸月給を受くる経済的従属関係よりして政治的に道徳的に些《いささか》の独立無く、仮《たと》へ馬鹿大名の拝謁《はいえつ》に於て如何に傲慢を以て迎へらるるも一切を叩頭《こうとう》して猫の如く柔順に、而して自家が下層階級を制御することによりて大名の玉座が保たるることを考へずして却《かえっ》て自家が大名の恩恵によりて生存するかの如く信じ、減俸に逢ふも解雇に逢ふも唯々として一の疑問なしに此の奴隷的服従の義務を負担しつつあり。而して彼の労働者と小作人の一般階級に至りては純然たる奴隷と土百姓《サーフ》なり、政治の自由なく道徳の独立無し。――▽改個人主義［▽民主主義］の根底たる所の私有財産制は今や社会の大多数に取りては貴族国時代の下層階級の如く経済的貴族等の私有財産を使用して生活し得べしと云ふ意味に過ぎずなれり。已《すで》に貴族階級の下に経済的に隷属す、革命以前の其れの如く再び▽改個人主義［▽民主主義］の革命を繰り返へさざるべからざるほどに政治の自由道徳の独立なきは何をか怪まん。吾人が▽改本書の始めに於て［▽前きに］現社会を▽改個人主義［▽民主主義］に於て弁護せんとする者は▽改個人主義［▽民主主義］の叛逆者なりと云へるは、実に社会の大多数に▽改個人の私有財産が無くな［れ］るを以ての故なり。［民主］社会主義は固《もと》より社会の進化を終局目的として偏局的▽改個人主義［▽民主主義］の如く機械的社会観を以て社会を個人の手段として取扱ふ者に非らず、而しながら社会進化の目的の為めに個人の自由独立を▽改唯一の手段［▽凡ての基本］とする点に於て▽改個人主義［▽民主主義］の基礎を有する者なり。［以下一四三ページまで削除］▽削除個人は個人相互の間に於て経済的従属関係なし、一の個人が他の個人の為めに政治の自由を抑圧せられ、道徳の独立を侮辱せらるることなし。社会は階級的の層を為さず、個人は上層階級の個人に経済的従属関係なきを以て上層階級の個人の権力に盲従する政治的義務なく、上層階級の個人の幸福を目的として努力すべき道徳的義務無し。個人は他の如何なる個人にも経済的従属関係を有せず只社会の経済的平等の保護の中に在り。故に他の個人に個人の自由を犯さるる事なく、個人の自由を尊重する所の社会良心の広豁《マ マ》なる内包中に於て社会の幸福進化を目的とすべき政治的。道徳的義務を個人の責任とするに至る。即ち貴族階級に経済的に従属せし維新以前に於ては貴族等の利益の為めにする支配に服従すべき政治的義務を有し、貴族等の幸福の為めに努力すべき道徳的義務を有して――『忠君』を個人の責任とせしに反し、今日は法理上国家の土地及び資本（何となれば国家は国家の利益の為めに個人の凡ての財産を吸収すべき最高の所有権を有するを以て）に経済的に従属するを以て、国民は国家の利益の為めにする支配に服従すべき政治的義務を有し、国家の幸福に努力すべき道徳的義務を有して――『愛国』を個人の責任とするに至れる如し。只、社会主義は今日の法律の如く単に理想として止まらず、事実に於て国家社会の利益を個人の責任として意識するに至らしめんとする者なり。社会主義は個人主義の如く個人其者の為めに個人が自己に対して責任を有すとする者に非らずして、社会国家の為めに社会国家に対して個人の責任を要求す。而して吾人が前《さ》きに国家と社会とは社会主義によりて真の秩序と安寧幸福とを得ざるべからずと云へるは、国家社会が其の法律的理想として有する最高の所有権を行使して全国民全会員の上に経済的源泉の本体として臨み、以て全国民全会員をして国家社会に対する責任ある個人たらんことを政治的に道徳的に期待する者なりと考ふべし。今日吾人の社会主義を難ずるに個体責任論を以て対抗するが如きは、実に個人主義以前の偏局的社会主義時代の如く個人が上層階級に従属して一個の責任体たらざりし其れと同一視する者なり。

社会主義が徴兵的軍隊組織の労働法を以て個人間の売買関係を維持せんとする講壇社会主義を排するは亦《また》理由の一をここに有す。固《もと》より単純なる経済論として考ふるも、無数の商店、商人、店員、仲買人、取引所、ありて無用の資本と無用の労力とを投じて相破壊し以て強大の浪費をなし、生産より直に消費に移らず交換と云ふ戦場を通過して生産物の多くを破壊せられ軍事費を負担せられて生産費に倍増せる価格として消費者の手に来ることは、人類の当然に棄却すべき愚劣なりと雖《いえど》も、純正社会主義が特に徴兵的労働組織の生産法を主張するは、経済的従属関係に於て社会と個人とを直接ならしめんとするに在り。即ち徴兵的労働に於て生産せられたる貨物《かぶつ》を凡て一たび社会の者となし更に社会より社会の貨物に対する平等の購買力を表示する紙片として分配せらるることは、個人をして社会の為めに存する事を明確なる責任に於て自覚するに至るべきを以てなり。(前編の『社会主義の経済的正義』に於て公共心の経済的活動を論じたる所を見よ)。彼の武士の階級亡びて武士道滅び、卑劣なる利己心を中心とせる素町人道徳が今日に跋扈《ばっこ》する所以の者は其の武士道なる者の貴族階級に対して奴隷的服従の卑むべき要素を含むに係らず、経済的従属関係を有する主君の為めに身を捨てて尽くす献身的道徳の高貴なるに反し、素町人道徳は自己の経済的努力によりて自己の維持さるるを以て自己中心の卑むべき道徳となり、而して今日は凡ての個人が社会国家に従属する経済的関係なく自己の経済的努力によりて自己を維持しつつありと信ぜらるるが故に素町人道徳の個人主義を継承しつつあるなり。個人主義は社会主義の下に於て尊とし。個人は社会其者の幸福進化に努力する良心と行為とありて尊とし。個人其者の自由独立の為めに個人の自由独立は価値なく、社会の幸福進化の為めに個人の自由独立は尊とし。故に貴族国時代の武士道騎士気質《ナイト・キャラクター》が其の経済的従属関係を有する貴族に対して献身的道徳を有したる如く、経済的貴族国の打破せられて経済的に一国家一社会となるに至るや、全国民全会員は其の経済的従属関係を有する国家社会に対して、献身的道徳を以て国家主義。社会主義の倫理的理想を実現すべし。純正社会主義は個人の自由を個人其者の為めに要求して社会国家の幸福進化を無視せんとする個人主義の革命論に非らず。社会国家の幸福進化を無視しつつある個人主義の組織を革命して、社会が経済的源泉の本体たる経済上の事実を、国家を最高の所有権者となしつつある今日の法律の理想に於て実現し、以て個人を社会国家の利益の為めに自由に活動すべき道徳的義務を有する責任体たらしめんとする者なり。（経済と道徳法律との関係は後の『所謂国体論の復古的革命主義』に詳細に説けり、就きて見よ）。

故に。彼の社会主義者と称する者の中に於て個人の自由を主張するに当り、或は『社会の各会員は自由なる発達を希望する者なれば政治上に於ける個人の自由は成るべく大にして社会の権力は成るべく小なるを要す、即ち社会の権力は社会の生存と発達との為めにか或は各会員の自由の保証の為め、必要なる程度を超ゆべからず』と云ひ、或は『思想と信仰とが全く自由にして他人若《も》しくは社会の如何とも為し得ざる所、之を発表し之を実行するに於て美術上にも宗教上にも科学上にも政治上に於ても全然一切の羈範《ママ》の外に立たざるべからざるは疑義の外なる根本法なり』と云ふ如き者ありと仮定するも、そは単に結論の形式に於て社会主義に似たるだけにして全く個人主義の独断を継承する思想なるは論なく、之を以ての故に罪を社会主義の上に及ぼすべからず。彼の社会主義に対する高等批評を以て任ずる樋口勘次郎氏が其の『国家社会主義教育学本論』に於て社会主義の自由平等論なりとして打撃を加へたる所は実は個人主義にして社会主義の受くべき失（点欠）に非らざりし如き是れなり。従《したがっ》て其社会進化の理想に対する否難《ママ》の如きも純然たる個人主義の学者を指定しつつあり。曰く、『さればルーソーの所謂共同の権力を以て各会員の生命財産を保護すれども各会員は自己に従ふことよりて此の権力の命令に一致し得る如き社会は一のユトピアに過ぎず。スペンサーの遠き理想とせる自己の意志の外、外来の圧抑なくして円満に運転せらるる個人主義の社会の如きも、其遠きと云ふ形容辞に無限と云ふ複詞《ママ》を附して無限に遠き即ち実現し難き理想とせざるを得ざるは勿論、矢野氏の想像せる訴訟なる者 幾《ほとん》ど無く犯罪なる者殆ど無き、若《も》しくは一層極言して訴訟沙汰の皆無となる新社会のごときは真に一個の夢に過ぎざるなり。実に「新社会」は之を一個の見果てぬ夢として記載せられたれども「社会主義全集」に同氏の講話せらるる所に徴すれば夢に託して著者の社会主義を述べられたる者なるは明《あきら》かなり。果して然らば氏も亦《また》 極楽式の社会主義を持する者に非《あらざ》るか』と。以て如何に相背馳《はいち》する社会主義と個人主義とが却《かえっ》て社会主義者にも非社会主義者にも混同せられつつあるの甚しき奇観を見るべし。

遮莫《さまらばれ》（然《サ》モ有ラバ有レ）。純正社会主義は極楽と云ひ天国と云ふ者を在来の哲学宗教の如く死後の他世界に求むる者に非らずして、社会進化の将来に期待する者なり。而して人類社会は一の生物社会なり。故に社会哲学は生物進化論の一節たる社会進化論として論ぜざるべからず。△［一四〇ページからここまで連続削除］

［吾人は明かに告げん。——暗黒なる一切の中世的社会専制に対して個人の権威を訴へる▽改個人主義［▽民主主義］の高貴なる要求。則ちローマ教会の専制に対するルーテルの信仰の自由。国王貴族の専制に対するルソーの政治の自由。職業組合の専制に対するスミスの職業の自由。此等自我の覚醒したる自由の要求は実に民主社会主義に依る社会組織の下に生活することに於て満足せらるべしと。

（而しながら欧米に於て▽改個人主義［▽民主主義］が其の革命的任務を終りたるが為めに今日却《かえっ》て伝統的教権的思想となりて一切の新思想に臨むが故に民主社会主義の提唱に反動的復古的音調を帯ぶるに至り、為めに根本要求に於て契合一致すべき両者が相抗争しつつあることを日本に輸入して論争するは有害にして無用なり。日本に於ける第一革命則ち維新革命は国家主義のみの理論に於て完備したる其れなりしが為めに、寧ろ▽改個人主義［▽民主主義］の根本要求を徹底せしむる一面の必要を有す。彼の一括して社会主義者と呼ばるる人々の根本思想が独断的自由平等論なるが如き明かに此の故なりと云ふべし。而も彼等自身が社会主義者なりと云ふを以て単なる直訳の論争に基きて▽改個人主義［▽民主主義］を攻撃しつつある▽削除如きは△理由なきも甚し）。］

第三編　生物進化論と社会哲学

〔「第二編　社会進化論」と改変の後「進化律の統一的組織」と改変〕

第▽改五章　［▽第四章］

［第十二節］［第十一節欠落］

生物進化論者と社会主義者との背馳《はいち》／［民主］社会主義は生存競争説の外に立つ能はず／組織の皆無なる生物進化論／▽削除代表的学者として丘博士の『進化論講話』△／▽削除其の社会主義評△

［第十三節］

今の生物進化論者は人類の生物界に於ける地位を獣類の階級に置く／滅亡すべき経過的生物『類神人』／生物進化論者は進化の跡を見て更に進化し行く後を見ず／獣類教の迷信／優者。適者。強者の内容は生物種属の階級に従ひて異なる／人類の優者と獣類の其れとを同一視す

［第十四節］

生物進化論者は生存競争の単位を定むるに個人主義を以てす／顕微鏡以前の個体の観念／ヘッケルの個体の定義／個体の階級と社会有機体説／ヘッケルの生物学者大会の▽改［▽は］演説の奇怪［なりと云ふべし］／個人と社会とは同一異名の者なり／個人的利己心と社会的利己心／社会的利己心による社会単位の生存競争／人類に於て特に社会性の重ぜらるる理由／クロポトキンの相互扶助による生存競争／生物進化論は古来の漠然たる道徳的意識に科学的根拠を与へたり／偏局的個人主義を顚覆せる生物学／高等生物の生存競争は社会単位の相互扶助なり／生物進化論の哲学史上の革命と社会に於ける［民主］社会主義の革命／［クロポトキンの相互扶助説亦《また》思想の権利に於て非科学的個体観念より発足す］

［第十五節］

単位たる個体の階級は生物種属の進化するに従ひて高まる／丘博士▽改［▽或る生物学者］は進化論と背馳《はいち》する循環論の思想を有す／国家競争。人種競争は歴史の進化によりて其の単位を大にし行く／▽削除丘博士の帝国主義論は競争の内容の進化し行くことを解せざるより起る△／▽削除丘博士は帝国主義の空想を以て却《かえっ》て社会主義の者となす△／▽削除帝国主義の歴史上の効果△／▽削除同化作用と分化作用△／▽削除社会主義は国家を認識し国家競争を認識す△／▽削除階級闘争と国家競争△／▽削除聯邦議会にて決する国家競争△／▽削除丘博士の論理の蕪雑△／［競争単位の進化の外に競争内容の進化／世界一国の平和論と世界聯邦の平

和論／米独日本等に於ける聯邦的進化／世界凡ての生物学者は自然科学の取扱ふ「時間」の観念に於て社会的諸科学の取扱ふ「時間」の長さを混在せしむ／帝国主義の本来の意味はナポレオンの世界統一主義に対して国家の独立を主張せる者、却《かえつ》て世界聯邦の思想系に属す／世界統一主義の失敗せる夢想あるが故に世界聯邦を以てせんとする民主社会主義ある所以／失敗を繰り返へしたる世界征服の進化的意義／民主社会主義は明かに国家競争を認識す／マルクスの階級闘争説の半面的真理たる所以／階級単位よりも国家単位に於て自覚的現実的生存競争あり／世界聯邦議会に於て利害の一致せざる場合に於ける戦争／火薬を打破すべき発明を思考することは自然科学者としての推論に忘るべからざる条件なり／度すべからざる非戦論者と戦争不滅論者／」天地創造説の思想を以て人種競争論を不霊残忍ならしむ／吾人の文明人に作らるる所以／肉体的遺伝と社会的遺伝／肉体的遺伝其者も種属的智識を継承する本能なり／下等人種の滅亡は社会進化の当然なり／人種競争の内容の進化／社会主義は個人と人種の劣敗者の上に建てらる／正義の進化と駆逐殺戮による人種競争論の因難

［第十六節］

死刑淘汰の刑法論よりする驚くべき推論／一の分子若《も》しくは分子の集合が他の分子を殺戮する権ありとせる偏局的社会主義時代の普通良心／道徳的淘汰の生存競争と社会的群集の生物／原人時代は平和に菜食して漁猟遊牧にあらず／今日の野蛮人を以て文明人の原始に推及すべからず／漁猟遊牧の時代に入りて部落単位の生存競争をなし意識的道徳時代となる／小社会単位の生存競争時代と死刑淘汰／朕即ち国家の意義

［第十七節］

同化作用による社会単位の拡大と分化的発展の個▽改人主義［▽民主主義］時代／ギリシャ。ローマの末年及びローマ法王の下にて個▽改人主義［▽民主主義］の興起したる事実／個人単位の生存競争は遥かに後代の歴史［的］過程なり／社▽改会民主々義［▽民主社会］／［民主］社会主義は個人の分化的発展の為めに個▽改人主義［▽民主主義］を継承す／国家主義と個▽改人主義［▽民主主義］とは共に現社会の経済的貴族国に対して革命に出《い》でざるべからず／個人の国家に対する犯罪と国家の世界に対する犯罪／個人の自由と国家の独立の意義／国家の理想的独立は世界聯邦によりて得られ個人の完全なる自由は万国平和によりて得らる／偏局的社会主義の国家競争の為めに個人の自由が蹂躙せられたる事例

［第十八節］

人類の歴史に入りてより生存競争の内容進化／強力の優勝者たりし中世／労働を優勝者とせる個▽改人主義［▽民主主義］

の理想／糞泥の上に産み落されたる優勝者／奴隷の境遇に適する奴隷の優勝者

【自筆修正本はここから一六二ページまで欠落。節の区切りは目次から推察して挿入したもの】

今日、社会主義に対する哲学的根拠よりの非難は、社会主義は生存競争を廃滅せんと企図する者なるが故に生物進化論の原理に反する空想なりと云ふことに在り。是れ実に大問題なり。

実に科学哲学の一切の基礎が生物進化論に在りて、而して生物進化論の根本原理が生存競争説に在りとすれば社会主義と雖《いえど》も此の外に立つ能はざるは論なきことなるべし。而しながら今日の生物進化論は単に生物種属は進化によりて生ぜるものなりと云ふ事実の発見に過ぎずして、人類の生物界に於ける地位を誤まり、其の説明の理由として執られつつある生存競争説も誠に古今比類なき支離滅裂を極めたるものにして、個人主義を以て解釈しつつあるものなり。此の故に生物進化論者は生存競争説を掲げて社会主義を空想なり、非科学的なり、社会の進歩を停止せんとする不可行の計画なりと難じ、社会主義者は亦《また》生物進化論を廻避して、社会主義は生存競争を廃滅せしむと雖《いえど》も尚その外に名誉道徳等の競争ありと云ふが如き薄弱なる理論を築きて漸《ようや》く対抗するに過ぎず。吾人は信ず、社会主義が若《も》し生存競争説と背馳《はいち》するならば誠に非科学的の空想に過ぎざるべく、自ら称して科学的社会主義と云ふとも其は経済学。倫理学。歴史学等の諸科学の上に於てのみ言はるべくして、其等諸科学の根底たる社会哲学の上よりしては如何にすともユトピアたるべきなり。社会主義とは人類と云ふ一種属の生物社会の進化を理想として主義を樹つる者なり。然れば当然に人類と云ふ生物種属を包含せる生物進化論の原理たる生存競争の外に逸する能はざるべく、若《も》し此の原理を排斥するほどの有力なる根拠なくして徒らに科学其者に対する罵倒を以て事とする如きは如何にすとも非科学的(な)るを免かる能はず。——科学的社会主義は何処までも科学の厳粛なる理論の上に築かれざるべからざるなり。

只、今日の科学者の所謂生物進化論なる者は吾人の茲《ここ》に僭越を以て生物学の範囲内に侵入して組織せざるべからざるほどに矛盾混乱を極めたる理論より外有せざる者なればなり。即ち、生物進化の事実を個人主義の独断的思想を以て解釈しつつあること。人類の生物界に於ける地位を獣類の種属中に包含しつつあること。

[第十二節]

吾人は茲《ここ》に斯る生物進化論の日本に於ける代表的学者として帝国《マ》大《マ》学教授理学博士丘浅次郎氏の『進化論講話』の社会主義評を指示すべし（丘浅次郎（おか・あさじろう）。一八六八〜一九四四。動物学者。帝国大学理科大学選科修了。ドイツ留学後、山口高校教授を経て、明治三十年高等師範学校教授、昭和四年東京文理科大学講師。ヒル類、ホヤ類、コケムシ類の分類、発生、形態を研究。進化論の啓蒙・普及にも尽力。帝国学士院会員。日本動物学会会頭）。吾人は氏の如き真理其者の為めに主張を為す学者によりて社会主義の非難せられたるを深く惜しむ者なりと雖《いえど》も、是れ決して氏の責任にあらずしてダーウィン其人が生物進化論を獣類教と化し生存競争説を個人主義によりて解釈して伝へたるが為めに、氏は単に其宣伝者として彼等の誤れる点を伝へたるに過ぎざる也。只吾人が特に氏を指定したるは、一般世人に生物進化論を普及せしむる目的を以て書かれたりと云へる『進化論講話』の大著が最後の暗黒なる頁を以て社会進化論の宣伝を阻害し、社会主義に対する誤妄を伝播するの驚くべき力あるを以てなり。而して其の暗黒なる頁の中に凡て獣類教の生物進化論と個人主義の生存競争説を遺憾なく発揮したるを以てなり。死刑淘汰の刑法論あり。歴史の進化を無視し革命の意義を解せざる社会循環論の思想あり。異人種間の殺戮的競争を主張する積極的尊王攘夷論あり。人種の発展。国家の強盛は其の人種内。国家内の個人間の競争にのみ基くと云ふ個人主義の生存競争説あり。種属維持としての生殖なることを解せざる人口論あり。異人種。異国家間には永久に戦争は消滅せず世界一社会となる社会進化の将来を空想なりと云ふ蠑螺《えいら》（蠑螈＝イモリか?）的国家学あり。否！　未だ渾沌として組織なき生物進化論の祖述として『進化論講話』の全部を通じて、生存競争の単位を定めず、生存競争の目的を解せず、生存競争の対敵を誤まり、生物種属の階級に伴ふ生存競争の内容の進化を知らず、生物進化論に於ける食物競争と雄雌競争との地位を注意せず、人類種属の今日の地位及び今後の進化を推及することなし。吾人をして其の社会主義評を左に掲げしめよ。

『現今の社会の制度が完全無欠でないことは誰も認めなければならぬが、さて之を如何に改良すべきかと云ふ問題を議するに当りては常に進化論を基として実着に考へねば何の益も無い。社会改良家が幾通り出ても悉《ことごと》く痴人の夢を説く如くであるのは何《な》ぜかと云ふに一は人間と云ふ者は如何なる者なるか充分に考へず猥《みだ》りに高尚なる者と思ひ誤つて居ること、一は競争は進歩の唯一の原因で苟《いやしく》も生存して居る間は競争の避くべからざることに気附かぬに基くやうである。(』)

『異人種間の競争の結果は各種族の盛衰栄枯であつて、同種族間の競争の結果は其の種族の改良進歩であることは前にも説いたが之を人間に当箝《あては》めても全く其の通りで、異人種間の生存競争は各人種の盛衰存亡の原因となり、同人種内の競争は其の人種の改良進歩の原因となる。其れ故数多《あまた》の人種の相対して存在して居る以上は異人種との競争は避けられぬのみならず、同人種内の個人間の競争も廃することは出来ぬ。分布の区域が広く個体の数の多き生物種族は必ず若干の変種に分れ後には互に相戦ふのであるが、人間は今日恰度《ちょうど》その有様に在る故(、)異人種が或る方法によりて相戦ふは止むを得ない。而して人間の競争に於ては進歩の遅き人種は到底勝つ見込は無い故何れの人種も専ら自己の改良進歩を図らねばならぬが、其の為め其の人種内の個人間の競争が必要である。』

『社会の有様に満足せず大革命を起した例は歴史上幾らもあるが、何れも罪を社会の制度のみに帰し人間とは如何なる者なるかを忘れて、唯制度さへ改めれば黄金界になる者の如く考へてかかる故、革命の済んだ後は只従来権威を振うて居た人の落ちぶれたのを見て暫時《ざんじ》愉快を感ずるの外には何の面白いことも無い。世は相変らず澆季《ぎょうき》（道徳衰え人情の浮薄となった時代。末世）で競争の烈しいことは矢張り昔の通りである。今日社会主義を唱へる人々の中には往々突飛の改革談を説く者あるが、若《も》し其の通り改めて見たならば矢張り以上の如き結果を生ずるに違ひない。人間は生きて繁殖して行く間は競争は免かれず、競争があれば生活の苦しさは何日も同じである。』

『教育の目的は自己の属する人種の維持繁栄であることは已《すで》に説いた通りであるが進化論から見れば社会改良も矢張り自己の属する人種の維持繁栄を目的とすべきである。世の間には戦争と云ふ者を全廃したいとか、文明が進めば世界中が一国になつてしまふと云ふやうな考へを以《ママ》て居る人もあるが、是等は生物学上到底出来ないことで利害の相反する団体の並び存する以上は其の間に或る種類の戦争の起るは決して避けることは出来ぬ。而して世界中の人間が悉《ことごと》く利益の相反せぬ地位に立つことの出来ぬは固《もと》より明瞭である。敵国外患なければ国は忽《たちま》ち滅ぶると云ふ言葉の通り、敵国外患があるので国と云ふ者が纏つて居る訳故、仮に一人種が他の人種に打勝つて世界を占領したとするも場所々々によりて利害の関係が違へば忽《たちま》ち争が起つて数ケ国に分れてしまふ。僅かに一県内の各地から撰ばれた議員等が集つてさへ、地方的利害の衝突の為めに激しい争の起るを見れば、今世界が一団となつて戦争の絶えると云ふやうなことの望むべからざるは無論である。』

『若干の人種が相対して生存する以上は各人種は勉めて自己の維持繁栄を図らねばならぬが、他の人種に負けぬだけの速力で進歩せなければ自己の維持繁栄は望むことは出来ず、速かに進歩するには個人間の競争による外は無い。されば現在生存する人間は敵である人種に滅ぼされぬ為めには味方同志の競争によりて常に進歩する覚悟が必要で、味方同志の競争を厭《いと》ふやうのことでは人種全体の進歩が捗《はかど》らぬ為めに敵である人種に負けてしまふ。』

『今日の社会の制度には改良を要する点が沢山にあるが孰《いず》れに改めても競争と云ふ点を到底避けることは出来ぬ。他の人類と交通もない所に閉ぢ籠つて一人種だけ生存し得る場合には烈しい競争にも及ばぬが其の代り進歩が甚だ遅い故、後に至つて他人種に接する場合にも恰もニューヂーランドの鴫《駱》駝鳥（駱駝鳥＝ダチョウ）の如く忽《たちま》ち亡ぼされてしまふ。世間には生活の苦しみは競争の激しいことに基くので競争の激しいのは人口の増加が原因である。それ故子を産む数を制限することが必要であると云ふやうな考へを以《ママ》つて居る人もあるが、前《さ》きに述べた所によると此は決して得策と云はれぬ。今日の処で必要なことは競争を止めることでなく、寧《むし》ろ自然淘汰の妨害となるやうの制度を改めることであらう。人種生存の点から言へば脳力健康の劣等なるものを人為的に生存せしめて人種全体の負担の重くなるやうの仕組を成るべく減じ、脳力健康共に優等なる者が孰《いず》れの方面にも主として働けるやうの制度を成るべく完全にして個人間の競争の結果、人種全体が速かに進歩する方法を取ることが最も必要である。斯様な世の間に産れて来た人間は唯生存競争と心得て力のあらん限り競争に勝つことを心掛くるより外に致し方はない。(』)

『人道を唱へたり、人権を重ずるとか、人格を尊ぶとか云うて、紙上の空論を基とした誤《あやまっ》た説が屡々《しばしば》出ることがある。例えば死刑を廃止すべしと云ふが如きは此の類で、人種依《維》持の点より見れば毫《ごう》も根拠なき説であるのみならず明《あきら》かに有害なるものである。雑草を刈り取らねば庭園の草が枯れてしまふ通り、有害な分子を除くことは人種改良にも必要なことで之を廃しては到底改良の実は挙げられぬ。単に人種維持の上より言へば尚一層死刑を盛《さかん》にして再三刑罰を加へても改心せぬやうな悪人は容赦なく除ひてしまう方が遥かに利益である』

[第十三節]

実に斯る魔界の人の如き暴言は固《もと》より法律学、歴史学、国家学、社会学に関する智識の欠亡に基くものなりと雖《いえど》も、帰する所(、)生物進化論其者が未だ組織なきを以てなり。——即ち第一に生物界に於ける人類の地位を他の獣類と同一階級に包含するを以てなり。ダーウィンが『種の起原』の一版に於てキリスト教の信仰と甚しく背馳《はいち》するを慮りて人類の地位につきて説明することを避けたりし如く、今日の生物進化論者はキリスト教の『人類は神の子なり』と考へ来れる独断を打破するに急にして正確に人類の地位を定むるの暇なく、振子振動の方則によりて其の止まるべき点を通り越して等しく独断なる他の『人類は獣の類なり』と云ふ反対の極点に走れるなり。振子は永久に振動する者に非らず、吾人は此の振子を止まるべき点に止まらしめざるべからず。若《も》し今日の学者によりて想像さるる如く、吾人の神と称して人類より遥かに進化せる生物が他の遊星に生息するならば、而して吾人々類の生息しつしある此の遊星が他の其れの如く進化しつつあるならば、而して又進化に極点なく、人類が進化の極点に非らざるならば、吾人々類は将来に進化し行くべき神と過去に進化し来れる獣類との中間に位する経過的生物なり。今日、吾人々類は人類の猿猴《えんこう》類と分れたる時代の祖先の化石を発掘して類人猿と名《なづ》くる者を見出すならば、吾人々類が類人猿として消滅せる如く更に人類として消滅せる後に於ては、吾人々類より分れて進化せる人類の子孫なる神の化石学者によりて『類神人』として発掘せらるべき半神半獣の或者なり。（此の説明は詳しく社会進化の理想に於て論ずべし）。彼等生物進化論者にして、人類が類人猿より来り、類人猿が四足獣より来り、四足獣が鳥類と共に驚くべき形態を有せし蚕虫《爬》類より分れ来り、蚕虫《爬》類が今日と全く形態を異にせる魚類より来りたりと云ひ、而して人類は一胎児の九ケ月間に於て魚類よりの十億万年の生物進化の歴史を繰り返へすと云ひ、以て過去の回顧に於て大胆に推理力を発揮しつゝあるならば、其の推理力が人類今後の進化と云ふ将来の進行に至て全く挫折して働かざるは誠に以て抱腹すべき現象に非らずや。――今日までの生物進化論は恰も人類を進化の終局なるかの如き独断の上に組織せらる。ダーウィンの時代よりして生物進化論は人類を神によりて作られたる神の子なりと云ふキリスト教の信仰を破らんが為めに全く人類の動物なることを更に他の諸科学の上より立証し、骨骼を比較し、筋肉を比較し、内臓を比較し、脳髄を比較し、発生の状態を比較し、以てキリスト教の科学的批評に堪へざる独断に過ぎざることを論ずるに於て実に間然する所なし。吾人固《もと》より人類を以て全く神の子なりとなして他の生物と隔絶せる天空に置くことの非科学的なることを否む者に非らず。而しながら、骨骼も、筋肉も、内臓も、脳髄も、発生の状態も、発生して後も、決して他の獣類と全く同一に非らざるものを、獣類と全く同一にして異ならずと独断する彼等は、彼等の罵りて以て科学的批評に堪へずと為すキリスト教以上に科学的研究に於て注意深き者に非らず。全く神の子なりと云ふことの非科学的なるならば、全く獣類に同じと云ふことも又等しく非科学的なり。――人類は動物の一種属なり、而しながら動物の種属中に於て獣類が鳥類若《も》しくは魚類と階級を異にせる如く、獣類とは全く階級を異にせる人類と云ふ動物中の一種属なり。今日生物進化論第一の誤謬は人類を獣類と同一階級に置くことに在り。彼等の打撃によりて崩壊せるキリスト教が迷信教なりしならば、彼等の生物進化論は明白なる迷信の獣類教なり。而して社会の或る進化までの核子たりし神の迷信教が終に無数の科学者を殺戮して社会の進化を阻害せる如く、神の迷信教を打破して社会の進化に尽くせし生物進化論は亦《また》終に今日迷信の獣類教となりて社会の進化を阻害しつゝあり。実に獣類教徒の生物進化論者は今日思想の上にも社会の上にも純然たるローマ教僧侶として存す。神の迷信教徒よりダーウィン等の非難せられたる如く獣類教の迷信者より社会主義の哲学宗教が迫害されつゝあるは社会進化の常として如何ともするなし。

［第十四節］

実に、人類と云ふ一階級の生物種類を他の生物種属たる獣類の階級に包含するが故に、今の生物進化論者は人類の生存競争も獣類の生存競争も其の内容に差等無き者となし、優勝劣敗と云ひ適者生存と云ふが如き文字を、獣類としての適者、人類としての優者として差等せず、独断の甚しき弱肉強食と云ふ戦慄すべき一語より一切の演繹を始《は》じむ。若《も》し其の所謂弱肉強食と云ふことが、牛は蚊に刺さるるが故に弱肉にして人は蚤《ノミ》に喰はるるが故に強の食なりとの意味ならば其の常経《じょうけい》を逸したる文字の使用なるに係らず生物学上の事実としては充分に真なるべしと雖《いえど》も、斯る文字を使用する者に取りては多く強弱の標準を爪と牙とに求むる者なり。由来、適者生存と云ひ、優勝劣敗と云ひ、将《は》た弱肉強食と云ふが如き文字は外包的の者にして内容の空虚なる言なり。即ち、単に其の生物種属の境遇に適する者は優者として生存すとの意味に過ぎずして、其の内容に入るべき境遇の異なるに従ひて適者たり優者たり強者たる者を異にするなり。而して境遇は各生物種属の各階級の異なるに従ひて異なる。彼の韓退之（韓愈）の蛟籠《こうりょう》（想像上の動物。竜になる前の蛟（みずち）。水中に潜み雲雨に会して天に上るという。転じて時運に際会しないで志を得ぬ英雄・豪傑の喩）も陸梁すれば蟻螻《ぎろう》（アリとケラ。下等動物。つまらないものの喩え）に辱《はずか》しめらると云ひしは、境遇による優者。適者。強者のそれぞれに異なることを最も明白に説明せる者に非らずや。熱帯の砂漠に於てのみ獅子は其の境遇の適者にして優者として生存するも、境遇の異なれる北極の氷雪中に於ては柔順なる馴鹿《じゅんろく》（トナカイ）が遥かに適者にして強者として生存す。鷲は茫漠たる天空に翔ける境遇に於ては適者たり優者たり強者たるも、之を簷端《のきば》の鑪（罅）隙（罅隙＝隙間）の境遇に持ち来らば実に燕雀《えんじゃく》よりは不適者たり劣敗者たり弱者たらざるべからず。土中を走ることに於て馬は鼹鼠《えんそ》（モグラ）よりも劣敗者にして、泥土に潜むことに於ては鯛は鰌《ドジョウ》よりも遥かに不適者たり。腐敗せる埃塵の中に埋まりては蚯蚓《ミミズ》は社会主義者よりも境遇の適者にして、蛆は肥桶の縁に於ては生物学者よりも生存の優者なり。——今の生物進化論者にして之を知らば、獣類の優者を以て全く境遇を異にせる人類の適者に類推して憚らざるは独り何ぞや。若《も》し精神の平調を失ひて、鰌が泥中の優者なるが故に鯛を泥中に投じて窒息せしむべく、鼹鼠が土中の優者なるが故に馬を穴に葬りて生埋めにすべしと云ひ、人類も亦《また》蚯蚓の如き蛆の如き境遇を求めて始めて適者たり優者たり強者たり得べしと云ふが如きに至らざるならば、境遇を全く異にして生存する人類と獣類とを一括して、爪と牙との四足獣の其れと混同するが如きは何たる没論理ぞ。若《も》し四足獣の境遇に於ける生存者を以て人類に擬すること生物進化論者の如くならば、道徳家は牙なく智者は爪なきを以て生存競争の劣敗者たるべく、最も残忍暴逆なる者が適者たり優者たり強者たらざるべからず。而して丘氏の死刑淘汰の刑法論の如きは瓢箪より出《い》づる駒なり。

実に、人類の生存競争は死刑を以て不道徳の者を淘汰しつゝある如く其の内容は全く道徳的優者。道徳的強者の意義なり。説明の順序として先づ今の生物進化論が生存競争の単位を定めざることより論ぜん。

吾人は信ず、今の生物進化論は生存競争の単位を定むるに個人主義の独断的先入思想を以てする者なりと。吾人は社会主義を生物進化論の発見したる種属単位の生存競争、即ち社会の生存進化を目的とする社会単位の生存競争の事実に求むる者なり。此の説明は生存競争の単位たる個体と云ふことの定義の確定さるるを要す。而して吾人は生物学者間に採用さるる定義を信ぜんと欲す。即ちヘッケル（生物進化論と社会主義と背馳《はいち》することを最も強く主唱せる学者にして其のミューヘンの生物学者大会の演説は丘博士等の社会主義評の議論の骨子を為せる者）等によりて教へられたる個体の階級と云ふことなり。即ち顕微鏡以前に於て個体と云ふときには、個々離ればなれになりて中間に空間の存するものを一個体となすと定義し、或は一個の卵より生長したる者を一個体となすと定義するの外なかりしも、斯くしては単細胞の分裂によりて生ずるアミーバの如きは一個の卵子より生長せる者に非ざるを以て、又樹状なして繁殖せる個々の生物が密着せる芽生々物の如きは中間に空間を存せざるを以て、一個体なるか、一個体の断片なるか、個体の集合なるか、全く何れとも定むる能はずして不明瞭極まる観念となる。即ち、個体の定義として中間の空間、或は一個の卵と云ふが如きを以て観念の基礎とすることは顕微鏡以後に於ては全く維持すべからざる臆説として棄却さるるに至れり。茲《ここ》に於て個体の階級と云ふ説明によりて、一個の個体たる単細胞生物より分裂せる無数の単細胞生物はそれぞれに無数の個体と考ふることを得ると共に、又始めの一個体の一部と云ふ点より見て分裂によりて生ぜる単細胞生物を空間を隔てて分子とせる一個体と考ふることを得るなり。即ち、分裂によりて生ぜる単細胞生物は其の単細胞生物たる点に於て一個体たると共に、其の分裂によりて生ぜる単細胞生物を空間を隔てて分子とせる最初の単細胞生物は其の個体を大きくせる者と考ふることを得るなり。芽生々物の如きは其の大きくなれる個体が空間を隔つる分子とならずして密着せる分子其れぞれが生物として一個体たると共に、樹木の大きくなるが如く最初の生物は一個体として大きくなれる者なり。而して人類の如き高等生物も生殖の目的の為めに陰陽の両性に分れたる者なるを以て、是れを男子として或は女子として、又親として、子として、兄弟としてそれぞれ一個体たると共に、中間に空間を隔てたる社会と云ふ一大個体の分子なり。今日の真理に於て唱へられつゝある社会有機体説、国家有機体説は此の点より生れたる者なり。（此の説明は次編の『所謂国体論の復古的革命主義』に於て国家人格実在論を説くに重要なり）。丘博士の『進化論講話』中には生存競争の単位たる個体の説明を為さざりしほどなるを以て社会主義を生物進化論によりて排撃するに至れるは止むを得ざることなりとするも、個体の階級を教へたるヘッケルにして社会主義が生存競争説によりて維持すべからざるを論ぜる生物学者大会の演説ありとは奇怪とするの外なし。生物界を通じて生存競争の単位は彼等個人主義を以て解釈しつゝある者の如く小さき階級の個体のみに非らず。一個の生物は（人類に就きて云へば個人は）一個体として生存競争の単位となり、一種属の生物は（人類につきて云へば社会は）亦《また》一個体として生存競争の単位となる。而して個体には個体としての意識を有す。――個人が一個体として意識する時に於て之を利己心と云ひ個人性と云ひ、社会が一個体として意識する時に於て公共心と云ひ社会性と云ふ。何となれば、個人とは空間を隔てたる社会の分子なるが故に而して社会とは分子たる個人の包括せられたる一個体なるが故に個人と社会とは同じき者なるを以てなり。即ち、個体の階級によりて、一個体は個人たる個体としての意識を有すると共に、社会の分子として社会としての個体の意識を有す。更に換言すれば、吾人の意識が個人として働く場合に於て個体の単位を個人に取り、社会として働く場合に於て個体の単位を社会に取る、吾人が利己心と共に公共心を、個人性と共に社会性を有するは此の故なり。――即ち、公共心◦社会性とは社会と云ふ大個体の利己心が社会の分子としての個人に意識せらるる場合のことにして、分子たる個人が小個体として意識する場合の利己心も其の小個体が社会の分子たる点に於て社会の利己心なり。故に利己心◦利他心と対照して呼ぶが如きは甚だ理由なきことにして寧《むし》ろ大我小我と云ふの遥かに適当なるを見る。今の生物進化論者にして個体につきて斯《こ》の科学的智識の欠亡せざるに非らざるならば、個人的利己心の小我をのみ認めて社会的利己心の大我を忘却し、個人間の生存競争が個人的利己心による如く、実に社会的利己心による社会間の生存競争を行ふ社会的利己心たる社会性公共心の存在することを忘却せりとは解すべからざるも甚だし。斯《こ》の個人的利己心も社会的利己心も共に等しく軽重あるべからず。而しながら其等の利己心が一は個人の者にして他は社会なるが為めに、而して人類は特に社会的団結によりて他動物を凌駕し社会的団結を単位として他の単位たる其等と競争し来りしが為めに、社会的利己心のより多き必要よりして殊更に公共心、社会性、道徳的本能、神の心等と命名せられて特別に重き地位に置かるるに至りしなり。肉食獣の如き独居的生物は多く一動物としての利己心による生存競争によりて其の地位を保ち菜食獣の如き群居的生物は社会的利己心によりて社会を単位としての生存競争によりて其の地位を上進せしむ。生物学の全く開墾されざりし時代のホッブス、スピノーザならば個体を顕微鏡によりて考察することなく、空間と卵との漠然たる思想より独断的個人主義を持するに至るも咎《とが》むべきに非らずと雖《いえど》も、生物学者其者が今に尚其の独断を継承して幾《ほと》んど個体の観念につきて無智なる者の如く、個人的生存競争のみを主張して社会性による生存競争を忘却せりとは何たる事ぞ。

実に、今の生物学者は玉を抱いて瓦の如く考へつつある者なり。生物進化論が人類に与へたる福音は、如何なる道徳論も如何なる宗教も及ばざる者なることを気附かざるか。ダーウィンによりて悪魔の声の如く響きたる生存競争説は、終にクロポトキンに至りて相互扶助の発見となれり。即ち是れ個体の高き階級たる社会を単位とせる生存競争にして、古来の漠然たる道徳的意識に明確なる科学的根拠を与へたる者なり。古人は其の思弁的考察と、直覚的に社会的本能を認識することによりて、アリストーツルは人は政治的動物なりと云ひ、国家の外に在る者は神か然らざれば禽《きんじゅう》獣なりと云へり。氏の国家とは社会が常に政治的組織に於て発見せらるるの故にして、実に人は天性よりして政治的組織をなし、共同生活をなして存在する動物なり。而して国家の外に在るものは神か然らざれば禽獣なりとは、亦《また》実に人は社会によりてのみ人たるを得と云ふ今日の科学の結論を哲学史の緒論に於て書き始めたる者なり。シセロ《＝キケロ》が蜂は其の巣を作る目的の為めに群集を為すものに非らず、其の性群集に在るが故に巣を作るときに於て労力を協同するのみ、而して人の社会を組織するは全く人の天性によるものにして共同の目的の為めに労力を協同することは此の天性あるが為めなりと云ひしは、クロポトキンが生物学によりて説明せる原理をローマの遠き昔に於て一個の公理として残し置ける者なり。此の社会的利己心は社会単位の競争の最も激烈なりし古代に於ては最も多く要求せられ、等しく重要なる個人的利己心が全く圧伏せられ来りしを以て、社会単位の競争の平静なるに至るや個人的利己心が必ず伴ひて頭をもたぐ。ギリシャの末年、ローマの末年に於ける個人主義の源泉即ちこれにして中世キリスト教の統一の下に於ける社会単位の競争の杜絶と共に、思想信仰の自由となり、政治経済の独立となり、個人の自由独立は終に偏局的に要求せられて個人主義の思想は澎洋の大河となりて欧州の天地を洗ひ其の波濤の余波を十九世紀の半ばにまで波うたせたり。されば此の個人主義の大河に浮びて流れつつありしホッブス、ルーソーの徒が、人類の社会的存在なることを解せずして或は契約前なりと云ふ自然の状態を想像して各人の各人に対する戦闘と云ひ、或は各人皆神の如き自由独立を有せりと云ひて其の上に社会契約説を建設せしとするも毫《ごう》も怪むべきことに非らず。然るに生物学によりて、人類のみならず多くの動物が個々に生息せずして社会的群集にて存在することを説きつつある生物学者其者が、今尚彼等溺没者の足にすがりて個人主義の流れに溺れつつあるは何たる奇怪ぞ。十九世紀の半ばに書かれたるダーウィンの『種の起原』が偏局的個人主義の余波を受けて生存競争の単位を個人、或は個々の動物に置き、為めに其の生存競争説が道徳的要求と背馳《はいち》する方向に走れりとするも、彼は生物進化の事実の発見者として従来の天地創造説を破るに急に、為めに其の事実の解釈たる理論にまで完《まつた》からんことを要求する能はざればなり。実に個人主義の今日に至て全く維持すべからざるに至りし所以の者は理論其者に於ても、例へば、人は元来詐《いつわ》り易き者なりと断定して而も契約によりて社会を組織せりと云ふホッブスの如く、人は自然に自由独立の主権を有すといひて而も圧制暴戻《ぼうれい》の社会を契約によりて組織せりと云ふルーソーの如く、自家撞着の甚しき者を根本思想とするによるのみならず、生物学の研究によりて事実として人が個々に存在せざりし事を指示さるるに至りしを以てなり。実に、今日の政治学経済学等の社会的諸科学は、人は決して契約の如き方法によりて社会を作れる事実なく、人類の社会は他の動物の社会的群集を為しつつある如く社会的動物なるが故に始めより社会を為して存したりと云ふ生物学の発見によりて、茲《ここ》に従来の思弁的独断より目醒めて其科学の根底より組織を建て替へたるなり。而して其の人類は始めより各人の各人に対する争闘の者に非らず又各人悉《ことごと》く神の如き自由独立の者に非らずして社会的動物としての社会的存在なりと云ふことは、更に社会的結合の大にして強きものは其の社会的利己心即ち相互扶助による大個体を単位としての生存競争に於て他の孤独なる其等に打ち勝ちたりと云ふ進化の説明と結合して、個人主義の諸科学を愈々《いよいよ》価値なきものとなし終れり。即ち、人は個々分立にして個人的利己心のみなりと云ふ仮定よりして、資本労力の協同よりも各々の相殺破壊が遥かに多き生産を来すと論ずる経済学、契約以前は自由独立の個々に於て存在せりと云ふ断定より国家社会の如き結合団結は止むを得ざる害物なりと説きつつある政治学は、実に生物学の発見せる人類の万有に対して優勝者たるを得たるは其の社会的生物としての社会的利己心、即ち相互扶助に在りと云ふ事実によりて根底より覆がへされたればなり。団結は強力なりとは生物界を通じての原理なり。——即ち、相互扶助による高級の個体を単位として生存競争をなす菜食動物は、分立による下級の個体を単位とする肉食動物に打ち勝ちて地球に蔓延せりと云ふことなり。敢て丘博士とのみ云はず、今の生物進化論者にして生存競争を個人間或は個々の生物間のことのみと解するならば、個々としては遥かに弱き菜食動物が肉食動物に打ち勝ちたる所以も解せられざるべく、野馬が其の団結を乱さざる間は一頭と雖《いえど》も他の猛獣に奪はるること無しと云ふが如き無数の現象を説明する能はざるべく、牙と爪とを有せざる人類は原人時代の遠き昔に於て消滅したるべき理にあらずや。否！　喰人族の野蛮人も其の喰ふ処の肉は個人間の闘争によりて得るに非らずして、生存競争の単位は少くも戦闘の目的に於て協同せる部落なり。最も協同せざる肉喰動物と雖《いえど》も生存競争の単位は如何に少くも相互扶助の雌と子とを包含せる聊《いささ》か高級の個体に於て行はれ、最下等の虫類たる蚯蚓《ミミズ》の如きすら土中に冬籠る必要の為めには二三《にさん》相抱擁するが如き形に於て暖を取るの共同扶助を解すと云ふ。生物の高等なるに従ひて愈々《いよいよ》個体の階級を高くし、鳥類獣類の如き高等生物に至りては殆ど全く人類社会に於て見るが如き広大強固なる社会的結合に於てのみ見出され、社会的結合の高き階級の個体を単位として生存競争をなす。而して此の高き階級の個体を単位としての生存競争は其の個体の利己心、即ち社会的利己心、更に言ひ換ふれば分子間の相互扶助によりてのみ行はれ、個体の最も大きく相互扶助の最も強き生物が最も優勝者として生存競争界に残る。人類の如きは其の優勝者中の最も著しき者の例なり。実に生物学者は自家の貴きを顧みるを要す。社会単位の生存競争と云ひ、相互扶助による優勝劣敗と云ふことはキリストよりも釈尊よりも遥かに遥かに高貴なる福音なることを。生物進化論が此の福音を挙げて悪魔の智識を残らず根底より顚覆せしが為めに、単に政治学と経済学とのみならず、倫理学の上にも教育学の上にも心理学の上にも『社会主義』の金冠が加へられ、人類の思想史は全く新たなる光明界にむかつて流れ始めたるなり。実に生物進化論は哲学史上未曾有の大革命なりき。吾人が社会主義を生物進化論の上に建てて又等しく大々的革命を以て任ずる者、誠に生物学者の思想界に為せる所を現実の社会に為さんとするにあるを以てのみ。吾人は個人主義の独断的仮定を思想の根拠として生物進化論を解釈しつつある生物学者によりて虐待せらるるとも、生物進化の事実は社会主義を待ちて始めて説明せられ得べきを見て歓喜に堪へざる者なり。

〔第十五節〕

吾人をして丘博士の迷妄を啓《ひら》かしめよ。吾人は博士が屢々《しばしば》人種競争と云ひ国家競争と云ふを見て必ずしも個人以上の或る高き単位の生存競争の存するに考へ及ばざりしと信ずる者に非らず。而しながら博士は生存競争の単位を定むべき根本点たる所の個体の定義をすら決定せざりしほどの不注意よりして、競争の単位が生物種属の進化に伴ひて拡大し行くことを全く解せざるかの如し。即ち以上説ける如く、下等動物の生存競争の単位は最も低き階級の個体即ち個々の生物単独の生存競争なるに高等動物に進むに従ひ其の競争の単位たる個体の階級を高くして社会と云ふ大個体を終局目的とする分子間の相互扶助による生存競争に進化するを解せざると同様に、此の単位の進化は人類に於ては特に（人類としての歴史の進行中に於て）其の進化と共に愈々《いよいよ》拡大し行くと云ふ『社会進化論』につきて些《いささか》の考ふる所無きが如し。斯くて博士は歴史上の革命に対して無神経の冷笑をなし、来るべき革命によりて得べき世界聯邦論を軽侮して不霊残忍なる帝国主義の讃美者となれり。

世人は生物学者たる丘博士に対して歴史的智識を要求せざるべし。而しながら吾人は生物進化論者たる博士として歴史の進化を軽視すること恰も宇宙循環論を為すものの如くなるを怪しむ。循環論と進化論と、是れ氷炭相納《い》れざるものに非らずや。丘博士にして生物進化論を信じ、而して人類の歴史は人類と云ふ一生物種属が進化せる跡なりとしての社会進化論を信ずるならば、歴史上の革命を以て単に一種の夢想より生ぜる擾乱の反覆なりと云ふが如き口吻《こうふん》は進化論者として有るまじき純然たる循環論の思想なり。而して現今の地理的に限定されたる社会、即ち国家を以て永久に生存競争の単位となし、今日の進化の途上に於て生ぜる人種の差を以て永劫まで相対抗すべき単位の競争者なるかの如く断ずるに至つては万有を静的に考ふる者として愈々《いよいよ》以て進化論の思想と背馳《はいち》す。若《も》し丘博士にして、山腹或は沼沢に数十百人の小さき群をなし他の小さき群と無関係に若《も》しくは争闘して生存しつつありし原人部落より、併呑或は合併の途によりて漸時《(次)》に歴史時代の人口の稀薄なる境域の小さき小国家となり、更に種々の征服分裂の後《ご》今日の如き幾千万人数億万人を包容せる大国家として対立するに至れる進化の跡を顧みるならば、今日の大国家が、今日の大国家にまで進化し来れる原理を辿りて更に今後のより大なる国家にまで進化し行くべきことを推理せよ。現今の単位に於てする国家競争、今日の差別に基きてする人種競争を見て、直ちに今後の進化を想望して努力しつつある社会主義に対抗を試むる如きは生物進化論を解せざる者なりと云ふの外無し。

帝国主義の国家競争に就きては後に説く。只、吾人は丘博士が其の生物学の上よりして帝国主義の裏書人となれる態度を見て、誠に世の導きたるべき科学者が却《かえっ》て世に随伴を事とするの顛倒を遺憾とす。固《もと》より吾人は生物学上の事実として変種間に生存競争あり、而して其の競争を多く闘争に訴へて決しつつあるを否むものにあらず、而しながら是れ先きに言へる如く生物種属の階級の進化するに随《したが》ひて其の競争の内容を進化せしむることを解せざるより来る。獣類が其の変種間に於て牙と爪とを以て生存競争を為しつつあるは其れだけの事実にして、人類と云ふ他の生物種属の階級の其れが亦《また》等しく其の方法に於てせざるべからずと云ふこととは別問題なり。而して又、人類の過去及び現在に於て異人種。異国家間の生存競争が戦闘によりて行はれ来りしとするも开《それ》は其れだけの事にして、人類の進化と共に人類の生存競争の内容が更に進化して他の方法にて優勝を決するを至る《ママ》べきや否やは別問題なり。社会主義の戦争絶滅論は生物種属は進化に伴ひて競争の単位を拡大し行くと云ふ一の理由によりて人類種属を生存競争の単位として他の生物種属に対して完《まった》き優勝者たらんが為めなると共に（後に説く）人類単位の其れに到達するまでに生物種属は進化に伴ひて競争の内容を進化し行くと云ふ他の理由によりて国家競争を聯邦議会の弁論に於て決するに至らしめんとする者なり。若《も》し丘博士の如く利害の背反を直ちに戦争の不滅に推及せしめんとして県会議院内に於ける田紳閥諸君の雄弁を国際戦争の山屍《屍山》血河に比するが如き疎雑なる推論を為さず、地方間の利害の背反が戦争によりて決せられし者より進みて県会の多数決に至りし如く、今日の国家間の利害の背反が亦《また》今日の如き戦争によらずして聯邦議会の決議にて決定するに至ると推論せば、生物進化論を掲げて社会主義を排するが如き失態なかるべかりしなり。丘博士は歴史の進化を無視して恰も相刺殺する進化論と循環論とを混在せしめつつある如く、全く相納《い》れざる社会主義と帝国主義とを混同しつつあり。社会主義の戦争絶滅は世界聯邦国の建設によりて期待し、帝国主義の終局なる夢想は一人種一国家が他の人種他の国家を併呑抑圧して対抗する能はざるに至らしむる平和にあり。是れ歴史上多くの英雄に指導せられたる民族の為せし所にして、嘗《かつ》て驕慢なるドイツ現皇帝の夢に入りし所のものなり。（ドイツ皇帝は他の国家の強大と国内の社会党の勢力の為めに今は世界統一の帝国主義を棄却したりと伝ふ）。然るに丘博士たる者《こ》社会主義の万国平和の理想に対して『仮に一人種が他の人種に打ち勝ちて世界を占領したとするも場所々々によりて利害の関係が違へば忽《たちま》ち争が起つて数ケ国に分れてしもう』との非難は何たることぞ。是れ帝国主義にして社会主義の力を極めて排斥しつつある空想なり。固《もと》より循環論的思想を有する博士の如く歴史は繰り返へす者にあらず、従《したがっ》て征服による統一の跡に分裂の来るも、其の分裂は統一されざる以前よりより大なる単位に於て対立し、若《も》しくはより大なる単位たらんが為めに小単位に分裂す。歴史に意義なきものなし、斯《こ》の点に於て今日までに行はれたる国家競争が征服併呑の形に於て社会を進化せしめたる――即ち社会学者の所謂同化作用によりて個体の階級を高めて今日までの大国家に進化せしめたるは固《もと》より事実なり。故に吾人は帝国主義を以て歴史上社会進化の最も力ありし道程たることを強烈に認識す。而しながら同化作用と共に分化作用あり、外部的強迫力によりて同化するより外なかりし国家競争の進化は他の進化たる分化作用によりて其の同化作用を阻害せられ、又外部よりの同化作用を強迫さるることの為めに分化作用を圧迫せられて社会の進化に於て誠に遅々たりき。――社会主義の世界聯邦国は国家人種の分化的発達の上に世界的同化作用を為さんとする者なり。故に自国の独立を脅かす者を排除すると共に、他の国家の上に自家の同化作用を強力によりて行はんとする侵略を許容せず。――この点に於て社会主義は国家を認識し、従《したがっ》て国家競争を認識す。吾人は生物進化論を唱へたるダーウィンと同時に於て社会進化論を説けるマークスの偉大を尊ぶものなりと雖《いえど》も、彼等よりも進化せる現代の人として彼等の言を信仰個条とする者に非らず、階級競争と共に国家競争を事実のままに認むる者なり。階級は横断の社会にして、国家は縦断の社会なればなり。而しながら同化作用によりて階級的隔絶の漸時(次)に掃蕩せられ、小国家の対立が歴史の進化によりて消滅すると共に、即ち競争の単位たる個体の階級を高めて進化すると共に、更に其の競争の内容を進化せしむることを看過すべからず(。)社会主義の世界聯邦論は斯《こ》の競争の単位を世界の単位に進化せしむると共に、国家競争の内容を聯邦議会の議決に進化せしめんとする者なり。階級闘争が始めに競争を決定すべき政治機関なかりしが為めに常に反乱と暗殺の方法にて行はれ来りしもの、今日内容の進化して競争の決定を投票に訴ふるに至りたる如く、現今の国家競争が等しく未だ競争を決定すべき政治機関なきが為めに今尚外交の隠謀譎詐《けっさ》と砲火の殺戮の方法に於て行はるるものを、今後は階級競争の其れの如く投票によりて決せんが為めに世界聯邦論あるなり。固《もと》より同化作用が階級間に行はるる如く国家間に行はれて階級闘争の絶滅の如く、更に一段の進化によりて聯邦間の競争は全く絶滅して人類一国の黄金郷に至り、全人類を同胞とする同化作用と共に障害なく発展する個性の分化作用によりて社会を進化せしむるに至るべしと雖《いえど》も、社会主義の実現されたる当座の近き時代に於ては聯邦議会内に於ける利害の全然一致すべきことは想像し得べからずとすべし。社会主義は帝国主義の如く［自筆修正本の欠落ここまで］▽削除ユトピア的世界統一主義の空想に非らざればなり。実に丘博士にして県会議員の激論に対照せしめんと欲せば決して国際戦争を以てすべからずして、此の聯邦議会内に於ける各国代表者の説述問答を以てすべく、利害の背反を直ちに戦争不滅論に帰結せしめんと欲せば、県会議事堂内の発砲抜剣を前提としての後なることを要す。由来、比喩の玩弄は科学者として謹慎なるべきなり。△

▽削除考ふるに。△人種競争論を残忍不霊なる口吻《こうふん》に於て主張する者▽改［▽所以］は多く文明人と野蛮人とを先天的に異なる者の如く信ずる先入思想を有する者▽改［▽が為め］なり［（引用したる丘博士の文字に依りて一般学者の見解を推想すべし）］。丘博▽改士［▽今の科学的研究者等］にして若《も》し是れあらば是れ由々しき大事にして［彼等自身の］ダーウィンによりて打破せられたる天地創造説を執る者なり。実に後にも説く如く今の生物進化論者は特に多く天地創造説を無意識の間に継承して思想の中枢を作りつつあり。文明人は天地の始めより文明人にあらず野蛮人は地球の終局迄野蛮人として了《おわ》るべく創造せられたる者にあらず野蛮人と雖《いえど》も文明国の空気中に育つれば文明国人に劣らず充分に発達し、文明国人と称せらるるものと雖《いえど》も其の小児を捉へて野蛮人の部落に置けば全く野蛮人として停滞すべし。『人は只社会によりてのみ人となる』。▽削除吾人が

前編の倫理論に於て述べたる如く人は境遇によりて狼ともなる。△されば人の囲繞《いじょう》せられたる社会的境遇によりて、其の文明社会なるときは文明人として作られ野蛮社会なるときは野蛮人として作らるるは容易に想像せられ得べし。吾人は文明社会に育成せられ、原人の野蛮時代より今日に至るまでの十万年間と計算さるる長き時日の積集せる智識を、二十才に至るまでに吸収し体得して以て文明人となれるなり。或る四囲の境遇によりて依然たる原人の状態に止まれる、若《も》しくは原人の状態より吾人と異なれる方向に進化したる社会的境遇に囲まるるが為めに、野蛮人は死に至るまで何等吸収すべき智識の社会に存在せざるを以て常に野蛮人を繰り返へしつつあるのみ。吾人の遠き祖先たる原人が火を発見するに如何に長き進化の後なるやも知るべからずと云ふに、吾人は母の乳房を含みつつ驚くべき石油の発火と電気の発光を眺めつつあるにあらずや。十進数の如きは如何に遥か後代の発明なるやも知るべからず、而して此の発明の為めに如何に人類の智識が整頓されしか図るべからずと云ふに、吾人は五六《ごろく》才にして其れ以上の高等なる数学を知るにあらずや。吾人の生息する地球の動きつつ太陽の周囲を繞《めぐ》ることを知り、円形なることを事実に▽改おいて［▽於て］知りしは僅かに五六《ごろっ》百年前、即ち原人の始めより計算すれば九万九千五百年の後に▽改おいて［▽於て］漸《ようや》く得たる智識なるも、吾人は十二三《にさん》才の小学児童にして明白に其の理由までも解しつつあるにあらずや。コロンブスの船長とワットの火夫を有する社会的。歴史的智識を満載せる大汽船がダーウィンを載せて世界漫遊の途に上りしが為めに生物進化論は発見せられ、而して吾人は今この筆に於て斯《こ》の驚くべき智識を論議しつつあるにあらずや。――文明国人は文明国人としての肉体的遺伝の外に文明の智識の社会的遺伝によりて文明国人として作らるるなり。吾人文明国人は生れながらの肉体に於て文明国人となれるに非らずして、此の歴史的智識を遺伝しつつある社会に置かれて、其の智識を受入るることによりて文明国人として作らるるなり。野蛮部落の児童が文明的教育の下に於て殆ど文明人に比肩し得べき智識道徳の発展を為し得たる幾多の事例は、進化論を▽改個人主義［▽民主主義］によりて解釈せる代表的学者とも云ふべきベンヂャミン・キッドの『社会進化論《ソシアル・エボリユシヨン》』［ルビ削除］にてすら無数に引用せるを見よ。吾人は人は只社会によりてのみ人たるを得とのことのみを以て、今日の程度にまで分れ来れる人種の分科的発達による遺伝の相違を軽視せんとする者にあらず。而しながら只一切を肉体的遺伝にのみ帰して社会的遺伝、即ち智識の歴史的積集を忘却し、南洋の或る土人が十以上の数を数ふるとき頭痛を起すと云ふが如き事例を挙げて反証せんとする者あらば、吾人は多大の尊敬を以て下の如く答ふ。そは年老ひて神経中枢の衰弱せるが為めにして、博識の老ひたる野蛮人が獣類教の生存競争が如何に謬《あやま》れるかを説き聞かさるるも死に至るまで移るの期なきと同一の現象なりと。否！　遺伝其者が生物進化論によりて種属的智識を継承する本能なり。

而しながら現今の如き野蛮人が永久に科学者の興味ある材料として地球に存すべきものに非らざるは論無し。吾人は［民主］社会主義者として人類同胞の理想と、同胞たる所の智識を人類一元論によりて有する者なり。然しながら事実を事実として人種の差等を認む。而して下等人種の消滅すべき運命なることをも認む。――誤解すべからず、吾人が下等人種の消滅を云ふは従来の如き駆逐或は殺戮の方法によりてする人種競争にあらず、下等人種其れ自身が文明に進むことによりて野蛮人として消滅し、若《も》しくは冷酷なる生存競争律によりて野蛮人としての現状を維持する能はずして消滅すべしと云ふことにあり。吾人は涙を以てする人道論とは無関係に、社会進化の理法と理想とによりて［民主］社会主義を説く者なり。進化は一に生存競争による。社会進化の途上相互扶助の道徳なき無数の個人を劣敗者として淘汰しつつある如く、文明の進行に併行して進む能はざる人種の滅亡しつつあるは如何ともすべからず。人類と云ふ大社会は地理的小社会の上に超越して一大個体なり。小社会の進化が真善美に於て劣れる個人の淘汰によりて得たる如く、大社会の進化に於て亦《また》真善美に於て劣れる人種が淘汰せらるるは如何ともすべからず。――而しながら野蛮人中の文明に進む能はざるものの野蛮人として消滅すべしと云ふことと、文明人が野蛮人を圧迫して滅亡せしむるの権利ありと云ふこととは全く別問題なり。生存競争の内容は生物種属の階級の進化によりて進化する如く、人類種属の歴史の進化するに従ひて進化す。相互扶助の道徳なき個人が嘗《かつ》て死刑によりて淘汰せられしも進化して他の競争の方法によりて滅亡しつつある如く、駆逐或は殺戮の方法によらずして人種間の生存競争は今日の正義の理想と背馳《はいち》せざる方法によりて行はるべし。滅亡の名に戦慄する勿《なか》れ。個人として、又人種として社会性の欠亡せる者の淘汰さるるなくば如何にして『類神人』が更に高き進化を得べきや。民族或は国家が小社会としての個体たり従《したがっ》て其の分子たる不適なる個人が淘汰さるるも他の分子たる個人が適者として進化しつつあるならば、其れ削除等を分子とせる社会と云ふ個体より見て滅亡にあらず進化なる▽改如く［▽なり。是れと同じく］、進化に随伴する能はざる人種が消滅するも、他の人種が進化して神の境に入るならば、是れを人類一元論による大個体と云ふ点より見て決して滅亡にあらず歓喜すべき進化なり。――▽改個人主義［▽民主主義］の人道論を為すものに取りて斯る断言は冷酷に響くべし。然り冷酷なり。冷酷なる生存競争律は『類神人』としての境遇に不適なる所の真ならざる善ならざる美ならざる者は劣敗者として残酷に淘汰す。茲《ここ》に至っては［民主］社会主義なる者、恰も一キリストの名の為めに十字軍の犠牲を敢てしたる如く、限りなき個人と人種の屍《しかばね》の上に『神』を祭らんが為めに幾万の劣敗者を穴に葬る。而しながら更に後に説く如く個体は死するものにあらず、一元の人類と云ふ大個体は其の不適なる分子を淘汰すと雖《いえど》も、他の分子によりて生き以て無限の天に進化し登る。即ち、分子自身の進化によりて削除真となり善となり美となることによりて不真。不善。不美なりし分子として消滅すると共に、又永久不真。不善。不美にして進化する能はざる分子は他の真善美の分子▽削除△によりて生き以て其の進化を得。然るに斯《こ》の生存競争と云ふことを直ちに相互の殺戮と速断するが故に丘▽改博士［▽今の生物学者等］の如き死刑淘汰の刑法論となり、不霊残忍なる人種競争論となるなり。人類は其の歴史に入りてよりも生存競争の内容を進化せしめ、従《したが》つて正義の内容を進化せしめて止まず。若《も》し今日の社会意識の甚しく鋭敏となりて同類を窮迫する▽削除△ことに堪へざるまでに進化せる正義あるに拘《かかわ》らず、尚不霊残忍なる人種競争論を以て不幸なる彼等に圧迫を加ふべしとする学者あらば、吾人は実に問はん――人類は胎児の九ケ月間に▽改おいて［▽於て］魚類の時代を経、獣類の時代を経、生れて人類となるも小児の間は野蛮人なる原人時代を繰り返へしつつあるを以て、堕胎の如きは魚を釣り獣を射ると同じきが▽改ゆえに［▽故に］死刑淘汰の刑法論の外に逸▽改すべく、［▽逸すべきに非ずやと。］軍艦を用ひて熱帯の遠きに行かんよりも、何ぞ先づ爾《なんじ》が産みて爾《なんじ》の膝下に置く野蛮人より殺戮の手を下さざるやと。野蛮人の極端なる者にてすら然かり、然るを況《いわ》んや単に皮膚の色を異にするを以て相殺戮するをや。

［第十六節］

死刑淘汰の刑法論と雖《いえど》も亦《また》然り。若《も》し丘▽改博士［▽今の生物進化論者］及び国家の刑罰権を［生物学上の］生存競争によりて解釈しつつある刑法学者の如く改心の見込なきものは人種の改良進歩の為めに死刑に処すべしと論ずることは、其の論理によりて恢復《かいふく》の望《のぞみ》なき老親は毒薬を盛りて殺すも国家の刑法は処罰する能はざるこ▽改と［▽結論］となる。人種の改良進歩の為めに再犯三犯の者は一層死刑を盛《さかん》にして殺すべしと云はば、其の論理の進む所人種の改良進歩を最も阻害すべき肺病患者を収容せる病院内に断頭台を架設するの企に出《い》でざるべからず。人種の改良進歩の為めに醜婦痴漢の如きは酌量減刑もなく死刑に処すべく、人種の改良進歩に害ある学者の如きは驢馬《ロバ》の如く繋ぎて刑場に送るべし。人種の改良進歩は一に生存競争に在ることは論なしと雖《いえど》も、生存競争が必ず死刑に於て行はれざるべからざるの理なし。――社会と云ふ一個体の中に於て其の中の一の分子の上に、他の分子若《も》しくは分子の集合が殺戮を加ふることは偏局的社会主義時代の普通良心にして今日の正義に非らず。偉大なる分子が他の分子若《も》しくは分子の集合の為めに犯罪者として死刑に処せられたる著しき例は彼のキリスト。ソクラテースに在り。▽削除前編に述べたる如く△犯罪とは普通良心に背反する事を云ふ。一時代の普通良心必ずしも次ぎの時代に於て普通良心たる者にあらず、次ぎの時代に於ける普通良心は多く一時代の普通良心によりて犯罪視せられたる特殊なる分子の先覚によりて作らる。今日偏局的社会主義時代の良心を以て一の分子の上に他の分子若《（も）》しくは分子の集合が殺戮の権ありとの主張は、誠にローマ法王の学者と学説に対する刑罰権を復活せしめんとする者にあらずや。ダーウィンをしてガリレオに代りて生れしめよ。▽改『進化論講話』「▽今の生物学者等の大著」をして中世のイタリアに於て書かれしめよ、生物進化論者は自家の論理によりて絞殺台に上らざるべからず。▽改丘博士「▽生物学の専攻者」は刑法学につきて豊富なる智識を有せざるべし、然しながら万有進化の大権が何が故に特殊の個人の掌中に握らるるかが疑はるべきにあらずや。

遮莫《（さまらばれ）》（然（サ）モ有ラバ有レ）、人類種属の生存競争は死刑淘汰の刑法論が今日残る如く全く道徳的内容の者なりき。是れ人類のみに限らず。菜食動物の如き群集を為して生存し、社会単位の生存競争に従ひつつある凡ての生物に通ずる競争なり。下等動物の如きは生存競争の単位が最も下級の個体なるが為めに其の内容は各個的利己心の者にして、動物の高等に進むに従ひ其の単位が漸時《（次）》に拡大して高級の個体なるが為めに社会的利己心、即ち社会性による道徳的内容の生存競争となるなり。故に各個的利己心による肉食獣に於ては牙と爪とが優勝を決定するも、社会的群集をなす一般の菜食動物に於ては社会性の発達したる者が優者強者にして小我の利己心のみによりて社会団結を害する者は淘汰さるる所の生存競争の劣敗者なり。彼の象の如きは社会の安寧を害するものは放逐せらると云ひ、猿猴《（えんこう）》類にては姦通の如き最も厳罰に処せらると云ひ、蟻蜂の社会に於ける道徳的淘汰は何人《（なんぴと）》も知れる所の如し。而して人類は最も大なる社会を組織せる道徳的生物なり、故に道徳的生存競争は死刑を以て淘汰さるるほどに強烈に行はる。

実に人類は原人の遠き昔よりして道徳的生物なりしなり。吾人は斯く断定せんと欲す。▽改個人主義「▽民主主義」時代の学者の契約前の状態は各人の各人に対する闘争なりと想像せしが如き虚妄は固《（もと）》より、原人とは殺戮のみを事とせる純然たる喰人族なりしと云ふが如き推定は最早《（もはや）》棄却さるべき▽改「▽されたる」根像《（拠）》なき臆説に過ぎず。即ち、原人の最初の状態を以て漁猟時代と想像して其の魚鳥を殺すことより喰人を学びたるべしと推論せしも、削除そは遥かに後のことなるべく漁猟に要する器具を発明するまで進化するに至らざる間は、豊饒無尽の沃野に天産物を採りて平和に生活せりと云ふことは遥かに合理的の推測なりと信ず。若《（も）》し原人が喰人族なりしならば彼の原人時代を短かき年月中に繰り返へす所の小児が、其の足の裏を合せて獣類の坐する時に為す如く為すと同様に、一たび必ず猛悪なる性情を表はさざるべからず。然るに事実は全く正反対にして神の笑ひと称せらるる如く最も平和に最も怯懦《きょうだ》なるにあらずや。而して此の小児の平和と怯懦とは、原人の平和なる生活と、雷鳴・風雨・猛獣・鬼神・暗黒等に対する無数の恐怖を抱きし原人の怯懦を説明する者なりと見らるべし。吾人は信ず、「――」根本の誤謬は今日の野蛮人を直ちに原人と名《なづ》けて吾人の原始時代に推及することにありと。争闘と喰人とは饑餓の民族と気候の為めに荒《すさ》びたる性情を有する民族▽改「▽種族」のみに限る。今日の野蛮人の中に争闘喰人の風盛《さかん》なるものあればとて、全く境遇の異なれる至福に置かれて天淵の懸隔ある発達を為せる今の文明人の原始に維《推》及することは、人種の分科的発達を認むる者の為すべからざる所なり。人類は今日肉食も半ばしつつありと雖《いえど》もそは亦《また》等しく遥かに後代のことなるべく、今日の猿猴《えんこう》類と共に類人猿より分岐せる原人の当時に於ては純然たる菜食動物として豊饒なる平野に社会的群集を為して存せしなるべし。何となれば社会的群集をなす菜食動物は独居的生活をなす肉食動物に打ち勝ちて今日の如く地球に蔓延せりと云ふことが生物学上の事実にして▽改「▽なればなり。而して」人類が今日の猿猴類よりも虎の如き猫属に近き血系の者なりと信ぜざる限りは、原人が猿の如く平和に群集せずして虎の如く相殺戮せりと云ふが如き想像は根拠なきことなり。否、虎と雖《いえど》も虎と虎との間に於ては猥りに▽削除△相殺戮せず、後に食物競争につきて説く如く「――」生存競争の意識的なる対敵は食物にせんとする生物種属と食物たる▽改「▽にさるる」生物種属との異種属間の競争にして、間接に無意識的に行はるる同一種属の食物に対する同種属間の個々の競争の如きは、食物の僅少なるが為めに重複せる慾望の衝突の場合より外起るものにあらざるを以て▽削除△なり。果して然らば虎の如き牙と爪とを有する肉食獣すら食物の充分なるときに於て相争はざるならば、豊饒なる天産物の中に置かれたりと推定さるる原始人が虎にしてすら相争はざる所の余りある食物の為めに争闘喰人を事とせし非社会的生物なりしとは誠に思考し得べからざることなり。「アダム、イヴの時代又は」尭舜の時代とは斯る原始時代を云ふ。

然るに、人口の増殖と共に豊饒なる沃野の狭隘を来し、或者は漁猟時代に入り、或者は遊牧時代に進み、以て其の漁場と牧場との為めに烈《はげ》しき生存競争を開始したり。而してこの競争は部落を単位とせる、即ち小社会単位の生存競争にして部落の各員の相互扶助を最も強盛に要求せられたり。各員の独立自由は一切無視せられて部落の生存発達が素朴なる彼等の頭脳に人生の終局目的として意識せらるるに至れり。――斯《こ》の意識は是れ原人の無為にして化すと云はるる無意識的・本能的社会性が、生存競争の社会進化によりて実に覚醒したる道徳的意識として喚び起されたる者に非ずや。漁猟時代・遊牧時代の殺伐なる争闘を以て道徳なき状態なりと速断する如きは幼稚極まる思想にして、この部落間の争闘の為めに吾人は始めて社会的存在なることを意識するを得たるなり。是れ即ち偏局的社会主義時代の古代にして社会単位の生存競争の為めに個人の自由独立は全く蹂躙せられ、社会の名に於てする社会の一分子若《も》しくは分子の集合の意志によりて当時の普通良心に不道徳なりと認められたる者は実に軽卒にして残忍なる方法による死刑を以て淘汰せられたりき。彼の偏局的社会主義時代のルイ十四世が朕即ち国家なりと云ひしは、皇帝其人が社会の分子たると共に社会の凡てたりしを以ての故にして、其皇帝なる一分子をのみ国家なりとして他の凡ての国家の分子は国家なる皇帝の利益の為めに存在し、而して其の存在の為めに忠順の道徳的義務が愛国の其れと一致し、皇帝に不忠なる者が即ち国家に対する叛逆者として取扱はるるに至りしなり（。）此の偏局的社会主義による道徳的淘汰は原人の時代より歴史時代の中世史の終りまで続き、又現今に於て眼前に行はれつつあり。ギリシヤ・ローマの建国当時に於ては民族単位の偏局的社会主義が隆盛を極めて彼のソクラテースをも毒殺し（而して其の民主国なりしが故にルイ十四世の如く一分子即ち国家にあらずして分子の集合意志即ち国家の意志なりき）。中世暗黒時代の封建的区劃《くかく》を単位としての生存競争の激烈なりしが為めに貴族階級を組織せる分子の意志に反する者は即ち社会の叛逆者として最も軽卒にして残忍なる死刑の方法によりて淘汰せられ、自由独立を持てる者は社会の意志を表示すと云ふ君主若《も》しくは貴族の階級のみにして、下層階級の個人は全く其権利を認識せられざりき。彼の敵国外患なければ国即ち亡ぶと云ふ素朴なる歴史哲学は誠に古代及び中世を通じて民族或は地理的区劃《くかく》の小社会を単位として生存競争をなし、其の生存競争の単位たる所の国家の為めに（事実論としては国家の意志の宿る所たる社会の一分子若《も》しくは分子の集合の為めに）、個人が存在しつつあることを示すものにして、▽改「▽なり。」仏国革命前後の個人主義▽改「▽民主主義」の独断的仮定を以て生存競争を解釈しては人類種属の歴史、即ち社会進化論を全く説明する能はず。▽改（此の説明は後に国家の本質及び国家の意志を説くに重要なり、『所謂国体論の復古的革命主義』を見よ。「▽『国体論』等に於て国家の本質及び国家の意志を解くに於て重要なり。」）

〔三行アキ〕

〔第十七節〕

而しながら社会の進化は同化作用と共に分化作用による。小社会の単位に分化して衝突競争せる社会単位の生存競争は、衝突競争の結果として征服併呑の途によりて同化せられ、而して同化によりて社会の単位の拡大するや、更に個人の分化

により て個人間の生存競争となり、人類の歴史は個人主義「▽民主主義」の時代に入る。彼のギリシャ゜ローマの末年に於ける個人主義「▽民主主義の」萌芽は実に其征服併呑による同化作用に依りて社会の単位が拡張せると共に社会単位の生存競争の沈静せるを以て、覚醒せる競争「▽個人」の分化的発展の要求にして、「▽なり。而して」其偶々社会単位の生存競争を為しつつありしゲルマン蛮族に亡ぼされて偏局的社会主義の中世史を暗黒に経過せしと雖《いえど》も、更に、其の封建的区劃《くかく》の小社会単他に於てする生存競争がローマ法王の教権の下に同化せらるるや、茲《ここ》に個人主義「▽民主主義」の大潮流となりて個人の分化作用を以て社会を進化せしむる時代に至りしなり。而して波状形の進動を以てする社会進化の方則「▽法則」によりて、「（」恰も天地創造説が人類の地位を神の子なりとせしに対して生物進化論が獣類の属なりとせる如く「）」、社会の一分子たる個人が他の分子たる国王貴族の為めに犠牲たりし階級国家の打破の為めに個人の価値が終局目的として認識せられ、社会国家の如きは個人の自由独立の為めに組織せられ個人の意志によりて解散するを得べき機械的作成の者なりとするに至れり。「（」個人は目的なり、手段たるべからず「）」とは個人主義「▽民主主義」の精神なりき。ダーウィンの生存競争が全く個人単位の生存競争のみの者となりしは此の偏局的個人主義「▽民主主義」の余波に漂はされたるが為めにして、丘博士及び一般の生物進化論者は其の今日に於て主張しつつある所の「個人的」生存競争と「▽観」は遥かに後代の歴史的過程の者なるを知ることを要す。

実に斯《こ》の社会単位の生存競争と個人単位の生存競争とは社会進化論を偏局的社会主義と偏局的個人主義「▽民主主義」との二大柱となりて建設する者なり。而して斯《こ》の二大柱の或は長くなり或は短かくなることによりて動揺しつつ支へられ来りし社会進化は、此の二大柱を併行して建てたる社会民主々義「▽民主社会主義」の理想によりて始めて健確なる急調を以て進化すべし。社会民主々義「▽民主社会主義」は社会の利益を終局目的とすると共に個人の権威を強烈に主張す。「――」個人と云ふは社会の一分子にして社会とは其の分子其のこと「▽事」なるを以て個人即ち社会なり。之れを偏局的個人主義「▽民主主義」時代の機械的社会観の如く個人のみ実在のものにして社会とは其の個人の集合せる或る関係若《も》しくは状態なりと解しては、「其の要求する」個人は目的たるべし手段たるべからずの言は意義なしと雖《いえど》も、「▽なし。而も」個人が社会の分子として社会其者たる以上は個人の目的は即ち社会の目的たるべきなり。――「民主」社会主義は此意味に於て個人主義「▽民主主義」を継承す。然しながら分子たる個人は其死と共に滅亡す、故に分子たる個人其者を終局目的としては目的は五十年の後に終局して意義なし。故に個人の自由独立は社会進化の終局目的の下に於て厳粛なり。又、偏局的社会主義の如く社会の分子たる個人の自由独立が他の分子若くは分子の集合の下に蹂躙せられては、君主若くは貴族等の権力階級の意志が絶対不可侵なるを以て、個人の分化作用を以てする個人間の生存競争によりて社会良心の▽改内包［▽内容］を豊富ならしむる能はず、従《したがっ》て社会の生存を終局目的とすと雖《いえど》も社会の進化に於て誠に遅々たるの外なし。即ち、社会は社会全分子の上に幸福進化を来らしむる能はずして、社会の或る階級の分子のみ自由独立に其他の下層階級は其等の分子の栄華幸福を築かんが為に全く礎石たるに過ぎず。社会の進化は同化作用と共に分化作用による。分化作用を完全に行はしむるに欠く可《べか》らざる個人の自由独立が君主（君主国時代に於ては）若くは貴族階級（貴族国時代に於ては）の少数に限られ時代の進化に急なる能はざりしは止むを得ざることにして、之を今日及び今後の民主国時代の如く全国民悉《ことごと》く自由独立を認識せられて分化作用を大多数に於て行ふに至りて社会の驚くべき勢を以て進化し始めたるは亦《また》当然也。実に社会主義は▽改個人主義［▽民主主義］なくして高貴なる能はず。感謝すべきは▽改個人主義［▽民主主義］なり。［（故に▽改個人主義［▽民主主義］を仇敵視する或種の社会主義者は其の思想的系統に於て中世的専制主義に属する者として深く戒むべし。）］

希《こいねがわ》くは今の▽改個人主義［▽民主主義］者と国家主義者と、実に現社会の状態につきて一観《顧》する所あるべし。経済的貴族等が各地方（地主ならば）各職業（資本家ならば）に群雄諸侯の如く割拠して国家の経済的▽改源泉［▽根源］を掠奪し、彼等が国家の分子として国家の幸福の為めに努力すべき義務あることを忘却し宛《えん》として（恰も丁度）国家を手段の如く取扱ふ。――国家主義者なるもの斯くて甘ずるを得るや。経済的貴族のみ其の経済的独立よりして個人の自由を▽改放誕［▽放胆］に主張しつつありと雖《いえど》も、経済的武士の階級も経済的土百姓《サーフ》の階級も只管《ひたすら》に奴隷的服従を事として仏国革命以前の如く個人の権威なるもの地を掃つて去れり。――▽改個人主義［▽民主主義］者なる者斯くて何の疑問をも刺激せられざるや。吾人は慷慨と涕泣《ていきゅう》を以て［民主］社会主義を説くものにあらずして、科学的宿命論の上に理論のみを主張す。故に今日までの経済的貴族国時代を以て罪悪となし誤謬となすが如きものに▽改あらずして、［▽あらず。］社会進化の当然なる道程として、社会全分子の幸福に浴する能はざるが為めに或る階級の分子のみ先づ経済的独立よりして政治的。道徳的自由を得たるものなることを認識す。然しながらこは一過程のことにして固《もと》より永遠のものにあらず、嘗《かつ》て武力を以てせる貴族が他の分子の犠牲の上に権威を築きたる者の、社会の進化と共に犠牲の分子たりし下層階級が自由独立を得て社会の全分子に▽改法律上は［▽法律的に］政治道徳の自由平等を普及せしめたる▽改如く、［▽たり。これと同じく］経済史進行中の一過程として今の経済的貴族階級のみ経済的進化に浴しつつありと雖《いえど》も、更に土地資本の公有による経済的進化と共に今日の犠牲たる下層階級の経済的武士経済的土百姓《サーフ》等は経済的自由平等による政治的道徳的独立を得べし。――個▽改人主義［▽民主主義］者なる者何が故に再び仏国革命を繰り返へさずして、国家主義者なる者亦《また》何が故に維新革命を繰り返さざるや。貴族政治の経済的階級国家の現代なることを厳格に解せよ、階級国家を顛覆せる維新革命の国家主義は『其の最高の所有権』を振つて経済的貴族等の土地資本を国家の手に移すべく、貴族政治を掃蕩して民主的立法を与へたる仏国革命の個▽改人主義［▽民主主義］は其の自由平等論を叫びて経済的貴族等の生産の▽改［▽的］専制権を民主的合議制に来すべし。国家と個人の名を以て吾人の純▽改正社会主義［▽民主社会主義］を迫害すとは何事ぞ。

実に、国家主義と個▽改人主義［▽民主主義］は［民主］社会主義によりて其の完《まつた》き理想の実現を得べき者なり。国家が個人の分子を包容して一個体たると共に、世界は国家を包容して其の個体の分子となす。故に個人が其れ自身を最善ならしむるは国家及び社会に対する最も高貴なる道徳的義務なる如く、国家は其の包含する分子たる個人と分子として包容せらるる世界の為めに国家自身を最善ならしむる道徳的義務を有す。此の義務を果すことによりて国家はルーテルの言へる如く倫理的制度たり。然るに、個人が其の小我を終局目的として国家の利益を害するならば国家の大我より見て犯罪なる如く、国家にして若《も》し――否！　今日の如く世界の大我を忘却し国家の小我を中心として凡ての行動を執りつつあること帝国主義者の讃美しつつある如くなるは、実に倫理的制度たるを無視せる国家の犯罪なり。個人の自由が他の大なる我の為めに意義ある如く、国家の独立は世界の大我の為めに厳粛なる意義を有して存す。故に偏局的個▽改人主義［▽民主主義］の如く個人の利益の為めに国家を手段として取扱ふことは国家の大我よりして不道徳なる如く、偏局的社会主義の如く小我の国家を終局目的として世界の凡ての国家と民族との分化的発展を無視することは世界の大我よりして許容すべからざる不道徳なり。個人の自由が害用せられて罪悪たる如く、害用せられたる国家の独立は戦慄すべき無数の罪悪を敢てす。――［民主］社会主義の世界主義たる所以は茲《ここ》に在り。個人の自由を認識する如く国家の独立を尊重す、而も其の個人の自由の為めに国家の大我を忘却し、其の国家の独立の為めに更に世界のより大なる大我を忘却することを排斥するなり。否！　小社会を単位とせる偏局的社会主義時代の国家は其の国家競争の為めに個人の自由を蹂躙し、個人の自由が蹂躙せらるる国家は世界の人文に功果《ママ》なく、従《したが》つて国家単位の生存競争に於て劣敗者なり。――故に倫理的制度としての国家の理想的独立は［民主］社会主義の世界聯邦によりて実現せられ、個人の完《まつた》き自由は小社会単位に於てする偏局的の社会競争なき［民主］社会主義の万国平和によりて実現せらるべし。彼の個▽改人主義［▽民主主義］の仏国革命が其の自由平等論の実現の為めに為されたりと云ふに拘《かかわ》らず、終に四境の同盟軍に対して国家単位の生存競争を開始するに至るや、個人の自由は全蹂躙せられてローランド《ロラン》夫人を断頭台に送り、王党の自由を悉《ことごと》く剥奪して惨殺したりし如き、如何に▽改個人主義［▽民主主義］の理想が国家競争の下に於て一の夢に過ぎざるかを見るべく、▽改［▽べし。］又彼の日露戦争の時に於て非戦論を▽改唱道［▽唱道］せる者が其の凡ての自由を挙国一致と云ふ偏局的社会主義の為めに剥奪せられたる如き実に［民主］社会主義の万国平和の理想が一は▽改個人主義［▽民主主義］の理想の為めに［も］唱へら▽改れざるべからざる［▽らるべき］を見るべし。［民主］社会主義を以て小社会単位の国家万能時代の偏局的社会主義と同一視して個人を社会の中に溶解すべしと難ずるが如きは誠に思考の浅き者なりと云ふの外なし。而して万国平和の実現によりて国家競争は滅亡の憂なき聯邦議会の▽改演壇に於て行はれて［▽討議に決せられて］世界の人文の為めに倫理的制度となり、個人の自由は或は国家を通じて若《も》しくは国家を超越して世界の人文に対して道徳的義務を果すべし。而して今日議院内の演壇によりて闘はれつつある階級闘争が全く消滅して横の隔絶なき一社会となる如く、今後聯邦議会内に於て争はるべき国家競争が更に全く消滅して縦の障害なき一国家となるに至らば――ああ是れ実に黄金郷にして世界を単位とせる大社会の同化作用と障害なく発展する個人性の分化作用とによりて『類神人』は翼を生じて進化し行くべし。［――］国家主義と▽改個人主義［▽民主主義］とは社会▽改民主々義［▽民主社会主義］に包容せられて始めて其の理想とせる所の完《まった》き実現を得べし。

［第十八節］

吾人をして生存競争説の説明に帰へられ《ママ》しめよ。以上説く如く人類の生存競争は凡ての生物種属に通じて社会単位と個人単位との者なりき。而して人類は更に高き生物にまで進化し行くべき経過的生物として、同化作用によりて小さき単位の社会たりしものより漸《(次)》時に其の単位を大社会となし、又分化作用によりて最初には部落若《も》しくは家族団体の如き個人より大なる単位に分化したるものが、更に小さく分化して個人を単位となして愈々《いよいよ》精微に分化的競争をなすに至れり。然しながら斯く生存競争の単位に於て同化と分化とを進めたると共に、更に其の同化によりて拡大せる社会単位の生存競争と分化によりて精微になれる個人単位の生存競争とは、其の競争の内容を進化せしむ。即ち漁猟遊牧時代より社会単位の生存競争は全く戦闘によりて行はれ、又個人単位の其れも等しく然りしを以て、武力に於て勝《すぐ》れたる国家従《したがっ》て武力に於て勝《すぐ》れたる個人は或は酋長となり（漁猟遊牧時代に於て）、或は国王。貴族。武士となり（歴史時代に入りて中世史までの如く)、以て生存競争の優勝者として存したりき。然るに今日に於ては武力に訴ふる生存競争は社会単位の其れの或る場合にのみ限られたるを以て軍人階級は其れだけの範囲内に於て生存競争の優勝者なりと雖《いえど》も、国家内の個人間の生存競争には中世史以前の貴族武士の如く腕力による強者の認識せられざるに至りしこと恰も彼の武士の習ひとせる切取強盗が死刑若《も》しくは他の重刑を以て淘汰せらるる如し。実に国内に於ける生存競争はフランス革命以後(日本に於ては維新革命以後)に及《およ》んで全く其の内容を一変し、経済的活動の能力勝《すぐ》れたる者が優勝者となるに至れり。然しながら革命以前の上層階級と雖《いえど》も強力が凡ての所有権の基礎たりしを以て強力に於て優れたる者は経済的活動の能力者なりし如く、今日の経済的活動の能力者と雖《いえど》も理想としては個人主義[▽民主主義]の労働説によりて権利の説明とせられ[▽なり]つつあるに拘《かかわ》らず、其の経済的戦争の優勝者は占有説の古代思想を継承して経済的貴族となることに在り。若《も》し中世の武力階級の占有を打破せる仏国革命の労働説にして蒸気電気の発明なく平坦なる平等の上に行はるる個人的競争の世に行はれ来りしとせば、最もよく労働する所の個人は生存競争の優勝者たるべかりしなり。然しながら是れ理想に過ぎざりき。機械と云ふ封建城廓に経済的貴族階級の立籠るや、生存競争の最上の優者は其の城廓中に産み落されたる嬰児《えいじ》にして、恰も糞泥の上に産み落されたる蠅の卵が蠅の優勝者として生存するが如くなれり。——ああ讃美さるべき優勝者よ。適者生存と云ひ、優勝劣敗と云ひ、弱肉強食と云ふが如き文字は外包的の者に止まり、[▽止まる。]生物種属の境遇の異なるに従ひて適者たり優者たり強者たる者を異にすと云へるは此の意味にして、斯る経済的貴族国の境遇に産れては如何なる哲学者も、如何なる科学者も、如何なる詩人も、貴族[▽此等黄金大名]等の馬車の前に叱咤《しった》さるべき生存競争の劣敗者なり。而して経済的群雄割拠の時代に於て最も奸悪なる敏慧《びんけい》なる残忍なる[高利貸]平沼氏[大倉]喜八郎氏の如きが優勝者たりしが如く、ツラストの経済的封建制度の時代には純然たる馬鹿大名を以て最も優れたる適者。優者。強者となす。——讃美を繰り返へさしめよ、政府と学者とは斯る生存競争の世を維持せんが為めに[民主]社会主義を迫害しつつあるなり。斯《こ》の経済的貴族国の時代に於て経済的武士の階級を作れる事務員学者の優者は最も奴隷的服従に誠忠なる正成と三太夫との心を以て心とする者にして経済的土百姓《サーフ》の階級に於て劣敗者たりながらも尚僅かに解雇を免かれて衣食しつつある優勝者は権利の何者たるを解せざる精神なき完《まった》き意味の奴隷なり。

[民主]社会主義の時代には斯る優者。適者。強者は当然に淘汰さるべき生存競争の劣敗者なりとす。

第▽改六章［▽第五章］

［第十九節］

［民主］社会主義の世に於て固《もと》より生存競争あり／個人単位の生存競争即ち雌雄競争／個体の延長／霊肉の不死不滅／食物競争と雌雄競争との生物学に於ける地位／食物競争による進化と雌雄競争による進化／天地一切の美は雌雄競争による進化なり／詩人の直覚と吾人の科学的研究／生物進化論に対する組織組削除み替への要求／万有進化の大権を社会全分子の手に属せしむ／生存競争の劣敗者たる失恋者

［第二十節］

食物競争は雌雄競争に先だつ／現実と理想／下等生物にては食物競争の優勝者が同時に雌雄競争の優勝者たる者多し／人類に於て食物競争の優勝者が雄雌競争の優勝者たる過去及び現在／臀下《でんか》の権利と男色奴隷／積極的売婬《ばいよう》の男子階級／女子を購買するの権利と男子を購買するの自由／男女同権論は私有財産制と共に実現せられたり／貧富同権論と云ふのみ

［第二十一節］

『福神』が結びの神となれり／雌雄競争によりて理想を実現すと云ふ理由／雌雄同数ならざる下等動物の雌雄競争と同数なる人類の進化／家庭単位の食物競争と▽改［▽は］理想の実現に非らずして単に現実の継承に止まる／社会の進化と恋愛の理想の進化／現今の恋愛の理想／理想の為めに現実を犠牲とする下等生物／恋愛の理想の進化と自由恋愛論

［第二十二節］

旧思想の圧迫を排除すとの意味に於てする自由恋愛論／恋愛の自由は先天的に非らず／［民主］社会主義の自由恋愛論は革命の為めに唱へらる／詩人の直覚せる饒《ママ》と恋の二大鉄槌／恋の要求の最も充たされざる蟻蜂の社会／全分子恋愛を要求する人類は全分子理想を有する故なり／恋愛と平等主義／悲惨なる家庭論／▽削除金井博士の家庭論よりする社会主義の非難△／私有財産制度は民主々義を確立し女子を開放《ママ》せり／一般階級には再び私有財産なくなれり／自由恋愛論と女権問題とは無関係なり／個▽改人主義［▽民主主義］時代の男女同権論の誤謬を継承する所謂社会主義者／分化的進化をなせる個人としての男子と女子とは同等にあらず／自由恋愛論とは社会の全分子たる男女の理想とす

る所を自由に実現して社会を進化せしめんとする恋愛方面に於ける自由平等論なり／経済上の独立による恋愛の自由／▽改女学生［▽独立婦人］▽削除の堕落とは女子の経済的独立による貞順の奴隷的義務の拒絶なり△

［第十九節］

▽削除茲に於て当然の疑問は起らん。［民主］社会主義の［究極の］世［界］に於ては死刑による淘汰なく、腕力による淘汰、経済上の競争による淘汰なく、国家間人種間の戦争による淘汰なし。然るを如何ぞ生存競争によりて淘汰さるべき劣敗者と云ふやと。△

▽削除誠に然り、社会主義は社会の一分子たる個人の手に万有進化の大権を掌握せしめ等しく分子たる所の他の個人の権威を蹂躙するの甚しき死刑淘汰の如き社会の進化を阻害する生存競争を廃滅せしめんとする者なり。高尚なる理想の実現に向つて努力しつつある経過的生物として食物競争の為めに相搏噬《搏齧・はくげつ》する野蛮残虐なる生存競争を絶滅せしめんとする者なり。等しく一元の人類より分れたる大なる個体の一分子たりながら国家を異にし人種を同ふせずと云ふが如きことよりして相殺戮する生存競争を世界聯邦により地球より掃蕩せんとする者なり。而も尚大なる単位の社会競争と完全に行はるる小単位の個人競争なからんや。△

先づ個人単位の生存競争より説く。

実に、斯る当然に似たる疑問の起るは亦《また》等しく個体の思想に於て顕微鏡以前の者を取るが故なり。即ち個体の延長と云ふことを解せざるが為めなり。――［民主］社会主義時代の個人単位の生存競争は、斯《こ》の個体の延長の為めにする生存競争――即ち雌雄競争のことなり。実に個体を横に拡大したる点より見れば現在生存する凡ての人類は一大個体にして、之を縦に延長したる点より考ふれば原人よりの十万年間の歴史は一大個体の長命なる伝記なり。横に見られたる兄弟が各々別個体に非ざる如く、縦に考へられたる親と子とは又各々別個体にあらず、一は大きくなれるものにして一は長くなれる者に過ぎざればなり。アミーバが無数に分裂して繁殖する如く親は其の親自身の一部分を分裂せしめて是れを子と名《なづ》けて抱けるのみ。一個のアミーバより分裂せる無数のアミーバが各々一個のアミーバたると同時に空間を隔てたる分子として▽改本［▽元《も》と］の一個のアミーバの大きくなれるものと見るを得べきが如く、一個体の分裂せる親と子とは各々一個体たると同時に親の生命の長くなれるものと考ふることを得べし。吾人はワイズマンの生殖細胞不死の仮説が多くの困難なる非難に対して維持する能はざるを知るを以て敢て彼に▽改拠らずとも、［▽拠らず。而も］単に、親の細胞が子に伝はり、子の細胞が孫に伝はり、孫の細胞が曽孫《ひまご》に伝はり、而して其の細胞は伝へたる親の肉体の一部なりと云ふのみの事実によりて、吾人に永遠の生命ありとは即ち肉体其者が永遠に死せずして生くとの意味に取る者▽《改》なり。［▽を得べし。］即ち、一個のアミーバが分裂し其の分裂せる或る部分が死するとも、他の部分が生きて分裂を続けて繁殖しつつあるならば本《もと》のアミーバは繁殖せるアミーバによりて明《あきら》かに不死不滅なる如く、分裂せる親の旧き部分が死して新らしき親の部分が子となりて分裂し孫となりて分裂して繁殖しつつあるならば、元《も》との親は繁殖せる子孫其者となりて明《あきら》かに存在し肉体に於ても不死の▽《改》［▽に、］精神に於ても不滅なり。即ち其［の］死したりしと見らるる親は恰も爪の落ち髪の抜け表皮の脱落すると同一に、子と云ふ親の部分の生存進化の為めに親自身が親自身の用なくなれる部分を去ることなり。――科学は一元論となり、宗教に帰へれり。唯心論の要求たる精神の不滅は唯物論の説明たる物質の不死によりて満たされたり。物心もとより一元にして人は肉体に於ても精神に於ても不死不滅の者なり。斯く生存競争の単位を定むるには個体の拡大と云ふことを知ると共に、又実に個体の延長と云ふことを解するを要す。

雌雄競争による生存競争とは斯《こ》の個体の延長と云ふことを解してのみ解せらるるを得べし。生物とは生存の慾望ありて生存しつつあるものなり、生物は生存の慾望の為めに生存競争を為さざるべからず。即ち生物たる以上は生存競争は免かるべからざるものなり。故に生物は現在の生存の為めに生存競争を為しつつあると共に、永遠の生存の為めに更に激烈なる生存競争を為さざるべからず。――即ち食物競争と雌雄競争とは生物界を通ずる生存競争の二大柱なり。而して斯《こ》の生殖の目的の為めにする雌雄競争とは、アミーバの如く雌雄の別もなく分裂によりて生殖するものや、《削除》油虫の如く雌のみによりて無数に生殖するものや、《削除》蛭《（蛭・ヒル）》の如く一疋《いっぴき》にて陰陽両具を有し他の如何なる一疋にても会すれば足ると云ふ生殖の者には無き所の者なり。競争は進化なり、凡ての進化は競争によりて得たる者なり。故に他の進化ある▽《改》［▽せる］高等の生物に至りて種属対種属の生存競争たる食物競争の激烈なると共に、種属内個々の生存競争たる雌雄競争は更に愈々《いよいよ》激烈を加へて、食物競争の其れよりも更に遥かに生物を進化せしめたる生存競争なり。是れダーウィンの混沌たる組織なき生物進化論に於ても事実としては無数に羅列せられたるものにして、吾《われ》は生存競争の中に於ける食物競争と雌雄競争とを左の如く考ふ。――食物競争は種属対種属のものにして同種属間の個々が他種属たる其れに対する競争は間接に無意識的なり、雌雄競争は同種属個々のものにして他種属とは無関係に同種属の個々が個々を競争者として直接に意識的にする生存競争なりと。

実に、天地一切の美と称せらるる渾《す》べての美は殆ど悉《ことごと》く此の永き命の為めにする生存競争の結果にあらざるはなし。

固《もと》より或る虫類の美をなせる保護色の如きは其れを食物とせんとする他の鳥類に対する種属対種属の食物競争による進化にして、獅子の牙、鷲の嘴、牛の角、馬の足、皆其れぞれに食物競争による進化なりと雖《いえど》も、其の直接に、意識的に、個々対個々の生存競争たる点に於て雌雄競争に及ばざること遠し。雪の頂▽改［▽項］ママより待たるる鶯《ウグイス》の初音は雌を喚《よ》ぶ雌雄競争によりて進化せる者にして、一声を詩人の窓に落して雲に消ゆる杜鵑《とけん》（ホトトギス）の恋歌は永き命の為めに争へる生存競争の淘汰なり。柔和なる小鳩の白き翼の舞も雌雄競争の進化にして、剛健なる雄鶏の蹴爪と鶏冠とによりて闘ふも永き命の為めに争へる競争の淘汰なり。鴛鴦《えんおう》（オシドリ）の雄の美、鳩（孔）雀の雄鳥の麗、一夫一婦と一妻多婦ママとの差あるも共に雌の愛を集めんための雌雄競争による進化なり。獣類に於ても然り。獅子の毿《さんさん》々として長き鬣《たてがみ》は決して食物の為めにあらず、獣王の威厳を示して牝の愛を得んが為めの雌雄競争による淘汰にして、食物の目的の為めには不便を極むる鹿雄ママの角も雌雄競争の故に争ふ激烈なる競争の進化なり。昆虫類の美色美音に至つては僅少の保護色を除きて凡て此の雌雄競争による進化なり。胡蝶と名《なづ》くる装飾を極めたる春の舞踏家なくば新緑の春野も砂漠に等しかるべく、切々の哀音を奏づる鈴虫松虫と云ふ秋の音楽家なくしては秋夜の月も一塊の銅板に過ぎず。実に彼等恋愛の可憐なる競争者の為めに春は恋に舞ひ秋は恋に歌ふ。只に動物のみに非らず、彼の虫媒植物と名《なづ》けられたる虫類の媒介によりて雄蕊《おしべ》と雌蕊《めしべ》とを接せしむる所の植物に至りては其の恋の文使を招かんが為めに如何に花の顔を飾りて待つぞ。桜花の爛漫たるも是れが為めなり。牡丹の濃艶なるも是れが為めなり。春草の臈《ろう》たげなるも、秋花のしとやかなるも、実に一切花の美はしき者は悉《ことごと》く雌雄競争による進化ならざるものなし。然るに今の獣類教徒は其の生物進化論を講ずるに必ず嘲罵の余沫を詩人の上に飛ばし、彼の詩人の如きは努めて天地の美を歌ふも宇宙は彼等の考ふる如きものにあらず、蝶の舞ふを雀がねらひ、雀のねらふを鷲がうかがひ、其の鷲を又猟夫が射んとす、天地の楽しきを歌ふ詩人等は愚なるかなと、詩人は天地の美を直覚し、吾人は其の直覚を科学的研究に於て確実ならしむ。宇宙の美は恋によりて作られたる者なり、恋によりて作られたる凡てが宇宙の美なり。生物進化論に於て雌雄競争の占むべき地位を解せず、徒らにダーウィンを反響して此の大なる天則を附録的に持て余しつゝある獣類教徒が詩人を解せざるは当然にして生物進化論を掲《かかげ》て他を侮弄するは僭越の極なり。実に吾人は力を極めて断言する者なり、［――］直接に意識的に同種属間の個々対個々の生存競争は雌雄競争のみにして、而も其の直接に意識的に個々対個々の者なるが故に最も生物進化に与《あずか》りて力ありし者なりと。［――］而して此の断言は誠に今の生物進化論の組織其者に対する組み削除替へ▽削除の要△求なり。

［世界的］社会主義時代に於ける個人単位の生存競争とは斯《こ》の永き命の為めにする雌雄競争のことなり。即ち現在の生命を維持する為めの食物競争が個人間に行はれざるが為めに、雌雄競争は驚くべき強盛に行はれ驚くべき速力を以て社会を進化せしめん。――換言すれば万有進化の大権を特殊の個人に属せしめずして社会の全分子の自由競争に任じ、全分子が自由なる恋愛の競争の間に於て真ならざる善ならざる美ならざるものを失恋者として淘汰するに至るべしと云ふことなり。自然は快楽に対照せしめんが為めに苦痛を与ふ。今日［民主］社会主義を讒誣《ざんぶ》する者が、社会主義は人生より苦痛を除き去らんとする空想なりと云ふが如き矢を番《つが》へつつありと雖《いえど》も、是れ実は［民主］社会主義の効果を称揚するに過ぐるものにして彼等は今日已《すで》に社会主義者の或者によりて唱へられつつある自由恋愛論の叫声に耳を傾くるを要す。斯《こ》の自由恋愛論は雌雄淘汰律の発動の自由と云ふことにして、この生存競争によりて淘汰さるる失恋者は［民主］社会主義の如何ともする能はざる所の者なり。斯くの如きは▽改個人主義［▽民主主義］時代の独断的人道論を以て見れば歎くべきことなりと雖《いえど》も、社会進化の原理は涕泣《ていきゅう》を以て阻み得べきものにあらず。人類は一生物種属なり、一生物種属としての人類の進化に努力しつつある社会主義は当然に生物進化論の凡ての法則の外に逸する能はずして、社会進化論は生物進化論の巻末の一節なり。故に［民主］社会主義は第一の主張として人は高尚なる傾向を有する者なりと雖《いえど》も其の生物たる点に於て先づ生物として生存すべき物質的資料としての食物競争あることを認識し（食物競争の真意義につきては後に説く）、人類社会は最も高き進化の先登にあるものなりと雖《いえど》も等しく生物なるが故に、生物進化の重大なる天則たる雌雄競争によりて社会を進化せしむべしと云ふ。而して、其の雌雄競争の生存競争とは恰も食物競争の其れの如く、生物種属の階級を異にするによりて其の内容を▽改異にするを以て、［▽異にする。従《したがっ》て］虫類の其れが鳥類と異なり、鳥類の其れが獣類の其れと異なる如く、獣類と生物種属の階級を異にせる人類の雌雄競争の内容は全く『類神人』［を生むべき為めの『人類』］として［の］恋なり。

［三行アキ］

［第二十節］

而しながら、『恋は満腹の後なり』。凡ての生物種属を通じて雌雄競争は食物競争に圧伏せられ、食物競争の優勝者を以て雌雄競争の優勝者を決定するの条件となす。理想とは現実の満足されたる上に将来に到達すべき更に高き現実なり。雌雄競争は其の将来の命の為めに争ふ者なるが故に其の優者勝者を理想に対照して求め、食物競争は其の現在の命の為めに闘ふものなるが故に其の優者勝者を現実の状態に得て甘ず。理想は現実の後に来るべき現実なり。故に他種属に対して現実の生存を維持するより外なき生物種属に於ては理想を其の子孫たる永き命に於て実現せしむる所の雌雄競争無く、前《さ》きに引例せし蛭《ヒル》、油虫の如き下等生物は単に種属対種属の緩慢なる生存競争に止まる。而して更に高等なる生物と雖《いえど》も、尚其の種属を食物とせんとする種属及び其の種属が▽改［▽に］食物とせ［られ］んとする種属との間に行はるる食物競争の困難の為めに、現実の命を維持することのみに急にして理想の実現を雌雄競争によりて其の子孫たる永き命に期待すること強烈ならず。著しき例は彼の肉食獣の雌雄競争の優勝者が同時に食物競争に於て優勝者たる所の強猛なる者の如き是れにして、鶏が［食物競争の］闘争に勝利を得て多くの牝鶏を率ひつつあるは人の知る所なり。

人類と雖《いえど》も亦《また》この例に洩れず。現在の命を維持せんが為めの食物競争が理想を実現すべき永き命の為めにする雌雄競争を圧伏し、若《も》しくは其の一条件としつつあるは歴史の始より今日までを通じて事実なり。部落単位に於て食物競争をなし而も其れが戦闘によりて決せられし漁猟遊牧時代より、封建的区劃《くかく》を単位として食物競争（即ち土地の争奪）をなし而も其れが武力によりて決せられし中世史時代に至るまで、酋長若《も》しくは国王貴族が食物競争の優勝者たる武力を以て同時に雌雄競争の優勝者たりき。▽削除今日食物競争の土地争奪が其の優勝を武力に訴へて決しつつある国際間に於ては其の優勝者たる軍人階級が同時に其の食物競争の優勝者たる所以を以て雌雄競争の優勝者となりつつあるが如し△(。)斯の意味に於て今日自ら称して文明人となす吾人は、恰もアイオー洲のスウ土人が人頭を得て始めて頭上に羽毛を飾り結婚を要求すべき資格を備ふと云ふと大《おおい》に異ならず。否！　今日の文明人は其の▽改野蛮なる［▽強力に依る］食物競争の方法を国際間にのみ止めて国内の食物競争は▽改個人主義［▽民主主義］の労働説を以て理想とするに至れり。而しながら前《さ》きに屢々《しばしば》説ける如く其の単に理想に止まりて依然として武力時代の占有説を継承し、而して機械の発明の為めに純然たる経済的貴族国となれるが為めに、雌雄競争は全く食物競争の経済的優者に圧伏せられ（下層階級より売られて上層の妻妾となる如く）、又食物競争の経済的優者を以て雌雄競争の一条件となすに至れり（財産の多寡を以て結婚の条件となしつつある者の如し）。斯《こ》の意味に於て今日の文明人は恰もチュラデルヒーゴの土人が女子の父母に財産或は労働を払ひて妻を購買すと云ふと誠に差なし。理想よりも現実なり。食物競争は雌雄競争に先だつの《ママ》。▽改個人主義［▽民主主義］の労働説は娼婦の媱《よう》を売ることを労働なりと▽改説けり。［▽説くべし。］吾人はこの尊敬すべき労働説を認めて決して男子が金銭を以て娼妓を強姦し、其の巡娼と云ふが如きは単に地位を顛換せるに過ぎざる輪姦なりとは云はず、是れ雌雄競争が食物競争に圧伏せられたる最も著しき事実なればなり。而して彼の財産の多少を以て結婚の条件となす所の上層階級に至つては実に食物競争の優者を以て雌雄競争の条件となしつつある興味ある事実として認識するの外▽改なく、[▽なし。]▽削除彼等売婬《ばいよう》的令夫人は御酒肴附一夜五十銭と云ふ下層階級の売婬者よりも甚だ廉価に、丸髷《まるまげ》附一生ロハと云ふに過ぎざるなり。△

令夫人の或者は言はん、旦那様の如きは臀《しり》の下なりと。是れ決して笑ふべきことにあらずして充分に主張せられたる権利の声なり。固《もと》より斯る令夫人階級に於ては其の称する旦那様なるものの国家の為めに行ふ政治的会合が如何なる機密を有するやは察し得べからずとするも、臀《しり》の下の一語は今日の男子階級の大部分が又等しく雌雄撰択権の喪失者▽削除となれるも△のなることを宣告する侮辱に非らずや。吾人は[民主]社会主義者なり（、）然しながら男子なり、吾人は女子の階級に容吻《喙》するの越権よりも吾人自身の悲惨なる醜態に省みざるべからず。芸娼妓を醜業婦なりとし、夫君の労働を扶《たす》けて貧に苦しめる尊き主婦を眼下に見下して行く令夫人の丸髷《まるまげ》附売婬《ばいよう》者の軽蔑すべき極なるは固《もと》よりなるべし。而しながら街頭馬車を駆て道行く人を叱咤しつつある男娼的政治家学者の如何に驕慢に漲《みな》ぎれる微笑を湛へて行くよ。娘を売る親あり、婿を買ふ親あり、天下の女子が白粉と絹服とを以て装飾を尽くし、海老茶袴を穿《うが》ち女学校の卒業証書を得て金箔を附くることが、目的とする所ダイヤモンド入指環の価格にて高く売らんが為なる如く、今日男子の多くがハイカラーを着くるも、水白粉を塗るも、政治学経済学を脩《おさ》むるも、早稲田大学◦帝国大学の肩書なかるべからずと云ふも、帰する所（、）令嬢なる者の持参金の多額に存するなり。吾人は実に問ふ▽削除——△今日の男子にして一切階級の虚飾を剥奪せる裸体の女子を諸手に抱きて、吾れは爾《なんじ》の美に向つて二世を契るべしと広言し得るもの果して幾人ありや。女子は消極的にして男子は積極的なり。故に下層階級が生活の為めに消極的に犯罪者となり、上層階級が積極的に▽改高尚なる[▽より高き]生活の為めに犯罪者となる如く、女子の売婬は令夫人階級を除きては多く生活の為めにする消極的の者にして、男子は▽改高尚なる[▽より高き]生活の為めに積極的に売婬す。否！▽削除吾人が前編に少しく述べたる如く△経済上に独立せざる者は政治の上にも道徳の上にも自由なし。往年男女同権なる能はざりし時代は女子が財産権の主体たる能はずして男子の殺活贈与するを得べき経済物たりしが為めなる如く、今日権利を抱て其の実質たる財産なき男子階級が上層階級の女子の為めに臀下《でんか》の抑圧を受くるは誠に科学的方則なりと云ふの外なし。権利を主張し得ざる者は奴隷なり。然らば吾人は無数の売色奴隷たる女子を認むると共に恋愛の権利を剥奪せられたる凡ての政治家学者を人格ある自由民なりと弁護する能はず。（奴隷なり▽削除——△奴隷の意志が国家の意志なりとせられ、吾人は其の下に▽改呼吸し[▽統治され]つつあり）。而して奴隷より自由民が光栄なるならば、俳優買の令夫人と臀下《でんか》の権利を主張する令嬢とは其の奉待する▽改［▽さるる］男色奴隷より遥かに光栄なるべきはローマ法の遠きよりして▽削除△認められたるべき権利に▽改して［▽なり。］上官の恩賜の妻君に低頭して昨夜の外泊を弁解しつゝある政治家や、妾宅に行き度《た》きを忍びて恰も情郎ある芸妓の旦那の削除勤めをなす如く成り上り削除削除者の実業家より神輿を奉ぜし醜怪至極の令夫人の気嫌《機》を取りつゝある学者よりも、福原の銅像を以て［清盛入道と共に芳］名を後世に垂るべき伊藤博文氏、お鯉なる者のことを以て有名なる桂太郎君の如きは此の厳粛なる権利を極度まで主張せるアテネの古代に見るべき自由民なり。実に自由民と奴隷とは経済的基礎によりて分る。伊藤氏桂君の如きが女子を玩弄するの権利あるは――然り吾人は権利と云ふ恰も資本家階級の女子が堂々として待合に出入し以て吾人男子階級の者を怪《快》楽の犠牲として取扱ひつゝあることの完《まった》き自由なるが如し。芸娼妓を購買して家妻たらしむることは些《いささか》の不道徳にあらず、男子自身が購買されて媱《よう》を売りつゝあるは軽蔑すべき限りの罪悪なり。娘を売る親あり、削除婿を買ふ親あり、親▽改に売られたる女子は芸娼妓となり親に買はれたる男子は政治家学者となる。男女同権論の必要にして意義ありし時代は個人主義［▽民主主義］の革命による私有財産制度の確立と共に過ぎ去れり。然るに今や経済的貴族国の世となりて社会の大多数は権利の基礎たる財産なきを以て、令夫人と妾とを購買するを得べき男子と政治家学者と俳優とを購買するを得べき女子とに恋愛の権利は与へられて、削除他の階級の女子と男子とは往年の女子の如く全く奴隷となれり。男子のみが経済的独立を有せし時代に於て無権利の奴隷たりし女子の悲惨なりし如く、悲惨なる哉経済的独立を失へる男子は今や上層階級の女子に玩弄せらるべき奴隷となれり。只貧富同権論と云へ、意義無くなれる男女同権論を今日に於て唱ふるは直訳的反響も甚し。

［三行アキ］

［第二十一節］

誠に斯くの如し。今日雌雄競争律の行はるべき撰択権は全く男子にも非らず又女子にも非らず。明《あきら》かに言へば永き命に於て実現すべき理想に対する愛に非らずして、光輝ある物質の流通する所蓄積する所に従ひて雌雄競争律の中心点が移動するなり。即ち所謂男女の縁なる者、今や出雲の神の輿論《よろん》にて決する共和的合議制にあらずして独裁専制の福神が結びの神となれり。▽削除△――『福神』の像は婚礼の床に置かるべからず、［民主］社会主義は社会進化の理想の為めに此の像を駆逐せんとして自由恋愛論となれり。アミーバの如き無性生殖、油虫の如き単性生殖よりして雌雄両性に分れて相競争するに至れる高等動物は、殆ど全く此の競争によりてのみ高等にまで進化せるものにして実に進化律の特寵を受くるものなり。理想の実現は雌雄競争による。生物は斯《こ》の雌雄競争の為めに異性の中より自己の最も善にして最も美なりとする者を撰択して獲んと望み、而して其の望を達せんが為めに同性中に於て自己を最も善く最も美ならしめて他の競争者に打勝《うちか》たんとするの努力を生じ▽改、[▽生ず。而して] 其の努力の為めに異性各々自己をより善により美ならしめて、其の生れたる子なる新らしき自己を遺伝と出生後の教育とによりてより善なるより美なる自己となす。実に宇宙は斯《こ》の雌雄競争に依りて桜花となり牡丹となり胡蝶となり秋蛩《しゅうきょう》（秋のコオロギ）となり鳴禽《めいきん》となり、以て其の解すべからざる絶対的理想の実現に努力しつつあるかの如し。『類神人』[を生むべき『人類』] は斯《こ》の理想の或る部分を実現すべき任務を帯びて——即ち人類としての進化の程度に於て解し得たるだけの相対的理想に向つて進化しつつある者なり。而して其の進化に於て最も先登に立つ者なるが故に他の高等生物の与へられざる進化律の特寵を最も多く被る。即ち他の動物にては雄性の者が雌性に比して甚だ多数なるに反して人類は雌雄殆ど同数なることなり。故に他の生物に於て進化せるは（食物競争による進化を除きて、）雄性のみなるに反し人類は雄性の外に雌性の美は特に著し。彼等の多くは恰も一の雌蝶に対して百の雄蝶が競争する割合なりと云ふほどに雌雄の数が甚しく相違し其の殆ど同数なるものと雖《いえど》も一夫が多くの妻を有する関係よりして、為▽削除め△に雌は雄の如く相競争せずとも自由に多数の雄▽改 [▽雌《ママ》] の中より撰択するを得べく、且つ産卵の任務よりして美色美音の如きは他動物の注意を引き易くして危険なりと云ふ他の食物競争の為めに、雄の進化に併行する能はずして凡て皆甚しき懸隔ある下級の状態に止まる。斯く彼等の中の雌が雌雄競争律の外に立ちて傍観者となりて受動的の態度を執れるは、是れ即ち進化律の慈愛より排斥せられたる者にして進化律の継子▽改 [▽継児] なり。然るに進化の先登に立てる人類に至りては雌雄悉《ことごと》く同数なるを以て共に此の慈母の懐に入り相携へて駈けりつつある特別なる寵児なり。即ち男女同数と云ふことは、女は女との競争によりて其の嬌笑と優美とを進化せしめ、男は男との競争によりて其の威厳と智識▽改 [▽智徳] とを進化せしめたる者なり。然るに今や如何の状《さま》ぞ。愛の為めに綻《ほころ》ぶべき嬌笑中には経済的要求籠り、優美なるべき肩に重荷を負担せしむ。老嬢《オールドミス》の皺よれる額と近眼鏡とは決して女子の美に非らざるべく、鉄の如くなれる腕骨と臼の如き臀《しり》とはツ《ソ》マル（ソマル＝ソマリア）土人を除きては如何なる野蛮人に見するも醜と云ふべし。如何にシルクハットを戴くとも其の頭蓋骨の中に平坦なる一塊の物質より外有せざる寄生虫属の増加は決して男子の進化して智識▽改 [▽智徳] の発達せる者と云ふ能はざるべく、同一なる社会の分子たりながら経済的君主貴族の前に匍匐《ほふく》して忠順の奴隷的服従を強ひられつつある政治家学者は、如何に髯《ひげ》を厳めしくして馬車に身を飾るとも、勲章を帯ぶるとも、大礼服を着たる削除とも、大臣となるとも、決して進化せる男子の威厳と云ふ能はず。吾人は敢て今日の食物競争が単純なる個人単位の者なりとは云はず、［――］実は其の永き命たる子孫が食物競争の劣敗者たらざ《ら》んとするよりの▽改家庭［▽家族］単位の者なりとす。即ち食物競争と云ひ雌雄競争と云ひ、一は現在の我を一は永き命の我を維持する努力たる点に於て生命維持の物質的資料を得べき経済的競争たるは論なし。▽削除即ち今日の［△従《したがっ》て経済的敗者が恋と永き命との敗者たる経済組織の今日に於ては換言すれば人類より理想を引き離して単なる生物として考ふる時永き命の為めの生存競争たる雌雄競争に於て食物競争の優勝者が雌雄競争の優勝者たるは論なき進化的法則なりとす。」雌雄競争は男女各々が自己をより善くより美にして永き命たる子孫を進化せしむと云ふよりも、単に永き命たる子孫が其の命を維持すれば足るとして各々の理想とする所の男若《も》しくは女を撰択することを第二に置くが故に、其の子孫は自己よりも進化する能はずして理想の実現たるべき子孫は単に現実の継承者たるに過ぎざるなり。否、理想の男と云ひ理想の女と云ふは今日全く経済的優者たるなり。即ち理想の内容には光輝ある物質を以て充塞せらる。天下の男と女とは黄金を持てること其事が天下の女と男とに理想の恋人として恋せらるるなり。社会の進化に一の不合理なることなし。人類種属が種属の維持進化の為めに腕力に訴へて生存競争を為せる初期に於ては、腕力の優れたる者が社会の維持進化に最も利益ありしを以て同時に雌雄競争の優勝者となり、其の時代の女子は最も剛健克《よ》く闘ふものを理想として▽改恋し、［▽恋す。斯くして］其の理想の男子が亦《また》其の当時に於ける理想の女を撰択して、茲《ここ》に社会の中に於て最も理想に近き男女の結合を得、其の子孫が社会の中に於ける最も理想的なる其等の遺伝を受けて剛健克《よ》く闘ふものとなり、以て社会の理想を実現しつつ進み来れり。而して今日は腕力による経済戦争にあらずして労働若《も》しくは智識を以てする経済戦争なり。故に腕力を以て他の経済物を掠奪する者は刑罰に問はるると共に離婚請求の理由たるほどに雌雄競争の敗者として理想の内容を全く一変し、労働若《も》しくは智識によりて経済的優者たるものを恋愛の理想となすに至れり。社会の進化とは経済的進化なり、故に労働若《も》しくは智識を以て経済的優者たるものを雌雄競争の理想としつつあることは、懶惰《らんだ》なる若《も》しくは魯鈍《ろどん》なる分子を淘汰し最もよく労働し最も多く智識あるものが子孫を得、其の子孫が社会の中に於ける最も理想的なる其等の遺伝を受けて最もよく労働し最も多く智識あるものとなり、以て社会の理想を実現して社会の経済的進化を来しつつ進み来れり。――而しながら誤解すべからず、社会の進化は純然たる段落を劃《かく》せらるべきものにあらず。今日の労働と智識とを以てする経済的優者は尚腕力に訴へたる生存競争時代の思想を継承して其の労働と智識とは全く経済的資料たる所の他種属の上に向はずして同族間の、即ち吾人同胞間の闘争に用ひられつつあるなり。即ち第▽改一編の『社会主義の経済的正義』に於て述べたる［▽前きに説ける］経済的戦国［時代］と云ふもの是れにして、上層階級の用ふる智識と下層階級の絞▽改らるる［▽強ひらるる］労働とは全く他の其等の智識と労働とを打消さんが為めに過ぎざるなり。此の残虐醜悪なる経済的戦国に於ては個人維持の生存競争たる食物競争の優勝者が残虐醜悪なる▽改［▽の］者なる如く、子孫進化の生存競争たる雌雄競争の優勝者は亦《また》誠に残虐醜悪なる▽改［▽の］者ならざるべからず。闘争に勝てる闘鶏が数十羽の牝鶏を率ふる如く倖運なる黄金大名階級の勝利者は一夫一婦論者を睨視して無数の雌鶏を妾宅に畜《か/やしな》ひ置くにあらずや。杜鵑《とけん》（ホトトギス）の血に鳴く如き失恋の詩人ありとも鳥類と競争の内容を異にせる人類の雌は其の羽毛を黄金に装飾せんが為めに恋愛神聖論者を嘲笑して老狒《ろうひ》（エロじじい）の前に群をなして集まるにあらずや。ボルネヲの土人が人頭を持ち来りて結婚の資格を示す如く、同胞の血に塗られて輝やくダイヤモンドの指環を贈らざれば婚姻の資格に於て欠亡を感ずるに非らずや。野蛮部落の婦女が最も猛悪にして残忍なる者を撰《えらん》で其の身を任すと異なるなく蒸気と電気とを有する野蛮部落は黄金戦争の虐殺に於て最も猛悪残忍に働きたるもののみ婦女を得るなり。実に黄金なきものは家庭を作る能はず、作られたる家庭も破壊せらる。［――］家庭は実に雌雄競争によりて得たる理想の男女が遺伝と教育とによりて其の子女に理想を実現せんとする社会進化の唯一の聖場なり。然るに依然として今日の如き経済的戦国を維持して（固《もと》より維持すべからずと雖《いえど》も）、斯る雌雄競争が数代に渉りて行はるとせよ。人類は果して如何なる方向に其の進行を転ずべきぞ。婦人の嬌笑と優美とは男性化の学問と男子的労働とによりて維持せらるるものに非らず、奴隷的服従の経済的武士土百姓《サーフ》と寄生虫の▽改［▽的］階級とによりては男子の威厳と智識▽改［▽智徳］とは進化すべきものにあらず。高尚なる現実（即ち理想）の為めには卑近の▽改［▽なる］現実の犠牲とさるることは高等生物の凡てに在り。彼の虫類の美色美音が甚だ其の対敵たる鳥類の注意を引きて個々の虫類としての維持生存には不適極まるに係らず、尚其の雄性のみは遥かに雌に優る多数を以て多くの犠牲を供しつつ、以て其の音楽の妙音と舞踏の晴衣とを進化せしむるに余念なきを見よ。生物は只に種属の維持を以て足れりとする者に非らず、更に進化せる種属たらんが為めに雌雄競争をなし、雌雄競争の進化の為めに無数の犠牲を食物競争の中より出して平然たり。人類は種属対種属の食物競争に於ては他の凡ての生物種属の上に最も強き優勝者たるを以て（固《もと》より未だ黴菌の如き種属には全く打ち勝つ能はずと雖《いえど》も）、雌雄競争を為すに当《あたっ》て他の生物種属の如く食物競争に妨害せらるるの憂《ヽ》遥かに少なし、故に彼の虫類の雌が他種属の食とならんことを恐るる食物競争の為めに雄虫の如く雌雄競争をなす能はずして進化に遅るるが如くならず、女子は男子と同数を以て男子の其れの如く女子間の雌雄競争によりて健確なる急調を以て進化しつつある者なり。男女を同数に産み落して人類にのみ偏寵を示せる進化律は雌雄競争の選択権を男女凡ての手より奪ひて不霊冷血なる『福神』の絶対無限なる淘汰権の下に置かんが為めならんや。土人部落に於ても命を的の恋路はあり、今日の経済的戦国の中に於て尚且つ智識広く道徳高く容姿美《うる》はしき男女が恋愛の理想とせられつつあるは実に社会進化の理想を社会の全分子たる男女の凡てが其の子孫に於て実現せんとしつつある所の［本能的］要求にして茲《ここ》に［民主］社会主義の自由恋愛論あるなり。

［三行アキ］

［第二十二節］

故に［民主］社会主義の自由恋愛論が事▽改実に［▽何等の阻害的修正的条件なく］現はるるの世は食物競争が今日の如く個人若《も》しくは家庭若《も》しくは経済団体若《も》しくは国家を単位として同種属が競争の対手たることの無くなれる――即ち経済的方面に於て［世界的］社会主義が実現せられ人類を単位としての対他種属の食物競争に入りし時▽改［▽遠き理想郷］ならざるべからず。▽改［▽ざるは論なし。］自由恋愛論が旧思想を抱ける親の圧迫を排除すとの意味に於て、即ち自己が新らしき自己の利益の為めに自己の旧き一部より脱却せんとすとの要求に於て唱へらるることも固《もと》より大《おおい》に［別個の］意義あり。▽改［る恋愛自由の要求なり。］是れ即ち社会の旧き分子と新しき分子との衝突にして社会［の進化］とは新分子が旧分子に代ることによりて（即ち旧分子自身が死滅することによりて、若《も》しくは新分子の為めに地位を奪はるることによりて）進化する者なるを以てなり。而しながら始めより人は自由なるものに非らず、其の自由なるを得るは人の自由を認識する所の社会良心あるが故に其の範囲内に於て自由なるものなりと前編に▽削除△説明せる如く、恋愛の自由と雖《いえど》も父母の良心の包容外に出《い》でて先天的に自由なりと云ふに非らず、父母によりて作られたる良心に甘《あまん》ぜざるまでに子女の良心が進化せる場合に於ては進化せる良心に従《したがっ》て行動すべしと云ふことなり。故に子女が父母の意志の下にありて其の良心を作られつつある間に於ては父母は自己の良心を以て其の恋愛を禁圧する権力を有すべく、子女は自己の良心を以て父母の良心を排除するの値ありと認識せざる間は恋愛の自由なし。［▽改（自由恋愛論を誤解せる妄動的宣伝者は自由の本義に就きて凡てを正当に解すべし）。］［▽（無智の少女浅慮の少年のなす情欲的行動にも自由恋愛の名を冠しつつある者の如き自由恋愛論其事に対する無理解に出ず）。］［民主］社会主義の自由恋愛論は斯ることの外に当面の意義を有す。即ち単に父母の旧思想を排除すとの意味ならば社会▽改［▽或る種の］主義に待たずとも其れ自身の途あり。――即ち月下に相抱て囁けば可なり。［民主］社会主義の自由恋愛論とは現社会顛覆の為めに唱へらる。『政治家が議論しつつある間に饒《ママ》（餓？以下同）と恋とは世界支配す』。［民主］社会主義者は詩人の直覚を科学的根拠に於て明確に把持し、今の上層階級が政府を作り議会を作りて議論に日を送りつつある時、此の『饒《ママ》』と『恋』との二大鉄槌を振つて社会の根底より組織を立て替へんが為めなり。生物に於て現実の要求は食物にして理想の要求は恋愛なり、斯《こ》の厳粛なる人生の要求——社会の維持と進化との要求が無視せられ圧伏せらるるの社会は一打撃を以て覆へるべき浮ける基礎の社会なり。斯《こ》の要求が社会の一部にのみ充たされて他の凡ての分子が純然たる犠牲として存する著しき例は、彼の蟻と蜂の社会に在り。（上層階級の学者は努めて蟻蜂の其れを以て人類の社会に比し其の蜂に女王あるを以て無用になれる故英女皇或は今のオランダ女皇の存在を弁護し、蟻の雄虫のみ労働せずして存するを以て貴族等の婬《淫》蕩に権利を附与す、而も生殖後無用となれる其等を労働蜂の集まりて嚙み殺すに比することあらば秩序紊乱と云ふ）。然しながら最も高等なる生物たる人類は男女凡て理想を有し、理想の実現を社会全分子の競争によりて得たる者なり。一の理想は実現せられて更に高き理想は踵を接して現はる。人類は其の進化するに従ひて即ち理想を実現することを重ぬるに従ひて理想を高くし、従《したがっ》て恋愛の要求を大胆華麗▽改［▽壮麗］ならしむ。在原業平をして今日のドイツ宮廷に産れしめよ、人類は大《おおい》に其の美を進化せしめてカイゼル鬚《ひげ》の醜貌は人類より淘汰さるべし。恋に上下がある者かと言ひし（吾人は此の大胆なる平等主義の［女］英雄の名を忘れたるを恥づ）女子をしてドイツ皇太子の傍に在らしめよ、球《珠》玉を飾りたる蝦蟇《ガマ》は雌雄競争の劣敗者として人類は大《おおい》に其の美を進化せしむべし。ああ『饒《ママ》』と『恋』！　饒《ママ》へたる者が何の故に一片の麵麭《パン》だもなきか、恋せる者が何の故に其の恋せる男と女とを奪はるるか。斯《こ》の解決が社会全分子の手に答案として与へられたるとき▽削除△——即ち経済的貴族国が地震の如き轟きを以て崩壊するの時なり！　語を寄す、羊の如き可憐なる家庭論者よ。恋女房と一人の愛児とのみなる間は僅少の月給は其の家庭の城壁たり得べし。而しながら愛児の二人となり三人となるに至らば是れ誠に城内に内応者の出《い》でたるものにして、又そのすがり▽改［▽縋り］つつある資本家の冒険、会社の破産、或は解雇等によりて夫君の破靴と腰弁当とが用なくなれる時爾▽改［▽汝］の兵糧はよく幾日を支へ得べきぞ。この小さき城壁を維持し兵糧を蓄へんが為めに羊の如き天亶《稟》の主人は狼の如くなりて世に戦ひ、昔日の希望に輝ける活気は失せて三十にして老者の如く衰へ、薄鬚《ひげ》の下に湛へたりし微笑は石の如く閉されたる陰暗の唇となる。海老茶の袴（明治三十年代、海老茶色の袴が女学生の間で流行）に花の如く笑《え》まひ小鳥の如く囀《さえず》りし小女は一瞬に去りて、其の豊頬は生活の苦難の為めに落ちて亦《また》笑《え》まず。愛の光たるべき小児の小さき手は母の痩せたる胸の骨を更に削らんとするものなるかの如く其の乳房を探ぐる。［——］家庭論とは悲惨の中より落つる涙の笑《え》まひに非らずや。家庭の窓を開きて怒号して押し寄する海嘯《かいしょう》（潮津波）の何処より流れ来るかを見よ。▽削除金井博士の

『社会経済学』が社会主義を誹《そし》りて『私有財産制度の廃止は道徳上並に経済上の利益にとりて必要欠くべからざる家庭の神聖を毀傷し家族制度を打破するに至らん』と云ひし如き、誠に人類に通ぜざる意志の表白と云ふの外なし。△家庭論者よ、家庭の神聖は▽改個人主義［▽民主主義］の革命を以て論理上の事実となれり。即ち貴族階級のみ土地を所有して一般階級に削除は単に小作権を▽削除のみ△より有せざりし時代の如くならず、又男子のみ所有権の主体にして女子には其の独立を維持すべき何等の経済的基礎なき時代の如くならず、誠に経済的幸福に囲繞《いじょう》せられたる女子は却《かえっ》て男子を玩弄するの自由あるほどになれる時代なり。実に私有財産制度に感謝すべきものは其れによりて確立せられたる民主々義と、而して此の女子の開放《ママ》にして、恋愛神聖と云ひ一夫一婦と云ひて家庭論を為すものに取りては▽改私有財産制［▽大資本家］の打破を叫ぶ社会主義の敵なるが如きは一見然るかの如し。［▽改是れ各人　悉《ことごと》くに私有財産を有せしむべしとする民主主義の理想とを混する者なり。］［▽而も是れ各個人に何等の私有財産なき現代の経済的貴族制と各個人の凡てに私有財産を得せしむべしとする民主主義の理想とを混同する大失態なりとす。］而しながら見よ、家庭の維持、男女の独立に欠くべからざる私有財産とは往年の其れの如く経済的貴族階級のみの者にして小作人の土百姓《サーフ》、裏長屋の労働者は固《もと》より可憐なる家庭論者の如きは只月末に与へられて味噌屋に払ふまでの私有財産に過ぎざるに非らずや。若《も》し今日ありて明日なき月給、朝得て夕に消ゆる賃銀が私有財産制度なりと云はば、▽改一年間の期限を以て平等の購買力として分配さるる［と仮設する或種の］社会主義［的推論上］の私有財産は寧《むし》ろ世襲財産の名あつて然りとすべし。［▽全社会全国家の富を以て各人の生活を保証せんとする社会主義の各種の提案は其の最も乏しき者と雖《いえど》も寧ろ世襲財産の名ありて然りとすべし。］家庭論を口にして男子の楽《たのし》むべき平和なる世は遠き将来なり。武力時代に於て男子が最も戦闘の義務を負担せる如く、来るべき大革命の前に於て最も戦闘に堪ふる所の男子が小天地に閉息《へいそく》して（ひっそりして）児女子の安逸に耽《ふけ》る如きは男女の分化的発達を忘却する者なり。女子はこの残虐なる矢叫びの達せざる所に置きて月桂冠を作るの任務に服せしめよ、革命戦争の中に其の繊細なる手を捉へて躍り入ることは是れ落城の時を慮《おもんぱか》るものにして［吾人の民主］社会主義は巴御前の出馬によりて戦ふほどに望《のぞみ》なきものに非らず。［民主］社会主義の自由恋愛論は▽改個人主義［▽民主主義］時代の女権問題とは自ら無関係なり。実に今の時に於て家庭論を為して社会の傍観者たる者の如き、其の羊の如き▽削除ところ△は以て憐むべしとするも単に経済的貴族等の大規模に為しつつある利己的行動を貧弱たる状態に行はんとする消極的利己の者に過ぎず。世に軽蔑すべきは家庭論の流行なり。▽改誠に斯くの如し。故に［▽民主社会主義は如何にすとも民主主義の独断的男女同権を許容し得る者に非らず。従《したがっ》て民主社会主義の求むる」自由恋愛論に伴ふ所の男女同権論とは、個▽改人主義［▽民主主義］時代の其れの如く男子たる個人と女子たる個人とを比較して精神上の能力若《も》しくは肉体的活動に於て同等の力ありと云ふが如き事実を無視せる独断に論拠を置くものにあらずして▽削除△（個▽改人主義［▽民主主義］の独断を継承して自ら社会主義者と称するものに斯《こ》の失態多し）、▽訂［▽。］社会の進化の為めに最も生物進化に力ある雌雄競争を自由ならしめんが為めに男女に平等の撰択権を与へよとの意味に解すべし。自由平等論は何処までも社会進化の利益の下に唱へられざるべからず。女子は其の月経、妊娠、分娩、哺乳の大なる犠牲の為めにエ▽改ナーヂー［▽精力］を消耗する事甚《はなはだ》しく、為めに特殊の男性的なる者か、或は両性的の者か、若《も》しくは老嬢《オールドミス》［「老嬢」を括弧の後ろに移動］（多く後には女性たる所を失ふと云ふ）かに非らずしては決して男子と精神的肉体的競争に於て対等に立つ能はざる者なればなり。実に個▽改人主義［▽民主主義］の独断的平等論の如く思想上に於てのみ思考し得べき原子的個人を仮定して凡ての個人と個人とを比較することによりて男女同権論の基礎とするは恰も個人たる大人と小児とを比較して精神的肉体的能力に於て同一なりと云ふと異ならず。［民主］社会主義は科学的基礎によりて大人と小児との異なる如く、分化的進化をなせる男子と女子とが断じて同一の者に非らざることを認む。然しながら科学的基礎によりて社会の旧き分子と新らしき分子との自由なる競争によりて、即ち前代の理想を実現して之を維持せんとする現代の旧き分子と現代の理想を実現して後代の進化に到達せんとする新らしき分子との自由なる競争によりて社会の進化するを認▽改むる如く、［▽認む。 従《したがっ》て」社会の雄性の分子と雌性の分子とが各《おのおの》其の自己の理想とする所の（即ち其の理想の大部分は其の時代の社会の理想にして更に其の各《おのおの》の個性を以て特殊にせる所の理想の）実現を永き命たる子孫に於て得んとし、其の時代に於ける社会の理想を最もよく体得せる男女が雌雄競争の中心となることによりてのみ社会は進化するを得べしと主張する者なり。即ち男女同権論とは恋愛方面に於ける自由平等論なり。而して凡ての個人の自由平等が▽改［▽は］経済的従属関係なき平等の平面の上に立ちてのみ自由な▽改る如く、［▽なり。］男女恋愛の自由平等論は女子が私有財産権の主体たる能はずして男子に経済的従属をなせし時代、及び経済的活動の能力に於て男子に劣るが為に事実に於て全く経済的従属関係に在る現代、否、現代の如く財産の多くを有する女子に男子の却《かえっ》て経済的従属関係に在る者の多き如き社会進化の過程にては遠き理想に過ぎず。（削除［是の故に吾人は明白に現代男女間の堕落の根本原因を理解して実に男女の自由の基礎たる現代経済組織の非倫理なるを了せざるべからず。」この点に於ても経済上の独立は凡てに通ずる独立なり、故に彼の土地の掠奪によりて経済上に独立せる貴族等が君主に対する忠順の義務を拒絶して凡てに独立を得たる如く、元禄時代の永き平和の為めに一般階級が経済的基礎を作ると共に更に其の貴族等に対して忠順の義務を拒絶して維新革命の民主々義を立てたる如く、今の称して女▽改学生「▽独立婦人」の堕落と云ふは其の経済的独立より男子に対する奴隷的服従（▽改「▽――」即ち彼に在ては二君に仕へずと云ふ忠順の義務、此れに在ては両夫に見《まみ》へずと云ふ貞順の義務）▽改「▽――」を拒絶して自由平等の曙光《しょこう》を得たる者なり。而して往年の貴族が君主より乱臣賊子と云はれたる如く、維新革命の民主々義者が貴族より亦《また》等しく乱臣賊子と称せられたる如く、女子が男子の放縦なる恋愛と同等なる恋愛を放縦に行ふに至りしを見て男子階級より堕落なりと云はるるは恰▽削除も社会進化の跡なる歴史が進化の当然として平等観の発展拡張するを却《かえっ》て世の澆季《ぎょうき》（道徳衰え人情の浮薄となった時代。末世）なりとして慷慨すると同一なる野蛮人▽改「▽非進化的思想家」なり。堕落せよ、男子が堕落しつつある間《あいだ》何処までも平等に平行線をなして堕落せよ。女学生の堕落や実は進化にして誠に以て讃美すべしとせん、讃美すべきかな）△「に過ぎざるのみ。誤解すべからず。是れ中世的貞操に対して女子の開放を意味するものにして、已《すで》に歴史的に開放せられたる男子が更に天賦に於て女子よりも経済的独立を得易く従《したがっ》て何等中世的貞操を女子に対して有せざる男子の問題に非らず。開放せられたる男子が更に開放せられたる領土侵略を凡ての能力に於て劣れる女子の上に加へて二婦三女凡て是れ自由恋愛なりとは抑々《そもそも》何の論理ぞ。鶏に非るべき無政府主義者が雄鶏の多妻を学ぶは是れ黄金大名の蓄妾を貧弱なる貸間に於てするのみ。是れ革命的道念を欠如す。豚に非《あらさ》るべき翻訳宣伝者が豚群の乱交を行ふは癩患乞食の為す所を徒らに学術語を綴りて飾るに過ぎず。是れ明白なる退化的犯罪階級なり。乱交の故に父を知らざりし原始的共産時代を回顧して現代人に強ひ、西蔵土人の一妻多夫を土人にも非《あらさ》るべき欧米人の宣伝に雷同して女性中心を唱ふ。革命的人物が社会に罪せらるる時ありとも斯る退化的犯罪階級の意義に於てせらるるは甚しき汚辱なり。雌雄淘汰律の原則は「人類」のみを男女同数に産み落したる一事に依りて女子と同一なる貞操を男子に要求する者なり。此の進化律の大原則を忘却して生物進化論を引用し社会進化説を傍証し以て獣類的性交の自由を求むるに自由恋愛論の冠を盗み社会革命説の名を僭す。凡ては軽佻なる無智の致す所なりと雖《いえど》も民主社会主義の理想を汚辱するに於て思ふべからざる者あり。固《もと》より民主社会主義の期待する貞操は女子を経済物として取扱へる中世的貞操に非《あらさ》るは論なし、天下唯一人の夫地上唯一人の妻のみを恋ひし恋はるる神々の恋たらざるべからず。唯如何せん此の天国に至るべき前提的過程として、男子自らの貞操を反省せしめんが為めに現代婦人の要《もと》むる中世的貞操の拒絶を正当に承認すべき者なりと云ふのみ。民主社会主義の自主恋愛論は真個科学的道徳教の神髄たる者なりとす。

以上の説明に依りて之れを見る。生存競争と雌競争《ママ》とを対立的に思考せしダーウィンは、斯く両者同一なる生存競争なりと解説せらるることに依りて始めて其の生存競争説に統一的組織を付与せらるべし。而して同時にクロポトキンの相互扶助説なる者が全く雌雄競争を解釈する能はざる重大なる欠陥に於て極めて価値乏しき所以を発見すべし。犬猫が其の雌を得んとして相噛むは食物競争の時よりも決死的にして之れを雄と雄との相互扶助なりといふ事能はず。海豹が雌の上陸を擁し得べき好適の地位占領の為めに雄群混戦して死傷算を乱すを雄と雄との相互扶助なりとは失笑の外なかるべし。一の原則に於て例外あることは則ち原則たる能はざる証明なり。而して全宇宙の生物　悉《ことごと》く子孫に依りて生命を維持せざる者なく、従《したがっ》て雌雄競争を為さざる一の生物なきを以て、生存競争を否認せんが為めに唱へられたる彼の相互扶助説は全宇宙の生物に依りて否認せらるる者なり。則ち全部の例外とは全部の誤謬と云ふと同じ。実に生物界に於ける生存単位たる「個体の拡大」と「個体の延長」といふ基本観念を定めざりしことに依りて生物進化論に二個の原則を対立せしむるに至れるなり。原則とは已《すで》に二あることを許さざる一貫の法則ならざるべからず。進化律の統一的組織は二氏の時代に於ては二氏に求むべからざりしかの如し。

世界的社会主義の遠き理想郷に於ける個人単位の生存競争とは万有進化の大権を社会全分子の手に置き、理想実現の戦ひたる雌雄競《ママ》の自由平等に行はるることを云ふ。（要するに民主社会主義の理論及び理想は凡てに於て進化律と矛盾する者に非らずして、実に生物学者其者が其の組織を吾人の給付しつつある其れに従ひて組み替ふことに在りとす）。」

▽削除社会主義時代に於ける個人単位の生存競争とは万有進化の大権を社会全分子の手に置き、理想実現の唯一の途たる雌雄競争の自由平等に行はるることを云ふ。△［▽削除——個体の単位を決定せざる基本的欠陥より出発して生存競争を否定せんが為めに相互扶助を指示せしは（数文字判読不能）従《したがっ》て雌雄競争の根源たるを（数文字判読不能）したる者。此等の事実を組織して一貫の「理論」を完成するは終に吾人に待ちし者の如く然り。△］

第▽改七章［▽第六章］

［第二十三節］

恋愛の自由なると共に人口過多に至ると云ふマルサス論は社会単位の生存競争たる食物競争によりて説明さるべし／マルサス論を現在の状態と社会の将来との二様に解す／個▽改人主義［▽民主主義］の人口論を以て上層階級より解する者と下層階級より解する者／マルサス論は個▽改人主義［▽民主主義］の立脚地よりするも価値なし／算術級数と幾何級数と云ふ独断より統計の取扱ひを誤まる／人口も食物も算術級数に増加する者に非らず又幾何級数に増加するものに非らず／マルサスは時勢の致す所の外に価値なき凡物なり／マルサス論を以て社会進化論に対抗する金▽改井博士［▽学者等］の醜態／今の学者階級は社会進化論を解する頭脳を有せず

［第二十四節］

マルサスの人口論とは『人口』対『食物』の問題なり／経済学の範囲内にて『食物』を論ず／食物の種類の進化と食物の生産方法の進化／食物の種類は漁猟時代。牧畜時代。農業時代と社会の進化するに従ひて進化せり／食物の生産方法の進化／人智を以て食物たるべき生物種属を繁殖せしむと云ふ意味の生産方法の進化／生物種属を人類の口にまで持ち来る間に於て更に人智を加ふる経済的活動の意味に於ける生産方法の進化／一切の生産は原始的生産より工業的生産に進む／煮焼の僅少なる工業的生産行為／原始的生産より工業的生産に進化せる住居及び衣服／蒸気と電気とを有する胃腸の工業的消化時代／科学の一元論と化学的調合の食物時代／マルサスの独断論よりも科学者の実験に従はん

［第二十五節］

『人口』を生物学によりて説く／ダーウィンの大過失はマルサスの人口論を凡ての生物種属に拡充して生存競争説を立てたるに在り／ハックスレーは食物競争が種属対種属のものなることを正当に解せり／ハックスレーの不備の点／食物競争は凡ての生物種属を通じて同種属間の個々対個々の者にあらず／生存競争の優者。適者。強者の意義／今の生物進化論は生存競争の対敵と結果とを混同す

［第二十六節］

社会主義時代に於ける社会単位の生存競争とは種属単位の最も広き意味に於ける大個体の生存競争なり／ダーウィンの偉大は生物種属は其の種属の生存進化の為に必要なるだけの子を産むと云ふ生物学よりの帰納に在り／目的論の哲学系統は生物進化論によりて科学的に決定せられたり／凡ての生物種属は生存進化の目的の為に必要の形を執る如く必要の子を産む／［民主］社会主義は凡て生物学の基礎に立つ／ダーウィンの二大功績／人口論は人類種属を包含せる生物学の断案によりて解せらる／種属の生存進化に困難なる下等生物は最も多く子を産み困難の減少と共に高等生物は産子の数を減少す／今日マルサス論は社会進化論に延長せられたる如し／▽削除今の生物学者も或る程度までダーウィンを解す△／ダーウィンの目的論を執りてマルサス論を社会進化論の否定に用ふる滑稽なる矛盾／今日の人口過多は生存競争の劣敗者あるが故に必要なる天則なり／人口過多は貧民階級其れ自身の為めにも必要なり／生殖慾と歴史の進化／貧困に依る劣敗者去ると共に下等生物の方法にて種属を維持する必要去る／戦争の劣敗者が亦《また》下層階級より出《い》づるが為めの人口過多／社会の必要に応じて人口の増減する歴史上の事実／日本今日の人口増加は貧困と戦争との継続の為めなり／人口の捌口を満韓に求めたるに非らず／戦争を理想とする国家なるが故に人口は其の必要の為めに増加す／［民主］社会主義が思想其者の革命を要する理由／皮相を解釈せるに過ぎざる主戦論者と非戦論者

［第二十七節］

上層階級より個人主義を以て貧民の生殖慾に道徳的責任を負担せしむる能はざる如く下層階級より個人主義を以て上層階級の貪慾非道に基く貧困なりとして道徳的責任を問ふ能はず／今の社会主義者と名《なづ》くる者に個人主義者多し／下層階級は上層階級の犠牲たらんが為めに人口過多なり／社会と云ふ大個体の今日の進化の程度は下等生物の如く個体の一部を欠損して生存する犠牲の方法なり／下層階級の人口過多は政治的単位の個体及び経済的単位の個体の欠損すべき部分として補欠の為めなり／人口過多なければ人類は已《すで》に消滅したるべし／人口過多の恐怖さるべきは過多の子を犠牲とするに堪へざるに至れる愛の進化なり／犠牲として多くの子を産みつつありしことを知らざりし奴隷農奴の時代／社会の進化は同類意識の深く広くなることに在り／人口論の解釈が近代に至りて要求さるるに至りし理由／同類意識の進化とフランス革命／天則の挑発する下層階級の生殖慾／革命は愛の満足を求めて起る／上層階級は人口過多の声を革命の意味に恐怖せよ／［民主］社会主義の世に於て人口増加は恐怖の意味にあらず／［民主］社会主義時代に人口増加に苦しむと云ふは恰も個体を欠損して生存する生物を見て人類の手足が幾何級数に増加したりと云ふと等し／日本の学者は通弁なるが故に責任の負担者に非らず／▽削除ダーウィンに混ぜる個人主義と社

会主義△／人類の進化は其の過大の繁殖力によりて相競争する故なりと云ふ彼の過失を継承せるキッドの『社会進化論』／キッドの推想ならば人類は滅亡して蠅と螩虫の文明国時代なるべし／▽削除キッドは児童なり△／▽削除丘博士の『進化論講話』はマルサス論の拡充に過ぎずして理論なし△／［民主］社会主義時代に生存競争ありとの断案

［第二十三節］

茲《ここ》に於て必ず起る問題あり。即ち人口論なり。男女の自由なる恋愛に放任すれば人口の増加を如何にすべきやと云ふマルサスの人口論なり。吾人は茲《ここ》に［民主］社会主義時代に於ける社会単位の生存競争と云へる食物競争を説くべき機会に到達せり。

若《も》し、個人主義［▽民主主義］の経済学者ミルが解釈したる如く、マルサスの人口論とは社会の前途に横《よこた》はれる鉄壁と云ふ意味にあらずして現在の社会の下に敷かれたる網なりとの義ならば、是れ或る程度までの事実［▽人口問題を正当に解釈したる者］なり。何となれば［▽而しながら此の網の上に在るが故に多くの子女を有する者は自ら貧困の責任を負ふべしとする人々に至っては憎むべし。］彼等は斯《こ》の社会を解釈するに個人の集合せる関係若《も》しくは状態と解する個人主義［▽民主主義］者なればなり。［▽なるを以て、］即ち、社会を以て社会其れ自身が其れ自身の目的の為めに進化し其の過程として幾多の現象を呈すとして解せず［▽ざるを以て］、貧民階級の貧困なる所以を貧民自身の個人として［の］道徳的責任となし、爾《なんじ》等が子を産み過ぐるが故の自業自得なりと云ふに過ぎざる也［▽者なり］。露骨に言へば、資本家階級の婬《淫》蕩逸楽は富有なる個人の権利にして、貧乏人は貧困に伴ふ生殖行為を抑制するの個人的義務を忘却するが故なりと云ふに過ぎざる［▽者］なり。吾人は今日の労働者階級が他の高雅なる精神的快楽なきが為めに、又幼少より肉慾を挑発さるべき境遇に置かるるが故に、多く生殖行為を娯楽として取扱ひ其の行為の累積はラマルクの用不用説によりて其の生殖慾を甚しく昂進せしめたる者なることを否む者に非らず。而しながら不幸なる境遇によりて不幸になされたる彼等に一切貧困の責任を負担せしむるならば、吾人は実に等しく不幸なる境遇によりて不幸になされたる資本家階級の婬荒［▽荒淫］を寛過《仮》しつつあるの寛大を止めざるべからず。斯れが人面を備へたる者の口にすべきことか、掠奪は婬荒［▽荒淫］の権利を作り貧困は生物として欠くべからざる義務を消滅せしむと云ふ。［吾人は寛大の徳を有すべき僧侶としてマルサスの根本的傾向に憎悪を感ぜざる能はず。］統計は明《あきら》かに示めす、即ち今日の如く増加せる人口あるが故に、増加せる機械を運転し増加せる新発見地を開墾し、以て今日の如く増加せる富の資本家階級を作り上げたるなり。貧民の生殖慾が熾烈なるを以てこそ今日の経済的貴族は維持せらる。僧侶の身を以て人の閨中《けいちゅう》にまで容啄《喙》すとは何事ぞ。［▽マルサスは僧侶の身を以て人の閨中にまで悪魔の容喙をなす者なり。］［▽由来人口論は単なる統計的数字又は一二《いちに》経済学説に依りて解せらるる性質の者に非《あらさ》るなり。］

而しながら吾人は理論を語る者の恥づべき感情論に陥る事を避けざるべからず。彼れマルサスの如き個人主義［▽民主主義」時代の古人に対して斯る態度を以て怒罵しつゝある社会主義者と称するもののあるも、そは亦《また》等しく▽改個人主義［▽民主主義」を以て貧民階級の傍より人口論を解釈しつゝあるものに止まりて［民主］社会主義は自ら論拠を異にす。否、単にマルサスと等しく▽改個人主義［▽民主主義］に脚を立てて彼の人口論を考ふるも価値なきの甚しき独断［矛盾の僧侶］論に過ぎざるなり。マルサスの人口論は独断の一点より演繹を始め、其の独断を先入思想として独断に適合すべく統計を解釈し、其帰納より如何にも科学的研究なるかの如き眺めを以て再び出発点の独断に帰り来れ［る者な］り。人口論の空中楼閣は実に『算術級数』と『幾何級数』と云ふ二語の夢より画かる。而してこれが誠に全部根拠なき独断なり。即ち、マルサスは、食物は算術級数即ち一二三四の割合を以て増加するに人口は二、四、八、十六の速度を以て増加する幾何級数の者なるが故に貧困は先づ以て人生の永遠に伴ふ運命なりと独断せり、▽削除△――而して此の夢よりも驚くべき独断が人口論の全部を組織し、今の学者階級がこの独断に疑を挿《さしはさ》まずして彼を権威として奉戴しつゝありとは解すべからざるも甚し。彼は固《もと》より統計を掲げて論じつゝあり、而しながら彼の平凡なる脳中には已《すで》に算術級数と幾何級数と云ふ独断が統計の帰納より先きに凝結して存せしが為めに、統計の按排の上に常に此の独断が君臨す。例を挙ぐれば、彼が二十五年毎に人口が二倍するものなるに食物の増加は遥かに僅少なりと帰結するに当《あたり》て、全く比較すべからざる別種の者を比較したる如き是れに▽改して、［▽なり。――］彼の根拠とする二十五年毎に二倍する人口の増加と云ふ統計の計算は北米の未開時代のことにして常時の北米にては人口の増加と共に食物は其れと同一の幾何級数を以て増加しつゝありし天然として存したる者なるを顧みざるなり。然るに彼は北米に於ける人口の幾何級数を同じく北米に於ける食物の幾何級数に対照せしめずして、北米の人口のもののみを抱て空中を飛行して欧州の食物の上に来り、見よ人口は幾何級数を以て増加する者なるに食物は算術級数の増加に非らずやと、全く別種の統計を指したるなり。斯る統計の取扱ひによりて聊《いささ》か帰納せられたるかの如き跡を有すとも、其根本点たる算術級数と幾何級数とに何等の力を加ふる者ぞ。由来、食物も人口も決して算術級数によりて増加するものにあらず、又幾何級数によりて増加する者にもあらず。人類に今日食物として取られつゝある動植物も生物種属にして、其れを食物として取りつゝある人類も生物種属の一なり。――実に今の学者なるものは恥ぢよ！　一粒万倍に非らずとも一粒より出《い》でたる米の茎に算術級数の増加を以て二粒の米より外なき穂の稲ありや。鼠は幾何級数を以て産るべき割合なりとせらる、而しながらそは単に産まるべき割合と云ふだけのことにして、其の内の大部分が物質的危難、或は猫の如き、ペスト属の如き他の生物種属との生存競争に於て劣敗者となり、第二の幾何級数を割り出すべき産児前に死するが故に決して増加する時に於て幾何級数に非らず。今のマルサスを合掌礼拝しつつある経済学者の神棚には鼠が一年一疋《いっぴき》の母より、八千疋▽改殖加［▽増加］する所の割合を以て幾何級数の山をなしつつありや。マルサスは論なく平凡以下なり、［——］若《も》し平凡の人としての誤謬ならば、寧《むし》ろ人類の食物とせらるる下等なる生物種属は之を食物とする人類に比して、数十倍の子を産み、数百倍の果実を結び、数万倍の卵を産む者なるが故に、却《かえっ》て『食物は幾何級数を以て増加し人口は算術級数を以て増加す』と云ふ独断ながらも顛倒すべかりしなり。固《もと》よりマルサスの時代は人口増加を国家競争の為に過度に奨励せるメルカンタイル・システム（重商主義）の反動たりしことは事実なり。又漸《ようや》く悲惨なる現象を呈しつし始まれる英国の工業革命の為めに判断の冷静を保つ能はざりしことも事実なり。▽削除又工業革命の初期にして経済的土豪の時代なりしが為めに、恰も幕末に至りて漸《ようや》く諸侯掠奪の跡を発見したりし如く、彼の時に何人《なんぴと》の出《い》づるもカール・マークスたる能はざるは社会進化の程度として固《もと》より事実なり。△而しながら算術級数と幾何級数と云ふ如き、野蛮人よりも数の観念の不明確なるは誠に劣等なる頭脳なりと云ふの外なく、▽［▽なし。而して］爾来《じらい》一百年の長き間無数の学者によりて継承せられて一種の経典の如くなり、権力階級に執られては残忍暴戻《ぼうれい》なる圧虐となりて下層階級に臨み来れりとは人類の霊智も怪むべき者なるかな。▽改而も今尚マルサスより幾何級数の勢を以て増加し来れる霊智ある経済学者、特に霊智ある金井博士の如きは［▽斯る例の一として日本に於ける有力なる一教授の大著に］曰く［、］『地球全体を開墾すとも人類は三階五階の家を建てて空中にまで増加するが故に人口増加は避くべからず』と。人類の霊智も極まるかな。

然しながら、如何なる下等なる学者と雖《いえど》も軽蔑を以て経過すべからず。彼等の下等なる者に於ては真理を語るよりも単に当時の大勢の後《しり》へに附随して大勢たるものを反響する者なり。大勢ならば如何に価値なき者と雖《いえど》も充分に惑を解かざるべからず。而してマルサスの人口論は下等ならざる▽改貴き金井博士の［▽なる学者等の——生物の下等なる者に従ひて増加率の幾何級数的なる原則によりて——］今尚以て［民主］社会主義に対抗しつつある最後の城砦となしつつあるに見れば全く大勢なることは看過すべからざるなり。曰く、飢餓を余儀なくされつつある下層階級の無くならば全社会を挙げて人口の増加を来して全社会の餓死を来すべき論理にあらずやと。是れマルサスの人口論をミルの其れの如く現社会の下に敷かれたる網なりとの意味に解せずして、社会進化の前面に立てる鉄壁と考ふる者なり。▽改［▽者。等しく▽改個人主義［▽民主主義］的系統なりともミルの明哲を距る千里の差ありとすべし。］［民主］社会主義の根拠は誠に▽改社会進化論［▽社会進化の理法と理想と］に存するを以て、［民主］社会主義は社会進化の将来につきて厳粛なる智識を要す。故に若《も》し社会哲学の上に経済学を築きて［民主］社会主義に対抗するならば［民主］社会主義の非難者として堂々たる者なるべしと雖《いえど》も、児童すらも言ふを敢てせざる三階四階の家などの建つべきを北極より南極まで想像して其の上に幾何級数のマルサスを祀る如きに至つて只以て醜くしと云ふの外なし。斯る学者の多くは自ら［世界的］社会主義者と区別せんが為めに愛国者を以て居り学者は千年後の後世を洞見するを要すと任じつつある▽改が故に［▽あり▽改。為めに］［▽あるが故に］、地球冷却後の大日本帝国を如何すべきかと云ふ大々的問題と共に、此の一千年後の人口論は［眼前］路傍の餓莩《がひょう》（餓死者）を外にしても必ず論議せざるべからざる緊急問題なるべく、［民主］社会主義者は常に斯る学者の前に講釈を要求せられつつあり。吾人は公言す、斯る［無智の］学者［等］に対する最もよき答弁は軽蔑を表示する沈黙なりと。経済学は社会の物質的基礎を論ずるものなるを以て社会学の智識を要し、而して社会学は人類と云ふ一生物社会の生存進化の理法を研究する者なるが故に凡ての生物種属の生存進化を研究する生物学の一章たり。従《したがっ》て経済学者が今日誠に狭少なる甲殻中に窒（蟄）居して盲動的に研究しつつある人口論の如き全く生物学の智識に要《もと》めざるべからざる者なり。而しながら今の経済学者なる者は、生物学以前、社会学以前の糟粕《そうはく》（絞りかす）を予じめ先入思想として頭脳を組織せる者なるが故に、仮令《たとい》彼等に向つて社会学によりて新社会を論じ、生物学によりて新社会の人口を説くとも、其の効果なきことに於て石地蔵▽改［▽電柱］と語るが如きなり。否！　彼等が今日経済学の対象としつつある食物の無限と云ふことにつきて語り、北米の平野のみを開墾すとも尚三十五億人を入るることを得と云ひ、海と名《なづ》けられたる地球三分の二の牧場ありと云ふとも、全地球を開墾したる上尚（ ）其の表面の凡てに三階五階の家が建つと云ふほどに豊富なる詩人的想像力を持てる彼等のことなれば必ず千年後洞見の明を以て百億千億に増加せば如何と窮追すべく、若《も》し又将来の食物は化学的調合によりて得らるべしと云へば亦《また》必ず其の丸薬を一服見せざるに於ては経験的科学に非らずと答ふべし。吾人は礼儀に拘泥する能はず、『生物進化論と社会哲学』▽改［▽吾人の『進化律の統一的組織』］は憐むべき頭蓋骨の陳列されたる今の学者階級に向つて語りつつあるものに非らざることを告示す。

［三行アキ］

［第二十四節］

否、マルサスの人口論とは人口対食物の問題なるが故に、▽削除吾人は△生物学によりて『人口』を論究するより先きに単に経済学の今の範囲内にて『食物』を考ふるも、マルサス論を社会進化の将来に立てる鉄壁と解釈して恐怖することは［全然］理由なしと信ず▽削除。△［――］経済学者は［当然に経済学の重要課目たる］食物の進化と云ふことを知らざるや。実に、彼等は食物の種類及び食物の生産方法が社会の進化と共に進化し来り、又進化し行くべきことを知らざるが故に、即ち［▽知らず。］今日の米麦魚鳥の如き食物の種類、及び今日の原始的の者と大差なき煮焼の生物［▽に依る食物］の生産方法より進化すべきことを知らざるがゆえに、［▽知らず。為めに］幾何級数と云ふ独断に構造せられたる頭脳を以て直に人口の増加を推論し、社会全員の餓死か然らずんば社会主義の夢想と云ふ笑ふべきヂレマ《ジレンマ》を設くるなり。若《も》し今の経済学者にして進化論を否定せず社会を現状に停滞する者若《も》しくは循環する者と考へざるならば、吾人は先づ首を回らして今日の食物の種類と食物の生産方法とが今日にまで進化し来れる経済的進化を顧みることを要す。固《もと》より未だ誠に微々たる者［▽進化］なることは論なし、而しながら社会の進化が漁猟時代に入り牧畜時代に入り農業時代に入るに従ひて食物の種類が其れぞれに進化したる事は注意すべき事実なり。光栄ある農学博士仁渡辺《新渡戸》稲造氏が其の『農業本論』に於てフランス人フォアサツク氏の言なりとして引用せる所によれば、農業［▽漁猟］と牧畜とは同面積を以て養ふべき人口の差は二十倍乃至《ないし》三十倍にして更に其の牧畜と農業とは同じ面積を以て養ふべき人口の差亦《また》凡《およ》そ二十倍なりと云ひ、［▽云ふ。］ゼオガマストの言なりとして［▽言によれば］農業にては五反乃至《ないし》一町歩にて一人を支ふるを得るも牧畜にては五十町歩乃至《ないし》七十町歩にて辛ふじて一人を養ふを得べしと云ひ、［▽云ふ。］而して牧畜が多くの土地を要する例なりとしてロシアにて男子一人を養ふに八十町歩乃至《ないし》百町歩の放牧地を要し、濠州のクインスランドにては羊一頭毎に一方哩《マイル》を要すと云へり［▽云ふ］。是れ即ち、食物の種類が野生の魚鳥と云ふ純然たる原始的生産物を以て主要なるものとせし漁猟時代は、其の原始的食物の存する地球の部分のみより外生産に用ふる能はざるを以て人類の稀薄なりしと共に食物の欠亡せし理由にして、［▽者なり。而して］社会の進化して聊《いささ》か人類の智能を生産の上に現はし原始的に存在する牛羊を人為を以て繁殖せしめ得るに至るや、生産に用ひらるべき地球の部分は人智を以て拡大せられ人口の増加と共に食物の増加を来し、［▽来したる者なり。而して］更に社会の進化して食物の種類が多く米麦となるに至るや、植物は動物よりも繁殖する生物種属なるを以て生産に用ひらるべき地球の部分は更に大《おおい》に拡大せられ人口の増加と共に食物の増加を来したることを示す者にあらずや。［▽者なり。］漁猟時代に『魚鳥のマルサス』出《い》でず、牧畜時代に『牛羊のマルサス』出《い》でず、而も独り農業時代の食物に進化してのみ『米麦のマルサス』と其の迷信者の擾々《じょうじょう》たりとは何ぞ。［（――実に「食物」の進化を閑却したる経済学者はマルサスを迷信するよりも自己の科学其者の一大問題を提起せざるべからざるなり。）］

社会は食物［其者］の進化と共に更に食物の生産方法を進化せしむ。最初は原始的に放任したるものが、漸時《次》に人智を以て食物となるべき生物種属（即ち牧畜時代ならば牛羊、農業時代ならば米麦）を繁殖せしむることなり。農業に例せば、マルサスが北米に得たる統計の人口は二十五年毎に二倍すと云ふと正比例をなして、デルブリュックはドイツの農学の発達によりて百年間に四倍の生産を得たりと云ひ、［▽云ふ。］マルサス宗徒は耕地一定の限度と云ふことを以て凝結するも、農学者は陸海軍が外国に領地を拡張する如く科学を以て国内の土地を侵略し三四《さんよん》倍大に大きくしたり。即ち、人類の食物の種類が農業時代の米麦に進化せる間、米麦の生産方法は又等しく進化したるなり。而しながら吾人が茲《ここ》に食物の生産方法と云ふ『生産』の文字は経済学上の術語に於て用ふるものなり。即ち、食物たるべき生物種属を繁殖せしむる方法が生産方法の一たると共に、其の生物種属を人類の口にまで持ち来る間に於て更に人智を加ふる経済的活動を意味す。言ひ換ふれば、羊毛を取らんが為めに人智を以て羊を繁殖せしむること［▽牧畜］が生産行為たると共に、羊毛に人智を加へて紡織すること［▽工業］が亦《また》等しく生産行為たる如く、家を建てんが為めに人智を以て松柏を繁殖せしむること［▽植林］が生産行為たると共に、松柏に人智を加へて切削すること［▽建築］が亦《また》等しく生産行為たる如く、人智を以て食物たるべき生物種属を繁殖せしむる農牧が生産行為たると共に、更に其の動植物に人智を加ふる煮焼は経済学上の生産行為なり。——

吾人は実に此の意味に於ける食物の生産方法が進化すべきことを忘却せる経済学者を怪しむ。一切の生産が原始的生産より工業的生産に進化するは経済学上の事実なり。即ち社会の原始時代に於ては原始的存在のままに衣食住の用に供せられたるものが、社会の進化と共に人智を以て原始的存在を変形若《も》しくは変質したる後衣食住に用ふと云ふことなり。然るに食物のみに於ては未だ原始的存在のままの者を用ゆること原始人と大差なきが故に、今日吾人は其の取りつつある食物の大部分を消化せしむる能はずして体外に排泄す。即ち、只僅かに火食を知れりと云ふ点に於て原始人よりは食物の工業的生産をなしつつありと云ふを得べきも、［▽得べし。而も］麦を麺麭《パン》に焼く、米を飯に炊《かし》ぐ、魚鳥獣肉を煮若《も》しくはあぶる［▽焼く］と云ふ其れだけのことにして、衣服住居の如く正確なる智識によらず殆ど全く本能の嗜好に従《したがっ》て只舌に適する方法を執りつつあるに過ぎざるなり。住居の原始的なる者は樹上に巣くひ山腹に穴居することなりき。而も其れが原始的に存在するままに木石を用ゆることより拙劣なる工業的生産行為を加へて小屋［▽茅屋］を作ることに進み、更に今日の如く大都会に五階十階の工業的生産行為を為すに至りしが［▽至れり。］為めに、今日の経済学者は『住居のマルサス』となりて、皆生殖を謹慎せよ、世界の樹上と山腹には限りありて巣を作《つ》くり穴居する能はず、人類は平原の洪水に溺死すべし（禹水を治むるまでは支那にても皆巣居穴居なりしと云ふ［▽如く］）とは云はざるに非らずや。衣服の原始的なる者は一方哩《マイル》の牧場を要する一疋《いっぴき》の羊よりして只一領の皮衣を得る事にありき。而も其れが今日牧畜時代の如き原始的存在のままの衣服を去りて、羊毛をのみ年々に刈り取る紡織の工業的生産をなすに至り▽改しを以て［▽至れり。為めに］現今の経済学者は亦《また》『衣服のマルサス』となりて、爾《なんじ》等生殖を防制せよ、世界の牧場には限りありて爾《なんじ》等は凍死すべしと説かざるに非らずや。——住居の生産方法の進化によりて住居の溺死なく、衣服の生産方法の進化によりて衣服の凍死なく、然るを如何ぞ独り食物の生産方法をのみ現今の原始的生産に止まりて進化なきものと考へ、『食物のマルサス』のみ跋扈《ばっこ》して食物の餓死を叫びつつありや。吾人が今日生穀を噛み生肉を喰ひし原人時代より今日の火食にまで進みしは火と庖丁との僅少なる工業的生産行為が食物の上に加へられたるものなり。若《も》しこの工業的生産行為の僅少にして而も盲動的に過ぎざるものと雖《いえど》も、其れが為めに同量の食物を取りながら生食の野蛮人よりも其れだけ多く消化しつつあるならば、口中より送られて単に醜怪なる物質として其の大部分が排泄さるる（呵々《かか》（大声で笑う様））、今のドイツ皇帝もこの進化的生物たるを免かれず）今日の原始的食物が、科学者の分析によつて見る滋養分を全部消化し吸収し得べき工業的生産行為の加はると推想せよ。今日直に食物とされつつある所の者は単に原料となるに至り茲《ここ》に数十百倍する人口をも優に維持し得べきことを推想すべし。［——此の推論は固《もと》より遠き将来のことなるは論なし。而も地球の全面を五階十階の家を以て覆ふべしとする更に遠き推論者よりも如何に遥かに科学的なるかを見よ。］繰り返へして云ふ、吾人は下等なる頭脳の学者階級に向つて語りつつあるものにあらず。吾人は只、今日にまで進化せる方則が更に将来の進化に至るべき方則なりと云ふことと、凡ての生産は原始的生産より工業的生産に進むと云ふ経済学の原則とによりて、今日の原始的生産のままの食物が又等しく工業的生産時代に入るべきこと▽削除△を確信するものなり。而して、斯《こ》の工業的食物時代の到来すべきを確信するが故に、▽削除今日科学者が折々其の実験室の窓を開きて告ぐる、人類は将来化学的調合によりて食物を得るの時来るべしとの予言を俯伏△して傾聴しつつある者なり。——即ち、人類の生存進化を維持するに要する営養物が原始的生物種属を胃腸の工場にて生産することより進化して、蒸気と電気とを有する大なる胃腸によりて生産する工業的消化時代となり、更に営養物其れ自身を原始的生物種属に求めずして人為的生物種属に得るの時至るべしと云ふことなり。詩人は天国を指し、科学者は天国に至るべき梯《はしご》を造る。科学が一元論となり無機物有機物の別がなくなりて万有凡て生物種属なりとの実験による断案は、人類の手によりて在来の生なき者となしたる無機物より有機物を造るに至れり。例せば、一八五四年化学者ベテルローはグリセリンと酸とを以て天然物と全く異ならざる脂肪油類を合成し、更に簡単に炭化水素より之を化成するを得たりと云ひ、而して今日糖分も亦《また》化学者の実験室内に於て合成せられ、剰《あま》す所は蛋白質のみなりと云ひ、甚しきは未だ精確なる報道なきも或る学者は化学室に於て全く一個の生物を作りしと云ふ如きこれなり。而して是れ実に所謂無機物を有機物が喰ひ、植物を動物が喰ひ、更に其の動植物を人類が喰ふと云ふが如き重複と残忍とを去りて、人類が直ちに本原の無機物有機物（実は無差別なる原々素）に食物を求むるもの▽改にして、［▽なり。］推論の走る所驚くべき遼遠のものなりと雖《いえど》も、［『人類』より出生すべき『類神人』の時、］『類神人』の消滅後に来るべき『神類』の時を想像せば然かく哲学的思弁のものに非らず。（▽削除後に説く社会進化の理想を見よ）。△マルサスは実に一百年以前の古人にして▽削除新派経済学者の嘲笑する旧派の者なるのみならず、△ダーウィンの『種の起原』より五十年以前の者なり。［則ち進化論以後の諸科学に於て彼の言説を権威視すること其事が已《すで》に思想の根本に於て中世的非科学的なりとす。］吾人は斯る▽改平凡なる［▽進化論以前の］古人を迷信して経済学の上にノアの洪水を説くよりも、過去の進化の跡に顧みて科学者の慎重なる実験に従はんと欲する者なり。［要するに人類社会進化の将来と云ふが如き『現実』を離れたる『永き時間』の問題を推論するに於ては凡ての条件を進化的に併進して思考せざるべからず。人口の増加には永き時間を考へ、食物の増加には現実の儘《まま》を考ふることが已《すで》に笑ふべき跛行的推論なりとす。］

［第二十五節］

吾人は茲《ここ》に『人口』を生物学によりて説かざるべからず。是れ、吾人が種属対種属の生存競争と云へる食物競争の生物学上に於ける地位の決定なり。

実に、ダーウィン彼れ自身の自白によれば、其生存競争説がマルサスの人口論より考へつきし者なりと云ふを以て、生物学の上より更にマルサスを確かむるかの如き現今の状態なり。▽改而しながら是れ誠にダーウィンの由々しき不注意にして、［▽是れ実にダーウィンの偉大を傷《きずつ》くる思想的欠陥の根本原因たる者なり。］是れあるが為めに彼の『種の起原』は単に生物種属は天地創造説の如く神の作成せし者にあらず進化によりて成れる者なりと云ふ事実の発見以上に何等の理論を提供せざりし所以なり。マルサスが其の所謂幾何級数を以て生るる人が算術級数を以て増加する食物の上に競争をなすと云へることよりして、ダーウィンは其れを凡ての生物種属の上に拡充して以て其の生存競争説の理論となせるなり。マルサスが十八世紀末の▽改個人［▽民主］義の空気によりて養はれて人口増加の意義深き天則を解する能はざりしが如く、ダーウィンは社会主義の科学的基礎たるべき生物進化の事実を解するに尚▽改個人主義［▽民主主義］の余波に漂はされたるが為めに生物進化論に於て占むべき食物競争の地位につきて遺憾なる［大］過失に陥りたり。即ち彼れに取りては生存競争とは同じ食物の上に重複する同種属間の食物個々の要求が衝突して、其の競争の優勝者が生存すと云ふことに過ぎず。

誠に惜むべきことなり。若《も》しダーウィンにして当時已《すで》にカール・マークスの出《い》でしほどに進める社会主義の《▽改》［▽的］風潮を取り入れたるならば、少くも個人主義《▽改》［▽民主主義］の独断論より脱却し得たりしならば、生存競争を同種属個々の競争と解するが如き過失なかるべきなり。此の点に於て最も正当なる見解を有したる者は彼と同時代のハックスレーなり。彼は同種属間の生存競争とは《削除》間接にして無意識なるも、異種属間即ち食物にする者と食物にせらるる者との間に於ける生存競争は直接にして意識的なることを明《あきら》かに表白せり。［――則ち吾人を以て見れば生存競争説の権威者はダーウィンよりも実に彼れハックスレー其人なりと信ず。］言ふまでもなく、ハックスレーの間接にして無意識なる同種属間の生存競争とは狭義に解せられたる食物競争のことにして吾人の広義に用ひたる生存競争、即ち長き命に於て理想を実現せんとする最も直接にして意識的なる雌雄競争を除外せる者《▽改》にして、［▽者なるは論なし。］又、食物競争を異種属間の生存競争と云ふも吾人の如く明《あきら》かに競争の単位を決定してのことに非ざるは論なし。何となれば異種族《ママ》間の生存競争たる食物競争が異種属間に於て直接に意識的なると共に、同一の食物たるべき生物種属の上に同種属が或る単位にて（即ち遊牧時代には部落の単位にて、現代には国家若《も》しくは階級の単位にて、飢饉の如き場合には純然たる家族若《も》しくは個人の単位にて）直接に意識的に生存競争をなすを以てなり。而しながら同種属間の直接に意識的に食物競争をなすと云ふも、其の競争は食物たるべき異種属に対して直接に意識的に生存競争の優勝者たらんが為めに同属を排除すと云ふだけのことにして、《▽改》［▽なり。而して］同種属を排除するの要なきほどに食物たるべき異種属の豊富なる所（人類に例せば尭舜［アダム、イヴ等］の原人時代の如き）、若《も》しくは同種属を排除するの努力を転じて協同に団結せる大なる単位にて他の生物種属の上に完《まった》き優勝者となり以て異種属を豊富ならしめたる所（例せば［民主］社会主義の《▽改》［究極］［▽世界的］理想が実現せられたる時代の如き）、にては直接に意識的なる食物競争は種属対種属のものなり。若《も》し個人主義《▽改》［▽民主主義］を以て生物進化の事実を解釈せるダーウィンの如く、生存競争とはマルサスの人口論が凡ての生物種属に行はるることと解しては、即ち同種属間の個々の生物が個々の生物に対する生存競争と解しては、彼の虫類の保護色の如き最も解し易き事実は如何にして説明さるるや。この保護色とは其の虫類を捕へて食物とする所の鳥類と云ふ他種属に対して生存を保護せんが為めにして、有毒を表示する色や木葉花弁に擬する色によりて、等しく其等の保護色を有する同種属の他の生物を恐怖せしめ或は欺きて食物を争奪すとの意味にあらざるは何▽改人も知れる所の如し。［▽明かなり。］斯く虫類の保護色の如き例を以てすれば生存競争の対敵が明《あきら》かに他種属なることを見るを得べしと雖《いえど》も、皮相的見解者の眼前に犬が屢々《しばしば》相争ひ猫が時に相嚙むを以て肉食獣の如きは個々の生物が他の個々に対して各々競争の対敵なるかの如く速断す。［(斯る場合の個々対個々の競争は多く雌雄競争の場合なることを忘るべからず)］而しながら彼▽改等は単に協同せざる非社会的生物なりと云ふだけのことにして、［▽が一片の肉の為めに相争ふ時と雖《いえど》も目的は他の生物たる一片の肉にして相争ひつつある同属の肉に非らず。］肉食獣の牙と爪とは決して同種属の肉を目的として磨かれたるものにあらず、其の食物たるべき肉の他種属に対する生存競争の優勝者たらんが為めなり。実に同種属間の個々の生物が他の個々の其れに対して対敵として存在するならば、彼等は食物たるべき他種属の乏しからずして慾望の重複せざる場合と雖《いえど》も、直接に意識的に食物競争をなして同種属の肉其者が競争の勝利者の爪と牙とに来らざるべからず。而してこれ実に狼の如き肉食獣が食物たるべき他種属の豊富なるシベリアの広野にては数千頭の群をなして存すと云ふ如き生物界の現象は謎語として持て余すより外なく、数千頭の肉は決して数千頭の食に非らざるなり。否！　今のダーウィンを偶像として崇拝する生物進化論者にして尚其個▽改人主義の［▽民主主義的］生存競争［説］を維持せんと欲せば、吾人は実に問はざるべからず。アミーバはアミーバを喰ひて生存しつつありや。芽生々物は芽生々物を喰ひて珊瑚樹を作りつつありや。牛は牛を喰ひ馬は馬を喰ひ、燕は燕を、鳩は鳩を、胡蝶は胡蝶を喰ひて其の生存競争をなしつつありや。稲は稲を喰ひ、芋は芋を喰ひ、松の木は松の木を喰ひて其の生存競争をなしつつありや。［――吾人は生存競争の対敵の見解に於て、明かにダーウィンを誤れりとしてハックスレーの正しきを尊重せざるべからず。］

　吾人は茲《ここ》に生存競争の優者◦適者◦強者の意義を繰り▽改返へして［▽更に明確にして］説かざるべからず。即ち所謂生存競争の優勝者とは他種属との生存競争に於て同属の中最も優れたる点を有するものが其の優れたる点を維持して生存すと云ふことにして、生存競争の対▽改敵［▽『対敵』］とは別▽改意義［▽全く別個］なる結▽改果［▽『結果』］なり。繰り返へして言へば、同属の中の優者◦適者◦強者とは同属の劣者◦不適者◦弱者を対敵としての其れに非らず、其の優劣と云ひ適不適と云ひ強弱と云ふは生存競争の対敵たる他種属に対してのことにして其の他種属に対して優者たり適者たり強者たる同属の者が生き残ると云ふことは生存競争の結果なり。例へば、茲《ここ》に各々一軍団を以て戦ふとせよ、戦争の結果として戦争後に残るものは其の軍団中の優者◦適者◦強者なりと雖《いえど》も、戦争の対敵は固《もと》より敵の軍団と▽改［▽に］して自己の軍団内の各員が各員に対する戦闘をなして優者◦適者◦強者の意義が決定さるるには削除非ざる如▽改し。［▽と同一なり。］実に、馬の進化せる四足は同属相蹴らんが為めに非らずして他種属たる競争者より遁来▽改［▽遁走］し得たる優者の結果なり。猫虎の如き猫属の犬歯は同属相嚙まんが為めに非らず他種属たる競争者に打ち勝ち得たる強者の結果なり。毛虫が毛を、針鼠が針を皮膚に有するは同属相刺さんが為めに非らずして、鼬《イタチ》の遁走の時に臭気を放つは他種属たる競争者を撃退し得たる適者の結果なり。生存競争の結果と対敵との斯くまでに見易き事理なるに係らず同属が或る特殊の場合に［――其は多く直接に意識的の生存競争たる雌雄競争の為めに――］直接に意識的に争ふを以て生存競争の優勝者とは同属間個々を対敵としての者なるかの如く信じ、飢餓の喰人族が他部落の同属［(而も同部落内に非らず)］の肉を食となす特殊の現象を凡ての生物界の通則として当箝《あては》めん▽改とするに至つては妄も亦《また》甚《はなはだし》い哉《かな》。［▽とす。生物進化論其者が今日に至って尚混乱して何等の組織なきこと凡て斯くの如し。］

［第二十六節］

誠に斯くの如し。生物界を通ずる食物競争とは食物にせんとする種属と食物とさるる種属との間に於ける生存競争にして、種属単位即ち最も広き意味に於ける社会単位の生存競争なり。［民主］社会主義［の究極的理想］は社会の単位を此の最も広き意味に於ける人類種属に於て他種属の上に生存競争の優勝者たらんとする者なり。従《したがっ》て［民主］社会主義の時代▽改［▽理想郷］に於ては先きに説ける理想実現の競争たる雌雄競争の個人単位の者あると共に、此の社会単位の現実維持の競争たる食物競争は固《もと》より他種属を対敵として存するは論なし。然らば社会主義時代▽改［▽小さき社会単位に於てする生存競争なき時代、則ち世界一社会の理想郷時代］に於ける食物競争▽改に係はる人口論［競争たる『人口論』］は如何に考ふべきや。

吾人は茲《ここ》に於て生物学が誠に高貴ある光を放つを見ると共に、ダーウィンの偉大が雲を突きて高きを仰ぐ。彼は曰く▽削除△――『生物種属は其の種属の生存進化のために必要なるだけの子を産む』。哲学史の緒論よりして宇宙に目的あることは思弁によりて解釈せられんことを要求せられつつありき。而してダーウィンによりて著しく発展したる生物学は宇宙一切の者の目的を有することを科学的研究の帰納として説明す。鶯《ウグイス》は囀《さえず》らんと欲するが故に美音ありや、美音あるが故に囀らんと欲するや。胡蝶は舞はんと欲するが故に麗翅ありや、麗翅あるが故に舞はんと欲するや。獅子は肉を喰はんと欲するが故に牙ありや、牙あるが故に肉を喰はんと欲するや。斯くの如きは是れ実に古今哲学上の大題目にして、天地創造説を取り若《も》しくは旧式の唯物論を取りて宇宙に目的なしとの見解を持する者は、鶯は美音あるが故に、胡蝶は麗翅あるが故に、獅子は牙あるが故に、歌ひ舞ひ猛ける者となせり。然るに生物学は厳粛なる事実より帰納して天地創造説を覆へし旧式の唯物論を破り論万《ママ》有進化の宇宙目的論を確立したり。路傍一茎の野花より、雲聳の松柏より、地上に匐《は》ふ昆虫より、花間を飛ぶ小鳥より、海浪に嘯《うそぶ》く鯨鯢《げいげい》（雄鯨雌鯨）より、豁《谿》谷を捗る蛇竜より、犬より、猫より、馬より、猿より、紅流るる東天にあこ▽改がれ［▽憧がれ］て翺翔《こうしょう》（羽をのばし飛びまわる）の翼を科学者の発明に待ちつつある人類に▽改いたる［▽至る］まで、［▽改（付言。此書出版の当時に於て飛行器は未だ夢想なりき）］［▽（此書出版の十五年前に吾人は只飛行の欲望を有せしに過ぎざりしを驚異す）］宇宙万有を挙げて生存進化の慾望の結果として生じたる者なることを帰納したり。宇宙は経過的生物たる人類の解すべからざる永遠の目的、相対的存在たる人類の考ふべからざる絶対の理想あり。この目的と理想とあるが故に、凡ての生物は其れぞれの目的を達し、其れぞれの理想を実現せんが為めに、歌はんとする目的ある者は美音を進化せしめて歌ひ、舞はんとする理想ある者は麗翅を進化せしめて舞ふ。哲学史ありて以来の両系統の対戦は生物学の厳粛公正なる判官によつて証拠調べの上明白に決定せられたり。（今の生物学者の多くが斯る金冠を戴ける判官たらずして死刑執行者の賤業に甘じつつあるは憐むべし）。——人口論も亦《また》実に此の宇宙目的論の生物学によりて解せる。即ち、凡ての生物種属が其生存の維持若《も》しくは進化の為に境遇（競争者たる他の生物種属をも含みて）に適応せんとして其れぞれ必要の形を執りて其れぞれの生物種属に進化せる如く、亦《また》等しく生存進化の目的の為に其れぞれ必要なるだけの子を産む。この凡ての生物種属は▽改［▽が］▽改生存進化の目的を有すと云ふことは実に人類と云ふ一生物種属を生存進化せしめんとする［民主］社会主義の拠《よっ》て立つ処▽改にして、［▽の者。而▽改して［▽従《したがっ》て］］生物種属は生存進化の目的の為めに必要なるだけの子を産むと云ふことよりして、▽改社会主義［▽吾人］は今日の如き驚くべき人口は決してマルサスの如く恐怖すべき者にあらず是れなくしては人類の滅亡し若《も》しくは進化する能はざるよりの必要に伴ふ結果なることを信ず。生物学は凡てに於て［民主］社会主義の基礎なり。食物競争が同種属間の個々の生物を対敵とする、若《も》しくは対敵たる他種属に対する競争者と▽改する［▽となる］に於ても競争の単位が個々の生物なりとするが如きは、誠に偏局的▽改個人主義［▽民主主義］の思弁的独断論に誤まられたる者なりと雖《いえど》も、ダーウィンの偉大を以てマルサス輩の水平線以上に突出せる大なる点を蔽ふが如きは天才を知るの途に非らず。即ち、生物種属は其の生存進化の為めに必要なるだけの子を産むと云ふ［民主］社会主義の科学的基礎これなり。（故にミューヘンの生物学者大会に於て生物進化論は［民主］社会主義に至ると恐怖して排撃に努めたる者のありしは執▽削除るに足らざる愚妄なりと雖《いえど》も、△生物進化論が［民主］社会主義に至ることを▽改或る［▽反対的見地より］不明確なる観念にて考へ及ぼせしと▽改称すべし［▽者］とす）。吾人はダーウィンを研究する者に向つて只二つの注意を要《もと》む、［――］即ち、ダーウィンは生物進化の事実を確めたることと其の説明として不貫徹を極めたりとは云へ生存競争説の緒を開きしと云ふ点とに於て偉大ならしめよと云ふこと。而して他の一は［▽以て人類歴史ありて以来の迷信たる天地創造説を覆へしたる一切思想的根拠の大革命家なりと云ふ事。而して其の説明として生存競争説の端緒を開き、以て］宇宙目的論の帰納に導きて凡ての生物種属は其の生存進化の目的の為めに其れぞれの形を執りて其れぞれの種属に進化し、其の目的の為めに必要なるだけの子を産むと云ふ厳粛なる事実を示したる点に於て万世不朽ならしめよと云ふこと。［（吾人は終にダーウィンの弾劾者に非らざらんとす。偉大なる者の与へたる端緒に依りて其の偉大を完成せしむると、偉人と雖《いえど》も有り得べき欠陥を益々拡大して其の偉大なる所以をも傷《きずつ》くる学者等とダーウィンに取りて何れが忠実なるぞ）。］

実に、人口論はダーウィンの与へたる断案の上に立ちてのみ解せらるべく、生物進化論以前の過ぎ去れる智識を継承して甘ずる今の経済学者輩の千言万語は一の価値なき蛙鳴《けいめい》に過ぎず。彼に依れば種属の生存進化の為に必要なる産子は下等なる階級の生物種属より高等なる階級の其れに進むに従ひて減少すと云ふ。例せば、マルサスの幾何級数と云ひ、世俗の鼠算と云ふ彼の鼠の産児数は一年一母より八千疋《ぴき》に増加すべき割合の産児数にして、［▽なり。］蜂は一年五六《ごろく》万疋を産み、蠅は一疋《いっぴき》二十万の卵を一度に産み十五日間にて生成し一週間毎に百万倍に増加すべき割合なりと云ひ、［▽なり。］鱈《タラ》は其の袋に一千万の卵を有し、絛虫《じょうちゅう》は一節に一億万の卵を有して百五十節あり。油虫は数年間にして全地球を蔽ふべく、ハックスレーの計算によれば植物の殆ど凡ては八九《はっく》年にて蔽ひ尽くすべき割合の産子なりと云ふ。［（人口論は彼等の生物の側より唱へらるべき者に非らずや！）］然るに高等なる階級の生物種属に進むに従ひて其数を減じ鳥類若《も》しくは獣類の如きに至つては何人《なんぴと》も知る如く誠に僅少なる者となる。ダーウィンは斯くの如き無数の事実によりて『凡ての生物種属は其種属の生存進化の目的の為めに必要なるだけの子を産む』と云ふ断案に帰納したり。即ち、凡ての生物種属は（人類につきて云へば人類社会は）其種属の生存進化の為めに（人類につきて云へば人類社会の生存進化の為めに）、必要なる子を産む者にして（人類に於ては即ち人口の多少は社会の必要にして）、若《も》し、必要なる莫大の産子なくしては下等生物の如き忽《たちま》ち其の種属の滅亡を来す。二十万疋の蠅は各々同属の二十万疋の弱肉強食となり、百五十万億の絛虫が各々同属の百五十億万に対して生存競争を為さんが為めに非らざるなり。即ち、産子の最も多き植物に於ては其種子を風若《も》しくは虫、鳥等により て偶然に持ち運ばれ偶然に善き境遇に置かれ、偶然に他の生物の食物となれるを免かれし僅少なる僥倖《ぎょうこう》者によりて其の種属を維持せざるべからざる必要の為めに全地球をも蔽ふべき多くの種子を産する所以に▽改して、［▽なり。］蜉虫の如き一節一億万の卵を有する百五十節によりて、其中の偶然に水中に入り、更に偶然に魚に喰はれ、而も其の魚は偶然に会すべき特定の魚にして、而して更に偶然に其の内に入り、又更に偶然に其の肉の人に喰はれ、喰はるる時も亦《また》偶然に生肉として喰ふときに於てのみ始めて人の腸に入り以て漸《ようや》く其の種属を維持し得るが故なり。［――］実に食物の生存競争とは目的が種属に在り単位が種属に在り対敵が他の種属に在り。従《したがっ》て、種属対種属の競争に於て多くの劣敗者を有する下等なる生物種属は、多くの劣敗者の犠牲あるも其種属を維持するに足るだけの、否寧《むし》ろ種属を維持するに足るだけの分子を生存せしめん為めに多くの犠牲たるべき劣敗者として［の］夥《かた》多の産卵をなすなり。然るに生物の高等なる階級に進むに従ひて産子の数の夥《おびただ》しく減少するは、等しく種属生存の目的に於て対他種属との競争の劣敗者を多く出さざる迄に進化せる者なるが故に、必要の去れるよりの減少に▽改して、［▽なり。則ち］凡ての生物種属の中に於て人類種属の最も産子少さ《な》きは其の必要の最も少なき迄に最も進化せる生物種属なるを以てなり。ダーウィンは誠に［彼の大発見にヒントを与へたる］マルサスに誤られて其生存競争が如何に激烈に生物界を通じて行はるるかを実験に於て証拠立てんが為めに他の生物種属の侵人を禦《ふせ》ぎて植物の驚くべき繁殖の速度を験《けん》せし如きあり▽改て、［▽ことあり。］為めに生存競争とは同種属の夥多なる分子が各々其れ自身の生存の目的の為めに他の同種属の其等を排斥せんとする競争なりとの意味に取▽改られてダーウィンは［▽と考へ、以て］マルサスの人口論を凡ての生物種属に拡充して進化論の上より確めたる如くなりき。是［れ］即ち個人が其れ自身の目的を有すと云ふ個▽改人主義［▽中世的民主］なり。故に▽改ダーウィンによりて確められたるマルサス［▽『ダーウィンによりて確かめられたるマルサスに』］とは経済学者中の少しく智識広き者に取りては［民主］社会主義に対する最も堅固なる城砦にして、マルサスの人口論は今▽改日［▽斯くして］殆ど社会進化論の上にまで延長せられたる状態となれり。然しながら偉大なる思想史の［大］革命家は些少なる浮雲によりて全部の光輝を蔽はるるものに非らず、今の▽削除擾々《じょうじょう》たる生物進化論者の輩は彼の全き御恣《姿》を拝するを得ずと雖《いえど》も其の雲間より投げらるる光は彼等の眼を射て明《あきら》かなり。丘博士が如何なる理由に基きて時に『人種』とのみ限りしかは解すべからずと雖《いえど》も――何となれば、国家もあり、民族もあり、嘗《かつ》ては固き団結なりし宗教団体もあり、今日は大なる聯合をなせる階級もあり、又人類と云ふ他種属に対して一体をなせる社会もあるを以て――一切の不霊残忍なる暴論が人種の生存進化の為にと云ふ権威より演繹されしに見るも、決してダーウィンの導ける宇宙目的論の外に逸出せる者に非ざるを知るべし。△［ダーウィンの断案、凡ての生物種属は其の生存進化の為めに必要なるだけの子を産むと云ふ原則は、実に根本よりマルサスの人口論、人類は食物とさるる生物種属よりも多くの子を産むと云ふ虚妄を覆へしたる者に非らずや。ダーウィンがマルサスより或るヒントを受けしとも彼等の根本が斯く両立せざるを見ば、むしろ『ダーウィンによりて覆へされたるマルサス』として受取らざるべからず。然るに此の全く両立せざる二人を共に取り入れつつあるが故に現代凡ての」経済学者にして若《も》し「▽は」生物種属は種属としての生存進化の目的を有すと云ふことを認識して「則ち生物種属は其の生存進化に必要なるだけの子を産むといふことを認識して、」而も尚且つ人口論を社会進化の面前に横ふる乎、誠に以て野蛮人と云ふの外なし。「▽横《よこた》ふるの大矛盾に気付かざるなり。」種属の生存進化の目的の為めに劣敗者を余儀なくせられて今日多くの子を産みつつある人類と云ふ生物種属が、「民主」社会主義の実現「其の他の理由」によりて食物競争の劣敗者が少なくなると共に（無くなるとは云はず、後に説く）、種属生存の為めに必要なる産子が即ち人口が幾何級数を以て三階四階まで増加し、其増加によつて全社会の餓死となり却《かえつ》て生存の為めにせし人類種属の滅亡となるとは！　実に「現代世界に存する」博士と云ひドクトルと云ふは「▽の徒は其の頭脳の値に於て」アメリカンインデアンに鼻眼鏡を掛けたる者なり。「▽と何の高下ありや。」吾人は繰り返へして断言す、今日驚くべき人口は人類種属の未だ低度の進化なるが為めに他種属との競争に於て劣敗者の絶えざることよりして種属生存の為めの必要に伴ふ天則なりと。生物学以前の経済学者ならば知らず、「――」凡ての社会的諸科学に根底を賦与すべき最も重大なる任務を帯ぶる所の生物学者までが――ああ丘博士よ――偉大なるダーウィンを一介の凡物マルサス輩の足下に蹂躙せしめて恬《てん》として恥ぢずとは何事ぞ。マルサスが生児中四分の三は嬰児《えいじ》にて死するか、或は四分の一の寿命にて死するかの二なりと云ひしは、実に未だ人類の進化到らずして四分の一にて人類種属の生存進化をなし、絶えず四分の三の劣敗者を余儀なくさるる所以なりと考へよ。天然の物質的欠亡、或は母の遺棄放任等によりて（動物の多くは「▽が」然かり「▽然かる如く」）最も種属生存の困難なる野蛮人は最も多く子を産し、掠奪階級の圧力下に生存の困難最も多き今日の下層階級は所謂貧之人の子沢出の必要あり。何事も天則なり。彼等は多くの子の中より僥倖《ぎょうこう》の機会によりて自己を生存し（即ち現実を維持し）、進化せしむる（即ち永き命に於て理想を実現せしむる）者を得。他の多くはマルサスの言へる如く四分の三まで嬰児《えいじ》にて営養不良と腐敗せる空気の裏長屋中にて死し、其長ぜる者も過度の労働と低度の生活の為めに四分の一の寿命を以てラサールの言へる漸時《次》的に餓死するなり。「――」吾人は貧民階級の所謂人口過多を以て貧民階級其れ自身の為めに必要となす者なり。彼等は其の子沢山なくんば遠き以前に於て永き命は絶たれたるべく、即ち生存競争の完《まつた》き劣敗者として滅亡したりしなり。只、進化律［の神］は平等の愛を以て彼等の生殖慾を驚くべく昂進せしめたるが為めに、彼等は多くの劣敗者あるに係らず尚辛ふじて永き命に於て生存し進化するを得たるなりとす。生殖慾の昂進が［神の］愛なりとの語に向つて君子の軽蔑を表はすなかれ。幵《それ》は決して今の不幸なる労働者階級のみにあらず。吾人日本人は現に雄略天皇のころまで母子兄妹の間は固《もと》より、馬姦、鶏姦、犬姦と云ふ驚くべき禽《きんじゅう》獣との生殖関係が、刑罰によりて禁止せられ若《も》しくは祓《はらえ》をなして神に謝したりと▽改云ふ［▽記録さるる］ほどに強盛なる生殖慾を有したる▽削除者△なることを顧みよ。日本のみならず、モーゼの律法にては婦人は牛馬の前に立ちて交はるなかれ犯す者▽削除あるとき△は死すべしとして厳罰を以て禁止せられたるほどなりき。斯る刑法と斯る強盛なる生殖慾とは今日にまで進化せる吾人を以ては想像だも能はず《ママ》る所なりと雖《いえど》も、種属生存の最も困難にして多くの劣敗者を余儀なくせられたる古代に於ては人類社会の生存進化の為めに欠くべからざる重大の慾望なりしなり。天則に誤謬と無用なし。今日の強烈なる生殖慾は宇宙進化の大目的の為めにする神の命じ給ふ所と云ふべし。――果して然らば、今日全社会の婬《淫》蕩荒乱は是れを［民主］社会主義の世に至つて顧みる、将に今日の吾人がモーゼの律法を見雄略崩御の祓《はらえ》を見るが如くならずとせんや。社会進化論の前にマルサスの骸骨を横《よこた》へて何の権威ぞ。［民主］社会主義は衣食の劣敗者たる貧困を去り子孫の生存を下等生物の方法に於て維持する多数の出産を不要ならしむる者なり。

又、下層階級の人口過多と云ふ理由は貧困の外に戦争の劣敗者が悉《ことごと》く下層社会より出《い》づるが為めなり。――即ち彼等は横の階級競争に於て多くの犠牲を余儀なくさるる如く、竪《たて》の国家競争に於て常に劣敗者となる。即ち貧困よりの余儀なき子沢山ある如く、戦争の為めに必要なる結果として人口過多の声あるなり。例せば、今日のフランスは人口の平率を保ち居るが為めに国際競争に堪へずマルサス教徒と正反対に人口過少は国を亡ぼすとして敢て帝国主義者に限らず凡ての者を通じて憂慮せられつつ▽改ありと雖《いえど》も、［▽あり。而も］ルイ十四世の下に侵略を事としナポレオンを擁して全欧州を戦乱に落しつつありし時代に於ては人口の増殖は驚くべき者なりき。中世史の戦国時代に於ては等しく其の必要よりして▽改メルカンタイル・システム［▽所謂重商主義なる者］が思想界に於ても亦《また》実際政策の上に於ても人口増殖を以て第一の目的となし其の増殖せる人口を戦乱の劣敗者とし其の中の僅少なる部分の生存者によりて下層階級は維持せられたりき。日本の今日に於て年々五十万の率を以て増加しつつある人口は、群雄戦国の中世史の始めより徳川の貴族階級の下に掠奪せられし終末と共に、即ち戦争と貧困との長き継続と共に、更に経済的貴族国の下に依然たる貧困を継続し、維新戦争。十年戦争、日清戦争、日露戦争と絶えず戦争を継続せしを以て、日本民族としての生存を維持せんが為めの必要に伴ふ人口にして▽改、［▽なり。］戦争は人口の捌口を満韓に求めたるにあらず、未開▽改［▽中世］時代の国家競争を要求する国民の思想▽改［▽生存目的］の為めに、戦争及び戦争に伴ふ貧困による劣敗者として多くの人口を生じたるなり。即ち、▽削除△先きに鶯《ウグイス》は美音あるが故に歌ふに非らず胡蝶は麗翅あるが故に舞ふに非らずして、歌はんとする目的舞はんとする理想あるが故に美音と麗翅とを生したるなりと云へる▽改如く、［▽云へり。則ち］生物進化の宇宙目的論によりて日本今日の過多なる人口は、人口過多なるが故に戦争生ずるに非らず、戦争を目的とする中世的思想の国民、戦争によりて優勝者たらんとする野蛮なる▽改［▽戦闘的］理想の国家なるが故に増殖しつつある天即なり。天即は嚙まんことを目的とする蛇に毒を賜ひ、喰はんことを理想とする狼▽改［▽獅子］に牙を賜ふ▽改［▽与ふ］。国民▽削除と国家とが此の蛇の如き目的と狼の如き理想とより脱却せざる間は、日本民族は永久に下等動物の天則を被りて人口過多に苦《くるし》むべし。而して階級的感情を超越して言へば、今の下層階級は上層の者と等しくこの低度なる進化の途にあり。故に社会主義は国際戦争に導き易き専制の制度を去り、資本家の貿易戦争をなしつつある産業的専制制度を顚覆すると共に一層深く国民国家の目的とする所（、）理想とする所より革命せんとする者なり。進化律が鶯《ウグイス》に毒を与へ胡蝶に牙を与へざる如く、世界聯邦の下に万国平和を目的とし理想とする社会主義時代に於て何の人口過多あらんや。△［蛇の如くならずんば生存する能はざる国家、獅子の如くならずんば生存する能はざる国民に、天則が一見過剰なるかの如き人口増加を賜ひしのみ。固《もと》より現時の国際組織が進化して世界聯邦なる近代的理想のものに実現さるるの日に於て中世的生存の必要条件たる人口過多の要なかるべきは論なし。国際間に於て一個の貧民たる日本民族なる生存単位は、凡ての貧民が多産なることに依りてのみ生存を維持し得る生物学的原則に依りて現時の人口過剰を感謝すべきのみ。凡ての点に於てマルサスの人口論は有害なる謬妄のみにして一の真理一の有益なる者なし。］（故に彼の日露戦争に於て主戦論を取れる［皮相的］帝国主義者と称▽削除する者△が人口の捌口を要すと云ふを理由とせる如き、又非戦論を唱へたる社会主義者が其の意気の壮なりしに係らず未だ誠に無勢力なる二三子《にさん》の資本家の為めに戦争の戦はれしと解したる如き、価値なき皮相の説明に止まりしを遺憾とす）。

［第二十七節］

吾人は純▽改正社会主義［▽民主社会主義］者として凡ての階級的感情若▽改しくは［▽階級的］利益の上に超越して科学的研究

の態度を汚辱すべからず。即ち人口論を資本家階級の傍より個人主義［▽民主主義］を以て解釈して個人としての貧民に道徳的責任を負担せしむることの誤謬なると同様に、下層階級の傍より個人主義［▽民主主義］を以て人口論を拒絶し資本家が貪欲非道なるが故の貧困なりと論ずることの［▽は］誠に社会主義と少しも聯絡《れんらく》なき［▽科学的根拠なき］独断論の者なりと云ふ事なり。――明《あきら》かに言へば下層階級の夥多《かた》なる人口は上層階級の犠牲たるべき社会進化の一過程なり。更に具体的に言へば、一将の功を成さしめんとして万骨の枯るることの為に、一人の栄華を築かんとして数千の小作人と幾千［▽万］の工夫《こうふ》とが貧困に世を終り凍餓に倒れんことの為に、多くの人口を要し来り又要しつつあるなり。吾人が始めに下層階級の道徳的謹慎、即ちマルサスの所謂防制と云ふを逆倒して、下層階級の強盛なる生殖慾なくば今日の富の階級なしと断定し置けるものこの意味なり。個人主義［▽民主主義］の思想を以て見れば貧民の生殖慾が卑しむべきが如く、吾人のかかる［▽断る］断定は下層階級の個人としての権利を無視するの言としての響くべきは論なし。［民主］社会主義者は如何にすとも個人主義［▽民主主義］者たる能はず。若《も》し［民主］社会主義の名の下に貧民階級の個人としての幸福を主張するを以て足れりとする慈善家あらば、鉄よりも冷たき科学によりて一切の理論を行《や》る吾人は［民主］社会主義の忠僕たらんが為めに斯る慈善家を軽蔑すべし。自己一身の不平に導かれて［民主］社会主義の大傘の下に集まりたる者、若《も》しくは一百年前のフランス革命時代の個人主義［▽民主主義］を継承して独断論の暗闘に耽《ふけ》りつつある者は今の下層階級の貧困を以て上層の罪悪に帰し、上層の者を見るに凡て犯罪人を以て目《もく》す。進化律の天則に不合理なることなし。然るに斯る独断論の上に［民主］社会主義の旗幟《きし》を建つるが故に、其の人格の高潔にして主張の熱烈なるものあるに係らず、然らば神［の愛］は偏頗《へんぱ》にして其の能は全からざる欠亡の者なるかと反撃せられ、［民主］社会主義を以て嫉妬の凝結せるものと慷慨業者の巣崛なるかの如く誤らしむるにいたる［▽至る］。人類社会は渾然として一個体なり。貧民と云ひ富豪と云ひ各々［其等の属する］社会と云ふ一個体の部分なり。即ち個人とは社会のことにして、貧民と云ふ個人が今日犠牲となりつつきたれる［▽来れる］は富豪と云ふ他の個人の罪過の為めにあらず、社会の進化の為めに社会の自身が社会自身の或る部分を先づ進化せしむる必要によりて社会自身の他の部分を犠牲としつつあるなり。ゆえ［▽故］に今日幸福に置かるる所の富豪も貧民の肉体の一部なり、犠牲に投せられつつある貧民も富豪の其れの一部なて、ドイツ皇帝も路傍の乞食の一部にして、柳蔭の娼婦もオランダ女王の一部なり。憐むべきマルサスも吾人の一部にして、更に笑ふべき博士ドクトルの輩も釈尊キリストの一部なり。人類は個人主義［▽民主主義］時代の仮説の如く契約以前若《も》しくは征服併呑以前は個々に存在せる者にあらず、生物進化論［が其］の科学的基礎によりて証明せる如く、一元の人類よりアミーバの如く分裂せる一個体の部分たるに過ぎざるなり。個体は個体としての生存進化の目的を有す。この目的を達せんが為めに其れぞれ其の目的に適応する形を執る。即ち、人類社会と云ふ一個体の生物――人類を空間を隔てて分子とせる一個体の生物は其の生存進化の目的の為めに其の目的に適応する形を其れぞれ進化の過程に於て執る［▽取る］。吾人はこの説明の為めに暫《しばら》く人類と云ふ大個体を下等生物の一疋《いっぴき》としての個体と比較すべし。固《もと》より単に比喩の玩弄に過ぎざる生物学以前の旧き社会有機体説（後の『所謂国体論の復古的革命主義』に説く）に比して社会を首足胴腹ある一疋と解すべきに非らざるは論なしと雖《いえど》も、［▽なし。――此の比喩的社会有機体説と現時の科学的社会有機体説とは決して混同すべからざる別事なり。（『現代国体の解説』に於ける国家人格実在論を見よ）。――而も］今日の人類社会に於て下層階級を犠牲として取扱ひ［▽が地球を区画して大小幾十の生存単位として各幾十個の生物として各種の犠牲を出し］つつある所以は、全くこの大個体の進化の程度が純然たる下等生物の其れの如き者なるを以てなり。下等生物は物質的危難、或は他の生物種属の為めに常に生存の困難なる進化の程度にあるが故に、一疋《ぴき》としての個体の或る一部を犠牲にして走り其の犠牲にされたる部分は忽《たちま》ちに補欠せられ原形のままの生物としての生存の目的を達す。蚯蚓《ミミズ》、蛭《ヒル》の如き遁走する能はざるものは身体の一部を切断せらるるも忽《たちま》ち原形のままを補欠し、蟹は其の鋏を失ふも［▽る］間もなく小さき鋏を生じて原形のままに補欠し、蠑螈《イモリ》が其の四肢を失ひ、蜥蜴《トカゲ》が其の尾を切られて遁走するも又忽《たちま》ち其れぞれに補欠して原形に返へるは、皆斯る犠牲の方法によりて生存の目的を達するより外なき必要に基く者なり。人類社会と云ふ大個体の進化の程度も今日の状態にては斯る下等なる犠牲の方法なり。即ち、地震。洪水。風浪の如き物質的危難は漸《ようや》く避くるを得、食物とすべき動植物の如き他の生物種属との生存競争及び食物とせらるべき他生物黴菌の如き者との生存競争に於ても亦《また》漸時《次》に優勝なる地位に進みつつありと雖《いえど》も、［▽あり。而も］尚小さき政治的単位即ち国家、或は小さき経済的単位即ち会社ツラストが激烈なる生存競争をなしつつあるが為めに、其れぞれの単位としての個体の生存を維持せんが為めに其の単位たる個体の欠損する一部を絶へず補欠するの必要あり。詳しく云へば、国家の下層階級即ち万骨として枯るべき階級は国家の欠損すべき一部として人口過多を以て補欠し、会社ツラストの下層階級即ち掠奪されて貧困に捉へられたる労働者階級は其の経済社会の欠損すべき一部として人口過多を以て補欠するなり。――人口増加は恐怖すべきものに非らずして是れなかりしならば貧困と戦争との為めに人類は遠き以前に於て地球より跡を絶つべかりしなり。然り、人口増加は恐怖すべきものに非らず、只恐怖すべきは下層階級が、何の故に徒らに死滅するに過ぎざる子の多くを産むやを疑ひ始めたること是れなり。▽改——[▽なり！] 而して彼等は疑問に対する答案を科学者に俟《ま》たずして、殆ど獅子の鬣《たてがみ》を振ふが如き憤怒を以て犠牲の義務を拒絶し始めたり。おお讃美すべき天則よ！ 彼等は嘗《かつ》て其の豚の如く産み落せる多くの子が奴隷として使役せられ、士百姓《サーフ》として誅求《ちゅうきゅう》せられ、以て涕泣《ていきゅう》して他界の浄土に慰安を求めつつ犠牲たりしことを知らざりき。今日亦《また》尚知らずして小作人と賃銀奴隷とは其の多くの子を抱き、負ひ、撫でて吐息す——おお子等よ、爾《なんじ》等は如何にしてこの行路難の世に立ち得るやと。社会の進化は同類意識の深く広くなることなり。古代に於ては親子兄弟の間の同類意識も浅く他の部落国家は固《もと》より酋長君主に対しても解すべからざる何者かの如く考へて同類意識は狭かりき。然るに社会の進化と共に同類意識を広く国家の凡て世界の凡てに迄及ぼし、同時に深く親子兄弟を自己と同一若《も》しくは同一以上に愛するに至らしめたり。[吾人は明かに告げん。——] 人口論の解釈が要求されたるはこの愛の満足を求めんが為めなり。マルサスの時に至つて人口が増加したるに非らず経済学が講義せられて日本の出産数が五十万となりしに非らず。近代よりも中世は中世よりも古代は更に遥かに人口の▽改[▽増加の生産] 率は多かりしなり。只、過去に於ては其の浅き狭き同情を以て其の子の死滅を痛切に感ぜず又自由に生長しつつある上層階級につきて疑ふ所なかりしのみ。然しながら天則は停滞する者に非らず、現代の深厚広汎なる同類意識は決して奴隷士百姓《サーフ》の犠牲に甘ぜし時代のものに非らず。斯くて同類意識は人類を進化律のレールに乗せてフランス革命を起さしめ麺麭《パン》と憲法の要求を叫びて国王貴族を顚覆したり。麺麭《パン》は与へられずして投げられたる憲法の上に新貴族は再び麺麭《パン》の掠奪を始めたり。父と母とは油よりも濃き愛の滴りを頑是なきうたたねの稚子の顔に落して依然たる行路難を泣く。マルサスは僧服の袖を振つて冷酷にも貧民に道徳的責任を問ふ。而しながら天則は彼等の手より智識を奪ひ彼等の目より美術を奪ひ、彼等の耳より音楽を奪ひ、彼等の袖を引きて肉慾の街に誘ひ、彼等の唇を開きて濁酒を注ぎ、彼等の夜具までも奪ひて夫妻を平常の同衾に包み、恰も娼婦の客を酔はしむる如く生殖慾の挑発を事とす。子は産まる。膝に抱かる。——子の愛に於て聖母と吾人の母と何の択ぶ所ぞ。子の愛の為めには焼野に鳴く雉子《キジ》は鷲の如くなりて鼬《イタチ》に向ふ。マルセーユ城に突撃せし先鋒は誠に繊細の女子なりしことを記憶せよ。——革命は愛の満足を求めて起る。マルサスは欺かれたる貧民の行くと云ふなる極楽に赴きて更に昇天者過多の人口論を唱へよ。深くなれる同類意識の父母が其の膝に眠れる多子を眺めて前途に憂へつつありし眼を挙げて上層階級を眺むるの時！▽改[▽時、——] 茲《ここ》に広くなれる同類意識は洪水の如き勢を以て馬車を顚覆しダイヤモンドを飛ばし肉の食卓を打破し▽改[▽覆へし] 舞踏会の玻璃《はり》（ガラス）窓を破り、茲《ここ》に革命となる。——人口過多は社会の必要にして上層階級はこの意味に於《おい》て恐怖せよ。

只斯くの如きのみ。失《矢》丸（矢丸（やだま）。矢と鉄砲のタマ）に裂かれたる［民主］社会主義の赤旗が博物館に置かれて、平和と平等の国民の物語りとなるの世に於て人口の増加が恐怖の意味に於《おい》て増殖すと考ふるは理由なきことなり。（社会主義の世に於ける人口は更に後に説く）。人類は他の生物種属の中にて最も進化せる者なるが故に最も犠牲たる劣敗者の少なく従《したがっ》て最も出産数の少なき生物種属なり。而して更に他の高き生物種属にまで進化すべき経過的生物として更に犠牲たる劣敗者を少なくし従《したがっ》て更に出産数を少なくすべき生物種属なり。今日の人類が更に進化して［民主］社会主義の実現せられたる後、即ち犠牲たるべき劣敗者の少なくなれる後、出産数の少なくならずして却《かえっ》て幾何級数となり以て人類を挙《こぞ》りての餓死か（若《も》しくは実現せられたる社会主義の破壊せられて進化論以前の思想の如く社会が循環するに至るか）と［▽餓死を］考ふるは、恰も、蠑螈《イモリ》が其の四肢の欠損の必要よりして補欠するを見て、四肢を犠牲にして生存を全うするの要なき迄に進化せる人類の手足に推及し、人類は少しも四肢を欠損せざるを以て吾人の手は八本となり十六本となり三十二本となり幾何級数を以て増加したりと云ふと等しき事実の無視なり［▽昏惑迷妄の沙汰なり］――爾《なんじ》等の手を開き見よ。蠑螈《イモリ》社会の大学教授［等］と雖《いえど》も斯る推論をなしつつありとは想像し得ず。固《もと》より通弁の用に存する日本の学者等は斯ることの責任体にあらざるは論なく、実に我がダーウィンなり。彼はマルサスの独断をヒントして受取れるが為めに、事実の帰納としては『生物種属は其の種属の生存進化の為めに必要なるだけの子を産む』と云ふ社会主義の基礎を与へ［られ］ながら、他の点に於ては是れを全く打ち消すべき『人類の進化は其の過大の繁殖力によりて相競争するが故なり』と云ふ意味の個人主義［▽民主主義］の裏書を為したり。［（偉大なる者の過失は無数の群小を昏迷せしむること甚大なるが故に後世の識者は彼の訂正を怠るべからず）。］この言が彼のベンジャミン・キッドに取られて『種の起原』以後の大著なりと云はるる『社会進化論』となり、更に其れが今の学者階級に反響せられて社会退化論か滅亡論か解すべからざる者となれり。人類の過大の繁殖力は相競争せんが為めにあらず、他の生物種属との生存競争に於て種属を生存せしめんが為めなり。単に繁殖力の大なる者が個々対個々の生存競争を激甚ならしめて最もよく生物種属を進化せしむるならば、――軽蔑すべき推理力よ！　蠅の如きは二十万の卵を産み一週間毎に一億万となるほどの過大の生殖力を有するが故に、人類の文明に二十万倍し一億万倍せる進化をなし吾人の滅亡せる屍《しかばね》の上に黒山の如くたかりて其［▽蠅］の文明国を建設しつつあるべく、［▽べし。］螩虫は百五十億万の卵を産む過大の生殖力を有するが故に、人類よりも百五十億万倍も高等なる進化的生物として世は螩虫の第二十世紀に入り蜂虫のキッド君が蜂虫進化論を著はして蠅の如き学者階級の崇拝を集めつゝあるの時ならざるべからず。マルサスを合掌礼拝しつゝある如き今の学者等に取りては彼れキッドの如きは金光の頭脳なるべし、吾人を以て見る数言の侮弄にて足る三尺の児童なり。

▽削除 吾人は西人《せいじん》の言に筆を馳せて日本の代表的学者なりとして指定したる理学博士丘浅次郎氏の『進化論講話』を忘却したり。曰く『世間には生活の苦しみは競争の激しいことに基くので競争の激しいのは人口の増加が原因である、それ故子《こ》を産む数を制限することが必要であると云ふやうな考へを持つて居る人もあるが前《さ》きに述べた所によると此は決して得策とは云はれぬ』と。吾人は固《もと》より新マルサス派の社会改良策が無目的の盲動なりしことを博士と共に知る。而しながら博士が其の結論に於て顧みて『前《さ》きに論べたる所』と云ひし『進化論講話』の全部は混沌として只事実を羅列せるのみにして一の理論もなく、同属間個々の生存競争によりて凡ての生物種属は進化せるものなるが故に過大の繁殖力を有する人類の進化はマルサスの人口論によると云ふ意味の説明なり。而しながら是れ亦《また》等しく今の生物進化論其者の組織なきが為めにして吾人が研究に忠実なる丘博士を特に指定したるは日本の代表的学者なりとの理由にして博士一人の責任を負ふべき過失なりとの意味にあらず。△［生物学社会学を通ずる進化律の原則、生存競争説は——前章個々対個々の生存競争たる雌雄競争の解説と共に——斯く種属対種属の生存競争たる食物競争の解説によりて完全なる統一的組織を得べし。（而して永き間経済学等の社会的諸科学を蹂躙しつつありしマルサスの人口論は自らにして完全に粉砕駆逐せられたるを見るべし）。］

［民主］ 社会主義は進化論の外に逸出して生存競争を禁遏《きんあつ》（おしとどめやめさせる） 若《も》しくは緩慢ならしめんとする者に非らずとは以上説く如し。即ち、他の生物種属に対して全人類の大社会単位に於てする現実維持の食物競争あり。而して前《さ》きに説ける同属間の個々に対して個人単位に於てする理想実現の雌雄競争あり。

第▽改八章［▽第七章］

［第二十八節］

今日まで生物進化論に結論なし／進化の意識は宇宙絶対の意識なり／［民主］社会主義の世に於て人口は出産と死亡と平率を保つと云ふ推論／猛獣に対する生存競争をなせし原人と黴菌属に対して生存競争をなしつつある現代／人口は更に増加すべしとの推論／人口増加は今日と雖《いえど》も歓喜すべき天則なり／凡ての生物種属は生存の目的の為めの産子以上に進化の理想の為めの多産あり／人口増加は二様の意義を有す／生死平均との推論は一面の解釈に過ぎず／生物学より見たる君主国。貴族国。民主国の三時代の説明／法律の進化を解せざる所謂社会主義者／恐怖の意味に非らざる人口増加／上層階級の多産が歓喜なる如く今の下層が凡て上層に進化せる［民主］社会主義時代の人口増加／人口増加は雌雄競争をなさんが為めに多くの卓越せる個性を要する故なり／一元のアダム、イヴの雌雄競争なき時代より十億に増加せる現代の進化

［第二十九節］

今日の失恋者を以て［民主］社会主義時代を想像すべからず／大体の事実として上層は全社会の理想なり／片思をも絶望せる失恋者の下層階級／階級内の恋愛競争の現代と全人類の大を看客《かんかく》とする釈尊とマリアとの恋／階級的善と階級的真／『氏』の階級的定型の遺伝と『育ち』の階級的定型／階級によりて作らるる容貌即ち階級的美／何が故に恋の理想たる上層を要求する能はざるかと云ふ積極的自覚／雌雄競争による真善美の進化、天才の世界／▽改個人主義［▽民主主義］の高貴なる理想と万有進化の大権／若き男女の握れる手と手はローマ法王の絶対無限権を有すべし／［民主］社会主義と個▽改人主義［▽民主主義］△との理想の合致／▽削除講壇社会主義には何の理想なし△／▽削除社会主義は個人主義と異なりて社会の進化を終局の理想とす

［第三十節］

卑近なる科学者の態度を以て最も近き社会の将来を想像せしめよ／［民主］社会主義時代に於ける社会進化の速力／『類神人』の遺伝の累積は▽改本能を異にするに至り従《したがつ》て別種の生物種属『神類』として分類せらるべし／『善』の本能化は一世紀間にて来る／個人主義［▽民主主義］の倫理学は社会性の満足の為めなる道徳を解せず／意志自由論

と意志必致《（至？）》論とは合致すべし／今日に於て犯罪者若《も》しくは消極的善人のみなる理由／現社会が法律の上に於いても道徳の上に於いても［民主］社会主義を理想としつゝある理由／道徳法律の理想と現実の道徳法律／偏局的▽改個人主義［▽民主主義］の欧米と偏局的社会主義の日本／中世的蛮▽削除風の△社会性と私有財産制の日本／［民主］社会主義の世は無道徳の世界と云ふべし／今日の本能を固定的なりと考ふるは天地創造説の思想なり／人為淘汰による本能の急速なる変化／今日の利己心の強盛なる本能は私有財産制度に入りしよりのことなり／豚が二三代《にさん》にて野猪《のじし》に返へる如く二三代《にさん》にて尭舜時代の蕾を爛漫たらしむべし

［第三十一節］

『真』の進化／人類はカンガルーと等しき有袋動物なり／体外の袋に在るカンガルーの九ケ月が生殖作用の一部なる如く社会の袋に教育さるべき二十才までは生殖作用の一部なり／独断的不平等論の最後の呼吸／生殖作用とは種族的経験智識を肉体的に遺伝する教育にして教育作用とは社会的に遺伝する生殖なり／［民主］社会主義を下層的平等と解する『平民主義』の悪しき命名／個人の絶対的自由は先づ社会の一分子に実現せられて君主国となる／其実現の少数階級に拡張せる貴族国時代／タルドの摸倣による平等／戦国時代とは個人の権威の衝突なり／革命以後の日本の法律は▽改社会民主々義［▽民主社会主義］なり／今の世に平民なし／衆愚主義に非らず全社会の天才主義なり／［民主］社会主義は先づ天才の発展すべき自由の沃土たる点に於て天才主義なり／［民主］社会主義は更に天才を培養する所の豊富なる肥料を有することに於て益々天才主義なり／天才と社会との関係／天才の定義／自由の沃土なき時代の天才／豊富の肥料なき時代の天才／社会精神とは過去の個性の精神なりと云ふ点に於て［民主］社会主義と▽改個人主義［▽民主主義］の合致／人類は脳髄及び神経系統を進化せしめて本能を異にするに至る

［第三十二説］

『美』の進化／凡ての真善美は進化的なり／円満なる美の理想たる天人天女の容貌は二三代《にさん》にして実現さる／人類は排泄作用を去るを得べし／凡ての生物種属は其目的理想の為に凡ての器官を進化せしめ退化せしむ／人類の器官の進化せる部分と退化せる部分／人類の今日までの消化器の退化と其理由／食物の進化に併行する消化器の退化は工業的食物時代に入りて愈々《いよいよ》退化し化学的調合に至て全く排泄作用を去る／恋人の脱糞ドイツ皇帝の放屁／問題は何が故に脱糞放屁を恥辱と感ずるかの理由の根本に存す／更に其れを恥辱すること小児よりも大人に野蛮人よりも文明人に甚しきかといふ感情の進化が問題なり／目的論の哲学と生物進化論は凡ての説明なり／凡べて真善美に係はる恥辱の感情は理想に対照されたる現実の不満なり／排泄作用を恥づるに至れるは大なる進化なり／理想の低級な

る下等動物と其排泄物／理想の進化と排泄作用に対する感情の進化／社会進化の原則によりてドイツ皇帝は放屁を塗り付け▽改［▽く］る理由あり／進化とは理想実現の聯続《れんぞく》なり（本文になし）／物質文明を讃美せん

［第三十三節］

人類は交接作用をも廃止すべし／恋愛と肉慾とを分離せんとする要求は人類の進化的生物たるより発する理想なり／一元論の化学《科》／凡べての生物は両性抱擁の生殖方法に限らず／人類は魚類の如き受精の方法に▽改いたる［▽至る］能はざるか／肋骨の一片と実験室中の小さき生物／油虫の単性生殖と男性なくして英雄を産める歴史上の事実／両性生殖も進化の一過程なり（本文になし）／生物進化論は大釈尊の哲学宗教に帰着せり／生殖作用が理想実現の方法たる点に▽改おいて［▽於て］独身の聖者は大なる生殖をなせり／社会とは空間なき密着の大個体なり／小個体腹中の教育と大個体腹中の生殖／無我絶対の愛の世

［第三十四節］

人類の滅亡は胸轟くべきの歓喜なり／▽改個人主義［▽民主主義］の哲学宗教は棄却さるべし／天国は人類の滅亡せる『神類』の地球なり／科学的宗教／無我絶対の愛を説くは『神類』に非《あ》らざる人類に向っては狂妄なること恰も類人猿の如く爬虫類の如くなれと云ふと同一なり／▽改社会民主々義［▽民主社会主義］の哲学宗教は社会単位の食物競争と個人単位の雌雄競争を▽改社会民主々義［▽民主社会主義］の名に於て主張する生存競争の科学なり／▽削除キリスト教は一夫一婦論を要求して絶対の愛に非らず又仏教は他生物の小我を承認するを以て無我の愛に非らず△／キリスト釈尊は吾人と等しく人類社会の一分子として『神類』を理想としたるのみ／▽改社会民主々義［▽民主社会主義］の天国に至るべき途は階級闘争にあり個性発展に在り伏能啓発にあり自由恋愛にあり科学に在り／吾人▽改社会民主々義［▽民主社会主義］者は『人類』と『神類』とを繋ぐ鉄橋工事に服しつつある一工夫《こうふ》なり

［第三十五節］

▽削除発狂者は鉄橋工事を解せず△／▽削除以上の帰結、△今の生物進化論は凡て悉《ことごと》くその力を極めて排撃したる天地創造説を先入思想として生物進化の事実を解釈しつつあり／宇宙目的論の哲学と生物進化論の哲学とは茲《ここ》に始めて合致し相互に帰納となり演繹となりて科学的宗教となる／『類神人』の一語は生物進化論の結論なり

［第二十八節］

吾人は茲《ここ》に人類の▽改消滅すべき経過的生物なることを説かん。即ち［▽社会の進化の将来につきて或る程度までの推論を為さざるべからず。固《もと》より自然科学の「時間」に於てなり。――是れ」生物進化論の結論なり。今日まで生物進化論に結論なし。

人類の今日までに達したる智識にては、天地万有 悉《ことごと》く進化しつつありと云ふことなり。而して一切の進化は生存競争に在りと云ふことなり。吾人々類種属の如く、明確なる意識に於て進化に努力しつつある者に非らずと考へらるる、下級の獣類鳥類より昆虫魚介に至るまで、其の生物として生存せんとする慾望其の事が進化なり。而して其の意識と云ふは進化の程度を異にするよりの程度の差にして、生存の慾望――従《したがっ》て進化の意識は宇宙絶対の意識なり。吾人は余りに哲学的思弁を事とすべからず、兎《と》に角《かく》吾人々類種属が生物として生存せんとする慾望あり、其の慾望の為めに生存競争あらば、人類の更に進化すべき経過的生物なることは、進化論其者に対して懐疑的態度を執る者に非らざるよりは充分に肯定すべし。

［一行アキ］

吾人は先きの人口論を継続して語らざるべからず。即ち、［民主］社会主義の世に入りて社会単位の生存競争と云へる人類と云ふ一大個体を単位として他の生物種属に対する生存競争、及び人類個々を単位として他の個々の人類に対する生存競争［則ち食物競争と雌雄競争と］は如何になり行くやと云ふことなり。

推論は二様に導かるべし。其の一は、［民主］社会主義の実現によりて生存競争の劣敗者が少なくなると共に出産数と死亡数と平均を保つべしと考ふることなり。斯く推論せんとする者に取りては其者の自由にして誠に生物学の事実と理論とに適合せるは論なし。固《もと》より、蒸気と電気との生産機関によりて――恰も虎に取りて牙が生産機関たり、鷲に取りて翼が生産機関たる如く――人類の食物とすべき生物種属との生存競争に於ては完《まった》き優勝者たるを得べきは［民主］社会主義の実現後直ちに来るべき可能なりと▽改雖《いえど》も、［▽なり。而も］人類を食物とせんとする生物種属即ち黴菌属に対して尚 完《まった》き優勝者たる能はざるべく、従《したがっ》て疾病の劣敗者を犠牲として出すも人類種属の生存進化に支障なきだけの多くの人口を要するは明《あきら》かなり。又、地震、火山、洪水、風浪等の物質的危難もあり。而しながら、今日の野蛮人が猛獣に対する生存競争に忙《せ》はしく、又原人が其れに対する生存競争の為めに湖上に家を建て或は樹上に眠りしと云ふ如き状態より進化して今日の吾人に達し終に猛獣に対しては全き勝利に帰したる如く、医学の進歩によりて猛獣よりも困難なる競争者たる黴菌属に対しても猛獣との其れの如く完《まった》き勝利の来るべきは疑ひなかるべく、従《したが》って疾病によりて欠損する部分を補欠する必要の為めの人口も必要の去ると共に減少すべしと考へらるべし。自ら称して経験的なりと云ふ学者階級に取りては眼前に野蛮人の状態を見るが如く発掘せられたる原人の遺跡を見るが如くならざれば斯る推論に対して恐らくは『空想』の慣用語を放つて嘲（ママ）ける▽改べしと雖《いえど》も、［▽べし。而も］若《も》し彼等にして其の遺跡と状態とを見て今日の文明にまで進化し来れる原理を推論するの脳力あらば、更に今日にまで進化し来れる原理を辿りて今日より進化し行くべき或る状態が等しき推理力によりて画かれざるべからざるの理なり。実に、病死者（今日は社会的原因の者多し）なきに至るべしとの推論は、今日の文明人が猛獣に喰はるることなしと云ふ今日までの進化が更に将来に向つて進化せるものと解せば可なりとす。今日発掘せらるる湖上の家、若《も》しくは樹上の巣居が獣類種属との生存競争に努力しつつありし原始時代に奇怪に非らざりしが如く、今日少しも奇怪とも考へ及ばざる病院の如き建築物が▽改『類神人』［▽『人類』］の遺骨と共に発掘せられて遺跡たる時代に於ては黴菌属との生存競争に努力しつつありし時代として大《おおい》に『類神人』『神類』の興味を喚起すべしとせん。而して今日徐々に除去しつつある物質的危難の如き亦《また》進化と共に去るべく、従《したが》って出産数と死亡数と平均を保つとの推理は正当なり。

　他の一の推論は吾人の主張せんとする所にして人口は更に増加すべしとの見解なり。即ち、人類は原人の時代より他種属との生存競争に於て無数の劣敗者を出しつつ来りしに係らず、尚他種属との其れに於て優勝の地位に進むに伴ひて人口を増加せるを以て、［民主］社会主義の実現によりて▽改さらに［▽更に］地位を優勝に進むるに至らば更に尚人口の増加を見るに至るべしとの推理なり。吾人が先きに［民主］社会主義の時代に於て人口が恐怖の意味にて増加する者に非らずとして、人口の増加が他の意味に於て想像せられ得べきことを語る余地を剰《あま》し置けるはこの故なり。固《もと》より天則は如何なる者と雖《いえど》も恐怖すべきに非らず。今日の人口増加が恐怖さるるは上層階級の階級的利益の見地よりの(こ)とにして、社会の生存進化の上より見るに於ては欠くべからざる天の設計なりとす。吾人は［民主］社会主義の時代に入りて人口の更に大《おおい》に増加すべきことを無限の歓喜を以て信ず。――経済学者は吻《くちさき》を容れて云ふべし、然らば再び生存競争の激烈を繰り返へすべしと。吾人は斯る小さき貝殻より外知らざる甲殻類に向つて語りつつあるものに非らず。――凡ての生物種属は単に種属の生存を維持する目的の為めに努力するのみならず、種属を進化せしめんとする理想に向つて▽改さらに［▽更に］強烈なる活動をなす。ダーウィンが植物にて実験せる如く、凡ての生物種属が其の種属の敵たる他の生物種属の排除さるるときに於て無限の繁殖をなすは、固《もと》より他の敵たる生物種属の下に無数の劣敗者を出しつつありし生存の方法の障害なく発展せるものなりと雖《いえど》も、凡ての生物種属が生存の維持以上に更に繁殖して進化せんとしつつあることは生物学上の事実なり。即ち、一元より今日の十億万に繁殖せる人類は、種属生存の意味に於て劣敗者の補欠として多くの人口を繁殖しつつありしことの上に、更に人類自身の進化によりてダーウィンの植物に為せる如く人類の敵たる猛獣又は黴菌の如き他の生物種属を排除し、若《も》しくは人類を敵とする他の生物種属たる動植物を牧畜又は農業の方法にて征服し若《も》しくは奴隷として繁殖せしめ、以て今日の如き人口にまで増加し今日の進化にまで到達したるなり。——故に人口の増加は二様の意義を有すと考へらるべし、一は他種属との生存競争に於て劣敗者を補欠するが為めの現実維活の目的よりする種属生存の結果として。他の一は他種属との生存競争に於て劣敗者の少なくなり行くが為めに理想実現の目的よりする種属進化の結果として。［——］即ち、吾人は［民主］社会主義の時代に入りて出産数と生亡《死》数と平均すと云ふ第一の推論より以上に出《い》でて、［民主］社会主義の時代に入ると共に更に大《おおい》に人口の増加を来すべしとの推論を為さんと欲する者なり。一は凡ての生物種属を以て単に種属生存の目的より外になしと考ふる消極的見地なり、［他の］一は凡ての生物種属は種属生存の目的を達すると共に更に種属進化の理想を実現せんとする者なりと云ふ積極的見地なり。若《も》し種属が単に其の生存を維持するを以て足れりとする者なりと考ふるならば、先づ何よりも解すべからざることは一元の人類より十億万に繁殖せる社会進化の事実なり。具体的に云へば、古代の君主国時代に於て、社会の一分子たる君主の生存の為めに他の凡ての分子が忠順の義務を負担して種属生存の為めに犠牲となりしことより、中世の貴族国時代に進みて、社会の少数分子たる貴族階級の生存の為めに他の武士平民の階級の多くの分子が忠順の義務を負担して種属生存の為めに犠牲となりしことに至り、さらに▽改［▽更に］現代の民主国に至りて社会の全分子が悉《ことごと》く生存して種属を生存せしめんとするまでに進化せる社会進化の事実と沮格《阻隔・そかく?》する推理なるを以てなり。斯く、一人によりて種属を生存せしめたるものより、少数階級によりて種属を生存せしむることに進み、更に凡ての階級なき全国民によりて種属を生存せしめんことを理想とするに至れるは、生存競争の勝利を得る毎に生存すべき人口の繁殖することを法律の▽改［▽的］理想に於て表白せる者なり。（法律の理想は社会の理想なり、法律の理想たる正義が君主国、貴族国、民主国と進化せるは人類社会と云ふ生物の理想が進化せるを以てなり。［欧米］▽改社会主義者中の皮相的見解者の如く［▽社会主義の凡ての先達が国家を否認する根本的迷妄より発して、従《したがっ》て］法律を以て徒らに掠奪階級の罪悪を働かんが為めに作られたるかの如く解するは［名状すべからざる］無智の極なり）。従《したがっ》てこの過ぎ去れる社会の進化を認むるならば、[民主]社会主義の実現によりて人類の対他種属の生存競争が更に優勝の地位に進むと共に、人類種属進化の意味に於て人口の大《おおい》に増加すべきを推論するは困難に非らず。今日の人口増加が恐怖の意味に受取られつつあるは、下層階級にとりて其の子女の犠牲として死しつつあることを憂ふる深厚の同類意識の堪《こら》ふべからざるまでに進化せることと、其の進化が社会の進化にして今の上層階級が社会進化の方法たる革命を恐怖する▽改よりのことにして、[▽が為めなり。之れは反して]等しく種属生存以上に種属進化の意味に於て増加せる人口なりと雖《いえど》も、[民主]社会主義時代の人口増加は恐怖の意味に非らざる▽削除社会進化の△増加なり。例へば上層階級の人口増加が其の階級にとりては恐怖に非らず却《かえっ》て歓喜なるが如し。[民主]社会主義は人類社会を一個体と見て生物界に於ける君主々義なり、人類を個々に見て生物界に於ける貴族主義なり。▽削除——△今の君主貴族が▽改[▽は]現実維持の生存競争に於て最も優れたる優勝者となれるを以て、更に進化せんが為めに多くの子を産みて而も悉《ことごと》く生存進化しつつある▽改如く、[▽あり。][民主]社会主義の実現によりて全社会が挙《こぞ》りて生物界の上に君主となり貴族となりて完《まった》き優勝者たるに至らば、人口増加は理想実現の為めに無限の歓喜を以て増殖し而して悉《ことごと》く生存すべし。(▽削除吾人が第一編の『社会主義の経済的正義』に於て社会主義は上層階級を下層に引き下ぐるに非らず、下層階級が上層に昇ることによりて階級の掃蕩さるる社会の進化なりと云へるはこれなり。故に社会主義は所謂世の『平民主義』に非らざるは論なし)。△

[(故に全人類が生存単位たる理想郷に於てのみならず、現時の地理的民族的生存単位たる国家の進化するに従ひて人口の増加すべしと考ふるは此の原則に依りて更に正当なる解釈なるは明かなるべし。凡ての生存単位は其の大小を問はず単に消極的に生存を維持する為めの則ち個体の欠損を補ふ為めの生殖に非らずして、積極的に理想の実現の為めの戦ひ則ち個体の進化の為めの生存競争をなすが故に、個体内の分子の増殖は其の個体の進化に伴ひて当然なる現象なりと推論せざるべからず。則ち国家に於ては対国家的生存の為めに人口増加を必要とする前章の消極的説明の外に、更に対国家生存に打勝ちし後の富強に於ても其の人口を養ひ得る物質的豊富に比例して人口の増加を見るべしと考へざるべからず。完全なる原則は如何なる現象に対しても一貫的説明たり。世界一国の理想郷に於て思考し得る原則は大小数十国の分立する現実世界に於て亦《また》原則たらざるべからず。)]

然り、吾人は斯く推論して人口の増殖すべきことを信ぜんと欲す。而して社会の進化は増加せる人口の為めに個性発展の競争を激烈ならしめ、人口の多きだけ其れだけ卓越せる個性の多きを以て其の速力は想像し得べからざるものなるべし。

この競争の優劣を決すべきものは社会の全分子たる男女の雌雄競争なり。男女の全分子は各々其の理想とする所の男女を獲《え》んと競争する事によりて、獲《え》たる理想の男女の結合によりて社会の理想を其の永き命たる子孫に於て実現しつつ、社会は進化すべし。即ち、吾人が人類社会が食物競争の完《まった》き優勝者たると共に人口の増加すべきを想像するは、人類は更に進化すべき経過的生物なりと云ふ［吾人の］生物進化論の▽改上よりして、［▽基礎に立ちて推論する者なり。］雌雄競争なきアダム、イヴの時よりも十億万人の男女が雌雄競争をなす今日が遥かに進化の速かなる如く、十億万人の少なき人口の今日よりも更に多き人口［百億万］の男女が雌雄競争をなすことは更に遥かに進化の速力に於て大なるべしと信ずるを以てなり。［斯くの如くにして吾人は民主社会主義の理想郷に於ける種属単位の生存競争、則ち他の生物種属に対する人類の完き優勝を推断せんと欲する者なり。］

［第二十九節］

故に、［民主］社会主義の世に於て失恋者の多きことは如何ともすべからず。現実の苦痛たる食物競争なきが為めに、理想に憧憬して而も其の実現を得ざる雌雄競争の劣敗者は、是れ社会進化の天則にして吾人［民主］社会主義者の阻み得べき所にあらず又阻まんと夢想する所にもあらず。理想高きに至て到らざる現実の苦痛愈々《いよいよ》大なり。［『人類』は『類神人』に進化し］『類神人』は『神類』に進化せんが為めに激烈なる雌雄競争をなす。

然しながら、吾人は今日の社会に於ける雌雄競争▽削除（前きに説ける所を見よ）△を以て［民主］社会主義時代の失恋者を想像すべからざるは論なし。今日の恋愛は皆階級に阻害せられ、而して単に階級によりて相思の者の阻害さるるのみならず、階級の隔絶の為めに多くは所謂片思と称する恋愛の最も悲惨なる征失《(征矢・そや?)》を負ふ。固《もと》より［民主］社会主義時代に於ては相思の者の阻害さるる事なくして、其失恋者とは斯《こ》の片思の者なることは▽削除△論なし。何となれば最も真なる最も善なる最も美なる所の、即ち最も▽改『神類』［▽『類神人』］に近き所の個性を有する男子及び女子が全社会の恋愛の中心点たるべく、従《したがっ》てこの▽改『神類』［▽『類神人』］に近き所の者を獲《え》るは他の▽改『神類』［▽『類神人』］に近き異性にして及ばざる多くの失恋者は片思の苦痛を嘗《な》むべきを以てなり。而しながら今日に於ける片思の失恋者は不幸なる階級に其の真と善と美とを作成せられたるが為めに、理想とする異性に向つて進《すすん》で恋愛を要求すべき道徳。智識。容貌を有せざるなり。明《あきら》かに言へば下層階級の者は上層の異性に対して相思を求めて得ざる片思の苦痛よりも、片思を為すこと其のことをも絶望せるなり。社会は其多くの分子を犠牲に▽改「▽と」して先づ上層の分子より漸時（次）に理想を実現し、以て全分子に其実現を及ぼす。（社会学者の或者は之を指して模倣にとる同化作用と云ふ）。故に大体の事実として上層階級の智識・道徳・容貌は其の階級の理想たると共に全社会の模倣して到達せんとすることに於て全社会の理想なるなり。故に一介の田舎娘と雖《いえど》も哲学者の頭脳に恋せざるに非らず、嫋《よう》を鬻《ひさ》ぎて生活する娼婦も厳めしき道学者の鬚髯《しゅぜん》（顎ひげ頬ひげ）に恋せざるに非らず、塵埃を浴びて走る車夫も深窓を洩るる瑟《しつ》（弦楽器（琴？））の音に恋せざるに非らず。只、彼等に片思の失恋なきは已《すで》に絶望せるを以てなり。彼等は削除『雲に掛け橋』削除として已《すで》に恋するも達せざることを絶望して恋の心を動かさざるなり。――何たる悲惨▽改「▽不合理」ぞ！　単に自由競争が経済的方面に於て階級間に限られたるのみならず、（第▽改一編の『社会主義の経済的正義』「▽『経済的貴族国時代』」に於て自由競争の二大分類を説ける所を見よ）、恋愛の自由競争は階級的城壁内の小天地に局限せられて其の階級間の理想するに止まる低き程度の緩慢なる競争となれり。乞食は乞食を、労働者は労働者を、小作人は小作人を、芸妓は俳優を、間の抜けたる令夫人は長芋の若様を、宿六は山の神（かかあ）を、泥棒火附の男子は窃盗スリの女を。「――」斯る小社会の内に限られて斯る低き理想の異性を得て足れりとする今日、何の社会進化あらんや。「民主」社会主義が実現せられて、即ち今の下層階級が上層階級に進みて「全国民凡てが君主的自由と貴族的平等とを得、更に進みて」全人類が天地万有の上に君主となり貴族となるの時、恋の天地は九尺二間にあらず待合に非らず、恋の理想は芸妓に非らず長芋に非らずダイヤモンドに非らず、「――」全人類の大を看客《かんかく》として釈尊とマリアとの恋な▽改り。「▽なり！」実に恋の理想は社会の理想なり。社会の理想が社会の全分子たる男女に恋せらるることによりて社会は其の理想を永き命たる所の子孫によりて実現し以て進化す。理想として今日の男女に問へ、釈尊キリストのごとき▽改「▽如き」真善美、マリア観世音の如き真善美は必ず恋の理想たるべし。而して是れ社会の実現すべき理想なり。然るに、今日に於ては社会の未だ進化▽改「▽進化未だ」到らずして階級的割裂にあるが為めに、凡ての智識も、凡ての道徳も、凡ての容貌も、階級的理想によりて階級的に作成せられたる階級的の真善美に止まる。吾人が前編▽訂『社会主義の倫理的理想』に於て述べたる如く「▽に良心の階級的作成を説述したる如く」今日の良心は階級的善なり。而して智識の多くも階級的真なることは下層階級の宗教が多く鰯《イワシ》の頭（鰯の頭も信心から。鰯の頭のようなつまらないものでも信仰するとひどくありがたく思える）にして其哲学が亦《また》多く狐狸の司どる運命なるが如し（幸ひに階級を超越することを得たる吾人が今打撃を加へつつある上層の学者階級の智識の▽改「▽も」亦《また》階級によりて憫《あわれ》むべく作られたる如き等しく然かり）。即ち、凡ての者が社会的作成なることによりて、道徳的判断も智識的判断も各々其の社会的階級によりて作成せられて階級的善となり階級的真となる。容貌と雖《いえど》も然り。階級的美と云ふの外なし。『氏より育ち』と云ふ如く今日の美人と云ふも醜夫と云ふも僅少なる個性の［▽個人的］変異を外にして全く階級によりて作られたる階級的定型なり。而して其の『氏』と云ふも階級的定型の遺伝たるに過ぎず。彼の刑事人類学者が社会的階級によりて容貌の作らるることを知らざりしが為めに、犯罪階級の定型的容貌を有するを見て悉《ことごと》く天稟《てんぴん》なりと断定したる如く（固《もと》よりの其の天稟なる者あるは犯罪階級の社会的作成の遺伝たる『氏』なりと雖《いえど》も）、上層階級の容貌も下層階級の其れも皆　悉《ことごと》く育ちなり［▽『育ち』］と云ふ社会的作成と氏なり［▽『氏』］と云へる父祖の社会的作成の遺伝なるなり。資本家階級の唇に残忍なる冷笑あるは清貧に甘ずる者の如く素朴率直なる能はずして譎詐《けっさ》謀略を余儀なくさるるが為めの社会的作成にして、其の丸髷《まるまげ》が驕慢に空向ける鼻を有するは高潔なる礼譲《れいじょう》を以て相敬する平等を知らず常に諂諛《てんゆ》（おもねり へつらい）に囲繞《いじょう》せらるる為めの社会的作成なり。若様なるものの長芋と云ふ興味ある代名辞を有するは其の人を愚呆ならしむる畑に墾《たが》やさるるよりの階級的定型にして、愛嬌も引力もなき定型的容貌の令夫人は間の抜けたる奥座敷に封ぜられて作成さるるが為めにして芸妓との雌雄競争に於て劣敗者となるは決して嘲笑すべきことに非らず。一元の人類より分れたる吾人が風土気候等の地理的境遇によりて赤白黄黒の数人種となり又歴史的境遇によりて数十の民族となりて其れぞれの定型を有する如く、階級的境遇によりて亦《また》其れぞれの階級的定型を作成せられたるなり。［今の］労働者の［▽に見る］醜悪なる顔、粗野なる手足、卑屈なる態度と雖《いえど》も然り。其社会的作成と父祖の社会的作成の遺伝とによる階級的定型なり。生活の困難の為めに成り上り者の実業家と称する者の持てる有福の相もなく、運命の寵児なる政治家等の有する厳めしき髯《ひげ》もなし。其皮膚は暑熱風雪に冒せ《ママ》されて黒奴《こくど》の如く、智識もなく趣味もなく高尚なる道念もなく一個の機械として運転するに過ぎざるを以て骨格の如き純然たる野蛮人なり。斯くの如き彼等が、繊《かよわ》き絹の如き指と白薔薇の如き頬とを持てる上層階級に恋の心をだも起さざるは当然にして、英国王女等の路行くに逢ふも秋波《しゅうは》（目色）を送る能はずして徒らに警官の叱咤《しった》を蒙りて惶走し、ドイツ皇帝が日本に漫遊して其の馬車が偶々《たまたま》傾斜の街に入る時ありとも［旦那］チョイトチョイトと呼びて招く能はざるなり。美人と美男とは年若き凡ての社会に恋せらる。只、彼等下層階級の男女が上層の美なる者を見るも恋の苦痛なきは、一介の工夫《こうふ》が三井。岩崎たらんと欲するの苦痛なきが如く誠に絶望の為めなり。彼等は恋心の動かざる如く絶望をも意識せざるべし。而しながら、吾人は何が故に斯くまでに饒《(餓?)》ゆるやと云ふ消極的自覚と共に、彼等は何が故に彼れほどに富めりやと云ふ自覚が積極的に来りつつある如く、吾人の恋する男と女とが何が故に親に売られ親に買はれて斯く迄に恋を失へるやと云ふ消極的自覚と共に、彼等は何が故に彼れほどに美にして醜なる吾人の恋する能はざるやと云ふ積極的の自覚が来る。▽削除是れ革命が大胆▽改華麗［▽厳粛］なる歩調を以て地平線に現はるる時にして、革命の成就と共に斯る意味に於ける恋の絶望は去るべし。△［――『飢』と『恋』とが斯る貴族的権威に目覚むる時は則ち是れ革命にして、民主社会主義の革命と共に斯る意味に於ける恋の絶望は去るべし。］敢て美の一面に限らず、社会の全分子は平等の物質的保護と自由の精神的開発とによりて、智識を好む者は智識広き者を恋し、道徳を慕ふ者は道徳高き者を恋し、美貌を愛する者は美人美男を恋するの完《まった》き自由を得べし。而して其自由にして競争者の多きが為めに、男は男と、女は女との雌雄競争によりて各々其の真善美を進化せしめ、其の進化せる中の最も真なる善なる美なる者が最も真なる善なる美なる異性を得て其の真善美を子孫に遺伝し以て社会の理想を実現すべし。即ち広き意味に於ける天才［▽削除偉人△］の世なり、天の真なる個性、天の善なる個性、天の美なる個性は、恋愛の中心となりて全社会の崇敬を集むるの世なり。［（誤解すべからず。恋愛至上主義の如く真善美の男女を目的としたる真善美の進化に非らず。社会の全分子が社会に対して善たり真たり従《したが》つて其の現れとして美たるが故に、異性の分子が其の真善美を了解し得る自身の真善美を有することに依りて成立する恋愛なり。恋其者は目的に非らず明かに結果なりとす）。］――是に至つては［民主］社会主義の極致にして▽改個人主義［▽民主主義］の理想と抱合す。

▽改個人主義［▽民主主義］の大潮流はローマ法王の絶対無限権を排除し思想の自由を呼号することによりて流れ始めたり。社会の一分子たるに過ぎざるローマ法王が他の凡ての分子の上に真と善との決定権を有すべからざるは論▽改なく［▽なし］。一派の学説たる『国体論』が個性の自由なる発展を圧伏して、思想界の上にローマ法王として其の真とし善とする所を強制するの権なきは亦《また》▽改論なく［▽なし］。［而して］『福神』が其の醜くき手を延べて男女の間を離合せしむるの削除結びの神として、美の判決をなすの権力は亦《また》実に何者よりも許容すべからず。凡ての進化は生存競争なり。生存競争の決定権は万有進化の大権にしてキリストと雖《いえど》も有すべからず。如何なる者が善として、真として、美として生存するやは社会全分子の多数決によるの外なく。而して一時代の多数決は其時代の真善美に▽改過ぎずと雖《いえど》も、［▽過ぎずして］次ぎの時代は更に次ぎの時代の多数決を以て真善美を決定す▽改べく、［▽すべし。］而して多数決の最も多数にして偽りなき投票は、議会の討論にあらず新聞紙の輿論《よろん》に非らず、又直接立法に非らず、社会の全分子を挙《こぞ》れる男女の理想とさるる所なり。［（▽改多数決を個人主義時代の社会契約的憶説に依りて盲信し又全無《ママ》価値に考ふるは共に同一なる憶説を基本観念とする非科学的結論］［▽（是れ投票則民主主義の独断論と厳に判別さるべき多数決の理論なり）。］只、今日の社会は階級的層をなせるが為に恋の理想は宿

六となり長芋となり芸妓となり空向ける鼻の令夫人となりて甚しく低級の者なりと雖《いえど》も、社会の進化と共に理想は進化し、階級の掃蕩と共に理想は広き高き者となるべし。社会の全分子たる男女に平等の物質的保護と自由の精神的開発が拡張▽改する［▽さるる］の時、――若き男女の握れる手と手はローマ法王の絶対無限権を有すべし。是れ個人の絶対的自由の世に非らずや。社会の一分子たる法王若《も》しくは皇帝の意志によりて真善美の決定さるることに怒りて起てる▽改個人主義［▽民主主義］なる者、寧《むし》ろ［民主］社会主義の実現によりて其の理想を実現せらるべし。故に吾人は▽改個人主義［▽民主主義］者を排せず、又▽改個人主義［▽民主主義］の思想を継承して社会主義者と称しつゝある今の社会革命家の多くを排せず。個人と社会とは小個体たる点より見たると大個体たる点より見たるとの立脚地の相違にして、［民主］社会主義の極致は社会の一部分たる法王皇帝等が其意志によりて絶対の自由を以て真善美を判決したる如く、社会の全部分たる男女の意志によりて凡ての真善美を判決するの自由を絶対に得べきことを理想とするを以てなり。実にプラトーの『▽改部分は全部に先だたず全部は部分に先だたず』と云へる如く個人は社会の一部分にして社会は個人の全部なるを以てなり。只、講壇社会主義と名《なづ》くる者に至ては社会の進化を解せず何等の理想だも無し（前篇の樋口氏が矢野氏の理想を空想なりと云へる如き一例とすべし）。一言にして評すれば盲動者の烏合なり。［▽斯くの如くにして吾人は民主社会主義の理想郷に於ける人類種属間個々の生存競争、則ち雌雄競争の完全に行はるることを推断せんと欲する者なり。］

［三行アキ］実に▽改個人主義［▽民主主義］の要求は［民主］社会主義の下に於て満足せらると云ふべし。而しながら社会主義は社会主義にして社会の生存進化が終局目的なり、然らば［民主］社会主義の実現によりて社会は如何に進化すべきや。［ツヅク（改行削除の意か？）］

［第三十節］

▽削除而しながら、△吾人はこの社会進化の将来につきて語るべく▽改其の推理力は甚だ乏しくして筆亦《また》貧し。［▽一点芸術的空想を混ぜしむべからず。又固《もと》より従来のユトピアン的想像を羅列して足れりとすべからず。］吾人は時に一種の宗教的歓喜に全身の戦慄を▽改覚ゆ。唯、［▽覚ゆるは論なし。而しながら］吾人をして最も卑近なる［（則ち確実なる）］科学者の態度を持して最も近き将来の社会を想像せしめよ。――先づ貧困と犯罪とは去る。生活の苦悶悪戦の為に作成せられたる残忍なる良心と醜悪なる容貌とは去る。物質的文明の進化は全社会に平等に普及し、更に平等に普及せる全社会の精神的開発により

て智識芸術は大いに其水平線を高む。経済的結婚と奴隷道徳とは去り、社会の全分子は神▽改［▽「皇帝貴族」］の如き独立を待て個性の発展は殆ど絶対の自由となる。自我の要求は其れ自身道徳的意義を有して社会の進化となり、社会性の発展は非倫理的社会組織と道徳的義務の衝突なくして不用意の道徳となる。水平線の高まることによりて社会の全分子は天才の個性を解するの能力を開発せられ、天の真善美なる男女は老いたる社会の分子によりては崇尊せられ若き分子よりは恋愛を以て報酬せらる。男子は其理想の真善美とする女子を得んが為に▽改［▽得ることによりて］愈々《いよいよ》其真善美を磨き、女子は其理想の真善美とする男子を得▽改んが為に［▽得ることによりて］又益々其真善美を加ふ。而して社会の中に於て真善美の最も優れたる個性が雌雄競争によりて子女を更に優れたる真善美に遺伝して残し、遺伝《に》よりて加へられたる真善美の子女の更に最も真善美に於て優れたる個性が、雌雄競争によりて又更に真善美を加へ又更に之を遺伝し行く。［――］

［――］ああ、『類神人』▽改［▽『人類』］はこの累積して止まざる所の真善美の遺伝によりて終に何者に進化せんとするや。▽削除生物学によれば本能とは遺伝の累積にして、単細胞生物より無数の種属に進化して其れぞれの本能を有するは実に遺伝の累積なりと云ふことなり。故に『類神人』が其の完全に行はるる男女の愛の競争によりて今日の理想とする神を遺伝の累積によりて実現し得るの時来《きた》らば、茲《ここ》に人類は消滅して［『類神人』の出生を見ること恰も猿類より『類人猿』の出生した如く、更に類人猿（以下判読不能）］『神類』の世となるべし。而して人類が猿類と其の種属を異にして本能を異にする如く、人類と本能の異なる［『類神人』又は］神類は神類の生物学者によりて種属を異にせる最も進化せる生物として分類せらるべし。△

［一行アキ］

第一に想像せらるべき本能の変化は『善』▽改［▽『道徳』］の上に来る。即ち、［民主］社会主義の実現後二三代《にさん》にして（即ち一世紀間にして）道徳は本能化すべし。或る倫理学者によれば、道徳的行為とは苦痛に打ち勝つ所の努力と克巳とにありて、本能に従ひ若《も》しくは快楽に導かれてなす行為は少くも非道徳的なりと云ふ。固《もと》より個人主義▽改［▽「民主主義」］の倫理学としてこの説明の上に出《い》づる能はざるべしと雖《いえど》も、誠に人類がアミーバの如く分裂せる一大個体としての社会的存在なることを解せざるよりの価値なき説明なり。［――］若《も》し、吾人が自己に不利なることを目的として又は不快なる導きによりて一の行為にてもなすとせば生物界を離れたる奇異なる動物と云ふべきなり。即ち、生物とは別なる神の子なりとの天地創造説の仮定を取り入れずしては解すべからざる議論なり。道徳的行為とは社会の生存進化の為めに要求せらるる社会性の発動なり。生物学の発達以前に於て、個体▽改［▽『個体』］と云ふことの見解が単に空間を隔てたる動物と云ひ、一つの卵より長生《ママ》せる生物と云ふ如き漠然たる考へより外なかりし時代に於ては、この小さき我其者を以て一個体と考へしが為めに、大なる個体の分子としての社会的利己心によりて小さき個体としての個人的利己心が圧伏せらるる時、利己心の小さきものの感ずる苦痛と不利とのみを見て、其の行為が実は其の苦痛と不利とに打ち勝ちて働らく所の社会性の満足による快楽と利益とに存することを解し得ざりしなり。若《も》し、克己の努力によりて始めて道徳的評価を附せらるるとせば、好《このん》で妻を愛し友を愛し社会国家を愛する如きは道徳的行為とさるる価値無かるべく、母が自身の身よりも子を愛することは苦痛にもあらず又克己にもあらず努力にも非らざるを以て些《いささか》の道徳的なりと云はるる理由なし。又、君主《ママ》の所謂七十にして心の欲する所に従ひて規《のり》を超へずと云へる▽改ごとき［▽如き］習慣化せる道徳的行為は其の苦痛なく努力なく克己なきに至るを以て、削除習慣化せざる時代よりも大《おおい》に道徳的価値に於て下落せざるべからざる筈なるべく、父祖の遺伝によりて道徳的傾向を継承せるものの行為の如きは全く努力なきを以て市場に於ける道徳的価格は無代価なりと論ぜざるべからず。而も是れ▽改マークス［▽マルクス］の価格論の誤謬［を倫理学に試むる者］にして吾人は天産物なりとて価値其れ自身に代償を払ひつつある如く、所謂天品《（稟）》の仙骨のごとき最も尊重せらるるに非らずや。——而しながら如何なる価値ある者も空気の如く存すれば価格なし。価値の少なき者も需要に応ずる能はざる少数の者は価値以上の価格を表はす。今日『道徳』が無限の価格を▽改表はれ［▽表はし］つつあるは其の要求の甚しくして、而も天産物として存する聖の天なる者がダイヤモンドよりも少なく、又非倫理的社会組織の中に於ては徒らに努力多くして人造の宝石が得られざるの故なり。人は個人の立脚点より見ての利己心を有すると共に、社会の立脚点より見ての社会的利己心を有す。故に、彼の意志自由論と云ひ、意志必致論《ママ》と云ひ、顕微鏡以後の個体の科学的基礎より考ふれば少しも論争すべきことに非らず。意志自由論は意志の自由とは最も多き内心の必致なりと云ふ点に於て意志必致論と合致し、意志必致論は亦《また》等しく意志の必致とは最も多き内心の自由なりと云ふ点に於て意志自由論と合致す。即ち、吾人が道徳を行ふは最も多き内心の必致に駆られたるにて、吾人の罪悪を犯すは最も多き内心の自由に従ひたるなり。人は内心に於て社会性と個人性とを有す。内心に於て社会性が最も強盛にして他の個人性を圧して働くときに於ては人は其の最も多き社会性の必致に駆られて道徳をなし社会性は茲《ここ》に自由を感じて意志自由論となる。而しながら圧伏せられたる個人性は其の自由を失ふが故にこの意味に於て意志必致論なり。是れと同じく、其の内心に於て個人性が最も強盛にして他の社会性を圧して現はるる時に於ては人は最も多き個人性の自由に打ち勝たれて社会性は必致を感じ意志必致論となる。而しながら打ち勝ちたる個人性は其の自由を得たるが故にこの意味に於て意志自由論なり。只、意志必致論を以て人類の上に存する神の命ずる所に従ひて意志すとの意味に於てする古代宗教の宿命論として唱へ、意志自由論をルーテル以後の▽改個人主義［▽民主主義］の独断の如く人は先天的に自由なる意志を有すとの意味にて唱ふることの謬《あやまり》なるは論なし。而して此の社会性と個人性とは其の強弱の度に於て各個人が先天的に異なるのみならず、今日の如き雲泥の懸隔ある社会組織の下に於ては階級的差等に従ひて後天的に［亦《また》］雲泥の如く異なる。先天的に強盛なる社会性を有する者、即ち父祖の社会的境遇によりて強盛にせられたる社会性を遺伝せられたる者、若《も》しくは後天的に教育ある階級の空気によりて強盛にせられたる社会性を有する者は、其の強盛なる社会性の必致に駆らるる意志の自由を以て平易に道徳を行ふ。而して是れ今日に於ては殆ど暁星よりも乏し。然るに社会の大多数は先天的に、即ち父祖の社会的境遇の遺伝によりて甚だ薄弱なる社会性を有し、又後天的に我利我慾を以て争闘を事としつつある各々の階級に培養せらるるを以て個人性のみ強烈を極めて、其強盛なる個人性の自由に打ち勝たれて必致に犯罪者となり、然らざる者も漸《ようや》く抵抗し得て敗残の社会性を大なる努力によりて維持し、以て僅かに犯罪を犯さざれば足ると云ふ一般の消極的善人となるに止まる。道徳とは社会性が吾人に社会の分子として社会の生存進化の為めに活動せんことを要求することなり。故に吾人が吾人自身を社会の一分子として（小我を目的としてに非らず）より高くせんと努力することが充分に道徳的行為たると共に、多くは他の分子若《も》しくは将来の分子の為めに、即ち大我の為めに小なる我を没却して行動することをより多く道徳的行為として要求せらる。彼の大我の生存進化を無視して小我の名誉栄達を要《もと》むる行為が不道徳とせらるるのみならず、小我の利益其事を目的としての（社会の一分子としてに非らず）行為が仮令《たとい》偶々《たまたま》社会の利益に帰することありとも一般に道徳的行為とされざるはこの故なり。——実に、現社会は法律の上に於ても道徳の上に於ても［民主］社会主義を理想としつつある者と云ふの外なし。然るに社会の現実は、▽改個人主義［▽民主主義］と其の根底たる私有財産制度の為めに、［］事実に於ては経済的貴族国となりて個人の私有すべき財産なく従《したがっ》て▽改個人主義［▽民主主義］も消え去りつつありと雖《いえど》も［］、個人の凡ての努力は多くの私有財産を獲得して多くの自由を個人其者の利益の為めに待望しつつあるの状態なり。我が日本の▽改如き［▽に於ては］欧州の大革命の如く一たび国家万能。社会専制の偏局的社会主義を打破して個人の権威を絶対に要求せず、維新革命と雖《いえど》も▽改甚だ微温的［▽主として国家主義の革命］なりしを以て、個人の自由独立の為に国家社会が手段として存するかの如く考ふる機械的社会観が凡ての法律道徳の上に規定さるること欧米の如くならず、従《したがっ》て、国家が法律を以て強制しつつある所も、社会が道徳を以て要求しつつある所も、偏局的社会主義を継承して個人の権威を無視するは［民主］社会主義の許容せざる所なるに係らず社会性を最高権威となしつつある点に於て社会主義の理想を朧げながらも想望しつつある者なり。（［此の相違は実に重大なり。］故に欧米に於て土地資本の公有を唱ふることは個人主義［▽民主主義］によりて建てられたる法律より見て秩序紊乱たり得べしと雖《いえど》も、国家万能の偏局的社会主義を継承する日本の法律は法律に背反すとなして処罰するの理由なし。従《したがっ》て、彼の社会主義者と称して個人主義［▽民主主義］の自由平等論をなせる者が国家其者の否定を公言するは日本の法律は所罰すべき権利ありて欧米の法律は秩序紊乱を以て圧迫するの理由なし）。而しながら、日本の法律が偏局的社会主義を継承すと雖《いえど》も、単に国家が最高の所有権者たることを法律の理想に於て表白するに止まり、事実は個人主義［▽民主主義］を産むべき［▽める］私有財産制度なり。固《もと》より極度まで主張せられたる個人主義［▽民主主義］の欧米と雖《いえど》も理論を以て事実を左右する能はず、引力なくして天体の秩序が保たれざる如く社会性なくして社会国家の一日も存在し得べき者に非らざるは論なしと雖《いえど》も、［▽なし。］而して日本に於ても維新革命と共に個人が私有財産権の主体となり明治六年の地租条例に於て更に国家の最高の所有権の下に［各人］土地所有権を得て、茲《ここ》に個人主義［▽民主主義］の根底を築きたるに係らず、尚『愛国』の声に於て中世的蛮風の社会性が喚び起さるる如くなり［▽民主社会主義に似而非なる中世的偏局的社会主義、国家万能社会専制主義が跳梁止まざるが如き是れなり。然り］と雖《いえど》も、其の微《わずか》にして存する社会性が私有財産制度の個人主義的社会組織の為めに圧伏せられ破壊せられて、独り個人性のみ四囲の個人主義［▽民主主義］的空気を呼吸し個人主義［▽民主主義］的思想の階級に培養せられて以て枝を張り根を拡げ実に牢乎《ろうこ》として抜くべからざる大木となれるなり。斯くの如く、個人性のみ繁茂して社会性の萌芽にて摘み去らるる如き社会組織の下に於て、社会性の摘み去られて個人性のみ強盛になれる吾人が、個人性の必致に駆られて犯罪を犯し若《も》しくは大なる努力と克己とを以て漸《ようや》く犯罪を犯さざれば足ると云ふ消極的善人となりて甘ずるの外なきは論なきことなり。

　今の法律道徳の理想が［民主］社会主義［の政治的経済的組織］によりて実現せられたるの世は然らず。道徳に努力なく克己なし。人は悉《ことごと》く社会性の自由に従ひて必致的に道徳に従ふ。故に道徳的行為を以て克己と努力とに在りとせば、［民主］社会主義の世には道徳家と称せらるる者なく、其最も必要なるものなるに係らず人は空気の如く無代価に感ずべし。――是に於て［▽至《いたっ》て］は道徳世界と云ふも不可なく無道徳の世と云ふも可なり。今日に於ても盗賊と貧困者に取りては殺さず盗まずと云ふことが大なる努力と克己とによりて達《たっせ》らるべき道徳なるに係らず、恒産と恒心とあるものには単に其れだけにて何の尊きことを加へざる平常の無意識に非らずや。今日の如く黄金と権力との社会組織に於てこそ、吝嗇《りんしょく》ならずとか、賄賂を貪《むさぼ》らずとか、買収されずとか、権力を濫用せずとか、云ふに過ぎ▽改［▽足ら］ざる消極的の道徳行為も、大度なる実業家と云はれ清廉なる官吏と云はれ高潔なる議員と云はれ賢良なる大臣と云はるるなり。而して是れ大なる努力と克己とによりて不徳に抵抗し得たる僅少の人格にして、其の多く要求せられて誠に少なきダイヤモンドの如くなるを以て燦爛たる光輝を放ちつつあるなり。而しながら、黄金と権力との社会組織の去れる［民主］社会主義の世に於ては、恰も盗賊と貧困者が大なる努力と克己とによりて達する殺さず盗まずと云ふ道徳の如く誠に価値なき平凡のこととなる。凡ての個人は社会に経済的従属関係を有するを以て大我其者の一分子たることを意識して献身的道徳を生ず。（第▽改二編『社会主義の倫理的理想』及び第四編『所謂国体論の復古的革命主義』に於て経済と道徳法律の関係を説ける［▽『経済的貴族国時代』及び『現代国体の解説』に於て経済と道徳法律との関係を説明せる］を見よ）。社会は社会性の自由に活動すべく社会の利益を目的として凡ての制度を組織せるを以て、社会性の他に圧伏せられて其の自由の束縛を感ずることなく、個人性は個人自身が社会の一分子としての発展として其の自由を尊重せられ、自我の発展其れ自身が道徳的意義を有すべし。斯くのごとく▽改［▽如く］ならば意志自由論もなく意志必致論もなく各人の恣《ほしいまま》なる行動それ自身が道徳的行為となるべし。――而して恣《ほしいまま》なる行動が凡て道徳的行為ならば是れ誠に無道徳の世なり。而して、社会性を培養する所の社会組織によりて強盛にせられたる社会性は、雌雄競争によりて累積せられて遺伝し更に強き社会的本能となる。本能とは遺伝の累積なり。即ち後天的の社会的境遇によりて強盛にせられたる社会性は、其社会的境遇の強盛を遺伝して先天的に社会性の強盛なるものを有する、所謂聖の天なるものとなる。［――］若《も》し、是の道徳の本能化を否むものあらば、是れ実に天地創造説を信ずるものにしてダーウィン以後の人に非らず。天地の始めより各々の生物種属が其れぞれに截然と存在したりと云ふ思想に非らずしては、本能の固定的なるを今日に主張する能はざるを以てなり。言ひ換ふれば、各々の生物種属が各々本能を異にして其れぞれの階級を形《かたちづ》くれるは、其れぞれの生物種属の境遇による種属的経験の遺伝的累積にして、人類の本能の今日あるは類人猿以後の種属としての経験を遺伝によりて累積したる者なり。人類今後の進化を想像し得ざる今の生物進化論者に取りては人類の本能の今後に変化すべきことを推論するの困難を感ずべし。而も、▽削除△是れ等しく人類を天地の始めより固定的に創造せられたる者と考ふべからざる如く▽改［▽者にして］、遺伝の累積によりて作られたる今日の本能を固定的に考ふることは純然▽改［▽依然］たる天地創造説なり。▽改［▽に非らずして何ぞ。］否！ 生物進化論の供給する無数の材料は吾人をして道徳の本能化が実に［民主］社会主義実現後の二三《にさん》代に来るべき▽削除△ことを断言せしむ！ 彼の人為淘汰によりて二三《にさん》代にて全く異なる種属を作るはこの本能の変化の容易なるが為めにして、野鴨より家鴨《アヒル》を作るに二三《にさん》代の間迄は飛び去らんとする野鴨の本能を有すと雖《いえど》も終に境遇の力によりて全く本能の異なれる家鴨《アヒル》として作り上げらるる如き著しき事実なり。若《も》し、斯る明白なる事実を他の生物種属に於て見るならば、等しく生物種属の一たる吾人々類の本能が［民主］社会主義の境遇によりて二三《にさん》代の後《のち》社会性の強盛なる本能に変化すべきを疑ふの要あらんや。吾人は信ず、今日吾人の如き特殊に強盛なる小我の利己心を有するは等しく本能の変化にして、原人より歴史時代の私有財産制（固《もと》より此の私有財産制とは▽改個人主義［▽民主主義］の革命以後の如く個人凡てが財産権の主体たる者に非らずして国王或は貴族等の私有なり。更に後に説く）に入る間の九万五千年間は尭舜の如き無為にして化する道徳世界として強盛なる社会性を有せしなる▽改べしと［▽なり。実に尭舜の聖代と呼びエデンの花園と名《なづ》けて、東西の付合して黄金郷を過去の回顧に有する所以は決して後人の尚古的作成に非らず。原始的共産主義時代に於ける物質的豊富に伴ふ本能的道徳時代の実在なりしを示す者なり」。是の例として他の生物種属には、例へば豚の如き其の人に畜養せられて野猪《のじし》（イノシシ）の本能を失ひしと雖《いえど》も之を野に放つこと二三《にさん》代ならば又野の境遇に適応する本能を得て再び野猪となると云ふが如し。実に吾人は無限の歓喜を以て信ず、今日の強盛なる利己的本能は人類進化の一過程にして［民主］社会主義の世に進化せば其の境遇に適応する強盛の社会的本能を有すること、恰も野鴨が家鴨《アヒル》となり豚が野猪《のじし》に返へるが如くなるべしと。［――］而して是れ花の蕾なりし尭舜［アダム、イヴ］の世が爛漫たる桜花として開く神の時代なりとす。

［第三十一節］

更に▽改『真』［▽『智識』］に於て進化すべし。吾人は茲《ここ》に於て更に生物学の上より独断的不平等論を打破して全く其の呼吸を止めざるべからず。吾人は屢々《しばしば》『人は只社会によりてのみ人となる』と云ふベルゲマンの語を引用して、▽改『社会主義の倫理的理想』［▽前編］に於ては下層階級の誠に低級なる階級的善に止まる所以を説き、又本編に於て野蛮人の野蛮人に作らるる所以の理を説きたり。吾人は更に進んで断言せん、――▽削除△『人類はカンガルーと等しき有袋動物なり』と。是れ決して比喩に非らず、生物学上の厳粛なる事実として人類は誠にカンガルーと少しも異ならざる有袋動物なるなり。何人《なんぴと》も知れる如く、カンガルーは一寸ほどの大きさにて一週間にて母の体外に出《い》で後の九ケ月を母の袋の中に養はれて始めて完全なるカンガルーとして独立す。即ち、他の胎生動物にはこの袋が母の内部に在りて其の子は出生までの全き九ケ月を体内の袋に送りて出《い》づるに反し、カンガルーに於ては其の袋が母の体外に在りて児は体外の袋に九ケ月を送るなり。独断的不平等論者は一寸のカンガルーと九ケ月後のカンガルーとを比較し、元来カンガルーは不平等なる者なりと論じつつあるに非らざるか。——生れたるままの人は一寸の大きさを以て一過《週》間にて世に出《い》でたるカンガルーなり、少くも二十才迄を社会の袋に教育せられて始めて独立なるカンガルーとして世に立つべき者なり。生物学の高貴なる教訓を見よ、教育とは生殖作用の一部（▽改［▽——］補欠と云はんよりも実に一部）▽改［▽——］なりと云ふことなり。他の胎生動物が体内に於て完成する所の九ケ月の生殖作用を体外に於てする所のカンガルーに取りては、体外の九ケ月が生殖作用の一部なる如く、二十才迄の教育期間は人類にとりては社会と云ふ［大なる］母の体外の袋に養はるべき生殖作用の一部なり。生物の下等なる階級の者に至つては分娩其事にて生殖作用は完成せらるるを以て、分娩後は全く教育なくとも完全なる一生物として独立す。然るに高等なる生物に至つては分娩のみにては生殖作用の完成せられざるを以て、教育と云ふ生殖作用を為す。例へば、猫の如きは絶へず其の尾を敏速に振ひ小猫に之を捕ふる事を慣れしめて鼠に対する教育をなし、虎は嚙み殺したる動物の頭に小虎の小さき歯痕を附けしめて餌を捕ふることを教育するが如し。然らば最も高き階級の人類に於ては最も長き間の綿密精練なる教育を要するは、不完全を極めたる生殖作用の一部として欠くべからざる重大なる生殖作用なり。現今の如く殆ど教育なき下層階級を以て六千年の智識を以て充たされたる袋に養はるる上層に比するは、殆ど人の形を為さざる胎児と分娩後の小児とを比するが如き没理なり。［——］人類は分娩迄の九ケ月間に於て人類に至る迄の生物進化の歴史を経過し、分娩後より二十才に至るまでの間に於て更に原人よりの十万年間の生物進化の歴史を経過す。若《も》し、胎児と小児▽改とを比較して不平等論を唱へ［▽小児と、］一は獣類時代にして一は人類時代なること▽改［▽者］を▽改忘却せ［▽比較して不平等論を唱へ］ざるならば、原人の野蛮時代と十万年後の文明時代とを比較して不平等論を説くと削除は何事削除ぞ。実に今の下層階級は数百千年以前の智識に止まるが故に、憐むべき学者等▽改よりして『人は元来不平等なり』と云はれ［▽より独断的不平等論を以て虐待せられ］つつあるなり。［(固《もと》より彼等の不平等論が平等則差別の其れに非《あらさ》るは論なし)。］而して斯くの如き不平等論は一切の時間を無視して、二十世紀の児童が蒸気と電気とを解するを以てプラトー、アリストーツルの上に置き六千年の歴史の遠き古代に不平等論を逆進せしむる者なり。分娩のままに非らず固《もと》より教育さるべし、而しながら小猫の鼠を捕ふる如く食物を得る為めの外《一》人類の文明時代として受くべき十万年間の智識的累積の袋に入らざれば決して文明人として完成せられたる分娩に非らざるなり。又固《もと》より智識的教育を受けずとは云はず、而しながら辛ふじて宮本武勇伝の講談を読み得る智識と三十才まで古今内外の累積せる智識に養はれたる者とは、生殖作用の完全の程度に於て恰もカンガルーの袋より三週間にて取り出せしものと九ケ月後に出《い》でたる者との如き懸隔あることを記憶せざるべからず。（故に階級的隔絶の現時に於て凡ての智識が階級的真［▽智識］となりて、今尚フランス革命時代の独断的平等論を継承しつつある無智の階級も、又階級的隔絶によりて誤謬にされたる智識によりて養はるることによりて独断的不平等論を掲げて他を軽侮しつつある今の学者階級も、其の袋の異なるより生ぜる変種のカンガルーなりとす）。生殖作用を娯楽として取扱ひつつある者にとりては教育が生殖作用の一部なりと云ふ如きは了解に困難なるべし。而しながら生物哲学の上より見る時に於ては、生殖作用は種属的経験智識を肉体に於て即ち本能として遺伝する方法なり、教育とは其の本能の上に社会的に遺伝したる六千年の経験智識を精神に於て遺伝する方法なり。［――］故に、蘭灯影暗き閨房は一夜にして十万年の課目を教育する講壇にして、独身のキリストが野に立ちての教へは一千九百年間の子々孫々が父と仰ぐ如く幾万限りなき子を産める大なる生殖作用なり。家庭も学校なり。図書館も閨房なり。論語も恋の言葉なり。紅筆《べにふで》の玉章《ぎょくしょう》（お手紙、美しい詩文）も聖書なり。社会凡てが産褥《さんじょく》なり。

［民主］社会主義の要求は社会の全分子が四畳平と待合との講壇を去りて、［▽狭小なる閨房の生殖を足れりとせずして、］論語と聖書とを恋の言葉とし玉章として社会の産褥《さんじょく》に於て産声を挙げんことを第一とす。而して社会の全分子たる凡ての個人が平等に之を要することに於て個人の権威を絶対に認むる所の個人主義［▽民主主義］と合致す。［民主］社会主義が清貧に停滞する下層的平等と解せらるるが為めに、而して社会主義者の多くが単に皇帝を顚覆し貴族を打破して平民階級にまで上層を引き下ぐれば可なるかの如く考へて『平民主義』の命名をさへ生ずるに至りしが為めに、古来の大皇帝若《も》しくは剛健なる貴族等が振へる個性の権威を無視するかの如く誤られて徒らに劣敗者の鳴号なるかの如く取らる。若《も》し社会主義とは斯くの如き者とせば吾人は、今この走らしつつある筆を折りてむしろ君主々義。貴族主義を唱ふと云はん。個性の権威は単に多数なるの理由を以て犯すべからず。［――民主］社会主義とは最大多数の最大幸福と云ふことにあらず。神聖不可侵なる絶対無限権の皇帝が其の一個性の権威を以て全社会を挙《こそ》れる大多数をも圧抑したる如き『個人の自由』なくして何の［民主］社会主義あらんや。［（此の根本思想は閑却すべからざる重大事なり。投票則正義の民主主義は理論に於ても事実に於ても独断的個人主義［▽民主主義］の産物にして断じて民主社会主義の者に非ることを特に指示す。）］而しながら社会の進化は凡てのことに於て直ちに全分子に及ばざる如く、個人の自由につきては先づ其の一分子たる皇帝をのみ進

化せしめて君主国となり、更に其の進化を少数分子に拡張せしめて茲《ここ》に貴族階級に及びて貴族国となり、貴族等は其の武士農奴の上に君主として（彼等は皇帝と等しく▽改［▽等しき］君主なりき▽改［▽として］）絶対の自由を有し、他の自由を得たる無数の君主等と権威の衝突する場合に於ては乃《すなわ》ち強力の決定なりき。如何に貴族国時代に於てこの個人の自由の決定が強力によりしかは後に▽改説く『所謂国体論の復古的革命主義』に於て日本の例に見よ。［▽『国体論』▽改に論述せる日本の歴史解釈に見よ。］［▽『現代国体の解説』に於て日本の例に見よ。］日本の皇室は歴史の始め其強力によりて絶対の自由を個人の権威に於て表白したり。貴族階級たる群雄諸侯の多くの君主は（皇室も君主なりき）又等しく其強力によりて自由の衝突を決定し、其の強力が他の其れを圧倒して働らく時に於ては絶対無限の自由を振つて他の多くの君主の頭上に白刃を閃《ひらめ》かしたりき（而して皇室も君主なりき）。斯くの如く、個人の権威の為めには如何なる多数を以ても敵として敢然たるべしとの自由主義は、誠に社会が君主国時代よりの理想として掲げたる所の者なり。社会主義が社会進化の理法に背きて鳴号さるる時に、思想界に於ては空想の乱失《（矢）》を蒙りて戦死し実際界に於ては暴民の動乱として忽《たちま》ち沈圧せらる。社会の一分子が金冠の下に爛々たる眼を光らして社会の大多数を威圧したるの時は、是れ個人の権威は絶対無限なるべしとの理想が先づ社会の一分子によりて実現せられたるの時なり。社会の進化は下層階級が上層を理想として到達せんとする摸倣による。（タ《ママ》ールドの摸倣説は倫理学に於て同一の説明をなして合致せる者ある如く凡て当れり）。而して摸倣の結果はタルドの言へる如く平等なり。群雄諸侯の▽改［▽なる］貴族階級の君主等は平等観を血ぬられ▽改［▽衂られ］たる刃に掲げて君主と同一なる個人の絶対的自由を得んことを摸倣し始めたり。其の最高権威たる天下を取らんとの理想は富の為めに非らず名の為めに非らず、自己の自由を妨ぐる凡ての者を抑圧して個人の権威を主張せんが為めのみ！　而して其等の君主の中に於て其の理想を実現すべき強力を持てる者は或は後醍醐天皇となりて他の君主たる北条氏を滅ぼし、或は徳川氏となりて他の君主たる多くの天皇諸侯等に圧迫を加へ以て其個人の権威を全社会の上に振ひ、而して強力に於て乏しかりし諸侯階級の君主等は武士農奴の下級に向つて其の自由を絶対に発現したり。社会の進化は平等観の拡張にあり。個人の権威が始めは社会の一分子に実現せられたる者より平等観の拡張によりて少数の分子に実現を及ぼし、更に平等観を全社会の分子に拡張せしめて茲《ここ》にフランス革命となり維新革命となり、『個人の自由は他の如何なる個人と雖《いえど》も犯す能はず』と云へる民主々義の世▽改［▽現代］となれり。故に現今の法律は誠に社▽改会民主々義［▽民主社会主義］なり。一の個人の利益の為めに他の個人は犠牲たるべからずと云ふ民主々義と共に、其の個人の犠牲たる場合は社会の利益にして犠牲を要求する所の者は個人たりと雖《いえど》も（軍隊の長官の如き、裁判官の如き）そは個人としてにあらず国家の利益を主張する国家の代表者としてなり。法律の理想は誠に▽改社会民主々義［▽民主社会主義］なり。只経済的貴族国の為めに対他種属との生存競争に於て、又社会単位の生存競争に於て、貧困と戦争の劣敗者を生しつつあるが為めに全人類を挙《こぞ》りて未だ生物界の上に君主たり貴族たる能はざるなり。吾人は繰り返へして断言す、［民主］社会主義は君主を顚覆し貴族を打破して上層階級を下層的平等の内に溶解する『平民主義』に非らず、社会の全分子が往年の君主国時代の一分子の実現せる所を凡てに実現せんとする個人の絶対的権威にありと。今の法律を見よ。徳川時代の平民なく、戦国時代の貴族なく、勇《雄》略仁徳時代の君主なし。只、国家と国民（天皇も［国家を組織する一員たる意味に於て］広義の国民なり）とあり。而して国家は大個体の点より見られたるが故に▽改社会主義なり、国民は小個体の立脚点より考へられたるを以て民主々義なり。（尚▽改『所謂国体論の復古的革命主義』を見よ［▽詳細は『国体論』を見よ］［▽現代国家の歴史的進行及び法律的理想が民主社会主義なる所以は『現代国体の解説』を見よ］）。

この説明を解するならば、社会主義は衆愚が多数を挟《はさみ》て《誇って、笠に着て》天才を圧迫することアテネ市民がソクラテースに於けるが如くなるべしとの非難の［実に偏局的社会主義と民主社会主義とを混同する誠に］理由なき［者なる］を見るべし。――［民主］社会主義は天才主義なり。而も全社会の天才主義なり。▽削除（故に吾人は今の社会主義者の或者が▽改『凡人社』［▽『凡人主義』『平凡主義』］と名《なづ》くるを代へて▽改天才社［▽『天才主義』］となさんことを望む、先覚者は決して凡人に非らず）。△天才とは衆愚の圧迫に打ち勝ちて個性の変異を発揮し得たる権威ある個人なり。故に天才の多くは衆愚を排して個人の権威を振へる大なる意志の君主貴族（固《もと》より数代の後には退化して他の権威に代はらる）と、其［の］君主貴族に対して個人の権威を主要したる大なる頭脳に在り。而しながら、過去の天才に於ては其の個性の変異を発揮せんが為めに個人の権威を無視する所の狭少なる社会良心と闘ふことの為めに、其の大なる意志と大なる頭脳とは個性の発揮よりも発揮を自由ならしめんとする努力の為めに多くを消耗せらる。［民主］社会主義の世は然らず。古代君主国の一分子が実現して示したるほどの絶対無限なる個人の自由が社会の全分子に実現せるを以て、天才は自由其事の為めに努力するの要なく凡ての努力は与へられたる個性の発揮に注ぐ。実に天才の種は無数に地に落ちたるなり。而も今日までの世は天才の培養さるべき自由なる沃土に非らざりしが為めに多く無名の英雄として腐朽し、或は土質を異にせる階級に播かれて多く畸形の天才となり与へられたる一部若《も》しくは変質の或る部分を発露するに止まる。――［民主］社会主義は先づ天才の発展すべき自由の沃土たる点に於て天才主義なり。而して更に天才を培養する所の豊富なる肥料を有することに於て益々天才主義なりとすべし。凡て種子にとりて発育を自由ならしめざる妨害あるべからざると共に、発育すべき肥料を要す。天才とは社会より肥料を吸収して開き芳《にお》ふ社会の花なり。大詩人も之を野蛮部落に置かば十才の児童の有する如き僅少なる言語を以て何を歌ひ得べき、思想の根も已《すで》に存在する社会の其れに材料を取り天地を見るの瞼《まぶた》も社会の母の手によりて開かる。大釈迦をして波羅門の哲学と衣食に不自由なきインドに産れしめずして終生を営々たる氷雪の下に哲学の芽もなきエスキモー部落に置けば実に小さき偶像教の開祖たるに過ぎず。キリストが未だ世界的眼光なくして只学者とパリサイ人とを対手とせしはユダヤ以外に足跡の及ばざりしが為めにして、ポーロによりて始めて世界に氾濫せる思想となりしはキリストの思想を抱て［已《すで》に］世界に翼を張れるローマに入れるを以てなり。義経が鵯《ひよどりごえ》越の武将たるに過ぎざるは其の個性を発揮すべき境遇の一島国なるが為めにして、ハンニバルのアルプスは其の舞台の大陸なるを以てなり。噴飯すべき朕と称するドイツ皇帝が一たび全地球の上に君主たらんと夢想せしは其の十九世紀なるが故にして、シーザーの大と雖《いえど》も地中海沿岸を征服して世界茲《ここ》に尽くとして甘ずるの外なかりき。コロンブスが地球円形の意見を述べしとき、当時の学者等は忽《たちま》ち説破して然らば吾々の足下に当れる世界の裏は草木も倒《さかさ》まに生え居るべく人類鳥獣皆奈落の底に落ち行かざるべからずと言ひて争▽改ひぬ、［▽争へり。］而も是れ引力説なき時代に生れたるが為めにして其の多くの中には卓越せる個性もありしなるべしと雖《いえど》も電信と鉄道とを以て小女が手球をかがるごとく地球を弄《もてあそ》びつつあるを見る今日の小学生徒にも劣りしなり。大建築には多くの材料を要す。如何なる天才と雖《いえど》も思想上の大建築をなすに其の材料たるべき思想を先づ社会より吸収せざれば其の建築的個性を示す能はず。而して大建築には亦《また》前人の建築術を見るを要す。南洋の土人部落に二十層の家屋が▽改［▽は］建たず、ギリシヤ。ローマの建築術、中世キリスト教の寺院、インド。支那の仏寺伽藍《がらん》が歴史的発達を有すと云ふも是れに▽改して、［▽なり。］十進数なき原人部落より今日の天文学は伝はりたるものに非らず、アリストーツルの演繹法のみにては今日の科学的研究は起るものに非らず。天才とは其の時代までの社会的遺伝の智識即ち社会精神を一たび一身に吸入し、吸入したる材料を其の変異なる構造力によりて自己個性の模型に之を構造し之を後代の社会精神として社会の上に放射す。凡ての天才が其の思想に於て時代的彩色を帯ぶと云ふはこの理由にして、哲学史が連続せる思想系によりて編まるるも是れなり。天才が社会的生物▽改［▽産物］なりと云ふとは凡ての真理に非らずと雖《いえど》も、天才が社会の土と肥料とによりて培養されたる花なりとは動かすべからざる事実なり。然るに人類の今日までの歴史は如何。天才の種は植物の種子の風に吹かるる如く人生に落つるも、自由なき磽确《こうかく》（石の多いやせ地）の為めに芽も出《い》でず、芽ばえたるものも君主貴族の馬蹄に蹂躪せられたりき。而して其の僅少なる種子が自由を得たる上層階級に落ち、若《も》しくは上層階級の手によりて自由の土地に移し植へらるるとも、社会の進化せざる時代として肥料の貧しきが為めに開く所の花も誠に野花に過ぎず。斯くの如くなれば、史上の天才なるものの真に百代を隔てて望むは論なく、而して其の光も時代を隔つるに従《したが》つて微《かす》かに消へ行くなり。古人と▽改[▽も]今人も母体を出《い》づるときは同一なる原始人なり。其の天才も原始人の部落に於て原始人の天才たるべき個性の変異なり。只、社会の床に於て社会的累積の智識を遺伝せしめるる生殖作用によりて、古人は古人となり今人は今人となる。キリストは天国を星の遠き彼方に指したりき、而しながら彼れよりも智識ある今日の吾人は近き将来の地球に楽園の在ることを認めて歩を運びつつあり。釈尊は結跏趺坐《けっかふざ》して宇宙循環説の外に出《い》づる能はざりき、而しながら彼れよりも研究の積める今日の吾人は宇宙人生の進化しつつあることを明《あきら》かに解し得たり。アリストーツルは明哲なりき、而しながら吾人を以て見れば神童たることを▽削除△免かれず。ダーウィンは生物進化論の大成者なるが如くなりき、而しながら彼の遺伝を受けて彼の白髯《はくぜん》よりも年老いたる吾人は二十三才にして彼れ以上▽改の思想を有す。[▽以上に『進化律の統一的組織』を試みつつあり。」ああ斯くの如く無限に累積し無涯に遺伝して止まざる▽改『類神人』の真よ![▽『人類』の智識を想像せよ!」個性は社会精神を特殊にするものにして社会は其の特殊にせられたる個性の精神を受取りて普遍にし以て社会の精神として後代に遺伝するものなり。而して個性の社会精神を特殊にせんとして吸収するは其の社会が遺伝して普遍に存在せしむる先代無数の個性の精神を吸収すと云ふことなり。社会と個人とは単に大我と小我との立脚地の相違なり。然らば何ぞ個人の自由を絶対に尊重する[民主]社会主義を以て衆愚万能主義と解するや。[民主]社会主義が物質的保護の平等と共に精神的開発の普及を無上の要求となしつつあるは、如何なる天才の個性と雖《いえど》も社会の水平線が余りに下級▽改[▽低級]にしては其特殊にしたる精神も貧しく又其の精神を受取りて後代に遺伝する社会精神となし能はず、為に天才が無名にして腐つると共に社会の進化が遅々たるを以てなり。▽改くれぐれ[▽呉れぐれ]も知るべきは[民主]社会主義と個人主義▽改[▽民主主義]との理想の[究極に於ける]合致なり[とす]。社会全分子の(即ち凡ての個人の)あらゆる歴史的社会的智識を以て開発せられたる自由平等は、全分子全個人が其れ自身誠に天才の如く輝やくと共に、更に其の中の最も優れたる満天星の如き天才の精神を凡て悉《ことごと》く普遍にして其の社会精神を大にし、更に後代のより大なる天才に基礎を与ふ。このより大なる天才はより大にせられたる基礎の上に立ちてより大にせられたる社会精神をより大なる天才を以て特殊にして之を社会に放射し、より大にせられたる社会精神は其のより大にせられたる精神を受取り之を更に後代のより大なる天才のより大なる基礎として普遍にして行く。

人類は茲《ここ》に至て『真』の為めに其の本能を変化すべし。即ち類人猿より分れたる人類が其の社会的生殖作用の為めに脳髄及び神経系統を他の生物種属の対比すべからざるほどに進化せしめたる如く、『神類』に進化すべき類神人は霊能の驚くべき透哲《ママ》明敏なる本能を有するに至るべし。

［第三十二節］

吾人は従来の多くの宗教の用ひ来れる神と云ふ語の意味する思想と区別せんが為めに『神類』の文字を用ひ来れり。吾人は更に人類が如何に『美』に於て進化すべきやを想像すべし。

固《もと》より凡ての真善美は進化的のものなるを以て、一の時代若《も》しくは一の地方に於て真とし善とする所を以て凡ての時代と地方との其等に推及する能はざる如く、美に於ても亦《また》時代的に地方的に其れぞれ異なるは論なし。是を地方につきて云へば、或る野蛮人は頭顱《とうろ》（あたま）の極端に円錐形なるを美とし鼻の扁平にして厚唇に入墨せるものが最も恋慕せられ、多くの黒色人種間にては白色の男女は醜なりとして多く配偶を得ず。又ダーウィンが大胆に形容せるソマル（ソマリア）美人の臀《しり》の如きが其部落にては美の絶頂とせられ、支那人は顔の平坦にして頞《はなすじ》円く眉淡き足の小さきを美とし、欧州は胸張りて脊《せい》高く顔面の曲線の明瞭なるを美とし、日本人は臀《しり》細く髢《髪》黒き卵子に目鼻を以て美とする如し。又時代につきても社会の進化し理想の進化するに従ひて美の理想を進化せしめ、上臈《じょうろう》の眉墨となり、馬上の英姿となり、元禄の丹次郎となり、更に胸間の勲章となり、演説家の髯《ひげ》となり、小説家の瘠頬となり、角帽となり、海老茶袴（明治三十年代、海老茶色の袴が女学生の間で流行）となれるが如き是れなり。斯くの如くなれば一の進化的過程に過ぎざる所の今日の美の理想を以て永久を律する能はざるは論なきことなりと雖《いえど》も、而しながら今日の理想として仰ひで以て到達せんと努力しつつある所は、男子としてはキリスト釈迦の如き女子としては観世音マリアの如きものなるべし。是れ実に真善美を体現せる容貌の円満なる相として、現世に求むべからずとして断念しつつ而も憧憬しつつある美の頂上とさるるものなり。而しながら是れ疑ひもなく［民主］社会主義の実現後二三《にさん》代を以て実現され得べき美の理想なるは先きに説ける所によりて解せらるべし。只如何せん、人類の神と仰ぎ仏と仰ぐ所の理想（実在の彼等に非らず）の美に於ては排泄作用なきに、吾人にはこの醜怪極まるものあり。［人類は実現し得る限りを出でて思想し得ざる動物なり。従《したが》って］凡ての理想は凡て実現さるる者なり。この醜怪を維持しては神の美に非らざるは論なし。而して吾人は亦《また》目的論の哲学と生物進化の事実によりて、人類がこの排泄作用より脱し得べきことを確信す。

吾人は依然として科学的基礎を保つ。生物進化論に従へば、凡ての生物は其の生存進化の目的理想の為めに、境遇に応じて或る器官は著しく進化し或る器官は著しく退化して以て今日の如き無数の生物種属に作られたりと云ふことなり。同じく爬虫類より分れたる者なりと雖《いえど》も、鳥類に於ては其の前肢の▽削除驚く△べく進化して羽翼となり、獣類に分れて四肢を有するに至れるものも、其の水中に入れるものは又更に海鰮《ママ》の如く四肢半ば尾に退化し鯨の如く全く尾となれる如し。人類も亦《また》然り。人類としての境遇に適応して生存せんとする目的。進化せんとする理想の為めに或る器官は著しく進化し或る器官は著しく退化したり。一切の工業的生産をなすに必要なる前肢の指の自由なる運動（猿猴《えんこう》類にては拇指《ぼし》が特殊なる働きをなさず他の動物は単に歩行の用に供せらるるに過ぎず）、脳髄及び神経系統の比類なき発達（是れ人類が猿猴類と別種の階級に分類されざるべからざる理由なり）、の如きは器官の進化せる部分にして▽改、「▽なり。」全身の毛の脱落せる（猿猴類にては眼の周囲と尻の赤き部分のみ脱落し他の獣類は進化して毛深かし）、耳の運動する能はざる（猿猴《えんこう》類の多くは自由に動かし兎の如きは進化して著しく大きくなれり）、歯の小さくして減少せる（猿猴類は人類より大にして多く肉食獣は大《おおい》に進化せり）、尾の胎児にのみ見られて分娩後は尾骶《骶》角の体内に陰れて縮《ママ》少せる（猿猴類は凡て尾を有し他の獣類は多く著しく進化せり）、如きは皆器官の退化せる部分なり。若《も》し旧式の唯物論を取り若《も》しくは天地創造説を取りて、天地の始めより神の作造によりて若《も》しくは何の理由もなく単に、牙ある者、翅ある者、直立する者、匍匐《ほふく》する者、尾ある者、毛ある者として存在したりしと信ぜざるならば、吾人が目的論の哲学と生物進化論とによりて、人類の理想とする所に従ひて凡ての器官が進化し若《も》しくは退化すべしとの推論を否定する理由なし。否！人類の今日迄に如何に消化器の退化せるかを見よ。口に於て著しく退化せり。獣類に共通なる三つ口の如きも人類にては偶然の畸形にのみ見らるべきほどに退化せり。歯に於ても猛獣の如き犬歯は固《もと》より、草食獣の如き大なる臼歯もなく、又数に於て猿より進化し、文明人は更に野蛮人より退化し、第三臼歯の如きは全然欠乏し、文明人中の都会人は田舎人に比して上側門歯の早く脱落すと云ふほどに退化せり。胃腸に至つても其菜食をなすが為めに純然たる肉食獣よりは比較的に長しと雖《いえど》も、他の純然たる草食獣に比して驚くべく退化し、文明人は野蛮人の腹部より更に小さく退化せり。彼の虫様垂と称せらるる腸の上部に位して附着せる者の如きは他動物に於て消化作用をなすも人類に至つて甚しく退化したる結果、疾病の為めに切り去らるるも支障なきほどに無用のものとなれりと云ふ。是の消化器の退化の事実はラマルクの用不用説の如く使用せざる器官は漸時《次》に退化すと云ふことを示したる者なり。即ち反芻類の三つの胃と長き腸とを有するは最も消化に困難なる食物を食ふが為めなり。鳥類の胃壁が石の如く堅く胃中に又石を有すと云ふは食物を粉砕せずして送る必要より胃中に擂鉢を置くものなり。野蛮人の歯が文明人の其れよりも多くして大に田舎人の門歯が都会人よりも健全なりと云ふは食物を切りきざまずして口に投ずるが為めに口中にて庖丁を要する故なり。野蛮人が文明人よりも胃腸の長大なりと云ふは外界に於て食物を消化する煮焼を知らざるが為めに其の膨脹せる腹中には鍋釜を入れたるが故に大なるなり。――人類は胃中に擂鉢を置かざる如く口中より庖丁を取り去る能はざるか。消化器の或る部分を虫様垂たらしめたる如く鍋釜の凡てを取り出す能はざるか。三つ口が人類に取りて畸形なる如く肛門を有することが畸形たるに至らしむる能はざるか。吾人は科学的研究の名誉に掛けて断言す、人類の今日迄の消化器の退化が食物の進化によると云ふ凡ての生物進化論者が科学者の▽改［▽的］推理なる如く、吾人は［亦《また》］▽改科学者としての［▽科学的］推理に従ひて更に人類今後の食物の進化は同じき生物進化論によりて人類の消化器を全く退化せしむべしと。而して食物の進化は一百年前のマルサスの枯骨を合掌しつつある経済学者に非らざれば充分に期待す▽改べく［▽すべし］。今日の野蛮人と大差なき原始的食物が近き将来に於て食物の工業的生産時代となり、今日の如く腹中の鍋釜、臍《へそ》のある小工場によりて消化せられつつあるを、蒸気と電気とを有する大消化器によりて消化するに至らばラマルク説によりて漸時(次)に退化し始むべし。而して更に遠き将来に於て今日の化学者が実験室の窓より予言しつつある如く化学的調合の食物時代に入らば、是れ古来よりの理想たりし所謂仙薬なり。人口▽改［▽人類］は茲《ここ》に消化器の凡てを退化せしめ（若《も》しくは痕跡に止まらしめ）て三つ口の如く尾骶(骶)角の如く全身の毛の如くならしむべし。是れ台所の用を務めたる胃が大工場に移されて腸の水道が下水を流さざるの時なり。下水の糟粕《そうはく》（残りかす）に真玉手《またまで》を汚しつつありしお三どんの肛門が化学者を家僕として菊花の一つ紋▽改［▽紋章］を着けたる令夫人となるの時なり。排泄作用の要なくなれる時なり。『美』の理想は斯くて完《まっ》たし。

理想とは来るべき高き現実なり。進化とは理想実現の連続なり。人類歴史ありてより以来最も高き理想として、即ち永き進化によりて来るべき現実として画きつつある神に脱糞放屁を想像したることありしか。今日、吾人は恋の理想に憧がれて我が天女の如き恋人よと呼ぶ、而しながら天女とは理想にして恋人の現実は人知れず縮緬の褌《ふんどし》を掲げて約一貫目のポテトーを秘し置くものなり。ドイツ皇帝は自ら万民の理想なりとして朕は万能の神なりと称しつつあり、而しながら沈香《じんこう》（沈丁花科植物香料）に匹敵する洋服▽改［▽大礼服］のすかし屁は其の朕なる神の尊厳を表白する所以にあらざるべく、如何なる侍医と雖《いえど》も其の衡《はかり?》（上一字不明瞭）の上に蟠《わだか》まれる黄色なる▽削除△蛇状の物質を見て竜顔（天子の顔）美《うる》はしとして讃へざるべし。（昔は御便器を掃除せる匹婦曰く、▽改将軍［▽御代官様］▽改［▽〇〇様］などと威張りてこの垂れたることを見よと。▽改共同［▽各家の］便所はこの点に於て連帯責任なるを感謝す）。此の書がドイツ語を以て書かれたりとせばドイツ皇帝は其の尊厳を犯せるものとなして日本政府に抗議を申し込むべし。然しながら問題は何が故に放屁がカイゼル髯《ひげ》の尊厳と調和せざるかに在り。大臣責任論を拡充してビユロー伯の名が甚だびゆろうたる其れの音響に似たるが故に外交の失策と等しく内閣大臣の放屁たる可［し］と雖《いえど》も、問題は何が故にドイツ皇帝自身が其の責任を負担するを回避して神聖不可侵権を振ふかに在り。又、この書が御婦人諸君の手に上りたる時社会主義者にもあるまじき女権の蹂躙なりとして攻撃さるべし。而しながら問題は女権論を主張する所の女学生等が其口に送る焼芋は憚らず之を横町に求むるに係らず▽改海老茶袴とやらんを［▽緋縮緬の御廉高らかに］掲げてのポテトーは嘗《かつ》て解せざるかの如き眺めを以て大道を闊歩することの理由に在り。西洋の貴婦人が便所に出入するは親子兄弟の間にも知れざる一個の秘密なりと云ふ、問題は何が故に秘密にせざる可《べか》らざるかの理由に在り。吾人が斯る問題に筆を染めたるは医学者が其の指頭《しとう》（指先）を以て糞尿を攪乱するが如く科学的研究として些《いささか》の恥辱に非らず。而しながら問題は何が故に糞尿を恥辱となしつつあるかの人類の現実に在り。而して其の恥辱と感ずる程度の小児よりも成人に甚しく、野蛮人よりも文明人に甚しき感情の進化に在り。吾人は断言す、是れ理想に対して現実の到らざるを、即ち高き現実を望みて未だ低き現実を脱却する能はざるよりの感情なりと。目的論の哲学と生物進化論とはこの感情に説明を与ふ。人類は進化的生物なり、理想に到達せんとする目的の為めに常に現実を脱却せんと努力して止まざる宇宙の顕現なり。若《も》し宇宙にして進化の目的無く、人類にして進化的生物に非らずとせば、決して排泄作用をなさざる所の神若《もし》くは天女を理想に画くべき理由なく、従《したがっ》て其の理想と現実との甚しく懸隔せる脱糞放屁を恥づるの理由なし。恥辱の感情は理想に対照されたる現実の不満なり。吾人は自己の道徳につきて無数の恥辱を感じ自己の智識につきて無限の恥辱を感ず。即ち吾人が其善ならざるを恥辱とし真ならざるを恥辱とするは、其の道徳的理想若《も》しくは智識的理想に対照して、其の遥かに及ばざる不善無智の現実を恥づるなり。吾人がソクラテースを理想とする時其の哲学史の源泉をなせる真と毒杯の全身に廻はるまで霊魂の不死を説きし善とに対照して誠に至らざる現実を恥づ。吾人がワシントンを思ひリンコルンを思ふときに其善を理想として到らざる現実を恥ぢ、マルクス《ママ》を思ひルーソーを思ふときに其真を理想として到らざる現実を恥づ。是れと同様なり。吾人が理髪店の鏡に対してバイロン、ゲーテの美を思ふて醜劣極まる現実を恥ぢ、女子の多くが其の自惚鏡なるに係らず（失敬！）暗におぼめく芙蓉《ふよう》にも似たる衣通姫《ソトオリヒメ》の豊頰《ほうきょう》を思ひ露や滴るべきクレオパトラの明眸《めいぼう》を思ひては其盤坐《ばんざ》（胡坐《あぐら》）かける鼻と廂髪《ひさしがみ》にも蔽はれぬ高額《でこ》とを恥づべし。――排泄作用を恥づることは美の極致たる神を理想として到達を努力するまでに進化せるを以てなり。理想の殆ど認められざる、若《も》しくは誠に低級なる下等生物に至つては真に対し善に対して現実の恥辱なき、若《も》しくは甚だ少きが如く、美の理想も甚しく現実と懸隔なきを以て其の糞尿につきて何の感覚なし。牛馬の如きは糞尿の間に起臥し其れ自身に糞尿を附着せしめて平然たる如き是れなり。彼の其れより高き階級に在る犬猫の如きに至つては或は其の後足を以て之を埋むるを知り、猿猴《えんこう》（類）頭に至つては更に其の排泄物を忌避するの甚しきを加ふと雖《いえど》も、到底理想の高遠なる人類の比にあらず。而して人類に於ても小児より成人に、野蛮人より文明人に理想の階級を進むるに至りて、愈々《いよいよ》其の排泄物を忌避するの感を甚しくす。小児の如きは原始的生活時代の反覆として排泄物を衣袂《いべい》（袖、袂）に附着するも解せず、野蛮人は其の茅屋《ぼうおく》の前にうづだかく積む。吾人は此の生物進化論（従《したがっ》て社会進化論［］の上よりして）、削除西洋の貴婦人が海老茶式部なる者▽改［▽嬶《かか》ア左衛門諸氏］の如く▽改おや失敬と云ひ［▽如く同床の玄宗皇帝をして蘭鹿香の香に鼻を撮《つ》ままし、め、時に珍客の席に於てするもオヤ仕舞ったと済まし］出物腫物と弁ずるが如く公明正大なる能はざるの遥に進化せるを見る。社会進化の原則は先づ社会の一分子たる所の皇帝によりて実現せらるとは屢々《しばしば》前に説ける所なり。吾人はこの原則によりてドイツ皇帝の誠に憐むべき例外▽改［▽一匹夫］なるに係らず尚自ら朕を万民の仰ぐべき理想としつつある点に於て其の放屁をビューロー伯に塗り附くるの理由あるを発見す。宿六が其の▽削除△白馬《しろうま》（にごり酒）を酌みつつ身を斜めに轟然として放つ如きは決して聯邦国の主長のなすまじき所にして、其の時に余薫《よくん》満朝（朝廷中）に粉（芬）々たるときありとも決して鼬《イタチ》の如き御満足の大御心を以てする思召にあらざるは論なし。約言すれば、吾人々類が善に対しても真に対しても美に対しても幾多の恥辱を感じつつあるは、人類の進化的生物として有する理想に対照して到らざる現実を恥づるなり。而してこの到らざる現実を理想に到らしめんとして努力し、理想を現実ならしむべき方法▽改［▽道程］を発見せるとき茲《ここ》に進化と▽改云ふ。［▽あり。］故に曰く進化とは理想実現の聯続《れんぞく》なりと。▽削除善の理想を実現する今後の方法は社会民主々義にあり。真の理想を実現する今後の方法は社会民主々義にあり。美の理想を実現する今後の方法も亦《また》社会民主々義にあり。天則に不用と誤謬なし。君主国時代も、貴族国時代も、民主国時代も、資本家制度の今日も、私有財産制度の現代も、貧困も犯罪も貪慾も残忍も、天下一切のことを挙げて社会進化の理想の努力なり。彼の遠き昔の二元論の思想を継承して科学を罵り物質文明を罵るが如きは神の美の宗教的要求の一面のみに於ても、食物の化学的調合によりて達せらるべきを解せざるが故なり。物質精神一にして二ならず、天地万有皆一体たり。△［――由来人類は実行し得る範囲を限りて思考し得る動物なり。則ち肉体に於て実現し得ることのみを等しく肉体たる脳髄に於て理想し得る生物なり。同一なる生命の顕現たる理想と現実とを引離して考ふる者は旧式の二元論的堕力《ママ》に捉はるる結果なるは論なし。］

［第三十三節］

▽削除（段落末まで）人類は更に交接作用を廃止すべし。交接作用の言ふべからざる恥辱たるや排泄作用の其れよりも甚し。凡ては目的論の哲学なり、凡ては生物進化論なり、彼の恋愛と肉慾とを二分して一を神の光明に置き一を動物慾として唾棄《だき》しつつあるは其の解釈の二元論の外に出《い》づる能はざるは止むを得ずとするも、其の要求たる誠に人類の進化的生物たるより発する理想なり。――人類も茲《ここ》に至つては誠に以て神の座に指頭《しとう》を触れたる者なるかな。おお眼前に見ゆる神よ！　不幸にして未だ今日の科学は吾人に充分の基礎を供給せず。吾人は科学的研究者の態度を忘却して徒らに雲間の御姿に手を延べて裾を引かんとする者に非らず。二元論の基礎を為せる有機物無機物の差別が科学の進化によりて無くなれりとするも、又科学者の或る者が無機物より有機物を作り又全く生きたる生物を作りしとするも、吾人は直ちに神が其の肋骨の一片を取りて人を作りしと云ふ神話の事実となるの時来《きた》れりとは断言せず。――然しながら来るべきことを待望す。生物学の範囲内に推論を止めて生殖の方法が如何に異なれるかを見よ。両性抱擁の醜怪なる方法は凡ての生物の生殖行為にあらず。魚類の多くは（或者を除きて）雌の卵の上に雄の精虫を振りかくることとなり。人類は何が故に異性の体内に於て精虫を振り掛けざるべからざるか。人類は何が故に九ケ月間を母体に送らざるべからざるか。今日に於ても医学の進歩は或る産婦の利益の為めに七八《しちはち》ケ月にして取り出すと云ふに非らずや。――人類は何が故に女子を分娩の冒険に捉へて九ケ月間の膨大を待たざるべからざるか。産婦の膨大なる腹其事が美の理想と背馳《はいち》して男子の乱行を来しつつ▽改［▽招く例も］あるに非らずや。分娩其事が交接の恥辱を連想せしめて無邪気なる児童は母の臍《へそ》より出《い》でたりと教へられつつあるに非らずや。アミーバの如きは単に分裂その事▽改［▽其事］によりて無数に生殖す。人類は何が故に其の肋骨の一片を取りて精気を吹き込む能はざるか。無機物有機物の無差別は其の肋骨の中に精気の存することを教へざるか。化学者の実験室に於て作られたる小さき生物は、何が故に神が為せしと云ふ理想の如く己れの形に似たる人として作らるる生物たる推論を否むか。竜その腹に倚《よ》ると夢みて沛公《はいこう》（漢の高祖が帝位につく前の称）を産めりと云ふ匹婦、神を夢みてキリストを孕《はぐく》めりと云ふマリアを直ちに野合姦通なるべし▽改との断定

［▽と考ふる］は、油虫が雄なくして無数の生殖をなしつつあることを発見せる生物学以後に於て唱ふるならば額▽改上に角ある獣にも劣る。［▽甚しき非科学的独断なり。］油虫と人類と単に進化の程度を異にせるよりの現象にして、其の本体に至つては彼れの発生も此れの発生も同一なる単細胞なるには非らざるか。凡てのことは進化の過程なり。アミーバの分裂が進化の一過程なるが如く、油虫の単性生殖が進化の一過程なるが如く、獣類の期節を定めたる両性生殖が進化の一過程なるが如く、期節もなき不断の両性生殖をなしつつある人類の其れも進化の一過程なり。人類が進化の過程たる雌雄競争の要なきまでに進化せるとき――何をか憚らん、吾人は生殖作用の廃滅を断言す。△

茲《ここ》に至つては恋愛は小▽改にして［▽なく］生存競争の名▽改や卑やし。［▽なし!・］小我は大我となり大我は無我となる。――生物進化論は大釈尊の哲学宗教に帰着せり。――肉慾を超越せる恋愛の要求は斯くて実現せられ、世は挙げてプラトー的の愛たるべし。吾人は理想の翅を収めて生物進化論の小天地を飛び去るべからず。吾人は前《さ》きに生殖作用とは理想実現の方法なりと云ひ、恋愛の誠に高貴削除なることを説けり。而しながらキリストの理想を実現せることの広大永遠なる、其の恋愛たるや幾万千の子孫を作れるや図るべからざる恋愛なることを又他の所に於て説けり。独身の聖者は其の理想を実現せしむることの多きに於て数十人の子をなせる凡物よりも多くの生殖をなし、婬《（淫）》蕩なりし若年よりも白髪になれるトルストイは全世界を閨房として生殖作用をなしつつあり。男女抱擁の生殖は原人時代までの現実を遺伝するに止まり、ヤスタラ《（ヤショーダラー）》姫を捨てたる釈尊の恋愛は全人類の男女を添寝に四千年間の理想たるべきものを遺伝したり。肉体的遺伝と社会的遺伝との説明は更に強く説き替ふることを要す。社会とは空間を隔てたる人類を分子とせる大個体と云ふよりも、［――］其の空間とは物質と精神とを以て充塞せる、即ち哲学的に云へば少しも空間なき密着せる一個体なり。故に空間なき小個体の腹中に在りて遺伝を受くる生殖も、等しく空間なき大個体の腹中に在りて遺伝を受くる教育も、共に等しく生殖にして教育なり。社会的遺伝の教育も大腹中の生殖にして肉体的遺伝の生殖も小腹中の教育なり。吾人は母の腹中を出《い》でてキリストの腹中に入り釈尊の腹中に入れり。否!▽改［▽。］依然として社会の腹中に在り。而してキリストも釈尊も全社会も吾人の腹中に在り。茲《ここ》に至て何の一夫一婦論あらんや、恋愛神聖論あらんや。大我の愛なり、無我の愛なり、絶対の愛なり。

『人類』は滅亡して『神類』の世は来る。

［第三十四節］

人類の滅亡に恐怖する者ありや。人類の滅亡とは地球の冷却によりて熱を失ふの時（、）滅亡すべしと云ふが如き懸け離れたる推論を悲観的になすべきものに非らずして、神類の地球に蔓延する事によりて滅亡すべしと云ふ大歓喜なり。若《も》し人類の祖先たる類人猿が永劫に滅亡せずして吾人を産みしならば、吾人々類は今日尚半人半猿の生物たらざるべからざるに非らずや。又若《も》し更に遠き人類の祖先たる爬虫類が永劫に滅亡せずして吾人を産みしならば、吾人々類は今日半鳥半獣の驚くべき形態の生物たらざるべからざるに非らずや。この愚かなる智識の人類、この卑しむべき道徳の人類、この醜くき容貌の人類、排泄作用と交接作用とをなしつつある人類の一日も早く滅亡して『神類』の世の来らんことは胸轟くべきの削除歓喜に非らずして何ぞ。而して凡ての生物は永久に死するものに非らず、吾人が爬虫類の子孫たり類人猿の子孫たる如く、『神類』は吾人々類の死せずして永き命に進化せる子孫なり。是れ［民主］社会主義の哲学宗教なり――即ち、従来の哲学宗教の如く現在の小個体の死後を他世界に求め、理想は自己の胸裏に止まりて実現する能はずと云ふが如きは、多神教の哲学祖先教の宗教と等しく旧哲学旧宗教として棄却さるべき個人主義［時代］の哲学宗教と云ふべ▽改く。［▽べし。］宇宙は一体に▽改して［▽として］進化し吾人は永久に不死不滅に進化す。死後の幸福は他世界にあらず理想は悉《ことごと》く実現さる。天国と云ひ極楽と云ひ人類の進化せる一生物種属『神類』の地球なり。

誠に是れ▽改社会主義［▽吾人］の哲学宗教なり。吾人は後の大哲聖者の出現まで之を以て吾人の科学的宗教となして安心立命となしつつあり。而しなら《が》必らず知るべきことは理想は漸時《次》に実現さるべきものにして進化は踰越《ゆえつ》せずと云ふことなり。無我絶対の愛は神類の世界のことにして人類の現実にあらず。人類は今日爬虫類に非らず、類人猿にあらざる如く、決して凡てに於て神類に非らず。然るを今日の進化の過程に在る人類に向つて神類の世に於てのみ来るべき▽改無我絶対の愛［▽『無我絶対の愛』］を説くとは何ぞ！▽改［▽。］是れ今日までに進化せる人類に向つて爬虫類の如く類人猿の如く生活せよと云ふと等しき狂 妄《きょうぼう》を転倒して要求する者に過ぎざるなり。――故に▽改社会民主々義［▽民主社会主義］の哲学宗教はキリスト教を排し仏教を▽改付けて［▽斥けて］只▽改社会民主々義［▽民主社会主義］の哲学宗教として立つべし。今日の人類として衣食なくしては生存する能はず▽削除△――故に社会主義と云ふ。恋愛なくして不死なる能はず▽削除△――故に民主々義と云ふ。［――］実に▽改社会民主々義［▽民主社会主義］は『人類』と『神類』との進化を繋ぐ唯一の大鉄橋なり。人類が排泄作用と交接作用との恥づべき現実を脱する能はざる間、種属単位の食物競争と個人単位の雌雄競争と云ふ厭《いと》ふべき現実の生存競争を脱する能はず。進化律の天即に一の誤なし。小我発展の競争なくして大我に至る能はず、無我の愛。絶対の愛に至る能はず。キリストは絶対の愛を説けり、而しながら一夫一婦を命じたり、是れ其の夫と婦との外なる愛の排斥を意味して絶対の愛に非らず小我の愛なり。釈尊は無我の愛を説けり、而しながら其の股の肉を割きて狼に与へたり、是れ狼の小我を承認せるものにして絶対の愛にあらず。吾人はドイツ皇帝に対したる如く釈尊の脱糞キリストの放屁を語る者にあらず、而しながら斯る排泄作用を余儀《マ》さ《マ》れたる彼等は神仏の美に非らず。彼等は美に於ても善に於ても真に於ても、吾人と等しく人類社会の分子として人類の遠き将来に達すべき『神類』の世を理想としたるのみなりとす。神類の理想は彼等二三《にさん》の人類に限らず全人類の理想とする所なり。只、理想現実の途に於て▽改社会民主々義〔▽民主社会主義〕は▽改社会民主々義〔▽民主社会主義〕の途あり。▽改社会民主々義〔▽民主社会主義〕の双眸《そうぼう》は仰いで神の世を認む、而して其の足は大踏闊歩して地球の上を離れず。▽改社会民主々義〔▽民主社会主義〕の天国に昇るべき門はアーメンにあらず、極楽に到るべき途は南無阿弥陀仏にあらず、一に▽削除△——階級闘争にあり。個性発展にあり。伏能啓発にあり。自由恋愛にあり。科学にあり。

（吾人は是を以て全世界の要求しつつある科学的宗教の導きをだも発見せりと云ふがごとき暴慢なきは論なし。吾人は『人類』と『神類』とを繋ぐ鉄橋を架設せんとして努めつつある微少《小》なる一工夫《こうふ》として、聊《いささ》か槌《つち》の手〔を〕止めて彼岸を指ざし以て▽改社会民主々義〔▽民主社会主義〕者が労働する目的を物語りたるに過ぎず。吾人は報酬なき労働、困難なる鉄橋も、この彼岸の光明を臨みては一の苦痛だもなき宗教的信念によりて歓喜に堪へざるを告白すれば足る。彼の絶対の愛を説くと云ふキリスト教徒、無我の愛を説くと云ふ仏教徒、而して殊に近年に至りて自ら予言者と称し救世主と掲げて其等を宣伝しつつある者に至っては吾人断じて与《く》みせず。彼等は『人類』に向って直ちに『神類』たらんことを要求し、而して却《かえっ》てそれに到達せんとして努力しつつある▽改社会民主々義〔▽民主社会主義〕の架橋工事を嘲笑し怒罵しつつあり。吾人は彼等の熱誠を尊敬す、固《もと》よりそは人類に向って『類人猿』の如く『爬虫類』の如く生活せよと云はざるだけの無害なる発狂者として条件《の》〔付〕に於てなり。彼の『社会主義評論』の筆を捨てて▽改無我の愛〔▽『無我の愛』〕と云ふを説きつつある河上肇氏の如きこの点に於て最も惜しむべしとす）。

〔第三十五節〕

以上の帰結は下の如くなる。

今の生物進化論は凡て悉《ことごと》く其力を極めて排撃したる天地創造説を先入思想として生物進化の事実を解釈しつつある者

なりと云ふこと。即ち人類は天地の始めより個々に存在せりと云ふ個人主義の▽改［▽的］思想によりて個体の観念を作り、一元よりアミーバの如く分裂せる大個体なりと云ふ社会単位の生存競争を解せず、従《したがっ》て個人単位の生存競争たる雌雄競争と其れの食物競争との生物進化論に置ける地位を定むる能はずと云ふこと。人類を天地の結局まで存在すべきものなるかの如く考へて生物種属の階級に於て人類の占むべき地位を解せず、従《したがっ》て理想の実現せられて人類より上級の生物が人類に代りて地球に存在すべしと云ふ生物今後の進化を推論する能はずと云ふこと。而して人類今後の進化によりて天国が地球に来ると云ふ科学的宗教に到達せざるは、亦《また》等しく天地創造説の宗教を先入思想とするが故なりと云ふこと。

　実に、社会哲学は人類社会と云ふ一生物種属の生存進化の理法と理想とを論ずるものなるを以て、当然に生物進化論の巻末の一章としての社会進化論として論ぜらるべし。而して宇宙目的論の哲学と生物進化論の科学とは茲《ここ》に始めて合致し、相互に帰納となり演繹となりて科学的宗教となる。只、吾人々類は相対的存在の生物種属なるが故に、其れによりて見られたる宇宙、考へられたる目的は之を宇宙の大より見るときは相対的理想たるに過ぎずと雖《いえど》も人類として生存しつつある間は『神類』が絶対的理想なり。

　故に吾人は生物進化類▽改［▽論］に『類神人』の一語なくしては結論なしと云ふ。

　其の次ぎの章は固《もと》より『神類』の筆執るべきことなり。

第四編　所謂国体論の復古的革命主義

［「第三編　国体論」と改変の後さらに「国体の法理学的歴史学的研究」と改変し、さらに「後編　現代国体の解説」と改変］

第▽改九章［▽第八章］

［第三十六節］

［民主］社会主義と『国体論』と云ふローマ法王／［民主］社会主義の唯物的方面よりも良心の独立の急務／国体論中の『天皇』は迷信の捏造による土偶にして天皇に非らず／国体其者。日本歴史其者の為めに復古的革命主義を打破す

［第三十七節］

現今の国体を論ず／社会主義の法理学は国家主義なり／君主々義或は民主々義の主権所在論と個▽改人主義［▽民主主義］の誤謬／今日に於て個▽改人主義［▽民主主義］の主権を唱ふるは前提の契約論を捨てて結論を争ふこととなる／契約説の意義ありし階級国家時代／天皇と国民とは権利義務の契約的対立に非らず／中世の階級国家と近代の公民国家／政権と統治権／国家主権の法理

［第三十八節］

国体の進化的分類／君主が国家を所有せる家長国と君主が国家に包含されたる公▽改民国家［▽国民国家］／法律学の動学的研究／今の学者が国体及び政体の分類に無益なる論争をなすは進化的研究なきが故なり／穂積八束氏と有賀長雄氏／『国法学』は歴史的研究にあらずして逆進なり／有賀博士は治らすの文字の形態発音によりて今日の統治関係を太古に逆進す／文字なき一千年間は天皇と呼ばれず／古代の天皇の権利と今日の天皇の権限／国家は地理的よりも寧《むし》ろ時代的に異なる／天皇の文字の内容の地理的時代的相異／法律学は文字の内容を決定するを以て重大なる任務とす／歴史によりて憲法を論ずと云ふ穂積博士と有賀博士の僭越

［第三十九節］

我が国体に於て［は］と云ふ循環論法／日本国民は万世一系の一語に頭蓋骨を殴打されて悉《ことごと》く白痴となる／徹頭より徹尾までを矛盾せる白痴の穂積博士／君主々権論を取るならばザイデルの如く国家を中世の土地人民の二要素の客体とせよ／凡ての君主々権論者の国家観は近代の主権体たるを表はす国家主権論者の者なり／君主々権論者は国家観を中世の者に改むるか憲法第一条の大日本帝国を国家に非らざる国土人民のみと添削するか／穂積博士の恣《ほしいまま》な

る文字の混用／皇位或は天皇を国家なりと命名することの結果／穂積博士は主観的に見たる国家を移して客観的に見たる天皇と等しと云ふ惑乱なり／穂積博士は皇位説を捨てて天皇の一身に統治権ありと云ふ／生命の延長と云ふ氏の遁路を生命の蕃殖と云ふことを以て追究せよ／天照太神より延長せる統治権とは天照太神より蕃殖せる統治権と云ふことを是認して民主々義に至る／穂積博士の議論は万世一系の国体に限らず

[第四十節]

憲法の文字と学理攻究の自由／『国の元首』の文字に対する凡ての憲法学者の態度／比喩的国家有機体説は維持すべからざる比喩の玩弄なり／国の元首とは比喩的国家有機体説の痕跡にして国家学説の性質を有す／天皇は国の元首にあらず

[第四十一節]

天皇は統治権を総攬する者に非らず／今の国家主権論者の政体二大分類を絶対に否認す／機関の意義／天皇と議会とは立法機関の要素なり／最高の立法を為す憲法改正の最高機関／立憲君主政体とは平等の多数と一人の特権者とを以て統治者たる民主的政体なり／紛々たる国家主権論者の無意義なる論弁／美濃部博士の議論の不貫徹／憲法解釈に於て智識の基礎を国家学に求めざるよりの誤謬／美濃部博士の基礎なき国家観／統治権総攬の文字は学理の性質を有する者に非らず学者は矛盾せる条文につきて取捨の自由を有すと云ふのみ／▽改公民国家［▽国民国家］につきて政体三大分類の主張

[第四十二節]

一木博士は政体の差別よりなしと云ひ美濃部博士は国体の差別よりなしと云ふ／国体及《および》政体の歴史的分類／国家主権論者の国体と政体とを混同するを排す／吾人は国家人格実在論の上に国家主権論を唱ふ／法律の進化とは実在の人格が法上の人格を認識さるることに在り／国家が実在の人格にして法上に認識せられざりし家長国時代／ローマ時代の個体の観念と当時の人格の思想／君主主権論者と国家主権論者との臆説の暗闘／国民の信念に於ける国家主権論の表白／今日の国家は実在の人格が法上の人格に認識されたる者なり／『君の為に』と云ふ君主々権の時代と『国家の為に』と云ふ国家主権の時代

[第四十三節]

今日の国家有機体説と比喩的国家有機体説／国家意識は一人にのみ有せらるる者に非らず／君主の威力に非らず団結的強力と自己の画きたる観念なり／君主の基礎／井上博士と穂積博士は前提と結論とを顛倒す／国家意識と政権

の覚醒／原始的共和平等の時代と君主制の原始／アリストーツルの国家三分類を進化的に見よ／日本史に於ける君主国・貴族国・民主国の三時代／井上博士は君主々権論を主権体の更新と云ふことを以て説明す／今の凡ての学者は▽改個人主義［▽民主主義］の法理学を先入思想とす／更新する国家の分子は主権体にあらずして主権体たる国家の利益の為めに統治者となる要素なり／▽改『社会民主々義』［▽民主社会主義］と云ふは社会が主権の本体にして民主的政体を以て之を行使するを意味す

［第四十四節］

日本今日の国体と政体とは▽改社会民主々義［▽民主社会主義］なり／社会主義は国家主権の国体の擁護者なり／政体今後の進化は国家の目的と利益とによる／▽改国家機関［▽憲法］の改廃作成［又は停止廃止］に▽改於ける［▽於て］国家［の］主権の▽改［▽は］完全なる自由［を有す］／社会主義の法理学は国家主義なりと云ふ理由／法理学を離れて事実論としては政権者の意志が国家の意志なり／社会主義と強者の意志

［第三十六節］

以上▽改三編［▽二編］。［民主］社会主義に関する重要なる讒誣《ざんぶ》を排除し、其の根本の理論たるべき者の大要を説述したり。［民主］社会主義の論究は斯くの如くにして略々《ほぼ》足れりとすべきなり。只、此の日本と名《なづ》けられたる国土に於て［民主］社会主義が唱導せらるるに当りては特別に解釈せざるべからざる奇怪の或者が残る。即ち所謂『国体論』と称せらるる所のものにして、――社会主義は国体に抵触するや否や――と云ふ恐るべき問題なり。是れ敢て［民主］社会主義のみに限らず、如何なる新思想の入り来る時にも必ず常に審問さるる所にして、此の『国体論』と云ふローマ法王の諱忌《きき》に触るることは即ち其の思想が絞殺さるる宣告なり。政論家も是れあるが為めに其の自由なる舌を縛せられて専政治下の奴隷農奴の如く、是れあるが為めに新聞記者は醜怪極まる便佞《べんねい》阿諛《あゆ》の幇間《ほうかん》（たいこもち）的文字を羅列して恥ぢず。是れあるが為めに大学教授より小学教師に至るまで凡ての倫理学説と道徳論とを毀傷《きしょう》汚辱し、是れあるが為めにキリスト教も仏教も各々堕落して偶像教となり以て交々《こもごも》他を国体に危険なりとして誹謗し排撃す。斯くの如くなれば今日［民主］社会主義が学者と政府とよりして国体に抵触すとして迫害さるるは固《もと》より事の当然なるべしと雖《いえど》も、只歎ずべきは社会主義者ともあらんものが此のローマ法王の面前に立ちて厳格なる答弁を為さざることなり。少くも国体に抵触すと考ふるならば公言の危きを避くるに沈黙の途あり、然るに弁を巧みにして抵触せずと云ひ、甚しきは一致すと論じて逃るるが如きは日本に於てのみ見らるべき不面目なり。特に彼の国家社会主義を唱導すと云ふ者の如きに至りては、却《かえっ》て此の『国体論』の上に社会主義を築かんとするが如きの醜態、誠に以て［民主］社会主義の暗殺者なりとすべし。吾人は▽改純正社会主義［▽民主社会主義］の名に於て、永久に斯く主張せんとする者なり――肉体の作らるるよりも先きに精神が吹き込まれざるべからず。欧米の社会主義者に取りては第一革命を卒《お》へて経済的懸隔に対する打破が当面の任務なり、未だ工業革命を歩みつつある日本の［民主］社会主義にとりては然かく懸隔の甚しからざる経済的方面よりも妄想の駆逐によりて良心を独立ならしむることが焦眉の急務なり。否、単に国民としても現今の国体と政体とを明らかに解得することは社会主義を実際問題として唱導する時に殊に重大事なり。『国体論』といふ脅迫の下に犬の如く匍匐《ほふく》して如何に土地資本の公有を鳴号するも、斯る唯物的妄動のみにては［民主］社会主義は霊魂の去れる腐屍骸骨なりと。

而しながら今日に於ては、南都の僧兵が神輿を奉じて押し寄せたる如く、『国体論』の背後に陰れて迫害の刃を揮ひ讒誣の矢を放つことは政府の卑劣なる者と怯懦《きょうだ》なる学者の唯一の兵学として執りつつある手段なり。而して往年山僧の神輿に対して［皇居］警固の武士が叩頭《こうとう》礼拝して慰諭せる如く、『国体論』の神輿を望みては如何なる主義も学説も只回避を事と［し争ひて迎合］するの状態なり。然れば今、吾人が此の神輿の前に身を挺して一矢を番《つが》へんとする者、或は以て冒険なりとすべし。而しながら吾人は平安に此の任務に服せんとする者なり。何となれば僧兵の神輿中に未だ嘗《かつ》て神罰を加ふべき真の神の在りしことなきが如く、『国体論』の神輿中に安置して、触るるものは不敬漢なり［乱臣賊子なり］と声言せられつつあるは、実は天皇に非らずして彼等山僧等の迷信によりて恣《ほしいまま》に作りし土偶なればなり。即ち、▽改今日の憲法国［▽現代国体］の大日本天皇陛下に非らずして、国家の本質及び法理に対する無智と、神道的迷信と、奴隷道徳と、顛倒せる虚妄の歴史解釈とを以て捏造せる土人部落の土偶なればなり。土人部落の土偶は仮令《たとい》社会主義の前面に敵として横《よこたわ》るとも又陣営の後《しり》へに転がり来るとも、［民主］社会主義の世界と運動とには不用にして天皇は外に在り。土偶を恐怖するは南洋の土人部落にして東洋の土人部落中亦《また》之を争奪して各々利する所あらんとするものありとも、［民主］社会主義は只真理の下に大踏歩して進めば足る。▽削除△――思想の独立の前に何のローマ法王あらんや。

吾人は始めに本編の断案として世の所謂『国体論』とは決して▽改今日［▽現代日本］の国体に非らず、又過去の日本民族の歴史にても非らず、明《あきら》かに▽改今日［▽現代日本］の国体を破壊する▽改『復古的革命主義』［▽『国体破壊論』］なりと命名し置く。吾人は古来の定論たる斯る輿論《よろん》の前に逆行して立つを危険なりと信ずるが故に迫害を避けんが為の方便として恣《ほしいまま》なる作造を為すに非らず。日本民族の歴史と現今の国体とは実に一歩も『国体論』の存在を許容せざればなり。嗚呼▽改国家［▽国体］大革命以後三十有九年、今日微少《小》なる吾人の如きをして所謂国体論を打破せしむるの余儀なきに至れる者抑々《そもそも》何の由る所ぞ。吾人は一［民主］社会主義者として云ふに非らず、世界何の所に於ても▽改学術の神聖［▽国民の権威］を汚辱する斯くの如く甚しき者あらざればなり。実に▽改学術の神聖［▽国民の権威］の為めなり、決して▽改社会［▽一二《いちに》の］主義の為めに非らず。否！　国体其者の為めなり！　日本歴史其者の為めなり！

［第三十七節］

先づ現今の国体を論ず。

而して主権の所在によりて国体を分つと云ふ一般の学者に従ひて、国家が主権の本体なりや天皇が主権の本体なりやと云ふ国家学及び憲法々理の説明を為さざるべからず。

真理は凡ての者の上に真理なり。社会主義は単に経済学◦倫理学◦社会学◦歴史学◦哲学の上に真理なるのみならず、法律学の上に於ても亦《また》真理なり。即ち、地理的に限定せられたる社会、即ち国家に主権の存することを主張する者なり。――即ち社会主義の法理学は国家主義なり。［（彼の社会主義を以て非国家主義なりと考ふる欧米の彼等は殆ど意味を為さず。是れ社会主義は非社会主義なりと云ふと同一なればなり）。］故に▽改個人主義［▽中世的民主主義（即ち独断的個人主義なり。以下凡て同じ）］時代の法理学に基きて君主々義と云ひ民主々義と云ふことは明《あきら》かに誤謬なり。従来の如き意味に於て君主々義と云へば利益の帰属する所が君主なるを原則とし、民主々義と云へば国民が終局目的なるを論拠とす。而して各々利益の帰属する所、目的の存する所に権利が存すと云ふ根本思想に於て個人主義なり。社会主義――法理的に云へば国家主義は国家が目的にして利益の帰属する権利の主体たりと云ふ思想にして主権は国家に在りと論ずる者なり。▽改個人主義［▽中世的民主主義］を持して今の社会的団結を見るならば、其の原始に於ては個々に結合せずして存在せしとの憶測なるが故に当然に契約説によりて説明するの外なく、而して契約説の誤謬にして人類は原始時代より社会的存在なることは生物学［上］の事実なるを以て、主権の所在の意味に於て君主々義或は民主々義を論争する▽削除△ことは理由なきことなり。故に君主々義或は民主々義を▽改個人主義［▽中世的民主主義］時代の法理学に基きて唱ふるならば、此の社会国家を個人の自由独立の為めに（即ち個人の目的と利益の為めに）組織されたる者と断じ、其の組織さるる以前に於ては国民各自に主権が（ルーソーならば平和にホッブスならば各人の各人に対する闘争をなして）存在したりと想像したる者なるを以て、組織前に各自に存在すと仮定せる主権が組織後に於て何者に存するかを問題とする者なり。而して其の組織の方法は当時の思想に於て契約説より外なく、従《したがっ》て契約説が棄却されたる今日に於ては▽改個人主義［▽中世的民主主義］の主権所在論は前提を棄てて其の結論を争ふ無意義の者となる。固《もと》より▽改国体論［▽『国体論』］が▽改幕末［▽幕府に対する革命論の意味］に於て［甚］大なる意義ありしが如く、契約説は一たび削除一切議論の基礎なりき。フランス革命に至るまでに於ては、今日の如く平等の法律の下に生ぜる階級に非らずして、法律其の者よりしての階級国家なりしが為めに、議会の如きも各階級各々異なれる決議に於て其れ自体の目的と利益とを持して対立し、決して今日の如き一国家としての法律にあらず、各階級の契約による一の条約的性質の者なりき。故に契約説は▽改個人主義［▽中世的民主主義］の思想に▽改執［▽取］られて之を国家の起原◦社会の原始にまで及ぼしては根拠なき憶説に過ぎずと雖《いえど》も、其当時の国家の説明、法律の解釈としては避く可《べか》らざる唯一の帰結にして又この仮説なくしては一切の社会現象は解釈す可《べか》らざる者なりき。今日は然らず、仮令《たとい》資本家発達の為めに国家の機関は一階級に独占せられ社会の階級は大割裂を隔てて相対するに至りしと雖《いえど》も、そは経済学［政治学］の取扱ふべき所にして法律学の立脚点よりしては日本国は疑ひもなく一国家なり。又仮令《たとい》藩閥が天皇を擁して自己の階級に利益ある法律を制定し議会は全く資本家の手足となりて其の階級の目的によりて法律に協賛すとも、その一たび法律とな［れ］る以上は法律学は事状《ママ》を顧みず階級を超越したる日本国の法律として見るべきは当然也。故に中世の契約説時代の憲法は、君主と貴族、或は国民との条約的性質を有したるも、今日の憲法は決して［条約又は］契約に非ずして君主と国民とは憲法の訂《ママ》結を以て権利義務の関係に於て相対立する二個の階級にあらず。君主の行動の制限さるるは国民の権利の前に自家を抑制せざるべからざる義務の為めにあらずして、国民の義務を負担せしめらるるは君主の要求の下に君主の権利を充さんが為めにあらず。即ち、国民の負担する義務は国家の要求する権利にして、君主の主張する権利は国家の負担する義務なり。日本国民と日本天皇とは権利義務の条約を以て対立する二つの階級にあらず、其の権利義務は此の二つの階級が其の条約によりて直接に負担し要求し得る権利義務に非らず。約言すれば日本天皇と日本国民との有する権利義務は各自直接に対立する権利義務にあらずして大日本帝国に対する権利義務なり。例せば日本国民が天皇の政権を無視す可《べ》からざる義務あるは天皇の直接に国民に要求し得べき権利にあらずして、要求の権利は国家が有し国民は国家の前に義務を負ふなり。日本天皇が議会の意志を外にして法律命令を発する能はざる義務あるは国民の直接に天皇に要求し得べき権利あるが為めにあらず、要求の権利ある者は国家にして天皇は国家より義務を負ふなり。——是れ中世の階級国家と近代の▽改公民国家［▽国民国家］との分るる点なり。（階級国家の中世史に付ては後の歴史解釈を見よ）。固《もと》より今日に於ても法律其者の上より、君主と云ひ貴族と云ひ一般国民と云ふが如き階級的形跡の者なしとは云はず。而して其の法律によりて利益の帰属する所が或る見解（特に政治学上の見解）を以て見れば君主のみ或は貴族のみに限らるる者無しとは云はず。是れ国家とは進化的生物（『▽改生物進化論と社会哲学』［▽『進化律の統一的組織』］に於て個体を定義したる所を見よ）にして国体と云ひ政体と云ひ其の生物の成長に従ひて進化し、人為的に進化の過程を截然と区劃《くかく》する能はざる者なればなり。而しながら今日の国家を以て中世時代の階級国家と見るべからざる法理学上の根拠は中世の如く君主或は貴族が其れに帰属すべき利益の主体として存せず、国家の目的の為めに国家に帰属すべき利益として国家の維持する制度たるの点なり。例へば天皇無責任の利益は或る見解を以てすれば帰属する所天皇なるかの▽改ごとく［▽如く］解せらるべきも、法理学上よりしては国家の目的と利益との為めに存する法規なり。又貴族及び或る限られたる者のみ貴族院議員たるべき権利あるは又等しく利益の帰属する所其等の階級にあるが如く見らるべきも、国家の目的と利益との為めに存する法規なりと解することは法理的見解としては避くる能はず。固《もと》より君主と云ひ貴族と云ひ又国民と云ひ、等しく其の地位に応ずる独立自存の目的を有し其れぞれ自己に帰属する利益を有するを以て固《もと》より権利の主体たりと雖《いえど》も、其の権利とは所謂政権にして、君主に在りては重大なる権限を有する皇位に即くの権利たり。貴族に有りてはまた▽改［▽又］特別なる権限を有する貴族院議員或は其の撰挙を為すべき権利たり、国民に取りては多く撰挙の際に重要なる機関たる所の撰挙者の地位に即くの権利なり。而しながら皇位に即く権利、撰挙者たる権利は決して主権にあらずして主権を行ふべき地位に対する権利なり。故に近代の公民国家に於ては如何なる君主専制国と雖《いえど》も又直接立法を有するほどの民主国と雖《いえど》も、其の君主及び国民は決して主権の本体に非らず、主権の本体は国家にして国家の独立自存の目的の為めに国家の主権を或は君主或は国民が行使するなり。従《したが》つて君主及び国民の権利義務は階級国家に於けるが如く直接の契約的対立にあらずして国家に対する権利義務なり。果して然らば権利義務の帰属する主体として国家が法律上の人格なることは当然の帰納なるべく、此の人格の生存進化の目的の為めに君主と国民とが国家の機関たることは亦《また》当然の論理的演繹なり。［（吾人の国家主権論は世の似而非なる国家主権論者とは全く別個なる基礎則ち国家人格実在論の上に築かるる者なり。『進化律の統一的組織』に於て説ける大なる単位に於ける個体が実在の生命を有する生存単位たる説明等に▽改察知し得べし。）］

故に階級国家時代の契約説と個人主義［▽中世的民主主義］の仮定とを維持する者に非らざるよりは、現今の憲法を解して君主と国民とが権利義務に於て対立する者となし、君主或は国民を主権の本体と断ずるの理由無し。

［第三十八節］

▽改而しながら国家は始めより社会的団結に於て存在し其の団体員は原始的無意識に於て国家の目的の下に眠りしと雖《いえど》も（『生物進化論と社会哲学』［▽『進化律の統一的組織』］に於て原人時代を論じたる所を見よ）。其の社会的団結は進化の過程に於て中世に至るまで、土地と共に君主の所有物となりて茲《ここ》に国家は法律上の物格となるに至れり。即ち国家は国家自身の目的と利益との為めにする主権体とならずして、君主の利益と目的との為めに結婚。相続。譲与の如き所有物としての処分に服従したる物格なりき。即ち此の時代に於ては君主が自己の目的と利益との為めに国家を統治せしを以て目的の存する所利益の帰属する所が権利の主体として君主は主権の本体たり、而して国家は統治の客体たりしなり。此の国家の物

格なりし時代を『家長国』と云ふ名を以て中世までの国体とすべし。今日は民主国と云ひ君主国と云ふも決して中世の如く君主の所有物として国土及び国民を相続贈与し若《も》しくは恣《ほしいまま》に殺傷し得べきに非らず、君主をも国家の一員として包含せるを以て法律上の人格なることは論なく、従《したがっ》て君主は中世の如く国家の外に立ちて国家を所有する家長にあらず国家の一員として機関たることは明《あきら》かなり。即ち原始的無意識の如くならず、国家が明確なる意識に於て国家自身の目的と利益との為めに統治するに至りし者にして、目的の存する所利益の帰属する所として国家が主権の本体となりしなり。此れを▽改『公民国家』［▽『国民国家』］と名《なづ》けて現今の国体とすべし。

斯く国体を進化的に分類せず、国家が人格なるか物格なるかに論点を定めざるが故に今の君主々権論者も国家主権論者も無数の矛盾撞着の上に立ちて意味なき争論を繰り返へすに過ぎず。元来彼等は法律学の研究方法に於て根本より誤まる。国体と云ひ政体と云ひ決してアリストーツルの統治者の数と云ふが如き形式的数字に多少の補綴を為して解せらるべき者にあらず。今日の法律学はギリシャ古代の如く静学的に思弁に耽《ふけ》るべき者にあらずして、国体及び政体は進化的過程の者として、即ち歴史的進行の社会現象として動学的に研究すべき者なり。若《も》し今の憲法学者にして此の態度あらば今日の進化の程度に在るドイツ帝国の統治権が聯邦各国に在りや又帝国にありやと云ふが如き論争も起らざるべく、英国を以て君主政体なりや民主政体なりやと云ふ議論も無かるべく、特に今日大多数の立憲君主国と名《なづ》けらるる者につきて——君主々権論者も国家主権論者も共に陥れる如き実に由々しき誤謬も存在せざるべきなり。法律現象を動学的に研究せず国体或は政体を進化的に考へざるならば、古代の国体及び政体、中世の国体及び政体は全く法律学の研究外に逸出すべく、従《したがっ》て其の進化を継承せる現今の国体及《および》政体を説明する能はざることとなる。『国体論』と云ふ迷信を有する日本の如きは此の為めなり。故に彼等の解釈は其の無数に異なれるに係らず、日本国につきて進化的考察なきが為めに今日の国体と政体とを説明する能はざ《る》に至りては共に一なり。国家学の原理によりて国家を進化的に見よ。今日の国体と政体とは明《あきら》かに解せらるべく、紛々たる学者の分類が何の価値だも無きことを発見すべし。故に法学博士穂積八束氏の如きは此の点を解せざるが為めに終に匙を投じて国体も政体も分類的に取扱ふべからざる者なるかの如く云ふに至る（穂積八束（ほづみ・やつか）。一八六〇～一九一二。法学者。東京大学卒。ドイツ留学後、明治二十一年帝国大学教授となり憲法担当。明治二十四年「民法出デテ忠孝亡ブ」を著し民法実施案を批判、民法典論争となる。明治三十年東京帝国大学法科大学学長。明治三十二年貴族院議員。天皇主義的憲法学者）。大学筆記に曰く『国体は歴史の結果にして各国一ならず、故に一般普通の国体と云ふことなし、▽改また［▽又］予《あらか》じめ学者が国体の種類を列挙し▽改つくす［▽尽くす］ことを得ず。過去及び将来に於て主権の所在は歴史の結果として種々なる変動あり得べきなり。故に余は国体を説くは或る特定の国、時代を論ずる者にして一般に且つ抽象的に国体分類を列挙すること能はずと信ずる者なり。我が憲法を説くに当り我国の歴史によりて定められたる国体を説くの外なし』。

固《もと》より穂積八束氏の如きが仮令《たとい》歴史によりて国体を定むと云ふとも其の動学的研究に非らざるは論なく、単に万国無比の歴史なるが故に万国無比の国体なりと論ぜんが為めに過ぎず。而して其の所謂『特定の国』と云ふことの特別なる日本国を指せしものなりとするも、其の所謂『特定の時代』につきては彼より何者も聞けることあらず。偶々《たまたま》『国家統治の主権は万世一系の皇位に在りて変ることなかりしは我国体なり』と云ふかと思へば忽ち《たちま》『維新革命は主権を回復せる者なり』と▽改論ずる［▽論じて皇位に主権の在らざりしことを前提とする］如き何の拠る所あるやを解する能はず。故に斯る歴史的智識の全く欠けたる者よりして、其の所謂歴史によりて定まると云ふ我が国体の動学的説明を期待せざるべし。只誠に奇怪なるは天下の歴史家を以て認識せられつつある君主々権論者の一人法学博士有賀長雄氏が等しく進化的研究なきことなり（有賀長雄（あるが／ありが・ながお）。一八六〇～一九二一。社会学者、法学者。東京大学卒業。ドイツ留学後、枢密院書記官、農商務省特許局長。東京専門学校、陸軍大学校に出講し国法学を講じた。日清戦争を契機に国際法に転じてフランス留学。後陸軍大学校教授。学風は社会学的実証主義）。有賀博士は穂積博士と等しく君主々権論者の権威にして、等しく主権の所在は歴史によりて定まると主張する者なり。而して主張に背かず其の著『国法学』の如きは緒論として日本の国民対皇室の歴史的叙述に少なからざる頁を費やしつつあり。吾人は主権の所在は歴史によりて定まることを信じ、国家主権論の基礎は全く日本歴史に求めざるべからざることを信じ、国体及び政体は只動学的研究によりてのみ解せらるべきことを信ずる者なり。而して有賀博士が歴史家の意義を以て『日本国民を悉く《ことごと》天照太神の子孫なりとし此の事実のみを以て日本国民に対する天皇主権の基礎となすは歴史を考へざる俗論なり』と喝破し、穂積博士の如き君主々権論者は博士の前には誠に価値なき者となれる如きを見て、『国法学』が君主々権論に有力なる歴史的根拠を与ふべき者なるを期待したり。恐らくは博士も期したるべし。而し乍ら《なが》今日の意味に於ける統治権と云ひ統治と云ひ天皇と云ふ文字を二千五百年間同一不異の者と考へ、却て《かえっ》歴史的進行に反して逆進して論じ昇れるを見て、吾人は実に日本国中未だ一人の国家の進化的研究をなす者なしと断言せざるを得ず。固《もと》より吾人と雖《いえど》も最古の歴史的記録たる古事記日本紀の重要なる経典たることは決して否まず。而しながら有賀博士の如く神武紀元後十四世紀後なりと云ふ其等によりて、而も『夫《そ》の豊葦原の瑞穂国は我が子孫の王たるべき地なり、爾《なんじ》皇孫就きて治らせ、宝祚《ほうそ》（皇位）の隆《さか》へまさんこと天壌《てんじょう》（あめつち）と共に極まりなかるべし』の僅少なる一言を論拠として一学説の根本思想となすは明《あきら》かに不謹慎極まる独断論なり。斯る十四世紀後の支那文字にて『王』と云ひ『治らす』と書かれたりとも、其の文字の形態発音の似たるが為に今日の『統治権』に当て嵌めて十四世紀前の太古と十世紀後の今日とを一縄に結び付け得るや。古事記日本紀に至るまでの十四世紀間に渉る長き間は▽削除△——少くも外国文明に接触するまでの十世紀間は全く［『］文字なく前言往行存して忘れず縄を結びて事を記したり［』］と称せらるる程の原始的生活時代なりしぞ。之を仮定して下の如く考へよ。若《も》し今日以後十世紀間文字なく、火星との交通によりて火星の文字を以て十四世紀後に明治歴史が書かれたりとせよ。十四世紀後の火星の文字の古事記日本紀に表はれたる火星の『王』『治らす』と云ふ文字を以て明治の統治関係を説明するを得べしと思ふや。今日の吾人が仮りに縄を結びて記録とし、其の縄が十世紀間腐朽せざるほどの金属なりとするも、又吾人の頭脳が驚くべく進化して十世紀間の前言往行が言語によりて祖父の口より孫の耳に伝へられて誤りなしとするも、火星の文字は火星の思想を表はし、十四世紀後の進化せる国民は十四世紀後の思想を以て火星の文字を使用すべし。然らば、有賀博士が、王と云ふ文字が国王の王に似、治らすと云ふ文字が統治の治に似たるが為に、斯る文字なき時代の太古と其文字の用ひられたる支那文明の輸入時代と、更に欧州文明の今日に使用さるる全く異なれる統治権の思想とを変遷進化なき者と独断して、今日の統治関係を以て原始的生活時代の文字なき数千年前まで逆進して憚らずとは已《すで》に歴史家の資格に於て皆無なるを知るべし。吾人は断言す▽削除△——王と云ひ治らすと云ふ文字は支那より輸入せられたる文字と思想とにして原始的生活時代の一千年間は音表文字なりや象形文字なりや将《は》た全く文字なかりしや明らかならざるを以て神武天皇が今日の文字と思想に於て『天皇』と呼ばれざることだけは明白に▽改して、［▽なり。而して］其の国民に対する権利も今日の天皇の権利或は権限を以て推及すべからざる者なりと。（吾人は文字無き一千年間の原始的生活時代は政治史より除外すべきを主張する者なり、後の歴史解釈を見よ）。

斯く文字の形態発音に於て同一ならば内容も古今異らずとの歴史家なるが故に、家長として土地人民を所有せし時代の天皇の権利を無視し、雄略が其の臣下の妻を自己所有の権利に於て奪ひし如き、武烈が其の所有の経済物たる人民を恣《ほしいまま》に殺戮せし如き、後白河が其の所有の土地を一たび与へたる武士より奪ひ［て］其寵妾に与へし如き、斯る所有権の主張を今日の天皇の権利を以て逆進して論じ、以て或は暴逆無道なりと云ひ不仁違法なりと云ふにいたる▽改［▽至る］なり。当時の天皇は今日と全く意義を異にせる国家の所有者と云ふ意義にして、人民は人格にあらず国土と共に天皇の『大御宝《おおみたから》』として経済物なりしなり。而して斯る歴史家の或者は当時の天皇の権利を認識して斯る逆進的批判を為さざることありと雖《いえど》も、而も却《かえっ》て当時の天皇の権利を以て今日の天皇に粘着的に論下し、尚国土及び人民を自由に与奪し殺活するを得べき家長なるかの如く云ふ。今日の天皇は当時と全く意義を異にせる国家の特権ある一分子と云ふことに▽改して、［▽なり。］外国の君主との結婚によりて国家を二三《にさん》皇子に分割する能はず、国民の所有権を横奪して侵害する能はず、国民の生命を『大御宝《おおみたから》』として毀傷《きしょう》破壊する能はず、実に国家に対してのみ権利義務を有する国民は▽改天皇の白刃に対して［▽雄略武烈の白刃を仮想する時］国家より受くべき救済と正当防衛権を有するなり。即ち等しく天皇の形態と発音とあるも、今日の天皇は国家の特権ある一分子として国家の目的と利益との下に活動する国家機関の一なり。更に詳はしく云へば、維新［の革命］に至るまでの天皇は維新▽改［▽革命］後の天皇の如く日本帝国の統治機関にあらずして、理想に於てのみ之を以て自ら任じたりしと雖《いえど》も、法律上の事実に於ては其の所有の人民を物格として所分《ママ》するを得たる家長君主なりき。故に天皇の最も強大なりし時は日本全国に及びて（例へば藤原氏に至るまでの如し）、其の微弱なるときは其の勢力範囲の内に於て（例へば頼朝以後の如し）、其の所有せる国土及び人民は天皇の目的と利益との下に存在し、天皇は目的の存する所（、）利益の帰属する所として統治権の主体なりき。（後の歴史解釈を見よ）。——実に日本の国体は数千年間同一に非らず、日本の天皇は古今不変の者にあらざるなり。然るに中世の家長国時代に於て、当然の権利として主張せしルイ十四世の朕即ち国家なりとの言を『我が国体に於ては』は《ママ》との前置の下に西洋に於ては不当なるも我国体に於ては不当ならずとして今▽改日［▽現代日本］の国体に於て唱へんとする者のありとは何たることぞ。ルイ十四世の言は西洋に於ても当時の国体に於ては不当にあらず。我国体に於ても中世迄は不当にあらず。而しながら之を今▽改日［▽現代］の国体に於て唱ふるならば其西洋なると日本なるとを問はず、単に不当なるのみならず明《あきら》かに国家に対する叛▽改逆［▽非違］なり。——彼等は国体とは横に異なるのみならず縦に異なることを知▽削除△らざるか。彼等は数十日にして達すべき外国と日本とが天地の別ある国体なりと論ずるならば、当然の推論として数千年間を隔てたる昔と今とが国体に於て全く同一不変なりと考ふるの根拠なきに至る▽削除△ことを心附かざるか。彼等は等しく天皇と云ひ皇帝と云ふも、ロシアの天皇とトルコの天皇とベルギーの天皇との異なれることを知れるならば、又等しく天皇と云ふも神武天皇と後醍醐天皇と明治天皇との全く内容を異にせる者なるべきに考へ及ばざるか。彼等は文字の発▽改音が類似すればミゼレブルと云ふ英語の悲惨もミゾレフルと云ふ日本語の霙《みぞれ》降るも、ソージャと云ふ兵士も然《そ》うぢやと云ふ合点も同一なる意義にして、文字の形態が同一ならば鎌倉時代の主従関係を意味する臣僕も、今日の君僕失敬の臣僕も決して相違なき意義の者にして、友人間の無作法も恐くは失敬罪重禁錮五ケ年に値すと考ふ者なる［▽発音形態が類似すれば中世史のローマ法王も今日残存するローマ法王も同一なる者にして、君臣主従関係を意味する『君』も今日親友の称呼に用いらるる『君』も内容を異にせざる者と考ふる］に似たり。

由来、法律学に於ては文字の内容を決定するを以て最も重大なる任務となす者なり。他の自然科学等に於ては酸素水素と云ひ胃心臓と云ひ文字其者が地理的に又時代的に変化する者にあらざるが故に、術語の内容を決定することを以て研究の焦点［▽起点］とする社会的諸科学とは大《おおい》に異なる。特に社会［的］諸科学の中に於ても法律学に於ては、其の社会の進化し其の社会現象の異なるに係らず依然たる同一の形態発音の文字を継承して使用する者なるを以て、文字の内容を定むること其事が殆んど終局目的［▽基本的重大事］なり。法律の歴史的研究者によりては殊の外に此の点に於て厳粛なるを要す。果して然らば『天皇』と云ふ語の内容が数千年の長き間に於て変遷限りなかりしことを忘却しては、其の如何に歴史によりて憲法を論ずと云ふとも誠に僭越を極めたる標榜たるに過ぎざるを知るべし。――故に穂積博士は現今の天皇を以て土地人民を所有せる時代の天皇の如く解し、有賀博士は文字なき時代の神武天皇を以て或時代の統治権を所有権として有する天皇と考ふるに至れるなり。

国家［▽国体］の進化的分類と云ふ吾人の主張は茲《ここ》に存す。

［第三十九節］

而しながら今の憲法学者と雖《いえど》も西洋諸国の国家を歴史的進化に従ひて時代的に分類せざるにはあらず。只、我が日本国を論ずるに於てのみ常に古今の差別を無視して『我が国体に於ては』と云ふ特殊の前置きを以て憲法論の緒論より結論迄を一貫すとは抑々《そもそも》何の理由に基くぞ。――『万世一系の皇統』と云ふことのあればなり。日本国民は此の万世一系の皇統と云ふことのあるが為めに西洋諸国に於ては国体及び政体は歴史の進化に従ひて進化せるも、日本民族のみ進化律の外に結跏趺坐《けっかふざ》して少しも進化せざる者なりと考へつつあるなり。故に日本の憲法学者に於ては、国体を憲法論に於て論ずるは我が国体は如何なる国体か、即ち主権は何処に所在するかを決定せんが為めなりと云ふに［係らず］其の解釈としては常に必ず、万世一系の我国体に於ては主権は天皇に在りと一貫す。是れ少しも解釈に非らず、万世一系の天皇に主権が所在するが故に主権は天皇に在りと云ふものなり。甲が年齢を問はれたるに乙と同じと答へ、更に乙を問はれて甲と同じと答ふる問答の循環なり。笑ふべきは法律学者のみに非らず、倫理学者にても哲学者にても、其の頭蓋骨を横ざまに万世一系の一語に撃たれて悉《ことごと》く白痴となる。日本に於て国家［▽国体］の進化的分類なきは此の故なり。

万世一系の皇統につきては後の歴史論［▽解釈］に於て明瞭に説かん。只茲《ここ》には憲法学に於て此の万世一系の一語を一切演繹の基礎となす穂積八束氏を指定すれば足れり。博士の頭脳は此の語の打撲によりて憐むべき白痴となり、憲法に係はる凡ての事が連絡もなく組織もなく、自ら述べて自ら打ち消し前《さ》きに主張して後に打破し、忽《たちま》ち高天が原に躍り上りて神集ひの神道論をなし直ちに顚落して神話の科学的研究者となる。特に甚しきに至りては主権本質論に於て全く君主々権論者の地位を棄てて国家主権論者に一変し、其の歴史論と見らるべき言に於ても或は天皇主権論を唱ふる如く或は幕府主権論を唱ふる如し。本編は博士が国体論の首領的代弁者なるが故に最も多く議論を及ぼしたる者なり。故に吾人は博士を能ふだけ精密に研究すべき必要のために、其の世に出したるだけの著書も見、諸雑誌に掲げられたる殆んど凡ての論説も見、年々歳々花相似たる［帝国］大学及び他の私立大学の講義筆記をも見たり。而しながら矛盾撞着せる言語の羅列の中より一貫せる思想を見出すことの不能なるは論なく、万世一系の一語に打撲せられたる頭脳よりしては如何なる精神病医も意味を取る能はざるべきなり。否、博士は実に国家の観念に於て国家主権論の国家観を執る。

此の点は敢て穂積博士のみに限らず。凡ての君主々権論者は誠に其の国家の定義に於て近代国家の者を窃取して恬《てん》として気附かざる者なり。穂積博士及び凡ての君主々権論者は其の憲法学を組織するに『統治の主体』と『統治の客体』とに分つ。而して統治の主体を天皇とし、統治の客体を国土及び人民と為す者なり。若《も》し彼等にして吾人が前《さ》きに中世の国家とは国土及び人民にして君主の目的と利益との為に存する物格なりしと云ひし如く、即ち君主々権論者のザイデルの如く国家とは国土及び人民の二要素にして天皇は国家の外に在りて国家を統治する者なりと云ふならば、憲法第一条の『大日本帝国は万世一系の天皇これを統治す』とある大日本帝国とは国土及び人民の二要素にして中世時代の物格の国家なり。君主主権論を取り、統治の主体と統治の客体とに分つならば、統治さるべき所の大日本帝国なる者は中世時代の二要素なる国家ならざるべからず。然るに穂積博士及び今の凡ての君主々権論者は全く近代思想の国家観を執りて却《かえっ》てザイデルを排す。穂積博士は曰く、国家とは一定の土地に住する人類社会にして統治者と人民とによりて組織されたる者なりと、曰く国家とは主観的に見れば統治権の主体なりと。

実に、国家を主観的に見れば統治権の主体なりとは是れ国家が統治［権］の主体なることを主張する国家主権論の思想［其者］に非らずや。国家とは統治者と人民と土地との三要素なりとの思想は、君主が国家を所有物として贈与し相続せし中世時代には無き国家観念にして国家主権の近代国家にあらずや。何となれば三要素ある国家ならば君主其者をも包含せるを以て君主が国家を贈与し相続することは自己其者をも同時に贈与し相続すと云ふ意義なきこととなるべく、中世時代の君主が国家の所有者たる思想に於て『朕の国家』と呼ぶときは其の国家とは二要素の者なりしを以てなり。即ち中世に於ては君主を法理上国家の外に置きて国家を統治する主体となし、国家は其れによりて統治さるる客体たりしに反し、博士等の執れる近代思想に於ては君主を国家の一要素として、即ち国家を組織する一員として国家の内に包含する者なり。国家の外に在りては国家を所有するを得べく、又国家を統治するを得べく、従《したが》つて国家は君主の所有物たり統治の客体たりき。国家の内に在るならば国家を所有する能はず、包含されたる一分子は其の分子を包含する所の国家に対して所有権を主張し得べき統治の主体たる能はず。故に統治の主体と統治の客体とに分ちて君主々権論を主張するならば、第一条の大日本帝国を中世時代の物格たる二要素の国土及び人民とすべく、然るに国家を人格となし統治権の本体となすならば第一条の大日本帝国は三要素ある主権の本体にして下の如く解せざるべからず。曰く、統治権の本体たる近代国家の大日本帝国は其の統治権を万世一系の天皇によりて行使すと。

加之《しかのみならず》。天皇を統治の主体となしながら大日本帝国を三要素ある近代国家となすならば第一条は添削されて、一国家にあらざる大日本の国土及び人民は万世一系の天皇之を統治すと書き替へられざるべからず。何となれば三要素ある近代思想の国家観を取るを以て、是れ大日本帝国中に博士等の所謂統治者たる所の天皇をも包含せるものに▽削除して△。之を主体と客体とに分ち天皇を統治の主体となすは此れ一要素を国家の外に置くものにして憲法の明示したる大日本帝国とは一国家にあらず単に国家の二要素たる所の国土及び人民のみとなればなり。即ち国家を以て統治者を包含せる三要素の者とせば、更に統治者たる天皇が統治者を包含せる大日本帝国を統治すとは解すべからざることとなるべく、憲法第一条の大日本帝国は万世一系の天皇之を統治すとある帝国も天皇も共に其の統治すと云ひ統治せらると云ふに係らず統治の要素を各々有することとなる。約言すれば穂積博士及び他の凡ての君主々権論者は両刀論法に陥れる者なり。［――］即ちザイデルの定義の如く国家とは土地及び人民の二要素なりといふ中世の国家観を執るか、国家を三要素ある近代思想に持して統治の一要素を万世一系の天皇が持ちて憲法第一条の大日本帝国とは国家にあらず国土及び人民なりとして添則するか。

　而しながら斯る両刀論法は穂積博士のみに対しては効果なき者なり。何となれば博士が主観的に見れば国家とは主権の本体なりと云ふことは三要素ある国家の大日本帝国を云ふ者に非らずして、其の所謂一要素の在る所（）天皇を指せる者なればなり。即ち憲法第一条の大日本帝国と明示されたる国家を統治権の本体とせずして、万世一系の天皇を統治権の本体なりとし従《したが》つて天皇を国家なりと命名しつつある者なればなり。而しなら（が）斯る混乱せる文字の使用は思想を秩序正しく排列する方法なりと云ふ定義の目的に反するのみならず、思想の根底より混乱せしむることに於て徒らに法律学を攪乱するに過ぎず。近代国家の産物たる憲法に於て帝国とあらば博士等の定義する如く三要素ある近代思想の一国家なるべく、万世一系の天皇とあらば又等しく断絶せざる皇統の天皇たるべし。然るに博士の如く、国家主権論の国家観たる国家とは主観的に見れば統治権の主体なりとなし、従《したがつ》て其の主体たる天皇を恣《ほしいまま》に国家なりと命名するならば、日露戦争は国家の戦争にあらずして天皇一人の戦争となり六万の死者を出したる者は万世一系の天皇なりと論ぜざるべからず。斯る方法に於て文字を使用するが故に今の国家主権論者も博士を上智の移らざる者として優遇するの外なきなり。吾人が今日国家と云ふ思想を各々の国語によりて口より耳に送る時、其思想は必ず一定の領土の上に政治的団結を為せる人類社会なりと云ふ近代思想の国家観なるは論なく。▽改[▽なし。]然るを況《いわ》んや国家と云ふ時にアメリカ人が議会を思ひ出し、フランス人が撰挙人を考へ浮べざる如く、吾人が大日本帝国と云ふときに博士の如く皇位若《も》しくは天皇を想起するが如きことあらんや。[而して]若《も》し博士の如く皇位即ち国家なりと云はば、或は高御倉なる者の上に田畠あり牛馬あるべく人民も往来すべく種々の建築物もあるべく、而してイタリアの皇位は長靴の如く、日本の皇位は一千哩《マイル》に渉る蛟竜《こうりよう》の如しと考ふる小学校生徒も無きに非らざるべし。[――吾人をして無智を粉飾するに衣冠束帯の文字を列ぶる法律学者に対するに常人の為す諧謔を以て対せしめよ。――]又若《も》し博士の如く天皇即ち国家なりと云はば、国家に美男子もあるべく頗《すこぶ》る長芋に似たる面相もありと云ふべく、国家が鼻を垂らし居る時代もあるべく頭が追々禿げる国家もありと云ふに至るべし。ドイツの国家は愚を極めたる鬚《ひげ》を有して驕慢に満てる演説をなし、英国の国家は一婦女子と婚して接吻することあり。君主が傷《きずつ》くときには国家が痛しと呼び、君主が散歩するときには国家は散歩すべく、又君主が他に漫遊するときには国家は地球の上を移動し他の国家と撞突《とうとつ》し他の国家の表面を滑《す》べり行くべし。而して彼の治療の時に其の足を断つや国家は今その足を失ふと云ひしフレデリック三世の言は穂積博士の憲法学に於て引用を忘るべからざる権威たるべく、▽改[▽べし。(愚論を遇するに諧謔を以てするするに笑ふよりも此の顕然たる事実を見よ)。]特に権威中の権威たる朕即ち国家なりと云へるルイ十四世の言を証明せんが為めに博士は羅典《ラテン》語の古書より博引傍証してルイ十四世の森蘭丸《もり・らんまる》(信長側近)が国家の脱糞に侍《はべ》りて国家の放屁を数へたる効(功)によりて匕首《あいくち》を賜はりたりと云ふが如き事実を指示せざるべからず。医学者が胃を主観的に見れば心臓と云ひ客観的に見れば膀胱と名《なづ》くとしては解すべからざる如く、主観的と云ひ客観的と云ふことは博士の如く全く異なりたる者に使用さるべきに非らず。主観的に見たる国家を移して客観的に見たる天皇と等しとは何たる惑乱ぞ。――国家を主権(観)的に見れば統治権の主体なりとの言は国家の主権体なることを主観的に指示したる国家主権論にして、客観的の天皇を主権の本体なりと主張する君主々権論者に取られて天皇を国家なりと命名せしめんが為めの語に非らざるなり。（参考註。『国体論及び純正社会主義』の抄録版（昭和二十五年一月五日、北一輝遺著刊行会発行、北昤吉序文）の『国体論』のこの部分には「主権の本体なりと主張する君主々権論者に取られて天皇を」の記述が省かれている（三九ページ））

而しながら穂積博士の本来は主権の本体を以て皇位なりと▽改せる［▽する］者なり。而して凡ての国家主権論者及び君主々権論者の或者――例へば京都帝国大学教授法学博士井上密氏の如き――によりて皇位とは国家の制度たることを充分に打破し尽くされて、今日は天皇の肉体其者に統治権の存することを主張しつつあるが如し。而して此点を国（家）主権論者の捉へて、然らば天皇の死と共に国家は滅亡すべしと云ふ駁撃に対して、穂積博士の答弁は誠に巧妙なり。曰く、天皇は死する者にあらず、万世一系連綿として延長したる天照太神其（削除）の者の生命なりと。

実に、生命の延長と云ふことを科学的意義に於て主張し以て国家主権論者の非難の上に超越したるは誠に巧妙なる者なり。個体は延長を有して永久に死せず、天照太神の生命は万世一系永久に死する者にあらず現に今日現在生きつつあるなり。（▽改『生物進化論と社会哲学』［▽『進化論の統一的組織』］に於て個体の延長を論じたる所▽改［▽説明せる］を見よ）。故に吾人は其の所謂天照太神に博士の所謂主権なる者の存したりしや否やを問はずして、仮に今日の天皇の一身に博士の主権なる者の存すとせば皇統の万世一系なる間は主権は断絶せざるべく、従《したがっ》て博士の所謂国家は死する者に非らざることを充分に認識する者なり。而しながら個体は無限の延長を有すると共に又無数の蕃殖を為す。是れ博士等にとりては由々しき大事にして法皇、上皇、天皇と個体の蕃殖によりて而も悉《ことごと》く生存せる間は各《おのおの》完全なる統治権の主体が三個存在して相対立したることとなるべく、其の崩ずるや各々其の肉体に担ひて墓穴に運び去りしなるべし。而して博士は統治権の主体即ち天皇にして国家なりと云ふを以て当時の日本国とは三個の国家なりしなるべし。又彼の遠島に流竄《るざん》せられたる天皇も統治権の主体にして国家なるを以て国家が謫居《たっきょ》（罰を受けひきこもっていること 辺鄙の地に配流されていること）に於て死したることとなり、彼の落髪せる天皇は統治権の主体を法衣に包みて寺院に入り円頂《えんちょう》（坊主頭。僧侶）の大日本帝国が木魚を叩きて唱名《しょうみょう》したるべき理なり。――穂積博士は然りと▽改云はざる［▽答へざる］べからず。何となれば博士の所謂生命の延長と云ふことが皇位説の困難によりて発見せられたる遁路なるを以て、其等の天皇が皇位を去れりと云ふことによりて統治権の主体に非らずと論ずる能はざればなり。而して又天皇の生命が長子によりて延長さるか或は第二第三の皇子等によりて延長さるか老少不定《ふじょう》なるを以て皇太子のみの生命に統治権が伝はりて他の▽改皇太子［▽皇子等］に伝はらずとしては皇太子の廃位或は早世の時に、統治権を延長されたる生命なくしては統治権の本体なく天皇なく国家なきに至るを以て凡ての皇子に統治権は肉体の一部として延長されざるべからず。故に景行天皇は七十二人の皇子を産めりと云ふを以て七十二の統治権の主体あり生命の延長されたる国家あるべく従《したが》って其の七十二皇子の地方に土着して土豪となり群雄となりて興廃し後の封建貴族となりし者は皆天皇の統治権の延長し蕃殖せし者なるべきなり。——穂積博士は然りと答へざるべからず。何となれば若《も》し之れを否定するならば皇室以外の者にして、例へば蘇我稲目の産める敏達《びだつ》（敏達天皇）の皇后たりし推古天皇の統治権の如きは天皇より延長せられたる生命にあらず稲目の生命の延長なるを以て蘇我氏の祖先竹《（武）》内宿彌《（すくね・禰）》に生命を延長したる孝元天皇の統治権によりて説明せざるべからざればなり。即ち、今日以后に於ても直系なき時は傍系を以て継承するは皇室典範の規定にして、特に今日までの万世一系とは決して直系に直下して幅狭きものに非らず、無数の傍系より傍系の間を逶遅《（い）ママ》（？逶迤・逶迂＝斜めに）として辿り来り甚だ幅広き者なるを以て、天皇の叔伯《しゅくはく》（弟兄）にも天皇の甥姪にも、更に其の叔伯の叔伯にも甥姪の甥姪にも、生命と共に統治権は伝はり居るべく。従《したが》って田野に陰《かく》れし継体天皇、源氏に降りし光孝天皇にも統治権が生命と共に延長し蕃殖したる如く、清和の末たる源氏、桓武の末たる平氏は決して博士等の考ふる如く乱臣賊子に非らず、天皇の生命の延長による正当の統治者なりと論ぜざるべからず。終には博士等の所謂天照太神より分れたりと云ふ君臣一家論なる者によりて、四千五百万人皆悉《ことごと》く天照太神の生命の死せずして延長せる者なるを以て皆悉《ことごと》く主権の本体なりと論ぜざるべからず。——是れ民主々義にあらずや、『同一民族は民主々義に至る』と云ふ者に非らずや。（斯る推理は決して博士を侮弄するが為めにあらず、後の歴史解釈に於て系統を辿りて政権覚醒の歴史的に拡張するを論じたる所に対照して見よ）。然れば博士と雖《いえど》も然り々々と為して斯る推論の後《しり》へに尾行して民主々義の世界にまで誘はるる者に非ざるべく、従《したが》って或る所に停立せざるべからず、即ち天照太神の生命の蕃殖し延長したる者の中、特に天皇の位に即きし者のみ統治者なりと云ふことなり。而しながら是れ天皇の肉体に統治権ありと云へる主張を捨てて先きに逃遁《とうとん》せる皇位に統治権在りとの説に再び逃げ返れる者、而して皇位説は国家主権論者の駁撃によりて維持すべからざるは博士自身の之を棄却したるにて知るべし。曰く、皇位とは国家の制度にして此の国家の制度によりて皇位に即《つ》き始めて統治権を行使するを得、此の皇位に即《つ》くの権利は又国家の制度によりて或る限られたる系統の者の有する権利にして、皇位に即《つ》きて行ふ権利は国家が国家の目的と利益との為めに行ふ国家の権利なり。

加之《しかのみならず》、若《も》し穂積博士の如く統治権は天皇の一身に存し個体の延長と云ふことによりて永久に死せずと云ふならば、敢て万世一系の我国のみに限らず、三世にて亡びたる者も三世間統治権は生命と共に延長せるものにして、英独と雖《いえど》も子孫の断絶せざる間は皇位▽改「▽皇帝」が統治の主体にして、削除天皇即ち国家なるべく▽改「▽べし。」終身の力を注ぎて『万国無比の国体を論ずるなり』『日本歴史によりて定められたる憲法を論ずるなり』『比較類推の如きは無要なり』と論ずるの要無かるべきなり。由来、万世一系の一語の為めに一切の判断を誤まり、日本▽改　国（体裁原文ママ）「▽日本の国家」のみ特殊なる国家学と歴史哲学とによりて支配さるると考ふることが誤謬の根底なり。謂《い》ふまでもなく人種を異にし民族を別にするは特殊の境遇による特殊の変異にして人種民族を異にせる国民が其れぞれ特殊の政治的形式を有して進化の程度と方向とを異にせるは論な▽改きことなりと雖《いえど》も、「▽論なし。而も」恰も鎖国時代の人種民族を異にする者は人類に非らずと考へたる如く、些少の特殊なる政治的形式によりて日本国のみは他の諸国の如く国体の歴史的進化なき者の如く思惟するは誠に未開極まる国家観にして、依然たる尊王攘夷論の口吻《こうふん》を以て憲法の緒論より結論までを一貫するは誠に恥づべき智識の国民なり。故に凡ての君主々権論者は其の国家観が社会の進歩に従ひて近代思想の者なるに係らず、尚且《かつ》万世一系の一語あるが為めに国家主権者▽改「▽論」の根本思想の上に君主々権論を築き、特に其の代表的学者たる穂積博士の如きは天皇も皇位も国家も一切を無差別に混同するに至れるなり。▽削除博士△の憲法第一条を博士の思想によりて組織し見よ、誠に下の如き奇怪を極めたる者となるべし。曰く、国家に非らざる大日本の国土及び人民は（然らずんば人格なき国土及び人民の二要素なる中世時代の大日本帝国は）、君主の利益と目的との為めに存する私有地と奴隷にして、万世一系の大日本帝国之を統治す。皇位或は天皇は大日本帝国なりと。

実に今の凡ての君主々権論者は其の執りつつある近代思想を棄却して中世の国家観に改むるか、然らずんば憲法第一条より添削するかの何れかならざるべからず。

［第四十節］

而しながら誤解すべからず。吾人は決して憲法学の学理を法文の文字によりて定むべきものとなして斯るヂレマ▽改《ジレンマ》「▽両刀論法」を設くるものにあらず。故に今の▽改「▽穂積博士及び」凡ての君主々権論者にして憲法第一条の大日本帝国とあるを添削して国家に非らず単に土地と国民のみと改むるとも、固《もと》より学者としての自由たるべきなり。何となれば如何なる憲法も法文の文字其の儘《まま》を以ては決して解釈せられ得べきものにあらずして、憲法の解釈とは其の根本思想と其の表白たる多くの法文とが円滑に考察さるべく其の法文の文字の意義を決定することに在ればなり。故に、万世一系の天皇とあるを穂積博士の之を万世一系の大日本帝国と解釈することの自由なるが如く、又氏を除きて今の凡ての憲法学者の『天皇は神聖にして犯すべからず』とある▽改神聖［▽『神聖』］の文字を歴史的襲踏《ママ》の意味なき者として棄却しつつある如く、吾人は又学理攻究の自由によりて憲法第四条につきて大《おおい》に論議せざるべからず。即ち天皇は国の元首にして統治権を総攬し此の憲法の条規によりて之を行ふとある条文なり。

問題は『国の元首』の一語に集まる。若《も》し『国の元首』と云ふ語が神聖の文字の如く単に歴史的襲踏《ママ》の痕跡ならば、学者は注意を払はずして経過して可なり。何となれば、是れ恰も第一条が『桜花爛漫たる大日本帝国は叡聖文武《えいせいぶんぶ》なる万世一系の天皇之を統治す』と書き表はされたりとも、桜花爛漫と云ひ叡聖文武と云ふが如きは法律学に取りては意義なきものにして、桜花なければ帝国たるの要素に欠け叡聖文武ならざれば皇位に即く資格なしと云ふ性質の者に非らざるが故に、法律学者としては之を削り去りて考ふるは当然なると同一なるを以てなり。『国の元首』とは斯る意味の者に過ぎざるや、吾人は之を信ずるものなり。然るに今日日本の憲法学者の凡ては此の一語を思想の中心として議論を組織しつつあり［とは甚しき失態に非らずや］。穂積博士の如きが之を執りて権威となすは固《もと》より、同じき君主々権論者たる井上博士の如きは『国家神識（精神と見識と）の宿る所なり』として之を以て日本の国体を定め主権の天皇に存する唯一の論拠とす。而して他の国家主権論者なる者と雖《いえど》も其の国の元首と云ふが故に国家の最高機関なりと論じ穂積博士と対抗して国家主権論の頭首たる東京帝国大学教授法学博士一木喜徳郎氏の如きは之を以て政体分類の基礎となし、国家は主権の本体にして日本の政体は君主政体なりと論ず（一木喜徳郎（いちき・きとくろう）。一八六七～一九四四。法学者、政治家。帝国大学卒業。内務省に入ったのち休職しドイツ留学。明治二十七年帝国大学教授。天皇機関説の創始者。山県有朋系の官僚として、文相・内相。西園寺公望に信頼され、宮相・枢密院議長を歴任）。実に『国の元首』の一語は今の憲法学者に取りては思想の根本たる者なりとすべし。

而しながら問題は『国の元首』と云ふ語の字義を論争することに非らずして、一層深く国家に元首ある者なりや否やを疑はざるべからず。国家に元首ありや、而して其の元首は如何なる者なりや。此の点に於て吾人は井上博士の国家有機体説を持して議論の基礎となしたるを嘉《よみ》せざる能はず。吾人は固《もと》より国家有機体説を主張する者なり。而しながら吾人の今日に於て主張する国家有機体説と、井上博士の執る『国の元首』と云ふ語の用ひられたる時代の国家有機体説とを同一視することあらば実にアラビア僧侶の錬金術と十九世紀後の化学とを混同するが如きなり。吾人が▽改『生物進化論と社会哲学』［▽『進化論の統一的組織』］に於て述べたる如く、国家とは空間を隔てて人類を分子とせる大なる個体なり。即ち個体其れ自身の目的を有して生存し進化しつつある［▽「継続的生命を有する」］有機体なり。此の今日に唱へらるる真正なる国家有機体説は、『国の元首』と云ふ文字の用ひられたる時代に於ては全く発見せられざりし真理なり。即ち、彼のフランス革命頃まで唱導せられたる偏局的個人主義［▽民主主義］の帰結として国家或は社会を人為的製作物の如く全く機械視したる独断に反動して、他の独断、即ち単に国家は機械的のものにあらずして生命あるものなりと言はんが為めに国家を一個［▽一疋《いっぴき》］の生物に比較し以て之を国家有機体説と名《なづ》けたるに過ぎざるなり。而して此の比喩は児戯に等しきまで玩弄せられたり。例へば領土は骨格にして人民は筋肉なりと云ふが如き、郵便電信は神経系統にして動脈静脈等は鉄道船舶なりと云ふが如き、軍人は爪や牙の如き者にして音楽家演舌《えんぜつ》家は舌の如き者なりと云ふが如き是れなり。而して此の比喩的国家有機体説の悦ばれたりし者は頭首に比較せられたる皇帝や政府にして手足に比較せられたる労働者階級こそ最も不幸なる者なりき。而しながら偏局的個人主義［▽民主主義］の機械的国家観の独断なるは固《もと》よりなると共に、斯る独断的比喩が暫《しばら》く仮令《たとい》反動たりしとも長く学界に存在すべき者に非らざるは論無し。実に国家有機体説を今日の［▽吾人が解説せる如く地理的歴史的生存単位としての］真理に於て唱へず斯る首足胴腹ある一疋の生物と云ふ比喩に執るならば、演舌《えんぜつ》家の軍人となるは舌の一変して爪となることにして、手足の労働者階級が元首たるルイ十六世の首を刎《は》ねしが如きは、自らの手にて自らの首を抜き而も却《かえっ》て活潑に生活する奇怪極まる生物なりと云はざる可《べか》らず。［――諧謔を再びせしめよ。――］外国の無用なる君主等は驕奢を極めたる生活を為し一年三千万円五千万弗《ドル》の王室費を浪費《し》つつあるが故に、自己の手足を喰ふ所の鱆魚《タコ》に比することは大《おおい》に当を得たるべしと雖《いえど》も、斯くては天皇［▽君主］を鱆魚《タコ》坊主なりと推論するに至るべく、井上博士は外国に於て之を主張するを得べきも日本の法律は許容せざるなり。（日本の現天皇が諸外国の君主等と同一視す可《べか》らざることは後に説く所を見よ）。或は今日の国家は陸海軍を以て外部を警護しつつあるが故にホッブスのレヴァイヤサンに比せんか、其の鰐魚《ワニ》の如き甲殻は似たりと雖《いえど》も、ドイツの鰐魚《ワニ》の元首にカイゼル髯《ひげ》ありとは亦《また》奇怪なる生物なり。馬に比すれば国家に尾はなしと云ふべく、牛に比すれば天皇に角ありと論ぜざる可《べか》らず。吾人は実に［無智未開なる中世時代の似而非なる社会有機体説より生れたる］『国の元首』の一語を中心として或は君主々権論を唱へ或は国家機関論を唱ふる今の凡ての憲法学者に反省を要《もと》めざるべからず。国家は如何なる動物に比喩すべく、国家の元首を如何なる動物の頭に比較す可《べ》きや。若《も》し日本の憲法が伊藤博文氏によりて起草せられ伊藤氏はスタインの糟粕《そうはく》を嘗《な》めて（糟粕（酒かす）を嘗める。先人を真似るのみで創意・進歩がない）帰朝せしがゆえに［▽故に］、日本スタインの謂《い／おも》へる如く国家は高等なる人類［▽『高等なる人類』］なりと云ふか。［是れ国家を鰐魚に比したるホッブスと五十歩百歩なり。］而しながらルイ十六世は断頭台に元首を断たれて其高等なる人類の頭となりしと雖《いえど》も、日本の天皇に於ては、決して人類の元首のみにあらずして些《いささか》の欠損なき完全なる一人類にあらずや。比喩的国家有機体説を最も極度まで推究せしはブルンチュリーにして、教会を女性に、国家を男性に比較したり。今の憲法学者にして『国の元首』の語を棄却せざるならば是れ比喩的国家有機体説を是認するもの▽改にして、「▽もの。」而して元首のある生物にアミーバの如く無性生殖の者非らざるが故に、必ずブルンチュリーの如く国家が何等かの性なるかを定めざるべからず。問ふ、日本国と云ふ生物は男性か女性か、ブルンチュリーに従ひて男性なりと答ふべし。然らばオランダは如何、男性の国家に女性の元首あるに非らずや。而して更に見よ。英国と云ふ男性の国家には嘗《かつ》てヴィクトリアと云ふ女性の元首が附き今日現皇帝の即位によりて男性の頭と変りたるは甚しき奇怪なる生物なるべく、而して斯る生物は人類種族中には其如何に高等▽改「▽『高等』」なりとも見られざる所の怪物にして、日本の歴史を顧みるに亦《また》この奇怪なる生物たるを免れざるに非ずや。然らば国家は牛馬にも非らず、鰐魚《ワニ》にも非らず、有性生物にもあらず高等なる人類にも非らず、『国の元首』とは人類の頭にも非らず、鬚《ひげ》ある鰐魚《ワニ》の顔にもあらず、亦《また》鱆魚《タコ》坊主にも非らず。即ち何者にも非ざる国の元首とは意味すべき何者も非らざるを以て、無意義として棄却すべき文字也▽改「▽なり」。「(▽改吾人の国家有機体説は斯る比喩の玩弄に非らずして生物学に立つ科学的真実、実在的生活体として主張する者なり。)」「▽削除▽ホッブス、スタイン、ブルンチュリー等の誤謬が仮令《たとい》日本の憲法に多少の不純を加へしとも憲法学者に何等の権威を以て臨み得べきぞ。△」今の憲法学者が『神聖』の文字を歴史的襲踏《ママ》の形容辞として取扱ひ乍《なが》ら、等しく無意義になれる独断的比喩の痕跡たる『国の元首』の文字を特《殊》更に重大視して論議の焦点としつつあるは理由なきも甚だし。

特に、斯る文字は学理の性質を有する者なり。而して国家は外部的生活を規定する者にして、思想の内部に迄立ち入らざるは近代国家の原則とする所なり。即ち、法律命令を以て医学上の真理、化学上の方則《ほうそく》を制定することは国家の為さざる所なる如く、憲法の法文を以て国家学の旧き一学説たる比喩的国家有機体説を強制することは大日本帝国の試みざる所なり。只、憲法制定の当時に勢力ありし或る思想が偶々法文の上に痕跡を印したるに過ぎず。故に、仮令《たとえ》ば大日本帝国は三角形の地球にして此憲法の条文によりて月の周囲を運行すとの規定ありとも天文学者に強制の効力を生ぜざると同一に、憲法学者は斯る国家学上の学理的性質を有する文字の外に独立して自由に思考し得べきなり。「則ち『国の元首』の文字の取捨及び説明に於て日本の憲法及び憲法学者はホッブス、スタイン、ブルンチュリー等に独立して存在すべきは論なし。」

〔第四十一節〕

実に吾人は此の主張によりて天皇は国の元首に非らずと信ずる者なり。而して更に憲法の精神と他の条文とに照して天皇は統治権を総攬する者に非らずと主張せんと欲する者なり。此の主張は吾人をして今の凡ての国家主権論者の政体分類を絶対に排斥せしむ。

今の国家主権論者は最高機関によりて政体を分類し、君主政体と共和政体との大綱に二分す。而しながら斯くの如くしては今の立憲君主政体の正当に思考されざるは論なきことなり。最高機関と云ふことが最も高き権限を有する機関と云ふことならば、近代国家の立憲君主政体と名《なづ》けらるる者は君主と議会と合体せる一団が最も高き権限を有する最高機関にして、君主政体にも非らず又共和政体にも非らず。立憲君主政体とは彼等の二分類中に入るべきものに非らずして、政体は厳粛に三分類に改むべきなり。――是れ吾人の力を極めて主張せんと欲する所なり。憲法の条文を見よ。第五条に『天皇は帝国議会の協賛を経《以》て立法権を行ふ』と在り。第七十三条に『将来此の憲法の条項を改正するの必要ある時《とき》は勅《命》令を以て議案を帝国議会の議に附すべ《へ》し』と在り。吾人は実に是等の明白なる明文を眼前に置きて、而も階級国家時代の思想を以て君主と議会とを直接に契約的対立を為す者の如く解して恣《ほしいまま》なる解釈を戦はせつつある〔の者の多き〕に驚く。問題は『最高機関』の意義を定むることによりて解釈せらる。而も今の憲法学者は、契約説時代の階級的国家〔観〕を否認して▽改〔▽しつつ〕尚今日の君主と国民とを直接に権利義務に於て対立せる者と考ふる如く、彼等が最高機関を天皇一人なりと断ずる所以は恐くは彼等の維持すべからざる誤謬として棄却したるモンテスキューの三権分立論に其の頭脳を捉へられたるが故に非らざるか。固《もと》より彼等は三機関独立して截然たるべしと云へるモンテスキューの其れの如く、君主を単に行政の長官とのみ見るが如きこと無しと雖《いえど》も、其の君主と云ひ議会と云ふ者を一個独立の機関と考ふるに非らざれば斯く君主を以て完全なる最高機関と断ずるの理由なきを以てなり。固《もと》より日本に於て天皇は行政の長官たり或は陸海軍を統率する時に於ては各《おのおの》その場合に於ける機関たることは明白なり。何となれば一個の機関とは段落ある活動を為して始めて完全なる一個の機関たるを得べく、而して天皇が行政の長官たり或は陸海軍を統率する時に於ては完全なる段落ある活動を為せばなり。而しながら日本に於ては米合衆国の如く三機関截然と独立せず、天皇は行政の長官としては完全なる一機関なるも、議会は議会のみにて完全なる立法機関にあらず、天皇と共に立法機関を組織すべき要素なり。故に議会が単に要素たるに過ぎずして完全なる機関に非らざる如く、等しく又その要素たる天皇が統治権を総攬して立法機関の完全なる者に非らざるは論なし。即ち、立法機関は天皇と議会とによりて組織せられ始めて一機関としての段落ある活動を為すことを得。憲法第四《（五）》条の天皇は帝国議会の協賛を経《（以）》て立法権を行ふと云ふ者《（、）》是にして、議会の協賛なき時は立法機関の要素の欠けたる者なるを以て天皇は立法権を行ふ所の立法機関たる能はざるなり。然るに学者の或者は、議会は法律を決定し天皇は之を命令する者なるを以て議会は単に背後の機関たるに過ぎずと論ず。固《もと》より立法機関を組織する要素たる議会は法律の命令権を有せざるが故に立法機関に非らざることは明白なり。而も内容の定まらざる間は法律を命令する能はざる天皇は又等しく立法機関にあらず。元来、法律を分ちて内容と強制と為すが如きは無意義なる学究的作造の甚しき者なり。強制力なき内容のみの決定にては法律にあらず、内容の決定されざる、即ちゼロなる強制は法律にあらず。内容のゼロなる者を命令する権限ある立法機関とは命令する何者をも有せざる立法機関と云ふことにして、即ち立法機関に非らずと云ふことなり。又学者の或者は云ふ、国家の最高機関とは天皇にして議会は副機関なりと。而して其の或者は理由を議会の成立が一に天皇の命令に仰ぐと云ふことに求む。而しながら是れ恰も議長の開会の辞ありて討議の開かるるを見、議長のみ帝国議会にして他の議員は副たるに過ぎずと解すると一般の没理にして、天皇は一年以内に議会を召集すべき義務を負担して帝国議会と共に立法機関を組織する者なり。而して『最高機関』とは最高の権限を有する機関のことにして即ち憲法改正の権限を有する機関なり。他の諸国に於ては憲法改正の機関は通常の立法機関の外に組織せらるる者ありと雖《いえど》も、日本に於ては単に或る指定されたる手続を以て平常の立法機関を以てす。而して通常の立法に於て天皇と議会とによりて始めて立法行為の完全せらるる如く、憲法改正の発案権を有する天皇と三分の二の出席議員と三分の二の多数とを以て協賛する議会とありて始めて最高の立法を為し得るる《ママ》即ち憲法を改正し得る最高機関たるなり。故に若《も》し此［の］国家の意志の表白さるる所の者を以て主権者と呼び統治者と名《なづ》くるならば、天皇は立権者にあらず又議会は統治者に非らず、其等の要素の合体せる機関が主権者にして統治者なりとすべし。果して然らば今日多く存する所謂立憲君主政体なる者は、今の学者の分類しつつあるが如く政体二分類中の君主政体の変体と見らるべき者に非らずして、平等の多数と一人の特権者とを以て統治者たる▽改［▽とする］民主的政体なり。即ち、最高機関が一人にて組織さるる者と考ふる国家機関論者の如きは聊《いささ》か君主々権論の変色せる者に過ぎずして。▽削除△　特に著しく卓越せる国家機関論者の一人法学博士美濃部達吉氏の如きが、『君主は統治権を総攬する者に非らず』と断言しながら、而も立憲国の君主を以て依然として一人にて組織する最高機関と為せる如きは矛盾も明《あきら》かなるべく、英国を以て君主国体と名《なづ》くるに至りては理由なきも甚し。（日本今日の政体が民主的政体なることは後の歴史解釈に於て維新革命の本義が平等主義の発展なるを論じたる所を見よ）。

　吾人は美濃部博士の［『］天皇は統治権を総攬する者に非らず［』］との断言を嘉《よ》みする者なり。何となれば是れ『国の元首』と云ふ比喩的有機体説の国家学より演繹せられたる形ありて、憲法の他の凡ての条文と矛盾し憲法の精神と背馳《はいち》する者なればなり。吾人は美濃部博士が明《あきら》かに今日の日本憲法が比喩的有機説の痕跡を有すとなして統治権総攬の文字を否定したりや否やは想像すべき根拠なしと雖《いえど》も、其の国家有機体説を排すと云ふより見れば他の国家主権論者より一歩の高き地位に立ちて論断したるべきを信ぜんと欲す。故に例へば一木博士の如く『君主が主権の主体なりとする時は諸般の関係を理会《りかい》する能はず、君主は国家の最高機関にして統治権の総攬者なり。総攬者とは統治権の主体にも非ず又統治権を行ふ機関にもあらず、即ち統治権の作用を統《す》ぶる機関は自ら自己の権限を伸縮する権を有するなり。自己の権限を伸縮する権ある者は憲法を変更する権を有する者なり。故に統治権の総攬者とは憲法を変更し得る権を有する国家の最高機関なるべし』と云ひて、天皇は議会の協賛なくとも恣《ほしいまま》に憲法を改正変更するを得べき者なるかの如く論じ、而して総攬者を主体にもあらず機関にも非らずとして解すべからざる者とせるが如き混雑せる思想を有せず。又同じき国家主権論者の一人副島義一氏の如く『天皇は国家の中に在る所の機関中最高の機関なり。左《さ》れば天皇の地位は国の元首と云ふの甚だ適当なるを見る。其天皇は統治権を総攬すと云ふは、即ち国の元首たる所以の実質を掲《かかげ》たるなり。天皇は国家の統治権を総攬する故に国家の統治権は皆天皇を経過し来る。天皇は自ら統治権を行ひ、或は他の機関を設定して権限を与へて行はしむ吾国に於ては天皇が唯一の統治権総攬者なり』と論じて比喩的有機体説の国家学の上に他の君主々権論者と文字の論争に勉むるが如き妄動もあらず。而しながら天皇は統治権の総攬者に非らずと云ふことは、天皇一人にては最高機関を組織して最高の立法たる憲法の改正変更を為す能はずと云ふ他の条文と憲法の精神とに基きて断定さるべき者にして、▽改［▽なり。］美濃部博士の如く日本の国体は最高機関を一人にて組織する君主国体なりと解釈しては斯る断言の根拠なくして明《あきら》かに矛盾せる思想たるは論なし。想ふに凡ての国家機関論者をして今尚専制の迷霧中に彷徨《ほうこう》せしめ、美濃部博士の如きをして斯る矛盾に陥らしむるは、国家の本質に就きて不注意に経過すればなり。

　吾人は考ふ、主権論の思想は法律学の文字によりてのみ解せらるべき者にあらずして、智識の基礎を国家学に求めざるべからずと。固《もと》より憲法論は国家学に非らず、主権の本質は国家学の問題たるべきも主権の所在は憲法の明文と精神とによるべく、特に国家の目的理想を掲げて現行法を超越する如きは憲法解釈の方法に非らざるは論なし［。然り］と雖《いえど》も、削除其の現行の憲法其者が亦《また》制定さるる当時の国家学によりて影響されたることは明《あきら》かにして、例へば『国の元首』の語が仏国革命反動時代の国家学に基き、従《したがっ》て比喩的国家有機体説によらずしては解すべからざるが如し。而して主権とは国家の本質論によらずしては解すべからざる思想なり。故に比喩的国家有機体説を思想の基礎として今日の国家を解釈せんとし、『国の元首』と云ふ語を国家神識（精神と見識と）の宿る所なりと断ぜる井上博士の態度は、其の全く消滅せる臆説なる▽改［▽を取り入れたる］に係らず先づ国家の本質につきて或る信念を有し其れよりして国家の基礎法たる憲法の解釈に及びたるは、思考の順序として当を得たる者なり。彼の穂積博士の如きも国家を以て一家の膨脹発達せる者なりと云ふ誠に旧き国家学の上に其の蜃気楼の如き神道的憲法論を建設せるは、固《もと》より歯牙に懸くるに足らずと雖《いえど》も研究の方法としては充分に正当なり。然るに今の国家主権論者には悉《ことごと》く此の態度なく、研究の着手と結末とを顛倒しつつあり。一木博士が国の元首を以て主権の本体にもあらず又機関にもあらざる玄の又玄なる者の不可解に終りたる如き、又美濃部博士が『法律学上の国家とは現行の法律を矛盾なく解釈するには如何に国家なる者を思考すべきかに在り▽削除』と△云へる姑息を極めたる国家観の如き是れなり。現行の法律と云ふが如き絶えず動揺する所の者より帰納して、国家と云ふ者を単に現行法の矛盾なき状態に思考すれば可なりとは、仮令《たとい》個人主義の機械的国家観を捨て比喩的有機体説の独断を捨てて未だ思想の基礎とすべき国家学を有せざるよりする止むを得ざる一時的の者なりとするも、其の姑息を極めたる者なることは▽削除△蔽ふ能はざるべ▽改く、［▽べし。］特に始めより矛盾衝突を以て発布せられ又時代の進化によりて当然に矛盾衝突に於て存在するより外なき人為の現行法よりして、矛盾なき国家と云ふ一個の法律学上の思想を抽象せんとする如きは誠に奇蹟を試むる者なり。『神聖』と云ふ文字の如き、『国の元首』と云ふ文字の如き現行憲法の条文を如何なる方法によりて矛盾なからしめ、而して斯る矛盾に満てる条文削除によりして如何なる国家の思想を帰納し得べき。『神聖』と云ふ文字を本来の意味に於て推究すれば帝王神権説なるか或は穂積博士の如き高天ケ原の国家に帰納さるべく、『国の元首』と云ふ条文のままに推論すれば其思考さるべき国家は比喩的有機体説の首足胴腹ある動物として帰納されざる可《べか》らず。決して美濃部博士等の主張する主権の本体たる国家は是等現行憲法の条文よりして矛盾なく思考さるべき思想に非らざるなり。已《の》みならず、法律学上の国家を単に現行法の矛盾なき思考のための帰納に過ぎずとなすならば、美濃部博士の如く、『君主は統治権を総攬するものに非らず、統治権を総攬すと云ふが如き憲法の条文は学理の性質を有する者にして、国家は学説の公定権を有せず、学者は自由に憲法の文字を改めて考究すべし』と云ふが如き権威ある言の吐かるべき根拠なし。何となれば是れ明白に現行憲法の第二《四》条に矛盾する者にして、矛盾なき思考としての国家観念は矛盾せる条文を改めて攻究すべしと云ふ力を有せざればなり。吾人は信ず、国家は《▽改》［▽が］学説の公定権を有せずと云ふは、恰も天動説を命令する能はざる如く、国家学上の一学説たる比喩的有機体説を強制する能はずと云ふことにして《▽改》、［▽なり。而して］学者は自由に憲法の条文を思考するを得べしとは、相矛盾せる条文は［国家の本質及び］憲法の精神に照らして孰《いず》れかの取捨を決定すべき思想の独立を有すと云ふことなり。故に憲法第二《四》条と他の重大なる第五条及び第七十三条と矛盾せる如きに於て、各々其の憲法の精神なりと認むる所、国家の本質なりと考ふる所によりて自由に取捨するを得べく《▽改》、［▽べし。］彼の比喩的国家有機体説の思想を有する者、神道的信仰を有する者が第二《四》条を取りて他の条文を無視することの恣《▽改（ほしいまま）》［▽自由］なると共に、吾人は亦《また》第五条及び第七十三条に注意を集めて第二《四》条を棄却するに於て自由なるは、憲法の精神と国家学につきて法文の文字は強制力を有せざる者なればなり。美濃部博士の考ふる如く統治権を総攬すの《削除》条文其の者は決して学理の性質を有する者に非らず、他の第五条及び第七十三条の存在せざるときに於ては法律の解釈として第二《四》条に従《したがつ》て天皇を以て統治権を総攬する唯一最高の機関なりと推論すべきは当然なり。憲法の精神と国家学の原理とは法文の矛盾せる場合に於て取捨を仰ぐべき判官にして、美濃部博士の所謂現行法の矛盾なき思考たる国家観は斯る厳粛なる権力を有する判官たる能はず。又日本の憲法を解して一人の最高機関たる君主国体と名《なづ》くる如き見解にては法文の矛盾を認めざるものと為すの外なく、従《したがつ》て第二《四》条に対して自由なる攻究を主張せるは理由《▽改》なき［▽薄弱なる］要求なり。実に美濃部博士の議論を貫徹せしめんが為めには、明《あきら》かに一の確実なる国家観の上に起ちて、日本の政体は最高機関を一人の特権者と平等の多数とによりて組織する民主的政体なりと為すことに存すべし。（憲法の精神につきては後の歴史解釈を見よ）。

故に、吾人は在来の国家主権論者の政体の二大分類を排して、今日の公民国家《▽改》［▽『国家主権の国体《▽改》』］［▽『国民国家』］と云ふ一体《▽改》［▽一国体］に就きて政体の三大分類を主張するものなり――第一、最高機関を特権ある国家の一員にて組織する政体（農奴解放以後のロシア及び維新以後二十三年までの日本の政体の如し）。第二、最高機関を平等の多数と特権ある国家の一員とにて組織する政体（イギリス。ドイツ及び二十三年以後の日本の政体の如し）。第三、最高機関を平等の多数にて組織する政体（フランス米合衆国の政体の如し）。

［第四十二節］

［▽削除『国民国家』に対して］△吾人は国体と政体との差別を君主々権論者の如き思想に於て維持せんとする者に非らずと雖《いえど》も、今の国家主権論者の如く混同することに賛する能はず。何となれば政体とは統治権発動の形式にして統治権の本体が其の目的と利益との為めに（即ち君主々権の時代及び国家ならば君主の利益に従ひて、国家主権の時代及び国家ならば国家の目的に応じて）、国家の機関を（或は君主々権ならば君主の機関を）国家の定めたる（或は君主の定めたる）法律の手続によりて改廃し、若《も》しくは其の手続其者▽改よりして［▽をも］改廃し得▽改べく［▽べし］。国体とは国家の本体と云ふことにして統治権の主体たるか若《も》しくは主権に統治さるる客体たるかの国家本質の決定なり。▽改しかる［▽然る］に、国家学につきて不注意に、国家の進化的分類を試みざる▽改いま［▽今］の国家主権論者は、依然としてアリストーツルの統治者の数と云ふ形式的数字に最高機関と云ふ文字を当て篏《は》めて、或者は国体の差別のみにして政体の其れは無しと云ひ、或者は政体の其れのみにして国体の差別は無しと云ふ。例へば一木博士は君主政体◦共和政体のみを認め、美濃部博士は君主国体◦共和国体のみを認む。即ち、国体と政体とは今の国家主権論者に取りては同質の最高機関に対して用ひらるる異名に過ぎずとさるるなり。

　而しながら、是れ今日に於ても凡ての国家を説明する能はざるものにして、支那朝鮮の如き国家に於ては君主は決して国家の目的と利益との為めに存する最高機関にあらず、統治権は国家の権利にあらず君主の所有権として官職を自己の利益の為めに売買し、国土及び人民は君主の目的の為めに存する、全く進化の程度を異にする別種の国体なるを以てなり。特に、此の混同よりして単に今日の凡ての国家を説明する能はざるのみならず、古代及び中世の国家は全く説明の外に逸出すべし。仮に今日の文明国と称せらるる者のみを研究の内に置きて今日は『▽改公民国家［▽国民国家］』と云ふ一国体のみと為すも、今日の▽改公民国家［▽国民国家］はギリシャの如き古代の国家とは国体を同ふして政体を異にし、中世時代の国家とは政体の頗《すこぶ》る似たるものありて国体は▽改まつたく［▽全く］異なる。ギリシャ古代の国家に於ては国家の団結的権力、即ち、主権の本体が裸体のままに発動して政治的形式を経ざりしが為めに、個人の上に秩序なき圧力を以て臨みたりき。即ち政体とは団結的権力に対して個人の自由を保証する政治的形式なるに、古代に於ては此の制度なかりしが為めに少数者と犯罪者と同意義にして所謂多数専制の時代なりしなり。而して此の多数専制時代は常に急転して僭主なる者を生じて一人専制の時代となり又更に急転して多数専制時代となり、専制より専制に転々して個人の自由は国家なる名の前に全く無視せられたりき。是れ国体は今日と同一なる公民▽改国家［▽国民国家］なるも、三権分立説に影響せられて統治権発動の形式が確定せられたる今日の政体とは全く異なれる所謂専制政体なる者なり。中世史に入りて階級議会の生ずるに至り専制政体は去りしと雖《いえど》も、君主と貴族とは（日本に於ては将軍。諸侯。天皇の各々が）各々其の目的と利益とを有して各々の土地及び人民は其目的と利益との為めに所有物として存したる『家長国▽改［▽国家］』と云ふ全く別個の国体なり。即ち国家が統治権の主体に非らずして、統治さるべき客体として国土及び人民の二要素が国家の所有者の目的と利益との為に存したる君主々権の国体なり。故に一木博士の如く政体の差別のみにして国体の差別はなしと云はば、中世時代は其の全く今日と異なる家長国なるに係らず今日と政体の似たる者あるが故に、階級間の契約を以て今日の立憲君主政体と同一視し、中世の君主と貴族とを以て国家機関なりとして今日と同一の国体分類中に置かざるべからず。又、美濃部博士の如く国体の差別のみにして政体の其れは無しと云はば、氏自身も認むる家長国と云ふ中世の国体を、国体分類の外に排斥するか、或は君主国体、共和国体、家長国体と羅列するが如き奇観を呈するかの孰《いず》れかならざるべからず。而して斯く国体と政体とを同一視する所以の者は、実に国家の進化的研究を為さざるが故なり。

　故に、吾人は斯る根拠なき紛々▽改たる［▽皮相的見解の］国家主権論者を排して国家人格実在論の上に国家主権論を唱ふる者なり。固《もと》より法律学上の人格とは其の実在の人格なると法律の擬制による人格なるとを問はず法律の認識を以て権利の主体なるや否やを決する者なるを以て、国家が実在の人格なりとも其の未だ法上に於て認められざるに於ては主権の本体なりとする能はざるは論なし。而しながら実在の人格が法律に認識せられたる者と、人格なき者が法律の擬制によりて人格を附与せられたる者とは、法律を進化的に攻究する者に取りては決して混同すべからざることなり。――法律の進化とは実在の人格が法上の人格に認識さるることに存す。家長国時代の国家は其の実在の人格なるにも係らず、恰も実在の人格が奴隷たりしが如く法律上は其の国家の所有者の利益のために存したる物格なりき。故に、中世時代に於ては『国家のために』と云ふ国家自身の独立自存の目的よりして要求さるることなく、要求は常に『君の為めに』と云ふ国家の所有者の目的と利益とに在りき。而しながら、奴隷が法律上の人格に非らざりしと雖《いえど》も実在の人格たることは始めより然りし如く、国家は長き進化の後に於て法律上の人格たりしと雖《いえど》も、実在の人格たることに於ては家長国▽改［▽国家］の時代より、原始的平等の時代より、類人猿より分れたる時代より動かすべからざる者なりき。故に国家と云ふ大人格が擬制の機械的技巧なるか将《は》た実在の人格なるかは、国家の進化、起原、目的理想の如きを取扱ふ国家学のみの重大なる問題にあらず、法律学の決して怠慢に附すべからざる根本思想なり。何となれば国家が擬制の人格なりと云はば法律の力を以て国家其者を解体消散せしめ得べく、実在の人格なりとせば人為を以て如何なる法律を作るも決して消滅せしむること能はず。――▽改個人主義「▽民主主義」の仏国革命を以て国家を分解せしと云ふも国家は依然として社会的団結に於て存し破壊せられたるは表皮の腐朽せる者にして国家の骨格は嘗《かつ》て傷《やぶ》れざりしを見よ。――国家は実在の人格として仮令《たとい》家長の下に於ても時に家長の利益の為めに家長の定めたる法律を破りて其れ自身の目的と利益との為めに活動し、其の進化して法律上の人格たるに至りては其目的と利益とに反する法律を 恣《ほしいまま》に改廃して一切の法律の根拠たる者なればなり。此の根本点に於て些《いささか》の智識なきが為めに、今の国家主権論者は国家を以て一の社団の如く解しつつあるなり。「▽削除――国家を一の社団の如く思考すること其事が已《すで》に中世的民主主義の独断に捉はるる者に非らずや。」△彼の穂積博士が今尚頑迷に社会の原始を家族制度に取りて対抗しつつあるは此の故にして、国家を以て社団の如き擬制の人格と見るは実に仏国革命時代▽削除△までの偏局的▽改個人主義「▽民主主義」の国家観なればなり。「現代の科学的」真理に於て国家主権論を唱ふるならば穂積博士等の旧き臆説の社会起原論によりて非難さるるが如き失態あるべからず。――社会主義は法理学の上に於ても真理なり。「則ち」国家の人格とは▽改吾人が前《さ》きに『生物進化論と社会哲学』に於て説きたる「▽『進化律の統一的組織』に於て説明したる」社会の有機体なることに在り。即ち空間を隔てたる▽改人類「▽国民」を分子としたる大なる個体「、永続的生命を有する生物学的生物なり」と云ふことなり。一切の社会的諸科学は生物学によりて基礎を与へられたり。然るに遠きローマ時代に於ては、個体と云へば単に一個人に限れる者の如く感じ、個人のみ実在の人格にして他は皆法律上の擬制なりと云ふが如き思想なりしは止むを得ずとすべし。今日、国家を法律上の人格なりとして而も同時に君主を主権の本体なりとする如き矛盾の君主々権論者も、或は国家を単に思考の便宜として考ふと云ひ、国家の人格を擬制なりと云はば君主の其れも擬制なりと反撃して僅かに対抗する国家主権論者も、恐らくは法律学研究の為めにローマ法に接してローマ時代の個体の観念に判断の根拠を先占《せんせん》せられたるが為めなり。故に其議論は如何に精細を極むるとも共に等しく臆説の暗闘に過ぎず。若《も》し学者にして国家の人格の実在なることは奴隷の其れの実在なるが如しと雖《いえど》も、今日の法律にては未だ認識されざる事実上の者に過ぎず、大日本帝国とは天皇の利益と目的との為めに客体として統治さるるに過ぎずと論ずるならば、法律現象のみを取扱ふ学者としては一貫せる態度▽改なるべく、「▽なりと言ひ得べし。」吾人は憲法の文字と精神と而して歴史とによりて今日の国家が法上の人格たる公民国家なるか将《は》た未だ家長国の国体に止まりて人格に非らざるかを論議すべし。然るに敢て君主々権論者のみならず凡ての国家主権論者と雖《いえど》も、国家を進化的に見ざるのみならず、人格の基礎たる個体の観念を顕微鏡以前なるローマ時代の俗見に止めて暗中の格闘を事とする《▽改》が故に、［▽する。為めに］反対論者たる君主々権論者も国家を人格なき君主の所有物なりとも云ふ能はず、形式に於て［吾人と］同論者なるに似たる国家主権論者と雖《いえど》も、国家を生命ある実在の人格が法律上に認められたる者なりと云ふ能はずして、機械的技巧の、若《も》しくは擬制の人格に過ぎずとして甘んずるの余儀なきに至れるなり。実に、国家は法律の擬制によりて作られたる機械的のものに非らず、国家は始めより其れ自身の目的を有する実在の［生物学的］人格なり。人格は人格の目的と利益との為めに活動す。固《▽削除》より人類一元論が定説となり、社会主義［の世界統一的理想］が世界を包擁《マ マ》して実現せられたる暁に於ては、個体の最高階級は全人類と云ふ生存進化の目的を有する一人格たるべく、［最も］遠き将来の理想として此の最高階級の個体としての人格に於て全人類の世界的国家が実現さるべきを期待し得べし。而しながら目下の進化の程度に於ては民族或は人種或は地理的区劃《くかく》等に限られたる或る程度の階級の個体に於て、△国家は一個体としての人格の目的を有す。今日の公民国家《▽改》［▽国民国家］は古代の市府的国家、中世の封建国家より、漸時《(次)》に個体の階級を高めて、以て今日の大なる人格の国家となれるなり。而して此の実在の人格が或る時代又は或る地方によりて法律上の人格として認識せられ、若《も》しくは所有者の利益の下に統治の客体として存したることありき。而して今日の凡ての公民国家《▽改》［▽国民国家］は明《あきら》かに法律の明文を以て、或は国民の法律的信念によりて国家の実在の人格を法律上の人格と認むるに至れるなり。――故に今日は『国家の為めに』と云ひて国家を利益の帰属する所、目的の存する所となして国家主権の国体なることを国民の信念に於て表白す。然るに国家が君主の所有物として其の目的と利益との下に客体たりし中世時代に於ては国家の為めにと云ふことなく『君の為めに』として君主々権の国家なることを表白するの語ありき。而して其の時代に於ても高遠なる理想を有する東西の聖賢は、法律上の主権体たる君主の要求に対抗して、実在の国家の人格のために国家の利益を主張したり。(『《▽改》社会主義の啓蒙運動』に於て儒教の国家主権論を論じたる所を見よ)。［▽(『《▽改》啓蒙運動時代』の編に於て儒学の国家主権論を論じたる所を参照せよ)。］［▽(恰も西洋に於てプラトー、東洋に於て孟子の国家学が国家の実在的人格を無意識的に認識して国家主権論の萌芽たるが如き是れなり)。］若《も》し国家の人格とは法律上の擬制に過ぎずと解するならば、擬制としての法律なき以前よりして聖賢の身を捨てて国家のためにしたるは解すべからざることとなるべく、今日に於ても擬制を維持せんが為めに人類が血を流して戦ふとは解すべからざる現象ならずや。今日の国際戦争は中世の如く君主の名に於て君主の利益の為めに戦はれず、国家の為めなりと云ふ。是れ未《▽削除》だ同類意識の発展せずして△国家と云ふ地理的に限定せられたる階級の個体が、個体としての人格たる目的と利益との為めに『国家の為めに』と云ふ語を以て法律と国民の信念とに於て要求せるなり。而して若《も》し、此の実在の人格が日本今日の進化の程度に於ては法律上の人格として認められずと論ずるならば、是れ兵役の義務は国家の目的を充たさんが為めに国家の分子が負担する義務にあらずして、君主に所有さるる奴隷として所有主の処分に服従する者なりと解し、日露戦争は日本帝国の目的の為めにしたる所に非らずして天皇に帰属すべき利益の為に戦はれたる者と論ぜざるべからず。是れ憲法の解釈に於て誤まり、国民多数の信念として有する一般の思想と背馳《はいち》するは論なし。

故に吾人は国家人格実在論によりて国家を進化的に研究し、以て一の拠所なくして徒らに無用の論争を事《と》する凡ての君主々権論者と国家主権論者とを排する者なり。君主々権論者の如く今日の近代国家の国家観の上に君主々権論を築くが如きことの矛盾極まる誤謬なるは固《もと》より、国家主権論者の解する如く国家の主権は法律の擬制によりて人格を附与せられたるが故に非らざるなり。家長国▽改［▽国家］時代の国体に於《おい》ては国家の所有者に主権ありて国家は実在の人格たりと雖《いえど》も法律上は物格なりき。▽改公民国家［▽国民国家］の国体に於ては国家が主権の本体として実在の人格たると共に亦《また》法律上の人格なり。

『君主の為めに』と云ふ忠君の時代は君主々権の中世なり。『国家の為めに』と云ふ愛国の時代は国家主権の近代なり。(尚彼の歴史解釈及び天皇と国民との道徳関係を論じたる所を見よ)。

［第四十三節］

実に、人類を空間を隔てて分子とせる大なる個体と云ふ意味に置ける今日の国家有機体説は、井上博士の『国の元首』を解して国家神識の宿る所なりと云ふ比喩的有機体説を学界より駆逐せ［んとす］るものな(欠字・り)。吾人は明言す、国家意識は未だ嘗《かつ》て一人のみの頭脳に宿りて他の人類が全く精神なき手足の如きことは、如何なる古代の家長専権の時代と雖《いえど》も、帝権の絶対無限の時代と雖《いえど》も決して存在せしこと無しと。▽改率然［▽卒然］として考ふるも、同一の意識なき者の間に、団結あり服従あり政治法律あり得べき理由なければなり。穂積博士の如きは常に君主固有の威力によりて国家が団結すと云ふ、而しながら氏の好《このん》で為す如く文字の意義を恣《ほしいまま》に変化せしめずして、固有とは君主の一個人が先天的に肉体の中に有すとのことならば、力と云ひ威力と云ふ者は決して君主の固有に非らず社会と云ふ者の有する団結的権力なり。即ち君主の威力あるかの如く見らるるは此の団結的権力の背后より君主を推し挙ぐるが為めにして、此の団結的権力と分離したる時に於ては後醍醐天皇の如き卓越せる個人的威力を有する者と雖《いえど》も如何ともする能はざりしに非らずや。固《もと》より君主の絶対無限権を振ひたる時代の人民に取りては、恰も恋人が実在の美に向つて恋するに非らず自己の頭脳に画かれたる実在の其れに数千倍する自己の観念に対して恋するものなるが如く、君主の個人的威力以上に威力なる▽改「▽ある」者として自己の画きたる自己の観念の前に恐怖しつつありしことは事実なり。然しながら個人として先天的に有する威力は如何なる英雄と雖《いえど》も限りある者にして、日本天皇の威力として見らるる者は多く各自の画きたる観念と国家の団結的権力なり。即ち穂積博士の如き頑迷なる家長国時代の国体に復古せしめんとする無数の革命家▽改「▽国体破壊」的思想の者あるに係らず、国家の進化は終に大化革命の▽改「▽に示されたる」公民国家▽改「▽国民国家」の理想を実現したるが為めに、日本天皇は大日本帝国の重要なる機関に於て国家の団結的権力を充分に発表しつつあるなり。彼の后世よりの逆進的批判者によりて暴逆圧制なりと云はるる家長国時代の君主と雖《いえど》も、国民が君主の処分権を認識し、若《も》しくは認識したる堕力の為めにして、一人の強力のみにては数万千《ママ》倍する多数の意志に反して何事をも為す能はず。最も専制権を振ふ者は政教一致時代の祭主と君主とを兼ねたる者なりと雖《いえど》も、其の人民が専制に服従するは其の宗教に対して強烈なる信仰に於て結合する故に過ぎずして、国家神識が一人のみの頭脳に宿りて他が機械的に服従せる者に非らざるなり。即ち、同一なる宗教を奉ずと云ふ社会意識に於て結合せず、又其の専制者が祖先の霊若《も》しくは部落の神の意志を発表する者なりと云ふ信念に於て受取られざるならば専制権は保たるべきに非らず。決して君主固有の威力と云ふが如きことの在らざるは論なし。故に彼の契約説の如く、君主の権は貸与せられたる者なりと云ふは固《もと》より貸与の契約ありしことなく、又貸与したる者は奪ひ返へす権利ありとは、貸与すべき主権を契約前の個々の人民が先天的に有すとせる個人主義▽改「▽民主主義」の革命論▽改「▽理論」にして謬《あやま》れるは論なしと雖《いえど》も、権力の本質は団結的強力に在るを以て如何なる一人と雖《いえど》も先天的に有する固有の者に非ざることだけは明白なり。東洋の専権を振ひたる家長君主は皆此の団結的強力を所有することの多少に従ひて興廃し、ギリシャの僭主も亦《また》この団結的強力に媚びて其の専制権を保有したりき。此の権力の源泉たる団結は社会的本能によりて、進みては明確なる社会意識によりて結合せらる。原始時代に於ては其《それ》が明確なる自覚に於ける意識に非らずして本能的に眠れる社会性に在りしと雖《いえど》も、決して個人主義▽改「▽民主主義」の臆説の如く利己心の思想による契約や、又穂積博士等の説く如き威力に対する恐怖よりしての余儀なき結合又は服従に非らず。社会的生物として、契約なくとも言語を有せし如く威力によらずとも始めより団結して存在し、団結其の《削除》事が威力なるなり。（尚《▽改》『生物進化論と社会哲学』を見よ）。［▽（已《すで》に『進化律の統一的組織』に於て説明せる原始的社会の存在は此の故なり）。］井上博士が国家意識を以て国の元首に宿るとなせるが如きは独断的比喩の有機体説にして取るに足らざるは論なく、穂積博士が君主の威力の下に団結すとは氏の好《このん》で破する個《▽改》人主義［▽民主主義］の社会契約説と等しく価値なき臆説にして前提と結論とを顛倒せる者なり。君主のみ国家意識を有して他が機械的に服従するに非らず、国家意識の覚醒と其の進化の程度とによりて機関の発生し消滅するなり。威力の下に団結するに非らず、団結其者が威力の本体として存するなり。

　而しながら此の国家意識が法律の認識によりて政権に覚醒するには歴史的進化に従ひて漸時《次》的に拡張す。最も原始的なる共和平等の原人部落に於ては全く社会的本能によりて結合せられ政治的制度なき平和なりしを以て政権者なるの《ママ》もなかりき。然るに長き後の進化に於て大《おおい》に膨脹せる部落の維持を祖先の霊魂に求めて祖先教時代に入るや（《▽改》［▽――］如何なる民族も必ず一たび経過せり）《▽改》［▽せる――］祖先の意志を代表する者として家長が先づ政権に覚醒し、更に他部落との競争によりて奴隷制度を生じ土地の争奪の始まるや、実在の人格ある国家は土地奴隷が君主の所有たる如く、《欠字・君主》　主の所有物として君主の利益の為に存するに至れり。是れ則ち家長国体及び君主政体の萌芽にして、アリストーツルの国家の三分類を形式的数字の者に解せず之を動学的に進化的に見るならば、君主国とは第一期の進化に属す。而して貴族国とは此の政権に対する覚醒が少数階級に限られて拡張せる者と見るべく、民主国とは更に其の覚醒が大多数に拡張せられたるものにして第三期の進化たりと考へらるべし。日本国も亦《また》等しく国家にして古代より歴史の潮流に従ひて進化し来りたる国家なるが故に、如何に他の国家と隔離せられたることに由《よ》りて進化の程度に多少の遅速ありしとするも、独り全く国家学の原理を離るる者に非らず。日本民族は原始的共和平等の時代を他の国土に於て経過し已《すで》に農業時代にまで進化せる家族団体として移住し来れるものなるを以て、固《もと》より後世より諡《おくりな》名せられたる意義の天皇に非らざりしは論なしと雖《いえど》も、家長国体及び君主政体の萌芽として来れることは最古の記録を悉《ことごと》く没意義の者とせざる限り充分に想像せらるべし。而して其の人口の繁殖と共に当時の社会組織に於て骨格たりし族制の混乱を来し、且つ皇族と併行して発達せる大族が其の家族奴隷の団結的強力を負ひて他の大族たる皇族と対抗するに至るや、茲《ここ》に皇族中の智識《▽改》ある［▽覚醒せる］革命家によりて理想的国家の夢想的計画となり――恰も新開国に於て空想的社会主義の屢《しばしば》々実現を試みられたる如く――国家主権の公民《▽改》［▽国民］国体と其の機関としての君主専制政体とが夢想せられたり。而しながら斯る未開なる時代に於て理想国の単に理想たりしは論なく、理想の実現は遠き后《のち》の維新革命に於てせられ、事実に於て建設せられたる者は君主々権の家長国にして中世史を終るまでの長き時日は凡て家長君主としての天皇なりき。而して他に無数の群雄と名《なづ》けられ諸侯将軍と呼ばるる家長君主ありて相抗争したりき。只、其の藤原氏時代の終るまでは天皇は日本全土と全人民とを『大御宝《おおみたから》』として所有する家長君主として、例へ事実上は摂政関白の専横ありしと雖《いえど》も、又例へ事実上は統治権の行使されたる所が近畿地方の狭小なる区劃《くかく》たるに過ぎざりしと雖《いえど》も、天皇が唯一の君主として唯一の政権者たりしことは▽改法律上［▽法学的解釈としては一の］疑ひなき所の者なりき。是れ政権の一人に覚醒したる進化の第一期なり。而して国司の土着、土豪の発達より天皇の外に更に多くの家長君主を生じ以て維新の▽改公民国家［▽国民国家］に至る迄の中世史を綴《つづ》りたりき。彼の欧州中世史のローマ法王、神聖皇帝、国王貴族の重複措《錯》雑して最高の統治権、即ち主権を争へるは、固《もと》より今日の統治権に非らず今日の政権者に非らずと雖《いえど》も、皇帝・国王・貴族の各々が国土及び人民の所有者としての統治権を有し、其の統治権を相続・遺言・贈与・結婚等によりて伸縮得喪《とくそう》し、国家を所有権の客体として取扱ひ各々の者が統治権の主体として其等の階級に政権が覚醒▽改したりしが如く、［▽したるに因る。是と同じく］日本に於ても皇室は神道的信仰の上に『神道のローマ法王』として統治権を有し、其の法王より冠を加へらるる形式を経て征夷大将軍と称せられたる『鎌倉の神聖皇帝』は、亦《また》群雄戦国及び封建制度の『国王』『貴族』と共に統治権を有し、而して其の各々が統治権の主体として国土及び人民を所有者として処分し、各々主権即ち最高の統治権を争ひたりき。斯く政権者が同時に統治権の主体たる時代は固《もと》より家長国体にして今日の▽改公民国家［▽国民国家］とは別［種の者］なるを以て、其の皇帝・国王・貴族等を今日の政権者と同一視すべき者に非らざるは論なしと雖《いえど》も、其等の家長等が各々統治権を有するに至れるは諸侯階級即ち貴族階級に政権の覚醒が拡張せられたる第二期の進化なり。此の第二期は如何なる国家に於ても甚だ長く日本の如きも維新革命まで継続したりき。而して維新革命は無数の百姓一揆と下級武士の所謂▽改順逆論［▽『国体論』］によりて貴族階級のみに独占せられたる政権を否認し、政権に対する覚醒を更に大多数に拡張せしめたる者にして、『万機公論に由《よ》る』と云ふ▽改民主々義［▽民主的政体］に到達し、茲《ここ》に第三期の進化に入れるなり。而して国家対国家の競争によりて覚醒せる国家の人格が攘夷論の▽削除野蛮△なる［中世的］形式の下に長き間の統治の客体たる地位を脱して『大日本帝国』と云ひ『国家の為めに』として国家に目的の存することを掲げ、国家が利益の帰属すべき権利の主体たることを表白するに至れるなり。［――実に維新革命とは日本国家と云ふ実在的人物が他の国家と対面することに依りて法律的人格、則ち国家自身の主権体なることに覚醒して以て上古中世に連れる家長国を打破したる国体革命なりしなり。」此の国家を主権体とせる▽改公民国家［▽国民国家］の国体と民主的政体とは維新後二十三年までの間を国民の法律的信念と天皇の政治道徳とに於て維持し、後、帝国憲法に於て明白に成文法として▽改書かるるに至りて茲《ここ》に維新革命は一段落を劃《かく》し、以て現今の国体と今日の政体とが法律上の認識を得たるなり。（更に後の歴史解釈及び『生物進化論と社会哲学』に於て社会進化論の歴史哲学に説き及ぼせる処々を見よ）。［▽書かれたる者。国家主権論の法律哲学は一面国家人格実在論を築くべき生物哲学に求むると共に、他方実に維新革命が国家人格の躍進的覚醒たりし歴史的理解に基づきて憲法を解釈することに依りて完きを得る者なり。（尚後の歴史解釈を見よ）。］

吾人が先きに穂積博士の天皇の一身に統治権の存して個体の延長によりて万世一系に云《伝》はると云ふ議論を演繹して、更に個体の蕃殖と云ふことによりて全国民に普及して民主々義に至ると云ひしは此の故なりとすべし。井上博士に至りては穂積博士の始めに主張したる皇位に主権ありと云ふ皇位説の維持すべからざるを指摘して、天皇の一身に統治権の存することを最も明らかに説ける明敏なる君主々権論者なり。而して国家主権論者の天皇の一身に統治権あらば天皇の死と共に国家滅亡すべしとの非難に対して、穂積博士の如く高天ケ原に飛揚して万世一系死せずして連綿たりと論ずるが如き醜態なく、最も学者らしき説明を与へて充分に対抗せり。曰く、［『］統治権の主体は天皇にありて天皇死するとも統治権の消滅して国家の滅亡を来す者にあらず、統治権の主体が更新するのみなり。若《も》し統治権の主体が更新するを以て統治権の消滅となすならば、凡ての現今の国民も皆悉《ことごと》く一たびは死すべき者なるを以て国家に主権ありとの議論も自家の論理によりて維持さるべからざることとなる［』］と。是れ充分に今の根拠なき国家主権論の機械的国家観よりする駁撃を撃退して余りある者なり。而して是れ▽改［▽亦《また》］同時に今の国家主権論者も又井上博士の如き君主々権論者も等しく仏国革命前後の▽改個人主義［▽民主主義］の法理学を先入思想とすることを暴露する所以の者なり。真理は社会主義に在り。吾人は社会主義によりて下の如く主張す▽削除△――国家の分子たる天皇と国民とに国家の権利たる統治権が存するに非らず。分子の消滅と共に更新する所の者は政権者にして統治権の主体にあらず。国家の分子たる天皇が統治権の行使によりて得べき利益の帰属する主体にあらず、又国民が国民を終局目的として統治権を行使する権利の主体にあらず。近代国家に於ては国家の▽改［▽が］生存進化の目的と其れに応ずる利益の帰属すべき権利の主体たることを認め、最高機関を特権ある一分子或は平等の多くの分子或は特権ある一分子と平等の多くの分子とによりて組織し、其機関が権利の主体たらずして国家の目的と利益との為めに国家の統治権を行使するなり。而して国家と云ふ歴史的継続［永続的生命］を有する人類▽改社会は［▽人類社会、日本に於ては此の地理的民族的一人格は事実上且つ」法理上消滅する者にあらず、分子は更新すと雖《いえど》も国家其者は更新する者にあらず。即ち国家が統治権の主体たり。（故に誤解すべからず、▽改『社会民主々義』「▽民主社会主義」とは▽改個人主義「▽民主主義」の覚醒を受けて国家の凡ての分子に政権を普及せしむることを理想とする者にして▽改個人主義「▽民主主義」の誤れる革命論の如く国民に主権存すと独断する者に非らず。主権は社会主義の名が示す如く国家に存することを主張する者にして、国家の主権を維持し国家の目的を充たし国家に帰属すべき利益を全からしめんが為めに、国家の凡ての分子が政権を有し最高機関の要素たる所の民主的政体を維持し若《も》しくは獲得せんとする者なり）。

［第四十四節］

▽改以上の概括は下の如くなる。「▽之を要するに、」今日の国体は国家が君主の所有物として其の利益の為めに存したる時代の「家長」国体にあらず、国家が其の実在の人格を法律上の人格として認識せられたる▽削除△公民国家「主権」の国体なり。天皇は土地人民の二要素を国家として所有せる時代の天皇にあらず、美濃部博士が広義の国民中に包含せる如く国家の一分子として他の分子たる国民と等しく国家の機関なる▽改「▽たる」に於て大たる特権を有すと云ふ意味に於ける天皇なり。臣民とは天皇の所有権の下に『大御宝《おおみたから》』として存在したりし経済物にあらず、国家の分子として国家に対して権利義務を有すると云ふ意味の国家の臣民なり。政体は特権ある一国民の政治と云ふ意味の君主政体に非らず、又平等の国民を統治者とする純然たる共和政体に非らず。即ち、最高機関は特権ある国家の一分子と平等の分子とによりて組織せらるる世俗の所謂▽改君民共治「▽『君民共治』」の政体なり。「則ち天皇と国民と共に日本国を統治する最高機関を組織する民主的政体なり。」故に君主のみ統治者に非らず、国民のみ統治者に非らず、統治者として国家の利益の為めに国家の統治権を運用する者は最高機関なり。是れ法律の示せる現今の国体にして又現今の政体なり。即ち国家に主権ありと云ふを以て社会主義なり、国民（広義の）に政権ありと云ふを以て民主々義なり。［アカズ、ツヅク（行をあけず続けるの意か？）］

▽改依之観之（これによってこれをみるに）、「▽以上の説明に依りて」社会主義の革命主義なりと云ふを以て国体に抵触すとの非難は理由なし。▽改「▽なきを了解したるべしと信ず。」其の革命主義と名乗る所以の者は経済的方面に於ける家長君主国を根底より打破して国家生命の▽改源泉「▽根源」たる経済的資料を国家の生存進化の目的の為めに、国家の権利に於て、国家に帰属すべき利益と為さん

とする者なり。実在の人格は個人と雖《いえど》も之を剥奪して奴隷とすることは今日に於ては不能なる復古に非らずや、国家と云ふ実在の大人格が長き進化の後に於て得たる法律上の人格を無視して君主の利益の為めに存する物格と考ふる如きは、所謂国体論と云ふ復古的革命主義にして吾人［民主］社会主義者は却《かえっ》て今日及び今後に亘りて国体の擁護者たらざるべからず。何ぞ国体を革命すと云はんや。而しながら政体は統治権運用の機関なるを以て、国家は其の目的と利益とに応じて進化せしむべし。而も其の如何に進化すべきかにつきては或は今日の民主的政体のままに進むか、或は一人のみの特権者を以てする君主政体に進むか、或は純然たる共和政体に進むか、又或は社会の驚くべき進化して一切の政体の無用になりて地上に天国を築くか、斯ることは国体論とは係りなき問題なり。吾人は『国体論とは主権論なり』と云へる穂積博士に従ひて主権の所在を決定すれば足る。而して又吾人は、穂積博士が現今の国家主権の国体を覆へして国土及び人民を天皇の私有地及び奴隷となし、国家を天皇の所有権の客体たる物格とし、現今の民主的政体を破りて絶対無限の家長政治となさんと企図しつつあるが為めに、政体の変更を計る著書を出版する者は軽禁錮二ケ年に処すと規定せる出版法を恐れて大学講義の出版を敢てせざる謹慎を諒する者なり。

　希《こいねがわ》くは吾人をして国家主権論の論理の赴く所に赴かしめよ！　憲法は国家が其の生存進化の目的に適合する利益ある方法を取るべきことを予想して其の第七十三条に国家機関を改廃する場合の手続を規定せり。故に此手続によるべき場合の多きは論なし。而しながら君主々権の時代に於て君主が自己の主権によりて定めたる法律を等しく自己の主権による他の法律を以て破るとも正当の権利なる如く、（而して今日を君主々権の国体なりとする穂積博士が天皇の権利によりて第七十三条によらずして憲法の条文と矛盾する法律を発布し、若《も》しくは憲法を改廃し、又若《も》しくは七十三条の手続によらずして改廃するの自由ありと論ずることの貫徹せる主張なる如く）［――］、国家主権の今日及び今後に於ては、其手続を定めたる規定其者と矛盾する他の規定を設くとも、又其の規定されたる手続によらずして憲法の条文と阻　格《そかく・阻隔?》する他の重大なる立法をなすとも、国家主権の発動たる国家の権利にして、国家は其の目的と利益とに応じて国家の機関を或は作成し或は改廃するの完《まった》き自由を有す。何となれば等しく国家主権の発動たる法律の中に於て特別に第七十三条のみ現今存する他の条文より重く、又将来発せらるべき他の多くの法律を打ち消して無効ならしむべき力ある者に非らず。今日憲法の精神を無視する法律省令等が第七十三条の手続によらず言論の自由。集会結社の自由を剥奪して憲法改正の実を挙げつつあるが如く、憲法の国家機関の外に他の重大なる国家機関を他の法律によりて設定することありとも等しく国家主権の発動にして国家の軽重なき法律なればなり。「――則ち主権本来の意義に於て国家は国家自身の利益の為に啻《ただ》に七十三条のみならず憲法の全部をも改廃し停止し又は無効ならしむる完き自由を有す！」（故に今の基礎なき国家主権論者が此の点に於て一貫せる議論を為すこと君主々権論者の如くなる能はざるは、実に主権の思想に於て貫徹せざるよりの致す所として歎ずるの外なし）。

吾人を以て国家万能主義なりと誤解すべからず。国家万能主義とは国家が国民の思想信仰の内部的生活にまで立ち入ることを許容せられたる時代を指す。国家が国民の外部的生活を規定するだけの範囲内に於て完全なる自由を有する主権体なることを主張する点に於て社会主義の法理学は国家主義なりと云ふのみ。只、如何なる者が国家の目的と利益とに適合する主権の発動なるかの事実論に至りては、是れ自ら法理論とは別問題にして其の国家の主権を行使すと云ふ地位に在る政権者の意志に過ぎず。即ち事実上政権者の意志が国家の目的と利益との為めに権力を行使するや否やは法理論の与《あず》かり知らざる所なり。――是を以ての故に憲法論は強力の決定なりと云ふ。▽改「▽！」（▽削除『社会主義の倫理的理想』に於て説ける階級的良心の説明及び『社会主義の啓蒙運動』にて論ずる階級闘争の議論を見よ）。△

▽削除故に国家を一たび原子的個人に解体して新たに新社会を組織せんと主張する社会主義者と名乗るもののありとも、そは仏国革命時代の個人主義にして社会主義と混同すべからざるは論なし。社会主義者は現今の国家が国家主権の国体なることを明確に意識して、長き時日と大なる努力とを以て只強者の意志たるべきのみ。何ぞ国体を革命すと云はんや。故に、今日の強者の意志の下に於ては国家主権の名に於て迫害さるべき義務を有す。（尚『社会主義の啓蒙運動』に於て迫害の権利を説けるを見よ）。△

第▽改十章 [▽第九章]

[第四十五節]

所謂国体論は法理論以前に在り／家長国なりと云はしむる神道的迷信の堕力／天皇を主権者と云はしむる顛倒の歴史解釈

[第四十六節]

信仰の自由は君主との契約に非らず／天皇の信仰と臣民の信仰とは無関係なり／日本帝国は宗教団体に非らず／穂積博士の信仰論と君臣一家論／氏は神道の信仰と共に神話の科学的研究を為す／社会の原始及び公法の淵源／家長制度と家長権は社会の原始に非らず又永遠のものに非らず（本文になし）／氏は進化論を否定す／神道のアダム、イヴによりてキリスト教的世界主義を取るかユダヤ教的排外教を取るか／氏の天照太神を天祖と云ふことは神道を毀傷する者なり／故黒川博士の進化論評／神道の勢力の皆無／氏は天皇を空虚の上に置きて覆へす／君臣一家論による二様の革命論

[第四十七節]

君臣一家論と発狂視／穂積家は皇家の末家に非らず／家長制度は敢て日本に限らず／穂積博士自身は神道を信仰せず／多神教の哲学と祖先教の宗教／氏は生殖器を礼拝するか神道を捨つるか

[第四十八節]

沙汰の限りの忠孝一致論／忠孝一致論を破壊する者は君臣一家論なり／天皇と臣民は親籍《(戚)》の平等関係に非らず／内地雑居による一家論の困難／歴史上より君臣一家に非らず／国体論の破壊者は現天皇陛下なり／日本人種研究論と国体論者／親籍《(戚)》関係の平等なる今日に於て天皇を家長と云ふことの自殺論法

［第四十五節］

上述、吾人は国家学と憲法論とによりて『現今［▽現代］の国体』を明《あきら》かにし、所謂国体論なる者の［却《かえっ》て］現今の其れを［▽国体を破壊し］［▽其れを］顚覆［せんと］する『復古的革命主義』［▽『国体破壊論』］なることを論じたり。而しながら、国家の本質と憲法の法理とを取扱ふ今の凡ての学者をして斯る復古的革命思想に陥らしむる所以の者は、国家学と憲法論との研究より来るに非らずして、已《すで》に所謂国体論と云ふ者のありて其の国家学と憲法論とを誘惑するが故なり。果して然らば上述の如く、国家の本質を論じ憲法の法理を説き以て主権の国家に存することを語るとも、東洋の土人部落に取りては何等の刺激［▽覚醒］を与へ得る者にあらず、国体論は土人等の合掌稽首《けいしゅ》に祭られて一切の国家学と憲法論の上に蚕神の如く君臨する者なればなり。然らば議論は国家学と憲法論とにあらずして国家学と憲法論とを誘惑する国体論其者に有りとせざるべからず。国体論とは何ぞや。

第一は、今日の国家を以て家長国なりと云ふ議論の起る基礎として神道的迷信の堕力に在り。我が万国無比の国体に於ては国民は一家の赤子にして天皇は家長として民の父母なりと云ふ者是《こ》れにして、［▽なり。］君臣一家論と云ふ者あり、忠孝一致論と云ふ者あり、忠君愛国一致論と云ふ者あり。而して是れ実際の勢力として国民の道徳的判断の基礎を形《かたちづ》くれる者にして、穂積博士及び多くの君主々権論者の国家観と法理論とを組織せしむる思想の源泉なり。

第二が、天皇を以て主権の本体若《も》しくは一人の最高機関なりと考へしむる所以の者にして全く顚倒せる歴史解釈の順逆論なり。即ち、日本民族は皆忠孝にして万世一系の皇統を扶翼（任務がうまく進むようたすける）せりと云ふことにして、万国無比の国体と云ふ思想の生ずる根拠なり。而して是れ、二千五百年来より四千五百万人に亘りて些《いささか》の疑問をも抱くべからざる所の者として、一切の倫理学説と道徳論とは是れによりて其の学説と議論とを曲折し、有賀博士及び凡ての君主々権論者をして歴史によりて主権の基礎を定むと論ぜしむる権威たる者なり。

国体論中の土偶は此の妄想によりて捏造せられたる者なり。土偶は神輿より引き出して以て粉砕すべきのみ。

［第四十六節］

第一の点、穂積博士等の拠りて以て日本の現時を家長国なりとする神道的迷信の堕力を駆逐せざるべからず。

能ふならば吾人は斯る取るにも足らざる者に係はりて議論の筆を汚さざらんことを望む。吾人は法科大学長帝国大学教授法理《学》博士の肩書を有する迷信者に向て如何に語るべきや。若《も》し常識と科学とによりて狐狸を礼拝しつつある翁媼《おうう》の迷信を覚醒せしめ得るならば、穂積博士の八十万神《やそよろず》を信仰する神道を改宗せしめ得べし。信仰となれば翁媼の狐狸も、穂積博士の真の神も、他のキリスト教仏教と等しく理論の侵入する範囲とは境界を異にする別天地の者なればなり。故に吾人は充分に穂積博士の宗教を尊敬する者なり。――而して是と同時に吾人及び独立の良心を有する者は博士の信仰より自由ならざるべからず。本地垂迹説を去れる真の仏教徒には博士の信仰は意義なき者にして、唯一神を信ずと云ふキリスト教徒には博士の宗教は野蛮時代の多神教として映ずべし。而して、吾人の如き神道的記録を以て古代の過ぎされる宗教となし、今日に於て之を視るときに於ては神話として科学的に取扱ひつつある者に取りては博士の贅言の如きは神官の烏帽子《えぼし》直衣《のうし》と少しも相異せざるなり。博士に於ては、或は八十万神《やそよろず》を以て宗教に非らず歴史上の人物なりと信じてならんか、然らば吾人は大《おおい》に歴史論として論義の自由を有す。信仰の自由、思想の独立は大日本帝国の威力を以ても其の内部的生活に止まる間は固《もと》より、行為に現はれたる者と雖《いえど》も或る場合を除きての外は脅かす能はざる者なればなり。［――］或る場合とは臣民たる義務に背く場合を云ふ。吾人は前《さ》きに臣民の義務とは直接に天皇と対抗せる契約によりて負ふ義務に非らず、国家に対して国家の一分子として負担する者なることを言へり。臣民と云ふは天皇の所有権の下に在る無限服従の奴隷に非らざるは固《もと》より、天皇との権利義務の関係に於て契約的対立を為す者に非らずして、国家の臣民なることを言へり。故に［『］臣民たる義務に背かざる限りに於て信仰の自由を有す［』］と云ふ憲法の条文は、中世の階級国家の契約憲法の如く、君主との契約によりて君主の信仰に係らず臣民は自由の信仰を有すべしと云ふに非らず。今日の天皇は国家を所有して国家の外に立つ天皇に非ず、美濃部博士が広義の国民中に包含せるが如く、日本国と云ふ有機体の空間を隔てたる分子の人類として、即ち日本帝国の一員として特権を有する政権者と云ふ意味の天皇なり。此の特権ある一分子と他の分子とは決して契約的対立に非らず、故に他の凡ての権利義務が直接に要求し負担する者に非らざる如く、信仰の自由につきて臣民の義務に背かざる限りに於てはと云ふ前置きの義務も、決して国家の分子が他の等しき分子たる特権者に対して負へるに非らず。［――］即ち臣民たる義務に背かざる限りに於てと云ふことは、国家に対する義務の一たる兵役を拒絶するクエーカー宗の如き宗教の除外を示す者なり。然れば仮定として、穂積博士と匹敵すべきほどの神道の迷信者が皇位に即き、穂積博士の如く国家の臣民を君主の所有する臣民と解し、其の神道を信ぜざることを以て臣民たる義務に背くとなすとも、是れ固《もと》より大日本帝国の国体と政体とが許容せざる要求なり。（▽改［▽――］現皇帝は実にキリスト教をも包容しつつあり）削除。又聖武天皇の如き仏教の熱誠なる信奉者が出《い》でて仏教の信仰を国家の臣民に要求すとも、大日本帝国の前に有する信仰自由の権利によりて穂積博士は其の尊貴なる神道の信仰を放棄するに及ばざるべきなり。又、今後の天皇がキリスト教を信仰するに至るとも、全国の厳粛なる戒律を守れる円頂《えんちょう》（坊主頭。僧侶。）等は今日キリスト教に向って為しつつある如く、仏教は逆賊なりとして攻撃さるべき理由なき者なり。吾人は皇室が如何なる信仰を有するやを知らず、而しながら亦《また》等しく知らざるべき土偶の国体論者が、自家の迷信と背馳《はいち》するのゆえ［▽故］を以て他に対するに即ち不敬呼ばりを以てすとは抑々《そもそも》何の権利ぞ。天皇に不敬を加ふることは国家に対する非違にして国家の許容せざる所なり。復古的革命思想に対抗して国家の主権を防衛することは吾人の義務にして、彼等山僧等の不敬呼《よば》はりは仮令《たとい》鯨波《げいは》のごとく［▽如く］起るとも厳粛なる議論に一分の動揺を与へ得べきものにあらず。――大日本帝国と帝国の機関とは決して宗教の基礎の上に建てられたるものに非らず。神道の信仰を以て家長国体を作り、天皇を祭主の長たる意味において［▽於て］其の信仰の上に置ける時代は歴史の遠き頁に葬られたり。国体寺の山僧等は今日の国体と政体とを迷信の為めに視る能はず、嘗《かつ》て山僧等の為せるごとく［▽如く］国民の迷信に眠れるを恃《たの》みて法律を突破し憲法を蹂躙して、天皇と全国民とにむかって［▽向って］神輿に礼拝せよと嗷訴《ごうそ》しつつあるものと云ふの外なし。国民の迷信に恐怖せし時代は山僧等［▽彼等悪法師等］の神輿は［皇宮］警固の武士をして兜を脱せしめたりき。今日、吾人は［現代］国体の擁護者たる名に於て科学の利刃《りじん》を執るべきのみ。［▽彼等不逞の乱賊を慰諭礼拝して僅かに難を免かるるの術策を再びすべからず。勇敢なる一矢は山僧等をして神輿を捨てて逃走せしめし先人の跡を残せるに非あらずや。」希《こいねがわ》くは［吾人の鳴鏑に応じて］国民の速かに迷信より覚醒して［▽以て速かに］国体寺を焼壊するに至らしめよ。

穂積八束氏は実に国体寺の坐主にして山僧の将軍なりとすべし。曰く。『我が民族は同祖先の者なり。宗室として皇室を崇拝すと云ふは事実誤れりと云ふものありと雖《いえど》も、之は我が説を破するに足らず。見よキリスト教徒の団結するは神を信仰するに由る。而も神の有無の議論は此の団結を非認する能はず。信仰は第一にして智識は第二なり。ひと［▽人］は悉《ことごと》く原因を尋ねて何事も為すに非らず。信仰によりて動く。国民に於ても然り、必ず信仰によりて団結す』。是れ大学筆記より引用せる者にして、氏が国体寺の坐主たる尊厳を以て斬新なる信仰論あるは決して鼻を撮《つま》むべきことに非らざるは論なし。氏の憲法論は凡て此信仰の上に築かる。曰く、『現在皇位にましします天皇が此民族を統治し給ふは即ち民族の祖先たる天祖の御位なり。天祖に代りて天祖の威力を受けて天祖の子孫を保護し給ふ者なり』。又曰く『我が国体は民族固有の宗族制度より発達せり。故に之を推して考ふれば皇位は即ち過去に於ける皇位の天祖たる天照と、現在の天皇と、未来の君主とを結びたる観念にして、一家に於ける家長の位が即ち天皇の祖先の位たると同じく皇位は天皇の御位にして其子孫が此の位に昇り、天照の威霊を代表して国民に臨む』。而しながら氏の所謂天照と云ひ天祖と云ひ信仰上の神を意味して用ひらるるが如く、又歴史上の人物として取扱はれつゝあるが如く、浮動する意味を一語にて使用する氏の常態なるが為めに、吾人は氏と共に『天照太神』を論議するに信仰上より考ふべきか科学的考察の題目とすべきか殆ど処置に苦しむ。

故に、穂積博士の態度は、日本民族の古代を研究するに於て、古事記日本紀をバイブルとする神道の迷信者としては甚しく科学的研究者の如く、又科学的研究者としては其の高天ケ原削除一点張の頑迷は疑なき迷信者に似たり。実に、氏は烏帽子《えぼし》直衣《のうし》に高襟▽改［▽ハイカラー］を着けて大学の講壇に立てる者なりとすべし。神道の信者ならば宗教として神道を信ずるは可なり、祖先崇拝は権力の崇拝なりと解する如きは法律学の理論として誤れるのみならず、神道の信仰とは背馳《はいち》する科学者の態度なり。天照太神を信仰に於て見るならば太陽の中に存すとして朝夕礼拝すべし、今日の社会学は彼の母系々統なるものを解して全く乱婚に非らざるも夫婦関係の定まらざりしが為めに父の何人《なんぴと》なるかが知れずして母によりて系統を意識する甚しき未開時代なることを論じつゝあるに、天照太神を母系々統なりと指示せるが如きは神道を信仰する頭の外に科学者の頭を肩に附けたる両頭の怪物なり。固《もと》より氏は政体変更の刑罰を恐れて大学講義を出版せざる如く、何等の警戒すべきことありてか暗黙の指示に過ぎざりしと雖《いえど》も、国家学会雑誌六十号に載せ［た］る下の言を見よ。曰く、『男系の発達したるは社会の発達したる後に行はるることにして女系々統は世界普通の古《いにしえ》の有様なりと論ずる者あり。確然断言し能はずと雖《いえど》も女系々統の恐くは何れの国にても行はれたりと見ゆるなり。日本支那の歴史に於ては吾輩は敢て断言せず、日本の国体の如きは男系統と定むれ▽改ども、若《も》しも歴史的の人民ならざる以前に於ては女系々統にて非らざりしやと云ふことは随分一の問題なるべし。』是れ果して正当の推理なりや否やは固《もと》より反対の見解を抱くものもあるべしと雖《いえど》も、［▽是れ神道の信仰と全然別個なる科学的研究者の態度に非らずや。］穂積博士にして斯る確信を有するならば警戒を極めたる辞令を弄するに及ばず明確なる断言を為すとも、愚昧者の不敬呼《よば》はりに対して国家の法律は氏の思想の独立を保護すべし。只奇怪なるは其の両肩にある両頭の相格闘せずして平和なることなり。

故に吾人は其の頭の何れの者に向て問ふべきかを解せず。而しながら若《も》し其の或る頭が科学的考察は法律学者の態度なりと発音するならば、吾人は実に語るべき者を有す。――即ち、国家の起原は決して一家の膨脹に非らずと云ふことなり。

固《もと》より或る時代に於ける旧き学説として国家の起原を一家に置きたることありしは事実なり。而しながら、系統を意識し家族を為すに至るは遥かに後代の進化にして、氏も知れる母系々統以前には存在せざるなり。母系々統とは今日より見れば誠に未開極まる者なりと雖《いえど》も、覚醒したる意識を以て母子の間を永続的に繋ぐまでに進化したる後ならざるべからず。而して父系々統とは此の意識が更に父にまで拡張せられ永続的の夫婦関係と父子の聯絡《れんらく》が生ずるに至れる［者］なり。即ち社会と云ひ国家と云ひ氏の信ずる家族制度以前に存在せしなり。社会は契約なくとも、又氏の主張する如く父の威力なくとも、本能的社会性によりて社会的生物として存在し、公法の淵源も又決して氏の信ずる如く家族制度に進み家長の威力を恐怖するに至りて始めて発生せる者に非らず、更に遠き以前の原始的社会より存在せる部落の道徳的制裁及び慣習なりと推想することは当然なり。何となれば家族制度なく家長なき高等なる社会的生物と雖《いえど》も、其社会維持の為めに制裁の単純なる者を有すればなり。穂積博士は今尚力を極めて偏局的▽改個人主義［▽民主主義］の機械的国家観を攻撃し、契約説の死屍に鞭《むち》ち、国家社会の基礎を愛国心又は公共心と名《なづ》けて社会性に置くならば――而して是れ家長の威力を恐怖して団結すと云ふ他の言と矛盾すと雖《いえど》も、――ホッブスの如く社会国家の原始を各人の各人に対する闘争に於て存在せしと臆説する者に非らざるべし。即ち、氏にして明らかに生物進化論を知り、人類が類人猿より分れたる時代よりして社会的生物なることを知れるならば、原人社会より母系々統と云ひ父系々統と云ふが如き家族的意識に於て存在せしと信ずるは▽改生物進化を踰越《ゆえつ》すと認むる者なり。［▽生物進化論の思想に非らずして一種変形の天地創造説なりと云ふを当れりとすべし。（神道を信仰するならば当然に天地創造説を固執する者とも考えざるべからず。）］実に、類人猿と云ふ社会的生物より分れたる原人が社会的存在を本能的結合に於て継承したるべしと云ふ科学の帰結は、父の威力の下に団結せられたりと云ふ▽改（［▽――］是れ威力なき時代は個々に存在せりと云ふ▽改個人主義［▽民主主義］の仮説を▽改窃取せる者なり）［▽氏其人に於て無意識的観念とせる者――］臆説の社会起原論を駆逐したる者なり。［実に家長の威力の下に団結せられたりと云ふ氏の国家起源論と、契約によりて団結したりと云ふ社会的起源論と、其の根本思想に於て中世的独断なることに於て両者極めて能く一致する者に非らずや。］▽削除△――始めを知らざる者は今を知らず又終りを知らず、家族制度と云ひ同一系統による社会階級と云ふが如き階級的社会に入りしは社会の大《おおい》に進化せる或る過程の状態にして、即ち社会意識が近親の系統にのみ覚醒せられたる或る程度の進化にして、決して原始の者にあらず又現今の状態に非らず、又固《もと》より社会の永遠にまで継続すべき者に非らず。▽削除▽改（『生物進化論と社会哲学』［▽『社会進化論』］を見よ）。△公法の淵源を論じ社会の起原を推究するほどの者ならば凡てを進化［学］的に見よ。仮に社会の原始が家族制度の発達にして公法の淵源が家長の権力に在りしと定むるも、社会の進化し法律の進化したる今日及び今後を律するに家長権と家長国とを以てするは抑々《そもそも》何ぞや。実に穂積博士の論法は人類の原始は類人猿なるを以て世界の人類は今日も今後も類人猿にして、類人猿の属する獣類は更に鳥類と分れたる爬虫類なるを以て博士も吾人も今尚爬虫類なりと云ふ者なるに似たり。

否、穂積博士は日本の社会の起原を神道によりて推究する者にあらず、遠き以前に棄却せられたる［旧式］社会学の維持すべからざる臆説を以て自家の恣《ほしいまま》に捏造せる者なり。笑ふべきに非らずや。『神道を信仰して智識を第二位に置く』と云ふ氏の信仰論は鼻を撮《つま》めば足る、智識を論ずる社会起原論の旧智識を信仰して其の第一位たりと云ふ神道の信仰を破壊せるに至りては天理教の翁媼《おうう》も嘲笑すべきぞ。見よ。神道は何処に日本国は天照太神の一人より膨脹せる者なりと云へる。神道は伊諾那岐《イザナギ》伊冊那美《イザナミ》の二人が人類の元始なりと云へるのみ。而して是れユダヤ民族のアダム、イヴが人類の始祖なりと云へる如く古代の思想の程度としては一般の人類起原論なるに過ぎず。故に斯る人類起原論を信奉するならば、キリストが其れによりて人類同胞の世界主義を唱へたる如く神道をキリスト教の如き世界教とならしむるか、或は亦《また》ユダヤ民族のみアダム、イヴの子孫たる神の子なりと云ふ如く、日本民族のみ伊諾那岐《イザナギ》伊冊那美《イザナミ》の後裔なる神人なりとして神道を排外思想のユダヤ教とならしむるかの何れかならざるべからず。［――吾人は日本民族の信念上の大問題として博士以外の全日本国民に神道の世界化を求むるの時あるべし。］十四世紀後に書かれたる文字にて想像せば、天照太神を以て神武一家の征服者の直系の祖先なりとは云ひ得べし。神武より先きに移住せる日本民族、及び後に来れる民族、又天照時代に已《すで》に八十万《やそよろず》神と称せられたる多くの人口、及び歴史上の無数の帰化被征服者の他種族の繁殖せる子孫たる今日の日本民族とは係はりなきことなり。即ち高天ケ原の民族につきて云ふも単に同一民族と云ふだけのことにして、天照一人より分れたる者が高天ケ原の大なる一家なりとは何処に於ても記されざる所の者なり。穂積博士にして若《も》し実在の人物として天照太神を見るならば――然らざれば思想上の作成たる神の生命が延長して実在の天皇の一身に統治権を継続すと云ふ氏の君主々権論者は理由なきに至るが故に――天照は女性の一人にて如何にして八十万《やそよろず》の人口を繁殖し得たりや。古典に書かれたる素盞雄尊《スサノオ》は天照と併行せる傍系に非らずして天照の単性生殖にて産める子なりや。素盞雄尊《スサノオ》が出雲に入りしとき蛇に喰《い》はるるほどの多くの人口を有し而して其の蛇に喰はれたる娘の翁媼《おうう》は、恐くは其れよりも年少なるべき天照の腹より出でし者か。神道を信ずるならば伊諾那岐《イザナギ》伊冊那美《イザナミ》が鶺鴒《セキレイ》の交尾を見て生殖の法を知り以て人類を産めりと云ふ世界一家論を唱へよ。是れ神が自己の形に似せてアダム、イヴを作りしと云ふユダヤの神話よりキリスト教の人類同胞の高貴なる理想が孕《ママ》まれたるが如くなるべし。八十万《やそよろず》神を産まざる天照太神は八十万神の子孫たる者の多かるべき国民の大多数に取りては氏の所謂『天祖』に非らず。而しながら斯る尊き世界［同胞］主義は所謂国体論を云ふ者の如きに取りては余りに尊くして仰ぎ見るを得べきに非らざるは論なく、従《したがっ》て氏は恰もユダヤ民族のみ特別に神の子たるアダム、イヴの後なりと云ふ如く、日本民族のみ伊諾那岐《イザナギ》伊冊那美《イザナミ》の二人より産れたる特別の神裔なりと論ぜざるべからず。而して是れ天照太神一人を天祖なりとして日本民族は其の単性生殖にて繁殖せる者なりと云ふ氏の前《さ》きの主張を取消して、全く新たなる議論に移るものなりと雖《いえど》も、君臣一家論と云ひ、日本民族は一家の膨脹発達せる者なりと云ふ氏の主張に取りては利益なるべし。人は成るべく善意に解せざるべからず、故に吾人は充分に善意を尽くして故人▽削除となれる△文学博士黒川真頼氏の言を氏に示すべし。若《も》し氏にして以下の言を読了するに堪へずして過《あやまっ》て噴飯するがごとき▽改［▽如き］ことあらば、吾人の善意は拒絶せられたる者にして氏は人類同胞の世界主義に於て神道のキリストとなるか、然らざればユダヤ教的神道論を止めざるべからず。黒川博士は曰く『衣は体に従ひて作り出《い》でたるものにして衣は上部に着、袴は下部に着る、之を着て世を送りたり。然るに近世の人謂《おも》へらく上古の人は衣を用ふべからず、人と云ふものは元《も》と獣にして其の獣は何ぞと云はば猿なりしを、其猿が若干の世を経るままに身体の毛が漸時《次》に抜けて人となり、之を進化と云ひて漸時《次》に智も備はり来て、身体の毛の減ずれば寒を覚ゆるからに草木の皮を取りて衣服を作るやうになりたりと、是れ外邦の説なり。外邦の説は真に信ずべしなど云へる人あれども、是れは我が古典を窺はざる人の只外邦の説によりて言ふなり、外邦の人民は猿の化したる者なるべけれど我邦の人民は然らず。我国にては人は人なり猿は猿なり、猿の進化したるが人となりたるに非らず。古事記に伊弉那美《イザナミ》尊の御言に曰く、愛我勢命為然者我国之人草一日絞殺千頭爾伊邪那岐尊詔愛那邇味命汝為然者一日建千五百産屋（引用文は底本のママ。（伊耶那美命言愛我那勢命爲如此者汝國之人草一日絞殺千頭爾伊耶那岐命詔愛我那邇妹命汝爲然者吾一日立千五百産屋））とあるを見ても猿には非らざりしことを知るべし。是れ若《も》し猿ならんには汝の国の猿草とぞあるべき。又猿が子を産まんには産屋を立つべくも非らず。猿ならざること明瞭なり』

吾人は故人を嘲笑せんが為に笑謔《しょうぎゃく》の材料として斯る引用を為す者にあらず。穂積博士がキリスト教の▽改［▽的］世界［同胞］主義に於て神道のアダム、イヴを執るか、或は又神道のアダム、イヴをユダヤ教の▽改［▽的］排外思想に於て取るかの撰択に利するあらんとしての善意のみ。穂積博士は今尚社会の起原を家族団体なりと云へる旧き臆説によりて解する程なるが故に、生物進化論を解せざることに於て恰も黒川博士が古典を引用して対抗せしに匹敵すべし。果して然らば黒川博士の、『外邦の人民は猿の化したる者なるべけれど我が人民は然らず』と断定し、『猿ならざること明瞭なり』と一末千鈞の力（一髪千鈞を引く。一筋の髪の毛で千鈞の重さの物を引く。極めて危険な事の譬え）を以て結べる確信の程度は、実に議論の一貫せることに於て遥かに穂積博士を超過せりと云ふべし。若《も》し穂積博士のユダヤ教的神道の信仰にして斯くまでに固く、他人に神道的信仰を要求する如く氏自身の衷《ちゅうじょう》情に於て君臣一家論や忠孝一致論を信仰個条とするならば、誠に以て国体寺の坐主たるべき栄誉に孤負《こふ》（そむくこと）せざるなり。而しながら注意すべきことは、国体寺は腐敗せる本願寺よりも多くの信者を有せざることに在り。然らざれば翁嫗《おうう》「▽日本全国」の念仏唱名を圧して『高天ケ原に神づまり』の声が日本全国に蚊の鳴く如く聞え渡らざるべからざる「▽渡るべき」理に非ずや。而して新智識者と称する者の神社に叩頭《こうとう》する者の少なくして教会に行くものの多くなれる「▽真の信仰を求むる者の悉《ことごと》く参禅教会其の他に赴く」は解すべからざる現象に非らずや。斯く迄に神道の信仰が皆無となれる今日に於て大日本帝国と其の重大なる機関の一たる天皇を神道の基礎を以て代へんとするは何たる革命家「▽国体破壊者」ぞ。否、恐く国体寺の坐主其の人と雖《いえど》も其の科学的攻究を以て神道の教義を毀傷《きしょう》しつゝある如く、只「復古的」革命論の便宜の為めに唱ふるに過ぎずして衷心は決して些《いささか》の信仰だも無かるべしと考ふ。

吾人は理由なくして他の信仰の衷心に迄立ち入りて想像を逞《たくましゅ》うするの慎むべきことを知る。而しながら穂積博士の議論は之を今日の国家主権の「現代」国体より見る時に於ては明《あきら》かに革命論として断ずるの外なく、大化革命の遠き昔より理想として画かれ明治維新に於て漸《ようや》くに実現せられたる公民国家「▽国民国家」と、其の国家の機関として国家の基礎の上に置かれたる天皇とを、自家も信ぜざる神道の信仰の上に置かんとする者に非らずや。自家も信ぜず天下も信ぜざる信仰とは信ずる者なき死せる信仰と云《い》ふことにして、空虚の上に天皇を置くと云ふことなり、即ち何者の上にも置かずして覆へすと云ふことなり。――事実は歴史の上に存在す、大化革命を以て儒教の理想的国家を実現せんとしたる所以の者は祖先教を以ては天皇の維持すべからざる危険に陥れるが為めに非らずや。仏教の信者たる蘇我氏にとりては別宗教の皇室は尊き者に非らず！　外国人の「▽たる」漢氏《あやうじ》（古代の有力渡来系氏族）の駒にとりては崇酸《峻》天皇は君臣一家の『民の父母』には非らざりしなり！　是を以ての故に仮《たと》へ夢想「▽理想」に過ぎざりしとは雖《いえど》も皇室中の大胆果敢なる理想家が公民国家「▽国民国家」を夢みたるに非らずや。漸《ようや》くにして其理想の実現せられたる国体を覆へして蘇我氏と駒との権利を今日に主張せしむるに至る穂積博士は、之を復古的革命家「――国体破壊者」と呼ばずして何ぞ。国家は国家としての独立自存の目的を有し、天皇は国家の利益として国家の維持する国家の機関なるが故に国家に対する義務として犯すべからず。若《も》し日本の国籍に在る人民は『天皇の赤子』にして天皇は其の家長たる『民の父母』なるが故に尊しと云はば、君臣一家に非らずして国籍に入れるイタリアの無政府党員は其の爆烈(裂)弾〔▽幾多漢氏の駒等は其の弑逆〕の権利を穂積博士の憲法学によりて主張するに至らん。『キリスト教徒の団結は神の有無に非らず国民は信仰によりて団結す』との氏の信仰論は、ニコライ教徒をしてロシアに団結せしめ国家に対する反逆を許容する者なり。〔▽となる。〕――斯る革命論〔▽国体破壊論〕は氏に於ても否と云ふべし。然らば異教徒を殺戮し外国人を絞礫せざるべからず、而して等しく亦《また》革命〔▽国体破壊〕なり。

〔第四十七節〕

穂積博士にして頑迷に今日の国体を以て家長国となし、君臣一家忠孝一致を以て一切の法律学と倫理論とを築くならば、吾人は実に氏に問ふ。――若《も》し足下の車夫が旦那の親類は何処ですと問ひし時に、拙者の親類は天子様なりと答ふるや否や。車夫は不敬漢と云ふべく、吾人は其の大胆なる平等主義に敬服す。而して更に民にして拙者と天子様とは血を分けたる兄弟分なりと云はば査公《さこう》（おまわり）必ず手帳を出して一応の尋問あるべく、子が産れた親類の天子様に知らせよと云はば産褥《さんじょく》の令夫人は驚きて逆上すべく、大道に立ちて穂積家は皇室の分家なりと云はば腕白の小学生徒等は必ず馬鹿よ々よと喚《わ》めきて尾行し来るべし。――吾人をして憐むべき愚夫を翻弄する者と解すべからず、〔斯く実生活に於て国民一般の信念たらざる者は実生活の科学的組織たる法律学と倫理学とに於て根本より承認すべからざる観念に非らずや。而して〕後の歴史釈に於て系統を辿りて平等主義の発展する〔▽発展せる平等主義の〕歴史的拡張〔に於て此の思想が如何に皇室に対する凡ての乱臣賊子を生みしかの挙証〕を見よ――果して然らば君臣一家論を最も強く主張する氏に於ても皇室と穂積家とを平等関係の親類と考へず、親類などと云はば発狂と見らるべきほどに血縁的関係の稀薄疎遠になれる者ならば、之を以て国家の聯鎖《れんさ》とし天皇の基礎とせんとは何たる白痴ぞ。若《も》し穂積博士にして神道の伝道者にして法律学者に非らざるならば兎《と》に角《かく》、現今の民法は未だ全く家長制度の痕跡を脱する能はざるに係らず、家長権が二三《にさん》の特権に止まり、親族法に於ては或る等親を以て限界とするを解せざるの理なし。素封家の葬式には猫の子を貰《もら》ひしまでも親籍(戚)なりと云ひて集まる、皇室にして寛大ならざるならば将に曰《い》ふべし。便佞《べんねい》なる八束と及び四千五百万の奴隷よ。卑しき穂積家が朕が家の末家にして乞丐《かたい》（乞食。馬鹿者。癩病者。）に至る迄朕が家の分家なりと云ふか。皇室は汝等の如き下賤なる人種と平等の祖先より分れたる親籍(戚)に非らず。汝等は皇室の祖先が零落せる時に於ては路傍の人の如く過ごし或は共に石を投じながら、今の繁栄に媚びて三千年前の古き、遠き、系統の知れもせざる者を、僭越にも親類と云ひ本家と云ひて為めにせんとするは何たる佞猫ぞ。▽改皇室は平等の祖先より分れたる分派にあらず国民を強力によりて圧伏せし堂々たる征服者なりと。[▽皇室の万世一系なるを得しは極めて少数なる忠臣烈士と皇室自身の力にして権に佞《おもね》り勢いに随ふ八束等の祖先とは実に仇讐の関係に在りと。(後の歴史解釈を見よ)。]

吾人は断言せん、穂積博士は単に君臣一家の家長国を信ずるものに非らざるのみならず衷心を探《さ》ぐれば神道の信仰は影だも有せざるものなりと。若《も》し氏にして神道を信ずるが如き言動ありとせば、其は姦邪《かんじゃ》なる姑婆が念仏を唱へ懶惰《らんだ》なる書生輩が教会に遊びてアーメンと云ふと同一なる外面の装飾に過ぎず。——吾人は穂積博士の憲法論を神道的信仰の上に置くと云ひ来れる凡ての言を取り消す。氏は神道を信仰する者に非らずして其の所謂信仰とは旧式の社会起原論なり。実に氏等の所謂国体論の脊髄《(椎)》骨は、如何なる民族も必ず一たび或る進化に入れる階段として踏むべき祖先教及び其れに伴ふ家長制度を国家の元始にして又人類の消滅まで継続すべき者なりと云ふ[旧式]社会学の迷信に在り。家長制度や祖先教は何ぞ独り日本民族のみの特産物にして日本のみ万国無比の国体なりと云ふが如き性質の者ならんや、今の欧州諸国も皆悉《ことごと》く一たびは経過したり。是れ事実に於て明《あきら》かに知らるるのみならず如何なる先進国と雖《いえど》も階段を踰越《ゆえつ》して進化する者に非らざればなり。是を以て嘗《かつ》て欧州に於ても王権或は公法の淵原を家長制度と家長権とによりて説明する説の勢力を有せし時代ありて、恐らくは穂積博士の如きは其の天賦の佳良ならざるが為めに彼等の糟粕《そうはく》(残りかす)を嘗《な》めて日本国を説かんとし過《あやま》つて革命家▽改[▽国体破壊者]となりしに過ぎざるべし。雖然《しかりといえども》、若《も》し穂積博士にして強《し》ひて余の神道的信仰は第一なり社会起原論の智識は第二なりと主張するならば、吾人は斯る虚偽を剥奪するに於て一分の寛仮《かんか》あるべからず。問ふ——祖先教とは多神教のことなるが足下《そっか》(貴殿)は多神教の信者か。恐らくは氏は傲然として然り八十万《やそよろず》神を信ずるのみと答へん。固《もと》より可なり、而しながら祖先教と云ふ多神教は其れ以外に多くの拝すべき神を有す。彼の信仰の自由の最も極端なるインドに於てはいま▽改[▽今]尚祖先の霊魂を祭る多神教の在りて其の多神教には大蛇、木石、鳥獣、[狐狗、]甚しきは生殖器等が礼拝せらるる如く、キリスト教伝播以前の欧州人も種々の動物。奇石。怪木を祖先の霊魂と共に拝《し》りたる如く、八十万《やそよろず》神を信仰する日本の祖先教も其の多神教たることに於て無数の噴飯憫笑《びんしょう》すべきものを祭りたりき。穂積博士は酸素と炭素との化合による火の説明を斥けて加具土《(迦)カグツチ》の神(火の神)を信仰しつつありや、気圧の為めに起ると云ふ暴風を級長戸辺《シナトベ》の神(風の神)が怒りて大木を抜くとして恐れつつありや、波浪の起るは大渡津美《オオワタツミ(見)》の神の所為として恐怖しつつありや、蝗虫《こうちゅう》(イナゴ)

は歳《とし》の神の致す所にして農学は国体を傷《きずつ》くる神道の邪教なりや、氏の邸宅の竈《かまど》と厠《かわや》とには供物を供して竈の神、厠の神を祭りつつありや、氏は動物園の大蛇を神社に祭るべく主張し、木造の生殖器の前に朝夕合掌稽首《けいしゅ》しつつありや。――斯る婬《淫》祠邪教の存するが故に帝国憲法は安寧秩序を防《妨》げざる限りに於てと云ふ前置きを設けたるなるぞ（二十八条・信教の自由）。祖先教と多神教とは同一の根より生じたる宗教と哲学の萌芽なり。今日に於て顧みれば固《もと》より笑ふべき者の多く尚未開国或は開明国中に於ても避《僻》遠の愚夫愚婦の間に於て斯る迷信の残りて憫笑《びんしょう》の題目とせられつつあるが如しと雖《いえど》も、人類進化の過程としては如何なる民族も避くべからざる第一階段なり。即ち、人類は天地万物皆神なりとする多神教（汎神教の意義に非らざるは云ふまでも無し）によりて先づ霊智の開発を始めて哲学を知り、人は悉《ことごと》く死せずして屋上に墓中に天空に魂魄《こんぱく》（魂霊）として残るとする祖先教（又吾人が先きに論じたる▽削除科学的宗教の△個体の延長と云ふ意味の不死に非らざるは論なし）によりて安身立命の宗教を得たるなり。此の宗教ありて此の哲学あり、此の哲学無くして此の宗教あらず。然らば、若《も》し穂積博士にして余は天照太神や八十万神《やそよろず》は信仰するも蛇や厠や生殖器は礼拝せずと遁辞《とんじ》を作るならば、是れ然りと否とを同時に発音する舌を有する者なり。故に吾人は氏を下の三様の方法によりて思考するの外なく氏も亦《また》其の中の一を決定すべし――穂積八束氏は一事を同時に肯定し又否定し得る新論理学を発明したるアリストーツルとベーコンに比肩すべき哲学者か、或は多神教を肯定して木造の生殖器の前に合掌しつつある法科大学長帝国大学教授法学博士か、或は又祖先教を否定して自己の憲法学を否定し自己の君臣一家論を否定し以て所謂国体論を否定するか。

［第四十八節］

所謂国体論に於ては此君臣一家論と云ふものよりして更に忠孝一致論と云ふ者を演繹す。固《もと》より斯る沙汰の限りの者を理論の筆に上《のぼ》すは汚らはしと雖《いえど》も、素朴篤実なる教育者の如きは其疑問を抱くことに慣れざるが為めに今尚山僧等の土偶に欺かれて、道徳的判断の根拠として幼少なる頭脳に吹き込みつつあるに至りては誠に戦慄すべきなり。万世一系の鉄鎚に頭蓋骨を打撲せられたる今日の国民に取りては斯る惑乱の平常なるべきは論なしと雖《いえど》も、仮りに今日の全日本国民が穂積博士等の所謂天皇一人より繁殖せる君臣一家なりとするも、而も忠孝一致論に何の聯絡《れんらく》ありて演繹《削除》し得るや。或る者の如く、忠孝一致論なる者を君臣の一家と云ふことと分離して、単に君に忠を尽くして親の名を挙げて家を盛《さかん》にするが故に忠は孝と一致すと云はば、削除是れ大《おおい》に論理的なる▽改ものにして、［▽もの。］クロムエルは革命によりて名を挙げ家を起したるが故に孝と弑逆《しぎゃく》と一致し、ワシントンにては孝と独立と、ワット、ジョンソンにては孝と蒸気及び電気と一致すと云ふものなり。而して、忠ならんと欲すれば孝ならず孝ならんと欲すれば忠ならずと惑ひし平重盛は、忠孝一致論を解する能はざる愚夫《に》して、父義時に対する孝の為めに三帝を流竄《るざん》せし泰時は孝と一致して三帝の大忠臣たるべく、国民の祖先より主権者として仰がれ九代の間北条氏を盛《さかん》にしたるを以て実に忠孝両全の君子なりと論ずるは一歩の弛みなき論法なり。而しながら是を君臣一家論なる者の演繹として君臣は一家なるが故に忠と孝とは一致すと論じつつあるは誠に東洋の土人部落なるかな。仮に天照太神の単性生殖によりて四千五百万人が悉《ことごと》く繁殖せりとするも、天照其の《削除》人に対してのみ忠孝一致論は唱へらるべく、同一なる子孫の間に何の故を以て忠の権利義務が生ずるや。土人ならば同一なる子孫の間に差等を設けて一子のために他を犠牲の奴隷的道徳に繋ぐべし、天照太神を信仰の眼に仰いで親と云ひ祖と云ふならば一視同仁の愛を見よ。或は末家なるが故に平等に非らず本家に忠を尽くすべしと云ふか。然らば教育勅語の教ふる血縁の親近による道徳履行の順序によりて、一旦緩急あらば三千年前の遠き本家たる天壌無窮の皇運を扶翼するより先きに、親の代に分れたる本家に忠なるべく、兄の世に分れたる末家は更に忠ならざるべからず。而して法律を知れる穂積博士の如きは等親の限定による親籍《戚》関係の消滅を主張して忠の義務なきことを主張するに至るべく、若《も》し是れが為めに不敬不忠と呼ばるることありとも国家の主権を負ひて立てる厳正なる判官は可憐なる教育勅語の遵奉者を保護すべし。——実に教育勅語に基きて斯る忠孝一致論を視るならば飽くまでも平等主義なり。吾人は君臣一家論によりて忠孝一致論を唱ふる者の説明を求む。——《▽削除△》末家の父老は各々其の本家の子女の為めに血を流しつつありといふか。末《削除》家の壮丁は各々其の本家の児童の為めに屍《しかばね》を晒らしつつありといふか。末家は各々其の身の股を割て本家の美膳を整へしつつありといふか。末家の長兄は各々其の本家の小弟の為めに道を避け警官の叱咤に惶走し、最敬礼を為し君が代を三唱しつつありといふか。——所謂国体論者にして各々其の本家に対して斯る義務を負担しつつ非らざるならば、平等関係の本家末家を以て皇室と国民との間を誣《し》ゆるは今日の国家が許容せざる過《▽改》激なる革命主義「▽言語道断の国体破壊者」なり。日本の国体は君臣一家に非らずして堂々たる「近代的」国家なり。天皇は本家末家に非らずして「国家の外的及び内的中心として」国家の機関たる天皇なり。皇室費は末家に対する本家の掠奪に非らずして国家に対する皇室「特別」の権利なり。兵役は本家の利益の為めに末家の殺戮さるることに非らずして「対外生存の必須として」国家に対する国民の義務なり。天皇が他の何者も比較すべからざる重大なる栄誉権を有し国民の平等なる要求を為すべからざるは国家の「現在及び永遠の」利益の為めに国家の維持する制度にして、皇室の特権を無視することは国家の［現在及び永遠に亘りて］許容せざる所なり。即ち、大日本帝国は君臣一家の妄想にあらずして［現実］実在の国家なり、天皇は国民と平等なる親籍《戚》関係の本家末家に非らずして国家の利益の為めに国家に対して重大なる特権［と特殊なる倫理的（法律的政治的に非《あらざ》る）大責任と］を有する国家の一員なり。実に忠孝一致論を唱ふる者は其の理由とする所の君臣一家論によりて国家に対する［至重の］叛逆なりとすべし。（家長制度と忠孝主義と［が皇室に反逆せしめし歴史的立証］につきては後に解く日本の倫理史を見よ）。

斯る、日本国を以て一家の膨脹したる家長国にして国民は天皇の赤子なり天皇は民の父母なりと云ふ国体論は内地雑居によりてヂレマ《ジレンマ》に掛る。今日の法律は如何なる外国人と雖《いえど》も日本の国籍に入るときに於ては国家の臣民たる義務に於て差等なし。▽削除△——赤髯碧瞳の欧米人に取りては単に国籍に入れりと云ふことを以て天皇の赤子なりとは承認せざる所にして彼等は日本国の臣民なりと云ふべく、黒人種の入籍を許可して日本国の臣民とすべきも、天皇を以て黒奴《こくど》の［血族的］父母なりとは天皇の▽改［▽及び吾人国民の人種的感情に訴へて忡心より］快《こころ》よしとせざる所なるべし。▽削除△——君臣一家論によりて天皇を家長なりとして忠を要求する穂積博士等の国体論者は何の理由に要《もと》めて帰化人の義務を要求するや。国体論者の撰ぶべき途は二あり。即ち前《さ》きに言へる▽改イタリア無政府党員［▽漢氏の駒等］の暗殺と異教徒の叛逆に権利を附与し、外国の帰化人は臣民たるの義務［の中皇室の特権を擁護すべき義務］を免かると論ずることが一なり。他の一は内地雑居を排斥すること。

而しながら土人の国体論者と雖《いえど》も、内地雑居が重大の死活問題にして明らかに家長国の主張を掃蕩するものなることを▽削除△知れるが故に極力之に反対したることは事実なり。而しながら、国体論［者］の▽改復古的革命［▽国体破壊運動］の成らざりしのみか斯くまでに歴史の進化に打ち勝たれて内地雑居となれる今日今後を如何にするかが問題に非らずや。否！　歴史の始めより所謂国体論者に対する脅迫は存するなり。穂積博士は英雄の姿を以て日本歴史を飾る神功《じんぐう》皇后は三韓より帰化せる者の［血］裔なるを以て、国体の▽改破壊者［▽を汚辱せる者］なりと云ふや。▽改小学生徒をして最も悦ばしむる［▽民族的領土を東北に開拓したる］坂上田村麿は雑種児なるを以て国体を傷《きずつ》けたる国賊なりと云ふや。応神《おうじん》天皇の時に十七県の人民を率ひて帰化せる阿智王《あち》（阿知使主・あちのおみ）の子孫及び当時の支那文明を輸入せる凡ての帰化人の子孫は氏にとりては天皇の臣民に非らず又天皇は彼等の君主に非らずと云ふや。三韓征服の度毎に人口増殖の目的を以て捕虜として連れ帰へれる驚くべき多数の奴隷と、蝦夷人種の帰化し或は征服されたる賤民なる者の血液の混淆せる者は、［——而して吾人日本民族の凡ては雑種の結晶的民族なるを以て苟《いやしく》も全日本国民たる者は、」其の厚薄の度によりて天皇と国民との権利義務及び道徳関係に差等を生ずるや。――あらず、吾人は恐るべき国体論の破壊者を示す。

誰ぞ、現在の天皇陛下なり！　而しながら国体論者よ恐るるに及ばず、吾人は真の天皇を神輿に奉じて吾人が今爾《なんじ》等の土偶に為しつつある如く吾人の国体論に一矢を試みよと云ふ者にあらず。只、南都の僧兵が其の神輿によりて当時の天皇を地獄に落すと威嚇したる如く、若《も》し今の天皇が土偶の国体論と背馳《はいち》せる行動あるが為めに不敬▽改［▽非難］を加ふるが如きことあらば吾人は傍観▽改すべしと雖《いえど》も国家には厳粛なる刑法あり。［▽斯る悪法師の恫喝に対して現代国体の現皇帝の警固を怠る能はず。」即ち天皇の有する権限によりて外国を日本の範《版》図に包含せることなり。日清戦争によりて支那人を包含せる如きは已《すで》に君臣一家論と忠孝一致論とを破壊したる前駆にして、日露戦争によりてロシア民族を国籍に編入せるは実に山僧共の神輿を粉砕すべく、頑迷なる国体論者の土人等を排斥して内地雑居の条約を締結せる者は実に大日本帝国皇帝陛下の名なりしぞ。［傭兵の神輿中に天皇なくして却《かえっ》て吾人の国体論に実在の天皇在ること凡て斯くの如し。］

否！　今日に於て君臣一家に非らざるは固《もと》より、歴史時代に於て国民が天皇の［血族的］赤子にして天皇が民の［親籍的］父母に非らざりしは固《もと》より、建国当時より日本民族は一家の膨脹せる者に非らざるは又固《もと》より、日本民族其の削除者が已《すで》に混淆せる血液に於て歴史以前より存在したることの定説となれる事実を如何する。吾人は斯ることにつきては殊の外門外漢なるが故に無数に提出せられたる日本人種論につきて可否を決し得るものに非らずと雖《いえど》も、高天が原とは空間の高き所にあらずとなして地図的に考察せられつつありて、日本民族は特別に伊諾那岐《イザナギ》伊冊那美《イザナミ》の二人より繁殖し外国人のみ猿なりと主張する者の無きことだけは確実なり。――此の事だけの確実と云ふことは日本民族は一家の膨脹せる者なりと云ふ国体論の根本思想が確実に虚妄なりと云ふことに非らずや。吾人は敢て黒人種を軽侮せず又白皙《はくせき》人種を崇拝せざるが故に日本民族の祖先をフィニシア人がインドを経て南洋に至り、南洋より潮流に従ひて日向に上陸し支那より移住せる人種と混和して成れる民族なりと云ふ解釈を必ずしも悦ぶ者にあらず、而しながら斯く解する者の存することは君臣一家論を証明する所以に非らざることは確実なり。又、林家の説の如く呉の泰伯跡を荊蛮《けいばん》に暗ますと云ふ語よりして、又凡ての文明が支那大陸と朝鮮半島とより来れる歴史以後の事実より推して、吾人の祖先は悉《ことごと》く支那朝鮮より移住せる者にして日本民族は純然たる支那人種なりと云ふ見解の必ずしも信ずべき者なりとも云はず、而しながら所謂古典派なるものよりも古来斯る説の勢力ありしことは忠孝一致論に材料を供給する所以に非らざることは確実なり。又、一般の科学的研究者の如く、言語学、解剖学、人種学の上より考察して、日本民族はマライ人種と蝦夷人種と漢人種との雑種なりと断定せらるとも吾人の可否を云ふべき権なきは論なし。而しながら何事も科学的攻究の今日に於ては儒者や国学者なる者の空論に耳を傾くるよりも、科学者の研究の結果一般に信頼せられつつある説明に従ふの外なきは当然なるべく、而して未だ一人の学者と雖《いえど》も日本民族は始めより此国土に住みて特別の一人種なりと主張する者の見られざるが故に、兎《と》に角《かく》或る処より来りて或る人種の混淆せる雑種なりとの見解は不動なる者とすべし。果して然らば、如何に下等なる物質にて組織せられたる頭脳を有すとも世人が穂積博士の憲法論に注意を払ひつつあるが如く、今日の程度に於ては例へ日本人種の研究は甚だ幼稚なりとするも其途に於ては其途の専攻者に聴くべく、帝国大学教授法学博士とも在るべき者が一国の基礎法たる憲法学を講ずるに自己も信ぜず天下も信ぜざる原始時代の原始的宗教［的記録の二三《にさん》］を以て一切演繹の根本思想となすは何たることぞ。或は其の復古的革命主義よりして日本人種研究の如きは神政政治の家長国を建設するに不利なりと云ふか。それは今日の国体に於て云ふべきことにあらずして国体論の復古的革命が成功し、現今の公民国家▽改［▽国民国家］を破壊し国家の機関たる［吾人の］天皇を覆へして、土偶が君臨したる時に於て言へ。吾人は茲《ここ》に亦《また》穂積博士の取るべき途を指示せんが為めに故人内藤遅叟《耻叟・ちそう》氏の言を挙ぐべし。是れ実に［前掲黒川博士の其れと共に］理想的国体論者にして其の朝廷の誅▽改［▽『朝廷の誅』］なる者を以て人種研究を禁圧せんとしたる所、到底博士等の企及《ききゅう》（匹敵）すべからざる一貫の態度なればなり。曰く、『我が神州の民は固《も》と此の神国に特生せる一の人種にして決して他国より遷転し来れる者に非らず、全く此国に生ぜる開闢以来の一種特別の神裔なり。この頃一種の小人あり、我が神人を以て他人種の遷転し来りたる者となさんとす、以て西洋学者に媚附《びふ》せんとす。其の心術の卑陋《ひろう》なる固《もと》より論ずるに足らずと雖《いえど》も世人或はこの鼠輩《そはい》を信ずる者無きに非らず。斯る臆説を逞ふして以て我が神聖なる朝廷を汚辱する者は実に天地に納《い》れざる逆賊とす。誅せざるべからず。古《いにし》へ桓武天皇の御時に已《すで》に明詔を垂れて斯くの如き小人を戒め給へり。今日朝廷の上に於て誅なきは何ぞや』

実に、日本国今日の国体を以て家長国なりと云ふは斯る神道的迷信にして何の根拠なし。其の君臣一家論と云ひ忠孝一致論と云ふ者を家長或は本家が家族と末家とに対して絶対無限権を有したる時代に唱ふるならば事実の如何は別問題として理由あるべき▽改も、［▽べし。而も］是を親籍（戚）関係の平等を原則とする今日に於て主張するに至つては明らかに自殺論法なり。故に［中世史に於て意義ありし］『民の父母』と云ひ『天皇の赤子』と云ふが如き語は［今日］歴史的襲《マ》踏《マ》の者にして恰も『神聖』の其れの如く意義なし。[(付記。此等の解説は法理学的又は国家学的説明としては甚だ過度の努力なるが如し。而も国民の観念に突入して国体論の拠て立つ所を考ふる者に取りては此等の迷妄が需要の根源なるを知るべし。此等の根源より国体破壊の憲法学者を輩出し、特に後説歴史解釈の天動説的迷妄を今尚明確なる理解に立ちて否認する能はざるなりとす。)]

第十一章▽改 〔▽第十章〕

〔第四十九節〕
日本に於て系統主義と忠孝主義の特に発展したる理由／系統主義と忠孝主義との顚倒せられたる歴史解釈
〔第五十節〕
政治史／順逆論と天動説／教育勅語の歴史解釈と吾人の独立／天皇の鉄柵内に侵入する者
〔第五十一節〕
日本には未だ歴史哲学なし／政治史と倫理史／皇室初代の政治的道徳的地位／神武の結婚。綏靖《すいぜい》の即位／純然たる原始的生活／数の観念の不明確なる時代と神武紀元の計算／記録すべき文字なかりし一千年間は政治史より削除すべし／コロンブス時代のローマ法王の世界所有権と皇室初代の日本所有権／逆進的批判に入るべき地方と全国独立の部落／各族長の私有民と皇族の長との無関係／国体論より除外すべき一千年間と当時の天皇の意義／其後歴史的記録の編纂さるるまでの四百年間は依然たる原始的生活の継承なり／政治史の開巻第一章よりの乱臣賊子
〔第五十二節〕
逆進的批判の歴史／例外は皇室の忠臣義士にして国民の大多数は乱臣賊子なり／皇室は最初の強者なりき／蘇我氏の乱臣賊子／大化革命後の八九十《はっく》年間／家長国に於ける財産権としての統治権／祖父の愛孫と後見人の権利／太政大臣の不可侵権／壺切の剣と皇位継承権の表白／天皇対内閣全員のストライキ／血液による皇位の侵犯
〔第五十三節〕
山僧の活動と平清盛
〔第五十四節〕
中世史即ち日本歴史の全部なるを例外とは何ぞ／平氏、源氏、北条氏／北条氏の三帝放逐と国民の共犯／吉野山の残兵よりも多き高時の殉死者
〔第五十五節〕
敗れたる忠臣よりも勝てる足利氏はより多くの乱臣賊子を有す／師直《もろなお》の天皇不用の放言と政党内閣論者／戦国時代

の皇室の悲惨の事例

［第五十六節］

秀吉と権利思想の表白

［第五十七節］

徳川氏の対皇室策／有賀博士は委任の文字を逆進せしめて論ず／抱腹すべき徳川責任内閣論／不断の幽閉と不断の強迫譲位／義時《よしとき》の自家防衛と徳川氏の積極的迫害／王覇の弁の主権論と白石《はくせき》の幕府主権の計画／勤王論の言論迫害と志士の窮迫／天皇の栄誉権の蹂躙／日本歴史は乱臣賊子の聯絡《れんらく》して編纂したる者なり

［第四十九節］

以上論ぜる如く一家と云ひ一致と云ふが如き誠に迷信者の捏造に過ぎずと雖《いえど》も、君臣一家論の拠て生ずる根本思想たる『系統主義』と、忠孝一致論の基く『忠孝主義』とは決して軽々に看過すべからざることなり。

固《もと》より特殊に日本民族のみに限らず如何なる民族と雖《いえど》も社会意識の覚醒が全民族全人類に拡張せられざる間は、系統を辿りて意識が漸時（次）的に拡張するの外なきを以て血縁関係に社会意識が限定せられて系統主義となり、従《したがっ》て其進化の過程に於て生ずる家長国に於ては当然に忠孝主義を産むべきものにして、天下［▽改世界各国］凡て系統主義と忠孝主義とを経過せざる国民は無し。只日本民族に於てはゲルマン民族の家長国の中世史を終ると共に古代に存在せしラテン民族の民主政を回顧し得たる西洋史の如くならず、而して海洋の隔絶によりて欧州民族の如く早く中世史を脱する能はざりしが為めに、即ち維新革命がフランス革命より後れたるを以て［▽改が為めに］、国家主権の今日に於ても尚惰力に於て君臣一家論となり忠孝一致論となりて迷信に漂ふのみ。兎《と》に角《かく》斯る事情の下に系統主義と忠孝主義とは日本に於ては些《いささか》の障害なく著しく発展したり。故に系統主義と忠孝主義とは是を国家主権の今日に於て主張するは明らかに復古的革命主義［▽改現代国体の破壊者］なりと雖《いえど》も、二千五百年間と称せらるる上古中世を通じての歴史は此の鍵なくしては開かるべからず。茲《ここ》に於て所謂国体論者は云ふべし、故に日本国民は克《よ》く忠孝に万世一系の皇位［▽改皇室］を扶翼して万国無比の国体を成せるなりと。是れ忠孝主義と系統主義とが東洋の土人部落に取られたるが為めに前提と結論とを顚倒せられたる者なり。――日本民族は系統主義を以て家系を尊崇せしが故に皇室を迫害し忠孝主義を以て忠孝を最高善とせしが故に皇室を打撃したるなり。吾人は薄弱なる根拠によりて古今の定論たる者に反抗するに非らず、政治史と倫理史とは吾人をして此の断定を避くる能はざらしむ。――系統主義の民族なりしと云ふ前提は［▽改ことは敢て一日本民族に限らず］世界凡ての民族の上古中世を通じて真なり、而もその故に万世一系の皇室を奉戴せりと云ふ日本歴史の結論［▽改解釈］は全く誤謬なり。忠孝主義の民族なりしと云ふ前提は［▽改ことは敢て一日本民族に限らず］世界凡ての民族の上古中世を通じて真なり、而もその故に二千五百年間皇室を奉戴せりと云ふ日本歴史の結論［▽改解釈］は皆明らかに虚偽なり。

是れ君主々権論か国家主権論かの法理学を決定すべき政治史なり。是れ忠君か愛国かの倫理学を判断すべき倫理史なり。是れ実に凡てに通ずる社会進化論にして即ち歴史哲学の日本史なり。自己の歴史を意識せざるものは其の南洋なると東洋たるとを問はず土人部落たることに於て別なし。

［第五十節］

先づ政治史より考察せしめよ。

歴史は厳粛なる判官なり。然るにこの判官の前に立ちて今の日本国民は凡て事実を陰蔽し解釈を紆曲して虚偽を陳述しつつあり。所謂順逆論なる者是《こ》れなり。曰く、日本民族の凡ては忠臣義士にして乱臣賊子は例外なりと。而して此の順逆論につきて疑問を抱く者なきは、嘗《かつ》て太陽が世界の東より西を繞《め》ぐると盲信せられたるが如し。而しながら吾人は断言す、――太陽が世界の東より西を繞《め》ぐる者に非らざることの明らかなりしが如く、必ず一たび地動説の出《い》でて、例外は皇室の忠臣義士にして日本国民の殆ど凡ては皇室に対する乱臣賊子なりとの真実に顚倒されざるべからずと。此の言に驚くものは恰もガリレオの言に怒りたる天動説のローマ法王廷の如く、国体論の歴史解釈をローマ法王の権威としつつあるが故なり。或▽改は『今日朝廷の上に於て誅なきは何ぞや』と云へる復古的革命主義者は、［▽恐らく国体破壊者等は其の最も得意とせる戦術、則ち］教育勅語を引用して『爾《なんじ》臣民克《よ》く忠に克《よ》く孝に億兆心を一にして天壌無窮の皇運を扶翼したり』との意味の文字を引用して、ガリレオにも非ざるべき微少《小》なる吾人の言を迫害せんと試むるやも知るべからず。而しながら日本天皇は固《もと》よりローマ法王に非らず。天皇は学理を制定する国家機関に非らず。故に巡査が勅令を出すとも無効なる如く、天皇が医学者に黴菌学上の原理を命令し、理科大学に向て化学の方程式を制定したる法律を下すとも固《もと》より効力なし。国体論中の土偶と明哲なる天皇とを混同することは決して許容さるべからず。天皇は詠歌に於て驚くべき天才を示しつつありと雖《いえど》も而も星と菫《スミレ》とを歌ふ新派歌人を詠歌法違反の罪を以て牢獄に投じたること▽改なきがごとく、［▽なし。］天皇が如何に倫理学の知識に明らかに歴史哲学につきて一派の見解を持するとも、吾人は国家の前に有する権利によりて教育勅語の外に独立すべし。天皇が倫理学説の制定権を有し、歴史哲学の公定機関なりとは大日本帝国に存在せざる所の者にして、妄想によりて画きたる眩《幻》影を指して天皇なりと誤るべからず。故に、教育勅語の中に在る『皇祖皇宗徳を建つること深厚なり』の語が、ルイ十四世の専制を想望する今の▽改復古的革命主義者［▽国体破壊論者等］の見解に合せず、古今の天皇皆ルイ十四世の如き専制権を振ひしと解すとも亦《また》等しく彼等の自由たるべし。吾人は吾人の見解、即ち天皇の祖先は皆多く優温閑雅の詩人的天才を遺伝的に有し、儒教の政治道徳学を理想として国家の利益と目的との為めに行動すべきことを期待したりとの意見に於て争ふも、教育勅語違反の不敬漢なりと云ふが如き卑陋《ひろう》は口にだもせず、又天皇と吾人とは彼等を迫害すべき権利なきものなり。果して然らば、臣民は克《よ》く忠孝に世々その美を済《わた》して万世一系を奉戴せりとの天皇▽改［▽教育勅語］の見解と吾人の見解と全く合する能はずとも、そは天皇の歌風と菫《スミレ》詩人の文句とが背馳《はいち》するが如き者と等しかるべく、▽改［▽べし。］吾人は学理攻究の自由によりて、皇室の常に優温閑雅なりしにも係らず、国民の祖先は常に皇室を迫害打撃し、万世一系の傷《きず》つけられざりしは皇室自家の力を以て護りしなりと断定するに於て何の憚りあらんや。由来学理上の問題に政治的特権者の見解を引用して自家の醜劣を蔽ふの狂態は東洋の土人部落を外にしては見らるべからず。又他面▽改［▽実に現天皇の深慮］より考ふるも教育勅語中の其▽改［▽此等の］文字の如きは単に天皇の国民を［一視同仁的に］称揚したる者として見れば可なり。［――是れ実に教育勅語の真精神を攻査する者に取りて重大なる眼目なり。連綿絶えざる七百年間の乱臣賊子を漸くにして滅ぼしたる革命後の大皇帝としては一切の罪を宥免し、却《かえっ》て悉《ことごと》く其等をも包容して功罪無差別に取り扱ふことは歴史解釈以上に深遠至重なる統一的必要に基く英雄的聡明と大徳とに出でし者なることを知らざるべからず。而も国民の側より此の嘉称を甘受すべき面目ありや否やは国民自ら其の歴史的事実に依りて深く省慮すべき事に属す。］幾多の戦争に於て勝利を得る毎に、天皇より受くる称讃に対して皆型の如く、是れ皆大元帥陛下の御稜威に依るとして辞退しつゝあるに非ずや。［然るに］皇室が自家の護りたる万世一系を国民の尊王忠君なるが故に然りしかの如く解し、却《かえっ》て皇室に恩を售《う》らんとするが如き跡あるは独り何ぞや。而も吾人の如く国民の祖先が皇室に対して悉《ことごと》く不忠不義の者のみなりしことを言はんとするものあらば恐らくは呼ばるるに『不敬漢』の一言を以てすべし。斯る発狂は如何なる精神病学者も病名に苦しまん。国家の刑法は国家の利益の為に設けられたる制度として、天皇と皇室とに不敬を加へたる者を許容せず。国民が歴史の鏡に照されて過去の行為と良心とを叙述さるるに不敬罪を以て護るあらば、是れ天皇の鉄柵内に四千万の国民が侵入する者なり。穂積博士の如きは此侵入者の例にして、其著『憲法大意』に於て『日本国民を忠孝の念に乏しと云ふ者は之を侮辱する者なり』と云へるが如き是れなり。歴史をして充分に［国民を］侮辱せしめよ。

［第五十一節］

而しながら日本に於ては歴史的事実の記録されたる者あるも未だ一の歴史哲学なる者なし。歴史の意義は社会進化の過程を知ることに在り。即ち歴史哲学とは社会哲学に包含されたる社会進化論のことなり。然るに万世一系の鉄槌に頭蓋骨を打撲せられたる白痴の日本国民は嘗《かつ》て日本史の進化的研究を試むることなく、政治史と倫理史とは日本民族のみを進化律の外に置きて只順逆論の逆進的批判を為すのみなり。本編の始めに少しく言へる有賀長雄氏［▽博士］の如き日本唯一の政治歴史家を以て認識せらるるに係らず、『天皇』と云ふ文字の上に一切の空中楼閣を築き、日本民族は此の周囲を廻転して些《いささか》の進化なき者と考へつつあるが如き是れなり。今日世に存する倫理史の［凡ての］著者の如き、日本民族は移住当時の原始的生活時代より皇室と国民との関係が今日の如く、今日の関係は又雄略仁徳時代の如く、克《よ》く忠孝に穴居時代より教育勅語を遵奉せる者と考へて其倫理史を綴《つづ》りつつあるなり。憐むべき東洋の土人部落よ、鉄道と電信とがありて文明国たり得るならばアフリカの内地も文明の君子国なるべし。政治的形式は二千五百年間同一の軌道を循環したる者に非らず、道徳的内容は亦《また》開闢以来淀みなく進化し来れり。然るに後代の政治を以て太古を推想し、太古の道徳を今日の規範によりて評価しつつありとは土人部落に非らずして何ぞ。故に、吾人は日本の政治史と倫理史とを進化的に叙述して政治的形式と道徳的内容との進化し来れる跡を見んと欲す。只、如何せん、所謂国体論と称せらるる逆進的批判によりて歴史的事実の蔽はるるが為に、止むを得ざる方法として排除的態度に出《い》でて第一に順逆論を駆逐せざる可《べか》らず。

順逆論とは、日本民族は悉《ことごと》く皇室の忠臣義士にして乱臣賊子は例外なりと云ふ妄想を云ふ。［(順逆論の大精神は乱臣賊子の幕府を転覆せんが為めの革命論なりしなり。後の叙述を見よ。)］日本国民は此の逆進的叙述の為めに後世の諡《おくりな》名に過ぎざる神武天皇を以て後世［▽現時］の天皇の如き意味に解し、形態発音の同一なる標号の用ひらるるが為めに中世と近代との異なるを忘却せるのみか、諡《おくりな》名に過ぎざる原始的生活をも一律に律しつつあり。若《も》し神武天皇と呼ばるる時代に於て、皇室と国民との関係が後代の如くなりしとせば、神武天皇の結婚の如きは如何にして解せらるべきぞ。今日の『御通り』に於て見るが如き特権ある天皇なりしならば、神武自ら路傍に立ちて道行く七人の小女に就きて自らの口を以て婚を求むるが如きことのあるべき理なく、［▽なし。］又、先年の『御慶事』に於て聞きし如き栄誉ある天皇なりしならば、神武自ら小女の家に通ひて、葦原のしこけき小屋に菅畳《すがたたみ》いやさや敷きて我が二人寝しと歌ふが如きことのあるべき理なし。恋に上下なしと云ふことの一面の理なると共に恋ほど階級に隔絶せらるるものなし。今日諸国の君主にして自ら路傍に立ちて恋を語り、茅屋《ぼうおく》に通ひて恋を遂ぐるが如きは精神の常態を失したる時と雖《いえど》も想像し得べからず。固《もと》より神武は数千年以前の者なりと云ふを以て智識［▽智徳］に於ても今日［の天皇］を以て推及すべからざるは論なしと雖《いえど》も、兎《と》に角《かく》日本の建設者と称せらる者、吾人は決して恋愛の為めに其の政治的。道徳的地位を汚辱するほどの無智［不徳］ならざりしを信ぜんと欲す。政治と道徳との進化を認めざる逆進的歴史家は日本歴史の第一頁より『天皇』と『皇后』とが皇位を汚辱して其の所謂国の父母たるを得たりと考ふるや。時の天皇に取りては路傍の求婚と醜けき小屋へ通ふことは汚辱たるべきほどの隔絶せる地位に非らざりしを以てなり。又神武に次ぎて即位せりと云はるる綏靖《すいぜい》天皇の母の如きは神武の皇后《▽削除》（文字の形態と発音によりて内容を推想すべからず）《△》なりしに係らず、其の夫神武の子なる多遮耳《タギシミミ》と再婚し、多遮耳が綏靖天皇を殺さんとせるが為に綏靖が反撃して位に即けるが如き如何に今日の進化せる道徳と異なるやを見るべく《▽改》、［▽べし。］而して多遮耳の殺されたる時に其の皇子なるにも係らず実に穴居せるに於ては又如何に皇室の地位が後代を以て推測すべからざるかは推想し得べし。しかる《▽改》［▽然る］に若《も》し是を今日の政治歴史家と倫理史の著者の如く皇室の地位が古今不変なる者と考ふるならば皇室を初代より破倫極まる不道徳者のみと論決せざるべからず。然かく不道徳の者が仮令《たとい》如何に強者なりと雖《いえど》も人民の団結の上に立ちて支配するを得んや。良心の内容は東西に於て異なる如く古今又同じからず、今日の進化には今日の良心あり穴居時代の未開には又穴居時代の良心あり。皇室と国民とが階級的懸隔なかりし時代に於ては神武天皇の恋は皇室の政治的地位を汚す者に非らず、結婚関係の薄弱なりし原始的生活時代に於ては母と異《ママ・其子?》子との結婚も皇室の恥辱たるべき不道徳に非らざりしなり。《▽改》――［▽建国の第一第二に於ける神武と綏靖の政治的倫理的生活に於て見る如く、］一言にして評すれば原始的生活時代に於て独り皇室の祖先のみ後代の政治的特権と道徳的義務とを有したるの理なきを以てなり。［――］実に純然たる原始的生活に非らずや。陶器は単に粘土を水にて固結せしめたるを火に焼きし者に過ぎざるが故に緑葉を上に敷きて盛り、机と云ふも未だ釘なきが為めに一枚の板に四本の木を葛にて結び附けたるに過ぎず。物尺の如きは固《もと》より無く、単に咫《タ》と云ひ握《ツカ》と云ひ尋《ヒロ》と云ひて各自の指手を以て大体を計量するに過ぎず。大和武尊の八百年後に至りて燧石（燧石・ひうちいし）を以て発火せる事実あるも、其れまでは今日其の遺風を継承して伊勢太神宮出雲大社等にて用ひつゝありと云ふ如く檜の磨擦によりて火を得たるほどなり。染料の如きは無く今日のアメリカインド人の如く植物の草葉或は色彩ある粘土を布帛《ふはく》（織物。布と絹）に擢《ママ》りつけたるものにして、其の帛《はく》（絹布）と云ふも上流の者に止まりて、口中に繭を含み唾液の熱を以て糸を引き出し何等かの野蛮なる方法を以て綴り合せたるものなり。――否！　支那と交通するに至りて文字の輸入さるるまでは文字なき純然たる原始的生活時代として政治史より除外すべきことを当然なりとす。即ち一千四百年後に書かれたる古事記日本紀を信じて、其の四百年前に至り始めに《▽改》［▽始めて］文字を得たる者とせば、前《さ》きに論じたる火星文字の仮説によりて其の謂《い》ふ所の一千年間は単に［原始的］伝説として受取れば可なり。何となれば是れ其の伝説たることに於て移住以前の高天ケ原《削除》時代と相違なく、而して高天ケ原《削除》時代は今日の歴史家に於ても単に伝説として待遇するを以てなり。吾人は固く信ず▽削除△——今日の南洋の原始人が事実に於ては幾万年の暦日を経過したるに係らず祖先が怪鳥猛獣と戦ひしと云ふ二三《にさん》の口碑より外に歴史的自覚なきが如く、紀元後所謂一千年間と称せらるる原始的生活時代は文字を以て記述すべきほどに歴史的自覚なかりしなりと。実に歴史を意識するは人類中の文明人のみにして、若《も》しくは文明人の文明に進みし時代のことのみにして、今日の欧州文明人が未だゲルマン蛮族としてドイツの森林に原始的共和平等の部落として存在せしより遥かに以前なりと計算せらるる神武時代に於ては、後世の僅少なる口碑伝説によりて（若しくは▽改［▽——其の多くは］後世の恣《ほしいまま》なる作造推想によりて）▽改［▽——］皇后の冊立《さくりつ》。皇后▽改［▽皇居］の処在等を推定し得るに過ぎざるほどの文化にして、歴史的意識を有せざる純然たる原始的生活時代なりしを以てなり。▽削除△彼の神武以後の四百年と数へらるる安寧。懿徳《いとく》。孝照《昭》。孝安。孝霊。孝元。開化と遥かに後世より諡《おくりな》名せらるるに止まりて何等歴史上の記述さるる者無き此例なりとすべし。今日歴史家の或者が神武紀元を二千五百年よりも遥かに後世なるべしと論ずる者あるは其論拠とする所固《もと》より薄弱なりと雖《いえど》も、紀元後千四百年に文字なき時代の伝説を集めたる古事記日本紀も伝説より以上に確実なる者に非らざるは論なし。即ち古事記日本紀が伝説によりて神武の移住を今日より二千五百年前なりと数へしむるとも、其の伝説たることに於て［支那歴史の第一頁が］『其寿各々削除一万八千歳』と云ふと同一なり。何となれば時間の観念に於て不明確なる、即ち物の数を精確に数ふる能力なきは原始的生活の一般にして、今日文明国の文明と云ふも誠に最も近き近代のものに過ぎざればなり。果して然らば斯る原始的生活時代に於て例へ其が一千年間なりとするも、将《は》た十万年間なりとするも、文字なき時代は政治史の取扱ふ所に非らざるを以て、而して又取扱ふにも及ばざる価値なき暦日の流転に過ぎざるを以て、其の間例《ママ・たと》へ何事が皇室の祖先と国民の祖先との間に存在せしとするも原始的生活時代は原始的道徳を以て評価すべく、歴史は後代の順逆論を以て逆進して批判すべき者に非らざるなり。即ち記録すべき文字なかりしと云ふ一千年間と数へらるる伝説的年代は当然に政治史より削除すべき▽改ことを主張す。［▽は論なし。］実に支那の歴史家が各《おのおの》一万八千歳なる寿を算して支那の歴史を数万年なりと云はざる如く▽改［▽に係らず］、日本歴史を『二千五百年史』と云ふことは大なる恥辱なりとす。而して時に注意すべきは今日四千五百万人の祖先の多くは当時の近畿地方に限られたる戦勝者とは関係なき他の地方の部落の原始人なりしことなり。固《もと》より神武天皇の傍に於ては普天の下王土に非らざるなく率土《そっと》の浜《ひん》王臣に非ざるなしと後世の古典によりて想像せられたりとするも▽改、［▽すべし。而も］其は恰もコロンブス時代のローマ法王が未だ発見せられざる世界の所有者なりとせられたるに係らず、支那も日本もインドも決して法王の王土にも非ず王臣にも非ずして其れぞれ独立なりしが

▽改如く、［▽如し！］順逆論の逆進的批判に入るべき者は実に近畿地方の小区域に過ぎざりし也。彼の始めて租税、寧《むし》ろ祭祀の費用として熊皮鹿角等を調《(徴)》集せし崇神《すじん》天皇が『遠荒の民今尚正朔《せいさく》を奉ぜず』（正朔を奉ず。古代中国で新王が立てば暦（正朔）を改めた事から、統治に服することをいう）と云ひしは、固《もと》よりローマ法王の世界所有権と等しき思想を以てせし古典の逆進的口吻《こうふん》なりと雖《いえど》も、意味する所は即ち天皇の統治権が拒絶せられたりと云ふことにして東北に独立せる蝦夷。九州に在りし支那の属邦或は独立の部落に取りては他の侵略を防禦して対抗せりと云ふことなり。▽削除△――故に建国の始めより日本天皇を以て今日の地図面に散布せる国民の祖先の君主にして国民の祖先の凡てと今日の土地の凡てとが王臣王土なりしと云ふは歴史を無視する者なり。国体論と云ふローマ法王に取りては古事記日本紀はバイブルたるべしと雖《いえど》も土偶は歴史哲学の全能者に非らず伝説の補綴は神聖不可侵に非らず。――而して亦《また》近畿地方に於て天皇たりしとするも、始めは天皇の所有の最も大なりしに係らず他の大族の発達と共に其の所有地と所有民は愈々《いよいよ》強大を加へて終に皇族と対抗して相下らざるに至り、天皇の所有地の外なる土地及び所有民の外なる人民は他の族長の所有地所有民として天皇とは無関係の者なりき。故に天皇の統治外に独立せし全国の大部分と、各族長の下に所有されし大多数の人民とは、皇室とは何等の関係なかりしが故に自ら順逆論とは別問題なり。［――］即ち神武紀元後一千年間と称せらるる原始的生活時代は各《おのおの》一万八千歳と等しく暦日の観念の不確にして歴史的自覚なかりしと又歴史的事実を記すべき文字なかりしとを以て、政治史と倫理史とより除去すると共に又当然に『国体論』より削らるべきなり。而して諡《おくりな》名せられたる天皇の文字の内容は原始時代の一強者として定めよ。

否！　其の後四百年を経て歴史的記録の編輯《へんしゅう》さるるに至るまでは尚歴史的記録を要せざるほどに歴史的自覚なき原始的生活の継承なりき。――今日以后四世紀間歴史的記録なくして今日の吾人及び四百年間の子孫が満足▽改すべし［▽其の歴史的生活を伝ふるを得べし」と思ふや。事実につきて当時の文化の程度を見よ。雄略天皇の崩じたる時遺族《(、)》驚懼《きょうく》して殯宮《ひんきゅう》（天皇・皇族の棺を葬儀の時まで安置しておく仮の御殿）に坐し、国《くにの》大奴佐《ぬさ・幣》をして《(取りて)》種々の生剥《いけはぎ》、逆剥《さかはぎ》、犯己母罪、犯己子罪、犯母与子罪、馬婚、牛婚、鶏婚、犬婚の罪を求めて国の大秡《(祓)》を為して神に謝したりとあるに見ても当時の道徳が純然たる原始▽改［▽動物］的の者なりしことを察せらるべく、▽改［▽べし。］夫婦同居の家族的結婚にも進まず多く一時的生殖関係に過ぎずして、多妻多夫の間相知らざりしを以て異母兄弟の結婚は儒教の形式的道徳の入りし後にも自由なりし程なりき。而して儒教渡来後二百年に至るも一人の王辰爾《おうしんじ》なる帰化人を外にして高麗の奏文を読み得たる者なきに想到せば依然として野蛮なる発音と態度とを以て意志感情を表白しつつありしを見るべく、▽改［▽べし。］上層階級の如き常に三韓の使者の笑謔《しょうぎゃく》の材料となり、仁徳天皇に至つて文明の農業を学び茨田堤《まんたのつつみ》を築きて旱《ひでり》に備ふるを知りしに至ては如何に原始的生産の未開極まるものとして猿のごとく▽改〔▽如く〕手より口に生活しつつありしかを知るべし。而して、和銅年間の鋳銭あるまでは外国銭の些少なる輸入されたるものを奨励するに爵位を以てせざるべからざる程なりき。斯る経済状態は学者の所謂物々交換の時代と称して原始的生活の証明となしつつある所の者なり。是れを天皇の生活に就きて見るも、一千三百年彼の皇極天皇が其の皇居を瓦葺にするまでは仏寺のみ外国的建築にして、民族最大の強者は掘立柱に藤葛を以て縛し其の茅萱《ちがや》を堅魚木《かつおぎ》によりて風を防ぎたる今日の南洋に於て見るべき家屋に生活したりしなり。――否！　其の四百年間と云ふも等しく記録なき時代の伝説なるに非らずや。故に、吾人は斯る時代に迄《ま》で今日の政治的理想と道徳的判断とを逆進せしめて順逆論者を困難に陥るる者に非らず▽改と雖《いえど》も、〔▽非らず。而も〕其の外国文明との接触によりて西南地方は皇室祖先の統治権を峻拒《しゅんきょ》して自由に行動し、儒学仏教の進化せる哲学宗教は多神教祖先教の未開思想を先づ上層階級より駆逐し始めて茲《ここ》に皇族の基礎を掃蕩して諸大族の交るがわるなる乱臣賊子なるものを生ずるに至りしことを知らざる可《べか》らず。〔――〕国体論に対する〔否認、穂積忠臣等の所謂国民に対する〕侮辱は歴史的生活時代の開巻第一章よりして存す。彼の所謂蘇我氏の専横と称せらるる事実の如きは皇族なる大族が其の強者たる地位を失ひて他の諸大族に圧倒せられたる事例の著しき者にして、諸族の膨脹発達して他の族長たる天皇と対抗するの勢力を得たるは実に原始的生活時代の完結と共に始まりしなり。実に原始的生活時代の一千年間と称せらるるものを除ける歴史的生活以后の一千五百年間の日本歴史はローマ法王廷の所謂国体論を根底より覆へす。

〔第五十二節〕

実に、教育勅語の称讃を其の儘《まま》に自己に対する讃辞として、克《よ》く忠孝に億兆心を一にして世々厥《そ》の美を済《わた》し以て万世一系の皇統を奉戴せりと称する国体論者は原始的生活時代を除去せる一千五百年間の歴史を顧みよ。――一千五百年間は日本歴史の凡てなり、凡ての日本歴史を顧みよ。吾人は、幼時の行為を成人せる後の道徳的標準を以て批判せざるごとく▽改〔▽如く〕、一千五百年間の長き間を尊王論時代の良心を以て逆進的に評価し、忠臣義士と云ひ乱臣賊子と云ふが如き蒙昧なる叙述を敢てする者に非らず。而しながら逆進的批判の国体論なる者が、其の逆信《ママ》的叙述が歴史の態度として已《すで》に顛倒せるのみならず、其の逆進によりて得たる批判其事が悉《ことごと》く歴史的事実を無視して全く顛倒せる帰納を為しつつあるに至りては、先づ其の帰納の顛倒なることを指示せんが為めに暫《しばら》く彼等の逆進的批判と同一なる態度を取りて叙述するを避くる能はず。是れ新しき見解を立てんが為めに旧説を打破するに当《あたり》て避くべからざる方法なればなり。即ち、天動説に対する地動説の如く、国体論が日本歴史を解して皇室に対する乱臣賊子は二三《にさん》の例外にして国民は古今を通じて忠臣義士なりしと云ふと正反対に、歴史的生活以後の日本民族は皇室に対しては悉《ことごと》く乱臣賊子にして例外の二三《にさん》のみ皇室の忠臣義士なりしとの真実を以て国体論其の《削除》者を顚覆することは迷信者の最も善く覚醒すべき刺激▽改［▽説明法］たるを以てなり。実に例外とは僅少の特異なるものにして一般大多数を通例と云ふならば、乱臣賊子は一般大多数の通例にして皇室の忠臣義士は僅少の特異なる例外なり。然るに之を正反対に解して殆ど古往今来▽改［▽古今不易］の定論となしつつあるが故に世界万国の歴史中日本の歴史家によりて綴られたる歴史なる者より噴飯憫笑《びんしょう》すべき謎語を連ねたる者無し。事実は事実にして歴史は歴史なり。万世一系の鉄槌に頭蓋骨を殴打されたる白痴は如何に其の事実を組み其の歴史を綴るとも事実は正直▽改［▽明白］にして偽るべからず歴史は厳正にして蔽ふ能はず。国体論者の夢想が成功して秦の始皇帝を擁立せざる間は焼かれざる古今の記録は決して国体論を顚覆せずして止む者に非らず。見よ。

［一行アキ］

厳密に云へば日本氏族の歴史的生活は古事記日本紀の編纂されたる以後の約一千年間なり。而しながら古事記日本紀の記録を信じて歴史的生活時代は文字なき原始的生活時代の一千年間を削除したる三韓交通以後の一千五百年間とすべし。固《もと》より三韓征服の当時に於て皇族は諸大族中の最も強大なる大族にして応神仁徳の如き儒教の政治道徳学を厳守せる君主、或は雄略武烈の如き家長としての権利を極度迄行使したる君主となり、以て他の大族の上に主権を振ひたりき。而しながら社会の発達。人口の増加によりて諸大族の交る交る興亡して遂に蘇我族の強大となるや、他の諸族を圧倒し帰伏せしめて皇族と強者の権を争ふに至り、而して相降らざる迄の対抗を為すに至れり。皇族の長の如く其の族長の墳墓を大峻小峻《（大陵小陵?）》と名《なづ》け、其の居を宮門と云ひ、谷の御門と云ひ、其の子を皇子と呼び五十人の儀仗《ぎじょう》を従へて出入し、城柵を繞《めぐ》らし兵庫を有する宮殿に拠り、恰も皇族の為す如く其の族民以外なる蝦夷の帰化民及び他の族長の所有民に労役を賦課したり。崇神《（崇峻）》天皇の弑殺《しさつ》と云ふが如き一事実よりも斯る行動は時の天皇の有したる凡ての特権を所有したるものにあらずや。吾人は斯る国体論者と雖《いえど》も知悉《ちしつ》せる事例を挙げて足れりとするものに非らず▽改と雖《いえど》も、［▽非らず。而も］歴史的生活の始まると共に強者の権を以て皇族の強に対抗せし第一の事例として、例外なる乱臣賊子が開巻第一章より存せしことを指示せざるべからず。

〔一行アキ〕

次に来る者は大化革命の理想的国家の失敗によりて来れる藤原氏専制時代なり。天智天皇が儒教の政治学によりて国家主権の▽改公民国家〔▽国民国家〕を未だゲルマン文明人の祖先が暗黒なる中世史の初期に入りし時代に於て建設せんと夢想したりし所以の者は、族制々度と祖先教とを以ては仏教の蘇我族に圧伏されんとしたる如く社会の進化し新宗教の来れる当時に於て皇室の基礎たる能はざるを看取したるが為めなり。茲《ここ》に於て天皇は蘇我氏顛覆の凱歌を終ると共に、天皇を以て国家最高の機関として全人民全国土の上に支配すべき理想を表白したり。（大化革命の理想削除の実現につき▽改〔▽就き〕ては後の維新革命を論じたる所を見よ。▽改儒教は世俗の所謂民主々義に非ず、『社会主義の啓蒙運動』を見よ。〔▽世俗の解する如く儒教は所謂民主主義に非らず。君主を倫理的機関とする国家主権論の純朴にして正当なる政治哲学なり。〕）斯くの如くして皇室が天智の明哲によりて全国民の上に国家機関の理想を以て臨みたる者実に八九《はっく》十年間なりき。而しながら基礎なくして建築は成る者に非ず、理想は遠き昔に掲げらるること恰もプラトーの▽改レパブリック〔▽『理想国』〕の如くなりと雖《いえど》も、実現は皆永き進化の後に於て得らる。当時の国家主権の国体と国家の最高機関たる天皇とは天智の如き明哲なる人物に於てのみ理想さるべく、其後祖先教の代りに仏教を国教とするが如きことありて儒教の理想と全く背馳《はいち》し従《したがっ》て国家機関の理想は先づ朝廷の手によりて破壊せられ念仏と題目とが政事となるに至りて大化の理想的国家は理想家の死と共に葬られたり。仏寺伽藍《がらん》の建立、僧侶比丘尼《びくに》の遊民の増殖等によりて租税と皇室の私有財産とにて足らず、茲《ここ》に統治権を皇室自家の利益の為に行使し官職を売買して国家機関たる天皇は国家を自己の目的の下に存すとする家長君主となり、▽改〔▽なれり。〕而して」其売官制度によりて国家の機関たりし国司は再三同地に任ぜられて土着し、在来の土豪の外に多くの土地人民を所有し後世の群雄割拠となり封建制度となるべき家長〔的貴族〕国の萌芽を作りつつ始まるに至れり。即ち、大化革命の主謀者が世を去ると共に皇室は統治権を自己の目的と利益との為に存する所有権と考へて、土地及び人民を統治して得べき利益を献金なる名に於て譲渡し、献金を以て国司たりし土豪等は購買したる統治権を以て土地人民を自己の目的と利益との為に所有物として処分するに至りしなり。——故に当時の▽改天皇〔▽『天皇』〕の文字の内容は最も多くの土地と人民を有する強大なる家長なりと知るべし。此▽改〔▽斯く〕統治者が国家の目的と利益との為に存せず自己の財産権の行使として統治権を行使したる時代なりしが為に、藤原氏は自己の利益の為めに統治権を行使すべき後見人を争ひて所謂藤原氏専制時代を生じたるなり。穂積博士等の▽改復古的革命主義者〔▽現代国体の破壊者等〕が夢想する、天皇が国土及び人民の所有者にして統治権を天皇の財産権とせし時代は、後見人たる道良（長）をして此の世を我が世とぞ思ふと歌はしめし如く後見人の横暴を来し得べき家長国の平常▽改［▽常態］なり。当時の天皇なる者は藤原氏の産める所にして其の母なる藤原氏の女と共に将来摂政たるべき祖父の家に連れ行きて養はれ、殆ど前後も解せざる中に国家と云ふ財産を相続して国家の戸主となり、▽改［▽なる。］而して代を重ぬるに従ひ天皇の血管中には神武天照▽改［▽天照神武］の遠き血液よりも藤原氏の血液が多量に循環するに至り、当然の情として其の母たる藤原氏を愛し其の祖父たる摂政を慕ふべく、摂政は亦《また》天皇の祖父として祖父と愛孫との濃厚なる愛情を以て其愛孫たる天皇の相続を希望し戸主の幼少によりて後見人となれるなり。――統治権の禁治産者に対して後見人の専断を為すは統治権の財産権たりし時代に於ては少しも不法に非らざりしなり。逆進的批判者は後代の天皇と摂政の権利権限を以て一千年前の古代を推想して藤原氏専横時代と名《なづ》けて憎みつつありと雖《いえど》も、実は祖父の愛情と権利とによりて幼戸主の意に反して財産の処分を為しつつありしのみ。世に不法を以て栄え不法を以て永続せし者無し。藤原氏専制時代と称する者が地方に於ける家長等の発達して源平の名に於て政権を争ふに至るまで継続せしは家長国に於ける後見人として些《いささか》の不法なかりしを以てなり。藤原氏は天皇を其の孫として愛し天皇は藤原氏を祖父として慕ふ、▽削除△未だ祖父が無智の幼孫の命令に従ひ幼孫が祖父の計らひを斥けざりしと云ふを以て後世より乱臣賊子と云ふは没理も甚しとすべし。故に血液の混淆により王氏藤氏▽改［▽『王氏』『藤氏』］と併称するに至り恰も君臣一家論者の如く皇家と藤原家とを平等の親籍（戚）関係と解せるに非らずや。［（君臣一家論の危険なる乱臣賊子たる所以の実例を見よ）。］故に親籍（戚）の愛孫の神聖なる如く、祖父たる親籍（戚）の太政大臣は弾正台の責問すべからざる無責任の不可侵権を享有したるに非らずや。故に基経は其の姪（姓＝一族）なる清和（陽成？）天皇を廃すること恰も幼戸主を去るが如く易々として行ひしに非らずや。故に源氏の姓を得て臣に降れる定省《さだみ》親王が基経によりて弘元（宇多）天皇として立てられ、基経をして大権を総攬せしめ彼の怒りに対して恐怖したるに非らずや。故に基経の子時平が位を受くるや其の母が天皇の親筆を以てせざるを見て乃父《だいふ》の恩恵によりて立てる源氏として礼に非らずとして之を裂き、兄仲平の時には天皇恐怖して自ら筆を執りて怒を宥《なだ》めたるに非らずや。故に壺切の剣を以て皇位継承権が藤原氏と天皇氏との混淆せる血液に在ることを表示し、藤原氏の血液の稀薄なる後三条天皇が藤原氏の衰へたるに乗じ事を以て抗争するや、藤原氏の一族は皆退朝すべしとの号令の下に対皇帝全内閣員と云ふ大ストライキを以て打ち勝ちたるに非らずや。女帝の寵愛によりて国家の戸主権を相続せんとせし受動的の道鏡のみが例外に非らず。国民たる自家の血液を以て皇室祖先の血液と代謝せしめ皇室祖先の血液の多量なるものを排斥して皇位継承権を独占したる藤原氏の連綿たる専制時代は、例外なる乱臣賊子と云はんには余りに長き数百年の例外なり。

［第五十三節］

藤原氏専制時代の終幕と共に清盛入道の登場となる。而しながら精確に言へば其の間に甚だ短き一幕の茶番狂言あり。即ち山僧等の神輿にして皇位▽改［▽皇室］は実に是れが為めに夥《おびただ》しく脅迫せられたることなり。固《もと》より当時の白河院政と称せらるる前後数十年間は何の基礎なく、単に漸《ようや》く政権を争ふまでに進みつつありし豪族なる家長君主▽改［▽的貴族］等の権力平均の上に栄華を夢みたる者なりと雖《いえど》も、其の夢を第一に起ちて打破したる者は実に山僧の神輿なりしなり。今日、権力の前に尾を振りて国体寺の後に従ひつつある軽蔑すべき円頂《えんちょう》寺▽改［▽等］よ。陛下の宸襟《しんきん》（おおみこころ）を悩まし奉る逆賊とは新思想の入り来る毎に必ず用ひらるる宣言なりと雖《いえど》も、双六の恣《ほしいまま》ならざるに比せし白河法王の歎息は実に仏教徒の放誕（大言妄言）なる活動の為めなりき。大乗教と教育勅語との抵触せずとは今日の国体寺の僧侶等の輿論《よろん》なりと雖《いえど》も、当時の山僧は僧余慶《よぎょう》を天台寺の坐主とすと命ぜる一条天皇の勅語を引き裂き其の勅使を辱しめて追ひ返へせるに非らずや。今日の世人は皇居の外濠に集りて万歳を唱ふるより外知らざるに、当年の彼等は塀を破り門を打ち砕きて宮殿の階前に至り、数珠を揉みて祈り、言聞かれざるならば地獄に落すと威嚇したるに非らずや。地獄に落すと云ふが如きは今日に於てこそ何の脅迫にも非らずと雖《いえど》も、当時の知識の削除程度に取りてはローマ法王の破門と云ふことと▽削除△少しも異ならざる効力ありしなり。否、彼の放氏《ほうし》（所属する氏にとって不都合な行為のあった者を、その氏から追放すること）と称せられて時の最上の権力者たる藤原氏の上に加へられたる者は明白なる破門にして、未だ天皇を破門せし例は非らざりしと雖《いえど》も、是れ［ローマ法王］グレゴリオ七世（神聖ローマ皇帝を破門したローマ教皇）的の山僧無かりしに非らずして天皇自ら地に降りて遥かに其の神輿を礼拝せしが故なり。天皇を地に降して礼拝せしむとは何たる大胆の脅迫なりしぞ。今の無恥なる円頂《えんちょう》等は曰《い》ふべし、彼等は破戒のものにして吾々の如き勤王的大乗経を知らざりしを以てなりと。而しながら彼等は仏教徒にも僧侶にも非らざる楠正成を釈迦の上に置きて自家の誇栄としつつありながら山僧等の活動につきて無責任の面貌あるは噴飯も甚しと云ふべし。実に、山僧の打撃に対して皇室は余儀なく源平の二氏を近《ちか》づけて保護せしむるに及びて終に皇室を保元平治の膏血中に投ずるに至り、接近は油画を醜ならしむる理由によりて終に無遠慮なる清盛は白河（後白河）法王の侮るべきを発見して露骨に之を迫害するに至りしなり。今の円頂等は其の等しく円頂の一人なる平清盛を呼ぶに悪逆入道の名を以てしつつありと雖《いえど》も、他の多くの円頂なる山僧等の更に一層の悪逆にして、其の悪逆入道を駆りて宮中に悪逆を働かしむるに至りたる者は、宮外に悪逆を働きたる山僧の悪逆入道等のありしが為めなり。而してこ《是》も亦《また》例外の乱臣賊子なりと云はんには山林の仙骨と流水の雲僧とを除きて天下の僧侶を挙［げ］たる大多数の例外なり。

［第五十四節］

平氏より后《のち》、即ち所謂国体論者に於ても例外と称する、源氏、北条氏、足利氏、群雄戦国、徳川氏と云ふ一千年間の長き長き中世史なり。［是れ維新の国体革命に歴史的理解を与へたる頼山陽の日本外史が平氏は桓武天皇より出づと筆を起したる如く、歴史的意義ある日本史の全部なり。］日本民族の歴史と云へば恰もゲルマン民族の歴史が中世史を以て始まれる如く、古事記日本紀以后の一千年間——少くも文字の記録として残すべき方法と又残すべき歴史的意識なき原始的生活時代の一千年間と伝説さるるものを除きて、文字輸入以後を算して一千五百年間なるに、歳月の上よりするも大部分なる源平以後を亦《また》等しく例外の一語を以て葬り去るとは何たる東洋の土人部落ぞ。如何なる野蛮人も斯くまでに顚倒せる歴史を有する者あらず。▽改濠太利《オーストラリア》土人と雖《いえど》も、［▽支那朝鮮の史書と雖《いえど》も。］▽削除アメリカンインデヤンと雖《いえど》も。△▽改事実をして［▽単なる歴史上の事実として］事実を語らしめよ。▽改［▽叙述《せし》めよ。］忠孝の二途に迷ひて涕泣《ていきゅう》せし可憐なる読書家を除きて、敢て清盛一人と云はず平氏の凡ては其の族長の命令を奉じて皇居を攻撃し天皇を幽することの屢々《しばしば》なりしは殊更に指示するの要なし。源氏が以仁王《もちひとおう》の命旨を受け或は院宣を請ひて平氏を滅ぼせしを以て自家の再興の為めに非らずして勤王の目的なりとは国定教科書も書かざる所なるべし。吾人は敢て王覇の▽改［▽之］弁を為す者の如く、院宣と勅令との効力を比較し、或は三種の神器を有する天皇を西海に沈めたる東北軍を乱臣賊子なりとは云はず。而も大江広元の策▽改略［▽立策］を用ひて立法。司法。行政の主権凡ての発動を掌握せる頼朝は、秀吉に敬愛せらるべき人物たるも湊川に建てられたる伊藤博文氏の銅像よりも忠臣義士の人相に非らざりしことは想像し得べし。今日多くの守銭奴が種々の名に於て漸《ようや》く爵位を購ひて世俗に誇示するに比すれば、坂東の老尼礼に慣はずとの皮肉を極めたる反語を以て拝謁《はいえつ》を嘲笑し、形式的叙爵を拒絶せる頼朝の妻政子は、今の令夫人なる者よりも勤王家に非らざりしことは其の驕慢ならざる外交的辞令によりて亦《また》推察し得べし。北条氏に於ては是れ所謂国体論者に取りても、如何ともすべからざる困難として止むなく例外に数へつつある者なり。然りと雖《いえど》も、例外の乱臣賊子は彼等の考ふる如く義時一人に止まるべき者に非らずして、義時の共犯或は従犯として三帝を鳥も通はぬ遠島に放逐せし他の十九万の下手人、尚後より進撃せんと待ちつつありし二十万の共謀者を忠臣義士の中に数ふることは国体論をして神聖ならしむる所以に非らず。逆進的批判者が三帝を遷し奉れりと云ふに対して吾人は放逐の文字を用ゆ。何となれば斯る潤飾を極めたる文字は戦々兢々《きょうきょう》の尊崇を以てする行動を表白すべく、後鳥羽天皇が隠岐に三十九年間巌幅に小屋を差し掛けて住ひ、順徳帝が佐渡に於て今日尚順徳坊様と呼ばれつつあるが如く物を乞ひて過ごせし如き極度迄の迫害窮追を表はすべき言葉に非らず。[（著者は故郷なる佐渡に於て流帝を主題とせる物語に少年の涙を垂れし時如何に祖先の乱賊限りなきに憤りしかを明かに記憶す！）。]安徳天皇を矢の来らざる船に移し奉れりと云はば理由あるべく、松の下露に袖沾《ぬ》れて落ち行くものを兵力に訴へて連れ来ることは捕ふと云ふことにして、居住の自由を奪ひて都会の栄華より無人島に流竄《るざん》したることは明白なる放逐に非らずや。神官が恭敬▽改恐縮を以て[▽恐縮して]旧殿より大神宮を捕へて新殿に放逐したりと云ふものあらば発狂視せらるべ▽改きが如く、[▽べし。]義時が兵力を以て三帝を隠岐佐渡に移し奉れりと云ふが如き文字の使用は逆進的叙述も沙汰の限▽改りと云ふべし。[▽限りなり。]（誤解すべからず。是れ日本国民を尊王忠臣に非らずと云ふは国民を侮辱する者なりと贅言せる国体破壊者を十分侮蔑せんと欲するのみ）。]多くの歴史家は増鏡に見ゆる、泰時が父義時に向ひて若《も》し天皇の御輿を陣頭に立てて進み来らば如何すべきやと問ひしに義時の答へて然らば矢を折りて降れとある信ずるにも足らざる記事を引用して、如何なる義時の如き乱臣賊子と雖《いえど》も日本国民の良心は内に潜みて皆斯くの如しと論じ、以て其の所謂例外の弁護を為しつつあり。而も其の義時は死よりも遥かに深甚たる苦痛を三帝に加へ、其の泰時は後に安藤義景の順徳の皇子立たば如何と問ひしに対して、膝を折りて降れよとは答へずして之を廃すべしと命じたるに非らずや。両統併《迭》立の如きは皇室の自ら求めて招きたる禍なりと雖《いえど》も、泰時時宗等の賢明にして大胆なる抑圧の下に之を動揺せしめず。高時の驕慢に対抗して後醍醐天皇の英雄的模型ありてこれを斃《たお》したりと雖《いえど》も、一たびは亦《また》捕られて隠岐に放逐せられ、高時の死するや実に八百七十余人の殉死者と外に門葉《もんよう》（一門、一族、同族、同派）恩親の僧侶男女之を聞き伝へて泉下《せんか》（あの世）に恩を報ぜんとして殉死する者単に鎌倉のみにて六千余人ありしと云ふに非ずや。而して是れ剣を按じて崩ぜる後醍醐の残兵よりは遥かに大多数の例外なり。ああ平氏より源氏に至り、更に一百年間の治平なる北条氏に至る迄の全国民は凡て例外の乱臣賊子か。

[第五十五節]

足利氏に至つては更に甚だし。後醍醐の努力は単に北条氏と足利氏とを代へたるのみにして、鎌倉と京都と対抗せしことの代りに更に京都其れ自身も奪取［せ］られたる者なりき。ああ後醍醐天皇と其の忠良なる殉死者！是れ日本歴史を通じて辛うじて見らるる二三《にさん》だけの例外にして、此の悲惨可憐なる物語が、実に幕末の国体論時代に於て詩歌文学の題目となりて以て革命論に詩的光彩を加へ［道義的情熱を点火せ］しめたる者なりき（維新革命に於ける国体論の意義につきては後に説く）。而しながら尊氏の率ひて攻め上れる七十隻の兵船と二十万人の陸軍とは、戦敗れたる湊川の三百人より僅少なる例外とは曰▽改［▽云］はれざるに非らずや。滅びたる新田氏よりも勝ちて天下を取れる尊氏はより多くの乱臣賊子を有したるが為めにして、例へ外交的折衝に於て父子の礼として三種の神器を渡せしとは云へ、北朝▽改［▽南朝］の終に南朝▽改［▽北朝］に降服せるは所謂忠臣義士の大多数なるが故に僅少なる例外の乱臣賊子に敗れたりとは曰▽改［▽云］はれざるに非らずや。高師直《こうのもろなお》のごとき▽改［▽如き］は『都に王と云ふ人のましまして若干の所領を塞げ、内裏、院、御所と云ふ所ありて馬より降るむつかしさよ。若《も》し王なくして叶ふまじき道理あらば木にて造るか金にて鋳るかして、生きたる院、国王をば何方《いずかた》へも流し捨て奉らばや』と放言したり。是れ太平記の記事なれば語調の如きも記者の慣用によりしものなるべく、師直は更に此の殺伐なる平等主義に適当せる無遠慮の言語を放ちたるなるべし。［是れ］今日、幾多の政党者流が穂積忠臣等の憂慮する如く事実上の共和政体――若《も》しくは共和政体を慣習によりて実現する不文憲法たるべき政党内閣、責任内閣を主張し、政党内閣・責任内閣に於ては亦《また》実に穂積忠臣等の憂慮するが如く天皇の意義に大なる変動を及ぼすべきを知りつつも、尚且つ民主々義を解せざるかの如き面貌を装ふ［現代］国民の狡猾《こうかつ》とは正反対なる露骨なりと▽削除雖も。△而も全国民が彼を共和演説を為せる大臣を打撃したる如く排斥せずして、尊氏に次ぐ権力者として奉戴せるは政党内閣論者の祖先たるに恥ぢざる乱臣賊子の国民と云ふべし。足利義満の如きは北朝の天皇を自家の恣《ほしいまま》に製作し南朝の天皇を降伏せしめ、其の太政大臣を望みて与へられざるや、強迫や威示に非らずして自ら立ちて天皇たらんとし、其死するや天皇より実に太上《たいじょう》天皇の諡《おくりな》名あらんとせしに非らずや。足利氏は恰も後白河法王が源平二氏の権力平均の上に栄華を夢みたる如く、他日の戦国と名《なづ》けられ群雄割拠と称せられて知らるる家長君主国▽改［▽的貴族国］の大混戦の上に暫《しばら》く金閣寺を建てて徒らに殿上人の風流を学びしに▽改過ぎざりしを以て、［▽過ぎず。従《したがっ》て］皇室が足利氏以降の零落窮困につきて独り責任の負担者たるべからざるは論なし。而しながら所謂国体論者に於ては戦国時代に於ける皇室の悲惨を極めたる零落につきて何者が責任者なるかを指示せざるべからず。土御門《後土御門》天皇が崩ぜし時葬式の費用なくして葬る能はざるが為に柩に入れて御殿の黒戸《くろど》に置くこと四十余日間、近臣宮女等宿直して之を護りしに皇太子の来りて十善の身には貧禍なしと白居易の歌ひしは偽りなりと声を放ちて泣きしと云ふに非ずや。後柏原帝の即位式を行ふ能はずして費用を時の管領細川政元に求めたるに、政元は将軍にて足る他は要せずと拒絶して顧▽改みず、［▽顧みず。為めに］二十年間之を行ふ能はず、漸《ようや》く本願寺兼光より金一万貫を借りて式を終へたりと云ふに非らずや。後奈良天皇の時には貧困殆ど極度に達し三条西実隆《さねたか》の苦心によりて諸方の豪族より数石の米。数両の金の寄附を求め廻りて漸《ようや》く衣食の料を得たりと云ふに非らずや。而して公卿の勧説によりて得る所も限りあるを以て天皇自ら其の能書を售《う》りて米粟の費を補ひしと云ふに非らずや。隊を組める野武士の火を放ちて強盗を為せるが為めに公卿は其の妻子を引き連れて敗残の皇居に雑居せしと云ふに非らずや。外廓も塀も無く三条橋より内裏の火が見られ紫宸殿《ししんでん》前の橋下に市人が茶菓を売りたりと云ふに非らずや。歌の会のある時には色黒く煤《すす》けたる三宝の上に赤豆を載せて出せしと云ふに非らずや。曚昧者の事々しく信長の忠義などと云ふに限らず其の為せし所の如き真の僅かなる修繕に過ぎずして、其れまでは『辺土の民屋に異ならず、竹の桓《垣》に茨など結び附けし様なり。老人小児の時には遊びて椽《たるき》の上に土などねやし、破れたる簾《すだれ》を折節挙げて見れば人もなき様なり』と云ふほどの赤貧なりしに非らずや。是れ言ふまでも無く信長の如き慧眼者のみ天皇を擁することの他日の利益あるべきを認めしも、一般の国民は政元の如く天皇を無用なりとして顧みざりしが為めの貧困に非らずして何ぞ。——而して斯る貧困は一般人民の陥る所の窮乏にして、只一般人民の如く貧困の為めに家を滅ぼし系統を意識する能はざるが如きに至らざりしのみ。而して是れ乱臣賊子を僅少なる例外なりと云はんには、億兆心を一にして万世一系の皇統を扶翼せざりし億兆の多き例外なり。

［第五十六節］

秀吉の統一によりて天皇は衣食の貧困——衣食の貧困とは外国の王室には存在せざる歴史なり——より脱し得たり。而しながら之を以て秀吉を忠臣義士なりと称讃することは貧民の▽改［▽より絞れる］血液の一部を投与する慈善家なる者を君子なりと云ふと一般なり。全天下の富有を握りたる彼が九牛の一毛にも過ぎざる米禄を皇室に供したりとも国体論に如何ほどの誇栄たるべき事実ぞ。彼は其の演劇的気質よりして『鳳輦《ほうれん》牛車等の品々久しく廃したるものなれば知れる老人も定かにはべらず』と当時の京人を讃歎せしめたる如きことを試みざりしに非ずと雖《いえど》も、彼の太政大臣も関白も解せざるほどの無学を以て如何ぞ皇室の歴史的意義を知らんや。［（否！　彼が群雄を統一するや身自ら天子の位を践まんとして諫止されたる驚くべき陰れたる史実を忘るる勿れ！）。］不用意の発言は多く真情を吐露す、彼が明《みん》の公使より愚弄の封冊に受《を》くるや激怒して発したる言を見よ。曰く『我は我が力を以て天下を取れり、王たらんと欲すれば王、帝たらんと欲すれば帝、何ぞ爾《なんじ》等の封を待たん』と。歴史の大字を朗読することを止めて之を今日に於て発言せられたる者と考へよ、彼の狡猾《こうかつ》なる李鴻章が伊藤博文氏を日本国王に封ずと談判せしとも、伊藤氏は我は我が力を以て内閣を取れり、王たらんと欲すれば王、帝たらんと欲すれば帝、何ぞ豚尾漢の封を待たんと怒らざりしが為めに湊川に銅像が立つを得たるなり。秀吉の地位は実に強力による権利にして、強力が凡ての権利を定めたる上古及び中世に於ては（▽削除『社会主義の経済的正義』に於て権利思想の変遷を述べたる所を見よ）、△若《も》し支那の公使の代りに皇室が其の権利を侮辱するあらば、彼は力を以て取れる天下の権利を強力の発現に訴へて或は以て王たるべく帝たりしなるべし。一言なりとして軽視すべからず、今日一言を発するにも恐れ多くもと云ふ冒頭を用い、一語にも必ず御と云ひ、給ふ、あらせらるると云ひて謹慎を怠らざる注意を以ては、如何に激怒と雖《いえど》も唇頭《しんとう》に響くべき言葉に非らず。即ち、秀吉も亦《また》例外なる乱臣賊子たるべき思想を持して天下に号令したる者なるは論なし。

［第五十七節］

徳川氏に至つては不断の幽閉と欠かしなき強迫譲位を以て其の唯一の対皇室策となしたり。［――国体論とは実に此等三百年間の乱臣賊子を倒さんが為めに革命論の諷示として逆進的叙述を余儀なくされし者なるを知らざるか！］▽削除吾人は△有賀長雄氏の逆進的歴史家なることは前《さ》きに言へる如く、又後に詳しく説く。其の徳川氏［を論ずる］につきて亦《また》秀吉と家康と参内し、家康の家臣が頻《しき》りに秀吉の暗殺を勧めしも応ぜざりし事例を挙げて、是れ両雄相提携して皇室を奉戴せる所以なりと論ずるに至りては抱腹の外なし。察するに、斯る曲解は、氏の主権の体と用とを分ちて皇室は二千五百年来主権の体を持して失はず幕府は単に其用を委任されしのみと云ふ見解より生ぜし者なりと雖《いえど》も、▽改［▽なり。而も］秀吉の思想を事実に於て表現しつつありし家康を以て忠臣義士と解しては東照宮の墓石も感動の余りに振ふべきなり。見よ。『諄和奨学院別当職関東将軍に任ぜられ候《そうろう》上は三親王摂政を始じめ公家并《なら》びに諸侯と雖《いえど》も支配致し候、国政一切知らすべく政道奏聞に及ばず』と規定せしに至つては万国無比の国体に相応する万国無比の責任内閣なるかな。『学問手習御勤行御懈怠《けたい》あるべからず……三種の神器御守りは第一の事』とあるは実に皇室をして歌人たらしめ、空名▽改［▽神道の伝灯を表示する］に過ぎざる三種の神器を擁すれば天皇の任尽くと云ふ者、吾人は未だ如何なる憲法史にても主権の用を委任されたりと云ふ者にして主権の体に斯る法規を強制したる事実を知らず。由来、今日の委任と云ふ文字と意義とを逆進せしめて当時の天皇と将軍との間を説明せんとすることが誤謬の根源なり。——有賀博士は何事も逆進的なり。更に見よ。『国々諸侯は勅命と雖《いえど》も宮中参内仕《つかまつ》るまじく侯《そうろう》、西国諸大名往来の砌《みぎ》り洛陽往来停止仕り侯、密々往来のこと露見に於ては何ほど大禄の家なりとも絶家致すべし。若《も》し洛陽見物致し度《た》くば其旨御届可申《申すべく》其の砌《みぎ》り沙汰及ぶべく侯、若《も》し許すとも三条橋の中を限り申し侯』。斯る上奏も裁可も無用なる権限を有する外に、主権の体なるものに近づくことを絶家の最大重罪を以て厳禁せるは何と名《なづ》けらるべき東照宮内閣ぞ。而して内閣大臣は閣下と呼ばれずして神君と崇められ、其の椅子は世襲にして他の各省大臣も無く、責任を負ふべき何人《なんぴと》も無く、而して亦《また》、皇室費としては禁裏御料僅かに二万石、新院御料五千石、本院御料五千石と云ふ内閣大臣よりの当《あて》がひなるに、徳川内閣大臣閣下は実に三百倍せる八百万石の年俸なりしとは噴飯すべき大憲章《マグナカルタ》なる哉《かな》。有賀博士が『日本国民を以て悉《ことごと》く天照太神の子孫なりとし、この事実のみを以て日本国民に対する天皇主権の基礎となすは歴史を知らざる俗論なり』と喝破せるは天皇主権論の基礎の一たる穂積博士等の神道的信仰に対する罵倒たると共に、有賀博士自身等の基礎として取る所の歴史解釈の上に加へらるる侮辱たる者なり。歴史に基きて天皇主権論を主張すと云ふならば歴史を欺く[斯くの]如きことあるべからず。天皇の二万石なるに徳川氏自らの八百万石なる所有は政治的活動の源泉▽改[▽根源]たる経済の上より皇室の咽喉を絞めたる者なり。彼の辞令の温厳を極めて京都と諸侯との経済的聯絡《れんらく》を隔絶し、『京都より縁辺の武家に無心申入るること相慎可申候《もうすべくそうろう》、所謂禄は重く金銭自在に取扱ふやうに心得侯とも、万石は万石の国役相勤め天下の御用勤め侯、公家は小禄なりとも国役相勤め民を撫育する役なし。然らば宮中を相勤め家の扶持を相立つるのみなり。奢《おごり》なくして相勤め侯時は小禄と雖《いえど》も安し云々』とあるが如き実に天皇の財源を枯渇せしめて経済上の孤立者たらしめんとしたる者なり。『公家より武家に縁組のこと関東へ相達し将軍家より沙汰に及び其の上に取組可申《もうすべく》、若《も》し其の儀無くして取結ばれ候に於ては重罪たるべきこと』と厳命したる者、亦《また》実に皇室と握手すべき一切の[政治的]社会的勢力を排除せんが為めなり。而して是が為めに天皇は恰も監視に附せられたる囚徒なりき。後水尾天皇が近畿を旅行せんとすれば幕府之を許さず、為めに強ひて行かんとするや兵力を以て強迫して止めたるに非らずや。其の撃剣を励みたるが為めに所司代《しょしだい》の板倉重宗の之を阻止するの理由に『江戸へ聞へなば穏便に帰すべしとも思はれず』と云ひしに非らずや。父子相見《まみ》ゆるすら幕府の許可を得ざるべからずして、用明《明正》天皇の如き徳川氏の出なるに係らず其の賢明なることが禍を為して何の理由も無く二十一才より五十四才まで仙洞《せんとう》に禁錮せられ、一年一回の年始より外に骨肉に逢ふことの外親王にも摂家にも門跡にも一切面会を許さず。一人の行幸の如き厳重に禁じたるに非らずや。「――」是れ巧慧《こうけい》（たくみでさとい）なる義時と云はるべく、隠岐佐渡の代りに京都を用ひしに過ぎざるもの、斯る責任内閣は万国無比の国体より外に見ざる所なり。有賀博士は主権を用と体とに分ちたる如く、主権を又更に滑稽なる無数の分類を為して栄誉権と云ふ者を天皇に留保したりと云▽改ふに係らず、「▽云ふ。然るに」後水尾天皇は其れをすら蹂躙せられ、幕府は其の僧侶に与へたる紫衣を奪ひ、其の与へられたる僧侶を流罪に処分し、終に春日局をして譲位を諷せしめたり。――実に徳川氏の政権を握りし間に於て天皇の強迫譲位は一貫の政策にして、後水尾の卓励なるは固《もと》より用明《明正》の賢明も、後西《後西》条天皇も、東山天皇も、中御門天皇も、桜町天皇も、即ち徳川氏の幕府を維持せし間の凡ての天皇は、苟《いやしく》も侏儒に非らずして年長ずる者は其の長ずることが強迫譲位の理由なりしなり。後西《後西》条天皇の如きは一の口実をも発見する能はざるが故に、単に『四時陰陽和せず』と云ふが如き羊に対する狼の口実を以て譲位を強迫したりとは何たる乱臣賊子ぞ。後鳥羽天皇が其の軽躁と一寵姫との為めに義時に挑戦せしは天皇の傍にも一分の責任存するを以て吾人は決して順逆論者の如く義時をのみ乱臣賊子なりとは云はず、而も徳川氏が皇室に対する迫害の陰忍陰悪なるに至りては吾人の如く公平を以て歴史を看察せんとするものに取りては憎悪の念の胸に漲《みな》ぎるを覚ゆ。義時は天皇の自家を顛覆すべき挑戦に対して受動的の自家防衛もありき。而も三代将軍家光の如きは能ふだけ後水尾を侮辱し、後水尾が怒に堪へずして自ら位を去るに至るまでは義時の為せし如く之を隠岐に流さんとし、伊達政宗を先鋒とせる三十五万の軍を率いて都に入れる如きは実に増長を極めたる威示運動に非らずや。又、彼の王覇の▽改「▽之」弁と称せられて他日主権論の起るべきを予想せる新井白石の大胆なる政策を見よ。彼は有賀博士の所謂天皇の栄誉権なる者を剥奪して幕府を純粋なる主権者、即ち最高の統治権者たらしめんと企図したり。固《もと》より彼の継承者が彼と反対に退嬰政策を取りしが為めに彼の死と共に実行に至らずして止みしと雖《いえど》も、彼は頼朝の共犯者たる大江広元よりも遥かに大規模なる陰謀家なりき。曰く『王朝已《すで》に衰へ武家天下を治しめして天皇を立てて世の共主となされしより、其の名は人民なりと雖《いえど》も実ある所は其の名に反せり。我已《すで》に王官を受けて王事に従はずして我に事《つか》ふる者我事に従ふべしと令せんに下たる者豈《あ》に心服せんや。且つ我が受くる所も王官なり、我臣の受くる所も王官なり、君臣共に王官を受くるとき其の名は君臣なりと雖《いえど》も其の実は共に王官なり、其の臣豈《あ》に我を尊ぶの実あらんや。義満の代叛逆《はんぎやく》常に絶たざる者は其の不徳の致す所と雖《いえど》も且つは又君を尊ぶの実なきによるなり。其の上已《すで》に人臣たり、然るに臣を召仕へて是を名《なづ》けて臣となし、其の家僕となすと雖《いえど》も僭越の罪豈《あ》に万代を免れんや。世態已《すで》に変したれば其の変に応じて一代の礼を制すべし、これ即ち変通《へんつう》（臨機応変）の義なるべし。若《も》し此の人をして不学無術ならましかば漢家本朝古今の事例を閲《けみ》して其の名号を立て、天子に下ること一等にして王朝の公卿大夫の外は六十余州の人民 悉《ことごと》く其の臣下たるべき制あらば近代に至るとも適用に便あるべし云々』。［――］此れ即ち幕末の所謂国体論なる天皇主権論によりて幕府諸侯の権利を否認する維新革命家が革命論の理論を構成したる点なると共に、家康の遺志を完成すべき幕府主権論の当然に趣くべき態度なり。而して白石は言論に止まらず敢然として実行に着手したり。彼が朝鮮公使と樽俎折衝《そんそせっしょう》せるを国威を発揚せしめたる効績《ママ》なりとして教育者等の好《このん》で小学生徒に挙示しつつある所なりと雖《いえど》も、是れ実は従来の慣例を破りて幕府自ら日本国王と号し、従来の公使の席次を下して三家の次ぎに置きしが為めに起りし紛議のみ。［則ち対外関係に於て天皇其者となれることを対手国の承認せざりしよりの紛議のみ。］然るを尊王忠君と共に斯る大逆無道の乱臣賊子を鼓吹《こすい》すとは誠に滑稽を極む。彼は又藤原氏の為せし如く皇室と幕府との血液を混和せしめんとし、皇女と将軍との結婚を約したりき。幕府の制度衣冠を悉《ことごと》く朝廷其ままに摸して同一の程度に進め、勅語に対するを対等の態度を以て返答▽改［▽『返答』］と改めたりき。斯る歴史上の証拠は文字の形態発音によりて臆断する如き幕府にても非らず、又征夷大将軍にても非らず、何ぞ況《いわ》んや責任内閣ならんや。固《もと》より歴史の研究の起ると共に唯一の最古なる記録が、儒教の王覇の▽改［▽之］弁と合致して所謂国体論なる名の下に天皇主権論が学界▽改［▽革命的思想界］に勢力を占め、荻生租（徂）徠等の卓励して幕府主権論を唱ふるものありしと雖《いえど》も平等観発展の社会進化に対抗する能はずして封建制度の顚覆したることは事実なり。而も其の実際運動となるに及びて如何に時の権力階級――即ち幕府諸侯の貴族階級が下級武士の革命党を迫害したりしぞ。今日詩に賦《ふ》し歌に詠ぜらるる勤王家なるものの艱難《かんなん》は実に全日本国民が当時に於て之を迫害せるが為めの艱難にして、幕府顚覆前に於ける勤王家の如きは実に僅少なる例外に過ぎざりしは論なし。言論の迫害の如きは驚くべく極端に励行せられ、靖献遺言《せいけんいげん》（浅見絅斎の編著書）▽削除［▽（皇室に対する日本古来の忠臣を直接に列記することさへ能はずして僅かに漢土の忠臣を挙げて尊王忠君を諷示せし革命論なることを記憶せよ）△］を講ぜし竹内式部を朝憲紊乱罪に問ひて放追《ママ》し、其の講義を聞ける大納言烏丸道胤（光）以下七人の官職を剥奪して之を禁錮に処せり。［而して靖献遺言の著なる者亦《また》実に皇室に対する日本の忠臣を伝せし第一稿の必ず幕府に罪せらるるを察して、僅かに漢土の忠臣を挙げて公刊し以て尊王忠君を諷示したる者。即ち皇室に対する忠君は徳川氏三百年間に於ては単なる言論と雖《いえど》も大逆罪なりしなり。］僅かに留保せし有賀博士の栄誉権の如きは白石の憂へとせるが如く天皇主権論者の論拠とする唯一の理由たるを以て幕府の之を抑圧挫折▽改［▽挫伏］せんとする事最も甚しく、光格天皇が其の肉身（親）の父の微少《小》なる大宰帥《だざいのそつ》たるを以て自己の栄誉に応じて之を太上天皇とせんとするや、人情として当然の要求なるにも係らず松平定信は冷酷にも断乎として拒絶し、却《かえっ》て伝奏議奏の二卿を江戸に召し寄せて之を論破し其れに賛同せる公卿に差控［へ］を命じ、父君典仁《すけひと》親王には恰も恩威兼ね行ふかの如き面貌を以て毎年二千苞《ほう》を増せしに過ぎざりき。実に徳川幕府の二百年は終始を一貫せる義時尊氏以上の乱臣賊子なりしなり。斯くても三百年とは僅少の例外か。

吾人は余りに事実を羅列せざるべし。実に一千年間と伝説さるる文字輸入までの原始的生活時代を除きて、爾来《じらい》の歴史的生活以後の一千五百年間は乱臣の手と賊子の足とを尾長猿の如く繋ぎて日本の歴史を編纂せるなり。固《もと》より皇室は第一の強者として最古の歴史的記録の編纂さるるまでは強力によりて天下の権利を有したりき。而して此の間に於て已《すで》に仁徳天皇の如き理想的君主、雄略武烈天皇の如き専制的暴威を振へる君主と共に、社会の発達。人口の増加によりて蘇我族の強大となりて理想的の乱臣となり飽くまで専制的暴威を振ひし賊子を出したり。而して皇族中より大胆なる理想家▽改［▽革命的偉人］の現れて漸《ようや》くこの乱臣賊子を斃《たお》すや僅かに一百年を維持するに過ぎずして、記録的歴史以後は更に忽《たちま》ち藤原氏の名に於て蘇我氏に代れる乱臣賊子を産みしに非らずや。而して亦《また》藤原氏の乱臣賊子去りて白河法王の驕慢なる政治に一瞬の栄華を夢みたりと雖《いえど》も、直ちに僧兵と名《なづ》くる乱臣賊子の暴力となり、清盛と云ふ乱臣賊子の打撃となり、更に之を掃蕩して代れる乱臣賊子の木曽義仲となれり。義仲と法王との対抗は其の余りに露骨なるは一の喜劇にして、［『］我れ已《すで》に法王に勝ちたり、法王とならんか法王は法師なり、法師とならんも可笑《おか》し、天子は小児なり、小児とならんも亦《また》可ならず［』］と壮語するに至れり。而して此の乱臣賊子を破れる源頼朝は詐欺を以て主権の用を委任されし者にして（笑ふべき有賀博士よ）固《もと》より乱臣賊子なるべく、次に来れる義時は白刃に訴へて主権の用を委任せられし者にして（更に笑ふべき有賀博士よ）又固《もと》より乱臣賊子なり。而して更に泰時時宗の乱臣賊子を経て高時の乱臣賊子に至り、終に時の皇室党に敗られて北条氏の乱臣賊子は去りしと雖《いえど》も、又更に足利尊氏と云ふ乱臣賊子を生じて其皇室党を撃破し、▽改［▽したり。］義満に至つて乱臣賊子の舞踏を充分に演じて足利氏の殺伐なる舞台は廻転せしと雖《いえど》も、世は即ち戦国の群雄割拠となりて全天下悉《ことごと》く乱臣賊子となり、天皇を衣食の貧困に陥れて一顧だもせず。其の漸《ようや》くに平静なると共に猿面の乱臣賊子出《い》でて王たらんと欲すれば王、帝たらんと欲すれば帝と傲語《ごうご》し、次で徳川氏の一貫せる乱臣賊子となりて三百年の長き、皇室の迫害を以て始まり天皇党の志士を窮追するを以て終りとしたり。――吾人は実に国体論者と並《ならん》で日本歴史の前に判決を仰がんと欲す。

ああ今日四千五百万の国民は殆ど挙《こぞ》りて乱臣賊子及び其の共犯者の後裔なり。吾人は日本歴史の如何なる頁を開きて之が反証たるべき事実を発見し、億兆心を一にして克《よ》く忠に万世一系の皇室を奉戴せりと主張し得るや。

而しながら万世一系の一語に殴打されたる白痴は斯る事実の指示のみを以ては僅かに疑問を刺激さるるに止まるべし。故に吾人は更に乱臣賊子の『行為』を記述すると共に、乱臣賊子の『思想』を説明せざるべからず政治史と倫理史とは相待《あいまつ》て歴史的現象の解釈たらざるべからざればなり。

第▽改十二章〔▽第十一章〕

〔第五十八節〕

政治史と倫理史の根本的説明たる歴史哲学／系統主義及び忠孝主義と凡ての民族の上古及び中世史／皇室の傍（側）より見て乱臣賊子たりしことは其の対抗者より見れば忠臣義士なり／乱臣賊子が一人にて働けると思ふや／民族の歴史と歴史の符合

〔第五十九節〕

凡ての民族の忠孝主義と系統主義／原始的共和平等の時代／忠孝主義は人類原始の道徳に非らず／系統を辿りて発展する社会意識（本文になし）／家長制度と祖先教／忠孝一致論の本来の意義／神武天皇の所謂大孝／国体論者は神道の異端にして古典の叛逆者なり／遠き家長の代弁者としての天皇／全国各部落の独立

〔第六十節〕

歴史的生活以後の系統主義と忠孝主義／近親の家長の為に遠き本家たる皇室を打撃す／一族一家を単位とせる生存競争／系統主義と各族長の平等観／大化革命のユトピアなりし理由／藤原氏の乱臣賊子も亦（また）家族々党の忠孝主義の故なり

〔第六十一節〕

中世史の系統主義の特殊の説明／道徳の本質／他律的道徳時代と自律的道徳時代／摸倣的道徳時代の中世史と系統崇拝／系統崇拝と乱臣賊子の首領／乱臣賊子の首領は系統によりて天皇との平等観を作り系統的誇栄によりて系統崇拝の国民に奉戴せられたり／系統主義は貴族階級をして天皇に対する平等主義とならしむ

〔第六十二節〕

中世史の忠孝主義の特殊の説明／道徳の形態と社会の経済的境遇／政治史及び倫理史の根底として経済状態の時代的考察／忠とは経済物としての所《ママ》分に服従すべき奴隷の道徳的義務なり／欧州の奴隷制度と日本の其れ／忠の極度の履行たる殉死の他律的時代／奴隷制度の継続と自律的時代の殉死／武士道は奴隷の道徳を自律的形式に於て行ふ／貴族階級の土地を占有せる階級国家時代と土百姓《サーフ》及び武士の経済的従属関係より生ぜる奴隷的服従／貴族階級の

経済的独立による政治的独立／武士道の理論／武士道は皇室を迫害せる者なり／▽削除井上博士は土人の酋長なり△

［第六十三節］

所謂例外の忠臣義士なる者につきて更に一段の考察／歴史の始より数へよ／新田氏と楠氏

［第六十四節］

日本民族は各自の主君に忠なりし傍発の結果として皇室の忠臣となり乱臣となる／水戸斉昭の所謂眼前の君父／正成《まさしげ》の殉死者と高時《たかとき》の殉死者／貴族階級を組織せる無数の眼前の君父と其の下に衛星の如く従ふ乱臣賊子／皇室の忠臣義士は其れに経済的従属関係を有する公卿のみ／忠孝主義と系統主義とが皇室を打撃迫害したりとの断案

［第五十八節］

斯くの如し。伝説に過ぎざる文字もなき一千年間と称せらるる原始的生活時代を高天が原と等しく政治歴史より削除するならば、日本民族は歴史的生活時代に入りしより以降一千五百年間の殆ど凡ての歴史を挙げて、億兆心を一にせるかの如く連綿たる乱臣賊子として皇室を打撃迫害し来れり。――是れ如何なる思想に基くぞ。吾人は単に政治史の表皮をのみ見て古今の定論たる者を逆倒せしめんとするに非らず。政治史の記述せられたる行為を稽査すると共に、思想を考察すべき倫理史によりて得たる帰納として、国体論の歴史解釈が全く天動説の如く顚倒したる者なることを発見したるを以てなり。而して民族の行為には民族の思想あると共に、一元の人類より分れたる凡ての民族の歴史には人類として共通なる社会進化の道程あり。故に政治史と倫理史とは其の特殊の民族が進化せる事実と理由との叙述たり説明たると共に、凡ての民族に通ずる社会進化論の哲学は社会進化の跡を考究する歴史哲学として凡ての民族の政治史と倫理史との基礎たる者なり。（前編の▽改『生物進化論と社会哲学』［▽『進化律の統一的組織』の］読了を希《こいねが》ふ）。而して凡ての民族を通じて上古中世の歴史が系統主義と忠孝主義とを骨子として解釈せらるべきが如く、日本民族の上古中世に於ても社会進化の当然なる道程として系統主義と忠孝主義とを根本思想として其の歴史を解釈せざるべからず。吾人が前《さ》きに『系統主義の民族なりしと云ふ前提は▽改［▽ことは敢て一日本民族に限らず］凡ての民族の上古及び中世を通じて真なり、而も其の故に万世一系の皇室を扶翼せりと云ふ日本歴史の結論▽改［▽解釈］は全く誤謬なり。忠孝主義の民族なりしと云ふ前提は▽改［▽ことは敢て一日本民族に限らず］凡ての民族の上古及び中世を通じて真なり、而も其の故に二千五百年間皇室を奉戴せりと云ふ日本歴史の▽改結論［▽解釈］は皆明《あきら》かに虚偽なり』と云ひ、『日本民族は系統主義を以て家系を尊崇せしが故に皇室を迫害し、忠孝主義を以て忠孝を最高善とせるが故に皇室を打撃したるなり』と云へる者これなり。斯る排除的の口吻《こうふん》は天動説に対する地動説と云へる如く、国体論と云ふローマ法王の顚倒せる迷信を打破せんが為め［の説明法］に過ぎずと雖《いえど》も、実に凡ての民族に通ずる系統主義と忠孝主義とは日本民族の歴史を挙げて乱臣賊子として皇室を打撃迫害したる所以なるなり。

　吾人は暫《しばら》く逆進的批判者に習ひて日本民族の凡てを乱臣賊子なりと云へり。而しながら斯る逆進的批判は道徳を進化的に批評せずして皇室の側に粘着せるよりの誣妄《ふもう》なり。［――］即ち皇室の側よりの見て乱臣賊子なりと云ふことは、皇室の対抗者たる他方より見れば誠に忠臣義士なりしなり。即ち、日本民族は其の仕ふる所の主君たる貴族等に忠孝の道徳を履行せんが為めに、其の従犯となり共犯となりて皇室の側より見れば乱臣賊子たりしなり。更に繰り返へして曰《い》へば、日本民族は凡ての民族の如く強盛なる忠孝主義の為めに、其の仕ふる各々の家長君主等に対して強盛なる忠孝主義の履行として、其の家長君主等の敵に対して身命を抛《なげうち》て打撃を加ふることを道徳上の義務としたるが故に、其の家長君主の前面に皇室が現はるる時に於ては、日本民族は其の仕ふる所に対する忠孝の強盛なる道徳家として皇室の上に大胆なる乱臣賊子となりて圧倒したりしなり。今日の国体論者等は口を開けば義時を怒り尊氏を罵る。彼等は旅順口が乃木氏一人にて落ちず波的《バルチック》艦隊が東郷氏単独にて滅亡せざることを知れるに係らず、乱臣賊子だけは一人にて働ける者なるかの如く考ふるなり。憫《あわれ》むべき東洋の土人部落よ、義時が鎌倉に安《晏》然として而も三帝を隠岐佐渡に放追《ママ》するを得たる所以の者は、十九万の国民が皇軍を破り天皇を捕へて彼の命令を遵奉して処分せるが為めなることを知らざるか。尊氏が後醍醐天皇を京都より駆逐せるは七十隻の海軍と二十万の陸軍とに組織せられたる祖先が正成を湊川に屠《ほふ》りたるが為めなることを解せざるか。吾人は実に少しく国民の反省を要《もと》む、日露戦争は乃木氏と東郷氏とのみの愛国心により［て］勝ち国民は皆ロシア皇帝の忠臣義士にして売国奴露探《ろたん》（ロシアのスパイ）なりしと云ふ者を顚狂《てんきょう》者と名《なづ》くべ《▽改》きが如く、［▽べし。然らば］乱臣賊子は義時と尊氏とのみにして其他の日本国民は皆克《よ》く忠に万世一系の皇統を扶翼せる皇室の忠臣義士なりきと云ふが如き痴呆は土人部落に非らずして何ぞ。歴史は二三《にさん》人物の恣《ほしいまま》なる作成に非らず。彼等は単に民族の思想を表白する符号として歴史上《削除》の上に民族の行為を代表して其の所為を印するに過ぎず。故に、日本民族の歴史を義時の歴史◦尊氏の歴史と見ず、又今の歴史家の如く皇室一家の叙述を以て日本歴史なりと見ざるならば、民族の歴史としての日本史は実に皇室に対する乱臣賊子の物語を以て補綴せられたるものなり。記録せられたる代表者若《も》しくは符号のみが乱臣賊子に非らず、其の下に潜在する『日本民族』が即ち皇室に対する乱臣賊子なりしなり。――而してこの皇室の側より見て乱臣賊子なりし所以の者は、凡ての民族の如く系統主義と忠孝主義との上古及び中世史の当然［事］なり。

［第五十九節］

吾人は先づ一千年間と伝説さるる原始的生活時代より一言せざるべからず。是れ如何なる民族に於ても系統主義と忠孝主義とは歴史的生活以前よりして萌芽を有する者なればなり。

即ち、古代に於て最も早く民主政に到達せしラテン民族がギリシャ◦ローマに移住せざりし以前は固《もと》より、移住後と雖《いえど》も初めは絶対無限の家長権と其れに伴ふ忠孝主義の道徳より外無かりし如く、［――］今日の欧州の民主国たるゲルマン民族が原始的共和平等の時代を経て中世史の長き歳月を亦《また》等しく君主政治と家族制度とを以て経過し、従《したがっ》て忠孝主義が唯一の最高道徳なりしが如く、［――］例《ママ・たと》へ文字無き時代にして其の間の歳月の如き固《もと》より取るに足らざる伝説の者なりとするも、最古の歴史的記録を全く没意義のものと見ず少くも其記録的歴史の書かれたる以前数百年間程の大体を推し得べきものとせば、〔削除〕（其の歴史的記録の中に於て他のゲルマン民族の其れの如く原始的共和平等の時代に係はる記録が他のラテン民族の観察によりて世に伝はれるが如きことなきが故に、）〔削除〕日本民族の歴史的生活は系統主義と忠孝主義との萌芽を▽改継承して［▽以て］始まれる者と想像し得べし。実に彼の母系系統時代と称する永続的の夫婦関係なき時代、或は其の母系すらも意識せざる一層の原始的なる社会に於ては、原始的生活の部落が只本能的社会性を以て共和平等の団体として存在し、平和に、或る時は闘争して生活し、父子の意識なく、若《もし》くは甚だ薄弱にして長ずると共に忘却するを以て孝と云ふ道徳の要求さるる理な▽改く、［▽なし。］又公法の淵源たるべき素朴なる信仰僅少なる慣習より外に複雑なる支配服従の関係なくして、原始的平等の共和的団体なりしが故に忠と云ふ階級的道徳の要求さるる所以も非らず。――故に吾人が先きに家長制度を以て人類の原始に非らず又終局に非らずと云ひし如く、家長制度に伴ふ忠孝主義は決して人類原始の道徳に非らず又人生終局の権威にても非らざるなり。即ち忠孝主義とは民族の或る程度の進化に到達して家長制度を生ずる時に発生する道徳にして、家長の下に意識的団結を為すまでの進化に於ける一階段の道徳なり。即ち第一に社会意識の覚醒すべきは乳房を含ましむる母と子との間にして茲《ここ》に母子の間にのみ覚醒せられたる社会意識を以て聯絡《れんらく》する母系系統となり、更に父にまで拡張せられて父系系統となり、尚兄弟に及び、兄弟の妻子叔伯《しゅくはく》に及び、一家の中に三四《さんよん》家同居せしものの漸時(次)に人口増加して末家支流となりて分派し、其の分派せる末家本家が系統の意識によりて聯絡し、茲《ここ》に家長制度となりて系統主義。忠孝主義の社会進化の過程に入る。［（誤解すべからず。斯る進化の一段階に入るの意味は穂積博士等の考ふる如く単一なる一家が長き年月の間に於て数十百家となりて本家末家を増殖するの謂ひに非らず。何等の家族的結合なく共和平等に存在せし数千人数万人の原始的社会が或る進化的段階として各所に数百千の家族的結合を生み始むと云ふ意義の者なり。故に日本民族の歴史的生活が家族制度を以て始まると云ふ吾人の見解と、天照又は神武の単一なる一家より全日本国民の増殖せる者なりと云ふ一家膨張論者の其れとは全然別個の者なりとす。推論上の混迷を戒しむ）。］而して此の系統主義と忠孝主義とによりて繋がれたる家長制度は、其の時代の原始的宗教たる祖先教によりて祖先霊魂の不死を信じて本家の家長の下に統一せられたる祭祀をなし、祭祀の長たる本家の家長が同時に其の家族と末家とに対して祖先の代弁者として絶対の支配権を有し、以て政教一致の君主政となるなり。——日本民族は其の原始的共和平等の時代を恐《おそら》くは他の国土に於て経過し、神道の下に統一せられたる政教一致の家長制度として系統主義と忠孝主義とを以て其の歴史的生活時代の前編を書き始めたる者と想像することを得べし。即ち家長は子女の父たるを以て孝を要求し、同時に一家族の支配者なるが故に忠を要求す。忠孝とは部落対部落の生存競争に於て覚醒する公共道徳と共に（『▽改生物進化論と社会哲学』［▽『進化律の統一的組織』］に於て▽削除偏局的社会主義を△論じたる所▽改［▽相互扶助説及び偏局的社会主義］を見よ、）家長制度の下に発芽すべき私徳の最も原始的なる者なり。故に、斯る最も原始的なる時代に於ては家長が即ち忠と孝との要求者なるが故に忠孝一致の思想は少しも捏造に▽改非らずして［▽非らず。］君は即ち民の父母なりと云ひ民を以て君の赤子となすと云ふが如き言も今日の如き無意義なる歴史的襲踏《ママ》の形容辞に非ざりしなり。而しながら生ける忠孝の対象は一家内のみに於て云はるべきことにして、［同一民族内の他に於て生ぜる幾多の家族的結合の者に取りては、及び］一家の漸時《（次）》に数十の末家本家に分派するに至りては各家各々家長ありて各家の家族の仰ぐべき父たると共に従ふべき君たり。而して本家末家の関係は▽改［▽のみに就きて言ふも］漸時《（次）》に血縁的関係の稀薄に▽改［▽と］なるを以て、この間を繋ぐには本家末家の凡てが仰ひで以て共同の父とする所の遠き祖先の霊魂に求めざるべからず。即ち遠き祖先の霊魂を祭ると云ふことは祖先に孝を致す所以なると共に、祖先霊魂の命令なりとする所に服従することによりて祖先の霊魂に忠なる所以なりとせられたり。彼の神武天皇と諡名《おくりな》せらるる皇室の祖先なりと伝説さるる者が其の家族団体を率ひて日本国を征服するや、『我が皇祖の霊天より降りて朕が身を光《てらし》助け給へり、今諸《もろもろ》の虜已《すで》に平らぎ海内《かいだい》（天下）事無し、以て天神を郊祀《こうし》して大孝を述ぶべし』とある▽改は、［▽あり。是れ］固《もと》より後世の伝説なりとする者を集めたる日本書紀の逆進的叙述と漢文字の口吻《こうふん》なるを以て大《おおい》に注意して受取るべきものなりと雖《いえど》も、天神を郊祀《こうし》して大孝を述ぶべしとあるは天照太神が忠と孝との対象と云ふことにして、祖先霊魂の不死を信じて家長制度の国体を為せる時に於ては、君臣一家と忠孝一致とは全く事実なりしなり。而しながら誤解すべからず、君臣一家の事実なりしと云ふことは神武一家の征服者が家長制度によりて君となり臣となりて天照太神の下に一家なりと云ふの▽改みにして、［▽のみ。］其れに征服せられたる奴隷賤民は固《もと》より家族と同様に家長の所有たる経済物たりしと雖《いえど》も家族の一員にあらず、又其の前後▽改［▽以前及び以後］に無数に移住し来れる他の家族団体とは本家末家の関係に非ざること▽削除△は論無し。而して其の忠孝の一致と云ふも神武の言の如く、天照太神其者の命令に服従し天照太神其者に大孝を述ぶることに於て即ち末家本家の共同の祖先に対してのみ忠孝の一致すと云ふことにして、共同の祖先より分れたる末家本家の間に於て、即ち本家の神武を末家自身の祖先たる天照の代弁者としてに非らず、神武其者を忠の終局目的として、神武よりも白髪なる者もあるべき末家が神武に孝を尽くして神武に忠孝が一致すと云ふことには非らざるなり。穂積博士が今日の日本国を家長国なりと云ふに個体の延長と云ふが如き説明を以てせるは顕微鏡以後の科学のことにして、現今の天皇は天照の身体の延長なるが故に現在の天皇即ち天照太神の生ける者として現在の天皇其の者に忠孝が一致すと曲弁するが如きは、古典の文字を無視し神道の信仰に叛《そむ》く▽改のみならず。［▽ものなり。否、］等しく天照の生命の延長たる其の所謂末家たる国民は平等に天照の延長たる天皇に——即ち天照と云ふ個体の大きくなれる天照の各分子の間に——何の故に忠孝の関係が生ずるかを解釈する能はず。実は所謂国体論者は神道より見れば甚しき異端にして古典の叛逆者なりとすべし。兎《と》に角《かく》、祖先教時代に於ては近畿地方の一強者たる皇室の祖先天照太神が現に霊魂として存在し本家の家長の口を通じて命令を下しつつありと信ぜられたるが故に天照太神に対して忠孝が一致し（又各家の家長に対しても忠孝一致せしを以て）、忠と孝とは些《いささか》の矛盾なく行はれて、各家の家長及び家長の間を聯《つな》ぐ遠き家長の霊魂は忠孝の一致する焦点として最も高き権威たりき。

固《もと》より斯くの如き歴史的生活以前の時代は固《もと》より伝説に過ぎざるを以て吾人は其の伝説を科学的推理の材料として用ゆるに過ぎずと雖《いえど》も、天皇（と諡《おくりな》名せられたる或る地方の家族団体の家長）の命令は、忠孝一致の本体たる天照太神（と伝説さるる其等の各家族の遠き家長）の代弁者として其団体員の間に於て疑問なく服従せられたる者なるべく、▽改［▽べし。］仮令《たとい》最も厳粛なる科学的態度を執りて、古事記日本紀の伝ふる文字無き時代の凡ての天皇を記録的の削除歴史の外に置くとするも、社会進化の一過程として祖先教の原始的宗教と、系統を辿りて社会意識の覚醒し始めたる家長制度とによりて家長及び遠き家長が忠孝の本体として権力の源▽改泉［▽根源］たりしことは充分に推理さるべきなり。——而して皇室の祖先が忠孝一致の本体たる家長或は遠き家長の代弁者として其の地方の家族団体［——明確に言へば皇族より増殖せし範囲内に於ける家族団体——］に臨みたりと云ふことは、即ち他の大部分の地方に散在せし大多数の家族団体［——更に明確に言へば近畿地方と雖《いえど》も皇族以外の最大多数の家族団体——］が各々忠孝一致の本体たる家長或は遠き家長の代弁者を有して対抗したりと云ふ所以に▽改して、［▽なり。］『遠荒の民今尚正朔《せいさく》を奉ぜず』の語ある如く一千年間と伝説さるる原始的生活時代の［最］大多数の国民の祖先が▽改［▽は］国体論の外に独立せ▽改し所以なり。［▽せり！・］実に原始人の部落に於ては原始的宗教たる祖先教によりて各部落各々異なる家族団体として各々異なれる家長の霊の下に統一せられ、［更に］交通の隔絶と共に家長の霊を異にすることを▽改理由として［▽によりて皇族の家族団体とは全然］独立に対抗したる者な▽改り。［▽なりとす。］古事記日本紀が皇族祖先の征服の跡を綴れること其事が、実に征服を要すべき他の対抗者の存在を語る者に非らずや。故に原始的生活時代の考察に於ても忠孝一致を皇族団体以外に拡充することは非常なる迷妄なり。」

兎《と》に角《かく》、日本民族も他の凡ての民族の如く系統主義と忠孝主義とを以て漸時《次》に原始的生活時代を進化し行き、終に歴史的自覚を有し其の自覚を後代に継承せんが為めに歴史的記録を要するに至り、茲《ここ》に支那文字の輸入によりて歴史的生活時代に入る。

[第六十節]

歴史的生活時代は即ち諸大族の膨脹発達して交るがわる乱臣賊子を働ける時代にして先きに云へる蘇我氏の如き其の著しく強大なりしを以て最も注意を引く所の者なり。――而して是れ亦《また》同様に系統主義と忠孝主義との故なり。固《もと》より儒教仏教以後の系統主義と忠孝主義とは祖先教の家長の霊を不死として信仰するが如き者とは大《おおい》に趣を▽改異にし、[▽異にす。]則ち」本家末家の共同祖先に対する大孝と云ふ意義の忠に非らずして、系統を辿りて一家或は其の一族に覚醒せられたる社会意識が其の一族一家を社会団体として家長の下に統一せられ、家長の目的と利益との為めに努力することを以て忠とし孝としたるなり。而して社会意識は近親の者には最も強盛にして疎遠なるに従ひて漸時《次》に稀薄となる。故に彼の臣連《おみ・むらじ》と云ふが如き権力階級は皇族と元《もと》と共同祖先の系統より相分れたる同じき枝なりと雖《いえど》も、遠き本家たる皇室に対する稀薄なる社会意識よりも、各[々]自家の家長若《も》しくは近親の本家に対する忠が遥かに強盛なる社会意識によりて道徳の第一位に置かれ、終に本家たる皇室と其末家たりし各家の家長と――同一系統の同一なる枝なりと云ふ平等観によりて――相対抗する場合に於ては、近親の社会意識によりて其の家族及び末家等は各自の家長或は近親の本家のために忠孝を尽くし以て皇室を打撃すべき道徳的義務の履行に服したる所以なり。(吾人が先きに忠孝一致論の困難を教育勅語の訓《おし》ふる愛の厚薄による道徳履行の順序によりて指示したる事の決して理由なきに非ざりしを知るべし)。即ち、斯る時代に於ては社会意識が甚だ狭少なる範囲に限られて覚醒せるを以て一族一家を生存競争の単位とし、彼の蘇我氏が此の単位の競争に於て古来の大族たる物部中臣の諸氏に打ち勝ち更に他の大族たる皇族と競争を開始したる如き是れに▽改して、[▽なり。]社会意識は一時に拡張するものにあらず歴史の進化に従ひて系統を辿りて漸時《次》に覚醒し、従《したがっ》て他の系統の者を排斥するに至るを以てなり。(▽改『生物進化論と社会哲学』[▽『進化律の統一的組織』]に於て生存競争の単位が狭少なる者より漸時《次》に拡大し行くを説けるを見よ)。故に天皇族の近親の一家一族のみ其の家長たり族長たる天皇に忠なりしと雖《いえど》も、他の競争の単位たりし臣連《おみ・むらじ》等の一家一族は只其の各自の家長族長の下に忠孝主義を奉ずるのみ。而して其の家長族長は天皇と同一系統なりと云ふ平等観と稀薄になれる社会意識とを以て、天皇と利害相異るときは其の下に疎遠なる末家として行動し、其相関せざるときは無関係の傍観者となり、而して其の相反するときは各自の一家一族を率ひて乱臣賊子となりき。一人のみが乱臣賊子にても非らず又忠臣義士にても非らず、諸大族の交るがわるなる乱臣賊子と云ふは単に其の家長族長に非らずして最も親近の系統に於て団結する一家族団体が忠孝主義を以て其の家長族長を奉戴せしが為めにして、[▽なり。] 彼の皇族自ら [暗殺の] 刃を振て起たざるまでは長き間蘇我氏に圧伏されし如き、多くの家長族長が其の忠孝主義の家族団体を率ひて傍観せしが故なり。

　是を以ての故に、彼の英雄的模型 [▽哲人] の天智天皇は家長制度を超越して天皇一人を最高機関とせる国家主権の理想国を建設せんとしたる所以なり。而しながら斯る理想国は遥かに後代に於て実現さるべき者にして社会の未だ進化せず社会意識の系統を辿りて僅かに覚醒しつつありし如き古代の社会に於て夢みらるべきに非らず。[是れ] 恰も社会主義が資本家制度の充分なる発展を承けて始めて実現さるべきにも係らず幾多の理想家が其の理想国を新開国に於て建設せんと夢想したりしごとく、[▽如し。] 天智の理想せるがごとき [▽如き] 公民国家 [▽国民国家] は家長国の歴史的進行を中途に遮断して実現し得べきものに非らずして [▽非らず。] 実に家長国の長き進化を継承したる後において [▽於て] 国家の凡ての分子に社会意識の普《あまね》く覚醒すべきことを要するなり。——果して然らば、斯る企図の単に天智のユトピアにして其の死と共に消滅し、家長国の潮流に従ひて皇室自身が家長として存し従《したがっ》て藤原氏の専制時代を生じたることは明瞭に解せらるべし。実に藤原氏の専制時代とは其の近親の系統なる一家一族を競争の単位として、家長族長の下に其の家族族党が忠孝主義によりて団結し数百年の長き間天皇族の上に其の族長をして乱臣賊子を働かしめたる者なり。

　実に所謂国体論者の主張する系統主義と忠孝主義とは、皇室の祖先が家長として存在《し》たりし日本史の第一頁よりして皇室を打撃迫害して乱臣賊子となれるなり。

[第六十一節]

以降。平氏、源氏、北条氏、足利氏、徳川氏に至る中世史。——此の聯綿《れんめん》たる乱臣賊子は実に系統主義と忠臣 [▽忠孝]

主義の家長国の当然として其等家長君主の下に在る臣属の忠によりて皇室を打撃迫害し来れり。而しながら等しく家長国の潮流なりと云ふも、系統の一事のみによりて社会の組織されたる古代とは中世史の大《おおい》に異なるは論なく、▽改［▽なし。］従《したがっ》て源氏と云ふ系統の一家のみ平家と云ふ系統の一族のみは家長制度と忠孝主義とを以て乱臣賊子を働きたるべきは上述の説明によりて解せらるべしと雖《いえど》も、其等の系統以外の多くの祖先等が亦《また》等しく乱臣賊子に加担せることは社会の進化に応ずる特殊の理由に求めざるべからず。先づ系統主義より説く。

［一行アキ］

此▽改［▽系統主義］の説明は聊《いささ》か精細に道徳の起原、良心の形成と云ふが如き科学的倫理学につきて考察せる者に取りては容易に解せらるべきなり。言ふまでも無く、道徳の本質は本能として存する社会性に在り。而しながら道徳の形を取りて行為となるには先づ最初に外部的強迫力を以て其の時代及び其の地方に適応する形に社会性が作らるる事を要す。道徳とは此の形成せられたる社会性のことにして、単に道徳とのみ云ひては恰も物理学上の原子と云ふが如く思考上の者に過ぎず、地方的道徳◦時代的道徳として地方を異にし時代を異にする社会によりて形成せられたるものとして始めて行為に現はる。今日の野蛮部落に於ける慣習の些少なる者と雖《いえど》も厳格を極めたる刑罰を以て強制するは実に社会性を外部的強迫力によりて形成しつつある者に▽改して、［▽なり。］而して其の外部的強迫力としては祖先教多神教の日月星辰より犬馬木石に至るまで神とせられたるを以て到る処無数の神が外部よりの監視者として道徳を強迫したりき。然るに社会の進化するに従ひて此の外部的強迫力を漸時（次）に内部に移して良心の強迫力となし、惨酷《さんこく》なる刑罰によりて臨まれずとも又無数の神によりて監視されずとも、良心其れ自体の強迫力を無上命令として茲《ここ》に自律的道徳時代に入る。他律的道徳と自律的道徳とは人の一生に於て小児より大人に至る間に進化する過程なる如く、社会の▽改［▽と云ふ］大なる生涯に於ても其の社会の生長発達に従ひて他律的道徳の時代より自律的道徳の時代に進化する者なり。日本民族の道徳発達の順序と雖《いえど》も亦《また》この理に洩るべからず。外国文明輸入までの応神仁徳に至る一千年間と伝説さるる間は、先きに言へる如く其の年数を伝説のままに受取るとするも恰も今日幾万年の歴史を有する南洋の土人が依然として野蛮を繰り返へしつつある如く、原始的生活時代の当然として祖先の無数の霊魂は固《もと》より、日月風雷より蛇鳥魚石の神に至るまで無数の外部的強迫力によりて社会の維持せられたる他律的道徳の時代なりき。然るに遥かに進歩せる社会の儒教仏教等の自律的道徳の入るに及びて、従来他律的に系統主義を以て家長の下に団結したりし者、明確に自律的意識として訓誡せられ、国民は系統的団結を道徳の最高善となし外部的強迫力たる祖先の霊魂或は刑罰等を待たず、自ら良心の無上命令として進《すすん》で系統主義の下に一切［の］行為を為すに至れるなり。而して良心とは単に道徳的判断の本体と云ふ意味にして、如何に道徳的行為を判断すべきやとの内容は全く出生後の社会的境遇によりて作成せらるるものなり。（『▽改社会主義の倫理的理想』［▽『（経済的貴族国時代）』］に於て良心形成の理由を説ける所を見よ。）而して又道徳とは社会を進化せしむるより先きに、現存の社会によりて作り始めらるるが故に、先づ社会を現存のままに維持することより外なく、而して其の事を以て最初の任務となす。故に等しく良心による自律的道徳と云ふも、今日に比しては固《もと》より社会の進化せざりし時代なりしを以て現存の道徳の上に超越して現存の道徳を疑ひて更に進化せる道徳の理想を掲ぐることなく、――而して特に海洋に封鎖せられたる日本民族の中世史に於ては今日の如く他の社会の進化の程度或は方向を異にせる道徳とを比較対照して▽改さらに［▽更に］進化せる道徳の理想を得て、現存の道理を批判するの機会なかりしを以て、良心の形成に於ては全く投射的摸倣的にして已《すで》に社会に存在する道徳的慣習。倫理的訓誡を受け入るるに止まりたりしなり。▽削除△斯くの如き疑問なき摸倣的道徳時代の中世史に於て、如何なる民族にも嘗《かつ》て一たび崇拝せられたる系統の価値が強烈なる渇仰《かつごう》を以て迎へられたることは当然にして、人口の増加による同一系統の繁殖と社会の衝突動乱による社会意識の発展とによりて――即ち系統を辿りて或は系統を越えて――人類の平等観が漸時《次》に拡張せらるるに係らず、何々の末、何々の後と云ふことは誠に尊貴なるもの▽削除△として絶対に服従すべき者▽削除△なりとして受動的に道徳的判断の内容が作られたるなりき。是の系統崇拝は敢て日本民族のみに限らず、社会意識が系統を辿りて発展しつつありし上古及び中世に於ては今の欧州民族と雖《いえど》も実に長く社会の良心を支配せしものにして、今日尚取るにも足らぬホーヘンツオルゲン（ホーエンツオレルン）家を鼻に▽改脱糞する［▽の系統を］神聖の▽改［▽なりとする］ドイツ皇帝が▽改社会民主々義［▽民主社会主義］の前に抵抗を試みつつある如き是れなり。而して、此の系統崇拝は海洋の封鎖によりて進化の急速なる能はざりし日本の中世史に於ては特に甚しく、如何なる乱臣賊子も自家の系統の尊貴なることによりて国民の崇拝を集め以て乱臣賊子を働くを得たりしなり。彼の天児屋根尊《アマノコヤネ》の後裔なりと云ふ藤原氏が系統的誇栄を負ひて他の階級を排斥すると共に人民の崇拝を集中して大化革命の理想を朝廷の上より打破し、崇神《すじん》天皇の頃よりして代々地方に赴きたりと伝説さるる無数の皇子等の子孫は天皇と同一の枝なりと云ふ系統的誇栄を負ひて地方に土着し他日の群雄諸侯となりて興廃すべき貴族国の萌芽となり、常に誇る所の桓武天皇の末なりと云ふ平氏等しく栄とする所の清和天皇の後なりと云ふ源氏の如き、実に系統を無上に高貴なるものなりとせる祖先の良心に奉戴せられて存分なる乱臣賊子を働くことを得たるなり。歴史の上に記録せられたる事実は明《あきら》かに之《を》に証明す。彼の最も初めに政権に覚醒して起てる土豪の――即ち後の貴族国の萌芽たる平将門の如きは実に簒奪の権利を『我は桓武の孫なり』と云ふ系統的誇栄に求めて系統崇拝の良心を支配せんとしたり。同じき系統の清盛が後年斯る信念によりて彼の放誕なる行動を敢てせしや否やは記録の拠るべきもの無しと雖《いえど》も、源氏の掠奪が『清和天皇の末なる八幡太郎義家公の裔』と云ふ系統的誇栄の一語に系統崇拝の良心を集中して為されたることは何人《なんぴと》も知れる所の如し。実に系統崇拝の甚しき屢々《しばしば》勅令によりて天下の武士の源平二氏に属するを禁じたるにても知らるべく、単に一夜の宿泊によりて其の通過せし地方の土豪国司等は源氏の家臣となり平氏の忠僕となれり。彼の源平の戦と称せらるるものによりて一時天下の両分せられたるは固《もと》より不規《羈》独立の幸福に置かれて自家の自由に従ひて就去せし其等の多かりしは言ふまでも▽改無しと雖《いえど》も、［▽無し。而も］些《いささか》の系統的聯絡《れんらく》なく単に為朝の暫《しばら》く九州に在りしが為めに其の尊き系統に従ひしとか、平氏の来り投ぜるを以て家門の光栄なりとして其貴き系統に属せしとか云ふ如き、実に些少なる事実によりて其の臣僕となり以て、其の忠なるの励《ママ》しきだけ源氏或は平氏の前に皇室が敵として現はるる時に於ては大胆不敵なる乱臣賊子となりしなり。彼の北条氏が系統に於て甚だ劣れるが為めに其の弱点の補ひを善政に求め常に謙譲の従五位下を余儀なくとせられたるに拘《かかわ》らず、簾《すだれ》を掲げて声涙共に下れる尼将軍の一言は涙を垂れて十万の将士に死を誓はしめ尊族自ら甘じて北条氏の号令の下に統一せられ、終に彼の三帝を放追《ママ》せる如き乱臣賊子を働きたるに非らずや。而して彼の足利尊氏の容易に北条高時を破りしは系統的誇栄に於て遥かに勝《すぐ》れたる源氏の後裔なるが故にして、尊氏の翻《ひるがえっ》て後醍醐と対抗するに至るや国民は亦《また》尊き源家の後裔に従ひて忠を尽くし、尊氏を奉戴する熱情の余り『八幡太郎義家の子孫は必ず天下を取らん』との流言が行はれたるほどに非らずや。而して彼の義満が太政大臣を望みて得ざるや、『よし々々、義満国王となりて難《断》波、細川、畠山、六角、山名を五摂家とし、土岐、赤松、仁木、京極、山内、一色、武田を七摂家とし、其の外の諸大名を其の他の姓に任じ、菅家江家の式とし、橘、清原の姓を以て其家を立て、諸侯の陪臣の名高きを武家とし、鎌倉の管領氏満を将軍として武道を糾《ただ》して文事を起さば以て聖帝と云ふべし』となし、百官公卿の所領を没収して簒奪に着手した▽改［▽す］るや、実に其の権利を『我れ清和の末なれば非理の道に非らず』と云ふ系統的誇栄に求めたりしに非らずや。――実に吾人が、日本民族は系統主義を以て家系を尊崇せしが故に皇室を迫害せりと云ひ、系統主義の氏族なりしと云ふ前▽改提は［▽ことは敢て一日本民族に限らず］凡ての民族の上古及び中世を通じて真なり、而も其の故に万世一系の皇室を扶翼せりと云ふ日本歴史の結▽改論［▽解釈］は皆明《あきら》かに誤謬なりと云へる者茲▽改に存す。［▽実に歴々たる歴史的事実の凡てに依りて立証さるること斯くの如し。]

而して系統主義は一面下層階級に対して系統崇拝たると共に、崇拝さるべき系統の貴族階級に取りては天皇と自家とが同一の天皇より分れたる同一系統の同一なる枝なりと云ふ理由によりて平等主義の殺伐なる実行に於て説明なりき。平氏の将門が『我は桓武の末なり』として自立せんとしたる如き、源氏の足利義満が『我れ清和の末なれば非理の道に非らず』[と] して簒奪せんとしたる如き実に系統を辿りて平等観の漸時《(次)》に発展したる者に外ならざるなり。(吾人が前き《(さ)》に君臣一致論の却《かえっ》て大胆なる平等主義となりて自《▽改》殺論法に終るを指示 [▽天皇の特権を覆へすに至るを指示して国体破壊なりと] せるは徒らに歴史を無視せる [単純なる] 推理に非らざるを見るべし)。

[第六十二節]

次ぎに説くべきは忠孝主義なり。忠と云ふ道徳も古代の家長及び家長の間を聯《つな》ぐ遠き家長の霊に対する孝と云ふことと同意義なりし者とは異なりて、忠其れ自身が充分に自律的道徳として発達し、而して国民は忠と云ふ道徳的義務の履行として乱臣賊子の下に皇室を打撃迫害したりき。

凡ての道徳は社会の生存進化の為めなり、道徳的判断は社会の生存進化の目的に応じて作らる。而して社会の形態は経済関係の其れ々々異なるに従ひて組織を異にす。故に又道徳の内容も社会組織の異なれ《削除》るに従ひて異なる。是れ今日に於ては何人《なんぴと》も知れる所の者にして、経済的要求を充たす能はざる境遇の野蛮人が人肉を喰ふことを悪事に非らずとし、幼児を殺し或は遺棄することを不道徳に非らずとするは其の経済状態を異にするによりて異なる道徳に《▽改》して、[▽なり。] 移住の際にブラジル土人が頭大《ママ》の棒を振って老人を撲殺するを道徳上の権利と考へ、飢餓の時にエスキモー人は老人自ら発議して部落の会議にて自殺を決することを道徳上の義務と思ふは、亦《また》経済的欠亡の社会組織に伴ふ異なれる道徳なるなり。然るに経済的要求の充分に満足さるる《▽改》 [▽されたる] 支那 [大陸] の如きは全く道徳を異にして古代より老人を敬養することを最高善となし今日の文明国に於ては殺児の如きは戦慄すべき犯罪とせられつつあるに非らずや。斯くの如きは固《もと》より極端に相異せし事例を挙げしに過ぎずと雖《いえど》も、社会生存の維持たる道徳が其の社会の置かれたる経済的境遇によりて其れ々々異なるの斯くまでに甚しきは以て推想さるべし。此の社会の組織道徳の形式が経済状態によりて各《おのおの》異なると云ふことを皮想的に土地或は黄金とのみ見ず、生命維持の物質的資料と解するならば、社会と云ふ大なる個体の生物が其の生命を維持せんが為めに経済状態の異なるに従ひて其の組織と、及び組織を繋ぐ道徳とを其の目的に従ひて其れ々々変化せしむるは当然のことなり。実に社会とは一個の［大］生物にして生物は生存進化の目的の為めに其の境遇に適応する形式を取る者なればなり（▽改『生物進化論と社会哲学』［▽『進化律の統一的組織』］を見よ）。故に道徳の進化と云ふことは社会の進化と云ふことにして社会の進化と云ふことは経済状態の進化と云ふことなり。是を以て道徳の進化を見る倫理史と社会の変遷を察する政治史とは凡て経済状態の時代的考察によりて解せらる。

　即ち、人類が他の人類の所有権の下に経済物たりし奴隷制度に於ては経済物としての処分に服従すべき道徳あり。即ち自己の身体が自己の処有《ママ》に非らずして自己を処有《ママ》する他の人類の之を贈与し売買し殺傷すべき権利を承認する所の道徳なり。是れ忠と云ふ奴隷的道徳の最も原始的なるものにして、家長の所有権の下にある家族及び征服せられたる奴隷の子孫は、前《さ》きに説ける道徳の社会的作成の理由によりて先づ外部的強迫力を以て経済物としての処分に服従すべきことを要求せらるるなり。然るに此の外部的強迫の他律的道徳時代より内部的強迫の自律的道徳時代に進化するや、自ら良心の無上命令として主君が自己の身体を経済物として処分することの、即ち自己の道徳的義務として主君の利益の為に自己の生命を滅ぼすことの所謂忠と称せらるる道徳を生ずるなり。忠の最も原始的なる奴隷制度の他律的道徳時代に於ては欧州に於ては鎖と鞭とを以て、日本に於ても恐くは厳酷を極めたる刑罰の外部的強迫力を以て、其の道徳の履行を要求せざるべからざりき。只、日本に於ては欧州諸国の近き以前まで鎖と鞭とを以て奴隷制度を維持せし者の如くならざりしは、彼に於ては常に外国との攻戦によりて、若《も》しくは黒奴《こくど》の捕獲によりて対等独立の外国人を新たに奴隷とし其の独立心の発動を圧伏せし▽改［▽せん］が為めに鎖と鞭とを要したる者にして、▽改［▽者。］神武移住時代に於ける奴隷、其後の三韓蝦夷の奴隷は、征服せられたる若《も》しくは捕虜とせられたる初めの一二《いちに》代の奴隷に於ては独立心による反抗の有りしことは記録の上に見らるる如くなりと雖《いえど》も、其の子孫たる奴隷に至りては良心の社会的作成の理由によりて経済物としての処分に対する絶対的服従を他律的に（或は進みて自律的に）承認するに至りしなり。（而して如何に良心の作成が社会的境遇によりて自由に敏速に形《かたち》づくらるるかは▽改『社会主義の倫理的理想』［▽『進化的（律）の統一的組織』］を見よ）。此の経済物としての処分に服従する奴隷的道徳の極度は即ち殉死なり。プラトーが其の社会主義の財産公有の中に人類たる奴隷及び婦人を包含したるは奴隷及び婦人が共に人格にあらずして経済物たりしが為めなる如く、殉死の時に金銀玉石の経済物と共に近臣妻妾を土中に埋めたるは其等が経済物なりしを以てなり。而して忠の最も極度の履行たる殉死は日夜鳴号絶へざりしと云ふ如く崇神《すじん》天皇頂《ママ》に至るまでの原始的生活時代に於ては原始的道徳の当然として全く他律的なりしなり。

此の人類を経済物と見る奴隷制度は日本に於ても遥かに後世にまで継続したりき。而して此の経済状態と其れに伴ふ社会組織の在る間は経済物の処分たる殉死のみを社会の外に駆逐し得べきものに非らず。彼の崇神天皇が殉死に代ふるに土偶を以て代へたるは大《おおい》に社会の進化し又進化せる《▽改》「▽的」社会の《▽改》「▽を理想せる」儒教によりて社会意識の鋭敏になれる為めな《▽改》りと雖《いえど》も、「▽なり。而も」尚純然たる奴隷制度は賤民なる名に於て存し、其の売買が官署の届出によりて為され、奴隷の産める奴隷の子は恰も牛の子が農夫の所有たるが如く産みの親の之を売るときに於ては盗罪に処せられし程なれば、大化革命後に於て三族の誅滅《ちゅうめつ》を以て殉死の禁を励行せしに見ても如何に甚しく行はれたるかを推想し得べし。斯く人類を経済物とする奴隷制度は尚中世に継続して、倭冦時代には人商人、人買船と称せらるる者ありて奴隷売買の行はれ、ローマに於けるが如く奴隷の病むや平常之を愛用せしに係らず小屋の隅或は路傍に放置し、又姨捨山の物語にある如く奴隷の老癈者を山林に捨てたりき。実に忠と云ふ道徳は人類の人格を剥奪し之を経済物として其の所有主の処分に服従せしむる奴隷的道徳なり。従《したがっ》て殉死と云ふが如き経済物の処分は此の奴隷制度の継続する間《（、）》忠なる名に於て種々なる形式の下に存続せしことは当然に《▽改》して、「▽なり。而して」其の自律的道徳時代に入るや奴隷の聊《いささ》か人格をもたげ《▽改》「▽擡げ」つつ始まりし家の子郎等が主君の戦死に伴ひて其の屍《しかばね》の傍らに殉死し、徳川時代の武士が幕府の厳罰を以て諸侯を戒飭《かいちょく》（戒めつつしませること）せるに係らず大名の死と共に冥途の御伴なりとして必ず二三《にさん》の殉死者を絶たざりし如き是れなり。彼の『貞女は両夫を見《ママ（まみ）》へず忠臣は二君に仕へず』と云ふの言は、婦人及び臣僕が夫と君との所有物なることを自律的道徳に於て承認すべきことを訓誡する者にして殉死の聊《いささ》か軽減せられたる者と考へらるべし。

実に、日本中世史の武士道は其の自律的道徳にまで進める点に於ては誠に美はしきものなりと雖《いえど》も、其の人格たるべき人類を君主の所有物、即ち君主の所有権の下に物格として贈与せられ殺戮せらるべきことを承認したる奴隷的道徳の継承なりき。是れ敢て日本のみに限らず社会の進化道徳の発達の過程として如何なる民族も必ず一たびは経由せざるべからざる進化の一階段に《▽改》して、「▽なり。」欧州中世史に於ても日本と等しき貴族国たることに於て、日本と等しく忠を眼目とせる騎士気質《ナイト・キャラクター》を産みし如き是れなり。而しながら茲《ここ》に注意すべきは社会の漸時《（次）》的進化のことにして、中世貴族国の家長君主等は其の家長君主等の目的と利益との為めに土地及び人民が其の所有権の客体として存したる者なりと雖《いえど》も、古代の家長制度よりも漸時《（次）》に進化して其の所有物たりし人民も、古代の家長の下に在りし奴隷より或る程度まで人格を認識されたる者なり。即ち人類其れ自体が直接に貴族の所有権の下に経済物として取扱はれず、人類を養ふべき土地が貴族の所有物なりしを以て土地に対する経済的従属関係よりして土地に養はるる人類其の〔削除〕者を土地の所有者たる貴族の従属物と考ふるに至りしなり。言はば間接の関係なり。彼の一般人民が土百姓《サーフ》として土地と共に恰も貴族の財産なるかの如く相続贈与或は殺戮せられたる如き是の故にして、▽改［▽なり。而して］特に武士が其の仕ふる所の貴族の意志によりて他に贈与せらるるも自己の意志を以て拒絶する能はず、貴族の自由に御手討《おてうち》にするも自己の独立を以て自家防衛を為す能はざりしは、実に全く此の土地に対する経済的従属関係よりして生ぜる奴隷的服従なり。而して今日の科学的倫理学が道徳の進化を分ちて本能的道徳時代。摸倣的道徳時代。批評的道徳時代と為しつつある如く、道徳進化の過程として如何なる民族に於ても中世史頃までは現存の道徳を批評して其の上に超越せる道徳的理想を掲ぐる能はざる摸倣的道徳時代なり▽改しを以て、［▽なり。従《したが》って］已《すで》に社会の進化して其の道徳的形式を自律的に於てする時代に入れるに係らず、其の内容は古代より社会に現存する奴隷的服従の道徳的訓誡を摸倣して受け入るるの外無く此の点よりしても中世史の武士道が各自の君主に対する奴隷的服従を最高善とするに至りしなり。——実に、此の貴族階級の土地を占有せるが為めに生ずる経済的従属関係と、中世史の程度なる摸倣的道徳時代と云ふ二つの理由によりて、自律的形式の壮厳華麗なる武士道は其の道徳的形式としては誠に高貴なる者なるに係らず道徳的判断の内容を奴隷的服従を以て充塞《じゅうそく》したりしなり。而して欧州中世史の騎士《ナイト・キャラクター》気質も其の中世史なることと階級国家なることに於て同様なり。

吾人が政治史と倫理史とは経済状態の時代的考察によりて解せらると云へる者これなり。実に経済的基礎に於て独立する者は政治上に於ても道徳上に於ても独立の権利を有し、経済的基礎に於て従属する者は政治上に於ても道徳上に於ても服従の義務を負ふ。故に、天皇が其の強力を以て凡ての土地（而しながら事実に於て近畿、後に至っては諸大族の分割となる）を所有したる古代に於ては凡ての人民は天皇の下に政治上道徳上の服従者なりしと雖《いえど》も、源平以後の貴族国時代に入りては同じき強力による土地の掠奪によりて経済上の独立を得たる貴族階級は天皇に対して政治的道徳的の自由独立を以て被治者たるべき政治的義務と奴隷的服従の道徳的義務を拒絶し、▽改［▽したり。］而して其等の乱臣賊子の下に在る家の子郎等武士或は土百姓《サーフ》は其等の貴族階級に対する経済的従属関係よりして貴族を主君として奉戴すべき政治的義務と其下に奴隷的に服従すべき道徳的義務とを有して従属したりしなり。従《したがっ》て其従属する所の貴族が其の政治的道徳的の自由独立を所謂乱臣賊子の形に於て主張する場合に於ては、貴族の下に生活する中世史の日本民族は、其経済的従属関係よりして忠の履行者となり、以て乱臣賊子の加担者となりて皇室を打撃迫害したりしなり。彼の武士道の幼期[▽初期]とも名《なづ》くべき時代の頼朝の訓誡に、『主従互に恩義を重ずべきこと』とあるは此の経済的従属関係を説明するに、主君を経済的恩恵よりして土地米禄を与ふるものとし土地米禄を受くる臣僕に対して恩恵に対する従属的義務を要求したる者なりと見るべく、[▽べし。而して]彼れ以後の発達せる武士道が『其の酬《むくい》に命を君に参らする者ぞかし、我が物に非らずと思ふべし』と云ふを以て訓誨《くんかい》の理論とせるは、主君の経済的恩恵によりて臣僕の一身一家の維持さるるを以て主君の恩恵によりて繋がれたる身命は主君の利益の為めに酬《むく》ひとして捨つべき身命なりと云ふ、経済的従属関係より生ぜる政治的道徳的服従の承認なり。而して武士道は此の忠[なる者]を良心の無上命令とする貴き自律的形式に於て行ふ、中世貴族国の一千年間が全く皇室に対する乱臣賊子を以て一貫せる者論なきことなり。即ち武士道の良心を以てする皇室の迫害なりしなり。――実に、吾人が、日本民族は忠孝主義を以て忠孝を最高善とせるが故に皇室を打撃したりと云ひ、忠孝主義の民族なりしと云ふ前提は[▽ことは敢て一日本民族に限らず]凡ての民族の上古及び中世を通じて真なり、而も其の故に二千五百年間皇室を奉戴せりと云ふ日本歴史の結論[▽解釈]は皆明《あきら》かに虚偽なりと云へる者茲に存す。[▽亦《また》実に歴々たる歴史的事実の凡てに依りて立証さるること斯くの如し。]

今日の国体論者は武士道と共に起れる武門を怒り武門起りて皇室衰ふと悲憤慷慨す。而も万世一系の鉄槌に頭蓋骨を打撲せられて武士道と共に天皇陛下万歳を叫びつつあり。土人部落なるかな。(彼の文科大学長文学博士井上哲次郎氏の如きこの土人の酋長なりとす。彼の凡ての著書を見よ)。

[第六十三節]

系統主義と忠孝主義に対する以上の[社会学的倫理学的]説明は所謂皇室の忠臣義士なる者の僅少なる例外につきて更に一歩を進めて考察せしむ。

先づ忠臣義士と称せらるるものを国体論者に習ひて歴史の始より数ふるに、四道《しどう》将軍あり武内宿禰ありと屈指さるべきも、斯くの如きは原始的生活時代のことにして吾人の論外なり。女帝の寵愛[▽との恋愛関係]によりて来[た]せる道鏡の行動を大逆無道なりとして憤るものに取りては和気の清麿は大忠臣として讃美さるべし、而しながら斯くの如きも亦《また》吾人の論外にして絵草紙の題目たるべく、吾人は敢て不忠なりとは云はざるも[▽単に一場の御家騒動と観るを適当とすべく固《もと》より皇室に対する一忠臣たるを失はざるも］彼の背後に大族の潜みて其の行動を大胆ならしめしことを注意すれば足る。［▽せざるべからず。］其の大族とは［則ち］藤原氏にして其の衰ふるまで一指を屈すべき忠臣なる者無し。或は噴飯すべき白痴は在原業平の歌によりて彼を其の一人に屈すべきも、彼は皇后たるべき者と通ぜる程の平等主義者にして菫詩人［▽恋愛万能患者］の崇拝たるべき者なり。平氏は藤原氏を圧倒したるも忠臣とは云はるまじく、義仲は平氏を追へりと雖《いえど》も亦《また》義士に非らず。或は義仲の如き野武士に対して白河《後白河》法王を保護せる鼓判官《つづみほうがん》と二万人の軍勢とは忠臣たるを失はずと云ふか、而も其の二万人は洛陽の内外に出没せる半士半盗の浮浪者［▽土匪］と悪僧のみなりしを如何せん。義仲を破りて主権の用か［▽を］委任されしと云ふ頼朝は有賀長雄氏に取りては理想的勤王家なりと雖《いえど》も、其の未亡人の一言に感激して攻め上れる十九万の乱臣賊子に対して三帝を護れる一万七千五百人と僧兵とが忠臣義士に非らざることは確実なり。何となれば僧兵は屢々《しばしば》天皇を地獄に落すと［▽破門の重罰を以て］威嚇し只利害によりて就去する［▽せる］者にして、［戦敗れたる時］重忠の如きは［彼を拒みて閉ぢたる］宮門を叩いて『大臆病の君主に語はれ《ママ》たるぞ口惜し』と怒罵せし不敬漢なるを以てなり。而して北条氏顚覆に至るまで一人も無し。

只、新田氏と楠氏と在り。固《もと》より新田氏の最初の就去が経済的独立による自由の行動なりしことは当然にして又記録の証する所なり。而しながら吾人は敢て彼の朴咄《訥》仁に近き性格より推して最後まで自己の権力を中心として行動せりとは信ぜず。又南北朝の対抗を以て新田対足利の戦争なりとの見解に全部の賛同を表する能はず。南北朝なる者は山名細川の旗幟《きし》の下に二分して応仁の乱の戦はれたる形を南朝北朝と云ひ或は新田足利と云ふ符号に表はして来るべき群雄割拠の混戦の序幕たるに過ぎず、中世史の貴族国時代は或は聯合により或は抑圧によりて統一の形を取ることありとも各貴族悉《ことごと》く統治者なるを以てなり。即ち吾人は義貞が始めに於て貴族として自由独立の行為を執ると共に素朴なる彼の性格として摸倣的道徳時代の系統主義と忠孝主義とを疑問なく受取り、最も貴き系統を有する天皇を発見することによりて当時の最高善とせらるる忠の履行者となりし者なるべきは充分に想像せんと欲する所なり。然らざれば後醍醐の彼を售《う》りて尊氏と和するが如き不徳［忘恩］なる処置に対して只涙を垂れて去りしことや、流矢に中《あた》りて死する時に勅書を錦嚢《きんのう》に盛りて首に掛け居りし如きことは解すべからざればなり。而しながら誤解すべからず。其は義貞其人のみのことにして、彼の臣僕たる家の子郎等は其の経済的従属関係よりして義貞其人の為めに忠を尽くせしにて皇室が義貞の敵たるか味方たるかは無関係のことなりしなり。正成と正行とは最も卓越せる例外なり。故に吾人は順逆論者の如く、［――］彼が始めに高時に反抗して起てる北条氏顚覆の先鋒▽改とも云ふべき［▽陳勝呉広たりし］摂津の住人渡辺孫右衛門尉、紀伊の安田荘司、大和の越路四郎等を逆賊高時の命を奉じて征服せしとも其れが為めに正成の鼎《かなえ》を軽重《けいちょう》すべき者とも思はず。［（此の重大なる事実は偉大なる楠氏を考察する者の決して無視すべからざる者なり！）］又三度の召喚によらずして応じたるを以て孔明の其れに比して正成を特別に揚ぐべき者とも考へず。［（彼が如き最高潮に在る自律的大人物の動機を想察するには村上氏の窮鳥を上杉謙信が庇護して川中島の幾血戦を辞せざりしが如き至高至純たる彼の根本道念を閑却すべからず！）］況《いわ》んや其の落花の如き死を権助《ごんすけ》［縊死］の褌《ふんどし》に比▽改する如き暴をや。只［▽比せし翻訳的民主主義者の見解の如き憎むべき暴戻なるは論なし。兎《と》に角《かく》一個の忠臣としての］彼の▽改［▽は其の］湊川に死せし当時に於ては摸倣的道徳時代の当然として、系統主義と忠孝主義とによりて皇室の系統を崇拝し最高善たる忠の為めに死せしことは亦《また》充分に想像し得べし。是れ彼等貴族階級の経済的独立としては解すべからざるが如くなりと雖《いえど》も、摸倣的道徳時代に於ては卓越せる哲学的頭脳か然らざれば高師直《こうのもろなお》の如く旧道徳の外に立ちて放縦なる者かに非ざれば在来の道徳を疑問なく履行するものなればなり。而しながら斯くの如くにして正成のみは［天皇と結合したる後半の生涯に於ては］天皇の忠臣義士たりしと雖《いえど》も、他の三百人は正成の従属として正成其者の為めに忠を尽くせし［のみ］にて決して天皇の為めに死せし者に非らざるは論なし。正行に至つては実に花の如き物語なり。閑雅にして沈勇に満てる性格より見るも、又幼時の厳格なる家庭の道徳的訓誡より察するも、政治的野心や経済的勢力の為めに非らずして最も献身的の者なるべ▽改し。［▽は明白なり。］而しながら彼と共に如意輪堂に名を連ねたる一族郎等は彼の就去に背馳《はいち》してまでも天皇の為めに死せんとする者に非らず、特に一族以外にて最後まで血戦せる者は、彼が嘗《かつ》て阿倍野の合戦に於て霜月廿《二十》六日の厳寒渡辺の橋より落ちて溺れし五百人の敵軍を救ひて馬具足までを与へしほどの将器に感激して彼の従属たりし者なり。――湊川四条畷《しじょうなわて》の忠魂なる者にしてすら斯くの如し。吾人は実に是等二三《にさん》の――真に［只］二三《にさん》［のみ］の例外中の例外を除きて今の四千五百万人の祖先中何［の某］と名《なづ》くる者が真に皇室に忠なりしか［事実の立証］を聞かんことを欲す。

［第六十四節］

実に斯くの如し。皇室の側に立ちて防ぎし者も、皇室の前に進みて打撃せしものも皇室の忠臣義士たらんが為めと云ひ乱臣賊子たらんが為めと云ふに非らずして、皆実に各自の主君に対して克《よ》く忠なりし傍発の結果なり。此の点を最も明瞭に表白せる者は幕末の国体論の漸《ようや》く唱導せられたる時の貴族階級の一人水戸斉昭の言なり。曰く――▽削除△『人々天祖の御恩を報ひんと悪しく心得違ひて眼前の君父を差し置きて直ちに天朝皇辺に忠を尽くさんと思はば却《かえっ》て僭乱（身分をこえて秩序を乱す）の罪逃るまじく候《そうろう》』と。［則ち国民直接に皇室に忠ならんとすることは当時の朝憲を紊乱する大罪なりと云へり。］

貴族階級として此の要求は当然なり。而して維新革命に至るまでの上古中世を通じての階級国家は実に此の眼前の君父と云ふことを以て一貫したるなり。此の『眼前の君父』を外にして真の忠孝なし。孝と云ふ道徳が血縁の関係、或は其れに匹敵すべきほどの特殊の関係なき者の間に生ぜざる如く、忠と云ふ道徳も自己が他の所有権の下に経済物なるか、或は経済的従属関係なくしては生ずる者に非らざるなり。故に例せば、彼の忠臣義士の最も讃歎すべき理想的実例たる赤穂義士に見るも、其の忠臣義士たりしは斉昭の所謂眼前の君父たる貴族に対する経済的従属関係のありしが為めにして、実に幕府の兵を迎へて城を枕に討死せんとは一たび赤穂城中の輿論《よろん》たりしが如く、眼前の君父を外にして幕府の義士たり天皇の忠臣たることは斉昭の云ふ如く彼等に取りては却《かえっ》て僭乱の罪たるべきなり。故に眼前の君父たる正成の為めに殉死せし湊川の三百人も、等しく眼前の君父たる高時に従ひて殉死せし当坐の八百人と其後の数千人も、其眼前の君父たる貴族階級に対して経済的従属関係のあるが為めにして、眼前の君父を外にして幕府の忠臣たり天皇の義士たる如き僭乱は彼等誠忠なる殉死者に取りては思ひも寄らざることなり。――此の眼前の君父▽改［▽『眼前の君父』］に対する忠孝と云ふことは凡ての民族に通ずる階級国家時代の鍵なり。皇室一家の移住時代に於ては其の限られたる家族団体と限られたる地方とに於て天皇及び天照太神は眼前の君父として忠孝の本体なりき。然るに社会の進化し人口の増加して皇室と同一なる系統の分派が諸大族となりて朝廷に枝を張り諸豪族となりて地方に根を拡ぐるに至りて、茲《ここ》に無数の眼前の君父は貴族階級を組織して天皇と同一系統なり云ふことを自覚して天皇に対する平等観を作り、以て其忠孝の従属者を率ひて乱臣賊子を働くに至れり。而して此の眼前の君父は多く土地の掠奪による経済的独立よりして自己の絶対的自由を目的として就去し、或は摸倣的道徳時代の系統主義と忠孝主義の為に、源平に属し、北条に属し、足利氏に属し、皇室に属し、更に何者にも属せずして独立し、独立せる群雄の下に属し、豊臣徳川の下に属し、其の属する者の下に又更に属し、以て中世貴族国時代の階級国家を組織したりしなり。故に其の貴族階級を奉戴せる一般人民にとりては各々眼前の君父たる貴族の就去に従《したがっ》て衛星の如く繞《め》ぐるより外なく、従《したがっ》て僅少なる土地と惰弱なる公卿とより外有せざる皇室に対して乱臣賊子を以て一貫したりしなり。［以下の自筆修正挿入箇所不明瞭］［▽削除――国体論が貴族国打破の革命党に依りて唱導せられたる時皇室に対する直接の忠孝を朝憲紊乱罪なりと戒めし水戸侯の言其者に表はるる如く、幕府及び日本全国の諸侯が実に三百年の永き間皇室に対する忠すらも国民に禁圧したる乱臣賊子」

故に吾人は断言す、皇室を眼前の君父として忠臣義士たりし者は其れに経済的従属関係を有する公卿のみにして、（即ち今日の公卿華族の祖先のみにして）、日本民族の凡ては貴族階級の下に隷属して皇室の乱臣賊子なりしなりと。而して貴族の萌芽は歴史的生活時代の始めより存したるを以て、日本民族は其の歴史の殆ど凡てを挙げて皇室の乱臣賊子なりしなりと。――是れローマ法王の天動説に対する地動説と云へる者なり。吾人をして更に断言を繰り返へさしめよ――▽削除△日本民族は系統主義を以て家系を尊崇せしが故に皇室を迫害し、忠孝主義を以て忠孝を最高善とせるが故に皇室を打撃したるなり。系統主義の民族なりしと云ふ前提は凡ての民族の上古及び中世を通じて真なり、而も其故に万世一系の皇室を扶翼せりと云ふ日本歴史の結論は全く誤謬なり。忠孝主義の民族なりしと云ふ前提は凡ての民族の上古及び中世を通じて真なり、而も其故に二千五百年間皇室を奉戴せりと云ふ日本歴史の結論は皆　明《あきら》かに虚偽なり。吾人は実に速かにローマ法王の天動説より覚醒せざるべからず。

遮莫《さまらばれ》（然（サ）モ有ラバ有レ）、吾人が日本国民の頭蓋骨を横《よこざ》まに打撲して白痴たらしむる鉄槌と云へる問題が残る――日本民族の凡てが皇室に対する乱臣賊子なりと云はば如何にして皇統の万世一系あるを得たるや。

第▽改十三章 [▽第十二章]

[第六十五節]
然らば如何にして万世一系なりや／万世一系の伝はれる理由は憲法学者に最も必要なり／『天皇』と云ふ文字の内容の進化／『天皇』の内容の進化なき第一期たる原始的生活時代は一族▽削除一宗家の家長として祖先を祭るときの祭主と云ふ意義なり／原始的時代の皇室は神道によりて奉戴せられたり／国体論の革命が可能の時△

[第六十六節]
大化革命以前の社会の混乱と天皇の基礎の崩壊／物部対蘇我氏の宗教闘争／『天皇』の意義の第二期の進化は全人民全国土の所有者と云ふことなり／孝謙天皇は財産権の自由なる行使にして溺愛にあらず／君臣一家論が大逆無道なる道鏡の論理なる所以／系統主義は皇室を打撃迫害すると共に又皇室を維持したる所以なり／神道の勢力は凡ての民族の其れの如く国家起原論として近き以前までの勢力なりき／神道の国家起原論によりて維持されたる皇室／藤原氏の乱臣賊子は系統主義の為めにして其の皇位を奪はざりしも系統主義の為めなり／系統主義は自家以下の階級に向つては誇栄たると共に自己以上の系統の者に対しては憚《はばかり》を生ず／中世史の『天皇』は其の所有の土地人民の上に家長君主たりしと共に全国の家長君主等の上に『神道のローマ法王』として立てり／将軍とは『鎌倉の神聖皇帝』なり／欧州の中世史と日本の中世史

[第六十七節]
神道の信仰が勢力ありし間は神道のローマ法王は鎌倉の神聖皇帝を支配したりき／中世史の『天皇』の内容を古代の其れと等しと解しては秀吉の宣言は天皇の否認たらざるべからず／神道の勢力の衰退と其の惰力／将軍の天皇たらざりしは神聖皇帝のローマ法王たらざりしと同じく別天地の存在なるを以てなり／皇室の復古的希望に伴はざる強力／全日本の統治者たらんとの天皇の要求を国民は常に強力に訴へて拒絶しつつありき／幽閉の安全によりて系統は断絶するものに非らず／絶望の為めに継続したる万世一系は乱臣賊子が永続不断なりしことの表白なり／優温閑雅なる詩人として政権争奪の外に在りしを以てなり／フランス国民よりも天皇を迫害したり／殺人狂に非らざれば如何なる強盗と雖《いえど》も財布を奪ひたる後若《も》しくは充分に膨らして持てる其の子孫は遠き以前に失へる所に向つて刃

を加へず／強盗の手より強盗の手に転々せる財布／将軍の悲壮なる末路に反して万世一系の血痕なき理由／乱臣賊子は強奪者たる必要なかりしなり／幕末の国体論者は乱臣賊子の掠奪者を顚覆せんための努力なるに今の国体論者は掠奪者を弁護して却《かえっ》て尊王忠君なりと云ふ／皇室の万世一系あるは系統主義と忠孝主義と及び神道的信仰によると云へる以上の説明／国民の奉戴と云ふことと系統の連続と云ふこととは別問題なり／キリストの後にローマ法王ある如く国体論はローマ法王となりて今や真理▽改「▽真の国体論」を迫害するに至れり

[第六十八節]

有賀博士の統治権委任論／有賀博士は歴史家として一の価値なし／有賀博士は宇宙開闢説を以て歴史を解しつゝある点に於て神道の信者たる穂積博士と等し／有賀博士の徳川氏に関する統治権委任論は純然たる論理的措《錯》乱なり／博士は更に徳川氏以前より凡て幕府との関係は委任なりと云ふ／兵馬権なる者が天皇より委任されしとの議論は成立せず／外交権なる者が天皇より委任されしとの議論も成立せず／有賀博士の用語は詐欺取財。脅喝取財を委任取財と云ひ贓品《ぞうひん》を委任財産と云ふものなり／博士の主権論は其の主体と行用《こうよう》とが相背馳《はいち》し若《も》しくは相打撃し得べしと云ふものなり／欧州今日の各国は主権の体と云ふもの無き空虚のものか／万国無比の国体には万国無比の統治権委任論あり

[第六十九節]

穂積博士の主権本質論は有賀博士の統治権委任論を打ち消す／穂積博士の主権本質論は権力を行ふ力なかりし中世史一千年間の天皇が主権者にあらずとの断言なり／其二、権力を行ふ所の今日の天皇を主権者とすると共に幕府を権力者なりと云ふ主張なり／其三、日本の主権は決して万世一系に固定せず常に動揺したりとの歴史解釈なり／穂積博士の主権本質論は乱臣賊子を主権者なりと追認するものなり／穂積博士の銅像は両頭にして各々脱糞を要す／伊藤博文氏の強者の権の表白と穂積博士の奴隷／穂積博士は幕府主権論者として志士の忠魂を侮弄す／穂積博士の維新革命論は凡て矛盾なり／主権の恢復《かいふく》とは主権の喪失を前提とす／氏の主権本質論は強力説にして神道的憲法論を打消す／穂積博士の主権本質論は自らの君主々権論を打ち消す所の国家主権論なり／有賀博士と穂積博士の衝突

[第七十節]

中世史の天皇の意義につきては有賀博士も穂積博士も共に誤謬なり／多くの統治権の主体が存在せし家長国と云ふ別個の国体／強力が凡ての権利を決定せし中世時代／天皇は神道のローマ法王たる以外其の範囲内に於ける家長君主としての統治者たる権利を失ひしことなし／貴族国時代の『貴族』の意義／主権本来の意義は最高の統治者と云

ふことにして統治者の上の統治者。君主の上の君主と云ふことなり／主権の思想は中世の出現にして今日に最高権と云ふことなし／最高権の意義に於ける主権所在論は王覇の▽改［▽之］弁の名に於て天皇主権論と幕府主権論との論争なり／主権論とは無関係に天皇の君主たりしことに動きなし／幕末の国体論は天皇に対する尊王忠君を要求として唱へたるにて▽改［▽もの、］歴史上の事実として認めたるにあらず、万世一系を奉戴すべきことを要求として唱へたるにて▽改［▽もの、］歴史上の事実として奉戴しつつありしと云ふにあらず／吾人は国体論の名に於てローマ法王の教義を排し、万世一系の連綿たるは国民の億兆心を一にして万世欠くるなき乱臣賊子を働きたる結果なりと云ふ（本文になし）

［第六十五節］

誠に然り。然らば如何にして皇統は万世一系なりや。日本民族は克《よ》く忠に万世一系の皇統を奉戴せりと云ふ従来の天動説を顚倒して、乱臣賊子とは歴史を挙《こぞ》れる大多数にして二三《にさん》の僅少なる例外が皇室の忠臣義士なりと云ふ以上の解釈にして正常ならば、如何にして皇統は万世一系なりやの反問は充分に理由あり。

是の万世一系の解釈は単に歴史解釈として重要なるのみならず、現今の国体及び政体を研究する所の憲法学に取りて誠に看過すべからざる所の者なり。固《もと》より英国の憲法が其の憲法史によりてのみ解せらると云ふほどに明らさまに日本歴史によりて日本の現［行］憲法が直ちに解釈せらるとは云はず。而しながらその西洋文明に接して其れの憲法を取り入れて現［行］憲法の作られしと雖《いえど》も、国家は直訳の被布を蒙ることによりて骨格まで変換するものにあらず。今の君主々権論を取る者が天皇を主権の本体となし、又国家主権論を取る者が天皇［一人］を唯一最高の機関となすは、共に等しく憲法解釈の根底たる日本歴史につきて在来の天動説を迷信するが故なり。

皇統は如何にして万世一系なりや。この説明は依然として系統主義と忠孝主義となり。而して皇室は他の貴族階級の君主等と異なりて後世漸時《次》に稀薄になりしと雖《いえど》も神道的信仰の勢力に▽改よれり。［▽によりて立てり。］

吾人は前《さ》きの憲法論に於て説ける『天皇』なる文字の内容の進化と云ふことを注意せざるべからず。即ち歴史的生活に入らざる原始的生活時代は、日本国土の上に無数の家族団体が散在し皇室はその近畿地方に於ける家族団体の家長として神道の信仰によりて立ちたりき。是れ先きに詳説せる文字もなく数の観念も朦朧《もうろう》として今の土人と大差なき生活をなせる一千年間と伝説さるる時代なり。即ち三韓交通によりて文字を得るまでの一千年間と伝説さるる間は、人口も誠に稀薄にして単に皇族のみならず臣 連《おみ・むらじ》の諸族も後世の想像するが如き者にあらず。▽削除（日本歴史ありて以来の大歴史家『二千五百年史』の著者は当時の其れ等が単に後世の君主貴族の萌芽なることを表白せんが為めに諸大族の中其等大族の漸時《次》に強大を加ふることを説けり。而して当時の生活が純然たる原始人なることを豊富なる事実によりて示したり。而しながら日本歴史を『二千五百年史』と名《なづ》けたる事を惜しむ）。△三韓よりの移住者は多く九州中国に独立し若《も》しくは独立せる部落に属して未だ近畿に入りて帰化人となるほどに至らず、九州も、東北も、又神武の経過せしと伝説する中国も全く独立の原始的部落にして、雄健なる皇室祖先の一家が純潔なる血液によりて祖先教の下に結合し以て近畿地方と被征服者の上に権力者として立てる者なりき。斯くの如くなるを以て当時の『天皇』の意義は其の諡《おくりな》名せられたる時代、或は今日の天皇を指して云ふ其れと全く内容を異にして、一族宗家の家長として祖先を祀るときの祭主との意義なり。――是れ『天皇』の内容の未だ進化なき第一期なり。彼の先きに説ける神武天皇の結婚に於て▽削除（伝説の凡てを全く没意義とせざるならば）其の時代の天皇の政治的社会的地位を見るに足るべく、崇神天皇が祭祀の費用として熊皮鹿角を徴《ちょう》せしに見ても今日の天皇と全く別意義なる神道の祭主なることを察するに余りあるべし。而して天照太神の霊は死せずして存在すとの祖先教は其れに対する忠と孝とを一致せしめ、系統によりて覚醒を繋ぎたる社会意識は一家族団体のみを社会と考へて他の其等を排斥する所の君臣一家の素朴なる団結の為めに本家たる▽改（注意するを要す、［▽――］其の一家族団体内に於て本家たる）▽改［▽――］皇室を無上の命令者として服従したるべきは論なし。即ち、祖先教、君臣一家、忠孝一致の如きは如何なる民族にも共通なる社会進化の第一期として等しく日本民族の原始的時代の社会組織の聯鎖《れんさ》たりしは疑なく、皇室の地位は決して今日の進化せる時代に比すべからざるものなるに係らず、当時の原始的宗教によりて奉戴せられたることは明《あきら》かに事実なり。▽改（故に穂積博士の神道的憲法論は進化律を逆倒せしめて今日までに進化せる天皇を原始的宗教時代の其れに退化せしめ、日本国を封鎖して外国人の帰化入籍を拒絶し民族の血管中を流れつつある異人種の血液を入れ替ふるときに可能なる革命なり）。

［▽但し要するに原始的生活時代は歴史の取扱ぶべき限りに非らず。］

［第六十六節］

而しながら進化律は原始的宗教の祭主たりし『天皇』の内容を進化せしめて第二期に入れり。即ち日本の社会其れ削除自身の進化と、更に進化せる社会と交通せる三韓文明の継承以後の天皇は、凡ての権利が強力によりて決定せられし古代として最上の強者としての命令者と云ふ意義に進めり。――吾人はこれ以後の古代中世を通じて『家長国体』となし、藤原氏滅亡までに至る間の君主国時代を法理上『天皇』が日本全土全人民の所有者としての最上の強者と云ふ意義に進化したる者となす。

実に、三韓交通と共に日本民族は第一革命を為せり。固《もと》より古典出現以前数百年なりと云ふ三韓交通――即ち等しく伝説の年代なるを以て革命が急速に来りしか徐々に来りしかは想像するの根拠なしと雖《いえど》も外国との交通の為めに無数の帰化人種の血液も混和し、征服せられたる奴隷との階級的隔絶が恋愛の蟻穴より崩れ始《は》じめ、更に人口増加によりて系統家筋の混乱を来せるが為めに、家族単位の社会組織は決して原始的生活時代の如き純潔を以て維持すべからざるに至れり。而してこの動揺を更に甚しからしめたる者は原始的宗教より遥かに進化せる儒教と仏教となりき。殊に其の最も高く進化せる仏教は、仮令《たとい》その当時の国民に骨髄を信仰せられたるか将《は》た単に偶像教として取扱はれたるか（固《もと》より後者なるべし、進化は踰越《ゆえつ》せず余りに隔絶せる高級の信仰は漸《ようや》く原始的宗教を脱せし程度の当時に解せらるるの理由なし）其の何れにせよ、仏教の進化せる宗教は先づ上層階級より未開なる神道を駆逐し、『天皇』は神道の祭主として立てる意義を全く一変せざるべからざるに至れり。斯くて蘇我対物部の旗幟《きし》に於て宗教闘争は行はれたり。吾人は信ず、宗教闘争は皇室其者の内を二軍に分ちたりと。蘇我氏に奉戴せられたる者若《も》しくは物部氏に奉戴せられたる者のみならず、仏教の蘇我氏は神道の崇峻《すしゅん》天皇の尊敬すべき所以たりし信仰を異にすることによりて之を弑《しい》し、仏教の聖徳太子は恩愛の涙を因果律に呑みて仏教党の勝利を強ひて責問すべき削除の理由を認めざりき。其の下手人たる駒が君臣一家の血縁的関係なき［外国人の］漢人種なりし如き如何に『天皇』が祖先教の下に団結せる家長として立つべからざるまでに社会の進化せるかを示すよ！　而して両教徒は各々其の良心の衝突を強力によりて決定したり。強力其の削除事は善にあらず単に力なりと雖《いえど》も善ならざるものは力なし。神道は原始時代に於ては善なりしと雖《いえど》も先代の善が現代の善によりて悪とせられ現代の善亦《また》後代の其れによりて悪とせらるる如く、善悪とは畢竟《ひっきょう》進化的過程の者なり。（『▽改社会主義の倫理的理想』及び『社会主義の啓蒙運動』［▽『黄金大名政治』及び『啓蒙運動時代』］に於て階級的良心及び階級闘争を説ける所を見よ）。故に今日▽改社会民主々義［▽民主社会主義］の力なきは未だ社会の良心に善と認めらるること少なきが為めなる如く、当時仏教徒の蘇我氏が皇室より多くの力を有せしは其の私有地私有民の経済的勢力による政治的勢力なると共に仏教の善が神道の善に打ち勝つを得るまでに祖先教の信仰が減退したるを以てなり。

　而しながら強力の決定は硝烟の平野若《も》しくは議会の演壇◦大学の講座に於てなさるることあると共に、亦《また》等しく刺客の短刀革命党員の爆烈《裂》弾によりて決定さるることあり。英雄皇帝天智は後の途を択んで挺身の一剣直ちに儒学の国家主権論を宣言したり。［（天智は凡てに於て完璧の革命家なりき）。］恐くは彼は余りに高遠なる理想家なりしなるべし。彼は原始的宗教を信ぜずまた其の上に天皇を祭主として置かず、また▽改［▽又］仏教を偶像教化して土偶木偶の代りに銅仏金仏を合掌して足れりとする後の藤原廷の如くならず。彼は国家を以て終局目的となし天皇が国家の利益の為めに▽削除（人民の為めと云ふことは別問題なり）△最高機関として存すべしと理想したる儒教をそのままに実現せんとしたり。而しながら是れ固《もと》より不可能のことにして彼の死と共に社会進化の原則に従ひて国家が天皇の利益として取扱はるる君主々権の家長国となれり。蘇我族を倒せる皇族は功臣藤原族と共に強者の権を以て『天皇』は全人民全国土の所有者なりとするに至れり。是れ『天皇』の意義の第二期の進化にして君主国時代なり。而して斯る家長国に於ては天皇は国家の利益の為めに存するものにあらずして国家が天皇の目的を充《みた》すべき手段として取扱はれたる国体なるを以て（▽《削除》前きの法理論を見よ）△、国家を分割し相続し贈与することは所有者たる天皇の自由なる財産の所分《ママ》なり。彼のヴィクトリア女皇が其の婚姻の後も皇位を自己の所有物として相続せしめ又は贈与する能はざりしに反して、当時の孝鎌《謙》天皇は国家と云ふ財産を道鏡に相続せしめんとしたる如きは是れなり。斯くの如きは今日の思想を以て逆進的に批判すれば両者共に解すべからざる行動なりと雖《いえど》も、当時の天皇の権利として孝謙の行為は違法にあらず、道鏡に取りても（《削除》後世史家の言ふ如く其処に愛の行はれしとせば）《削除》吾人の考ふるほどに無謀ならざりしなり。殊に孝謙は天智天皇の弟の後にして道鏡は天智天皇の第四子の後なるを以て、共に系統主義の時代に於て其の愛は決して背徳にあらずと推論するを可とす。［（故に和気の清麻呂を今日道徳的標準に従ひて賞揚する者は道鏡の伝へたる天智の血液を無価値とし、孝謙の当然なる女性的行動をヴィクトリア女皇の下に置きて指弾するの前提を要す。道徳の時代的進化を解せざる逆進的批評者が何の罪なき女帝に後世より重大なる罪名を負わしめつつある如き憎むべきなり。）］

吾人は前《さ》きに皇室を打撃迫害したるものを系統主義なりと云へり。道鏡は系統的誇栄と愛の聯鎖《れんさ》とを以て同一系統の同一の枝なりと云ふ平等観を最も始めに覚醒したるものなり。（是れ後世の歴史家によりて大逆無道と称せらるる所以にして、穂積博士等の君臣一家論が等しく大逆無道なる道鏡の論理なる所以なり）。而してこの系統主義による平等観の最も著しき者は後に至つて我は桓武の後なりと云へる平氏の将門あり、我は清和の末なりと云へる源氏の足利義満ありき。而しながら斯く系統主義は一面同一系統の者に対して平等観の導きたると共に自己より劣れる若《も》しくは優れる系統の者に向つては階級的なるは論なし。――故に吾人は信ず、系統主義は皇室を打撃迫害したると共に又皇室を維持したる所以なりと。而して神道の信仰が今日に於ても尚匹婦匹夫の間に於て、（穂積博士も木造の生殖器を礼拝すると云ふならば大学教授の間に於ても）、惰力としての勢力が残る如く、社会の進化は截然と区別すべからず。天智の大革命により儒学により仏教によりて神道の勢力は大《おおい》に削られつつ進みしに係らず尚古代及び中世を通じての一勢力なりしことは疑ふべからず。特に其の排外的信仰なる点に於て、長き間を海洋に封鎖せられたる日本民族にとりては恰もユダヤ教と等しき意味を以て▽《改》［▽に於ける」国家起原論として考へられたりき。即ち我が民族のみ特別に神の子にして他は夷狄《いてき》なりとは凡ての民族が近き以前までの信仰なりしがごとく［▽如く］、日本民族も等しく斯る信仰の神道を幕末に至るまで脱却する能はずして尊王攘夷論となり、さらに［▽更に『］外国人は猿の化したるものなるべけれど日本人は神人なり［』］と云ふ進化論の拒絶となり、穂積博士の憲法論となりて余波を今日にまで波うたすなり。而して斯く神道の信仰よりしたる攘夷論が其の信仰の経典によりて尊王論と合体したる如く、斯る国家起原論ある間国家の起原と共に存すと信仰せらるる皇室に対して平等主義の制限せられたるは想像せらるべし。加ふるに系統の尊卑によりて社会の階級組織なりし系統主義の古代中世なりしを以て、優婉《ゆうえん》閑雅なりし皇室が理由なき侵犯の外に在りしは誠に想像せらるべし。彼の藤原氏に於て、其［の］族長の下に忠孝主義を奉ずる家族々党は其族長の命ならば内閣全員のストライキをも憚からざりしに係らず、尚その族長が其団結的強力を率ひて皇位を奪ふに至らざりし者、実に皇族と云ふ大族が最も尊き系統の直孫なりとせられたればなり。藤原氏はこの尊族の戸主の上に後見人として恣《ほしいまま》なる乱臣賊子を働きたることは事実にして又血縁的恩愛の聯鎖《れんさ》より当然のことなり。藤原族の繁栄して各分家が互に後見の地位を争ふに到りしときも、其の方法は皇后を自家の血液より出《い》だし其血液の皇后によりて産れし自家の血液の天皇たるべきものを自家に連れ来りて養育し他の競争者よりも濃厚なる血縁的関係に立つことに過ぎざりき。自家の系統を壺切の剣（皇太子相伝の護剣。立太子の時、天皇から伝承される）に表白し皇位継承権の要素とせしは道鏡の行為を或る程度まで事実にしたるものなりと雖《いえど》も、［▽なり。然しながら］系統主義の階級国家時代に於ては自己の誇負《こふ》する系統自己の崇尊する系統は他より犯さるべからず又犯すべからずとせしが為めに、藤原氏と云ふ系統的誇栄を以て他の一切の下層階級の上に特権を保つと共に、其の特権が無視せられざる若《も》しくは特権の要求が排斥されざる場合に於ては皇室と云ふ系統的栄誉に取つて代らんとするが如きことなかりしなり。而も特権に限りなく要求は満足と共に又要求せらる。故に系統主義は藤原氏をして乱臣賊子を働らかしめたる所以なると共に、凡てを譲歩せる皇室は等しく系統主義によりて藤原氏凡てを道鏡たらしむることを免かれたりき。

以降。平氏が天皇法皇を幽閉せしも之を害せず、義仲が傲語《ごうご》しつつも尚法師［▽『法師』］とも児童［▽『児童』］ともなる能はざりしは、その平氏と云ひ源氏と云ふを誇栄［▽栄誉］とする系統主義の良心が他に対して自家を誇栄なりとすると共に自家以上の其れを有する系統に対しては幾分の憚《はばかり》を生ぜざるを得ざりしが為めなり。彼等の臣属たる家の子郎等及び他の土豪等が彼等に対する忠孝主義の為めに天皇の軍門に到りて、長き縷々《るる》たる名乗りを挙げて系統的誇栄を弓矢よりも先きに闘▽改はしたりし［▽闘はせし］中世思想は、院宣が義仲の脅迫によるを弁解せんとして来れる院使を更に脅迫を加へて返へせる頼朝をして仮令《たとい》形式にもせよ従二位征夷大将軍を拝せしめたる所以なり。加ふるに高貴なる仏教が中世の鎖国的思想に取られて、原始的宗教の八十万《やそよろず》神を仏の権現とするに至つて、純然たる無信仰の高師直《こうのもろなお》等に非らざるよりは理由なく▽改［▽なき］迫害を加ふることを敢てせざりき。吾人は実に考ふ――中世の天皇は其所有する土地と人民との上に家長君主たりしと共に全国の家長君主等の上に『神道のローマ法王』として立ちたるなりと。天皇と云ふ語を文字の形態発音によりて古今同一なりと推測すべからずとの注意は歴史的研究者に取りて最も必要なり。有賀博士の如きは天皇とあらば凡て古今同一なる者にして内容の進化なきかの如く考ふるを以て、又征夷大将軍と云ふ大将の文字を見て今日の陸軍大将ほどの意味に解す。当時の征夷大将軍とは其の所有する土地人民の上に全部の統治権を有すること恰も天皇及び他の群雄諸侯等が其れぞれの土地人民の上に家長君主として其れぞれ統治者たりしがごとく、只異なる所は神道のローマ法王としての天皇によりて冠を加へらるる『鎌倉の神聖皇帝』なりしなり。固《もと》より全く比喩として用ふるものに非らずと雖《いえど》も、各国の歴史が一切の出来事に於て符合するものに非らざるがゆえ▽改に［▽故に］、日本の中世史が欧州の其れと少しも異ならずと云ふものに非らず。例へば欧州のローマ法王は純然たるキリスト教によりて立ちしに反し、神道のローマ法王は神道の信仰以外に他の家長君主等と等しく其の所有の土地人民の上に統治権を振ひ、而して全人民全国土の上に所有者たりし君主国時代を回顧して常に他の家長君主等と抗争しつつありし如き是れなり。而しながら兎《と》に角《かく》この『神道のローマ法王』と『鎌倉の神聖皇帝』と而して他の群雄諸侯と云はるる『各国王』と云ふことを骨格として日本中世史を編まざるならば、貴族国時代の日本は只以て不可解として国体論の戸棚に押し隠すより外なし。然るに、古今凡ての歴史家なるもの、悉《ことごと》く順逆論の逆進的叙述の上に征夷大将軍を天皇の家臣となし而して群雄諸侯の如きを陪臣と名《なづ》けて、武門の跋扈《ばっこ》と怒り陪臣の専横と罵るに過ぎず。――不道理のみを以て一千年の間を継続すとは如何なる思想によりて考ふるぞ。斯る士人部落なるが故に如何なる民族も一たびは経過すべき貴族国時代の中世史を徒らに攻戦討伐の軍談とし、以て其れを継承せる近代▽改［▽現代］の日本を全く解する能はざるなり。

［三行（アキの意か?）］

［第六十七節］

而しながらローマ法王が旧教の信仰盛《さかん》なりし間は雪中門前に立たしめて神聖皇帝を屈服せしめたる如く、『神道のローマ法王』も純然たる原始的信仰を維持せし間は聖壇の上より俗権を振ひて源家の祖先義家の如き征夷大将軍を支配したりき。（固《もと》より藤原氏滅亡迄は吾人の之を君主国時代と名《なづ》けたる如く天皇が第一の強者たりし点よりも思考すべし）。而しながら旧教の信仰衰へて神聖皇帝の権が各国王と共に延び終に政権を以て法王の冠を犯したる如く、『鎌倉の神聖皇帝』は神道の信仰盛《さかん》ならざりし▽改［▽ざる］に至りて『神道のローマ法王』を自由に改廃するに至れり。神聖皇帝にローマ法王の加冠なくしては其尊厳を保つ能はざりしが如く、『神道のローマ法王』より征夷大将軍の冠を加へらるることによりて『鎌倉の神聖皇帝』の飾られたることは神道の信仰の勢力ありし間は事実なりき。否、将軍大名の如きは恰も今のドイツ皇帝が其れ自身の虚栄心の為めに今尚神聖皇帝の冠を臨《望》みつつあるが如く、神道の信仰が大《おおい》に力なくなれる後も尚朝廷よりの叙位叙爵を悦びたりしことは事実なり。而して朝廷は［法王］グレゴリオ七世の如くならず▽改［▽権威赫々たらず］大《おおい》に優温閑雅にして戦国の窮乏より徳川氏に至つては更に不断の幽閉に在りしが為めに、『鎌倉の神聖皇帝』或は『各国王』の虚栄心を打撃して彼等の強力に触るるが如きことは無かりき。彼の足利義満が太政大臣たらんとの要求を拒絶せる如きときも『神道のローマ法王』の傍より譲歩し、［（義満が直ちに簒奪に着手して『聖帝』たらんとせしは前説の如し）、］自ら天児屋命《アマノコヤネ》の後なりと称して系統を神代に求めたる一匹夫秀吉▽削除（故に君臣一家論者は彼の天下を取りて王たらんと欲すれば王帝たらんと欲すれば帝と云へる権利を承認せざるべからず）△にまで摂政関白を拒絶せざりき。［（秀吉が天下を取るや終に皇帝たらんとして左右より諌止されし陰れたる史料は亦《また》忘るべからず）。］若《も》し中世史の天皇の内容が上古の其れと等しく天下の所有者の意義なりしならば、強力が凡ての権利を決定せし正義の時代に於て、『我は我が力を以て天下を取れり』との秀吉の宣言は天皇其者に対する否認ならざるべからず。而しながら歴史上の事実は然らずして当時の天皇の意義は仮令《たとい》衣食の欠亡に陥れるほどに土地人民を失へりとするも『神道のローマ法王』としての栄誉を傷《きずつ》けられざりしを以て、彼等強力者とは無関係なる別天地に於て其れ自身の存在を継続したりしなり。固《もと》より社会の進化と共に原始的宗教の信仰が漸時《次》に衰退し行くは論なく、北条氏の両統迭立《てつりつ》の苦肉策が禅学によりて神道の法王に対する尊崇の薄らぎしや、又徳川氏の残忍冷酷を極めたる不断の幽閉と不断の脅迫譲位が儒学によつて等しく然りしやは断定すべき根拠▽削除なしと雖も。△而しながら▽改［▽而も］其の勢力の衰退せるに係らず足利氏が北朝を立てて自ら神道の法王とならず群雄戦国の貴族等が亦《また》自ら天皇と称せざりしは、『天皇』の内容が中世史に入りて天下を所有する強者と云ふと全く別なる『神道のローマ法王』の意義なりしを以てなり。キリスト教のローマ法王が欧州の神聖皇帝によりて易置《えきち》（取替え置く）せられたる如く、神道のローマ法王は鎌倉の神聖皇帝によりて中世史の一千年間を通じて極度の自由を以て改廃せられたりき。而しながら欧州の神聖皇帝が自ら立ちてキリスト教のローマ法王の位を奪ひしことなく又其の必要なかりし如く、神道のローマ法王が天下を取《とり》て最上の強者たることを目的とせる鎌倉の神聖皇帝によりて奪はれざりしは各々存在の意義▽改［▽天地］を異にせるよりの［不］削除必要なかりしを以てなり。実に、天皇の文字の内容を歴史の進化に順行して決定せずしては、古代の天下の所有者と云ふ意義の天皇と、『我れは我が力を以て天下を取れり』と公言し、天下の凡てより『天下様』と仰がれたる将軍との双《ふたつ》ながらなる存在は解すべからざるなり。

　吾人は固《もと》より天皇の希望として神道のローマ法王たる以外に尚古代の如く天下の所有者たらんと努力したることなしとは言はず。而しながら希望と歴史上の事実とは別問題なり。平将門は天皇の裔なることを理由として他の裔なる天皇に取《とり》て代らんとの希望はありき、而しながら歴史上の事実は固《もと》より天皇にあらずして叛逆者の名を負はされて後の貴族国の前に陳渉《勝》呉広（故事より）事のさきがけとなること）の任務を尽くしたるに過ぎざりき。強力が凡べての権利を確定せし古代及び中世に於ては、大なる権利の獲得には大なる強力を要す。古代の天皇を見よ、九州の辺より畿内の端までを征服せる神武、一剣虎竜の間を横行せる大和武尊、戦慄せる謀臣に抽《ぬきん》でて自ら剣を振つて最強者を斬殺せる天智、斯る大なる強力の基礎に於てのみ大なる権利の君主国時代あるなり。——権利思想は時代の進行に従ひて進化す。若《も》しフランス革命及び維新革命時代の如く貴族階級の強力による掠奪を中世の権利に非らずと否認するならば、其の否認の逆進は更に古代史に逆進して当時の天皇其者に対する由々しき結論を余儀なくされざるべからず。斯る逆進的批判の歴史より外解せざるが故に、雄略天皇の当然なる権利を無視して暴逆無道なりと云ひ、孝謙天皇の権利として行使せんとせる所を婦女子なるが故の溺愛なるかの如く考ふるなり。——吾人は古代の天皇の絶対無限権が強力に伴ふ絶対の権利なることを強烈に主張す。而して中世の天皇が［『］神道のローマ法王としての万世一系［』］なりしことを、貴族階級の乱臣賊子なりし事実によりて亦《また》何者よりも強烈に主張す。

　ああ国体論者よ、この意味に於ける万世一系は国民の克《よ》く忠なりしことを贅々する国体論者に対して無恥の面上に加へらるべき大鉄槌なり。即ち、天皇は深厚に徳を樹てて全人民全国土の上に統治者たらんことを要求したりき、実に如何なる迫害の中に於ても衣食の欠亡に陥れる窮迫の間に於ても寤寐《ごび》（寝ても覚めても）に忘れざる要求なりき、然るに国民は強力に訴へて常に之を拒絶したりと云ふことなり。——▽削除の後、削除を取り消す何の国体論ぞ、△斯る歴史の国民が克《よ》く忠に万世一系の皇室を奉戴せりと云はば義時も尊氏も大忠臣大義士にして、楠公父子は何の面目ありや。或は云ふべし、而しながら万世一統に刃を加へざりしと。

——亦《また》何の国体論ぞ、是れ国民の凡てが悉《ことごと》く乱臣賊子に加担して天皇をして其の要求の実現を絶望せしめたればなり。斯ることが誠忠の奉戴ならば北条氏の両統迭立《てつりつ》と徳川氏の不断の脅迫譲位は何よりも誠忠なる万世一系の奉戴にして幽閉の安全によりて系統は断絶する者ならんや。問題は万世一系の継続其事に非らずして如何にして万世一系が継続せしかの理由に在り。——斯る理由によりて継続されたる万世一系は誠に以て乱臣賊子が永続不断なりしことの表白に過ぎずして、誠忠を強弁する国体論者は宮城の門前に拝謝して死罪を待て！　何の奉戴ぞ。日本民族の性格はルイ十六世を斬殺せるフランス人と同一なりと云はれつゝあるに非らずや、只皇室が日本最高の強者たりし間は二三《にさん》のものを除きて多くルイ十四世の如くならず殆ど良心の無上命令として儒教の国家主権論を政治道徳として遵奉し、皇室の其れが他の強者の権利に圧伏せられたる時には優温閑雅なる詩人として政権争奪の外に隔たりて傍観者たりしが故なり。万世一系は皇室の高遠なる道徳の顕現にして誇栄たるべきものは日本国中皇室を外にして一人だもあらず、国民に取りては其の乱臣賊子たりし所以の表白なり。若《も》しチャールス王の如く政権に対する慾望を以て義時に対抗せしと仮定せよ、何人《なんぴと》か義時のクロムエルたらざりしを保すべきぞ。明《あきら》かに降服の態度を示して東軍を迎へたるに係らず全国民の一人として死よりも苦痛なる三帝の流竄《るざん》を護らんとせし者なきは、外国干渉の口実を去らんが為めの余儀なき必要ながら而も僅かに一票の差を以て死刑を決せしフランス国民よりも遥かに残忍なる報復に非ざりしか。（吾人は今尚故郷なる順徳帝の陵《みささぎ》に到る毎に詩人の断腸を思ふて涙流る）。強力が所有権を決定せし時代は所謂切取り《削除》強盗は武士の習ひなりしを以て暫《しばら》く強盗に例へしめよ。強盗の刃を振ふは財布の目的なり、財布を獲《とり》たる後に刃を振ふことは殺人狂にあらざればなさざる所なり。否！　既に財布を充分に膨らして持てる所の切《削除》り取《削除》り強盗の子孫は財布を遠き以前に失へる所の者に向つて殺人狂となるものにあらず。頼朝は巧妙なる脅迫の強盗にして義時は持兇器強盗なり。北条氏、足利氏、徳川氏の守成（創業後のかため、守り）の将軍等は父祖の強盗によりて膨れたる財布を相続して不足なき有福長者なり。彼等は凡て成功せる強盗なりき、而しながら何の理由によりて強盗が同時に殺人狂たり、有福長者が亦《また》然らざるべからざるや。実に、一たび強盗の手に入りし財布は強盗の子孫に世襲財産として伝へられ、其の数百年の経過の後には今日の法律に於てすら時効によりて贓品《ぞうひん》が神聖なる権利となる如く、時の国民によりて明らかに犯すべからざる権利とせられ先きの所有権者たる天皇は恰も今日数百年前の田地の持主が忘却さるる如く全く記憶に存せざりき。故に『天皇の御謀反』の語あり。而して世襲の財布は又更に他の強盗の白刃によりて強奪せられ、強盗は直ちに其の強力によりて権利を設定す。故に秀吉は『我は我が力を以て天下を取れり』と云へり。強盗の社会に於ては他の強盗が一の強盗の財布を強奪の即夜より認識するが如く、強力が所有権を確定せし時代に於ては先きの強奪されたる者を外にして全天下の強盗は掠奪者の第一世よりして其の権利を認識したり。故に家康は全国民よりして▽削除△『天下様』と仰がれたりき。斯くの如にして財布は常に強盗の手より強盗の手に転々せられ、強盗は互に殺戮して之を争奪せしと雖《いえど》も、強力を失へる皇室はこの流血の外に傍観者たるの外なく、為めに万世一系に血痕を附着せしめざりしのみ。将軍の末路が悲壮なる割腹を常とせしは財布を持ちて而して剛健に之を握れるが為めにして、色紙に歌を走らすの指は財布の緒にも堪へず。而して乱臣賊子の国民は一千年の遠き以前に於て強盗を働らき、幕末の歴史編纂に至るまで皇室が最も最初の所有者たることを忘却したるが為めなり。貧民は強盗の憂なし。天下の所有者たる意義を国民の乱臣賊子によりて奪はれたる神道のローマ法王は、強盗を招くべき懐を有せざりしなり。当時の強者に取りて神道のローマ法王たる能はずまたその要なきは恰もドイツ皇帝がキリスト教のローマ法王たる能はず又その要なしと云ふと同一にして、彼の木曽の猿猴《えんこう》冠が［『］我れ已《すで》に法王に勝てり法王たらんか法王は法師なるを以て法師たらんも可笑《おか》し［』］と云へる如き▽改或は一場の傲語《ごうご》ならざりしやも知るべからず。［▽実に皇室を神道の法王として法師として視たる者か。］実に強盗等が強力を以て天皇を財布の外に排斥せしことの甚しき、中世只一回の後醍醐天皇の英傑に向つてすら殆ど刃に血ぬるの要なしとして隠岐の遠島に幽閉したる如きに▽改見よ。源氏然りき、北条氏然りき、足利氏然りき、戦国の一百年徳川氏の三百年凡て皆然りき。——幕末の真正なる国体論者［▽『国体論』］は近代の権利思想を以てこの掠奪者を▽改否認し以て［▽否認する］革命論を▽改［▽として］唱へたるものに非らずや。今日その国体論を継承して尊王忠君を唱ふるものが当年の革命党の如く掠奪に憤怒せずして却《かえっ》て掠奪者の乱臣賊子を蔽ひ、万世一系は其等掠奪者の恩恵による奉戴の結果なるかの如く誣《し》ゆるは独り何ぞや。我が幕末の尊王論者は等しく尊王なる所の貴族階級を顚覆せんが為めに尊王を唱ふる如き自家撞着の癲狂《てんきょう》漢にあらず。維新▽改の元勲［▽革命家の一人］なる伊藤博文氏の『憲法義解』を見よ、実に明瞭に維新革命が主権の回復なる［こと］を論ぜるに非らずや。回復とは喪失を前提とす。

吾人が皇室の万世一系あるは系統主義と忠孝主義と及び神道の信仰によると云へるは以上の説明によりて解せらるべし。原始的生活時代は神道の信仰と系統主義と忠孝主義の凡べてによりて其の勢力の及びたりし地方の間に於て奉戴せられたりき。（而して是れ他の凡べての部落は各《おのおの》その酋長を其の三者によりて奉戴することによりて逆進的歴史家の所謂乱臣賊子を歴史的生活以前より意味す）。歴史的生活時代に入りて君主国時代の初期は純然たる強者の権を以て全日本に君臨し後大族の専横ありしに係らず系統崇拝の良心によりて万世一系の犯さるることなく法理上君主国時代として藤原氏の終局までを奉戴せられたりき。（而して是れ藤原氏の系統を誇栄とする等しき系統主義によりて君主国時代の殆ど凡べてを通ぜる乱臣賊子の圧迫なりき）。中世史の貴族国時代に入りては強者の争ふ所の者とは無関係なる『神道のローマ法王』として神道の衰退しつつありし信仰に奉戴せられたりき。是れ頼朝より徳川氏に至る一千年の長き間なり、一千年とは今の先進国の文明に至るまでの歴史なり。さればこの長き間の社会の進化に於ては最早《もはや》皇室は系統のみによりて崇拝せられず陪▽改臣［▽『陪臣』］の世▽改と云ふが［▽北条氏以降に示さるる］如く平等観は実に強力の手によりて広大に拡張せられ、維新革命の［『］王侯相将《将相》豈《あに》種あらんや［』］との其れが先づ一匹夫秀吉の腕によりて実現せらるるに至れり。斯くの如くにして皇室は平等観が更に拡張して貴族階級を顛覆するに至るまで、貴族階級だけに拡張せられたる平等観によりて君主国時代の意義を失ひ、全く『神道のローマ法王』として宗教的栄誉を有したるに過ぎずなれり。固《もと》より吾人は革命以前は其の階級国家たるゆえ▽改［▽故］を以て社会の組織が系統主義と忠孝主義となりしを否むものに非らず。而しながら其の系統主義とは却《かえっ》て天皇と同一の枝なりと云ふ、若《も》しくは父祖より天下の主たりと云ふ系統的誇栄による平等観若《も》しくは強者の権の表白として皇室に対する貴族階級の乱臣賊子となり、其平統的▽改［▽其の系統的］誇栄を負ふ所の貴族階級の下に隷属する武士農奴の下層に取りては系統崇拝の良心による乱臣賊子の加担者として桀狗尭に吠ゆるの理由をなすに外ならず。忠孝主義は経済的独立による政治的自由の貴族階級に取りては全く意義なく、単に他の貴族若《も》しくは皇室と対抗する場合に於て其の経済的従属の下層階級に向つて対抗者を打撃すべき義務の要求たるに過ぎず。――実に、中世以後の万世一系の継続は皇室に対する系統崇拝に非ず、又天皇に対する忠孝主義に非ず、貴族階級に対する系統崇拝と其等『眼前の君父』に対する経済的従属による忠孝主義とを以て皇室に対する乱臣賊子が成功したる――即ち謂《い》はば乱臣賊子の紀念なり。斯る意味に於ける系統の継続は今の出雲の神官にもあり、彼は国民より主権者として奉戴されざる者なりと雖《いえど》も神代より［最も純潔なる万世一系を以て］連綿たりと云ふに非ずや。斯る意味に於ける最も純粋なる真の［万世］一系はインドのマラハーナにあり、彼は政権者にあらずしてクインス神の権化したるより三千年の間只僅かに一回傍系を養ふて継がしめたることあるのみにして其の婚姻を結ぶは只インドの大皇室デルビー家に限らると云ふ、是れ無数の傍系より傍系に上下縦横し多くの人民の血液殊に藤原氏の其れを無量に混ぜる日本の比に非らざるに非ずや。万世一系そのこと▽改［▽其事］は国民の奉戴とは些《いささか》の係りなし。秀吉は自ら天児屋根尊《アマノコヤネ》より多くの人民の血液と多くの傍系とによりて伝はれる万世一系なりと考へたりしと雖《いえど》も彼の父祖は固《もと》より田園の匹婦なりしは論なし。穂積博士の如きは皇室も国民も同一なる血液にして自ら天照太神の後裔なりと考ふるを以て（白痴よ！）、其の父祖が徳川将軍に奉戴せられずとするも穂積家の斯る意味に於ける万世一系なることは論なし。否！　単に万世一系が国民の奉戴と係はりなしと云ふのみならんや、国民の余りに乱臣賊子にして万世一系が凡てを絶望せるを以てなり。掠奪に憤慨せる維新革命の国体論者は、掠奪者を弁護して自らを天照太神よりの万世一系なりと考ふる下賤なる国体論者を後継とす！　真理の為に十字架に昇れるキリストの後に、真理を偽はりてキリストを十字架に昇す所のローマ法王あり。国体論がローマ法王となれる今日、吾人は実に十字架に昇れる国体論者を思ふて涕泣《ていきゅう》せざる能はず。▽改枯骨夜陰に泣くや。［▽実に国体論とは歴代の乱臣賊子を弾劾争誅して乱臣賊子の貴族階級を転覆せんが為めの革命論なり。然るに貴族階級の乱賊を弁護粉飾するに於て逆まに国体論の名を冒す。昏迷極まれりと云ふべし。］

▽改故に断定す――［▽歴史は吾人に断言せしむ。］皇統の万世一系あるは万世の長き間国民が常に大胆残忍なる乱臣賊子にして天皇は遠き以前に其内容の大部分を掠奪せられ神道のローマ法王として絶望したるを以てなりと。実に万世一系は乱臣賊子の紀念なり。

［第六十八節］

吾人をして十字架に昇れる国体論者の為めに、国体論者を十字架に昇しつつある所のローマ法王に対して更に語らしめよ。

有賀博士の『国法学』は曰く、［改行削除］

『主権の用は之を幕府に委任したりと雖《いえど》も主権の体は万世一系の天皇に在りき』と。削除

吾人は有賀博士をして日本有数の歴史家の名を博せしめたる『帝国史略』を読まず又今後恐くは拝読の光栄を有せざるべしと雖《いえど》も、その『国法学』に於て日本政治史を叙説せるを見て実に在来のこそなんめるの代りに主権と云ひ統治者と云ふが如き法律学上の術語を用ひたるに過ぎざる逆進的叙述なるに驚く。鎖国時代の歴史家が歴史を以て進化の跡を見るものとして歴史を考へざりしは今日の進化に至らざる社会として当然なり。又コント、ダーウィン以前の欧州の其等が歴史を以て繰り返へす者と解したることも宇宙循環論の思想系を脱する能はざりし進化の一過程として社会の致す所なり。而しながら天下に先《さきだ》ちて『社会進化論』を著はし▽削除（等しく見ず）△、天下に向つて現代の国法を歴史的に研究して天皇主権論の

基礎なりと［声言］しつつある者が、政治歴史が政権覚醒の発展拡張する順序を研究する者なることを解せざる［▽せず］とは土人なりと云ふの外なし。有賀博士一人に限らず、日本歴史家の凡ては進化論以後の思想を以て日本歴史に臨みたること殆ど無かるべきを思ふ。斯くの如きは歴史的研究に非らず。動学的説明にあらず。キリスト教の天地創造説若《も》しくは神道の宇宙開闢説によりて一切の禽獣《きんじゅう》木石が各々其れぞれに創造せられたる如く、人類の始めより、即ちキリスト教ならば天地の創造より、神道ならば宇宙の開闢より、アダム、イヴの西洋は共和民主国にして伊諾那岐《イザナギ》伊冊那美《イザナミ》の日本は君主国に作られたるものと迷妄し、以て国体及び政体の時代的分類を忘却するなり。――是れある哉《かな》、『我が日本の国体』！［▽。］吾人はむしろ進化論を解せず宇宙開闢説を信仰して憲法学を講ずる可憐なる穂積博士の一貫せるを称揚す。有賀博士は穂積博士と等しく神道の信仰たる宇宙開闢説を思想の中枢とす、自ら歴史的研究の名を掲げて穂積博士の君主々権論を嘲笑し、『天皇主権の基礎を単に天照太神の子孫なりとの事実によりて定むるは歴史を考へざる俗論なり』と喝破するが如きは僭越も甚し。有賀博士は歴史によりて天皇主権論を唱ふる者に非らず、穂積博士と等しき神道的信仰より歴史を玩弄しつつあるものなり。博士の罵倒は天に向つて吐ける唾にして自家の面を汚せり。

　瓢箪より駒の出《い》づることが因果律に許容せられざる間、徳川氏の公武法制十八個《箇》条［▽『公武法制十八箇条』］、禁中方御定《おさだめ》目十七個《箇》条［『禁中方御定目十七箇条』］の中より有賀博士の統治権委任論の出《い》づる理由なし。吾人は再び公武法制十八ケ条［▽『公武法制十八箇条』］と禁中方御定目十七個《箇》条［『禁中方御定目十七箇条』］とを掲げて幕府の対皇室策を縷述《るじゅつ》せず、又義時尊氏を凌駕せる不断の幽閉と不断の脅迫譲位の事実を羅列せざるべし。而しながら少しく歴史的研究者の態度あらば皇室の圧迫に用ひられたる其等の法文を逆用して皇室と幕府との間を委任関係を以て説明せんとするが如き癲狂《てんきょう》なかるべき理なり。博士は曰く、『源平より以降戦勝の結果によるに非らずして支配権を得るもの徳川氏を以て始めとす、故に統治権を維持するの理由は之を兵力の外に求めざるべからず。家康古典に渉り国体に通ず、一旦政権を天皇に返へし奉り其の委任によりて幕府を編成するの主義を取り勅を奉じて公武法制を制定す』と。何たる論理ぞ天皇より政権を委任されんが為めに『一旦政権を天皇に返へし奉る』とは即ち委任されざる以前に於て有したる所の政権を返へすと云ふことにして、委任以前に徳川氏が政権者なりしことを前提とす。博士は云ふべし、秀吉が委任せられたる所の政権を兵力によりて奪ひ其れを天皇に返へして更に委任を受けたるなりと。吾人は天皇の委任したる主権の用なるものを主権の用を委任されず従《したが》つて兵権なかるべき徳川氏が如何にして奪ひ得たるかを問はず。而しながら古典に渉り国体に通ずる所の徳川氏が委任によりて支配権を得たる『始め』なりとせば、『源平以降戦勝の結果による』政権者は主権の用を委任せられたる者に非らずと云ふことの明言にして統治権委任論は自殺論法なり。反覆して云へば有賀博士の統治権委任論とは下の如くなる。即ち『一旦政権を天皇に返へし奉り其の委任によりて支配権を得るもの徳川氏を以て始めとす』るが故に、『源平より以降戦勝の結果による』凡ての幕府は統治権を委任せられたるものに非らず。又最初の幕府が統治権の用を委任せられしとするも、統治権の用を委任せられざる所の即ち兵権なき所の徳川氏は『一旦政権を天皇に返へし奉りし』と云ふも▽改[▽ところの]返へすべき主権の用を委任せられしことなし。

　而しながら有賀博士は云へり。曰く『兵馬大権も理論上は尚天皇に在りし。勅宣を以て頼朝を総追捕使《ついぶし》征夷大将軍に任ぜしめ給ひ、追討は必ず院宣によりて之を行はしめ給ひしにて知るべし』。曰く『又外交に於ても理論上その権力の天皇に存したるは文永九年元国の高麗より書を献じ通使を求め来りしとき時宗之《こ》を朝廷に奏したりしにて知るべし』。是れ『委任によりて幕府を編成』し『支配権を得る者徳川氏を以て始めとす』と云へる前《さ》きの主張を打ち消して、『源平以降戦勝の結果による』ものも等しく共に統治権の用なるものを委任せられたりと云ふ立言なり。――万国無比の統治権委任論よ！吾人は敢て頼朝が総追捕使《ついぶし》征夷大将軍に任ぜられ又追討の時に院宣を受けしことを否むものにあらず、そは博士が文字の形態発音によりて考ふる如く今日の天皇が陸軍大将を任命し宣戦の勅語を発すると同じ意義のものに非らずして神道のローマ法王と鎌倉の神聖皇帝との関係なるを以てなり。博士は須《すべか》らく省みるべし。彼が追捕使征夷大将軍に任ぜられざる以前に於て却《かえっ》て院宣を受けて来れる平氏を撃破せる兵馬の権利は何人《なんぴと》の委任によりしか。院宣なるものは何の権利ありて天皇を有する平氏の追討を命ずることを得たるや。主権の体と云ふは院宣にありや勅命に在りや。有賀博士にして院宣の▽改[▽と]勅命とは当時の事実によりて共に有効なりしと主張するあらば、是れ誠に事実を重[ん]ずる歴史家の態度にして事実上の兵馬権は頼朝の遠き以前より有したる所なり。否！▽改[▽、]頼朝は院宣を奉じて勅命の者を鏖殺《おうさつ》（皆殺）せしのみならず院宣其事をも眼中に置かず、例へば其許《ゆるし》なきに係らず我の臣を征するなり君にして臣を征する何ぞ院宣を待たんとなして堂々君主の慨▽改[▽権利]を以て奥羽を伐ちしに非ずや。吾人は又敢て文永九年元国の通使を求めしとき時宗の奏聞《そうもん》せしことを否む者に非らず、そは亦《また》博士が文字の形態発音によりて考ふる如く今日の天皇が外務大臣の報告を聞くと同意義の者に非らずして、神道のローマ法王たりしが為めなるを以てなり。即ち亀山上皇が身を捨てて伊勢大廟に祈りしが為めに神風の起りて元寇を掃蕩せしと信仰せられたるほどに神道の信仰の上に立てる神道のローマ法王たりしを以てなり。博士は凡てに於て須《すべか》らく自ら省みるべし。時宗の専制権を以て勅答を反古《ほご》にし、宣戦の布告は胆甕《かめ》の如き（頼山陽の詩「蒙古来」中に「相模太郎胆如甕」の一節）相模太郎（北条時宗）の一喝によりてなされ而して天下凡て之に従ひて戦ひしものは彼の外交権を承認したるが故に非らざるか。足利義満は天皇の委任による主権の用を以て外交権を行使し支那より日本国王に封ぜられしか。豊臣秀吉は天皇の委任による兵馬権なる者を以て朝鮮を征伐し、委任による外交権を以て和議の文書を破棄し▽改［▽するに一言の奏聞にも及ばず］我れは吾が力を以て天下を取れり王たらんと欲すれば王帝たらんと欲すれば帝と云ひしか。家康の外交は開国を旨として外国貿易を自由にし、家光は厳峻なる鎖国政策を以て国家を封鎖せしは皆天皇の委任による外交権の行使なりしか。――実に▽改万世［▽万国］無比の統治権委任論なるかな、委任とは合意の契約を要素とし、又定められたる条件を外にして契約解除の自由なかるべからず。詐欺を以て他の財布を奪ひしものを詐欺取財、脅喝を以て奪ひしものは脅喝取財と云ふ言語文字ありて委任取財とは有賀博士のみの使用たるべく、白刃に掛けて奪へるものは盗賊の贓品《ぞうひん》と名《なづ》けられて委任財産とは日本の法律にて未だ通用せざる文字言語なり。而して委任したるものの契約解除若《も》しくは返還を要《もと》むるに却《かえっ》て無人島に放追《ママ》すること義時の如く、或は徳川家光の三十五万の軍を率ひて威喝せるが如き何たる奇怪の委任契約なりしぞ。主権の体と用とが分離すべく而して用を幕府に委任したりと云ふ有賀博士よ！　主権の本体たる天皇が外交権の体によりて鎖国攘夷を命ずるに、其の用を委任せられたる幕府が開港条約を結びたるは体と用とが相互に他を打ち消すことの自由なりと云ふ条件附の委任契約なりしか！　主権の本体として理論上兵馬［の］大権を有したる天皇は、其の兵馬［の］大権の用なるものを北条義時に委任し其の用を以て体を打撃することを契約したりしか！　主権とは其の本体の上に其の用なる自己の主権が圧倒して行使さるるものなるか！　吾人が日本中世史の天皇と将軍との意義を以て欧州の中世史に比し、以て『神道のローマ法王』と云ひ『鎌倉の神聖皇帝』と名《なづ》けたるはこの故なり。万国無比の統治権委任論よ！　神道のローマ法王より征夷大将軍を任命せらるることによりて鎌倉の神聖皇帝が統治権の用を委任せられたるものなりとせば、彼の欧州の神聖皇帝に冠を加へたるローマ法王は統治権の体を有したるものなりしか。而して又当然の論理として当時の諸侯は天皇の委任によりて統治権の用を委任されたる幕府より更に其の用を委任されたるものなりと云ふか、然らば今日の欧州諸国の君主はローマ法王より主権の用を委任せられたる神聖皇帝より更にその用を委任せられたるものにして欧州各国の今日は主権の体とやらんは無き空虚の浮島か。――斯る万国無比の統治権委任論を以てすればフランスも米国も凡て削除『万国無比の国体』削除たり得べし。日本の大学教授は足利義満の独立せる『日本国王』の称号を以て外交権の用を委任せられたるよりの独立となすべし、而しながら米国の大学教授は米国独立戦争が主権の体なる英王より独立を委任せられたりとは云はず。日本の法学博士は義時が三帝を流竄《るざん》せるは兵馬権の用を委任されたるよりの反逆とすべし、而しながら仏国の法学博士は革命党が主権の体なるルイ王より王自身を断頭台に昇すべき主権の用を委任せられたりとは云はず。凡て万国無比の議論あり。［沙汰の限りと云ふべし。］

［第六十九節］

更に穂積博士をして有賀博士の罵倒に復酬《ママ》せしめよ。

実に以て土人部落の滑稽劇と云ふの外なし。穂積博士は有賀博士と共に君主々権論者にして其の論拠を原始的宗教の信仰と共に日本歴史に置くものなり。而して有賀博士が穂積博士の原始的宗教を罵倒せるに係らず博士自身は原始的宗教の宇宙開闢説を以て歴史を静的に取り扱ひつつある如く、穂積博士に至つては原始的宗教を信仰すとの標榜なるが故に日本民族のみ進化律の外に結跏趺坐《けっかふざ》して古今国体の進動せしことなしと云ふ歴史哲学者なるに於て共に一なり。而も、斯る点に於て慶賀すべき一致あるに係らず有賀博士の気焔が偶々《たまたま》穂積博士に対する罵倒となりしが如く、主権本質論の見解に於て穂積博士の意気は亦《また》以上の有賀博士の解釈を根本より打ち消すに至つては実に噴飯の限りなり。固《もと》より両氏は君主々権論の大傘の下に於て敵なるべき理なく、有賀博士の気焔が穂積博士に向つて吐かれざると同様に、穂積博士の意気も有賀博士を的に吹かれたるものに非らざるべきは論なし。――吾人は敢て悪戯の為めに盲者に等しき二氏を衝突に導きて傍より嘲笑せんとするものに非らずと雖《いえど》も二氏に対しては深く謝せざるべからず。即ち、穂積博士の主権本質論は同じき君主々権論者に向て主権の学理を示したるものにあらずして、所謂政党内閣を主張する所の民主々義者が事実上の共和政体を慣習憲法によりて樹立せしめんとする企図に対して論じたるものなり。曰く、

『チエールの君主は統御すれども支配せずと云ふは理論としても取るに足らず。凡て権力は活動するが故に権力なり。活動せざる権力と云ふは権力の観念に反す。君主が主権者ならば権力を行ふ力を有せざるべからず。権力を行ふ力なきものは主権者にあらず』。是れ権力を行ふ力なかりし中世史一千年間の天皇が主権者に非らざりしと云ふ断言なり。更に曰く、

『権力を行ふを得ざる権力者と云ふ観念は自家撞着なり。権力とは意志の働きにて行動するが故に権力なり。権力なき主権者と云ふは理論上意味《を》なさず。法理論として攻撃するの価値なし。且つ実際論としても権力の主体と権力の作用とを分

つ能はず。語の上説明の上に於てこそ分離して考ふれども、事実上権力の本体と其の作用とは同一人に属せざれば意味をなさず。権力を行ふ人を権力者となすなり』。是れ権力を行ふ所の今日の天皇を権力者なりとすると共に幕府を権力者なり［し］と云ふ主張なり。更に曰く、

『社会の主権の成立するは社会的勢力による。論理的に成立するにあらず。故に歴史を読むときは往々にして主権の所在の極めて不明なることあり。或は君主が主権者たる如く、君主と雖《いえど》も貴族豪族の擁する所となりて実権は豪族の手にあるが如く、或は君主と国会とが合体して主権者となると云ふ観念を有するものあり。歴史の実際は必ず君主にありとか国会に在りとか判然せざる場合多し。是れ主権の性質の然らしむる所なり。主権は社会的勢力なり。社会の成立は種々なる原因によりて定まる。故に歴史の結果として其の国民が其の主権の所在する所を確信して喜《よろこん》で其の権力に服従する所を以て主権の所在とするの外なし』。是れ▽改［▽是の正当なる主権本質論の解釈は其の正当なるに係らず］固《もと》より君主国。貴族国。民主国の三時代の進化を解▽改するよりの［▽解して］見解に非ざるは論なし▽改と雖《いえど》も、［▽なし。而も］歴史の実際云々以下の文字によりて日本国の主権は決して万世一系に固定せず常に動揺したりとの歴史解釈なることは明《あきら》かに認めらる。

是れ実に乱臣賊子の権力を追認する者にあらずや。義時の墓に向って徳川氏の廟に向つて主権者の称号を奉るものに非らずや。嗚呼忠臣穂積氏之墓よ！　斯くの如き主権本質論は『天皇の御謀反』と名《なづ》けて義時の権力の下に歓《よろこん》で其権力に服従せし北条氏時代ならば可なり。家康を『神君』と云ひ凡ての将軍を『天下様』と称して歓《よろこん》で其の権力に服従せし徳川氏時代ならば可なり。尊王屋忠君業を以て天下に鳴る穂積八束氏其人の口より乱臣賊子の追認とは呆《あき》るるの外なし。吾人一人のみは穂積博士を以て現今の国体を革命し政体を変更し従《したがっ》て重大なる国家機関の一たる天皇を顛覆するに至るべき復古的革命家なりと云ふと雖《いえど》も、一般世人は博士の憲法学を謬《あやま》りて勤王的法律家と呼び死後必ず伊藤博文氏の傍らに聊《いささ》か謙遜に少《小》さく而して▽改［▽伊藤氏の其れが夜陰其の頭上に糞塊を置かれたりと伝へらるる如く］黄色の物質を［▽博文氏の其れが辱められたる如く糞塊を頭上に］戴きて銅像として建てらるべく、芳名を湊川神社のあらん限り残すを期待しつゝある者なり。然るに、権力なき主権者とは理論上無意味なりと云ひ、国民の悦《よろこん》で服従する所を主権の所在となすと云ふとは何たる乱臣賊子ぞ。而も曰く『国家主権は万世一系の皇位に在りて他に移らざりしを我が国体となす』と。若《も》し銅像が建てらるるならば必ず両頭を要し、而して各々の頭に黄色の脱糞▽改［▽博文氏と同じき糞塊二個］を要す。

吾人は理由なく法科大学長帝国大学教授法学博士［の長々しき肩書きを有する者］を侮弄するものにあらず。若《も》し貴族

階級と苦闘したる幕末の国体論者の如く、貴族等の乱臣賊子が天皇の主権を掠奪しつつありしことを認めて其顛覆の為めに皇室が主権を奪はれたりと主張するならば、議論を外にして吾人は満腔《まんこう》の▽改同情に［▽熱情を］傾倒すべし。又、彼の伊藤博文氏が維新の功臣たるの故を以て『維新革命は主権を回復せるものなり』と主張すとも、そは彼等の功業に対する満足の表白にして強者は自己の権利が何者に基《もとづ》くかを説明するの理論を有せざるべからず。固《もと》より伊藤氏の斯る事を主張する『憲法義解』の［法理学及び歴史学に於ける根本観念に於て］謬《あやま》れるは論なし、而しながら穂積博士が彼れの『憲法義解』を頞《はなすじ》（杜鼻）に戴きて大学の講壇に昇るの時は彼が如き強者の栄誉を表白するものにあらずして奴隷なり。幕末の国体論者ならば主権の掠奪者を憤怒して許容せざるべし、然るに恰ど《ママ》幕府主権論者の口吻《こうふん》を以て『権力なき主権者とは理論上無意味なり』と云ひ『国民の悦《よろこん》で服従する所を主権の所在となす』と云ふが如きは、誠に志士の忠魂を侮弄するも極まる。幕末国体論者は幕府の権力者なることを認めたりき、而しながらそは顛覆せんが為めの認識にして穂積氏の如き主権本質論を以て幕府の膝下に平伏せんが為めの弁護にあらず。吾人は実に疑ふ▽削除△――斯る主権本質論よりして『国家主権は万世一系の皇位に在りて移らざりしを我が国体となす』と云ふ歴史解釈が如何にして産るるや、更に詳しく見よ。

『近世欧州諸国の基礎は封建制度の分裂独立より成れり。我が国に於ては封建制度衰へて諸侯権力を失ひ、中央の朝廷再び権力を恢復《かいふく》して統一したり。之を我が明治維新の大業とす。欧《欧州》の封建制度は之と正反対の結果を来したり。封建制度衰ふるに従ひ中央の皇帝は全く権力を失ひ遂に地方の大諸侯が小諸侯を併呑し自立して独立国をなせり。今日の欧州諸国は中世には神聖ローマ皇帝の下に属する諸侯なり。而るに中央の政府滅亡して諸侯独立せり。恰も日本に於て云はば維新後薩摩長州の如き数多《あまた》の独立国に分れたると同一の形況なり』

凡べてが矛盾なり。『諸侯権力を失ひ』とは諸侯の権力を持てることを前提とし、『中央の朝廷再び権力を恢復《かいふく》したり』とは天皇が権力を喪失せることを前提とす。『国家主権が万世一系の皇位に在りて移ることなかりし我が国体』ならば、維新革命によりて他に移ることなかりし『主権を回復す』とは人類の言語にあらず。彼は天皇主権論を云ふか、幕府主権論を云ふか。彼をして欧州の如く中央の神聖皇帝滅びて地方諸侯の自立せる悪夢を見せしめよ、目醒めての彼は君臣一家論も忠孝一致論も神道の信仰も一切のことを捨てて『権力の在る所主権の在る所なり』として薩摩長州の君主の下に乱臣賊子の頭に於て天皇主権論を否認すべし。即ち斯る主権論は純然たる強力説にして神道的憲法論の其れの如く宗教道徳とは別の基礎なり。実に穂積博士を思考するには両頭の怪物を想像するより外なきなり。

ああ両頭の怪物穂積八束氏！　彼の両肩にある頭は各《おのおの》相肯定し相否定しつつあり。右の頭が神道を宗教として信仰すと云へば左の其れは神話の科学的研究を為しつつあり。左の其れが幕府主権論を唱導しつつありと云へば、右の頭は天皇主権論を説述しつつあり。否！　彼の左肩の頭は国家主権論を信じ、右肩の其れは天皇主権論を説く。削除此の処に引用せる彼の主権本質論と前《さ》きの法理論に掲げたる彼の主権の説明とを見よ。『主権とは社会的勢力なり』と云ふ此の処の名《命》題は実に国家主権論の思想にして、君主々権論の説明たる『主権は君主固有の力なり』と云ふ名題を打ち消すものなり。主権が社会的勢力たらば社会が主権の主体たるべく、君主固有の力なりとせば君主の死と共に死すべし。——この相対抗しつつある法律学界の二大思潮を同時に窃取すとは如何にすとも考ふべからず、吾人は僅かに両頭の怪物を想像して思考し得たり。上智と下愚の移らずと云ふは上智は自己の智なることを知るの智識を有し、下愚は自己の愚なることを知るの智識すらも有せざることを意味す。穂積博士は固《もと》より自己の愚なることを知るの智識▽改を有する［▽をも有せざる］ものにあらずと雖《いえど》も、自己の智なることを知るの智識を有するを以て吾人は其の何れなるかを知る能はず。而しながら斯る両頭の怪物が帝国大学の講壇を独占するが故に（而して近時大学の神聖を唱へたりと云ふが故に、呵々《かか》）、大学卒業生なる者が嘲笑の材料とせられ、更に大日本帝国の意志を表白する重大の機関たるべき司法行政の登竜門に立ち塞がれるが為めに思想の独立を無上の権威とする少壮学者にして実に韓信《かんしん》（漢初の武将）の忍耐を以て彼の跨下を匍匐《ほふく》して過ぐるの外なきなり（「韓信の股くぐり」。青年時代、辱しめられ股をくぐらせられたがこれによく耐えた）。士人部落ならずんば斯る両頭の怪物なし。

重ねて謝す、吾人の有賀博士と穂積博士とを対抗せしめたるは決して盲者を衝突に導きて傍より嘲笑する頑童の悪戯を為したるものにあらず。［——ああ］頼山陽日本外史の苦心焉《いずくん》ぞ彼等の諒察《りょうさつ》し得る所ならんや。

［第七十節］

然らば、日本中世史の天皇は『神道のローマ法王』たる以外何等の意義を有せざりしや。否、吾人は信ず、天皇はそれ以外に幕府諸侯と等しき統治権を有し、只強力に於て劣りしのみと。即ち、有賀博士の統治権委任論の如く幕府諸侯が其の所有の土地人《人民》の上に統治権を有したるは天皇の委任による統治権の用にあらずして各々統治権者たりと云ふことなり。穂積博士の主権本質論の如く他の強力に圧伏せられたることありと雖《いえど》も維新以前の天皇は其の内容の凡てを幕府に奪はれて幕府のみが日本の統治者なりしと云ふものにあらず、将軍。諸侯。天皇の各々凡てが統治者たりしと云ふことなり。

吾人が国体の進化的分類と云ふ主張は茲《ここ》に在り。即ち、維新革命以前の国家は『家長国』と云ふ別種の国体にして必ずしも一国一主権にあらず、多くの統治者が其所有内の国土及び人民を自己の利益と目的との為に私有財産として処分しつつありし者なり。即ち、この財産権の主体を統治者と云ひ財産権の行使を統治と云ふ者にして、今日の如く国家の目的と利益の為に国家自身が統治する所の主体なりと云ふとは大《おおい》に意味を異にする君主々権の国体なりしなり。而して始めには近畿地方の国土及び人民の上に天皇が一人の所有権者にして君主国時代なりき。然るに天皇の系統の分派が漸時《次》に地方に侵略して土豪となり群雄となりて国土及び人民を所有するに至り日本全国の上に無数の君主を生じたりき。是れ頼朝以後の貴族国時代なりき。即ち歴史的記録の発現より維新革命に至るまでの一千数百年間は『家長国』にして、始めには小区域に止まりし者が漸時《次》に大区域に拡張し、始めは一人の家長君主なりしものが漸時《次》に多くの家長君主となりて相抗争するに至れり。而して古代及び中世を通ぜる権利の決定は強力なりき。故に皇室が最初の強力者として小地方の国土人民の上に家長君主たりしと雖《いえど》も、更に皇室の系統の源平。足利。徳川等が地方の国土人民の上に家長君主となるに至り、茲《ここ》に個人の権威を強力の決定に求めたりき。即ち貴族国時代の貴族とは其の将軍と云ひ群雄と云ひ諸侯と云ひ種々の名称あるに係らず、其の所有の国土人民の上に絶対無限の権利を有したる家長君主たる点に於ては凡て悉《ことごと》く同一なりき。而して天皇も中世に至つては神道のローマ法王たる意義以外、其の所有の土地人民の上に於て無限絶対の権利を有したることは疑なし。固《もと》より中世史の後半即［ち］群雄戦国の一百年より徳川氏の三百年に至るまでは全く神道のローマ法王たる以外何の権利も剰《あま》さざりしかの如く考へらると雖《いえど》も其の貧窮の間に於ても尚憐れなる公卿を臣として有し徳川氏より無限の圧迫を蒙りつつも少許《すこしばかり》の土地を与へられしを以て、法理上その土地人民の上に於て家長君主としての絶対の権を有したりしことは事実なり。（尚『生物進化論と社会哲学』［▽『社会進化論』］に於て君主国。貴族国。民主国の進化を社会哲学の上より論じたる所を見よ）。貴族国時代の貴族［▽『貴族』］とは決して今日の『華族』なる者の如く特権ある国民と云ふものにあらず、その所有の土地人民の上に絶対の権利を有したる『君主』なり。即ち、貴族国時代とは斯る『君主』が或は抗争し或は合同して多く存在したりし時代のことにして、彼等は天皇の系統と云ふ誇栄を以て先づ社会の一分子の実現したる所の者を少数階級に実現を及ぼして君主国時代の君主と同一の平面にまで進化し昇れるものなり。而しながらこの理由は有賀博士の統治権委任論の否定なりと雖《いえど》も、天皇を以て統治者に非らず［▽非ざりし］と論ずる穂積博士の主権本質論の肯定にあらず。諸侯将軍共に君主なりき。而しながら天皇も共に君主たりしことは歴史上の事実なり。只、『主権』の文字を本来の意義、即ち『最高の統治者』『統治者の上の統治者』、『君主の上の君主』の意義に解するならば、是れ実に王覇の[▽之]弁の論争されし所以にして亦《また》一問題なり。

この問題に対する零点の答案は穂積博士の其れなり。『主権の処在の不明なるときは国家の動揺せる時なり』と。彼が其の『憲法大意』に定義せる如く『国権とは国を統治する主権なり』と云ふほどに主権本来の意義を忘却して一国一統治権の現代を以て中世史を考ふるならば単に日本[の]中世史に限らず欧州の其れも然かりしを以て近代を解する唯一の途たる凡ての中世史は国家学の研究外に逸出すべく、且つ国家とは常に進化して止まざるものなるを以て常に動揺すべく、[▽べし。] 穂積博士は憲法学の匙《さじ》を投ずるの外なし。[▽なきなり。]『主権』と云ふ文字は実に中世の出現にして多くの君主統治者の存在せし中世に於て何人《なんぴと》が『君主の上の君主』『統治者の上の統治者』なるかを表白せんが為めに実に『最高権』と云ふことを意味す。今日の国家に於ては仮令《たとい》君主々権論を取るとも又国家主権論を取るとも君主若《も》しくは国家より外に権利の主体たるもの一もなきを以て『最高権』と云ふことなし。『最高権』の意義あるは即ち最高ならざる所の権利の主体存することを意味して即ち家長国の中世史なり。然らば、万世一系の天皇は日本の中世史に於て主権者、即ち最高権を有する統治者の上の統治者。君主の上の君主なりしや。

王覇の[▽之]弁とは主権の処在の決定なりと解すべし。即ち、王者が大名なる統治者[等]の上の統治者として最高権を有すべきや、覇者が諸侯なる君主[等]の上の君主として最高権を有すべきやと云ふ論争なり。而しながら、仮に幕府主権論者の[▽たる]物徂徠等の見を取ると定むるも、足利時代の幕府は尊氏の始めより群雄の上に最高の統治権を振ひたる主権者にあらず。又徳川氏の末は長州薩摩の統治者等の上に最高権を発動する能はず、又皇室の強大を加へて従来の如く圧伏する能はざりしを以て当時の幕府を主権者なりと云ふ能はず。又仮定して天皇を栄誉の源泉としてこの栄誉権を留保せしと云ふことを理由として国学者の如く天皇主権論を唱ふるも、其の栄誉権の行使が常に兵権によりて阻害せられ、且つ栄誉権の本体たる天皇が兵権者の自由によりて改廃せられしを以て或る時代に於ては此の意味に於ける主権者として議論の貫徹せざるものあり。加ふるに強力が凡てを決定せし正義の時代に於て天皇御謀反の語あり、今日に於ても国際間は尚多く強力による権利なるを以て主権国と非主権国とを分類するに兵権を第一要素に挙ぐる思想よりすれば、天皇主権論を以て一千年間を一貫することは困難なり。――吾人は断言す、主権とは数多《あまた》の家長君主等が抗争の間に於て生ずる勢力の消長のことにして、主権者は其の時代々々によりて決定すべく、決して不変のものにあらずと。故に吾人は斯る意味の主権論と無関係に諸侯幕府が各々統治者たる君主にして天皇も亦《また》決して統治者たることを失ひしことなしと断言せんと欲す。即ち、天皇は天皇として君主なりき、而して社会の進化は平等観の拡張となり貴族階級が天皇を摸倣して到達を努力し、群雄諸侯皆其れぞれに進化して［皆］其れぞれの範囲内にて君主と▽改なり［▽たり］しなり。

故に、吾人は幕末の国体論者の如く幕府諸侯が天皇の統治権を掠奪して天皇は実質なき空に名《なづ》けられたる者なりと考ふるものにあらず、而しながら彼等は国民は削除悉《ことごと》く天皇に尊王忠君なるべきことを要求として唱導したるも▽改のにして［▽もの。］今の国体論の如く幕府諸侯の掠奪を弁護して彼等を尊王忠君なりと称揚したるが為めに斬▽改られ［▽捕斬され］たるに非らざりき。彼等は国民が万世一系を奉戴すべきことを要求として言へり、而しながら万世一系が国民の尊王忠君に奉戴せられたる事実の為めに零落悲惨の極に達せりとして悲憤慷慨せざりき。彼等は零落悲惨なる万世一系の継続を橋▽改土［▽加茂川の橋上］に伏して眺めたる時是れ国民の万世欠くるなき乱臣賊子の為めに凡てを絶望せる罪悪の記念なりと感じたりや否やは知らず、而しながら万世一系は皇室一家のみの誇栄たるべき者にして国民の奉戴による効果に非らざることだけは確実に知れり。ああ国体論は終にローマ法王となれり、而して国体論の精神を伝ふる真の国体論者を却《かえっ》て十字架に昇さんとするか！

吾人は国体論の名に於てローマ法王の教義を拒絶し、万世一系を指して明《あきら》かに告げん。是れ皇室の徳を建つること深厚なるより▽改の［▽が為めに完ふするを得たる］皇室［のみ］の誇栄に▽改して、［▽たるべきものなりと。而して］国民に取りては億兆心を一にして万世欠くるなき乱臣賊子を働きたる歴史的ピラミッドなりと。

第▽改十四章［▽第十三章］

［第七十一節］

維新革命の国体論は天皇に対する忠を主張せんよりも貴族階級に対する忠を否認せんが為めなり／国体論者は乱臣賊子なる名に於て乱臣賊子に殺さる／等しく忠臣義士なる所の諸侯将軍と等しく忠臣義士なる所の国体論者との奇怪なる階級闘争／尊王忠君が十年ならずして憲法要求の運動となれりと云ふ奇怪なる民族心理学／維新革命は王政復古にあらず、歴史とは復古するものにあらず／維新革命は大化の遠き理想たりし公民国家▽改［▽国家主権論］の実現なり／個人の現在的利己的目的より外なかりし家長国時代と社会の永遠なる理想を意識せる公民国家の現代／社会哲学の見地と道徳学。法律学の見地／大化革命の公民国家は天智の理想に止まりて実現されたるものは君主々権の家長国なりき／国家主権論と共に土地国有論を断行したるは其経済的関係に於て国家に忠ならしめんとするに在り／土地国有論の励行と貴族国の萌芽／後の天皇皆天智の理想を打ち消して家長国となる／経済的基礎を失へる中世史の天皇は単に理想国を理想しつつありしに過ぎず／大化革命の政治的組織は尚純然たる階級国家なり／プラトーの理想国とプラトーの期待したる哲学者の君主／国家主権の国体は長き進化の後なり／朕即ち国家なりとは法理上国家の一部分なる君主が国家の全部なることを意味す／個人的利己心の意識が同時に国家の意志たる家長国／社会の進化と国家意識の覚醒／攘夷論の社会単位の生存競争による社会的存在の覚醒／維新革命は国家の目的理想を法律道徳の上に明らかに意識したる点に於て社会主義なり／下層階級の経済的進化による民主的独立／革命の要求と理論／『国体論』とは民主々義を古典と儒教とに蔽ひたる革命論なり／権利思想の三百年間に於ける急転／革命論の要求急なりしが為めに古代史を考察するの暇なし／幕末に於ける神道的信仰の皆無／国体論者の革命文学／革命論は凡て王覇の▽改［▽之］弁と古典の仮定より演繹されたり／維新革命は社会間の接触によりて覚醒せる国家意識と一千三百年の社会進化による平等観の普及とが未だ社会民主々義▽改［▽民主社会主義］の理論を得ずして先づ爆発したるものなり

［第七十二節］

政権藩領の奉還にあらず又尊王忠君に非らず／『二千五百年史』は義時尊氏等の貴族主義者を民主々義者と誤り国

体論を君主々義と謬《あやま》れり／高山彦九郎とドイツ皇帝の狙撃者は国体論と社会民主々義とが皇帝其者を目的とせざることを解せざる政治狂なり／政治史とは政権に対する意識の拡張と云ふことなり／現天皇は特権ある一国民として維新革命の民主的大首領たりき／維新革命以後の『天皇』の内容／維新革命は建設的方面に於ける無計画の爆発なり／欧州の革命は長き計画後なりき／維新革命と戊辰戦役に於て貴族主義に対する破壊をなし民主々義の建設的本色は二十三年間の継続運動にて段落したり／『華族』の意義／維新革命の民主々義者は成功と共に貴族主義となれり／貴族主義者の大勝利／維新革命の本義を明らかに解し藩閥がその破壊的方面に於て元勲たることを正当に認識すると共に建設的本色に於て元兇なることを厳粛に解せよ

［第七十三節］

『乱臣賊子』と云ふが如き逆進的批判は善悪の進化的のものなることを知らざるによる／成功せる今日維新革命の民主々義者が乱臣賊子の名を拭はれたる▽改如く成功せる貴族は当時に於て乱臣賊子と呼ばれず／善悪の決定と社会的勢力／教育勅語を自家の護衛に使役する井上博士［▽或る一派］の倫理学／現天皇の個人的卓越に向つて科学的倫理学者としての全能までを要求するは暴なり／教育勅語は学界に悪果を来したるものにあらず、学者の愚呆《ママ》を教育勅語の責任に導くべからず／義時尊氏等が国利民福の為めに民政を害する皇室を排斥せる者なりと云ふ他の独断論／中世貴族の乱臣賊子に非らずと云ふことは其人民及び他の貴族等より自由独立を承認せられたりと云ふことなり／貴族のみならず凡ての武士百姓の階級も乱臣賊子にあらず／経済史の進化と武士平民の開放《ママ》／▽改社会民主々義［▽民主社会主義］は現今の国体と政体とを顚覆して実現さるるものにあらず維新革命其事が▽改社会民主々義［▽民主社会主義］なり／今日の社会民主々義

［第七十四節］

憲法第一条の『万世一系』とあるは将来のことにして歴史に係はりなし／契約憲法に非らざると共に又君主々権論者の解する如き欽定憲法にあらず／維新より二十三年に至るまでに於ては国家主権の国体にして政体は最高機関を一人の特権者にて組織する政体なりき／家長国時代の君主専制と公民国家の君主専制／二十三年の帝国憲法は国家が其の主権によりて一人の最高機関の口を通じて最高機関を平等の多数を要素［と］する政体に変更することを表白したるものなり／国家は主権体として機関を改廃作成するを得と雖《いえど》も二十三年にして消えたる一人の最高機関は憲法改正又は廃止の自由なし／穂積博士の欽定憲法論は継体天皇若《も》しくは光孝天皇の如きを金村《かなむら》基経《もとつね》等の自由に改廃するを得べき欽定天皇なりと云ふ論理なり／欽定憲法の意義／憲法の解釈権は何者にも存せず

［第七十五節］

『愛国』と『民権』の声／天皇の国家機関たる地位は原始的宗教を信ぜずと云ふこと若《も》しくは血液を異にすとの理由を以て侵犯さるべからず又奴隷的従属関係にあらず／天皇は系統崇拝の崩壊しつゝある基礎に立てるものに非らず／天皇と国民とが血液に於て差等なしと云ふことを以て天皇を否認することは国家の是認せざる所なり／土人部落の蛮神は教育勅語を盗奪したり／国家機関は内部的生活に立ち入る能はず／▽改井上博士［▽或る］一派の解釈家の『克《よ》く忠に』の意義は天皇を解せず／忠君と愛国との道徳的理想の進化／忠君愛国一致論の迷妄／穂積博士の忠君愛国一致論は其の排撃する国家主権論と自家の君主々権論と▽削除一致す△と云ふ自滅なり／『爾《なんじ》臣民克《よ》く忠に』とは国家の利益のために天皇の特権を尊重せよと云ふことなり／以上の概括

［第七十一節］

吾人は先きに国体論を貴族階級が天皇に対する忠順の義務を欠けることを憤怒して唱へられたるかの如く解したり。而しながら歴史哲学の上より見れば、貴族階級に対する忠順の義務をも拒絶せんが為めに貴族階級自身が忠順の義務を拒絶したりしことを指示▽改したるものなり。［▽改すべし。］［▽したる者が国家論なりしなり。］即ち、平等観が貴族階級にまで拡張したる歴史の進化を承けて更に一般階級に拡張せんとする――維新革命の民主々義の為めに！　説明の根拠を儒教と古典とに求め▽改て、［▽求めたる者なり。則ち］『貴族等は吾人に忠順の奴隷的道徳を要求しつゝあり、而しながら彼等は其の始めに忠順の義務を蹂躙したる乱臣賊子にあらずや。吾人は彼等に対する乱臣賊子とならんが為めに彼等の却《かえっ》て乱臣賊子なることを攻むべし』と論ぜんが為めの革命論に過ぎず。即ち、『忠』其者の否定の為めに過ぎず。斯くの如くにして貴族主義者は其の乱臣賊子によりて得たる地位を維持せんとして国体論者を迫害し、国体論者の民主々義者は亦《また》貴族階級と同一なる地位に進化せんが為めに『眼前の君父』に対して乱臣賊子を働らき、乱臣賊子なる名に於て乱臣賊子に殺されたりき。――維新革命の本義は実に民主々義に在り。然るに未だ日本の歴史を哲理的に研究することなく、維新革命家が驚くべき言論迫害の下に在りて余儀なくせられたる舞文曲筆に惑はされて却《かえっ》て日本国民の凡てが皇室の忠臣義士なりと解し、等しく忠臣義士なる所の諸侯将軍と、等しく忠臣義士なる所の国体論者との階級闘争を奇怪とも考へず只以て茫々然として亘を送るなり。彼等は日本国民は其歴史によりて外国文明を吸収する素養を有したりとして誇るにあらずや。而も維新当時の『万機公論による』の宣言、維新後十年ならずして起りたる憲法要求の運動を全く直訳的のものとなし、斯くの如き急激なる変化が数年間にて来るものなるかの如く考へて奇怪なる民族心理学を疑はんとだもせざるなり。憐むべき東洋の土人部落よ！　維新革命を以て王政復古と云ふことよりして已《すで》に野蛮人なり。

野蛮人にあらざるならば、一千三百年後の進化せる歴史を一千三百年前の太古に逆倒して復古することが人力の能ふ所なりと考ふるか。歴史とは社会の進化せる跡と云ふことなり。歴史は循環するものにあらず。亦《また》固《もと》より復古するものにあらず。維新革命が大化王政の復古なりと云ふは、記録的歴史をも要求せざるほどの伝説的時代の其れに社会の凡ての事、生活も、人情も、風俗も、思想も文字も言語も逆行して退化せざれば想像し得べからざることなり。――維新革命は大化の王政に復古したるものにあらず、大化の革命に於て理想たりし儒教の▽改『公民国家』［▽国家主権論］が一千三百年の長き進化の後に於て漸《ようや》くに実現せられたるものなり。［（儒教の国家主権論は『啓蒙運動時代』に於て東洋のプラトーとして孟子の政治哲学を論じたる処を見よ）。」公民国家▽改［▽国家主権の国民国家］は家長国の潮流を遮断して建設さるるものにあらず、家長国の充分に発展したる進化の跡を受けて始めて実現さるべき［純然たる近代的］新国体なり。即ち、家長国体の如く家長が（君主国時代ならば一人の家長が、貴族国時代ならば多くの家長が）その所有財産として土地人民を所有主の利益の為めに処分するにあらず、家長が国家の外に立ちて国家を経済物として自己の目的の為めに手段として取扱ふにあらず、国家が国家自身の目的と利益との為めに其の国家の分子に其れぞれの特権を与へて国家の機関たらしむる全く別種の進化なり。繰り返へして云へば家長国時代に於ては社会の未だ進化せざるが為めに社会自身の目的と利益とを意識して国家の永久的存在なることを知らず、社会の一分子若《も》しくは少数分子が其等個人としての（社会の一部としてにあらず）利己心を以て行動するより外なく、他の下層分子は其等上層の利己心の下に犠牲として取扱はれ以て社会を維持し来れる者なり。（『生物進化論と社会哲学』▽改［▽『社会進化論』］に於て個体の欠損によりて維持する生存方法を説きたる所を見よ。）近代の公民国家に至つては然らず。社会は大《おおい》に進化して社会其れ自身が生存進化の目的を有することを解し、国家の利益と目的とが全分子に意識せられ、其の国家の意志を表白すと云ふ機関たる分子に於ても社会の一部としての社会的利己心を以て（機関が其自身を個人として意識する場合の個人的利己心にあらず）行動する者なり。即ち、社会の分子が犠牲たる場合に於ても家長国の如く他の個人の個人的利己心の満足の為めにあらず、自己が社会の部分なることを意識する社会的利己心を以て社会の他の部分若《も》しくは後の部分の為めに欠損さるべき個体の部分となることなり。社会哲学の上より見れば結果は共に同じき社会生存の方法なり。而しながら結果より見ず意志より論ずる所の法律学よりしては同一なる社会生存の為めの犠牲の方法と雖《いえど》も明《あきら》かに分類して進化を截然たらしめざるべからず。即ち、家長国▽改［▽国体］時代の道徳法律は君主の個人的利己心の為めに犠牲たる『忠君』なりき、公民国家▽改の［▽国家主権の現代国体に於ける］道徳法律は社会の社会的利己心の為めに犠牲たる『愛国』なり。意志を考察する所の道徳法律は明らかにこの国体の進化的分類を為さざるべからず。

大化革命とは漸《ようや》く原始的生活を脱するか脱せざるかの太古に於て、この儒教の高遠なる理想的国家論を実現せしめんと夢想したるものなり。而しながらそは単に大皇帝天智の夢想に止まりて、現実に現はれたるものは君主々権の家長国なりき。天智は固《もと》より国土及び人民を天皇の利益の為めに存する天皇の私有財産なりと考ふるものに非らざる▽改［▽ざりし］は論なく、事実に現はれたる土地国有制に見るも儒教の国家主権論を厳格なる政治道徳に於て把持したりしは亦《また》疑なし。実に、儒教の社会主義を実現せんと夢みたりし▽改［▽たる］大化革命が、其の政合《ママ》的方面たる社会主権論を天皇の政治道徳として把持すると共に、其の経済的基礎たる井田《せいでん》の法と称せられたる土地国有論を断行したりしは誠に以て大皇帝たるを失はず。国家の経済的基礎——当時に於ては唯一の基礎たる土地を蘇我氏顛覆までの家長制度の如く貴族階級の私有としては、国家の各分子が直接に国家に対せずして国家は階級的の層をなし、従《したが》つて上層階級に経済的に従属する下層階級の分子は、国家を目的とせずして其の従属する所の分子その▽改［▽其］者の利益の下に行動し、為めに上層階級の分子の削除間に於て利己心の相衝突する場合に於ては後代の群雄割拠の如く国家の分裂を来たし、例へ或る聯合若《も》しくは圧迫の下に国家の分裂を免かれたる時と雖《いえど》も、国家は其れ自身の目的を失ひて上層階級の君主等の利己心の下に客体として取扱はるるに過ぎざるを以てなり。大化革命はこの経済的方面に於ては理想の実現に近かりき。而しながら儒教の国家学其者が孔孟時代の支那民族に取りても余りに高遠なる理想にして、其の井田の法なるものと雖《いえど》も現今の社会主義の唱ふる如き意味の土地国有論にあらずして、当時の家長国土地私有制の歴史的進行に逆行して只復古的に遊牧時代或は農業時代の土着当時に於ける部落共産制の尭舜を回顧したるものに過ぎず。従《したが》つて土地私有制度は歴史的進行の当然として其の行くべき所にまで行くの外なく、特に直訳的智識の政府は今日法律を発布するに英語を以て書くが如く、当時の無文字なりし時代に取りては英語よりも不通なる漢文の律令を以てせる者なれば行はれざりしは論なきことなり。斯くの如くなれば皇族の理想家は蘇我氏の顛覆と共に土地国有論を励行して暫《しばら》くの間貴族階級の萌芽を刈除《かいじょ》することに努《と》力したりと雖《いえど》も、英語の法律の達せざりし地方に於ては土地私有制の勢は滔々として進み、国司土豪は或は法律を破り或は法律を免かれて中世史の貴族国たるべき萌芽を培養しつつありき。延暦二年に『民［は］惟《こ》れ国の本《もと》、本固ければ国安し。民の資《よ》る所農業に在り。頃者諸国司等その政癖多し。撫導の法に背くを愧《は》ぢず、唯浸《侵》漁の未だ巧ならざるを恐る、或は広く林野を占めて蒼生《そうせい》の便要を奪ひ、或は多く田園を営みて驗黎の屈菜を防ぐ。自今《じこん》以来国司等廨田の外に更に水田を営むことを得ず、又私《ひそ》かに貪《むさ》ぼりて開墾し百姓農業の地を侵すことを得ず』と令し、▽改［▽令したる如きに見よ。］又弘仁三年には『諸国司の公廨田の外に水陸の田を営むは▽改珠に［▽特に］制限せり。然るに諸国司朝憲に従はず、専ら私利を求め百端奸欺少しも懲革することなし。或は他人の名を借りて多く墾田を買ひ或は言を天臣に托して争ひて腴地《やせち》を占む。民の業を失ふこと是れに依らざるはなし』と令したる如きに見よ。斯くの如くにして国司なるものは漸時《次》に大なる私有地を有するに至つて公民国家の拠て立つべき経済的源泉が枯渇し、延喜天暦の賢良なる君主等が理想の夢より下界を顧みて下民の情を問ひし時には実に租税の皆無にして大蔵省の前に草が生し居たるほどなりしなり。斯くて皇室は理想的国家の夢想に失敗して経済的要求の余儀なき必要の為めに、若《も》しくは天智の死と共に高遠なる理想を解せざる多くの君主が仏教の惑溺の為に、金銀米穀を以て富有なる土豪に国司を売り、又国司を再任するに至りて皇室自ら公民国家▽改［▽国家主権］の理想を打ち消したり。即ち国家の利益と目的との為めに行動せし天皇は天智の死と共に去りて、天皇の利己心の為めに国土及び人民を財産として取扱ひ国家が天皇の為めに手段として存する所の家長国となれり。而してその始めには天皇は最上の強者とし［て］其の地方の土地と人民との上に家長として天皇一人が国家の所有者なりき。而しながら斯くの如《ごと》くにして土着せる国司、強大になれる土豪は社会の進化と共にその強大を加へて後年の源平となり群雄となり諸侯となり、家長国の潮流は滔々として維新の革命に至るまでの貴族国時代となれり。彼の君主国時代の半《なかば》よりして天下の大半を私有せる藤原氏あり、諸皇子餓えて天皇より米穀を与へられたりと云ふに至りては如何に皇室が後の家長君主として抗争すべき経済的基礎を失へるかを見るべく、▽改［▽べし。］従《したがっ》て理想国の上に唯一最高機関として起たんことを夢みたりし天皇の甚だ微弱にして常に抑圧せられ、理想が単に理想たるの外なかりしは社会の進化削除［の過程］として当然なり。否！▽改［▽、］経済的基礎に於てのみ大化の公民国家が一場の夢想的計画なりしのみならず。其の政治的組織は至つては純然たる階級国家なりと云ふの外なし。天武天皇は万姓を混同して八色《やくさ》の姓を賜ひ、大なる氏の氏長には大刀を、小なる氏の氏長には小刀を賜ひたる如き明《あきら》かに家長制度の継承にして、氏に尊卑を定めたる如き依然として階級国家時代の系統主義なり。大宝令に於て官吏を任用するにも系統門閥によりて制限を設けたるは如何に公民国家の計画と背馳《はいち》する思想なるかを見るべく、国家機関たる一切の官職が私有制度として系統門閥によりて定まり、重要なる官職は凡て藤原氏の私有なるは固《もと》より、法律は大江氏中原氏の家系の私有とし、漢学は菅原氏三善氏の私有としたるは、公民国家と云はんよりも疑ひなき家長国なりしなり。即ち、大化革命の公民国家は明哲なる天智天皇のみの理想にして千三百年前の古代の社会に取りては未だ国家が国家自身の生存進化の目的理想を有すと云ふ意識の覚醒せざるは論なく、恰もプラトーの理想国《レパブリック》の如く古代に於て人類の政治的理想として、プラトーの期待したる哲学者の君主によりて試みられたるに過ぎざるなり。大化革命事実に《の》せられたる部分は原始的宗教の神政々治の打破にして、凡ての理想は一千三百年の長き進化の後に於て漸《ようや》く維新革命によりて実現せられたるなり。

実に公民国家の国体には、国家自身が生存進化の目的と理想とを有することを国家の［全］分子が意識するまでに社会の進化なかるべからず。即ち国家の分子が自己を国家の部分として考へ、決して自己其者の利益を終局目的として他の分子を自己の手段として取扱ふべからずとするまでの道徳的法律的進化なかるべからず。――法律的に云へば君主々権の時代より長き進化の後に於て国家主権の現代たる国家主義に至れるなり。一は君主及び貴族（即ち多くの君主等）の利己心の為めに他の凡ての分子が犠牲として存すと云ふ点に於て個人主義なり、他は凡ての国家機関が自己を社会の部分として社会の生存進化の目的の為めに行動すと云ふ点に於て社会主義なり。［――］国家主義とは世界単位の大国家主義に至るべき地方単位の社会主義なり。（吾人は故に国家其者の否定を▽改公言しつつある社会主義者と称する個人主義者は社会其者の否定に至る自殺論法として取らず［▽叫びつつある今の所謂社会主義者を是認する能はず。彼等は社会其者の否定に至るべき自殺論法を気付かざる者なり］）。而してこの君主々義より国家主義に到達する為めには国家意識が社会の一分子若《も》しくは少数分子に限らずして全分子に拡張することを要す。彼の『朕即ち国家なり』と云へるルイ十四世の言は之を社会全分子に国家意識の拡張せし今日に於て見れば誠に野蛮に驚かると雖《いえど》も、▽改朕即ち朕なり［▽『▽改朕即ち朕なり』］と云はんよりも大なる進化なるは論なし。即ち、朕なる彼が社会の部分なることを先づ意識し、他の部分たる下層階級は未だ何等の意識なきを以て、法理上朕其者が社会の全部なるを以てなり。斯る時代に於ては忠君と愛国とは一致す、即ちルイにとりては彼自身が国家の全部なるを以て彼自身の利己心は国家が国家自身を愛する愛国心にして、国家の部分にあらざる下層階級が国家意識の覚醒せる所の君主の利己心に向つて忠なることは、等しく国家の全部に向つてする行動なるが故に愛国なり。［――］即ち、忠君愛国一致論の成立するは君主以外の国家の分子は国家の部分にあらずと云ふ時代ならざるべからず。▽削除の後、削除を取り消し（この家長国時代の君主と臣民との関係は亦《また》先きの法理論に説ける如く君主を国家の外に置きて国土及び人民を国家と名《なづ》くることあり、従《したがっ》て君主の愛国心は国家を自己の財産として愛し国民には忠君あつて愛国なし）。△大皇帝天智は儒教の理想的国家論によりて朕即ち国家の全部なりと云へるルイ十四世の如くならず、天皇が国家の一部分なることを意識し、国家自身に生存進化の目的あることを意識したり。而しながら凡ての者は天智にあらず、社会の進化は遠き古代よりして卓越せる個性を出現せしめて到達を努力せよと教ふかの如く後代の理想たることキリスト釈尊の古代に産れたるが如くなりと雖《いえど》も、彼以後の天皇は社会進化の当然として自己が国家の一部分なることを解せずして国家の全部なりと考へ、個人的利己心の意識が同時に国家の意志たる者多かりき。家長国の君主国時代これなり。而して家長国の潮流は斯る個人を終局目的として行動する多くの家長が相抗争せる貴族国時代となり国家意識は少数階級にまで拡張したり。固《もと》より其の各地に相攻伐せる戦国時代に於てはその所有の区域内に於て朕即ち国家たりしと雖《いえど》も、封建制度に入りて貴族階級の聯合するに至るや、彼等は彼等各《おのおの》を以て国家の全部とせず茲《ここ》にその階級間の凡べてに平等観を拡張せしめて他の貴族等と共に国家の一部なりと云ふ国家意識を有するに至れり。国家の進化は平等観の発展に在り。社会内の衝突◦動揺◦混乱◦接近等によりて自他の同類なりと云ふ意識を漸時《次》に拡張せしめ、奴隷賤民が家の子郎等となり、家の子郎等が武士となり、伊勢瓶子《いせへいじ》（伊勢産のとっくり。低級品で酢甕（すがめ）に使用。「（伊勢平氏とかけて）伊勢瓶子は酢がめ（眇＝すがめ）なりけり」）と卑しめられたるものの子孫が太政大臣となり、今世の思ひ出に昇殿したるものの子が征夷大将軍となり、陪臣の北条氏、平民の豊臣氏が天下の主となり、草莽《そうもう》の野武士が一剣天下を横行して諸侯となり大名となり――茲《ここ》に平等観が貴族階級にまで拡張せられて貴族等が国家の部分なることを意識するに至りたる如く、同一なる平等観は社会の進化と共に武士平民の一般階級にまで拡張して国民全部が国家なりと云ふ国家主義◦国民主義の進化に至れるなり。即ち、プラトーの『社会とは個人の全部にして個人とは社会の部分なり』と云へる如く、国家の全分子を以て国家なりと云ふ所の▽改社会民主々義［▽民主社会主義］の世に至れるなり。維新革命とは国家の全部に国家意識の発展拡張せる民主々義が旧社会の貴族主義に対する打破なり。而してベルリ《ペリー》の来航は攘夷の声に於て日本民族が一社会一国家なりと云ふ国家意識を下層の全分子にまで覚醒を拡げたり。恐怖と野蛮の眼に沖▽改合［▽海上］の黒煙を眺めつつありし彼等は、日本帝国の［一体的］存在と云ふ社会主義を其の▽改鼓膜より電気の如く［▽急激且つ深刻に］頭脳に▽改刺激［▽肺肝に鏤刻］せられたり。国家は生存の目的を有す、国家は進化の理想を有す、而して吾人は凡て上下なく国家の分子なり、国家の分子として国家の生存進化の目的理想のために努力すべき国家の部分たる吾人なり［と］。実に維新革命は国家の目的理想を法律道徳の上に明《あきら》かに意識したる点に於て社会主義なり、而してその意識が国家の全分子に明《あきら》かに道徳法律の理想として拡張したる点に於て民主々義なり。斯くの如くにして下級武士は剣に杖《つえつき》て天下を浪々せり。土百姓《サーフ》は平民の意義を棄てて君主▽改の如き［▽と等しき］権威を其の竹鎗席《むしろ》旗に掲げたり。彼等の多くは乱臣賊子なる名に於て殺されたり、彼等の凡ては百姓一揆なる名に於て沈圧せられたり。誅求《ちゅうきゅう》苛斂《かれん》なるが故の反撃と云ふべからず、誅求《ちゅうきゅう》苛斂《かれん》の点より言へば身体▽改その者［▽其者］を経済物として取扱ひつつありし古代の奴隷制度より甚しきはなかる▽改べしと雖《いえど》も、［▽べし。而も］良心の社会的作成の理由によりて自己を奴隷所有者よりも下等なる生物と考へ、たとへ生《いき》ながら殉死として土中に埋めらるるも慟哭して一の反抗なかりしに非らずや。徳川氏時代に至りての百姓町人は最早《もはや》奴隷賤民にあらず、土百姓《サーフ》にあらず、亦《また》平民にあらず、維新後忽《たちま》ちに挙がれる憲法要求の叫声を呑みつつありし民主的国民なりしなり。通商の発達は素町人と卑められたる市民を先づ経済的独立に導き、三百年の平和は諸侯の下に永小作権を有するに過ぎざるに係はらず尚庄屋名主の大百姓をして経済的基礎を作らしめたり。革命の炬火《きょか》（たいまつ、かがり火）は先づ［読書階級たる］下級武士の手に焔を挙げたり。――王侯相将《将相》豈《あ》に種あらんや、貴族等が天皇に対して乱臣賊子たりし如く我れは貴族等の要求する忠順の義務を負ふべき理あらんや！　炬火は燃えつつあり、理論なかるべからず。彼等は遺憾にもその革命論を古典と儒学とに尋ねたるなり。

実に、『国体論』とは民主々義を古典と儒教との被布に蔽ひたる革命論なり。古典と儒教とは被布なりき、被布は如何に蠹《むし》ばみ破るるとも民主々義の丈夫《ますらお》は胸毛露《あら》はに大道闊歩し始めたり。天皇に対する忠其事は志士艱難《かんなん》の目的にあらず、貴族階級に対する忠を否認すること其事が目的なりき。貴族階級は已《すで》に忠を否認して独立したり、一般階級は更に其れに対する忠を否認して自由ならざるべからず。歴史は進化にして循環にあらず、アリストーツルの政体三分類は三時代の進化の順序にして彼の時代に考へられし如く民主政より君主政に循環する者にあらず、況《いわ》んや貴族政治より王政の太古に復古すること《▽改》「▽如き」をや。而して三百年の平和と文化は権利思想を全く一変したり。切《削除》り取《削除》り強盗を習ひなりとせる武士は、町人よりの借財に向つて強力に訴へて所有権を定むが如き野蛮をなす能はずなれり。この強力が権利に非らずとさるるに至れる権利思想の進化は、実に強力によりて得たる中世的家長君主の基礎を波濤流水の如く崩壊しつつ始めたり。三百年の平和は莫大なる経済的進化を齎《もた》らし従《したが》つて凡ての所有権は肉体的精神的勤労によりて決定せらるるに至れり。然るに貴族武士なるもの何の労働だもなさず只晏然《あんぜん》（落ち着き、平気なさま）として威権を弄しつつあるは何ぞ。而して三百年の文化は更に国民をして粗朴《ママ》なる歴史的自覚を有せしめたり。彼等は高天が原の迷宮に入りて日本国が如何にして建てられ皇室が如何にして今日あるかを考ふるまでには至らざりき、而しながら明《あきら》かに聴かるる古文書の囁きは彼等の主君として奉戴しつつある将軍諸侯が切《削除》り取《削除》り強盗なりしと云ふことなり。ああ切《削除》り取《削除》り強盗！《▽改》「▽——」彼等は貴族階級の強力による権利を否認することは更に古代史の強力を否認するに至らしむることに気附かざりき。彼等は左手に燃えつつある炬火《きょか》を握りて右手に理論を述べざるべからざる急に迫りぬ。《▽改》「▽れり。」炬火は焔を雲に上げて消ゆ。無名の由井正雪《ゆい・しょうせつ》（江戸初期の軍学者。倒幕を計り計画漏れ自刃）は前後に起り前後に仆《たお》れたり。革命論の理論《▽改》「▽理解」は火よりも急に要求せらる。——この間に於て仮令《たとい》原始的宗教の信仰は全く去れりとも原始時代にまで無用の学究的研究を積むの暇あらんや。夷狄の黒船は海を蔽ふて烟《けむり》を吐きつつありと雖《いえど》も、天皇は亀山上皇の如く国家の安寧を原始的宗教に鎚《すが》らざるに至りぬ《▽改》「▽れり」、赤髪《▽改》「▽髯」碧眼の彼等が同類のものなりと考ふるまでには至らざりしと雖《いえど》も神風の起りて冠《▽改》「▽寇」を払ふと云ふほどに神道のアダム、イヴに対する信仰は強固ならざるに至りぬ。《▽改》「▽れり。」只急なり。革命家の歴史的叙述は殆ど古代を高閣に束《つか》ぬて《ママ》（「高閣に束ぬ」。書物などを束ねて高い棚にのせたまま利用しない状態）中世以降に論議の筆を凝らしたり。頼山陽の日本外史は今の国体論者をして諸侯将軍をまで尊王忠君なりと誤らしむるほどに驚《おどろく》べき舞文曲筆を以て言論迫害の中に世に出《い》でたり。水戸の大日本史はマークスの資本論が資本家掠奪の跡を叙述せる如く、強者の権に於てせる貴族の掠奪を最も精細に叙述したり。中世史の三百年は古代史の三千年に匹敵すべき社会進化の速力なり。三百年前の父祖が関ケ原矢石《しせき》（矢と石弓の石。戦）の間に於て得たる権利は三百年後の当時に於て一個の犯罪として歴史家の評論に昇れり。革命の風潮は只否認に急なり。彼等は嘗《かつ》て貴族階級に対する忠を以て皇室を打撃迫害せる如く、皇室に対する忠の名に於て貴族階級をも顛覆せんと企てたり。貴族階級に対する古代中世の忠は誠のものなりき、今の忠は血を以て血を洗はんとせる民主々義の仮装なり。彼等は理論に暇あらずして只儒学の王覇の▽改［▽之］弁と古典の高天が原との仮定より一切の革命論糸《を》の如く演繹したり。曰く――幕府諸侯が土地人民の上に統治者たるは覇者の強のみと、而して是れに対抗して皇室は徳を以て立てる王者なりと仮▽改定［▽前提］したり。国民は切り削除取り削除強盗に過ぎざる幕府諸侯に対して忠順の義務なしと、而して是れに対抗して皇室は高夫が原より命を受けたる全日本の統治者なりと仮▽改定［▽前提］したり。

維新革命は国家間の接触によりて覚醒せる国家意識と一千三百年の社会進化による平等観の普及とが、未だ▽改国家国民主義［▽国民国家主義］（即ち▽改社会民主々義［▽民主社会主義］）の議論を得ずして先づ爆発したる者なり。決して一千三百年前の太古に逆倒せる奇蹟にあらず。

［第七十二節］

実に明らかに維新革命の本義を解せよ。

維新革命の根本義が民主々義なることを解せざるが為めに日本民族は殆ど自己の歴史を意識せず恣《ほしいまま》なる臆説独断を羅列して王政復古と云ひ政権藩領の奉還と云ひ、以て吾人自身が今日の存在の意義を意識せざるなり。政権と土地とを尊王忠君の為めに奉還するほどの貴族階級ならば、何が故に砲火によりて余儀なく奉還▽改されざるべからざる［▽せしめられし］ほどに掠奪し掠奪を奉還せしめんとする国体論者を絞斬せしか。桜田門外の雪を染めたる血は共に皇室に対して尊王忠君たらんが為めの同志討なりしか。戊辰戦争が全日本国を挙げて皇室に尊王忠君たらんが為めの其れにして七卿の都落ちは徳川氏の尊王忠君の結果たり、錦旗に向て飛び来る矢丸《やだま》（矢と鉄砲のタマ）は尊王忠君の目的の為めの反逆なりしか。明らかに維新革命の本義を解せよ。斯《こ》の歴史の進化とは平等観の発展に在ることを注意せざるが為めに、局部の美に於て遺憾なき『二千五百年史』と雖《いえど》も、義時尊氏の貴族主義者を却《かえっ》て民主々義者となし、従《したがっ》て国体論の民主々義を軽侮の眼に看過▽改する［▽して君主主義と断ずる」に至れるなり。義時尊氏は君主に対しては明《あきら》かに平等主義なりしと雖《いえど》も下層の武士百姓に向つては厳然たる君主として立てる貴族主義なり。維新革命の国体論は天皇と握手して貴族階級を顛覆したる形に於て君主々義に似たりと雖《いえど》も、天皇も国民も共に国家▽改の［▽貴族階級より除外されたる無権力階級の］分子として行動▽改［▽握手］したる絶対的平等主義の点に於て堂々たる民主々義なりとす。長州薩摩の貴族等が関ケ原の屈を賤《ママ》がん（濺（そそ）↓雪（そそ）?）ことを動機とし或る野心家の武士が倒幕の後に貴族たらんとの契約を為せしとするも、一たび廻転せる関ケ原の舞台は再び歴史の看客《かんかく》の前に反覆さるるものに非らず、野心家の個人的飛躍は革命の動乱に伴ふ必然の現象なり。維新革命の国体論に神道的彩色あり勤王論の副産物あるも、当年志士の本色（領本）は貴族階級を顛覆せんとの民主々義にあり。彼の高山彦九郎（江戸後期の尊王家。諸国を歩いて勤皇を唱えた。幕府に行動を監視され九州久留米で悲憤して自刃）輩の▽削除陣笠連△は恰も社会民主党の興起と共に故ドイツ皇帝を狙撃せると等しき無用有害の政治狂のみ。社会民主党に取りて皇帝の顛覆が［第二］目的に非らざる如く国体論の目的とする所は貴族政治の打破に存せしなり。古《いにしえ》の家長国時代の一千数百年前は哲学者の君主を外にして国家其者の目的理想を意識する能はざる未開時代なりき。維新革命は家長国の太古へ復古したるものにあらず、家長国の長き進化を継承して公民国家の国体に新たなる展開をなせるものなり。東洋の土人部落ならば王政復古と云へ、歴史は進化と云ふことなり。

実に歴史と云ふことは進化と云ふことなり。社会の進化とは社会意識の拡張と云ふことにして、従《したがっ》て政治歴史は政権に対する意識の拡張と云ふことなり。ラテン民族が▽改西洋の古代△［▽フランス革命］に於てギリシャ。ローマの共和民主制に▽改進化［▽的理想を完成］するまでに君主国。貴族国の時代を経過せる如く、ゲルマン民族が英独の民主的政体の今日に到達するまでに亦《また》君主国貴族国の進化を経由せる如く、日本民族も古代の君主国より中世史の貴族国に進化し以て維新以後の民主的国家に進化したり。——而して現天皇は維新革命の民主々義の大首領として［諸］英雄の如く▽改活動し［▽代表者］たりき。『国体論』は貴族階級打破の為めに天皇と握手したりと雖《いえど》も、その天皇とは国家の所有者たる家長と云ふ意味の古代の内容にあらずして、国家の特権ある一分子、美濃部博士の所謂▽改広義の国民［▽『広義の国民』］なり。即ち　《ママ》天皇其者が国民と等しく民主々義の一国民として天智の理想を実現して始めて▽改理想国［▽東洋的理想国《レパブリック》］の国家機関となれるなり。——維新革命以後は『天皇』の内容を斯る意味に進化せしめたり。

而しながら維新革命の民主々義が無計画▽改の［▽民主主義の理論に立脚せざる］爆発なりしことは明《あきら》かに事実なり。彼等は王侯相将《（将相）》豈《（あ）》に種あらんやとの平等主義に覚醒したり。貴族等が天皇に対して乱臣賊子たりし如く吾人は貴族等に忠順の奴隷的義務なしとの自由主義は意識せられたり。而しながらこの自由平等主義を以て貴族国を顚覆したる後は如何にすべきやと云ふ［民主的］▽削除建設的△方面に至つては殆ど全くの無計画▽改［▽理想］なりき。これが為めに薩長の貴族等は徳川氏の占有せる地位に執つて代らんと夢みたり、野心家は一躍以て侯伯たらんことを期したり。万機公論によると宣言しつつ尚諸侯の聯邦国の上に撰良を以て議せんと云ふが如きを夢想したり。雖然《しかりといえども》、動乱の根底は平等観の発展にあり、自由の要求にあり、民主々義にあり。——革命は建設の計画なくして已《すで》に破壊し了《おわ》りたり。是れ欧州の革命と大《おおい》に異なる所なりき。彼に於ては長き討究の後に於て新▽改［▽民主的］社会の理想を明《あきら》かに画き、又ラテン民族の古代に実現せる民主政は其の理想を復古の形に於て歴史の上に指示したり。欧州の其れは明らかに計画的▽改［▽理論的］なりき。故に吾人は考ふ——▽削除△維新革命は貴族主義に対する破壊的一面のみの奏功にして、民主々義の建設的本色（領本）は実に『万機公論による』の宣言、西南佐賀の反乱、而して憲法要求の大運動によりて得たる明治二十三年の『大日本帝国憲法』にありと。即ち維新革命は戊辰戦役に於て貴族主義に対する破壊を為したるのみにして、民主々義の建設は帝国憲法によりて一段落を劃《かく》せられたる二十三年間の継続運動なりとす。明らかに維新革命の本義を解せよ。『藩閥』と『政党』との名に於て［反動的］貴族主義と［英仏の理論に仮装せる］民主々義は建設の上により多くの努力を占めんことを争ひぬ▽改［▽へり］。藩閥の元勲なる者、一刀を落▽改し差しに［▽両刀を帯して］天下を放浪せし花の若武者なりし間は大胆華麗▽改［▽果敢］なる民主々義者なりき。万機公論に決せよ、大名諸侯何する者ぞ、吾等は彼等の臣にあらず忠順の義務なしと。而しながら凡ての進歩的勢力が其の権力を得ると同時に保存的勢力たる社会進化の原理によりて、彼等は貴族階級の顚覆と共に身親《みずか》ら王侯将相に取て代りぬ▽改［▽れり］。固《もと》より今日の『華族』なる者は単に切開後の創痕《きずあと》にして▽削除恰も社会主義の経済的実現によりて企業家地主等が暫《しばら》く公債によりて特別なる経済的幸福に在るべく想像せらるる如く、全く君主たる当年の意義を失へる一国民にして公債の所有者に過ぎざるは論なし。（故に今の社会主義者が斯る無権力なるものを家長国時代の意義に於ける今日の経済的貴族と同一視して攻撃の中に一括しつつあるは理由なし）。△［本来の意味に於ける『貴族』に非るは論なし。］而しながら彼等の花顔《かがん》が銀色の髯《ひげ》を以て蔽はれ、軽俊▽改［▽決行］敢為《かんい》の冒険的眼光が沈思傲岸の色を湛ふるに至りて彼等は全く当年の彼等と別人格の者となれり。吾人は彼等が功成り名遂げて安逸を貪《むさ》ぼるに至れりと云ふ世評を信ぜず。野心は満々たり。彼等は自ら往年の敵たりし貴族階級に投じて降服したりと云はんよりも実に陣頭に立ちて戦へり。万機公論に由るの宣言は成り上り者の冷笑が無くなるに従ひて全く忘却したり。——斯くの如くにして維新革命の継承者は所謂在野党となれり。彼等藩閥者は維新革命の破壊的方面に於て元勲なりき、而しながら維新革命の建設的本色▽改［▽本義］に至つては民主々義者を圧迫する所の元兇となれり。維新元勲其れ自身が二派に分れて果断聡明の貴族主義者は勝を取れり。大久保利通の絶対専制に対して西南佐賀の民主党は割腹に獄門に終りたり。［――実に所謂西南戦争なる者に於ける民主的大頭首の死は維新革命の死なりしなり。――］山県有朋の保安条令は熱狂せるダントン、ロベスピ《エ》ールを一網打尽して京城三里外に放逐したり。伊藤博文の帝国憲法はドイツ的専制の翻訳に更に一段の専制を加へて、敗乱せる民主党の残兵の上に雲に轟くの凱歌を挙げたり。――ああ民主党なる者顧みて感《ママ》や如何に！▽改［▽。］解散の威嚇と黄白《こうはく》（黄金と白銀。金銭）の誘惑の下に徒らに政友会と云ひ進歩党と云ふのみ。繰り返へして曰《い》ふ、維新革命の本義を明らかに解せよ。藩閥者が維新革命の破壊的方面に於て元勲たることを正当に認識すると共に、維新革命の建設的本色▽改［▽本義］に於て明らかに元兇なることを亦《また》厳粛に解せよ。而して実に吾人の日本史を厳粛なる歴史哲学に於て解せよ。

▽改社会民主々義［▽民主社会主義］は維新革命の歴史的連続を承けて理想の完《まった》き実現に努力しつつある者なり。

［第七十三節］

吾人は前《さ》きより用ひ来れる『乱臣賊子』と云ふ文字を取消さざるべからず。是れ東洋の土人部落にあらざれば無き所なり。只、斯る文字を使用せるは『国体論』の天動説を破るの余儀なき必要の為めにして、一時代の規矩《きく》を以て古今数千年間の政治的行為と倫理的意志とを批判することの野蛮なるは論なし。斯く政治史と倫理史の進化を解せず、一時代の標準を以て古今を律して乱臣と名《なづ》け賊子と呼ぶが故に、雄略武烈が国家の所有者として其の所有の経済物を処分する権利に於てする人民の殺戮を今日の天皇を以て想像し之を無道無仁となす政治史と倫理史とが存するなり。『鶯《ウグイス》の宿はと問はば如何答へん』と云ふとも、天皇は凡ての人民の財産を取り上ぐるの自由ありしは論なく、人民其者が天皇の財産なりしを以て臣下の妻妾を奪ふことも今日の如き政治的非違にもあらず道徳的犯罪にもあらざりしなり。凡ての善悪は進化的善悪なり。▽改（『社会主義の啓蒙運動』にて階級闘争を説ける所を見よ）。［▽（『啓蒙運動時代』の階級闘争の説明を見よ）。］故に維新革命党が其の仕ふる所の君主等より乱臣賊子の名を以て処刑せられたる者の今日に至て濺《ママ・そそ》がれたる如《ごと》く、維新革命党が名《なづ》けて以て乱臣賊子なりと云ひし［中世的］貴族等▽削除（今の華族にあらず、其祖先）△の名も亦《また》維新革命の成就せる今日に至つては全く取消さざるべからざるなり。即ち、科学的倫理学の上より言へば成功せる民主々義者が今日▽改［▽当時の］貴族階級より蒙れる乱臣賊子の名を拭はれたる如く、貴族階級が天皇に打ち勝ちて成功しつゝありし時代に於ては当時の社会より決して乱臣賊子の名を負はされざりしなり。理論に於て然るのみならず事実は明らかに之を証す。凡ての善悪は進化的善悪なり。社会の進化は階級闘争をなして漸時（次）に上層に進む。故に▽改「▽従《したがっ》て」凡ての善悪の決定は社会的勢力なり。人倫第一の無道なりと云はるる乱臣賊子を以て如何ぞ社会的勢力の上に将軍たり諸侯たるを得んや。或は亦《また》教育勅語を自家の護衛に汚辱して曰《い》ふべし、――『是れを古今に通じて謬《あやま》らず之を中外《ちゅうがい》（国内国外）に施して戻《悖・もと》らず』と明示せらるにあらずやと。而しながら前《さ》きにも論じたる如く、教育勅語が倫理学説の公定権を有する者にあらざるは歴史哲学の其れを有せざると同一なり。天皇は帝国議会と共に立法機関を組織して法律を命令し、又独立の或る権限を以て命令を発し得べきものなりと雖《いえど》も、学説を公定する国家機関にあらず。故に天皇が凡ての国民を『克《よ》く忠に克く孝に』と称揚するに係らず所謂国体論者の義時尊氏を乱臣賊子なりと罵ることの不敬漢にあらざる如く、吾人は科学的倫理学の上より祖先の行為を其の時代の道徳的標準に従ひて進化的に批判するに於て凡ての妨害を超越すべし。由来、今の学者なる者――特に教育勅語を唯一の盾として学術の世界を横行する文学博士井上哲次郎氏▽改「▽大学の諸教授」の如き――自家の劣等なる頭脳を天皇の責任に導きて平然たりとは、吾人の固《もと》より執て名《なづ》けんとする所にあらずとは雖《いえど》も『不敬漢』の称は斯るものに正当とす。科学的研究者としての冷静を以て云へば▽削除の後、削除を取り消し（何となれば吾人は歴史学を語りつゝあるものにして理由なき便佞《べんねい》阿諛《あゆ》をなす幇間《ほうかん》的学者にあらず、又謂《いわ》れなき悪感を包蔵する盲動的慷慨業者にあらざるを以て）、△現天皇が万世一系中天智とのみ比肩すべき卓越せる大皇帝なることは論なし。常に純然たる詩人たりしものが徳川氏の圧迫を排除せんが為めに、卓励明敏の資質を憂憤の間に遺伝したり。爾《なんじ》を玉にすと云へる艱難《かんなん》に充てる歴史を以て垂髫《すいちょう》（子供の垂髪、転じて幼時）の時より革命動乱の渦中に在て磨かれたり。孟子が居は気を移し養は体を移すとして斉《せい》王の子を望み見て歎したる如く、維新革命の諸英雄を使役▽改「▽駆使」して東洋的模型の堂々たる風丰《ふうぼう》は誠に東洋的英主を眼前に現はしたり。削除（「――」吾人は想ふ、今日の尊王忠君の声は現天皇の個人的卓越に対する英雄崇拝を意味すと）。削除而しながらこの理由を以て天皇を学究の範囲内に引き来りて科学的倫理学者としての全能を要求することは「狂」暴の極なり。二十三年頃の幼稚なる思想界を以てすれば如何なる卓越せる者と雖《いえど》も、良心の社会的作成の如き善悪の進化的批判の如きを知るの理なし。而もこの理由を以て天皇の明哲を傷《きずつ》くることは後の明治歴史を書くものの断じて為すまじき所なり。天皇は学究たる以上▽改「▽以外」の大なる任務を国家に対して有す。仮令《たとい》教育勅語が旧説の倫理学を取り入れたりとも、大《おおい》に進歩したる思想界に在る学者其人が旧智識を脱する能はずと云ふは学者其人の怠慢にして教育勅語の係りなき所なり。詳しく言へば、井上哲次郎氏の如きが今日尚独断的旧説の倫理学を奉じつつあるは哲次郎氏其人の文学博士たる所以の賢明の為めにして、井上博士の愚に対して教育勅語は責任を負ふものにあらざるなり。尚詳しく言へば［▽則ち］日本国民が今日尚静的倫理学より上に出《い》づる能はざるは教育勅語の関係なき所なりと云ふことなり。［▽負ふべき責任に非るなり。］天皇の国家に対する意義を明確に解せよ。学者の論争に於て教育勅語を自家の便宜に使役するが如き漫暴［▽狂暴］なかるべく、又教育勅語と背馳《はいち》する見解を執れるが為めに教育勅語は学界に悪果を来《きた》したりと耳語《じご》（耳うち）するが如きこともなかるべきなり。［両者共に無用なり。］皆これ国民の罪なりとす。国民の意義◦天皇の意義を解せざる国民其者の罪なりとす。［▽――］前《さ》きに説ける如く天皇は遠き以前に於て『国体論』を打壊しつくしたるにあらずや。土偶は山僧等の神輿に安置されて国体論の守護神たり得べし。日本天皇は厳として日本天皇なり、日本天皇は井上哲次郎氏等［▽或る一派］の倫理学［説］を確かめんが為めに教育勅語を学者の問題に与へたるにあらざるなり。

　而しながら誤解すべからず、吾人が中世史の貴族階級を当時の道徳的標準に従ひて乱臣賊子に非らずと云ふことは、彼等が国利民福の為めに皇室を排斥せし道徳家なりと云ふ他の独断者の其れとは無関係なり。北条義時は単に当時の貴族階級の利益を代表せる者にして民政主義者と名《なづ》くべき理論を［▽と］事実となし、如何に形容辞の豊富に溺惑するも足利尊氏は無数の家長君主の上の家長君主たる大度の一人物にしてオリヴァ・クロムエルなどに比すべき者にあらざるは論なし。国家の目的理想を意識せざる家長国の古代中世に於て、多くの家長君主としての天皇が其れ自身の個人的利己心を以て行動するの外なかりし如く、義時と云ひ尊氏と云ひ国家の利益◦国民の幸福と云ふが如きを目的として皇室と戦ひしものと云ふは論外なり。況《ま》してや乱臣賊子の汚名を忍受して人民の為めに尽くせりと論ずるが如きは、其の独断論なることに於て勤王家の其れを寧《むし》ろ凌駕するものなり。［▽と云ふべし。］吾人が彼等を以て当時の道徳的標準に従ひて乱臣賊子に非らざりしと云ふは、彼等の臣属及び其の所有せる人民と他の貴族等より彼等の自由独立を承認せられたりと云ふことなり。固《もと》より天皇党は彼等が其の所有の範囲以外に強力を発動せしめて天皇の厳高権の要求と衝突することを承認せず乱臣賊子を以て目したることは事実なり。而しながら下層階級が上層と同一の平面に進化し昇らんことの［▽とする］闘争に於て上層階級の之を拒絶するに乱臣賊子を以てするは、敢て君主国より貴族国に進化するときのみに限らず、貴族国より民主国に進化せんとする維新革命の時にも革命党の［▽旳武士の其の仕ふる］諸侯より蒙らされたる名なりしなり。而しながら維新革命党が貴族に対する忠順の義務を拒絶するに、等しく忠順の義務を拒絶しつつある所の貴族其者に対して論理的反撃を加ふる便ありしに反して、貴族等が政治的。道徳的独立を得たるときに於ては強力以外に主張の何者をも有せざ▽改りしなり。［▽ざりき。」彼等は其［の］強力の土地掠奪による経済的独立よりして凡ての政治的義務。道徳的義務より開放ママせ▽改られたり。況《いわ》んや時は未開極まる中世なり▽改。［▽なりしとせば、］高師直《こうのもろなお》の如くその自由を放胆に発揮するの外なかりしなり▽改。［▽しは論なし」彼等は皇室党より乱臣賊子と呼び来られたることは中世史を通じての事実なり▽改と雖《いえど》も、［▽なり。而も」社会大多数よりは其れぞれの地方に於ける君主として絶対的自由を承認せられ、自由の発動する所として他の君主の其れと衝突すとするも決して乱臣賊子とは受取られざりしなり。而して皇室も君主たりし点に於て衝突し▽改たりき。［▽したるは前述の如し。」――吾人は故に断言す、絶対無限権の君主の凡ての行為は善悪の評価以上に在りとさるる如く、彼等は其れぞれの範囲内に於て君主たりしを以て凡て無道徳（不道徳に非らず）の自由を絶対的に享有したるなりと。天皇の義時尊氏等に対して失敗せしは其の強力の足らざりしが為めにして民政を害せしや否やとの問題とは別なり。義時尊氏の天皇に打ち勝ちしは其強力の勝《すぐ》れたるが為めにして民主々義の高貴なるものとは無関係なり。民主々義とは『国体論』の旧套に蔽はれて世に出《い》でたる維新革命前後▽改のことなり。［▽以外の日本歴史に見るべからざる者なりとす。」

　吾人は更に［再び］前《さ》きより用ひ来れる『乱臣賊子』の文字を取消さざるべからず。それは日本国民の凡ては乱臣賊子の従犯若《も》しくは共犯として皇室を打撃迫害したる乱臣賊子のみなりと云ふ吾人の断定これなり。是れ先きに説ける所にて［自ら］明らかなるべく、［当時の］武士の階級削除は各《おのおの》その仕ふる所の『眼前の君父』の行く所に従ひて衛星の如く繞《め》ぐれる忠孝の道徳家なりしを以てなり。即ち、正成に従ひて湊川に死せし三百人の如くならず、中世史の全部を通じて高時に従ひて鎌倉に死せし七百人の如くなりしが為めに、武士道は皇室に対しては大胆果敢なる乱臣賊子として受取らるべしと雖《いえど》も、其の高貴なる自律的道徳は各々の仕ふる『眼前の君父』に対する誠忠なりしなり。吾人は実に凡てを乱臣賊子なりと云ふ▽改［▽云ひし］ことを取り消す。維新革命党も、其の建設的方面の継承者たりし民権党も、吾人社会▽改民主々義［▽民主社会主義］者も、一たびは其の上層より乱臣賊子と云はれ又云はれつつあり。而しながら経済的独立は凡ての独立なり。古代の主君が其の経済的独立によりて政治的。道徳的自由を実現したる如く、中世の貴族が其の経済的独立によりて政治的。道徳的自由を実現したる如く、経済史の進化は同時に政治史。倫理史の進化となりて武士平民の下層階級を更に貴族より開ママ放せしめ、経済的独立による政治的。道徳的自由の実現を国家の全分子に拡張せしめて茲《ここ》に維新革命となり民権党の運動となり更に▽改社会民主々義〔▽民主社会主義〕の大要求と▽改なれり。〔▽なるのみ。〕否、▽改社会民主々義〔▽民主社会主義〕と▽削除云ふ△は彼の個人主義時代の革命の如く国家を個人の利益の為めに離合せしめんと〔仮想〕するものにあらずして、個人の独立は『国家の最高の所有権』と云ふ経済的従属関係の下に条件附なり。而して社会国家と云ふ自覚は維新前後の▽改社会単位の生存競争に非ずして社会〔▽革命前の各藩的小地方単位の対立抗争を一掃して日本一単位の存立的要求、則ち一国一社会の〕主義の▽削除理想△を道徳法律の上に表白したり。〔則ち社会主義なり。而して〕国民（広義の）凡てが政権者たるべきことを理想とし、国民の如何なる者と雖《いえど》も国家の部分にして、国家の目的の為め以外に犠牲たるべからずとの信念は普及したり。即ち民主々義なり。——▽削除△故に吾人は▽削除決して或る社会民主々義者の如く現今の国体と政体とを顚覆して社会民主々義の実現さるるものと解せず、△維新革命其の削除事より厳然たる▽改社会民主々義〔▽民主社会主義〕たりしを見て無限の歓喜を有するものなり。▽削除（実例を挙ぐれば彼の勝海舟が自己を天皇若《も》しくは将軍と云ふが如き忠順の義務の外に置きて国家単位の行動を曲げざりし如きこれなりとす）△

▽削除只、今日の社会民主々義はこの小社会の聯合によりて小社会の理想的独立と共に大社会の進化を図り、民主々義の法律的理想を経済的内容の革命によりて現実のものたらしめんとするに在り。△

〔第七十四節〕

実に、法律的理想及び道徳的信念に於ては日本現時の道徳法律は堂々として▽改社会民主々義〔▽民主社会主義〕なり。吾人をして更に以上の見解より〔最初の〕憲法学の解釈に返へらしめよ。

即ち、憲法第一条の『大日本帝国は万世一系の天皇之を統治す』とある『万世一系』の文字は皇室典範の皇位継承法に譲りて棄却して考へて可なりと云ふことなり。何となれば、仮令《たとい》万世一系とは直系ならずして無数の傍系より傍系の間を上下縦横せる歴史上の事実なりとも、又万世一系の天皇　悉《ことごと》く全日本国の上に統治者として継続せざりし歴史上の事実なりとも、現天皇以後の天皇が国家の最も重大なる機関に就くべき権利は現憲法によりて〔始めて〕大日本帝国の明らかに維持する所なるを以てなり。且つ『一系』とは直系に非らず止むを得ざる場合に於ては其れぞれの順序によりて遠き傍系に継承権を拡張するを得る皇室典範の規定あるを以てなり。而して又『天皇』と云ふとも時代の進化によりて其の内容を進化せしめ、万世の長き間に於て未だ嘗《かつ》て現天皇の如き意義の天皇なく、〔——〕従《したが》て憲法の所謂『万世一系の天皇』とは現天皇を以て始めとし、現天皇より以後の直系或は傍系を以て皇位を万世に伝ふべしと云ふ将来の規定に属す。憲法の文字は歴史学の真理を決定するの権なし。従《したがっ》て『万世一系』の文字を歴史以来の天皇が傍系を交へざる直系にして、万世の天皇皆現天皇の如き国家の権威を表白せる者なりとの意義に解せば、重大なる誤謬なり。故に『万世一系』の文字に対しては多くの憲法学者が『神聖』の文字に対して棄却を主張しつつあるが如く棄却すべきか、或は吾人の如く憲法の精神によりて法文の文字に歴史的意義を附せず万世に皇位を伝ふべしとの将来の規定と解するかの二なり。而して後者とせば一系とは皇室典範によりて拡張されたる意義を有す。

吾人は又先きの憲法論に於て、日本の現代は国家主権の国体にして天皇と国民とは階級国家時代の如く契約的対立にあらず、▽削除（欧州中世時代の階級国家の憲法は君主と国民とは契約憲法を以て直接に権利義務の対立をなしたりと雖《いえど》も日本の階級国家時代の諸君主は革命によりて華族の痕跡となれり）、△従《したがっ》て日本現時の憲法は天皇と国民との権利義務を規定せず、広義の国民が国家に対する関係の表白なりと云へり。固《もと》より契約憲法を経過せる欧州諸国と雖《いえど》も、［現代に於ては］其の君主と云ひ貴族と云ひ法理学上階級的層をなすものに非らずして国家の主権を行使する国家機関たるを以て契約当時と全く進化を異にせるは論なし。而しながら日本に於ては憲法の制定が天皇の専断にありしが為めに現憲法を以て契約憲法なりと云ふものなき代りに（固《もと》より事実に於ては個人主義の法理学を以て契約的対立の如く解釈しつつある学者の多きは前《さ》きに説ける如くなりと雖《いえど》も）、欽定憲法の名に於て君主々権論者は由々しき誤謬を伝播しつつあり。

この誤謬は以上の歴史解釈によりて已《すで》に氷解したるべし。維新革命以後の日本は日本民族が社会的存在なることを発見したる国家主義たる点に於て国家主権の国体なり。全国民が国家の部分にして凡ての部分が其の代表者を出し特権ある一部分（即ち天皇）と共に最高機関を組織すと云ふ国民主義たる点に於て民主々義なり。ママ▽改［▽――］而して維新革命より二十三年に至るまでに於ては国家は国家主権の国体にして、政体は最高機関を一人の特権者にて組織したる君主政体なりき。（先きの法理論に於て政体三大分類を主張したる所を見よ）。文字の形態発音に於て君主政体と云ふを以て之を家長として全国家を所有すと云ふ意味の家長国体の其れと同一視すべからず。即ち、維新後の『君主』と云ひ『天皇』と云ふは国家の全部の利益の為めに国家の一部が、家長国時代の如く個人的利己心によりてにあらず高貴なる社会的利己心を以て、個人としてにあらず社会の一部として社会の意志を発表しつつありし一国民なりしなり。斯くの如き君主政体は誠に純然たる政治道徳［的］のものなりき。故に唯一最高機関たる君主の人格如何によりて君主の個人的利己心の為めに国家の全部の目的と利益とを無視し、自己以外の国家の部分を国家の部分に非らずと考ふるか或は自己が国家の外の者にして国家は自己の財産なりと考ふるかに至りて事実上の家長国と化し去ることあり。維新革命のヒーローは社会単位の生存競争の激甚なりしが為めに［(別言すれば対外的恐怖抗争の継続的危機の為めに)］国家の目的と利益とに其の頭脳の全部を奪はれ、劣等なる利己心の如きは痕跡もなく去れり。――即ち維新革命以後二十三年に至るまで日本天皇の意志は法理上明らかに大日本帝国の意志なりしなり。(この故を以て天皇と国家とを同一なりと云ふべからざる注意は繰り返へされざるべからず、斯る君主政体に於て天皇と云ふ国家の部分が国家全部の利益と目的との為めに意志すと云ふことを以て部分と全部とを同一なりと云ふ能はざるは、恰も共和政体の国に於て議会と云ふ国家の部分が同時に共和国の全部ならざるが如し)。而して君主々権の家長国体に於て君主の利益と目的との為めにされたる凡ての法律が凡て有効なる如く、国家主権の国体に於ては国家はその目的と利益との為めに国家機関を改廃作成するの完《まった》き自由を主権の本質に於て有す。即ち二十三年の帝国憲法は国家がその完全なる主権の発動によりて国家の目的と利益との為めに国家の最高機関を改めたる者なりとす。而して国家機関の変更は国家の意志を成す所の一人の最高機関によりて表白せられたり。即ち、二十三年の帝国憲法は国家が其の主権を一人の最高機関の口より発表したるものにして、［――］現皇帝は維新以前と維新以後とは法理学上全く別物なり。維新以前は諸侯将軍の君主等と等しく其の範囲内に於ける家長君主たる法理上の地位なりしと雖《いえど》も、維新以後二十三年までは唯一最高の機関として全日本国の目的と利益との為めに国家の意志を表白する者となれるなり。故に国家は主権体たる本質よりして国家機関の改廃作成に於て絶対の自由を有すと雖《いえど》も、［(本編の法理論に於て国家主権論の赴く所として第七十三条の手続に依らざる国家機関の改廃作業は国家主権の現代国体に於ては国家の自由なりと断定したる処を見よ)、］単に主権の表白に於て唯一最高機関たりし天皇は二十三年の経過と共に過ぎ去れるものにして、今後▽改国家主権の名に於て［▽国家が国家自身の現行法律に準拠して――則ち国家主権の超法律的発動に依らずして］国家機関を改廃作成する［合法的］国家機関は天皇と帝国議会とを以て組織されたる最高機関の外なし。是れ現行憲法が明らかに［国家に対し天皇の自由を拘束したる］憲法改正の方法を規定せる所以にして、彼の［君主主権論の謬想より出発せる］穂積博士が欽▽改定憲法［▽『欽定憲法』］の名よりして天皇は▽改［▽一人が］憲法の改正廃止に於て絶対の自由を有すと主張するが如きは疑ひもなく政▽改体の変更［▽国体の破壊］を図る朝憲紊乱罪に当るものとす。吾人は穂積博士に問ふ。

穂積博士は最も価値なき頭脳にして歯牙にだも掛くるの要なき者なりしに係らず、法科大学長帝国大学教授の重大なる地位にあるが為めに吾人の筆端に最も多く虐待されたる者なり。吾人は深く博士に謝すると共に尚暫《しばら》く忍耐を要《もと》む。若《も》し意志を表白したる者が権利の主体なりと云ふ独断より、現行憲法を天皇の権利によりて与へ又天皇の権利によりて奪ふを得べき欽定憲法なりと云ふならば、吾人は実に博士に問はん。彼の山野に陰《かく》れたる継体天皇が大伴金村《おおとものかなむら》の意志によりて天皇の位に即ける如き、源氏の姓を得て臣に降れる光孝《ママ》天皇が藤原基経の意志によりて天皇の位に即ける如き、金村基経等の欽定天皇なりと云ふやと。博士の両頭中の尊王忠君の頭は大《おおい》に驚きて之を否みて曰《い》ふべし、否！▽改［▽、］君主国時代なるを以て彼等は君主の機関として君主の利益と目的との為めに機関としての意志を表白したるに過ぎずと。而しながら両頭は平和なる能はず、乱臣賊子の他の頭は尊王忠君の其れを殴打して沈黙せしめ大音声に叫ぶべし。曰く、国家の目的と利益との為めに国家の機関として表白したる天皇の意志を以て、天皇の自由に改廃与奪し得べき欽定憲法なりと云はば、継体天皇と光孝天皇とは金村基経の自由に廃止変更するを得る金村基経等の欽定天皇なりと云はざるべからずと。大日本帝国憲法は固《もと》より欽定憲法なり、而しながら欽定▽改［▽『欽定』］とは斯る意味のものにあらずして国家の主権が唯一最高機関を通じて最高機関を変更して特権の一人と平等の多数とを以て組織すべきことを表白したることなりとす。

穂積博士は最早《もはや》忍耐の頂上に在るべし、吾人は余りに氏を価値無くしたることに同情を表すると共に氏に向へる鋒《ほこ》を収めざるべからず。只一言あり。即ち以上の説明によりて憲法の解釈権は天皇に在りとの氏の議論は従《したがっ》て意味なし。天皇が主権の本体たりし古代に於ての法律ならば然かるべく、又、天皇一人が最高機関なりし時ならば然かるべく、又或る国の如く立法機関と独立せる司法機関に解釈権が指定されしならば問題たらず。而しながら天皇と帝国議会とが最高機関を組織し而もその意志の背馳《はいち》の場合に於て之を決定すべき規定なきに於ては法文の不備として如何ともする能はざるなり。恰も帝国議会の中に於て衆議院と貴族院とが各《おのおの》その見解を持して相譲らざる時に処置の途なき如し。法律上の規定なきことは法律学者として論議の権外なり。

［国体論なる神輿中に安置されて一指触るべからずとさるる者の実に現代国体にも現時の皇帝にも非ることは］以上述ぶる所の如し。後の歴史家なる者よ。国家の生存進化の目的理想を厳粛に意識して凡てを行動せる民主々義の大首領を、穂積博士▽改［▽有賀氏］輩の讒誣《ざんぶ》に蔽はしめて明治歴史の主人公を誤り伝ふるなかれ。

［第七十五節］

最後に天皇と国民との道徳関係を述ぶ。

道徳とは法律の外部的規定たると併行して内部的規律なり。故に法律が国家主権の国体たる国家主義と国民（広義の）全部が政権者たる政体の国民主義とを実現したるを以て、内部的法律たる道徳の▽改［▽亦《また》］其れと併行して社会の生存進化を目的としその目的の為めに社会全分子の努力すべきを理想とせる社会▽改民主々義［▽民主社会主義］となれるは論なし。彼の『愛国』の声が大《おおい》に中世的蛮風の▽改血腥《ちなまぐさ》き［▽排他的の］音響臭気あるは遺憾なりとするも［日本国家の］社会的存在なることを漸《ようや》く意識するに至れる社会主義の初歩なるは事実にして、▽改［▽なり。而して］『民権』の叫びも尚士百姓武士時代の奴隷的良心を脱却し得ざるは恥辱の極なりと雖《いえど》も国民凡てが国家の部分なることに覚醒したるを以て民主々義の根本義を得たることは亦《また》事実なり。然らば天皇と国民との道徳関係は如何に解すべきや。

上来縷々《るる》として説ける所によりて君臣の一家なるが故にあらず又忠孝の一致するが故に非らざるは明らかなり。若《も》し『国体論』の如く現今の天皇が国家機関たるが故に天皇にあらず、其の天皇なるは原始的宗教の信仰あるが故なりと云はば、是れ今日の仏教徒とキリスト教徒と旧宗教の何者をも信ぜざる科学者と［を］して蘇我の馬子たるべき権利を附与するもの▽改にして、［▽もの。］内地雑居によりて帰化せる外国人の凡てをして漢氏《あやうじ》（古代の有力渡来系氏族）の駒たるべき道徳上の放任に置くものなり。而して忠孝一致とは原始時代の稀薄なる人口の時に於て家族団体時代の一過程に於てのみ云はるべく、又今日の如く一家と云ふ血縁的意識の全く断絶せる民族団体時代に不可能なるを知れるならば、之を今日に主張する如き三千年前の系統的関係の知れもせぬものに何の義務なしとの結論に到達せしむべく。▽改［▽べし。］又本家と末家とが純然たる平等となり家長と家族との関係も生殺の権利と奴隷の義務とに於て対立せざるに至りしを以て天皇を家長とすることは天皇の意義を解せずして天皇其者の否認に至らしむべし。而して更に忠とは自己の身体が君主の財産として経済物たりし奴隷制度の古代、又は経済的従属関係によりて奴隷道徳を継承しつつありし武士道の中世に於てのみ要求せらるべきを知りて之を今日に唱ふることは、私有財産制の確立による経済的独立によりて亦《また》等しく天皇其者の存在をも疑惑して国家の利益を害するに至らしむべし。――斯る結論と斯る結論に導くべき前提［たる所謂国体論］とは大日本帝国の一歩も許容せざる所なり。［（吾人は現代一部に存する反皇室的風潮が実に斯る前提を承認する能はざる結論として生じたる者なるを見て、所謂国体論者が如何に皇室を危険に導きつつあるやを恐る！）。］天皇は国家の利益の為めに国家の維持する制度たるが故に天皇なり。如何なる外国人と雖《いえど》も、末家と雖《いえど》も一家と雖《いえど》も、全く血縁的関係なき多数国民と雖《いえど》も、この重大なる国家機関の存在を無視することは大日本帝国の［存立上］許容せざる犯罪なり。又或は、万世一系連綿たりと云ふ系統崇拝を以て天皇と国民との道徳関係を説かんとする者あるべし。固《もと》より歴史の進行は截然区劃《くかく》されず、社会の一般階級が近代の進化に入れる後も尚或る下等なる智識の下層は中世的思想を継承しつゝある社会進化の常として、今尚ドイツ皇帝が中世的思想を有する如く日本の下層的智識の部分に於ては日本天皇の意義を解せずして中世的眼光を以て仰ぎつゝある者の多かるべきは論なし。而しながら先きに引例せるマラハーナのインドの如き未開国の良心を以て日本国民の現代に比することは国民に対する無礼たる外に皇室を以て斯る浮ける基礎に立てりとの推論に導きて皇室其者に対する一個の侮辱なり。否！　系統崇拝を以て中世的良心が支配されしが為めに皇統より分派したる将軍諸侯の乱臣賊子となり、今日其の乱臣賊子を回護▽改［▽庇護］して尊王忠君なりと云ふ所の穂積博士の如きが君臣一家論を唱へて下賤なる穂積家を皇室の親類なり末家なりと云ふ精神病者が生ずるなり。▽改［▽に非らずや。］若《も》し穂積博士にして其の主張するが如く穂積家なるものが天照太神より別れたる傍系なることを明らかに知り、而して皇統は無数の傍系と傍系とを織りて巾広き者なることを知れるならば、即ち国民の中にも天皇の血液が流れ天皇の血管にも国民の鼓動が聴かるるならば、恐くは其の乱臣賊子の首を挙げて拙者穂積八束も神聖不可侵なりと称して其の車夫に対するときの驕慢を全国民に向つて要求すべし。▽改（博士はその頭脳の車夫を載せて曳くべき車夫たるの価より外有せざるに係らず車夫に向つて言語を交ゆるを以て光栄を傷《きず》つくるとなすと云ふ、吾人は学者として彼を排撃する以外に憎悪軽蔑の情を有することを表白す）。［▽（吾人が縷述せる中世史を通じての乱臣賊子の事実は七百年間の立証を挙げて系統主義が天皇と国民との間の道徳的連鎖たる能はざるを明示するに非らずや）。］仮令《たとい》▽改彼が［▽氏の］如き乱臣賊子に非らずとも、人類が梅の木の根より産れず、桃の実より産れず、弓矢八幡（八幡大神、八幡大菩薩）によりて産れざるならば、吾人人類は凡て類人猿より十万年の綿々たる系統を有すべく、誠実なる丘博士▽改［▽多くの自然科学者］の如きは其の生物進化論よりして穂積博士の乱臣賊子に誘惑さるべし。——実に斯る結論と斯る結論に導くべき前提［たる所謂国体論］とは大日本帝国の決して許容せざる所にして天皇は斯る惑乱者の上に超越して国家の利益を表はしつゝある者なり。国民の血液が天皇に入り天皇の血液が国民に入りて天皇と国民とは血液の上に於て全く混和して此の点より懸隔を立つる能はずと雖《いえど》も、开《それ》はそれだけの事実にして是の故を以て天皇を是認し若《も》しくは否認するの理由とすべからず。天皇は［国家の利益の為めに］国家の主権によりて是認せられ之を否認することは国家の主権に▽改対する［▽利益を無視する］背反なり。［（吾人は所謂国体論が全然虚妄の前提を与へて終に国民の多くに天皇の存在をも疑惑せしむる結論を導きつゝあるを見て恐怖止まざる者なり)。」

然るに復古的革命主義は大《おおい》に天下に蔓延し天皇を後《しり》へに排斥して驚愕すべき野蛮部落の土偶を作り上げたり、而して野蛮人は此の土偶に形容すべからざる角、牙、大口、巨鼻を着け顔面に紅白の粉末を塗抹し、而して雑多なる虚偽。迷妄。惑乱の襤褸《らんる》を補綴して被らせ、以て『四千五百万同胞の土人等よ、この威霊の前に礼拝稽首《けいしゅ》せよ』と叫びつつあり。而して四千五百万土人は悉《ことごと》くこの蛮神の偶像の前に叩頭《こうとう》合掌して実に日本天皇の存在を忘却し果てたり。この蛮神の前には釈尊も国体を傷《きずつ》くるものと罵られ、キリストはナザレの大工の子と毀《そし》られ、神道の本義も悉《ことごと》く蹂躙せられ、神話の科学的研究も一たび脅かされたり。而して蛮神の祭主等は抱腹すべき擬古文を以て訟(頌)徳祭礼を事とし、大日本帝国と皇帝陛下とが如何なる厳粛の関係に於て維持されつつあるかを一顧だもせざるなり。特に、天皇が詩人として天才を示しつつある如く国家機関たる意義の外に於て発表せられたる凡ての意見は必ず土人等の盗奪に逢はざるなく、土人等は其の盗奪物を汚して以て蛮神の装飾となす。蛮神の怒りは学者も政治家も新聞記者も一切のものの尾を垂れて慴服《しょうふく》(恐れ従う)する所にして、不敬漢！の一語は実に東洋の土人部落に於ける社会的死刑の宣告なり。(▽削除の後、削除取り消しドイツの専制なる現代と雖《いえど》も驕慢なる皇帝あるのみ、日本国のみ何が故に天皇の外に蛮神ありや)。△――曰く爾《なんじ》は『爾《なんじ》臣民克《よ》く忠に』と命ずる教育勅語に違反する不敬漢なりと。[明かに告げん。」吾人は、実に国体と天皇の名に於て蛮神の宣告を拒絶せざるべからず。『国体論』の国体は土人部落の国体にして日本現代の国体にあらず、『国体論』の天皇は土人部落の土偶にして日本現代の天皇にあらず。――吾人は実に土人等の盗奪より教育勅語を天皇の手に取り返へさざるべからざるなり。

教育勅語に就きては前《さ》きに屢々《しばしば》説明したり。土人部落に於ては些少なる信仰に対する背反も直ちに虐殺せらると云ふ如く蛮神の土偶は思想界の上にも絶対無限権を有すべし、而しながら外部的生活の規定たる国家に於て天皇の可能なる行動は外部的規定の上に出《い》づる能はず。蛮神の土偶は土人部落の原始的宗教と原始的道徳とを鬼神蛇鳥《ママ》の威に於て土人に強制するの権あるべし、而しながら近代国家の原則として国家の一部分たる個人の思想信仰を国家の大部分若《も》しくは上層の部分が蹂躙すべからずとさるる今日に於て、天皇は仮令《たとい》仏教の信仰を有するも又キリスト教の道徳を有するも之を国家の他の大部分に強制する能はず。天皇が医学上の学説を命令し、天文学上の原理を強制する能はざる如く、一派の倫理学派を励行し一派の歴史哲学を制定する能はざる如く、――良心の内部的生活に立ち入る能はざる国家、従《したがっ》て其の一機関たる天皇は道徳を強制すること能はざるものなり。道徳が強制の形を取るときに法律となる。教育勅語とはその教育の名が示す如く道徳の範囲内のものにして法律的効力を有せず。現天皇の歴史上の効果に対し現天皇の明哲に充分なる信頼を置かしめよ！　吾人は断言す、『克《よ》く忠に』の意義は断じて井上哲次郎氏以下の紛々たる教育勅語解釈家が説明しつつあるが如き内容の者にあらざるなり。彼等の見解の如くんば第二の天智天皇として公民国家の理想［▽国民主権の大理想］を実現せる大［▽英雄］皇帝に対する悪意の表白なり。又一般国民の道徳的信念につきて考察せよ、天皇［一人］の利益の為めに日露戦争の戦はれたりとせずして『国家の為めに』と云ふ国家主権論の社会主義を以て其の門出の涙を拭ひつつは非らざりしか。若《も》し維新以前の階級国家時代の如く多くの君主の下に奴隷的に従属せし武士ならば国家の為めにと云はずして必ず各《おのおの》仕ふる所の『君の為めに』と云ふは論なく、然るに国家の為め［▽『国家の為め』］と云ふは国家が生存進化の目的を有する［実在的］人格なることが法文の上と共に道徳的信念に於ても一般国民に認識せられ、［▽せられたるが為めなり。則ち］斯《こ》の国家と云ふ限定され［▽永久的存在］たる社会其者の目的の為めに国家に『克《よ》く忠に』戦ふことにして其の忠が他の如何なる者の個人的利己心に［も］取扱はれざるを表示する者なり。［——］『国家の為めに』と云ふ社会主権の公民国家と、『君の為めに』と云ふ君主々権の家長国とは、国体の進化的分類に於て截然たる区劃《くかく》をなす如く、道徳的理想の進化に於て個人単位の現在的のものより社会単位の永久的のものに進化せるものとして大段落を劃《かく》せらるべきなり。朕即ち国家の全部にして国民は国家の部分に非らずと云はざる限り（穂積博士すら言はず）、国民のみ国家の全部にして君主は法理上国家の外に在りと云はざる限り（日本の凡ての君主々権論者は之を言はず）、中世史と現代と合致して停止せる者なりと云はざる限り（日本の学者も歴史の進化するだけは知る）、君主々権論と国家主権論と同一なりと云はざる限り（日本の其等はその故に争ひつつあり）、［——］『忠君愛国一致論』とは理由の一をだも発見すべからざるものなり。国家の生存進化が目的にして、而して国家の凡ての部分即ち全国民が国家なりと云はば、国家の目的理想の為めに努力する国民の忠は国家に対するものにして、等しく国家の一部たる天皇の悦びは等しく国家の大部分たる国民の悦びの如く大個体の一部としての大個体の満足にして目的其事と係はりなし。故に家長国の階級国家時代の如く諸侯将軍の君主等に奴隷的従属をなし彼等其者の個人的利益が忠の目的なりしと同様に、天皇が家長君主にして忠の目的が天皇の利己的慾望の満足に向つての努力なるならば、論理的進行の当然として例へば諸侯将軍等の如く天皇の個人性が其の社会性を圧伏して（即ち国家の機関として存する国家の意志を圧伏して）働くときに於ては、国民は圧伏されたる天皇の社会性を保護することなく、国家機関たる地位を逸出せる個人としての天皇と共に国家に向つて叛逆者とならざるべからず。斯る場合を仮想する時に於て、天皇は政治道徳以外に法律的責任なきは論なしと雖《いえど》も、国家は其の森厳《しんげん》なる司法機関の口を通じて国民を責罰すべき法律を有す。［▽論なし。而も］是れ忠君愛国一致論［▽『忠君愛国一致論』］の矛盾すべき時にあらずや。天皇なるが故に斯る矛盾なし、若《も》し蛮神の土偶が天皇を駆逐して蛮神の個人的利益の為めに国家の臣民に忠を命ずるならば、国家の生存進化の目的の為めに国家の全部を成せる天皇と国民とは必ず之を粉砕せざるべからず。国家の科学的研究なき井上博士の輩ならば可なり、国家の法理を専攻する学者［▽科学的研究者］たる穂積博士の如きが忠君愛国一致論を説くに至つては何の語を以て評すべき。［――］これ力を極めて排撃しつつある国家主権論と自家の君主々権論とが一致すと云ふと何ぞ異ならん。怪物の両頭は相殴打することを止めて相抱擁したり、而して相抱擁するとき頭蓋骨を破裂せしめて死せり。嗚呼忠臣穂積氏の墓！［▽之墓。］（吾人は氏の墓碑を建てて再び発《あ》ばきたり、而しながら再建の碑は堅牢なり。氏の怨霊　希《こいねがわ》くは吾人の枕頭に現はるる勿《な》かれと云ふ）。

即ち、『爾《なんじ》臣民克《よ》く忠に』とある忠の文字の内容は上古及び中世の其れの内容とは全《まっ》たく異なりて、国家の利益の為めに天皇の政治的特権を尊敬せよと云ふことなり。若《も》し文字の形態発音を以て内容の歴史的進化を無視するならば、是れ君僕失敬と云ふを以て角帽と海老茶式部との間に神聖なる尊王忠君の関係が成立せし［▽ルイ十四世と維新革命の民主的首領とを同一なる天皇なり］と云ふ有賀博士の論法なり、今の博士階級と同列に置かるることは吾人と雖《いえど》も侮辱に感ずべし、民主的革命のヒーロー［▽英雄皇帝］は群盲に評価されんには余りに偉大なり。

以上の帰結。

日本民族の進化を見る歴史哲学は皇室一家の伝記とは自ら別種の性質にして皇室は日本歴史の脊髄（椎）骨に非らず、一元の人類より繁殖せる凡ての民族は凡ての其れに通ずる社会進化論の歴史哲学を有すと云ふこと。

今日の日本を家長国となすことは異教徒と異人種を国民の義務より放任し、親族法の平等関係を以て民の父母を赤子と平等なりと云ふ自殺論法に終ると云ふこと。

日本国民は克《よ》く忠に万世一系の皇統を奉戴せりと云ふことはローマ法王の天動説にして、日本国民は古代中世の階級国家を通じて系統主義と忠孝主義とを以て皇室を打撃迫害したりと云ふこと。

万世一系は日本国民が貴族階級の下に忠孝なりしが為めに皇室を打撃迫害すること甚しく為めに皇室は全く絶望に捉へ

られたるよりの結果にして乱臣賊子の歴史的ピラミッドなりと云ふこと。

日本歴史は原始的時代の一年間と伝説さるる部分、若《も》しくは記録的歴史が要求さるるほどに歴史的生活に入りし古事記日本紀出現以前の一千四五百年《しご》間を除きたるものなりと云ふこと。而して古代は一人の家長君主が法理上全日本の統治者なりしを以て君主国時代となし、中世は多くの家長君主が其れぞれに統治者たりしを以て貴族国時代となすべしと云ふこと。而してこの長き間は国家の生存進化の目的が意識せられざりしを以て家長国と云ふ別個の国体なりと云ふこと。

現代は国家主権の公民国家と云ふ国体にして国家の凡ての部分が全部たる国家の生存進化の目的の下に行動する機関たるを以て民主的政体なりと云ふこと。従《したがっ》て今の君主々権論者も国家主権論者も共に価値なき臆説の暗闘にして、法律のみの上に於ては維新以後の日本は社会民主々義なりと云ふこと。

故に『天皇』の文字の内容は歴史的に進化し、原始的時代のものに後世より諡《おくりな》名せる天皇は小地方と小人民の上に原始的宗教の信仰によりて立てる家長として他の小家族団体の其等と抗争しつつありしと云ふこと。藤原氏時代に至るまでは天皇の内容は全日本の土地人民を所有せる最上の強者なりしと云ふこと。鎌倉以後の貴族国時代に於ては他の家長君主と同様に其の範囲内に於て家長君主たる外に神道のローマ法王として絶へず鎌倉の神聖皇帝と抗争しつつありしと云ふこと。維新革命以後に至つては国家の終局目的の下に行動する民主的国民として国家主権を表白する最高機関となり、更に二十三年以後は大《おおい》に進化して帝国議会と共に最高機関を組織すべき要素と云ふ意義となれりと云ふこと。

即ち、所謂『国体論』中の天皇とは土人部落の土偶にして却《かえっ》て現天皇を敵としつつあるものなりと云ふこと。△

第五編　社会主義の啓蒙運動

［「第四編　啓蒙運動時代」と改変の後さらに「維新革命の完成」と改変］

第▽改十五章　［▽第十四章］

［第七十六節］

法理学上の国家と政治学上の国家とを混同するより生ずる権力階級と社会党の惑乱／現今の国体に於て国家とは国民の全部なり／今日国家の意志たる者が上層階級なりと云ふことを以て国家を否定すべからず／個人主義の革命論に於ては国家の否定は論理的可能なり／社会主義の革命は国家の否定にあらずして国家の意志が新たなる社会的勢力を表白することに在り／現今は経済的階級国家の為めに政治上に階級国家の実を表はしつつあるなり／法律上の階級国家なりと云はば論理上議会に入ることを拒絶せざるべからず／ベーベルの矛盾／社▽削除会主義の革命は血を以て法律の根拠より動かさんとする如き壮烈なる革命にあらず△／経済的維新革命

［第七十七節］

法▽改律的源泉の国有と経済的源泉の国有［▽維新革命の延長完成］／国家の内容は全く階級国家となれり／今日の階級とは経済的階級にして天皇と云ひ華族と云ひ中世の階級たりしものと異なりて国家の機関なり／武力の掠奪者と資本の掠奪者／社会主義は国家主義を抱擁するものにして国家主義と背馳《はいち》するものは中世までの君主々義なり／国家の名を盗奪しつつある経済的貴族／歴史上無比の大矛盾／君の為めにせしことを恥とせざりし武士と経済的君主等の為めにしつつあることを恥づる紳士／社▽改会民主々義［▽民主社会主義］を迫害しつつある者は国家にあらず／専制に用ひらるる自由の名と個人に用ひらるる国家の名／国家を解せざる日本国民と国家を解せざる日本社会党

［第七十八節］

経済的維新革命党の迫害／旅順口閉塞の決死隊と革命党の実行委員／イゴール・サソノ《（ソー）》フの爆烈《（裂）》弾の説明／ベランメーの一喝と暗殺の教唆犯／社会主義の迫害と教育普及の矛盾／ロシア政府は迫害に於て貫徹せり／文字の普及は［民主］社会主義に入るべき鍵なり／ロシア皇帝とロシア国民との間に法律関係なし／ロシア皇帝が法律的意義に於て存在する場合／ロシアの革命党は政治上の利害より如何に評せらるるも法律上の背反に非らず／金冠の叛逆者／叛逆は主権体に反することとなるが故にロシア皇帝は法理学上謀反人なり／穂積博士もロシア皇帝の主権者に非らざることを承認すべし／国家機関を逸出して一介の暴僕《ママ》となるときに生ずる正当防衛権／今の社会党が正当防衛権を

振はざるは権利なきが為めに非らずして社会の利益の為めなり／利害を無視する無政府主義者の社会主義に加ふる嘲罵／吾人にしてロシアに産るれば爆烈《(裂)》弾の主張者となるべし

［第七十九節］

法律戦争に於ける普通撰挙権の獲得は投票の爆薬庫の占領なり／革命は思想系を異にするを主眼として流血は要素にあらず／革命は新生児にして普通撰挙権は産科医なり／空名の権利にあらず／［征露］凱旋にあらず▽改法律［▽階級］戦争の進撃軍なり／血税と権利／『国家の為め』とは国家の全部の為めか上層の一部の為めか／『国家の為め』とは経済的貴族の顛覆さるる時の叫声なり／国会早尚《ママ》論と普通撰挙権早尚《ママ》論／突貫の第一列を争へる国民は撰挙権なき鯨波《げいは》の群に甘ぜず／焯《(硝)》烟の階級闘争と議会の階級闘争／階級闘争とは下層が上層に進化せんとするときの闘争なり／国家主義をプラトーの意義に於て厳粛に唱へよ／社会主義は経済的君主々義に国家を掠奪せられて冷然たるほどに非国家主義に非らず／吾人は万国社会党の大会の決議に反して現今の国家を法律の上に是認す／権利の基礎と強力／強力なき日本の▽改社会民主々義［▽民主社会主義］は悪なり／眠れる獅子は喚び醒されつつあり／鍬と鉄槌とを持てる百千万の貴族

［第八十節］

慈善家とはキリストを逆倒して人はパンのみによりて生くと考ふる者なり／資本家地主は席上の乞食にあらず堂々たる掠奪者なり／個人的生産時代の慈善と社会的生産を掠奪せる今日の其れ／慈善を恥づるに至れるは奴隷の卑屈を脱して貴族たらんが為めなり／▽改社会民主々義［▽民主社会主義］と個人の貴族的権威／▽削除聖書をパンにせよと云ふ悪魔の試み△／資本労働の調和と公武合体論／労働の具体的表現たる資本と労働の調和と云ふことは意味をなさず／農夫と其の牛とが蒭草《まぐさ》を分配すと云ふ▽改講壇社会主義［▽国家社会主義］の文法／維新革命党に米禄を多くするが故に国体論を止めよと云ふ社会政策／▽削除金井博士の社会党観△／▽削除田島博士の社会党観△

［第八十一節］

▽改社会民主々義［▽民主社会主義］はパンの問題に非らず／▽改講壇社会主義［▽国家社会主義］は飢へて鉄鎖を脱する能はざる獅子に一臠《いちれん》の肉を投ずる愚なり／▽改社会民主々義［▽民主社会主義］が先づ社会政策の実行を求むる理由／▽削除処士横議を如何にすべきやと云ふ講壇社会主義の難問△／社会政策なる者を以つて▽改社会民主々義［▽民主社会主義］を絶たんとするは堕胎せんとして牛乳を求むるの愚なり

［第八十二節］

社会党に対する唯一の方法は沈圧政策の外なし／対社会党の政策として啓豪運動を迫害し又所謂社会政策を蹂躙しつつある日本政府は堂々たり／ビスマークの沈圧政策の効果／フランス革命を見てナポレオン沈圧政策なきを歎ず／社会主義を迫害することは却《かえつ》て社会主義を盛《さかん》ならしむる者なりと云ふ社会党の声言しつつある所は偽なり／社会政策は上層の利益を中心とする者に限らずと雖《いえど》も階級的智識感情の為めに社会全体の利否は確実ならず／階級闘争の歴史学及び倫理学／日本の国家社会党は全く階級闘争につきて無知なり／政権奉還に非らざる如く生産権が天皇に奉還さるる時を待つべからず／社会の進化は一に進化せる権利思想に社会が啓蒙さるることなり／『掠奪者』とは新らしき権利思想が旧き其れを名《なづ》くるなり／世に絶対の善なく絶対の悪なし／上層は其の進化せる善を以て下層の進化せざる善を排撃するを得べしとの意味に於ける今後の刑法学／将来の善を迫害しつつある現代の善として上層階級は社会党の迫害につきて自己の良心に背かず／迫害の定義／地方的良心の衝突たる国家競争が強力に決せられし如く階級的良心の衝突たる階級闘争に於て迫害が却《かえつ》て敵勢を盛《さかん》ならしむと云ふは痴呆なり

［第八十三節］

地主資本家の処分策は主義の問題にあらずして政策論なり／極端と云ひ過激と云ふは其の主義を持する個人若《も》しくは社会的勢力を表はすのみ／個人主義の革命と其の政策／個人主義の革命後と［民主］社会主義の革命後／今の所謂社会主義者は政策論に於ても個人主義時代の継承なり／『国家の為め』と云ふ個人の没収と『最高の所有権』の経営／［無償にて］労働者と云ふ『生産機関』を使用し破壊しつつある社会▽改［▽国家］の権利／公債の所有者▽改［▽賠償］は私有財産制の革命に於ては正当なるも共産制の革命に於て経済的貴族が華族として残るは人類に獣尾あるものなり／社会の者は社会に返へせ

［第七十六節］

以上の説明によりて『国体論』なるものが却《かえっ》て明らかに現代の国体と政体とを顚覆する所の復古的革命なるを知るべく、▽改社会民主々義［▽民主社会主義］は維新［に於ける国体］革命以後の日本国が法律の上▽削除△だけに於て堂々たる▽改社会民主々義［▽民主社会主義］なるを認め、［以て］其の▽改維持と共に更に其の発展［▽革命的理想の徹底完成］を努力する者なり。而しながら、国家の論究に於て、法理学上の国家と政治学上の国家とは自ら考察の途を同じうせず。法理学より考察されたる国家は其の法律の上に表はれたる国家が如何に組織されたるか国家の目的理想が如何なる程度まで法律の目的理想として表白せられたるかの理論的の者▽改にして、［▽なり。之れに反して］政治学より論究されたる国家は法律の上に超越して国家の目的理想等を論ずると共に、更に国家を現実のありのままに法律の上に現はれたる国家の組織が如何にして活動しつつあるか、法律に表白せられたる国家の目的理想が如何にして実現せられつつあるかの事実論なり。法律とは国家の理想的表白なり、政治とは国家の現実的活動なり。凡ての者が此の明白なる差別を明らかにせざるが故に、上層階級は社会の利益を図ると標榜する社会主義者を迫害するに却《かえっ》て社会其者の名に於てし、社会主義者は亦《また》上層階級を国家の名の下に否認すべきに係らず却《かえっ》て国家其者の掃蕩を公言して自家の論理的絞台《絞首台》に懸りつつあるなり。社会の利益の為めに土地及び▽改一切の［▽重大なる］生産機関の公有を主張する社会主義者は単に社会が最高の所有権者たることを規定せる法律の理想を実現せんとする忠実なる法律の遵奉者にして決して法律と背馳《はいち》するの理由に於て［之れを］迫害する能はざるは論な▽改く。［▽なし。］▽改亦［▽同様に］社会主義者なる者も穂積博士の如く天皇をのみ国家なりと云ひ若《も》しくは米のバルチエスの如く議会のみを国家なりと名《なづ》くるが如き無智にあらざるならば、『労働者は国家を有せず』と激語せるマークスの宣言を信仰個条とし、以て国家其者の否定を公言して国家の部分たる所の自家を否定し国家の将来の進化に来る所の理想的国家を否定するに至る如き論理上の矛盾無かるべし。［――］科学的社会主義は二千年前の太古に掲げられたるプラトーの理想国家論《レパブリック》［ルビ削除］の源泉より流れ来れる大河なり。プラトー曰く、国家は個人の全部にして個人は国家の部分なりと。而して現代の法律を見よ、何処に天皇のみ国家なりと云ひ上層階級のみ国家なりと規定せるか、又何処に労働者は国家に非らず小作人は国家の部分にあらずと規定せるか。或は曰《い》ふべし。上層階級が国家の凡ての機関を占有し上層階級の意志が国家の意志なりとさるるが故に国家は否定さるべしと。然らば上層階級の意志をなさざる所の上層の小児は国家の外にあるものにして、国家の全部分が政権者として意志を表白するに至れる後と雖《いえど》も凡ての社会の小児は国家の意志をなさざる故に其等は国家の部分に非らずして年長者のみ国家なりと云ふか。［――自己の理論が条理に欠くる所ありて他の同感を求むるは不法なる要求に非るなきか。］彼の普通撰挙の要求は社会主義が国家の意志たらんとの目的の為めにして、［今の］普通撰挙を呼号しつつ国家を否定する［者］は［厳密に民主］社会主義を解せざる無理想の盲動者なり。国家を否定するならば、何が故に否定すべき国家に土地を所有せしめんとする自家の主張を否定せざるか。否定されたる国家は空なる国家にして、空なる国家は公有にされたる生産機関を持《もち》扱ふこと能はざるなり。上層階級が只吾等《われら》のみ国家なりと考ふるとも、［科学的］社会主義者は彼等の暴に対するに暴を以てして然らば吾人は国家を否定すと反撃せざるべきなり。▽削除彼等は固《もと》より国家の進化せる（物質的に若《も》しくは精神的に）国家の部分なり、而しながら国家は他の未だ進化せざる国家の部分たる下層階級を包含して国家なり。△［――］国家はフランス革命時代の個人主義の如く、原始的個人の仮定より個人の意志によりて旧社会を解体し以て新国家を組織すと云ふが如く考へらるべきものに▽改あらず。［▽あらざるは反覆して説くの要なし。］個人は決して原始的に個人として存せしことなく墳墓に入るときにも社会をなす。個人主義の革命論は国家を解散して更に自由平等の基礎によりて国家を組織せんと▽改したり。［▽いふ仮定より出発したり。］故に国家の否定は新国家の建設までは論理的可能なり。而しながら社会主義の厳粛なる科学的基礎より見れば国家は決して個人の自由に解散し若《も》しくは組織し得べき機械的作成の者に▽改あらずして、［▽あらず。］革命とは国家の意志が時代の進化に従ひて社会的勢力と共に進化す▽改と云ふことなり。［▽する時《こ》躍進的たり急転直下的なるを云ふ。］故に今日の国家に於て今日の上層階級の意志が国家の意志とさるるは今日の社会的勢力の上に立てるが為めにして、若《も》しこの故を以て今日の国家が否定さるるならば同一なる論理によりて近代の社会的勢力の上に立ちて国家の意志たるべき▽改社会主義［▽▽改社会民主主義者］［▽社会主義者］は国家の意志に非らずとして否定されざるべからず。――敢て日本と云はず、今の社会主義者の殆ど悉《ことごと》くは純然たる個人主義者にして、社会主義を以て単にフランス革命の反復と等しく解しつつあるに似たり。法理学上の国家と政治学上の国家とを明らかに解せよ。法理学上の国家は国家主権の社会主義なり、而しながら凡ての政治的勢力は経済的勢力に在るを以て今日の経済的階級国家が政治の上に階級国家の実を表はしつつあるものなり。是れ▽改社会民主々義［▽民主社会主義］が経済的方面▽改［▽組織］に革命の手を着けたる所以にして、而して其の革命が現今の法律［的理想］を是認して法律▽改［▽階級］戦争によりて優勝を決定しつつある所以なり。法律其者より階級国家にして主権が上層に在るならば▽削除社会主義者の努力は単に上層に帰属すべき利益の為めにして上層が其の目的に背馳《はいち》すと考ふるときには直ちに凡ての努力を取消さるべき論理にして、△先づ議会に入ることより拒絶せざるべからず。是に至りては彼のフランス革命と云ひ、維新革命と云ひ、又今日の無政府党員の行動と云ひ理論としては［今の］社会主義者なるものより矛盾なし。吾人は信ず——社会民主々義［▽民主社会主義］の革命はフランス革命若《も》しくは維新革命の如き法律的革命の理想を現実の完《まった》きものたらしめんが為めに、其の法律［的理想］の下に於てするの経済的［▽組織の］革命なりと。彼のベーベルの言へるが如く、仏国が若《も》しドイツの挑戦を受けたる時之に応戦すべき正当防衛を国家の名に於て有すと云へるは吾人の主張しつゝある国家が其れ自身の目的理想を有するを意識せるに至りし国家主権の現代なることを表白せるものにして、［▽なり。而して］ジョーレ《ス》の見解に打ち勝ちて現今の国家が階級国家なることを主張して国家其者の否認を決議せる万国社会党大会は［理論的に大］矛盾なり。吾人は更に断言す——社会主義の革命はフランス革命若《も》しくは維新革命の如く主権の所在を動かさんとする、即ち法律の根拠其者を革命する法律以上の実力に訴へらるべき革命にあらずして、確定されたる社会主権の上に［▽法律的理想に基きて］社会の意志たる社会的勢力を法律の上に表白すれば足ると。故に、［民主］社会主義の経済的革命は先きの法律的［▽国体］革命の如く歴史の頁を血に染むるものにあらず、又革命家自身に取りても然かく壮烈なるものにあらず。謂《い》はば第一革命の法律的理想と背馳《はいち》する現今の経済的組織を整頓して理想を現実ならしめば足る。故に吾人は先きに維新革命が法律［的理想］の上に社会民主々義［▽民主社会主義］なることを説明したるに継承して、社会主義の経済的方面［▽組織］たる土地資本の国有を名《なづ》けて『経済的維新革命』と呼ぶ。

［第七十七節］

実に、維新革命の完き実現は国家が国家の生存進化の目的理想の為めに自由に行動すべしと云ふ法律的源泉の国有を以て、経済的源泉たる土地資本を更に国有ならしめて国家の生存進化の目的理想を現実ならしむることに在り。多くの君主等が其れぞれ主権体として法律的源泉を自己の利益の為めに自己の財産権として行使しつゝありし貴族国が維新革命によりて法律的源泉を国家の有《ゆう》に移して国家主権の社会主義を法律の上に表はしたる如く、法律の上に表はれたる国家の主権を以て多くの経済的家長君主等が其れぞれ自己を利益の帰属すべき主体として経済的源泉を私有しつゝある経済的貴族国を革命して経済的公民国家に至らんと［▽理想実現は国家及び国民の経済的生活を国家国民主義、則ち社会民主主義に基きて組織］することに在り。［則ち維新革命の延長完成と云ふを得べく、彼れを第一革命と呼ぶとせば将に第二革命と名《なづ》くべし。」維新革命は固《もと》より［▽固《もと》より維新革命は］経済的基礎よりの革命なりき。貴族階級のみの私有財産にして下層階級は単に使用権を有したりし［▽有する］に過ぎざりしもの［▽土地］に国家が権利を賦与して、民主々義の根底たる所の私有財産制を確立したり。維新革命は法律の根本［的理想］に於て明らかに社会民主々義［▽民主社会主義］なり。然るに今や如何の状ぞ。

実に維新革命によりて得たる法理学上の国家を見て、政治的に国家の現実に眼を転ずるときに於ては、吾人は全く天国より地獄に失墜せるの感あり。吾人は『愛国』の名に於て国家の利益と目的とを中心として行動しつゝあるべき法律的理想と倫理的信念を有すと雖《いえど》も、［▽有す。而も］是れを経済上の現実より考ふれば吾人は家長国、階級国家時代の如く無数の黄金貴族。経済的大名の生存進化の為めに犠牲として取扱はれつゝあり。法律学と倫理学とは吾人を人格として遇しつゝあるに係らず率直なる経済学は黄金大名の自由に売買するを得べき物格として取扱ひつゝあり。吾人は法理学の上に於ては日本帝国の部分にして国家の部分たる点に於て生存進化の目的を有す、而しながら経済学の上よりしては地主の目的の為めに手段として存し工場主の利益の為めに犠牲として死すべき――即ち国家の部分にあらず。吾人は土地と共に売買さるべき農奴にして賃銀に縛せられたる奴隷なり。地主と云ふ黄金貴族は土地を私有して吾人を土百姓《サーフ》となし、資本家と云ふ経済的諸侯は工場の封建城廓に拠りて吾人を素町人として遇す。而して往年の武士の階級が其の武芸を以て貴族の下に隷属して下級に威を振ひたる如く、憐むべき紳士は其の学術と事務の才を以て黄金貴族の武士となり主君の為めに奴隷的服従の忠勤を励み（卑しむべし！）、労働者階級に向つては大《おおい》に権威を弄しつゝあり（噴飯すべきコントラストよ！）。凡ての事は天皇の名に於て、国家の主権に於てなさる。而も現実の日本国なるもの天皇主権論の時代にもあらず国家主権論の世にもあらずして、宛《えん》として資本家が主権を有するかの如き資本家万能［▽神権政治］の状態なり。大臣も資本家の後援によりて立ち議員も資本家の頤使《いし》（あごで指図して人を使うこと）によりて動く。斯くの如くにして国家の機関が国家の意志なりとして表白しつゝある所は、国家の目的理想の為めに国家が執らんとする意志にあらずして自己若《も》しくは自己の階級の利益のみを意識して意志を表白するを以て事実上は階級国家となれり。即ち、今日の階級とは資本家地主と云ひ小作人労働者と云ふが如き経済的階級国家にして、天皇と云ひ華族と云ふは社会民主々義［▽民主社会主義］の革命とは別天地に存する国家の機関にして今日は中世的意義の階級にあらず。武力によりて経済的源泉［▽根源］を掠奪せる貴族は維新革命によりて法律の上より掃《はら》はれたり、然るに今や資本によりて他の資本家と小有土農とを併呑せる経済的家長君主等は往年の其等に代りて国家の機関を自家の階級の恣《ほしいまま》に取扱ひつつあり。国家は中世君主等の手より武器を奪ひて腕力による併呑掠奪は跡を国家内に絶てりと雖《いえど》も、資力の更に鋭き兵刃は智巧なる若《も》しくは幸運なる匹夫等をして資本を併呑し土地を掠奪せしめ以て厳然たる中世的階級国家は美はしき自由平等の法律に蔽ひて立てられたり。貴族政治は明白に存す、何処に維新革命ありや。国家の名に於て要求せられる、而も維新革命によりて得たる国家は何処にありや。北米の人民が自由国の名に酔ひて経済的君主等の割拠せるを知［ら］ざる如く、維新革命の▽改［▽は民主主義社会を］▽改社会民主々義［▽民主社会主義］の法律［学］の上にのみ残して国家は中世に逆倒せり。

▽改結局［▽終局］目的が国家に存すればこそ、国家の名に於て要求し又国家の名に於て死しつつあるなり。［悠久なる理想を憧憬する］今日の▽改社会民主々義［▽民主社会主義］はプラトーの社会［主義］民主々義の如くギリシャに限られたるものにあらず、又維新革命の如く日本民族のみに限られたるものにあらずと雖《いえど》も、国家が政治的単位の社会にして、国家単位の聯合によりて国家の理想的独立と個人の絶対的自由とを実現し得べきことを主張しつつある点に於て▽改（『生物進化論と社会哲学』［▽『社会進化論』］を見よ）、現実的国家を超越して而も悉《ことごと》くその目的理想を包含す。［則ち民主社会主義の理想する世界聯邦は一点国家主義を無視する者に非らず。実に］国家の目的の為めに努力すべき国家主義と相納《い》るる能はざるものは実に君主等の利己心の為めに一切が犠牲たりし所の中世貴族国にして君主々義なり。君主々義を掲げて各々の君主の為めに犠牲として取扱はれたる貴族国は維新［の国体］革命によりて国家主義の名の下に国家の利益の為めに打破せられたり――然るに今や国家の名の下に此の経済的君主等に殺されつつある此の経済的階級国家を如何。王侯将相豈《あに》種あらんやの単純なる平等主義を国体論の被布に包みて国家の為めに貴族政治を打破したるならば国家の目的と背馳《はいち》するの甚しき此の経済的貴族国が平等主義の眼に映ぜざるや。過去の貴族制度が顚覆さるべき人権の侮辱なりしならば人権を侮辱するの甚しき此の経済的貴族の発生が維新革命の讃美者に無感覚なりや。否！▽改［▽、］今の経済的階級国家の群雄諸侯等はこの▽改国家の為めに［▽『国家の為めに』］削除この語を盗奪して、貴族階級の為めにすべき一切の利益と罪悪の弁護としつつあり。経済的貴族に帰属すべき利益と利益を帰属せしめんとする意志を以て為さるる一切のことが、却《かえっ》て国家の為めと云ひ国家の利益が目的なるかの如く偽はらる。是れ君主々義にして、即ち二三子《にさんし》の個人の利益を中心とする個人主義にして国家主義にあらず――少しも国家主義にあらず。ソクラテースは斯る『国家』の前に毒杯を傾けんや。ああ真正なる愛国者よ！

今の黄金貴族等は其の貴族国を顚覆したる所の国家主義を以て、却《かえっ》て経済的家長国を維持しつつある▽削除ものなること△を見ずや。国家主義と君主々義！　国家主義は国家が目的にして君主々義は主君が利益の主体たり、従《したがっ》て一切の他の者は犠牲たり手段たり。この二大矛盾が――恐くは歴史上無比の二大矛盾が愛国者の前に滑らかに運転しつつありとは何たる怪事ぞ。国家主義とあらば国家が外の其れに対して権利を主張する如く、国家の利益は経済的君主等の蹂躙に放任す▽改[▽委す]べからず。国家が経済的▽削除△家長君主等の為めに恣《ほしいまま》に処分せらるるは是れ国家の人格が打破されたるものにして、『大日本帝国』は名を憲法の反故《ほご》に止めて家長国の中世に復古せるものなり。国家は其の眠りたる眼を開き見よ▽削除△――二三《にさん》個人の利益を図る経済的君主々義は国家の錦繍《きんしゅう》を剥奪して美々《びび》しくも飾られたるかな！　中世貴族国時代の家長君主等はこの経済的貴族等より露骨なりき。彼等は国家の目的が解せられざる時代なりしを以て其の経済的従属の奴隷に向つて『君の為めに』として[犠牲を求め忠勤を求め]死を求めたり。然るに今の経済的君主等は其の自己の利益の為めのみを意識してする生産も之を社会の利益の為めとなし、金鉱を南阿に争ふも、砂糖をキューバに独占せんとするも、国家主義を掲げて国家の為めにと云ふ。個人の権威は著しく進化したり。嘗《かつ》て奴隷階級の武士が下層に向つては虎の威を振ひたるに係らず其の仕ふる所の貴族に対して猫の如く平伏することを道徳的義務として少しも疑はざりしものが、今日の紳士と云ふ経済的武士の階級は其の下層に対して依然として権威を弄するに係らず尚その仕ふる所の経済的貴族の前に平蜘蛛の如くなる滑稽劇を見らるることを恥辱となす、これ平等観の発展にして権利思想の進化の為めなるは論なく、『君の為めに』の語はカーネギー王と雖《いえど》も、モルガン陛下と雖《いえど》も、三井。岩崎と雖《いえど》も口にし得べき所に非らず。故に曰く国家の為めにと。▽削除の後、削除取り消しああ国家の為めに！△　自由の像が綿羊の狼に奉ぜられたる時驚くべき圧虐が常に自由の名に於てなされたる如く、維新革命によりて得たる国家が第二の経済的貴族等の占拠する所となりて凡ての愛国者は却《かえっ》て国家の名に於て迫害せられつつあり。（▽改[▽――]　吾人は愛国者と云ふ、個人主義の革命家の常に嗤《わら》ふ所なり）、▽改[▽――民主]　社会主義[と]は近代に入りて漸《ようや》く忠君より覚醒せる愛国心を更に他の国家に拡充せしめて他の国家の自由独立を尊重する所の愛国心なり。自ら『最高の所有権』を有する所の国家なる者、何の理由を以て土地と資本とを国家の所有たらしめんとする▽改社会民主々義[▽民主社会主義]を秩序紊乱と云ひ安寧幸福を傷害すと名《なづ》けて迫害するや。否！▽改[▽、]　決して国家の迫害にあらず、国家なる手袋を脱ぎ去らしめよ、資本家の筋張れる鉄拳は明らかに見らるるべし。▽削除昔はマダム・ローランド《ロラン》、断頭台に昇り自由の像を指して、おお自由よ！　如何に多くの罪悪が爾《なんじ》の名に於てなされつつあるよ！と。△　経済的君主の家老たる大臣も国家の為めと云ひつつあり、黄金貴族の武士たる議員も国家の為めと弁じつつあり、[大地主の差配たる]村長も[女工の逃走を捕縛する」巡査も国家の為めと説きつつあり、芸妓のカッポレにも国家の為めにの文句を以てし、売淫的令夫人の夜会遊興にも国家の為めにの冒頭を以て開会の辞は述べられつつあり。――而して社会党の迫害にも実に国家の為めにと名《なづ》けられて国家の断頭台が用ひられつつあるなり。自由の名に酔ふとき専制は現はれて真実の自由を絞殺し、国家主義の声に狂へるとき君主々義は其の陰に潜みて最も理想的なる愛国者を打撃しつつあり。

　吾人は、国家を解せずして国家主義を呼号する現代の日本国民を排すると共に、等しく国家を解せずして等しく国家を解せざる国民より迫害せられつつある日本現代の社会党を讃するものにあらず。而しながら其至る所の迫害に敢然として抗し天下を▽改浪々する様の何ぞ颯爽として維新革命党の彼等に似たるや。［▽覚破せずんば止まざるの慨に対しては深く敬重せざるを得ず。」（▽改志士［▽大丈夫］幸ひに健闘せよと云ふ）。

［第七十八節］

　実に、今の▽改社会民主々義［▽民主社会主義］者は維新革命の▽改社会民主々義［▽民主社会主義］を経済的革命によりて▽改完備ならしめん［▽完成せしめん］とする経済的維新革命党なり。革命党の迫害せらるるは其の社会的勢力を集中せざる間は社会の進化として常態なり。維新の革命党が貴族等の屈従より脱して浪人となれる如く、彼等の矯《きょうきょう》々たる頭は官吏となり会社員となる能はずして先づ経済的強迫の下に浮浪漢とならざるべからず。而して幕府諸侯の巡羅《じゅんら》（幕末、江戸市中巡回の警備役）が維新革命の宣伝者を行く所に迫害せるが如く、放尿の判決権より外有せざるべき警察官の下に、堂々たる▽改学者［▽先覚者］が言論も集会も印行《いんこう》（印刷発行）も身体其者の自由も脅迫せられ剥奪せられつつあるなり。彼の維新革命の元勲［なりと称せらるる］伊藤博文氏に率ひられたる政党内閣によりて、其の政党内閣とは明白に穂積忠臣等の言ふが如く慣習憲法による共和政体の樹立なるに係らず、而して維新革命党が貴族政治を顛覆せる民主々義なるに係らず、『社会民主党』の結社は乱臣賊子なりとして禁止せられたり。今の官吏等が日本国民の凡てが乱臣賊子の子孫若《も》しくは加担者の子孫にして自身も内心に全く独立の思想を以て充たされつつあるに係らず、『社会平民主義』と云ふものの意義を暗号ならんかと臆測して何日かは縄にと待ちかまへつつありき。往年の維新革命党が東山西海身を納《い》るる所なかりし如く（ああ彼等はフランス革命家の如く世界の感謝をも得るなく徒らに君主々義者と誤られて如何に多くの英魂は土に葬られしよ！）、経済的維新革命党の後《しり》へには何処に行くも国家の費用にて畜《か/やしな》ひ置かるる人面の犬が尾行しつつあり。而して弁士中止、而して拘引、而して牢獄。――理由に曰く国家の為めなりと。

ああ国家の為めに！　国家の為めと信じて屍《しかばね》を満韓の野に晒《さ》らしたる国民は国家の為めに艱苦《かんく》しつつある▽改社会民主々義［▽民主社会主義］者を発見して迫害に加はるべき国民にあらず。ロシア国民は怯懦《きょうだ》の為めにあらず国家の為めならざるを明らかに解せるが故に極東の戦争に於て常に退却したり、而も国家の為めには暗殺の決死隊に撰ばれて革命党の実行委員となる。国家の為めなりとして旅順口閉塞の決死隊を争へる日本国民は、経済的君主等の暴力に遁逃して国家の為めに実行委員を辞返すべき国民に非らず。誤解すべからず、吾人は爆烈《裂》弾が何事をも為さざることを知る。時に聞く爆烈の響きは大潮流の前に岩石の横《よこた》はれる為めに生ずる飛沫の音に過ぎず。而も爆烈《裂》弾の国家に如何なる害▽改否ある［▽利害あり］やと云ふ問題と係はりなく、爆烈《裂》弾其事の事実なるは常に見る現象なり。、この爆烈《裂》弾の理由を最も明らかに説明せるものは、目下ロシアに起りつつある革命戦争の号砲をなせるイゴール・サソノフ（サゾーノフ。以下同）の言なり。彼はプレヴェを暗殺せる爆烈《裂》弾の使用者として彼自身を語りて曰く、

『ロシア政府は吾人に禁ずるに言論の自由を以てす。言論なくんば吾人は意志を通ずる能はずと思ふか。人類は言論なくとも意志を通じ得る霊性を有す。（』）

『我が社会革命党は武器の撰択に於て決して怯懦《きょうだ》なるものにあらず。政府が剣を以てするとき吾人は剣を以てするのみ。大罪悪を犯したるプレヴェを殺したるは、罪人は刑を免かる能はずと云ふことを露国の官吏に示したるに過ぎず。之を行はんとするまで我党は予備役たりとも之を行ふに於て断然現役に服し、余はその任務を遂行するを以て光栄としたるものなり。（』）

『余の受けたる服従の遂行により革命は開かれ、政府は始めて噴火山上に舞踏しつつありたることを知りしなるべし。実は政府は四十年前に医《いや》すべからざる傷を受けたるものとす。而して未だ仆《たお》れざる所以の者は専制のアルコール中毒ありて僅かに意気を張るに過ぎず。豈《あ》に之を生理的生活と云ふべけんや。（』）

『当時は農奴解放を以て一幕を終りたる如くなりしもこれ皮相の観なり。農奴開《解》放は明らかに自由と独立とを思ふに至らしめたりき。歴山《アレクサンドル》二世の改革は是れロシア革命のアルファにして爾来《じらい》露国々民は孜々《しし》として勉めたり。されば革命のオメガーは今日に在りとす。要するに今日の問題は何人《なんぴと》が革命の遂行者たらんとするかと云ふことに在り。吾輩は爆烈《裂》弾を以て革命を遂行し得べしとする愚人にあらず。一爆烈《裂》弾の背後には幾万の国民の立つを忘るべからず。余の如きは之を感

じて泣けり。我等は国民を煽動するに及ばず。国民は已《すで》に独立に考慮するの智あるなり。現今の制度は二三《にさん》爆烈(裂)弾を合図として国民の困難により倒さるべし。国民の困難と不平とは現制の維持さるる間は静まるべきにあらず。余はこの目的を遂行する為めに三年を費やせり、而して其の一ケ年半は牢獄に在りき。斯くの如く熟慮して行ひたる天誅や決して其の報酬なくしては止まず。余がシベリアに在るや幾度ウラジミール大公とプレヴエとを一挙に仆《たお》したることを夢みたるぞ。余の如きものを戦士たらしめたるものは独り政府の罪悪なり。余がプレヴェを仆《たお》したるを見しときに余は余の良心の命に従ひたるを悦びたりき』。

吾人は斯る現象を単に学理の材料として冷静に看過する能はず、是れ吾人自身と共に迫害を言論の上に加ふる所の▽削除非立憲△なる者の戦慄すべき所にあらずや。日本国民の性格はフランス人若《も》しくはイタリア人に比較せられつつあるが如く忍耐の甚だ欠けたることは蔽ふ能はざる国民なり。嘗《かつ》て貴族階級顛覆の時には政治狂の彦九郎を出し、民主的運動の時には大坂にて天皇の写真を踏みたる門田某なる者を出し、自他の生命を重ぜざることの甚しき、殺人犯に於《おい》て最も多きイタリア人より遥かに凌駕せる統計を示しつつある国民なり。多くの理由もなきも忽《たちま》ち怒りてベランメーと叫ぶ労働者を見よ。――このベランメーの一語！ 今の労働者が自家の状態が如何なる理由によるかを解し而して迫害さるるの時、ベランメーの一喝と共に振り上ぐる鉄拳中には実にサソノフの使用せる薬品を握るべし。――この時を如何する。吾人はイゴール・サソノフの言を読《よん》で実に今の権力階級が暗殺の教唆犯を敢てしつつあるに戦慄す。

実に言論迫害の如き蛮風は文明国の標榜に於ても爾今《じこん》再びさるべからざることなり。而しながら、只奇怪なるは迫害者が社会主義を禁圧しつつ却《かえつ》て教育の普及を図りつつあることなり。若《も》し徳川家康の教育奨励が貴族国［打破］の革命を早めたることを忘れざるならば、全国民が与へられたる教育によりてサソノフの謂《い／おも》へる『独立に考慮するの智』あるに至りたるとき、茲《ここ》に経済的貴族階級を一掃すべき経済的維新革命の来るに気付かずとは何たる矛盾と云はんか。この点に於て迫害の貫徹せるものは実にロシア政府なりとす。彼に在りては大学の教授に政府の命令を以て学説を決定して与へ各国々法の比較研究を禁止したりき、是れ、削除 穂積博士の憲法学が伊藤博文氏の憲法義解の旨を奉ぜずして独立に講義せらるるが如き比に非らざるなり。大学生徒にして自由主義の傾向を帯ぶる書籍を所有すること其事を以て退校なりき、是れミューハヘッドの倫理学に狼狽して喜劇の限りを尽くしたるよりも遥かに周到なる注意なり。世界歴史を講ずるにギリシヤ・ローマの共和政治とルーテルの宗教改革とフランス大革命とを抜き去りて意味なき反故《ほご》の残余をのみ許容したりき、是れ建武の失敗を無礼千万にも後醍醐の溺愛にのみ負担せしめ頼朝家康の如きを撫育愛民の者なりと称揚する如き歴史哲学者をして教育勅語を講義せしむる如き不謹慎の及ばざる所なり。啓蒙運動は凡べての革命の前に先きて革命の根底なり。社会民主々義［▽民主社会主義］は其の実現を国民の覚醒に待つ。国民が漸《ようや》く長夜の眠より醒めて社会［主義］民主々義の真価を独立に判断しつつあるは、若《も》しくは判断せんと待ち設けつつあるは実に今日までの教育に感謝せざるべからざるなり。高天ケ原にても日出《い》づる国にてもそは問ふ所にあらず、有賀博士の叛逆委任論にても穂積博士の義時主権論にても亦《また》顧みる所にあらず。智識を伝達すべき文字を殆ど全国民にまで普及せしめたるは――ロシアの革命はこの点に於て困難なるに反して、日本国民の凡ては社会民主々義［▽民主社会主義］に入るべき鍵を其の手に握れるものにあらずや、――而して全国民によりて権力階級の包囲されたるものなり。開墾されたる畑に暫《しばら》く仮令《たとい》雑草の蔓延するとも、［民主］社会主義にして真理ならば一粒万倍として花さき実るべし。（吾人が上来社会民主々義［▽民主社会主義］を批難する多くの学者［階級］を打破し来れるに対照して何れが真理なるかを見よ）。一切は生存競争なり、真理の生存競争に打ち勝ちて社会民主々義［▽民主社会主義］が全国民の頭脳を占領せる時、茲《ここ》に国家の意志は新たなる社会的勢力を表白して経済的維新革命が法律戦争によりて成就せらるるの時なり。

故に社会民主々義［▽民主社会主義］の［今日に於ける］運動は純然たる啓蒙運動なりとす。従《したが》って、マークスとプルードンとの分離せる以来、暴力［▽殺戮］に訴ふるものを第一に起ちて斥くるものは社会民主々義［▽民主社会主義］者なり。固《もと》より法律戦争［▽階級闘争］を戦ふべき法律的形式なき時代及び国家に於ては、サソノフの言へる如く『剣に対するに剣』を以てすることは唯一なる方法にして法理学上の正当なり。ロシアの如きは皇帝の行動が法律によりて規定されたるものあらざるが故に遵法的行為ありと云ふ能はざる如く、人民の行動も従ふべき規定されたる法律を有せざるを以て違法の行為と云ふことなし。国民と皇帝との関係は始めより法律関係にあらずして道徳関係か或は強力関係なり。即ち奴隷道徳によりて一切を服従するか然らずんば強力に訴へて拒絶する関係なり。故に皇帝の公殺を死刑と云ふことが不当ならざるならば革命党が其の暗殺を死刑と名《なづ》けつつあることも正当なり。近代国家に於ける死刑とは国家の目的に背反するものに対して国家の殺戮することにして方法の公殺なると暗殺なるとによりて差等さるべきにあらず。露帝が其の個人的利益に反する国民を罪人と名《なづ》くるならば、国民が国民の利益に非らずと認むる露帝を罪人と呼ぶことは共に自由なり。罪人とは国家の利益を害するが故に国家が命名することにして皇帝と国民との名辞の有無が理由をなすものにあらざるなり。ロシア皇帝なるものの発する言語を見よ、曰く『朕の臣民』、曰く『朕の国家』と。若《も》し農奴解放以前の如く土地及び人民が多くの家長君主等（即ち皇帝及び貴族等）の所有たる財産ならば、財産権の主体たる権利に於《おい》て斯る主張は不当にあらず。而しながら現代のロシアは一人を以て最高機関を組織する君主政体なりと雖《いえど》も国家の外に立ちて国家を自己の利益の為めに手段として取扱ふ所の家長国に非らず。然るに彼は如何なる自由を与へられたる最高機関と雖《いえど》も君主たる行動に於て法律上の効力を有するには国家の部分としての国家の意志の表白たるべく（即ち自己其れ自身の利己心を以てする行為に▽改あらず［▽あらざるべく］）、之を外にしての云為《うんい》は何等の効力なきことを忘却せるなり。故にロシア皇帝が国家の機関として国家の意志を表白するものならば其れに反することは如何なることも法理上犯罪たるは論なく、殺戮は国家の刑罰にして死刑と名《なづ》けらるべし。而も彼は人民と土地とを朕の利益の為めに殺活贈与するを得べき朕の所有財産の如く考へつつあるが故に、国民は始めより法理上の正当防衛に立ちつつあるなり。強力の決定なり。刑罰なく、犯罪なく、叛逆なく、只絞殺台とダイナマイト《削除》とあるのみ。吾人は断言す——露国革命党が止むを得ざる正当防衛によりて国家機関の破壊者の上に殺戮を加へつつあるは、政治上の利益よりしては如何に評せらるるとも少くも法律上の背反に非らざることだけは確実なりと。（暗殺は違法なるも国家の利益の為めに可なりと［なす一般の見解］は必ずしも凡てに当らず）。固《もと》よりロシアと雖《いえど》も法律の形式あるものは存すべし、而もそは皇帝が自己を国家の部分としての意志表示にあらずして個人的利己心の満足の為めに他の国家の部分を犠牲として取扱はんとせる無効の法律なり。法律に非らず。君主専制政体が家長国と多く差別され難《がた》き事実あるはこの理由にして、其の唯一なる国家の最高機関が法律的規定なく単に政治道徳として皇帝の良心のみによりて維持さるるが為めに、低級なる良心のものは多く其の個人的利己心を以て自ら国家機関を破壊し国家を掠奪して金冠を戴ける叛逆者となる。ロシア皇帝にして若《も》したとへ法律的拘束なくも国家の利益を中心として行動すること、恰も儒学の政治道徳を持して唯一なる国家機関として一歩も乱れざりし維新以後二十三年までの日本天皇の如くならば其の一言一行と雖《いえど》も国家主権の発動なるが故に之に背反することは国家に対する違法なり。然るに彼に在ては如何、国家［の］掠奪者なり、国家機関にあらず。国家に対する叛逆者なり、国家の主権を行使する君主にあらず。——『朕の臣民』と『朕の国家』とを放言せる彼は実に国家の掠奪者にして国家に対する叛逆者なり。掠奪者を駆逐せんとしつつある革命党も固《もと》より国家の機関に非らざるが故に皇帝の暗殺を死刑と宣言しつつあることは法律的意義なしと雖《いえど》も、国家の叛　《(欠字・逆)》者たる皇帝の築ける絞殺台は彼の爆烈《(裂)》弾以上に法律的効力あるものにあらず。叛逆とは主権者に反することなり。故に皇帝が国土人民を財産として凡ての者を犠牲として取扱ひつつありし家長国に於ては皇帝が主権体なるを以て叛逆は皇帝の名に於て刑さるべし。公民国家の現代［国体］に於ては主権体たるものは生存進化の目的を有する国家なり。その目的を無視する行為と意志とあらばロシア皇帝と雖《いえど》も一個の謀反人に過ぎざるは法理学の原理より動かす能はざる所なりとす。故に▽改叛逆者に対する自家の防衛は法律上の正当にして、国家は自己の目的を表白する所の途を失へる者として機関の設定さるるとき［▽時］を待つの外なし。（穂積博士の怨霊曰く『国家の動揺するときは主権の所在不明なる時なり』と、氏も亦《また》吾人と等しくロシア現時の動揺によりて皇帝の主権者ならざることを主張する者なるべし）。

　実に、この法理学の原理よりして見ればサソノフの言は現代のロシアに於ては明らかに真理にして、吾人はこの理由より今の迫害者が国家機関たる地位を逸出して自己を一介の暴徒と化し去るを恐るる▽削除なり△。今日までの日本政府は頻々として是れあり！　内閣大臣が議員を死刑に処すべしとの命令を発するとき彼は吾人の服従すべき国家機関たりや。巡査が勅令を出して交番の前に帝国議会を召集せんとするとき彼は吾人の服従すべき国家機関たりや。国家機関は其の与へられたる権限内に於てのみ国家機関たり。従来の政府なる者が社会党に対するとき与へられたる権限の外に逸出して暴力を以てすることは是れ実に国家機関の破壊者たる暴▽改僕［▽暴徒］にして▽改社会民主々義［▽民主社会主義］者は権利の侵害に対して［法理上］凡ての手段を執ることを得べし。只、今の社会党が之を看過して防衛権を振はざるは権利を尊重せざるが為めならずして血を流すことの多くの利益ならずと云ふ利害論よりならんと考ふ。（天下は彼等の忍辱を讃美せよ、何者の前にも良心の服従なき彼等は其の主張の伝播さるべき利益の為めに▽改警官輩［▽反逆者等］の泥靴にあらゆる権利を蹂躙せられつつあり）。故に利害論を軽視する無政府主義者より▽改社会民主々義［▽民主社会主義］に加へらるる嘲笑漫罵《まんば》は凡てこの点に集まる。曰く、社会主義者は遵法的方法と云ふも遵《したが》ふべき法律其者が遵ふべき権利によりて作られたるもの非《に》らざるが故に、其の法律に従ひて罪悪の議会に入るとも何等の効力ある法律を生すべきものに非らず、社会主義者は議会的ユトピアなりと。而しながら斯る▽改推理的の議論［▽純理的理想論］に答へ得ずと云ふとも▽改社会民主々義［▽民主社会主義］者に取りて決して恥辱ならず。現実は理想の階級にして現実の社会国家に脚を立てずして理想の到達は断じて不可能なればなり。▽改社会民主々義［▽民主社会主義］の▽改法律戦争［▽革命手段］が現実の不合理の法律を以て出発点とすと云ふを以て効力を否まるるならば天下何の処に合理的なる▽改もの［▽者の］存すべきぞ。無政府主義者の或者は何者をも否定して合理的なりと云はざるべし、然らば其の多く使用さるるダイナマイトも不合理なりとして否定されざるは何ぞ。只社会は進化す。進化は階級闘争による。社会が今日まで進化し而して階級闘争の優劣を表白するに投票の方法を以てするに至れり。投票は最もよく社会的勢力を表白する革命の途にして、爆烈《裂》弾よりも同盟罷工よりも最も健確《ママ》に理想の階上に昇るべき大道なり。此れなきの国家に於ては他の径路として叛乱と爆烈《裂》弾の途が開かる。この叛乱と爆烈《裂》弾との途を経過して法律戦争の大道に入れるものは今の多くの文明国と称せらるるものにして未だ径路を歩みつつあるは実にロシア国民なり。吾人をしてロシアに生れしとせよ、吾人は▽改社会民主々義［▽民主社会主義］者の口舌を嘲笑して爆烈《裂》弾の主張者たる▽改べし！［▽べし。］ああ己れの腕より地に投げられたる爆発の焯《硝》烟中にツァールと共に仆《たお》るるニヒリストよ！　天国の戸は僧の手に叩かれて開くべく、革命の舞台は血染の花道を通りて達せらるることあり、維新の民主々義者はこの故に▽改血ぬられたる刃を懐に潜ましめ［▽常に腰間の帯刀を善用して頻々たる暗殺を決行し］たりき。只、今日の吾人は一歩の幸運に会して立法的方法にまで進化せる現今の日本国に置かれたるが故に、たとへ暴漢が如何に国家機関たる権限を逸出すとも、吾人は決して之に応じて正当防衛権を主張せよと奨むるものにあらず。▽改社会民主々義［▽民主社会主義］者は其の名の示すが如く個人の権威より▽改も［▽と同時に］社会の利益を尊重するの犠牲に甘ずべき時の多きことを知るべし。（吾人は重ねて今の日本の社会党の温良なるを讃美す）。

［第七十九節］

普通撰挙権の要求はこの法律戦争の為めなり。

実に維新革命の理想を［完成］実現せんとする経済的維新革命は殆んど普通撰挙権▽改其のこと［▽其事］にて足る［べき理なり］。国家が主権体たらざる以前の革命は常に叛逆者の名を負ひて血と鉄とを以て廻転せり、国家内容の革命は国家主権の名の下に一に投票によりて展開す。──▽削除△『投票』は経済的維新革命の弾丸にして普通撰挙権の獲得は弾薬庫の占領なり。法律戦争以前の革命は常に血の膏《あぶら》によりて其の廻転を滑らかにしたり、投票の弾丸による革命は拍手喝采を以て其の舞台を開く。故に、革命の定義中に流血を欠くべからざる要素として加ふる如きは取るに足らざる見解なるは論なく、若《も》し流血其の事を以て革命なりと云はば皇室内の闘争も無数の革命なりとし、戦国時代の攻戦討伐の如き幾百千の革命の去来せる者なりとせざるべからず。［───］革命とは思想系を全く異にすと云ふことにして流血と否とは問題外なり。従《したがっ》て如何に多くの血を濺《そそ》ぎ屍《しかばね》を積むとも同一なる思想系の継承にあらばそは戦乱と称せられて革命に非らず。例せば壬辰《申》の乱を革命と云はずして大化の立法を革命と云ひ、源平の戦を革命と云はずして頼朝の▽改鎌倉［▽幕府］を革命と云ひ、大坂の陣を革命と云はずして戊辰の戦争を革命と云ふは、君主国・貴族国・民主国と其れぞれに思想系を異にするを以てなり。▽削除――△▽改社会民主々義［▽民主社会主義］の革命と云ふは、今の少数階級の私有財産制度（個人主義の理想したる社会全部分の私有財産制度にあらず）を根本より掃蕩して個人が社会の部分として部分の全体たる社会を財産権の主体▽改たらしむる共産［▽とする公産］制度の世界たらしむる別思想系に転ずることに在ればなり。革命とは故に旧社会の死して新社会の産るることなり。固《もと》より母と子との間に大なる遺伝ある如く、新社会が凡て旧社会の遺伝を受けて発展するものなることは論なし。只、難産にて生死の間に出入せざれば生れたるものが新生児にあらずと云ふ痴呆の世に存せざる如く、社会生理学の原理によりて▽改発見せられたる［▽見て］投票の産科医は平易に新社会を誕生せしむるに至りしのみ。只奈何《いかん》せん、旧社会の野蛮にして其の子を愛するを知らざる毒婦は、自己の腹に孕《はら》まれたる胎児を堕胎せしめんとし、産れんとする嬰児《えいじ》を圧殺せんとす。毒婦の無智野蛮は常に撰挙権の産科医を拒絶し、独り自ら顛転して流血の惨憺に苦しむ。而しながら孕《はら》まれたる者は産れざるべからず、又よし之を堕胎圧殺すとも母体自身にして強壮なる間は再び孕《はら》まる。（故に衰亡の国に革命の風潮なし）。歴史的経験を有する社会は如何に無智なるも流血▽改の［▽が］母体其者を苦しましむるを知り、又愛の進化は新社会が自己に代りて第二の自己として生存する者なるを知り、又更に産科医の力の▽削除驚△くべく出産を安易ならしむる事実を知れり。故に彼が胎児と共に自己其者を滅ぼし得るものに非らざるを知れる以上は、又彼自身の外部的圧迫若《も》しくは内部的不調の為めに衰弱して妊娠に堪へざるに至らざる以上は、普通撰挙権の猛烈なる要求を峻拒し得るものにあらず。彼女は已《すで》に胎児の重きに堪へざらんとす。▽削除――△この胎児は如何にして孕《はら》まれたる。謂《い》ふまでもなく母体の成熟によりて発育せる社会性と云ふ卵が▽改社会民主々義［▽民主社会主義］を受精したる故なり。胎児は実現さるべき理想として完全に作られたり。胎児は母体の中に躍る。殆ど呱々の声を聴く。腹を破らんとす。只産科医の来るを待つのみ。――普通撰挙権は斯くの▽改如くにして［▽民主社会主義の理想実現の為めにのみ］要求さるべしとす。

故に、▽改社会民主々義［▽民主社会主義］の要求する普通撰挙運動は決して▽改空名［▽空なる権利］の為めにあらず。今の米合衆国の如く徒らに黄金皇帝等の御意を捧（奉）じて奴隷として発言せん為めの一票幾何《いくだ》の市価にあらず。一票の投票は封建の城廓を打壊したる大砲の轟きなり。日本の現時の如く紙幣と交換すべき汚らしき手を以て投票に触るるにあらず、一片の投票を箱に投げ入るることによりて其の諸手は実に鮮血に滴《したた》るなり。この覚悟［――流血無き革命の大覚悟］を以て要求する普通撰挙権運動の前に何人《なんぴと》かよく抗し得べき。——▽削除△凡ての者只蹴破し去るべし。[(故に革命の要求に全国民の覚醒せざる普通選挙権の獲得は、其の制限なると普通なるとを問はず『白紙の投票』なるは論なし)。]吾人は一人身を挺して城門を爆破せる大胆華麗▽改[▽果敢]なる愛国者の如く、轟然たる爆発の声の日本国内に起るべきことを期待する者にあらず。而しながら団結が一切の力なることを信じて進退一に規枢(矩)を重《おもん》じたる満洲の誠忠質実なる[農民]労働者が帰り来る時!▽改[▽、]——今、彼等は続々として帰りつつあり、人は彼等の凱旋を迎ふと雖《いえど》も彼等は凱旋者にあらずして法律▽改[▽革命]戦争を戦はんが為めの進撃軍なり。ロシアの彼等は敗北にあらずして帝冠の叛逆者を転覆せんが為めに進撃しつつあるにあらずや。(吾れ書窓を開ひて▽改[▽時に此の筆を止めて]歓迎の万歳が誠に王者の軍を迎ふる桀紂《けっちゅう》(夏の桀王と殷の紂王。暴虐無道の君主として併称)の民なることに想ひ到りて涙雨の如き時あり)。団結は勢力なり。社会的勢力は主権なり。この団結的権力の前に尚無謀にも納税の多少を挿(挿)で(挿んで＝かさにきて)軽蔑の眼を以て眺め得るや。若《も》し納税の僅少が撰挙権を拒絶すべき理由たるならば、血税の無能力者が重大なる政権を有することは何の理由に求めて説明する。愛国者よ！　爾《なんじ》等が担架に横《よこた》はりて夢心地に後陣に運ばれつつありし時、帯の如く繃帯《ほうたい》を洩れて曳ける鮮血は徒らに寒草を肥やすに過ぎずして権利一粒をも実らしめざりしか。月明の夕。夜陰の雨、爾《なんじ》等が家郷の恋妻と愛子とを想ひやりつつ前哨に立てるの時は、国家の大臣は赤十字社を名として醜業婦を猟《あ》さりて天下を悠遊し、万骨只残る一片墓標の前に、爾《なんじ》等が野花を手向けて訣別の涙を雄々しき拳に振ひつつありし時は、七博士なるものは(賤ケ岳の七本鎗にてもあるまじきに！)硬直の誉を沽(沽＝売)りて揚々とし、爾《なんじ》等の同類のものは一売色奴お鯉(桂首相が可愛がる芸者)の門前を警戒しつつありしことを知らざりしか。戦友の骸骨が埠頭に歩み出《い》でて爾《なんじ》等が船の煙の東に消え行くを見送りつつ、その窪こ(ママ)き眼に湛へたる涙は只家郷児女子の音づれに過ぎざりしか。無権利の奴隷となりて児戯の金片を胸に飾らんよりも、丈夫《ますらお》只鬼となりて満洲の野にこそ迷へ。——吾が愛国者よ答弁せよ！　爾《なんじ》等は国家の部分として国家の他の部分の▽改[▽永遠なる]生存進化の為めに笑みて以て犠牲となりき、爾《なんじ》等の此の犠牲は他の国家競争なき時に於ても上層▽改[▽黄金大名等]の淫蕩遊興の為めに奴隷として死すべき永続不断の者か。『国家の為め』とは国家の上層の部分の為めのみにあらずして等しく国家の部分たる爾《なんじ》等の妻子の為めをも含まざりしか。ロシアの侵害に対して国家の或る▽改[▽凡ての]部分が脅かさるべき▽改[▽されたる]ことは事実なり、而しながら等しく国家の部分たる爾《なんじ》等の階級が国家の上層よりして常住不断に虐殺せられつつあることは『国家の為めに』処理すべき途なしとするか。国家の為めなり、四千万の同胞よと叫ばれたるときは四千万の同胞を国家なりと云ふことにして二三子《にさん》若《も》しくは少数階級をのみ国家の全部なりと考へしに非らざるべし。然るに為めにしたる所が全く上層階級の部分にのみ止まりて――寡婦と、孤児と、而して野に満つる餓莩《がひょう》(餓死者)と!▽改[▽――]彼等は国家の部分にあらずして牛馬の一部か!▽改[▽。]今日は国家の部分たる一人が全部たる君主国にあらず。少数部分たる階級が国家の全部たる貴族国にあらず。民主国とは国家の全部分が国家なるが故に愛国の名に於て凡ての同胞に犠牲たるべきことを呼ばる▽改[▽要求する]なり。[――]而して凡ての犠牲たるべき義務は凡てが目的たるべき権利を意味す。――▽削除△『国家の為め』とは国家対国家の場合のみにあらず、国家の大部分を虐殺しつつある今の経済的貴族を顚覆する時に要求せらるべき森厳《しんげん》なる叫声なるぞ。資本家政府と地主議会との共犯を挙国一致と云ひ、贓品《ぞうひん》分配の喧嘩を官民の衝突と称せらるる今日に於て、『国家』の声に眠を破られたる国民が満洲の野より血染の服を以て進撃し来るとき、而して進撃軍を歓迎して進撃に加はるべく用意しつつあるとき、尚且つ普通撰挙権早《ママ》尚論を唱へ得るや。外敵の城門は之を突貫によりて破壊し、議会の妖魔殿は普通撰挙権を以て堂々として攻め入るべし。ああ国会早《ママ》尚論に怒髪冠を衝ける彼等は今や翻《ひるがえっ》て普通撰挙権早《ママ》尚論を唱へつつあり。斯くの如くにして彼の政友会なるものと進歩党なるものと、全く民主党当年の精気無く経済的貴族主義の良心を以て藩閥と上院との貴族等を奉戴して奴隷となれり。吾人は断言す、普通撰挙権の獲得は片々たる数千百人の請願によりて得らるべからず実に根本的啓蒙運動による全国民の覚醒によりて彼等権力者の一団を威圧して服従せしむることなりと。凡ての権利は強力の決定なり。団結に覚醒せるときに強力生ず。小児が如何に数多くとも零を数千倍して依然たる零なる如く、国家の下層にして団結の強力なることを覚醒せざる間は権利を要求すべき基礎の強力なし。[――]吾人はこの点に於て万国社会党大会の決議に反して日露戦争の効果を天則の名に於て讃美す。国民は[国家的覚醒を以て]団結したり。団結の強力なることは明らかに▽改[▽屍山血河の間に於て神の福音の如く]意識せられたり。而して焇《硝》烟の間に翻へりたる▽削除△『愛国』の旗は今や法律戦争の進撃軍の陣頭に高く掲げられたり。[敵軍に面したる時の]彼等は後方鯨波《げいは》の群に止まることを快よしとせずとして奮ひて突貫の第一列に起てり、――▽削除△而してこの心これ投票戦争に於ても撰挙権なき鯨波の群たる能はずして自ら戦闘員たらんとの覚醒なり。フランス革命の三色旗が先づ起ちてバスチール《ユ》城の弾薬庫を奪ひ、西南戦争の壮士が亦《また》始めに是れを襲ひたる如く、法律戦争に於ては投票の弾薬庫を占領すべき普通撰挙権の獲得が宣戦の布告よりも先きならざるべからず。笑ふべきことの限りなるよ! 今の政府と資本家とは自家を滅ぼすべき進撃軍を却《かえっ》て万歳の声を挙げて迎へつつあるなり。彼等の突撃隊、彼等の決死隊、彼等の夜襲、彼等の総攻撃を称揚して自ら得たりとなしつつある政府と資本家は、同一なる彼等の突撃決死隊総攻撃を以て一挙に顚覆さるべきことを解せざるか。頭を廻らして城の後方を顧みよ、革命の火は将に爆々として燃え移りつつあらずや。今日、日本の社会党を以て温良なる二三《にさん》の『文士』『キリスト教徒』の輩と誤まるならば、是れ斥候（偵察兵隊）の陰を認めて雲の如き大軍を忘却せるものなり。大軍とは覚醒せる▽改［全日本国民――民主社会主義に赤熱せる］一般階級を云ふ。

実に一般▽改［▽覚醒赤熱せる全国民］階級が普通撰挙権を得て議会に其の戦士を送る［▽奪取したる］の時、茲《ここ》に階級闘争は煇《（硝）》烟の原野［▽暗殺爆弾］の代りに議院の壇場に戦はる。維新革命が一般▽改［▽全国民］階級の覚醒によりて煇《（硝）》烟の階級闘争を以て貴族の手より土地と政権とを打ち落したる如く、経済的維新革命は投票の階級闘争を以て黄金貴族の資本と土地とを国家に吸収し事実上の政権独占を打破すべし。▽改社会民主々義［▽民主社会主義］の階級闘争は執て代らんとするの闘争に非らず。否、凡ての階級闘争とは運動の本隊が下層階級に在りと云ふことにして闘争の結果は摸倣と同化とによりて下層階級の上層に進化して［全社会］上層階級の▽改［▽的に］拡張することに在り。即ち下層階級が其れ自身の進化による階級の掃蕩にして上層階級の地位が転換されて下層となり、若《も》しくは社会の部分中進化せる上層が下層に引き下げらるる原始的平等への復古にあらず。▽改（今の社会党の或者、若《も》しくはトルストイズムの如きこの故に決して社会民主々義にあらず）。［▽（今の社会党の人々、若《も》しくは物質文明を呪詛するトルストイズムの宣伝者の如き此の故に民主社会主義の科学的理解者に非らず）。］更に換言すれば、社会が其の進化に於て社会の部分を区劃《くかく》して漸時《（次）》に進化せしむる結果社会の全部分が終に今日の上層、否、固《もと》より是れ以上に進化するに至ると云ふことなり。▽改維新革命に於て法律上国民の全部が国家にして国家が目的なりと云ふ社会民主々義が理想として掲げられて凡ての家長君主等の掃蕩せられて階級国家の消滅したる如く、経済史の進行として［▽則ち維新革命の理想――国家の下に於て国民の凡てが何人の家臣にも土百姓《サーフ》にも非る国家国民主義の法律的理想を経済生活の根本組織に徹底通達せしめて、］更に生産の利益の帰属すべき主体たる経済的家長君主▽削除△［等］が国家に吸収せられて国民全部が経済団体となり▽改経済団体が生産の目的となり以て国家の経済的内容に［▽国家と国民を生産的主権体としたる国家内容の組織に］於て▽改社会民主々義［▽民主社会主義］の完《まった》き実現に至ることなり。即ち経済的君主々義を打破して経済的国家［国民］主義を建設することに在り。――ああ国家主義を厳粛なるプラトーの［哲学的］意義に於て主張せよ。――而して経済的君主等の掠奪より手段▽改として取扱はれつつある［▽欺かれたる］国家主義を救ひ出せよ。

▽削除君主々義とは国家の一部分たる君主等の利益の為めに他の国家の部分が犠牲として生死し一切の利益と終局の目的とが君主等に存するを以て名《なづ》けらる、是れ維新革命によりて法律の上より掃ひ去られたる所の者なり。然るに△資本家と地主なる

ものと、国家の部分たる他の労働者と小作人とを自家の利益と目的との手段として殺活する所の君主として経済界に存し、

従《したがっ》て其の経済的勢力を政治的勢力に表はして国家主義は法文の外に見られざるに至らんとす。法律の上に見よ、大日本帝国は厳として生存進化の目的を有する国家なり。然るに「国家を否認する」社会党なる者と「国家の名に欺瞞されて悟らざる」全日本帝国民と、国家主義の仮装の下に経済的君主々義が潜伏するに心附かずとは何たることぞ！▽改「▽。」「民主」社会主義は社▽改会主義「▽一面世界主義」にして現今の地理的社会の国家より一段の高き「将来」を理想するは論なし。――而しながら経済的君主々義に国家を掠奪せられて冷然たるほどに非国家主義にあらず。「民主」社会主義はこの国家を厳粛に承認して更にこの国家の聯合によりて理想的独立に発展せんとする大国家主義なり。国家主義は社会主義の進化の一過程にして経済的君主等は▽改「▽こそ」国家の反逆者なり▽改。「▽に非らずや。」社会党何ぞ国賊ならん、社会党亦《また》何ぞ国家を否定するの惑乱ありや。国家は倫理的制度なりと云ひしルーテル、一切の倫理的要求の満足を国家に求めたる孟子。「――」吾人は万国社会党大会の決議に反して彼等「千歳不滅の哲人」と共に国家を是認し、而して社▽改会民主々義「▽民主社会主義」の名に於てすべし。「(吾人は全世界の社会主義者が其の理論を訂正せんことを望む)。」今日の法律を見よ、大日本帝国は厳として論▽改理「▽倫理」的制度なり、而して一切の倫理的要求を満足せしめんことを理想しつゝあり。只、この国家の法律の下に経済的貴族等が割拠して存し、国家主義の盗奪によりて経済的貴族等の個人主義が倫理的光彩を汚すが故に、大日本帝国其者が罪悪に塗られて醜なり▽改。おお「▽なるのみ。ああ」来るべき第二の維▽削除新△革命よ。再び第二の貴族諸侯に対して階級闘争を開始せざるべからず。是れ階級を超越せる国家の法律的理想によりてなり。一切は階級闘争による。闘争に打ち勝ちたる者の頭上に権利の金冠が輝やく。正義の神は衡《はかり》と共に剣を有す。法律の理想たる正義は其の理想の前に横《よこた》はれる腐朽の制度を打破して獲らるべき衡なることを剣に於て表示す。権利の決定は古代中世を通じて全く腕力なりし知く、最初の訴訟法は原被両造《りょうぞう》を法廷に喚《よ》びて決闘せしめたり。削除『我は我が力を以て天下を取れり、王たらんと欲すれば王、帝たらんと欲すれば帝』削除とは秀吉のみの権利獲得の方法にあらず。剣の重量に従ひて衡《はかり》は傾き正義の神は其の傾斜の上に判決を下す。今日の法律なるものは国家の機関を組織して国家の意志を表白すと云ふ「地主」資本家階級の決定せる正義なり。資本家政府と地主議会とは黄金の分銅によりて資▽改本家階級「▽黄金大名等」の恣《ほしいまま》なる方向に衡を傾斜せしむ。剣が衡を定め戦勝者が権利を作る。▽削除腕力戦争の勝者が嘗《かつ》て君主国を建て貴族政治を築きたる如く、今日の経済的混戦の中に於て僥倖《ぎょうこう》なる者は戦勝者として凡ての権利の源泉たり。故に△吾人は断言す――社会党が弱く労働者が奴隷として甘じつゝある間は社▽改

会民主々義［▽民主社会主義］は法律の上のみに於ては罪悪にあらずと雖《いえど》も実世間に向っては些《いささか》の権利にあらず正義にあらずと。只勝者必ずしも勝者ならず敗者亦《また》永久に敗者ならず。平等観の発展と無数の百姓一揆とによりて社会の下層が武士農奴の奴隷階級より脱して強力となり維新革命の剣によりて貴族国を顛覆し以て平等の権利に衡《こう》を保ちたる如く、社会民主々義［▽民主社会主義］の現行法の下に小作人と賃金労働者とが剣の閃《ひらめ》きに驚き起《たち》て団結の強力を作るとき、茲《ここ》に経済的貴族国は顛覆して経済的平等の上に正義の神は現はる。民主党志士の鮮血に染めて織り上げたる憲法の敷物の上に黄金を播き散らして賭賻《博》に耽《ふけ》りつつある政府と議会よ！　其［の］賭賻《博》場を繞《め》ぐりて広大なる階級が久しき眠りより目醒め、夜陰に鳴り渡る社会民主々義［▽民主社会主義］の警鐘に耳を傾けつつあるを見よ。この大団結が大丈夫の如き闊歩を以てその敷物の上に進み入るとき盗奪の黄金は決してツランプ《ママ》の玩弄物に非らず。眠れる獅子は犬よりも愚なり、奴隷の百千万は一人の貴族に恐怖す。小作人と賃銀労働者との奴隷が貴族の如き権威に眼を光らして百千万の強力に手を繋ぎて一団となるとき、獅子は茲《ここ》に鬣《たてがみ》を振って政界［▽天下］の一角に立ち上がるべし。［――此の時に於て政府と議会と能く何する者ぞ。普通選挙権の得喪亦《また》歯するに足らず。］二十日鼠の逃るる様なるかな政府と議会［▽『政府』と『議会』］なる者よ！　然るに笑ふべきは此の鍬《くわ》と鉄槌とを持てる百千万の貴族の前に無礼にも麺麭《パン》屑を投じ、獣王の耳に就きて狐の甘言を囁く者あることなり。

［第八十節］

麺麭《パン》屑！　是れを讃美して慈善と云ふ。ああ慈善なる名の如何に人類の権威を侮辱しつつあるぞ。吾人は饑餓の為めに昏倒《こんとう》せんとする者に向って、恵まるる手を払ひのけよと云ふほどに迂愚《うぐ》なるものにあらず。而しながら多くの慈善家と名《なづ》けられたる蝮蛇の類は其の最も善きものも自己の道徳的快楽の為めに貧困者を犠牲として取扱ひ下等なる輩に至っては夜会舞踏の余興より以上には考へず。吾人はたとへ短銃を執て咽喉に当つるとも、掠奪者の裏門より投ぜらるる残飯を嚥下《えんか》し得るや。この故に面目を重ずるものの貧困に陥るや救貧院に入るに堪へずして自殺し、其の肉体の救はるる者も精神の殺されたる後なり。慈善家なる者の人生観は全くキリストを逆倒して人はパンのみによりて生くと考へつつあるなり。慈善家の最も悲憤慷慨的なるものは或は云ふべし、労働者は清貧の尊ぶべきものにして富豪等は席上の乞食なり、労働者の労働に衣食するものなりと。而しながら事実は決して然らずして彼等は乞食にあらず堂々たる掠奪者なり。吾人をして不徳を暴露して曰《い》はしめよ、[――]若《も》し貧困に生るるならば吾人は地上の乞食たると席上の乞食たるとを問はず他の愛に縋《すが》らんよりも寧《むし》ろ盗賊となりて掠奪せんと。▽改社会民主々義[▽民主社会主義]者は君子と名《なづ》くる蚯蚓《ミミズ》的道徳家とは別物なり。乞食は卑しめられ掠奪者は崇めらる。ギリシャの詩人は海賊を高貴なる事業として詠歎し近き以前まで海賊の剛健がバイロンの詩に入りしほどに崇尊せられ、中世の騎士、日本の武士、皆切《削除》り取《削除》り強盗を▽改其[▽大丈夫]の習ひとして一個の讃美なりき。乞食は歴史上讃美されたることなく金冠は常に掠奪者の額に在り。如何に資本家地主を席上の乞食に比して自ら快を貪《むさ》ぼるとも、強者たる彼等の前に蟻の如く匍匐《ほふく》して掠奪を讃美するものの絶へざる間は、掠奪されたる地上の乞食に対する軽蔑は永久に去らず。恵む手の唇には傲慢の微笑あり、受くる所の首には屈辱の冷汗滴たる。而も是れが往年の如く個人労働の結果たるものを涙の手に割きて他の不幸なる個人と共に分ち喰ふならば、吾人はこの尊き人を地に伏して拝すべし。然るに蒸気と電気とによる社会労働の凡てを上層の少数部分にて掠奪し其の掠奪の為めに不幸に繋がれたる社会の大部分を『慈善▽改制度』の牢獄に押し込みて鉄柵の間より麺麭《パン》屑を投じつつありとは何たる▽改残酷ぞ、――悪魔にも優《ま》さる。[▽悪魔ぞ。]野犬と▽改講壇社会主義[▽国家社会主義]者とは慈善に欺かれ得べし。人類は犬の如く食を得て足れりとするものにあらず、▽改社会民主々義[▽民主社会主義]に覚醒して貴族の如き個人の権威を得たる[農民]▽削除△労働者階級は▽改講壇社会主義[▽国家社会主義]者の如く路傍馬糞の傍に土下坐して黄金大名を礼拝するほどに無恥なる良心を持たず。慈善を言ふ者の前に慈善なる名を以て金銭を投じ見よ、烈火の如く怒らざるか。社会の凡てが慈善を受くるを恥ぢとするに至れるは奴隷の卑屈より脱して貴族の▽改良心[▽的権威]に心臓を染めたる▽改者なり。[▽が故なり!]凡ては強力関係なり。力によりて掠奪したる時代は力によりて掠奪し、今の法律によりて掠奪しつつある者は新たなる法律によりて掠奪すべし。強力即ち正義。黄金貴族が力ある間は今日の掠奪は当然にして吾人は餓莩《がひょう》(餓死者)の傍に立ちて尚且つ彼等の掠奪を正義なりと承認せん。獣王が一切を慴服《しょうふく》せしめて其の牙が血に染まりたるとき正義とは即ち▽改社会民主々義[▽民主社会主義]なり。吾人は涙を流して議論の補助とするものに非らず、鉄よりも冷たき権利論に訴へて▽改社会民主々義[▽民主社会主義]を唱ふるものなり。麺麭《パン》屑の問題にあらず、麺麭《パン》其者の問題なり。饒《(餓)》へたるものに麺麭《パン》屑を投与せよと云ふ▽削除△道徳論にあらず、麺麭《パン》に対する権利の為めに饒《ママ》ゆる事を顧みざる森厳《しんげん》なる権利問題なり。武士は喰はねど高揚子、全社会にしてこの貴族的権威なくして何の▽改社会民主々義[▽民主社会主義]ぞ。

▽削除（段落末まで）否!権威に覚醒したる彼等が今眼前にパンを投げられて侮辱せられつつある如く、彼等の餓えたりしときには宗教家

なるものは聖書を指しつけて愚弄しつつありき。『イエス聖霊に導かれ悪魔に試みられんが為めに野に往けり。四十日四十夜食ふことをせず後餓えたり。試むる者彼に来りて言ひけるは爾《なんじ》若《も》し神の子ならば命じてこの石をパンとせよと。イエス答へけるは、人はパンのみにて生くるものに非らず唯神の口より出《い》づる言に因ると録されたり』。ああキリストにも非ざる彼等は何者の導きによりてか路傍に食を乞ひて立てり。彼等は真に神の子なりや否やを四十日四十夜の餓の後に於て悪魔の前に試みられつつある者なり。饑《う》えたる神の子が喰はれざる石をパンにせよと嘲笑せられたる如く神の子に非らざる彼等は一粒をも生せざる紙片の補綴を眼前に指しつけられて、爾《なんじ》等奇蹟を行ひ得るならばこの聖書をパンにせよと愚弄せられつつあるものなり。悪魔は充分に其の試みを尽したるべし。——然るに何事ぞ！　経済的進化の為めにパンを得更《こ》に神の権威を得んと努力しつつある彼等に悪魔は再び愚弄を始めたり。曰く、爾《なんじ》等は往年より善き生活を為すにあらずや物質的幸福を求むる勿《なか》れと。蚯蚓《ミミズ》的宗教論は個人の権威につきて何者をも解せず。△

［行ヲ明ケズニ前(さ)キニツヅク］而して又、この森厳《しんげん》なる権利問題の前に下劣なる▽改講壇社会主義［▽国家社会主義］者なる者は資本労働の調和と云ふ。ああ資本労働の調和——何ぞ公武合体論に似たるや！▽改［▽。］若《も》し貴族諸侯の土地が掠奪なることを▽改日本歴史［▽『大日本史』］によりて知らざりしならば、而して資本が労働の掠奪なることを『資本論』によりて知らざるならば、公武合体論は今日に存在すべく、資本労働の調和は地球と共に▽改［▽の冷却まで存続すべき］永遠の制度たるべし。今の▽改講壇社会主義［▽国家社会主義］者にして穂積博士が統治権は天皇の皮膚に附着せるものなりと主張する如く、其の経済学に於て資本家は母体より出《い》づるときに其の臍《へそ》の上に銀行券を貼附したりと論じつつあるならば議論は貫徹すべし。然るに噴飯の甚しき、▽改講壇社会主義［▽国家社会主義］者は資本の発生の労働なることを認め、其の資本によりて更に他の資本の生ずることを認む。然らば資本は即ち労働の具体的表現なり。言ひ換ふれば▽削除△——労働と労働との調和と云ふこととなる。斯る説明は隻手《せきしゅ》に声ありやと問はれたる時に答ふべし（隻手の音声（おんじょう）。禅宗の公案の一。両手を打って鳴らせば音が出るが、片手にどんな音があるかという意）。▽削除（第一編『社会主義の経済的正義』に於て彼等の資本と資本家とを混同しつつあるを論じたる所を見よ）。△斯くの如くにして彼等は資本労働の調和なる名の下に資本家階級の利子利潤と労働者の賃銀とが生産物を分配すと論ぜり。▽削除前きにも説ける如く、△旧派経済学の賃銀基金説の価値なき臆説なるは論なく従《したがっ》て其の上に立てるラサールの『賃銀の鉄則』が修正なくして唱導さるべからざるは論なし。而しながら農夫と其の牛とが蒭草《まぐさ》を分配すと云ふが如き文法が国定教科書に採用されざる間は、分配とは斯る関係を言ひ表はす

文字にあらず。命令し、而して服従す。統治関係なり。経済的貴族国の君主等が御機嫌と利害とによりて其の農奴と奴隷との上に殺活の権を振ふ所の君臣関係なり。維新革命党に向つて貴族と其の家老等の上級武士が米禄を多くすべきが故に▽改国体論［▽『国体論』］を止めよと云はば笑ふべきことの限りなりしなるべし、今の講壇▽改社会主義［▽国家社会主義］者は経済的大名其者の否認に蹶起せる労働者階級に向つて削除『賃銀の値上げ▽改』と云ふ［▽労働者の優遇と云ふが如き］狐狸の甘言を以て沈圧し得べしと考へつつあるなり。［農民］労働者は餓を訴へて鳴号する犬にあらず、▽改社会民主々義［▽民主社会主義］は［農民］労働者階級▽削除△が単に貧困より脱し得たりと云ふことを以て足れりとするものにあらず。実に獣王の目醒めたる憤怒［――王者の権威を争はんが為めの闘ひ］なりとす。

▽削除（次ページ第一行目まで）金井博士の『社会経済学』は曰く、

『現今ドイツに最も強大を極め他の欧州にても同情を表するもの多き社会民主党の如きは畢竟《ひっきょう》政治上の革命思想と経済上の欠亡との間に古来屢々《しばしば》ありし所の聯合が其の形を変じて発生せるものなるに過ぎず。この党の煽動擾乱に対する最上の手段方法は社会の改良即ちこれなり。最近経済学の攻究、ドイツ帝国の一八七七年以来皇帝とビスマークとの力により て多少実際に行へる社会政策は畢竟《ひっきょう》これに外ならず。この社会政策を行ふに際し法令違反の行為又は擾乱煽動等を禁制し、若《も》しこれを犯すものあるときは之を厳罰に附すべきは最も必要なる方法なること勿論なり。之を換言せば一方社会党に対する法令と其の執行とは之を厳にし、他方に於ては彼等の依《よ》て生ずる所の原因を極めて着々社会の改良を施して弊害を漸時《次》に掃蕩することを必要とす』。△

『従来社会民主党の政治上並《ならび》に道徳上の危険に対し各国政府の執りたる手段方法の中には正当なるものあり失策に陥れるものもあれども……顧《おも》ふに此の党の乱暴狼藉《ろうぜき》に対して強制手段と教訓勧誘等の方法によるのみにては決して禍害を全然掃蕩するに足らざるべし。必ずや是れと同時に細民の貧困を救ひ貧富懸隔の程度を緩うし之に対する悪感情たるものを排除し……』△

田島博士の『最近《新》経済論』は曰く、

『社会党はもと社会問題解釈を目的として起りたるものなれども、今や社会党それ自身が社会問題の目的物となれり。如何に社会党を処分すべきやは実に社会政策上の一難問なり』

以て如何に馬鹿大名と其の家老等とが『処士《しょし》（在野の人）横議《おうぎ》（勝手な議論）を如何にすべき』として空虚なる頭脳を叩きつつある様

を見るべし。△

［第八十一節］

［而して他方］所謂社会主義者の無理想なる者よ。斯く根本組織を革命せんとするものと根本組織を維持せんとするものと如何にして調和し提携し得べきか。社《▽改》会民主々義「▽民主社会主義」の名を汚辱するに過ぎざる盲動者の一群よ、賃銀の《削除》値上げ、《削除》八時間労働、強制保険法、《▽削除△》――斯るものが社会主義なりと云はば吾人は斯る無理想の盲動者より社《▽改》会民主々義「▽民主社会主義」の名を剥奪して公武合体論の中に馳《はし》り込むべし。維新革命は納税の苦痛を訴へて竹鎗蓆旗を掲げたる百姓一揆と決して同一に非《▽改》らざる如く、「▽非らず。」米価の高きを訴へ賃銀の低廉を叫びて同盟罷工をなす如き工場一揆は断じて［民主］社会主義と同一視さるべからず。社会の進化は階級的層を追ひて漸時《次》に「――或時は躍進的に」上層に進化し上ることに在り。故に［個人人格の権威に立ちて見る時］維新革命が君主の絶対的自由にまで貴族階級の進化して各地に君主として臨みたりしものより、更に全国民が武士土百姓《サーフ》の階級より脱して君主にまで進化せる貴族階級に進み入りて国民全部の自由独立と個人の絶対的権威を実現して『民主』となりし如く、経《▽改》済的内容に於て維新革命の法律上の社会民主々義を完《まった》き現実の者とせん「▽此の革命的理想の実現を経済的生活に完成せん」として努力しつつある社会民主々義は、今の小作人と賃銀労働者とが今の経済的貴族若《も》しくは其れ《削除》以上の経済的幸福と其れに伴ふ凡ての政治的道徳的進化《▽改》「▽権威」を得んとする「――」全社会の貴族主義「――《削除》『全社会の君主主義』《削除》」なり。故に、《▽削除△》（繰り返へして言《▽改》ふ如く）「▽言ふ。」彼の『平民主義』の名の如きは其の無理想なること講《▽改》壇社会主義「▽国家社会主義」の輩と大差なきものにして、《▽削除》徒らに工場一揆の頭取《とうどり》たるに過ぎざる者の言行なり。△社《▽改》会民主々義「▽民主社会主義」は全社会の名に於て、即ち個人の凡てを挙《こぞ》れる個人の権威の名に於て唱へらるべし。賃銀の《削除》値上げ、《削除》八時間労働、強制保険法等によりて貧困が除去さるるならば講《▽改》壇社会主義「▽国家社会主義」者の所謂社会政策なる者は成功して、『平民主義』の理想たる下層的平等、清貧の平分が実現さるるときなり。社《▽改》会民主々義「▽民主社会主義」は『貧困』と『罪悪』とより以上に高遠なる理想として社《▽改》会進化の宗教的理想界「▽『社会進化の宗教的理想界』」と而して当面の要求として個《▽改》人の権威「▽『個人の完き権威』」あり。若《も》し賃銀の《削除》値上げ、八時間労働、強制保険法等によりて社《▽改》会民主々義「▽民主社会主義」の理想が一分なりとも満されたりと云ふならば――奇怪にあらずや、其等を得《▽改》たるが為にドイツ「▽得る毎に」社会民主党は更に飛揚して進み征服の翼は垂天の（空一面垂れ広がる）

雲の如く全世界を蔽▽改へり。[▽蔽へるは何ぞ。] 眠れる獅子は犬よりも憐れなり、而しながら醒めたる獅子と雖《いえど》も餓へては鉄鎖を脱する能はず。愚も茲《ここ》に至つては歴史家の特筆を要すべし、——講▽改壇社会主義 [▽国家社会主義] 者なる者は醒めたる獅子の餓えたるに向つて一臠《いちれん》（臠（ししむら）＝肉の塊）の肉を投じ再び眠らしめんと考ふるか。封建時代の百姓一揆は屢《しばしば》々繰り返へされて満腹となり維新革命によりて鉄鎖を脱したり。日本社会党の獅子は低廉なる賃銀と、過度の長時間労働と、疾病老癈の不安とによりて其眠りより醒めたる力なき身を鉄柵内に横《よこた》へて未だ起ち上がる能はざる者なり。三百万の投票と八十二人の代議士とを以てドイツ皇帝を侮弄しつつある社会民主党よ！▽改 [▽を見よ。] 是れ柵外の恐怖によりて投げられたる一臠《いちれん》の肉の為めに鉄柵を噛みて吼え猛りつつある者にあらざるなきか。固《もと》より獅子は死にまで餓へしむる能はず。獅子は凡ての者を裂きて食ふべき牙を有す。而しながら餓えては労働者と雖《いえど》も大胆にその同盟罷工を継続する能はず。労働組合の大聯合を為して軍事費を備ふることは朝夕の妻子をも養ふ能はざる低廉なる賃銀の与ふ所《能》にあらず。過度の長時間労働は理性ある生物より考ふるの時を奪ひ社▽改会民主々義 [▽民主社会主義] を受け入るる脳力を枯渇せしむ。[（全世界の民主社会主義が今尚『力』となる能はざる所以は只此の一事に在るを悲しむ。）] 日本の獅子が今日尚畜主たる資本家と地主の前に柔順なるは、只餓《うえ》の為めに力なきが故▽改にして、——[▽故のみ。] ああ [讃美すべき] ドイツ社会民主党の▽削除猛烈なる勢△よ、其の満腹によりて獅子の権威を表はし、多数党の当然に占むべき副議長の椅子をも一匹夫ドイツ皇帝輩に敬礼せざるべからざる不面目の為めに弊履《へいり》（やぶれた履物）の如く棄却し、一撰挙毎に幾何級数の速力を以て投票と議員とを増加しつつあるに見よ。▽削除（この点に於て今の日本社会党の志士は肉の所在を指示せる鋭眼として『日本社会党史』の第一頁に初号活字（最大サイズの活字）を以て印せらるべき光栄を有す）。△ 日本歴史が存在せる限り掠奪者たる大名貴族の残骸をも許容すべきものに非らざりしが如く、資本家掠奪の歴史が明示されたる『資本論』が焼かれざる限り、如何に公武合体論を以て譲歩せんとするも譲歩は更に次ぎの譲歩を迫り、——否、譲歩を待たず法律戦争の剣の下に経済的貴族等が圧伏せら▽改れざる限り、決して『社会政策上の難問』は去るべきにあらず。[▽されずして止む者に非らず。] 革命の前には常に調和折衷の好名辞を以て怯懦《きょうだ》蒙昧なる言議を見る。馬鹿大名と其の家老とが処士横議《しょしおうぎ》を如何にすべきと空虚なる頭脳を叩きたる如く——当時の処士は元老となりて禿頭を叩きつつあり——この社会党を如何にすべきやとの問題が如何に法学博士大学教授の尊厳を有する講▽改壇社会主義 [▽国家社会主義] に取りて難問と称せらるるも、革命は斯る合体論者を蹴散らして進む。孕《はら》まれたるものは産れざるべからず。産婦の腹に膏薬を貼附して苦痛は去るものにあらず。吾人は断言す——▽削除△▽改社会民主々義 [▽民主社会主義] の革命の前に所謂社会政策の譲歩あるは分娩の前に営養物を送るが如きもの、社会民主々義［▽民主社会主義］者は新生児の利益の為めに又旧母体の安産の為めに強く之を要求し、譲歩なきときに於ては強力によりて獲得するものなり。社会政策なる者を以て社会民主々義［▽民主社会主義］を刈り取らんと考ふる如きに至つては胎児を堕胎せしめんとして盛《さかん》に牛乳スープを用ひよと云ふ薮医と髣髴《ほうふつ》たり。金井博士と田島博士とは余りに賢明にして明治人名辞書の一隅も頗《すこぶ》る疑問なりと雖《いえど》も、斯くの如き議論は如何に私有財産制時代の頭痛が興味ある形に組織されたるかを示す者にして彼等の大著は後世の歴史的研究者に取りて博物館の珍品なり。（否、彼等は通弁なるを以て此の光栄に与《あず》かる能はざるも知るべからず、責任者は外に在るべし）。［▽彼等の大著述をして後世の歴史的研究者に残さしめよ。興味津々たる頭脳の陳列として博物館の珍品たるべし。］

［第八十二節］

故に、吾人は階級的利益より超越して公言す、即ち社会民主党に対する唯一の方法はビスマークの敢行したる沈圧政策のみに在りと。ロシアが為しつつある如く腕力を以て孕《はら》まる凡ての胎児を虐殺することに在りと。ビスマークの沈圧政策なくばドイツ皇帝は其の帝座を十年以前に斥けられてカイゼル万歳の忌はしき声は今日のドイツ国に聴かれざるべく、［▽べし。］日本と殆ど同時に憲法を要求せられて今尚ツァールは圧虐の砲火を開《ひ》らきて宮城を護り、専制主義の母体が恣《ほしいまま》なる生活を続けつつあるなり。［▽を見よ。］——何処に於ても権力者は博士輩よりは悪なりと雖《いえど》も大学教授を誇りとする者よりは遥かに賢なり。△ロシアが革命運動を解する能はざるほどに国民を愚蒙に繋ぎたると同様に、今の政府は実に聡明にも先づ迫害の手を啓蒙運動の上に加へて言論の迫害を敢行しつつあるなり。［▽は讃むべきかな。］而して見よ更に［▽更に見よ、］圧虐の足を挙《あげ》て公武合体論者の所謂社会政策を蹂躙しつつあるにあらずや。——迫害も斯くの如くんば堂々として丈夫の者なり。［▽たる論理的一貫なり。］ビスマークの社会政策は講壇社会主義［▽国家社会主義］者の推測し得るが如きものにあらず。歴史は吾人に断言を命ず、ビスマークの社会政策は其の強力によりて圧制せしだけ其れだけ成功したり、而して社会民主党の強力によりて譲歩せしめられたるだけ其れだけ失敗したり。講壇社会主義［▽国家社会主義］者の指して以て彼の社会政策となす強制保険法等は実に彼のものにもあらず又彼の本意にもあらずして社会党の強力が或る程度まで彼の手によりて凱歌を挙げたる者なり。只、彼は其の打ち勝たれたるに係らず尚沈圧政策の鉄槌を振ひつつ社会民主党と戦へり。——而してこも亦《また》打ち落されたり。ルイ十六世が児女子烏合の衆によりて断頭台に昇るに至れるは其の同情に厚き［▽『同情に厚き』］『小羊』なりしが為めにして今のロシアを見よ、全版図に沸騰せる大革命に包囲せられて恰も大海の波濤中に孤島の立つが如く能《よ》く護りつつあるにあらずや。ナポレオン、ルイの王城［▽王宮］に突貫しつつある群集を見囁きて曰く、何が故に一たび砲火を開きて追ひ散さざるやと。実に終局は維持すべからざることなりと雖《いえど》も権力階級に取りては唯一の途は迫害より外なく、彼等の前に跪《ひざまず》きて社会国家の利害を説くは彼等の権利を侮辱する［▽に無智なる］者なり。吾人は科学的研究の名に於て断言す、迫害は強者の利益にして権利なりと。

即ち、此の断言は社会主義を迫害することは却《かえっ》て社会主義を盛《さかん》ならしむる者なりと云ふ社会党の声言しつつある所の偽はりなることを示すと共に、［▽示し、同時に］講壇社会主義［▽国家社会主義］者の公武合体論が為しつつある所謂社会改良策が何の価値なきことを表はすものなり。社会改良策とは上層階級の意志を以て全社会の利益なるべしと考ふる所を強制する者なり。吾人は上層階級の社会政策が上層の利益のみを中心としての行動なりと云ふことの悪感の為めに事実を無視するの階級的感情なることを知る。而しながら上層階級の者は特殊に卓越せる者、例へば［伯爵］トルストイの如き無政府党［▽主義］の［公爵］クロポトキン公の如き者に非らずしては、其の容貌が階級的美［▽造作］を表はしつつある如く智識も感情も凡て階級的作成を脱する能はずして、其の良心に従《したがっ》てする行動と雖《いえど》も必ずしも下層の利益を来すべき社会改良なるや否やは確実なりと［▽を保証］すべからず。故に吾人は断言す、社会民主々義［▽民主社会主義］を解せざる国民に上より欽定的に社会政策を降下するは価値なきことなりと。真の人格ある公民国家が大化朝廷の夢想によりて産れず、全国民にまで国家の永久的存在と云ふ生存進化の目的が意識さるるに至るまでに国家意識の発展拡張することによりて始めて維新革命となりて生ぜる［▽実現せる］如く、社会民主々義［▽民主社会主義］は一片の勅令にて［▽又は黄金大名の家老家来の集合たる議会に依りて］建設さるるものに非らざるは論なし。否、［▽則ち］社会民主々義［▽民主社会主義］は決して藩閥内閣若《も》しくは政党内閣によりて実現さるるものに非らざる如く、［▽理論と等しき理論に於て、——］たとへ今日の社会党の二三《にさん》先覚者を以て内閣が組織さるるも、今日の［程度の］日本国民にては実行さるるものに非らざるは論なし。［▽なり。］固《もと》より権力階級にして社会主義に傾くことの幾分なると、社会主義を排斥することの強烈［なる］とは実現の遅速に大なる影響あるべしと雖《いえど》も、歴史学上の事実としても権力階級が自ら進みて其の消滅を提唱したるものなく、又良心の階級的作成の倫理学によりて然るべき理由なし。各階級は各《おのおの》異なれる階級的利害を有し、階級的智識。階級的感情を有し、階級的良心を有す。(凡て先きに説ける『社会主義の倫理的理想』及び『生物進化論と社会哲学』を見よ)。——斯くの如くなるを以て階級的良心と階級的良心との衝突は恰も宗教を異にし道徳を異にせる時代の国家が其の地方的良心の衝突を戦争に訴へて決するより外なかりし如く、階級闘争は法律戦争による強力の決定の外に途なし。この階級闘争の歴史学と倫理学とを解せざるが為めに、維新革命を以て封建諸侯が尊王忠君の為めに政権と土地とを奉還せるものとなし、其れの如く今日の経済的大名階級に向つて其の生産権と土地生産機関とを国家に——或者は天皇に——奉還せしめんと論ずる講壇社会主義［▽国家社会主義］者を見るなり。(国家社会党の領袖山路愛山氏の如き其の土人的歴史家なる点に於て斯る議論の著しき代表者なり)。幕末の志士をして徒らに道徳の講義を以て天皇を不断の幽閉と不断の脅迫譲位とを以て圧伏しつつありし貴族等に対せしとせよ、強者の権によりて得たる土地と政権とを有する貴族等は『奉還』を云ふものを以て自家の権利を侵害するものとなし其の沈圧政策を以て現今の世に徳川氏は厳として継続しつつあるべし。天則に無用と誤謬となし。宗教道徳を異にせる国家と国家とが戦争によりて其の地方的良心の衝突を決定したりし［▽たる］如く［▽、——］維新志士の民主々義の良心は貴族階級の良心に向つて暗殺と戦争とを以て打ち勝ちたり。経済的維新革命は只法律戦争によりて強力を決定すべきのみ。喰人族に向つて仏教の原理を説きて喰人族に作られたる良心を一夜に入れ替ふる能はざる如く、今の経済的貴族階級に作成せられたる資本家地主の良心に向つて生産権奉還を呶々《どど》して足れりとする国家社会主義者に放任せば、社会民主々義［▽民主社会主義］の実現は地球が慧星と衝突せる後なり。天下の事凡べて啓蒙されたる後なり。［▽さるるを先きとす。］維新の民主的革命は其の三百年の平和による下層階級の経済的進化と進化せる権利思想の説明を古典儒教に求め、長き啓蒙運動の後貴族階級を掠奪者の名に於て顚覆したり。彼等［▽貴族等］は中世史の始めに於て権利たりしものが社会の進化によりて掠奪者となれるのみ。この社会進化は一に進化せる権利思想に社会が啓蒙さるることなり。今日に至るまで個人主義の労働による権利として個人が資本と土地とを所有することは少しも掠奪にあらず当然なる権利なり。而しながら『資本』が蒸気と電気との上に跨がりて他の小資本家を併呑し資本の高利に対抗する能はざる小有土農を併呑するに至つては是れ明らかに個人主義の理想たる今日の正義にも反するものにして、［▽もの。］社会民主々義［▽民主社会主義］の啓蒙運動によりて全社会が進化せる権利思想に覚醒するに至らば茲《ここ》に経済的貴族は掠奪者の名を負ひて顚覆されざるべからず。この社会進化の理法を解せざるが故に、山路愛山氏一派の如きは維新革命の其れの如く権力階級を奉戴し利用せよと云ひ、又或者の如きは日本現代の経済的進化の未だ甚しき低級の者なるを見て社会主義早尚《ママ》論を唱ふるに至るなり。△天地万有ただ『力』なり。社会は強力によりて動く。勝てば是れ官負くれば是れ賊。凡ての善悪は階級闘争の決定なり。▽改社会民主々義［▽民主社会主義］を真《まこ》とに知れるものは明らかに覚悟すべし——今日の時代に於て▽改社会民主々義［▽民主社会主義］者は罪人にして上層階級は其の階級的良心に従ひて処罰すべき権利と義務とを有すと云ふことを！　進化論の思想は世に絶対の善と絶対の悪との二元的対立を許容せず、▽削除哲学に於ても絶対の無を仮定することは維持すべからざる系統となれり。△善悪とは進化的善悪にして進化の程度を異にするよりのことに過ぎず。古代の善は進化して中世の悪となり中世の善は又更に進化して近代の悪となる。▽削除而して社会の上層は凡てに於て下層階級の理想として到達を努力する、即ち摸倣の対象たるを以て善に於ても最も進化せるものなり。故に上層はこの大体の理論よりして未だ進化せざる下層の階級的善を国家の名に於て犯罪者として処罰するの権利と義務とを有するなり。（この意味に於て今後の刑法学は組織さるべし。『社会主義の倫理的理想』を見よ）。△而しながら如何なる個人と雖《いえど》も其の良心の進化は▽改［▽に］程度なり。▽改［▽あり。］今の所謂社会主義者が其の個人主義の独断を継承して却《かえっ》て社会の政治的組織たる国家を否定する如きを見て直ちに▽改社会民主々義［▽民主社会主義］に累を及ぼし、彼等に対するに個人の自由を尊重せざる良心を以て臨むときには如何ともすべからず。国家主権の現代に於て、国家の機関が其の個人的利己心の為めに国家の一部分としての自己が意識する社会的利己心と背馳《はいち》するならば其の言行は明らかに法理学上の無効なりと雖《いえど》も、▽改［▽なり。而も］其の良心の命ずる所によりて行動するならば其等より進化せる良心なりと雖《いえど》も進化せざる犯罪階級の良心と共に法理学上の犯罪なるは論なし。而しながら斯くの如きは法理学上の思弁に過ぎずして人の内心に立ち入りて国家機関が良心の命令に従ひしか将《は》た利己心の発動を抑ふる能はざりしかの如きを知る途なきは論なく、▽改［▽なし。］特に［彼等の］多く［は］階級的良心によりて行動するを以て［▽し、従《したがっ》て］其の言行は▽改凡て［▽亦《また》］法理学上の効力を有するに至っては▽改［▽が故に］▽改社会民主々義［▽民主社会主義］者なるものは誠に森厳《しんげん》に考へざるべからず。平静に万事を見よ、世に悪人は甚だ少なくして皆悉《ことごと》く自己の有するだけの良心によりて行動しつつあるものなり。社会党に対して沈圧政策を執りつつある上層階級を見て彼等の良心に背反せる彼等の悪に基くと解するが如きは吾人断じて執らず。彼等は現代の善によりて行動し、▽改社会民主々義［▽民主社会主義］者は将来の善によりて行動するなり。茲《ここ》に至ては凡て強力の決定なり。強力とは社会的勢力なり（▽削除単純に中世時代の腕力が社会的勢力を集めたることを以て今日の強力を腕力と速断すべからず）。△社会的勢力は社会の進化に従ひて新陳代謝す。——故に迫害とは権力階級が認めて以て社会の生存進化に害ありと考ふる言行を社会的勢力たる能はざらしむる凡ての手段なりと定義すべし。人は先天的に自由にも非らず。平等にもあらず。自由を承認する社会、平等を原則とする国家の内に於て其の良心が自由平等を尊重する所の良心として作成さるるが故に自由平等なるなり。故に▽改社会民主々義［▽民主社会主義］の時代と雖《いえど》も個人主義の仮定の如く個人の自由は絶対的のものにあらず。裸体にて大道を行くとせよ、社会は其の自由を尊重する能はず。放火を敢行すとせよ、姦通を公行すとせよ、国家の土地と生産機関とを掠奪して私有財産制を復古せんことを図るとせよ、斯る自由は▽改社会民主々義［▽民主社会主義］の強力を以て圧伏すべきは論なし。（▽改只、［▽則ち社会の政治組織たる国家の存在しつつある間は社会の生存進化を傷害すべき自由に対する拘束弾圧――強力関係は依然として存在することを忘却すべからず。（故に社会革命後即時に一切の法律なき社会を考ふ如きは明かに痴人夢を語る者なり。只長き将来の後に於て］道徳の本能化して個人的利己心と社会的利己心の衝突なく、従《したがっ》て他の個人若《も》しくは個人の集合たる社会と自由の衝突を来すことなしと云ふにあるのみ）。凡ては強力の決定なり。宗教と道徳とを異にせる国家と国家とが其の地方的良心の衝突を干戈に訴へて決定しつつ▽改ありし［▽ある］時代に於て、猛烈なる攻撃は却《かえっ》て敵勢を盛《さかん》ならしむと云へる痴呆ありしや。今日の日本の社会党なる者が権力者の強力に恐怖して迫害は却《かえっ》て社会主義の勢を盛《さかん》ならしむと論じつつあるが如き、▽改法律［▽階級］戦争の兵学につきて甚だ無智なりといふの外なし。凡べては啓蒙運動に在り。凡べては強力の決定に在り。

実に、権力［者の］▽改階級の［▽的］良心に於て▽改社会民主々義［▽民主社会主義］が社会の生存進化の目的に背馳《はいち》すと考ふるならば法理学の上より▽改社会民主々義［▽民主社会主義］の迫害は権利にして又義務なり。

［第八十三節］

従《したがっ》て、この法律戦争による階級的良心の衝突と云ふことを解するならば、▽改社会民主々義［▽民主社会主義］の▽改実現後［▽実行に当たりて］資本家地主を如何に処分すべきかと云ふが如き問題の真に枝葉のものなるを知るべし。没収すべしと云ふとも、公債を与へよと云ふとも、其の公債を無利子と云ふとも年限附の有利と云ふとも、吾人は決して斯ることを論ぜざらんと欲す。是れ［民主社会］主義の［原理］論にあらずして政策論なり。以上の説明によりて知るべし、今日如何に上層階級の安《やすん》ずべき無数の条件を附加し、又▽改社会民主々義［▽民主社会主義］に対する一般の悪感情たる極端過激と云ふが如き讒誣《ざんぶ》の中より逃れんとするも、経済的大名等が生産権奉還を申し出《い》づるが如き勤王論は期待さるべからず［と］。主義は主義として宣伝さるべく、理論は一分も例外を許容せず。極端と云ひ過激と云ふが如きは其の主義を持する個人の性格若《も》しくは社会的勢力の強弱を表はすものにして主義その［▽其］事は理論として必ず推理力の及ぶ終局まで指示せざるべからず。社会民主々義［▽民主社会主義］の最初にして最終なる運動は只一の啓蒙運動にして［▽たるべく、］政策論の如きは其の啓蒙されたる社会的勢力の如何に伴ふ一時的現象なり。［――］即ち、資本家地主を如何に処分すべきかの如き問題は今日の社会民主々義［▽民主社会主義］者にとりて全く無用なりと云ふことなり。固《もと》より政策は時代と地方とによりて其れぞれ異なるものにして、彼のフランス革命の時僧侶貴族の財産を没収したるは個人主義の時代として私有財産を失ひたる彼等は直ちに社会の下層に落ちて退化せざるべからざるが故に政策として失敗なるのみならず、［▽且つ］個人主義の理論よりして国家と云ふ［契約的］機械的作成の者が如何にして不当なる彼等の財産を没収する正当なる権利を有するかを説明する能はず。故に、ドイツ及び日本の如く公債を以て貴族の土地に代へたるは社会の動乱を避くる便利なる政策たりしのみならず［▽と云ふ以上に］私有財産制の時代［▽権確立の為めの革命］として理論［上］よりしても正当なり。而しながら社会民主々義［▽民主社会主義］の革命は法理上個人に分割されて存する私有財産を（而しながら事実は経済的貴族階級に占有せられたる社会の上層部分の私有財産を）社会全部分の共同所有に移すことにして、個人主義の革命の如く法理上上層階級に占有せられたる社会の上層部分の私有財産を社会の全部分たる個人に分割して個人の私有財産を平等にせんと理想したることとは［理論の根本に於て］全く異なるなり。歴史は繰り返へすものにあらず。社会民主々義［▽民主社会主義］の実現されて凡ての個人が社会の部分として共同財産の所有者たる時代に於て、個人主義時代の［革命を繰り返へし又は］政策を襲踏《マヽ》せんと考ふるは政治学の無智なり。［▽民主社会主義の基本思想に徹底せざる者なり。］社会民主々義［▽民主社会主義］が真理に欠くる所あり、若《も》しくは時代の進化せざるが為めに国民が啓蒙さるること広からざるならば、強力の薄弱と云ふ階級闘争の理由によりて政策論とは別問題に今日の掠奪階級の痕跡を印すべし。主義其者の啓蒙運動以外未だ何の要なき今日に於て個人主義時代の政策論を社会主義の上に繰り返へすべきや否やを論争するが如きは只盲動と云ふの外なし。（実に今の社会主義者と称するものは徹頭徹尾フランス革命時代の個人主義［者］［▽的思想を混在せしむるは遺憾］なり）。戦場に引かるる国民を見よ、『国家の為めに』と云ふ社会主権の発動によりて生命其者をも没収さるるに非らずや。吾人は固《もと》より個人主義時代の思想の如く個人を終局目的と考ふるものに非ざるは社会主義者の名が示す如くなりと雖《いえど》も、而も個人の生命が今日の法律に於てすら何者の代替物を以ても計算さるるものとされざるを知るならば、貴き個人の生命すらも国家の利益の為めに犠牲として没収せられつつある社会主権の今日に於て、社会の主権が社会の生存進化の利益の為めに已《すで》に其の『最高の所有権』として有する土地と資本とを経営するに何の法理学が之を妨ぐるものぞ。マカルロックは其の経済学以外より外解せざる唯物論を以て、労働者は長き時間と大なる辛苦とによりて造られたる機械なりと云へり。其の運転によりて年々歳々父母妻子を養育するに於て或は似たりとすべし。然らば▽改其の［▽斯る生きたる］▽改生命機関［▽生産機関］が最もよく運転する時代即ち徴兵の期間を社会の利益の為めに社会の主権によりて使用し、必要の場合には戦場に送りて機関其者を破壊する▽改の［▽も］自由なる今日の社会主義▽改の［▽的］法律の下に於て、資本の掠奪たる生命なき凡ての生産機関▽改が［▽を］国家の所有権によりて国家が国家の利益の為めに使用するに何の権利か之を拒むべき。私有財産制の今日［に於てすら］労働に劣れる婦人若《も》しくは全く労働する能はざる小児を残して而も憐むべき生産機関は一言［国家］の賠償と云ふが如き▽削除汚はしきこと△を口にせずして笑《え》みて犠牲となるに非らずや。土地と資本との公有は資本家と地主にとりて犠牲にあらず彼等をして其の地位を維持して其の地位にまで進化し昇れる全社会と共に公共財産の共同所有者たらしむることとなり。其の妻と子とを労働の途なき下層に陥る削除今日の▽改如くならず［▽如き生きたる生産機関の無償徴発に非らず］して、共に公共的経済の経営によりて大《おおい》に経済的進化を来せる社会財産の共同所有者たらしむることとなり。［民主社会主義は］只社会の生存進化の目的理想の下に啓蒙運動によりて社会的勢力たれば足る。私有財産制の▽改今日［▽革命］に［賠償を得たる］華族が［或る意味に於て］正当なりとするも、社会▽改共産制［▽公産制］の実現の時に削除於ては経済的▽削除△家長君主等が公債の所有者として［新社会に］残るは全く［猿類より分れたる］別種属たる人類に獣尾あるが如きなり。昔はキリスト、カイザーの者はカイザーに返へし神の者は神に返へせと云へり。▽改社会民主々義［▽民主社会主義］の凡ての運動は只斯かるべし。——世にカイザーのものなし。神のものは神に返へし社会の者は社会に返へせ！▽改［▽。］

社会民主々義は維新革命以後の法律的理想として掲げつつある国民の全部が国家なりと云ふ国家の主権と国民の政権とを以て、国家の経済的内容を［其の］理想に到達せしむべく経済的貴族▽改等［▽政治］を革命することにあり。而して個人主義時代の▽削除フランス△革命［論］の如く国家を否定することにあらずして只真理の下に結合されたる社会的勢力を国家の機関によりて国家の意志として▽改表白［▽具体化］すれば可なり。▽改而してその階級闘争は法律戦争なり。［▽凡ては階級闘争なり。啓蒙運動なり。而して凡ての決定は強力なり。社会的国家的権力の把握なり。］

第▽改十六章［▽第十五章］

［第八十四節］

東洋社会主義の源泉たる儒学の理想的国家論／東西古代の政治学と倫理学の合致／東洋のプラトー［たる孟子の重大なる価値］／孟子の社会主義の倫理的基礎／性善説と社会的本能の先天的存在／容貌の階級的定型の説明／彼の説明せる良心の社会的作成／彼の痛快なる独断的不平等論の打破／彼の説明せる下層階級の道徳的低級の理由／『性善』と『尭舜』とを掲げたる急進的革命の意義／所謂慈善の嘲笑／所謂社会改良主義の排斥／彼の土地国有論は部落共有制時代の復古的夢想なり／彼の承認せる掠奪階級の発生と空想的社会主義／彼の想望せる社会主義の理想郷／尭舜の原始的天然物の時代と社会主義の機械による物質的豊富の時代／経済的君主等の生産権を吸収して国家が経済的源泉の主体となる

［第八十五節］

孟子は社会主義の啓蒙運動を解せず／▽改社会民主々義［▽民主社会主義］と日本天皇と両立するを得るや否や／吾人の如き意味に於ての孟子の政治学は民主々義なりと雖《いえど》も一般に謂《い》ふ民主々義にあらず／孟子は国家主権論者にして最高機関を一人の特権者にて組織すべきを云へり／今日孟子の如く天皇にのみ▽改社会民主々義［▽民主社会主義］を説くべからざる理由／多数政治の意味に於ける民主的政体と政治的槓杆《こうかん》／『一夫紂論』と帝冠の叛逆者／国家主権の国体を保つには純然たる民主政体若《も》しくは特権者の一人と平等の多数とを以て組織する民主的政体とを要す／天皇が▽改社会民主々義［▽民主社会主義］たりとも経済的貴族は其の実現を妨害すべき法律的可能を有す／▽改社会民主々義［▽民主社会主義］と両立せざるものは経済的貴族と帝冠の叛逆者にして天皇は国家の重大なる機関なり

［第八十六節］

孟子の民主的政体の想望／彼の説明せる国家の原始時代／彼の説明せる君主の発生及び君位継承の理由の説明／君主政の萌芽／社会の機関とラマルクの用不用説／君位世襲制の正義／吾人の哲学科学よりする天則と彼の所謂『天』／天（、）賢に与へたる維新革命と天、子に与へたる帝国憲法／天はロシア皇帝の愚より天下を奪ひドイツ皇帝の子に天下を与へざらんとす

［第八十七節］

日本民族は原始的共和平等の時代を他の国土に漂浪せしを以て孟子の国家起原論を解する能はざりき／儒教を君主の政治道徳に対する制裁の意味に解するの外なかりし理由／『一夫紂論』の反覆と中世史の進化／維新革命の議論が要求と背馳《はいち》せる理由／▽改講壇社会主義［▽国家社会主義］に対する無限の軽蔑／▽改樋口氏の［▽彼等の所謂］社会主義実現の方法／『赤子』にあらず『父母』にあらず／蒸気と電気とは天皇の資本家に与へたるものにあらず天皇は資本家等の財産を没収する能はず／［民主］社会主義は私有財産制によりて社会全分子の覚醒するを要す／『赤子』の無意識と原始的共産時代／大化の土地国有論の夢想なりし理由／吾人は国家社会党と握手せんよりも地主資本家の権利救済に努力すべし／国家社会主義なる者は経済的君主国の下に全国民が君主の経済物たる奴隷たらしめんとの革命なり／『▽削除不敬』を云ふ卑劣の桑田博士△／文字の形態発音によりてドイツ皇帝と日本天皇とを同一視すべからず／国家社会主義は『国家』を知らず（本文になし）

［第八十八節］

無抵抗主義の非戦論は無抵抗主義のトルストイスムとなりて社会主義を否認せしむ／原子的個人を単位としての世界主義は個人主義のナポレオンを承認にして侵容《ママ》となる／日露戦争を否定せる万国社会党大会の決議は取るに足らず／［民主］社会主義者はマークスよりも寧《むし》ろプラトーに拠るべし／『国家の外に在るものは神か然らざれば禽獣《きんじゅう》なり』／▽削除国家競争の現実なることは尚排泄作用と交接作用との現実なるが如し△／階級的作成と国家的作成／個人の世界に対する関係は階級と国家とを通じての関係なり／日露戦争が無勢力なる資本家の為めに戦はれたりと解するは直訳的慷慨なり／日露戦争は尊王攘夷論を継承せる国民精神の要求なり／下層階級の排外思想は最も根本的なり／非戦論者の日露戦争論は国体論式の論理なり／尊王攘夷論と国家の覚醒せる中世的自由／国家主義なくして世界聯邦なし／社会主義者が却《かえっ》て個人主義的世界主義を取り資本家地主の個人主義者が却《かえっ》て国家を主張する帝国主義を取る／ローマ帝国はあり得べきも世界聯邦▽削除なし／スイスは理想国に非らず△／国家は自由を得てより僅少なる時日なり／▽削除中世的蛮風の国家の自由と今後の非戦論△／『国体論』と国家の権威

［第八十四節］

上来。吾人は社会民主々義［▽民主社会主義］を経済学、倫理学、法理学、政治学、社会学、歴史学、生物学、哲学の上より考察し、特に日本民族に於ても其の歴史の進化する所として法律的理想及び道徳的信念に於て社会民主々義［▽民主社会主義］に到達したることを論じたり。而して歴史哲学の上よりして維新革命が大化の遠き理想を法律の上に於て実現したるものなることを説き、土地と資本との公有は其の法律の下に於て［▽此等革命的理想を継承して］国家の経済的内容を法律［的理想］の表白する所にまで到達せしむれば可なりと断定したり。即ち今後に於ける社会民主々義［▽民主社会主義］の革命とは新たなる社会的勢力が国家の意志となりて経済的階級国家を経済的公民［▽統一］国家に進化せしめんとする法律戦争の経済的維新革命なりと云へり。

従《したがつ》て大化革命の理想たりし儒学の理想的国家論につきて一言するの要あり。是れ恰も欧州に於てプラトーのレパブリック［▽理想国《レパブリック》］が理想の国家として後世の［民主］社会主義［的理想］の源泉たりしと等しく、支那及び日本に於て［民主］社会主義［的理想］の源泉として古代に掲げられたる理想的国家論なるを以てなり。

プラトーのギリシャ古代に於て政治学（今日の政策学の意味にあらず広く国家学をも含む）と倫理学と分れざりし如く、支那古代の儒学に於ても亦《また》政治学と倫理学とは未だ分化せざりき。是れ全く交通の隔絶せられたる古代の西洋と東洋とに於ても、其の一元の人類より分れたる大国体［▽個体］たる点に於て人性の原理と社会の生存進化の原則とが同一なる天則の下に支配せらるるを証する所以にして、後世進化の過程として偏局面に分化し為めに相背馳《はいち》するに至りしが如くならざりき。［――］政治学は社会と云ふ大生物の倫理学にして、倫理学は個人と云ふ生物の政治学なり。故に倫理学と政治学とは単に同一なる原理の上に立つべきのみならず相待（俟）たずしては共に其の要求を事実［▽現実］にする能はざるなり。斯くの如くにして、［民主］社会主義が人類の倫理的生物たるよりして倫理的生物の生息に適すべき政治組織を倫理的に建設せんとしつつある如く哲学史の直覚的考察時代は其の倫理的政治的本能を以て恰も蜜蜂が本能に於て巣を作る如く倫理的なる政治組織を有したりしなり。而して厳密なる科学的研究の結果、倫理的活動の前に先づ経済的要求を満足せしめざるべからざるを主張しつつある如く、彼等の政治学と倫理学の根拠は人類を経済的誘惑より取り去ることにありき。『先聖後聖その［▽其の］揆《き》一《いつ》なり』と云へる孟子は事実なり。吾人をして欧州の社会主義［研究者］が其源泉をプラトーに探ぐる如く東洋のプラトーたる孟子の理想的国家論につきて断片的に語らしめよ。彼は東洋のソクラテースたる孔子を祖述して恰もプラトーが西洋の孔子たるソクラテースを亜《つ》ぎて人類古代の理想的国家論を哲学史の始めに掲げつつある如く、東洋思想史の開巻に於て［民主］社会主義の理想的国家が如何に古代の遠き昔より人類の理想たりしかを示しつつある者なり。

孟子が斉《せい》查王《ママ》（斉国の宣王）に王道を説ける左の言は明確に科学的社会主義の倫理的基礎を言ひ表はしたるものなり。曰く、『恒産なくして恒心あるものは只士のみ能《よ》くすとなす。民の如きは恒産なきときは恒心無し。苟《いやしく》も恒心なきものは放僻邪移《放辟邪侈》（放辟邪侈（ほうへきじゃし）。我まま勝手なよくない行ない）為さざるなきのみ。罪に陥るに及《およん》で然る後に従《したがっ》て之を刑す、之れ民を網《あみ》する（罔みする＝無みする＝無視するの解釈もあり）なり。焉《いずくん》ぞ仁人《じんじん》位《くらい》に在《あり》て民を網するをなすべき。是の故に明君の民の産を制するには、必ず仰ひでは（上は）以て父母に仕ふるに足り、俯しては（下は）以て妻子を養ふに足り、楽歳《らくさい》（豊年で楽しい年）には終身飽き、凶年には死亡を免かれしむ。然る後に駆《かり》て善に行かしむ、故に民の之に従ふや軽し。今や民の産を制するに仰ひでは以て父母に仕ふるに足らず、俯しては以て妻子を養ふに足らず、楽歳には終《も》生苦しみ凶歳には死亡を免かれず。これ唯に死を救ふて足らざるを恐る、焉《いずくん》ぞ礼儀を治むるに暇あらんや。王之を行はんと欲すれば何ぞその本《もと》に反《かえ》らざる』

彼は斯くの如くにして其の倫理的要求を政治的組織の上に求め、之を其の本《もと》と云ふ土地国有論に置きたり。土地は今日の土地及び資本と併称さるると異なりて当時の社会主義に取りて公有にすべき一切の経済的▽改源泉［▽根源］なり。（プラトーのギリシャは奴隷及び婦人が奴隷たりしを以て、即ち人格にあらずして経済物なりしを以て土地と共に公有にすべき経済的▽改源泉［▽根源］としたり）。『黎民《れいみん》（民庶）餓へず寒《こご》へず然り而して王たらざるもの未だ之れあらざるなり』と云ひ、『生を養ひ死を喪して憾《うら》みなきは王道の始めなり』と云ひ、一切の倫理的活動の前に経済的要求の満足さるることが前提［的基礎］たることを示したる者なり。

彼の所謂『性善説』なるものは直覚的に社会的本能の先天的に存在することを認めたる者なり。『五穀は種の美なるものなり、苟《いやしく》も熟せざるを為さば荑稗《ていはい》（いぬビエとヒエ。粗悪だが食べられる植物）にも如《し》かず。夫《そ》れ仁も亦《また》之を熟するに在るのみ』。［行改］是れ社会的本能の微少にして一に四囲の社会的境遇によりて或は残賊《さんぞく》（そこなうこと）せられ或は円満に開発せらるるものなることを説明せる者なり。

『孟子范《はん》より斉《せい》に之《おもむ》き斉王の子を望み見て喟然《きぜん》（嘆息するさま）として歎して曰く、居（居る地位）は気を移し養は体を移す。大なるかな居や、夫《そ》れ悉《ことごと》く人の子にあらざらんや。孟子曰く、王子の宮室◦車馬◦衣服は多く人と同じ、而るに王子彼れが如きものは其の居之を然らしむるなり。魯《の》君、宗《宋》に行き垤沢《てつたく》の門に呼ぶ、守る者曰く、これ我が君に非らざるや何ぞ其の声の我が君に似たるやと。是れ他なし、居相似たればなり』。［行改］是れ現天皇の東洋的大皇帝の英姿の前には如何なる大臣等も奴隷の如く匍匐《ほふく》する所以にして、吾人が容貌の階級的定型を説きたると合致す。［而して是れ吾人が上来機に触れて全国民の貴族的君主的権威を力説せる所以なり。］

『孟子、戴不勝に謂《かた》って曰く、子《し》、子《し》の王の善を欲するか、我れ明らかに子《し》に告げん。楚の大夫茲《ここ》に在らん、其の子の斉語《せいご》を欲する（下品な楚国の言葉でなく上品な斉国の言葉を話させようとする）や即ち斉人をして之に傅《ふ》（子守の役）たらしめんか楚人をして之に傅《ふ》たらしめんか。曰く斉人をして之に傅《ふ》たらしむ。一の斉人之に傅《ふ》たるも衆《おおく》の楚《楚》人之を咻《かまびすし》くせんには日《ひび》に鞭《むちうち》て其の斉《斉語》たらんことを求むると雖《いえど》も得べからず。引て之を荘嶽《嶽》（斉の街名）の間に置く数年ならば日《ひび》に鞭《むちうち》てその楚《楚語》たらんことを求むと雖《いえど》も得べからず』。［行改］是れ吾人が良心の社会的作成を説きたると合致す。言語を異にする外国人が各々良心を異にするが如く便佞《べんねい》阿諛《あゆ》の宮廷内にてドイツ皇帝の中世的良心が作られ、官吏社会に於て驕慢と奴隷の良心が作られ、野蛮部落の如き言語を有する一般下層階級には野蛮人と同一なる残戻《ママ》淫靡なる良心が作らるるなり。而して更に『矢人《しじん》（矢を作る人）豈《あ》に函人《かんじん》（鎧を作る人）より不仁ならんや、矢人は只人を傷《やぶ》らざらん（矢の出来が悪く人を傷つけられない）ことを恐れ、函人は唯に之を傷らん（鎧の出来が悪く人を傷つける）ことを恐る。巫匠《ふしょう》亦《また》然り（巫匠。みこと大工。みこは神に祈って死人をよびもどし、大工は棺を作って人の死ぬのを待ち求める）。故に術は慎まざるべからず』と云ふに至りては、中世的蛮風▽改［▽小我］の国家競争と経済的貴族の産業的大混戦によりて全天下▽改の［▽世界の未だ］悉《ことごと》く道徳的低級に止まる理由の説明なり。

彼は発展せる天才の全く社会的培養によることを明《あきら》かに解せり。而して講壇▽改［▽国家］社会主義者［等］の独断的平等論を一撃の下に打破し得て痛快を極む。

『富歳には子弟頼多く凶歳には子弟暴多し。天の才を降す然かく異なるに非らず、其の心を陥溺《かんでき》する所以の者然るなり。今それ蕎麦は種を播て之を穫す。その地も同じく之を種《うえ》る時も亦《また》同じければ勃然として生じ、日至の時に至り皆熟す。同じからざるものありと雖《いえど》も即ち地に肥痩あり、雨露の養、人事の等しからざるものあればなり。故に凡て類を同ふするものは挙《あげ》て相似たるものなり。何ぞ独り人に於て疑はんや。聖人は吾と類を同ふするもの。故に竜子曰く足を知らずして履《はきもの》を作るも我れその簣《き》（モッコ）とならざるを知る、履の相似たるは天下の足同じければなり。口の味に於ける同じく嗜《たしな》むあり。易牙（えきが。斉の桓公のボーイ。料理がうまく気に入られた）は先づ我が口の嗜む所を得たるものなり。若《も》し口の味に於ける、其の性の人と殊《こと》なる犬馬の我と類を同ふせざる如くならば則ち天下何の嗜《たしなみ》か易牙の味に於けるに従はんや。味に於て天下易我《牙》に帰す、是れ天下の口相似たればなり。唯々耳も亦《また》然り。声に於ては天下帰曠《師》（師曠（しこう）。晋の名楽官。音をよく聞きわけた）に期す。是れ天下の耳相似たればなり。唯々目亦《また》然り。子都（しと。諸説有。古の美女とも美男子とも）に至つて天下その姣《こう》（見目よいこと）を知らざるなし、子都の姣《こう》を知らざるものは目無きものなり。故に曰く、口の味に於ける同じく嗜むことあり、耳の声に於ける同じく聞くことあり、目の色に於ける同じく美とすることあり、心に於て独り同じく然るなからんや。心の同じく然る所の者は何ぞ。謂《い》ふ、理なり、義なり。聖人先づ我が心の同じく然る所を得たるのみ。故に理義の我が心を悦ばすは猶《なお》芻豢《すうかん》（芻は草食畜類、豢は穀食畜類）の我が口を悦ばすが如し』。[改行] 聖人と我とを同類のものと云へるは実に平等論の根本主義を掲げたるものにして、全く類を異にせる犬馬の如くならば聖人なるものの社会に解せるべきの理なきを論じたる所、堂々として誠に古賢《こけん》（古の賢者）なるかな！▽改[▽。] 而して現今の労働者階級を説明して下の言あり。[改行]『餓えたる者は食を甘じ（甘《うま》しとし）渇する者は飲を甘ず。是れ未だ飲食の正を得ざるものなり。饋《饑》渇の是れを害すればなり。豈《あ》に唯に口腹に饋《饑》渇の害のみあらんや、人の心も亦《また》皆害あり。人より饋《饑》渇《よく》の害を以て心の害をなすことなくんば即ち人に及ばざるを憂へとなさず』。

実に、彼は社会進化の理想と理法とを素朴なる直覚的信念に於て把持したり。前途に理想を認め、而してその実現さるべき理法を発見せるものは、決して公武合体論となり資本労働の調和論となる能はざるなり。彼は最も急進的根本的なる革命主義を掲げて天下を遊説したり。『孟子性善を道《い》ふ、言へば必ず尭舜を称す』とあるもの、如何に彼が［民主］社会主義の根本思想より一切の議論が口を衝《つい》て出《い》で糸の如く演繹されしかを想望すべし。『性善』と『尭舜』とは今日の科学的社会主義の帰結と等しく、人性は社会的動物として社会的本能を有すと云ふことと社会的動物として尭舜の原始時代は平和平等なりしと云ふこととを直覚的に解したる者なり。[(『社会進化論』に於て人類の原始時代を論じたるを見よ。)] 彼はこの人性と社会との根本思想よりして今日の社会▽改民主々義［▽民主社会主義］者の意気を以て改良主義と云ひ調和主義と云ふものを徹頭より唾棄《だき》したり。『徒善《とぜん》（善と知りながら実行しない善）は政をなすに足らず、徒法は以て自ら行ふ能はず』とはこの信念より迸《ほとばし》れる喝破にして、子産が鄭国の首相たりしとき其の乗輿《じょうよ》（天子の乗物）を以て人を溱洧に渡すや、『恵にして政を知らず。歳の十一月渡江成り十二月橋梁成る、民未だ渡るを病まず。君子その政を平か［に］せば行くには人を避けしむるも可なり。焉《いずくん》ぞ人に之を渡すを得ん。故に政をなすものは人毎に之を悦ばしめんとすれば日も亦《また》足らず』と云ひしもの、其の君主国時代に▽改入りて［▽入れる人として］階級的臭気の厭《いと》ふべきものありと雖《いえど》も所謂『慈善制度』なるものが何の価値だもなきことを表はしたる者なり。而して彼は経済的源泉▽改［▽根源］の国有の為めに、誠に根本的急進的なる、恰も宮殿を毀《こぼち》て我れ三日にして建てんと言ひしキリストの如くなりき。常に口を衝《つ》きて出《い》づる『夫《そ》れ道は一のみ』と云へる如き、『若《も》し薬瞑眩《めいげん》（めいま）せずんばその疾瘳《い》へず』と云へる如き、殆ど土地資本の公有以外如何なることをも傲然として拒絶しつつある現今の社会民主々義［▽民主社会主義］者を其の儘《まま》に表はす。戴盈之なる者が『什《じゅう＝十》が一にして開市の税を去るは今茲《ここ》に能はず、請ふ之を軽うして来年を待ち然る後に止めん』と云ひしとき——何ぞ講壇［▽彼の国家］社会主義者に似たるや、呵々《かか》——彼は実に［革命的］社会主義の権利思想を以て経済的正義の名に於て断乎として斥けたり。曰く、『今、人の日に其の隣の鶏を攘《ぬすみ》むものあり。或人之れを告げて曰く、是れ君子の道にあらずと。曰く之れを損じて月に一鶏を攘て来年を待ち然る後に止めんと。若《も》し其の義に非らざるを知らば速《すみやか》に止めんのみ、何ぞ来年を待たん』

而しながら孟子の言を以て凡て今日［▽現代］の社会民主々義［▽民主社会主義］と同一なりと考ふべからざるは論なし。即ち、彼は単に東洋の思想史の上に於て最も明らかに理想的国家論を夢想し其の実現の為めに終生を投じて努力したりと云ふ点に於て重大なりと云ふことにして、［▽掲揚して政治学倫理学の鼻祖たる点に於て完き東洋のプラトーとして民主社会主義の源流なりと云ふのみ。］其の土地国有論の如き一歩を転ずれば直ちに土地君有論なり。［▽ならざるを得ず。］而して其の井田《せいでん》の法と云ふものの単に部落共有制の原始時代への復古にして、機械農業を以てする［▽民主的私有財産権的進化を継承せる］科学的社会主義の国家経営と云ふことと異なるは論なく、即ち萌芽なり。私有財産と云ひ君主の絶対専制と云ひ人生の自然として社会進化の過程たる者、孟子等の如き特殊に卓越せる良心を以てすれば悪なりしと雖《いえど》も、上古中世を通じての社会の標準として見れば社会の承認によりて得たる権利にして誅　求《ちゅうきゅう》苛斂《かれん》も不道徳のことにあらざりしは吾人断言すべし。何となれば彼等権力階級が誅　求《ちゅうきゅう》苛斂《かれん》によりて而も社会的勢力に奉戴せられたりと云ふこと其の事が当時の道徳的水準を証明する所以にして、孟子の如きは一介の夢想家として取り扱はれたりしは歴史的記録の示しつつある所なり。人口の稀薄にして漸《ようや》く土着せるままなる尭舜の原人時代に於ては土地の自由は空気より聊《いささ》か欠亡せりと云ふほどに天産物の豊富なりし楽園にして、［▽なり。（此の楽園は欧州に於てエデンの花園にして彼等の間に亦《また》復古的回顧］社会の進化する所人口の増加を来して部落単位の生存競争となり、終に彼自身の言へる『心を労する者は人を治さめ、力を労する者は人に治めらる。人に治めらるるものは人を養ひ、人を治むる者は人に養はる』と云ふ如き掠奪階級の生じたる時代に於て、部落共有制を復古せんとすることの不可能事なりしは論なし。即ち私有財産制が先づ君主国となりて君主一人が財産権の主体となり、次ぎに貴族国となりて少数の貴族が財産権の主体となり、更に民主国となりて従来奴隷農奴として君主貴族の財産と▽改なり、[▽たりし者が]後《のち》漸《ようや》く人格を承認せられて君主貴族等の所有する土地の上に小作権を有するに至▽改れる一般階級が[▽至り、更に]悉《ことごと》く財産権の主体となるに至りて、[――]個人の自由・個人の権威が一分子より少数分子に拡張し更に全分子に拡張して▽改[▽せし]上古中世及び近代までの社会進化の道程として、私有財産制度は『空想的社会主義』時代に考へられし如く権力者の悪に基くものに非らざるなり。而しながらプラトーと等しく理想的国家論を哲学史の開巻に残したる彼は明らかに[民主]社会主義の理想郷を掲げたり。曰く、

『其の田疇《でんちゅう》（地耕）を改め其の税斂《ぜいれん》（税のとりたて）を薄くすれば民をして富ましむべきなり。之を食ふに時を以てし、之を用ふるに礼を以てすれば財挙げて数ふべからず。民水火に非らざれば生活せず。昏暮に人の門戸を叩いて水火を求むるに与へざるものなし。至て足ればなり。聖人の天下を治むる菽粟《しゅくぞく》（類穀）あること水火の如くならしむ。菽粟水火の如くにして民焉《いずくん》ぞ不仁なるものあらんや』。

固《もと》より彼れの聖人と称する尭舜なるものは原始人の平和なるものにして其の水火の如き菽粟は天産物の豊富なるものにして決して尚古的口吻《こうふん》の彼の▽改[▽考ふる]如く天下を治むることの妙を得たるが為めにあらざるは論なし。[則ち『尭舜の聖代』とは『アダム、イヴの楽園』と云ふと社会学意義《ママ》を同じふする者なり。]従《したがっ》て彼の▽改[▽にまで進化せる]時代に於て如何に田疇を改め税斂《ぜいれん》を薄くすとも菽粟の水火の如くならんことは固《もと》より理想家の夢に過ぎざるは論なし。然るに二千年間の社会の進化は終に今日の物質文明に到達して、蒸気と電気とが人類の物質的労働に代るに至り人類は殆ど悉《ことごと》く精神的労働に止まるに至れり。即ち、彼の言を用ひて言ひ表はせば、心を労する者は全人類にして力を労する者は蒸気と電気となり。人を養ふべきものは蒸気と電気とにして人類は凡て養はるべき者なり。人に治めらるべき者は哲学者によりてのみ生命を認めらるる蒸気と電気とにして全人類はこの蒸気と電気とを治めて宇宙を平らかにしたる聖人として天地万有の上に[各人]君主となることとなり。――是れ、プラトーと孟子とによりて流れ始めたる[民主]社会主義の泉が、私有財産制の君主国・貴族国・民主国の断崖絶壁の間を通過し、物質文明の平野に流れ入りて茲《ここ》に始めて『慈航《じこう》の湖』となれるなり。維新革命が幾多の家長君主等の所有せる統治権を国家に吸収したる如く、経済的維新革命は亦《また》幾多の経済的家長君主等の所有せる生産権を国家に吸収し国家が凡ての経済的源泉の主権体として土地及び生産機関を経営すべし。

[第八十五節]

只而しながら、最も注意すべきことは孟子に於ては吾人の説きつつある『▽削除社会主義の啓蒙運動△』と云ふことを全く解せざりしなり。是れ誠に如何に卓越せるものと雖《いえど》も其の古人たる点に於て止むを得ざることにして、階級闘争の原理が欧洲に於てカール・マークスに至りて漸《ようや》く発見せられたる如く（固《もと》より彼の説明は完《まった》からざりしと雖《いえど》も）、二千年前の孟子としては其の実現を君主等の権力階級に説くの外なかりしなり。即ち彼は君主の良心を［民主］社会主義に作成せんと努力したる点に於て啓蒙運動なりと称せられざるに非らずと雖《いえど》も、前《さ》きに説ける如く啓蒙運動とは下層階級を対象とすべきものにして階級闘争に於て強力を発現すべき前提の▽改［▽たり基礎たる］者なり。故に孟子の運動が君主の遊説なりしに反して、今日の［民主］社会主義は一般階級特に［農民］労働者階級の知識を開発することを以て唯一の方法となす。この点は『▽改社会民主々義［▽民主社会主義］と日本天皇と両立するや否や』と云ふ最も恐るべしとさるる問題に触るるが故に、更に孟子の国家学原理論につきて一言の説明を避くる能はず。

一般の信ずる由々しき誤謬は孟子の政治学を以て漠然と民主々義なるかの如く考へ来れることなり。固《もと》より吾人の如き見解を以てすれば堂々たる民主々義なり。即ち、吾人が先きに説ける如く国家を進化的に分類し、▽削除人類の社会的存在なることを意識せず単に一人若《も》しくは少数の君主等の個人的利己心に従ひて行動することより外なかりし時代を君主々権の家長国となし、終に長き進化の後に於て国家が生存進化の目的を有することを国家の全部分によりて意識せられ凡ての部分が法理上社会的利己心を以て国家の利益を目的として行動するに至りし近代を国家主権の公民国家となし、従《したがっ》△て君主が国家の外に在りて国家を客体として取扱ふ所有者たる主体なるか、将《は》た国家の人格の下に行動する国家の一部分なるかによりて、前者を君主国と云ひ後者を民主国と云ふならば（吾人も上来この意味に於て民主々義の語を使用せしを以て）、孟子の政治学を民主々義と命名することは吾人の固《もと》より主張せんと欲する所なり（▽削除『所謂国体論の復古的革命主義』を見よ）△。而しながら、多くの学者が今尚思想の中枢となしつつある個人主義の法理学の如く、君主々義と云ふを以て近代の君主にも主権ありとし民主々義と云ふを以て亦《また》個々たる国民が主権体なりとなし、甚しきは単に治者の数の一人なるか多数なるかによりてアリストーツルの如く君主々義と云ひ民主々義と云ふならば、孟子の政治学は一人専制の組織より外に考へ及ぼせしことなきを以て彼れを此の意味に於て民主々義と云ふは明らかに謬《あやま》れり。故に吾人は先きの法理論に於て説けるに当て箝《は》めて下の如く孟子を考ふ――孟子は国家の倫理的目的を認め政権者の行動は国家の利益を中心とする倫理的行為たたるべく此の機関たる地位を逸出するときには服従の義務なき一夫紂となる（仁義を失った紂王は紂という名の一人の平凡な男だということ）と云ふ点に於て国家主権論者なり。而して最高機関を一人の特権者にて組織し其の内心の政治道徳に依頼して国家の意志たる所を表白すと云ふ点に於て吾人が政体の三大分類として掲げたる第一の者［――特権的機関論者］なり。大化の理想は是れにして、維新革命より明治二十三年までは孟子の政治的理想が全部実現せられたる者なり。而しながら明治二十三年の帝国憲法以後は国家が其の主権の発動によりて最高機関の組織を変更し天皇と帝国議会とによりて組織し、以て『統治者』とは国家の特権ある一分子と他の多くの分子との意志の合致せる一団となれり。従《したがつ》て啓蒙運動以外は法律的実現の上に於ても亦《また》孟子の如く天皇をのみ社▽改会民主々義［▽民主社会主義］者たらしめて足れりとする能はず、資本家地主等が上下の議院に拠りて天皇の社▽改会民主々義［▽民主社会主義］を実現せざらしむる法理的可能を予想せざるべからず。

　実に、孟子の国家主権論を唱へたるは政治的動物の本能よりして直覚的に国家の実在と目的とを知り、其れよりして演繹的に君主に対する見解が君主機関論となりたるに似たり。フランス革命前後の契約以前の個人は主権体たりしと云ふ意味の民主々義、若《も》しくはギリシヤ哲学者の云へる多数政治の意味の民主政体は、国家の目的に適合する国家の意志を完全に表白する唯一の方法たる、『投票による多数決』の発見されざる不幸なる国民に夢想さるべきにあらず。投票による多数決と云ふ方法によりて国家の意志を表白する手段は、人類の政治的組織に於て理想郷に入るべき第一歩の発明にして、恰も物理学に於ける槓杆《こうかん》（子梃）の発明の如きものなり。［（投票が必ずしも絶対的価値を有する者に非ることは『社会進化論』に於て断片的に指示したるを見よ）。］此の第一歩の差が実に東洋と西洋とをして政治的進化の上に大なる遅速を今日に生じたる所以なり。固《もと》より西洋と一括すべからずしてギリシヤ。ローマの共和政治の滅びて、ゲルマン蛮族が其の文化を継承するまでに要したる長き間の中世史一千年は東洋と少しも異ならず家長国の潮流を辿りて只▽改干戈の争奪［▽裸体的強力の解決］なりき。（実に西洋を指して文明国と云ふものは単にフランス革命以後の多数政治にして其れまでは日本と等しく武士土百姓の貴族国なりしなり▽改）。［▽ことを忘却すべからず）。］国家が実在の人格として生存進化の目的理想ある生物なりと云ふこと、而して其の人格が実在なるに係らず法律上は奴隷の其れの如く物格として君主の所有なりしことは前《さ》きに詳［し］く説ける所なり。孟子は斯る家長国の潮流中に立ちて『一夫紂論』を掲げて国家主権論を明らかに表白したる者なりとす。即ち君主として服従を要求すべき権利あるは其れが国家の利益の為めに文王武王の社会性を以て行動する所の（日本に例せば天智天皇の如き維新以後の現天皇の如き）国家機関たるが故にして国家機関としての社会性によりて行動せず個人としての小さき利己心によりて国家の利益の《を》無視しつつある所の桀紂《けっちゅう》（夏の桀王と殷の紂王。暴虐無道の君主として併称）たるロシア皇帝或はドイツ皇帝の如きは、彼の謂《い／おも》へる如く法理学上一匹夫にして君［主］にあらず。従《したがっ》て彼は君［主］にあらざる所の一匹夫を殺すことは国家の目的を無視する叛逆に非らざることを主張せんとして、国家機関たることを表示する『君』の語を桀紂《けっちゅう》より奪へるなり。是れ実に今の露国革命党がツァールを目して皇帝となさず一個の叛逆者として殺戮の隙を窺ひつつあると合致す。日本の皇室に於ては上古よりの長き年代の間に於て国民は決して克《よ》く忠ならざりしに係らず天皇等の徳を樹つることの深厚なりしは勇《雄》略武烈の如き二三《にさん》の例外と他の強力に圧せられて徳を樹つる能はざりし時代とを外にして疑問なき歴史上の事実なり。而しながら世界の凡ての君主は日本の皇室にあらず、日本の皇室と雖《いえど》も然かく続出せざりしにあらずや。ロシア皇帝の如き、ドイツ皇帝の如き其の近代に進化して国家の永久的目的の明らかに意識せらるるに係らず、尚且つ小我の満足の為めに国家機関たる君主の地位より失脚して『一匹夫』となりつつあり。――故に国家主権の国体を保つ為めには純然たる民主政体若《も》しくは特権者の一人と平等の多数とを以て組織する民主的政体なくしては単に政治道徳のものに過ぎざるなり。二十三年の帝国憲法は現天皇がこの政治道徳を更に法律的規定の上に進化せしめ、国家の利益を中心とする所の高貴なる社会性によりて国家の最高意志を表白する最高機関を一人の特権者と平等の多数とによりて組織することに進化せしめたるなり。固《もと》よりドイツ皇帝の如き一匹夫ならば斯る民主的政体あるも彼が今為しつつある如く国家の目的を考へざる利己的行動に出《い》づるは論なしと雖《いえど》も、［――］従《したがっ》て国家機関たる所の君主に非らざる帝冠の叛逆者として一夫紂論の爆発することはあり得べしと雖《いえど》も、［――］親《みずか》ら民主的革命の大首領たりし現天皇は固《もと》より歴史以来の事実に照らして日本今後の天皇が高貴なる愛国心を喪失すと推論するが如きは、皇室典範に規定されたる摂政を置くべき狂疾等の場合より外想像の余地なし。只如何せん、国家の主権が天皇一人によりて表白する能はざる今日に於ては天智天皇の再び出《い》でて経済的源泉▽改［▽根源］（当時に在ては土地、今日に於ては土地及び生産機関）の公有を断行せんとするも、私有財産制の確立して地主と資本家との其等が天皇の財産に非らざる以上は、而して亦《また》彼等が上下の議会に拠りて天皇の意志を否定する自由ある以上は、孟子の如く天皇一人が社会民主々義▽改［▽民主社会主義］となるの時を待つ能はず。故に経済的維新革命党は土地及び生産機関を天皇に奉還せよと云ふ尊王論とは全く別種の大々的啓蒙運動によりて経済的貴族を国家の意志▽改［▽機関］より駆逐することに在り。

　故に社会民主々義▽改［▽民主社会主義］と両立せざる者は国家の利益を掠辱《奪》する所の経済的貴族と国家の目的を蹂躙する所のドイツ皇帝の如き帝冠の叛逆者にして、国家は其の生存進化の為めに重大なる機関［（天皇）］を保護するに大なる特権を以てすることは［国家］主権の完全なる自由なり。

［第八十六節］

実に孟子の国家学は東洋のプラトーとして東洋▽改の［▽吾人を啓発したる民主］社会主義の源泉▽改［▽源流］なり。

『左右皆賢と云ふも未だ可ならず、諸大夫皆賢と云ふも未だ可ならず国人皆賢と云ひ然る後に之を察し賢を見て然る後に之れを用ひよ。左右皆不可と云ふも聴くなかれ、諸大夫皆不可と云ふも聴くなかれ、国人皆不可と云ひて然る後に之を察し其の不可を見て之を去れよ。左右皆殺すべしと云ふも聴くなかれ、諸大夫皆殺すべしと云ふも聴くなかれ、国人皆殺すべしと云ひて然る後に之を察し殺すべきを見て之を殺せよ。故に曰く国人之を殺すなりと。斯くの如くにして然る後に民の父母たるべし』。［行改］是れ投票の政治的槓杆《こうかん》なくして一夫紂論の裸体なる社会精神の発動を承認すると共に君主の政治道徳によりて君主を社会意志の代弁者たらしめんとの民主的政体の想望なり。［原理に於てプラトーと一点の相異なき民主国家主義なるを見よ。］彼れに国家の原始時代を説明したりと見らるるものあり。曰く。

『民を貴《たっ》しとなし社稷《しゃしょく》之に次ぎ君《くん》を軽ろしとなす。是の故に丘氏《民》（民衆）に得て天子となり、天子に得て諸侯となり、諸侯に得て大夫となる。諸侯社稷を危ふすれば即ち変置す。犠牲已《すで》に成り、粢盛《しせい》（神に供える穀物）已《すで》に潔く祭祀時を以てす。然り而して旱幹《かんかん》（ひでり）水溢すれば則ち社稷を変置す』。［行改］是の社稷とあるは即ち国土のことにして、遊牧より漸《ようや》く進化して農業に土着し一定の国土を領域として天神地祇《ちぎ》（すべての神々）を祭るも其の国土にして定着して農業を営むに適せざれば社会より軽しとなして之を顧みずして去りしことを意味す。而して諸侯社稷を危ふすれば変置すとあるは社稷たる土地を争ふ遊牧の途上他の遊牧民族若《も》しくは土着当時の農業民族との衝突よりして戦闘の指揮者として君主の発生したるものなるを以て目的たる土地よりも軽ろしとされたるなり。即ち、この時代は後世の私有財産制度に入り君主が土地人民の凡べての上に所有権者とならざる部落共産制の原始時代として、本能的に国家［的萌芽たる社会団体］の生存が目的とせられ其の目的の為めに素朴なる一時的なる機関が生ずるに至りしなり。尚彼れに其の機関たる君主の発生及《およ》び君位継承の理由を説明したりと見らるべきものあり曰く。▽削除△［此の説明は頑迷不霊なる帝王神権説及び同一なる頑迷不霊を以て共和政を神権的思想に夢想する両極の迷妄者を啓発すべき千古不磨の大真理なりとす。曰く。］

『万章問ふて曰く、尭天下を以て舜に与ふと、諸《こ》れありや。孟子曰く、否、天子天下を以て人に与ふる能はずと。然らば即ち舜天下を有《も》つや孰《いず》れか之を与ふる。曰く天之を与ふ。天之を与ふとは諄々然として之を命ずるか。曰く、否、天言はず行と事とを以て之を示すのみ。曰く行と事とを以て之を示すとは之を如何。曰く天子は能《よ》く之を天に薦むるも天をして之に天下を与へしむる能はず。諸侯はよく人を天子に薦むるも天子をして之に諸侯を与へしむること能はず。大夫はよく人を諸侯に薦むるも諸侯をして之に大夫を与へしむること能はず。昔は尭、舜を天に薦めて天之を受く、之を民に暴《あら》はして民之を受く、故に天曰《い》はず行と事とを以て之を示すのみ。曰く敢て問ふ、之を天に薦めて天之を受け之を民に暴はして民之を受くとは如何。曰く之をして祭を主《つかさど》らしめて百神之を享く之れ天之を受くるなり。之をして事を主らしめて事治まり百姓之に安ず是れ民之を受くるなり。天之を与へ人之を与ふ。故に曰く天子は天下を以て人に与ふる能はずと。舜、尭に相《しょう》たる（摂政を務める）こと二十有八戴《載》（載＝年）、人の能《よ》くする所にあらず、天なり。尭崩じて三年の喪畢《お》はり舜、尭の子に南阿《河》に避く（尭の子に位を嗣がせるため南河に身を退く）。天下の諸侯朝勤《覲》（朝覲（ちょうきん）。諸侯が天子にお目にかかること）する者尭の子に行かずして舜に行き、訟獄《しょうごく》（訟訴）する者尭の子に行かずして舜に行き、謳歌する者尭の子に謳歌せずして舜に謳歌す。故に曰く天なりと。然る後に中国（みやこ）に之《おもむ》きて天子の位を践《ふ》む。然るに尭の宮に居て尭の子に迫らば是れ簒なり、天の与ふる所に非らざるなり。泰誓（＝大誓（書経の篇名））に曰く天の視るは我が民の視るに自《した》がひ、天の聴くは我が民の聴くに自《した》がふと。此れこの謂なり』

『万章問ふて曰く、人言ふあり、禹に至つて徳衰ふ。賢に与へずして子に与へたればなりと。諸《こ》れありや。孟子曰く。否然らず。天賢に与ふれば即ち賢に与へ天、子に与ふれば即ち子に与ふ。昔は舜、禹を天に薦むる十有七年、舜崩じて三年の喪畢《お》はり禹、舜の子を陽城に避く。天下の民之に従ふこと尭崩ずるの後尭の子に従はずして舜に従ふが如し。禹、益を天に薦むる七年、禹崩じて三年の喪畢《お》はり益、禹の子に箕山《きざん》の下に避く。朝勤《覲》訟獄《しょうごく》するもの益に行かずして啓（禹の子）に行きて曰く、吾が君の子なりと。謳歌するもの益に謳歌せずして啓に謳歌して曰く、吾が君の子なりと。丹朱（尭の子）の不肖、舜の子も亦《また》不肖。舜の尭に相《しょう》たる、禹の舜に相たる、年を盛ること多く沢《めぐみ》を民に施こす久し。啓賢にして能《よ》く敬《つつしん》で禹の道を継承す。益の禹に相たる年を盛る少く沢《めぐみ》を民に施す未だ久しからず。舜、禹、益、相《しょう》去る久遠。其の子の賢不肖なる皆天なり、人の能《よ》くなす所にあらざるなり。之を為すなくして為すものとは天なり、之を致すなくして致すものは命なり。匹夫にして天下を保つものは徳必ず尭舜《舜禹》の如く而して天子の之を薦むるものあり。故に仲尼《ちゅうじ》（孔子）は天下を保たず。世を継《つい》で天下を保ち天の廃する所は必ず桀紂《けっちゅう》の如きものなり。故に、益、伊尹《いいん》、周公は天下を保たず。伊尹《伊尹は》陽《湯》を助けて天下に王たらしむ。陽《湯》崩じて太甲《丁》未だ立たず。外丙（太丁の弟）六《二》年仲任（外丙の弟）四年（位につくも死去）、太甲（太丁の子）陽《湯》の典刑を顚覆す。伊尹之を桐《とう》

(湯王の墓の所在地)に放つ三年、太甲過《あやまち》を悔い自ら怨み自ら改めて桐に在て仁に処《お》り義に還る三年、以て伊尹の己を訓《おし》ふるを聴き亳《はく》(湯王の都した所)に復帰す。周公の天下を保たざるは猶《なお》益の夏に於けるが如く伊尹の殷《いん》に於けるが如し。孔子曰く、唐虞《とうぐ》(陶唐氏と有虞氏。尭舜時代を併せ呼ぶ称)は譲り夏后《かこう》殷《いん》周《しゅう》は継ぐ、其の義一なりと』。

上の二章より尚古的口吻《こうふん》と形式的形容辞とを取り去りて考へよ。喪に居る幾年と云ひ、相たる何年と云ひ、其の子に何々の処に避くと云ひ、天に薦むると云ひ、譲ると云ひ、固《もと》より孔孟時代の尚古的思想の作造にして其の使用せられたる文字も当時の文字を当時の思想に於て用ひたるものなるを以て枝葉は棄却して可なり。彼等の仰望しつつありし尭舜の時代とは禹が洪水を治むるまで平原に下る能はずして未だ山腹に穴居し或は夜間獣類の襲来を避くるが為めに樹上に寝所を営みしほどの純然たる原始時代なりしは敢て▽改論ずる[▽再び指示する]の要なし。而して其れが支那に於ては食物の特に豊富なりしが為めに平和に平等に些《いささか》の闘争もなく生活したるなり。然れば斯く闘争なき幸福の原始的平等の原人部落に於ては其の首長も後世の如く土地争奪の為めに生ぜず、尭と云ひ舜と云はるる如く柔和なる赤子の如き人物が村老ほどの地位に立ちて簡単なる事故を処したりしものなり。(ゲルマン蛮族の共和平等の原始時代は▽改[▽が]其の遊牧農業による土地争奪の為めに首長は最も剛健なる戦闘者が擁立せられたり▽改)。[▽たると社会進化の現象を異にせるを注意せよ)。]是れ、削除即ち君主政治の極めて萌芽の者にして敢て後世の作造の如く譲ると云ひ其の子に避くると云ふことなくとも其の首長たりしものの死すると共に他の優れたる者が事故の処理に当りしなり。即ち謳歌と云ひ朝勤(覲)と云ひ訟《しょう》獄《ごく》と云ひ固《もと》より後世の作造にして、『尭の子に迫りて尭の宮に居らば是れ簒なり』と云ふ如きは尚古的思想の過失に過ぎず。然るに、禹に至りて人口の増加し山腹の狭小の為めに平原に下り洪水の防禦に全力を注ぐに至りては確固たる政治的組織を有せざるべからざるまでに社会は▽改[▽の]進化[を来た]したり。君位の継承とは斯る進化に入れるが為めに発生せる機関にして社会と云ふ大生物は小個体の生物と等しくラマルクの用不用説によりて其の生存進化に必要なる機関を進化せしめ若《も》しくは退化せしむ。而して本能的に無意識的に存在したるものより自覚[的]に進化せる社会意識は、系統を辿りて其の意識を漸時(次)に拡げ行くものなるを以て▽改(『所謂国体論の復古的革命主義』に於て系統主義を論じたる所を見よ)[▽(『国体論』の系統主義の説明を見よ)]、系統によりて親粗(疎)尊卑を劃《かく》するに至り茲《ここ》に『我が君の子なり』と云ふ系統崇拝となりて、社会単位の生存競争▽改(『生物進化論と社会哲学』[▽『社会進化論』]を見よ)の為めに不断の戦争による不断の君主の必要と君主の死去毎に君位を争奪して社会内の紛乱を来すことを避けんとする要求と合体し、茲《ここ》に君位世襲の時代に進化せるなり。彼に引用せられたる孔子の言に『唐虞《とうぐ》は譲り夏后殷周は継ぐ其の義一なり』とある者は、社会の進化に応じて正義の進化することを▽削除△なく認識したる者なり。［（則ち尭舜に示されたる終身大統領的共和制の萌芽は社会対社会の闘争なき時代の発生せしめたる機関にして、禹以後の君位世襲制は社会対社会の闘争の激甚を加へたる時代の発生せしめたる機関なり。従《したがつ》て現代日本に於ける天皇の世襲的意義が現時見る如き国家競争の時代として『天』の保持する所なるは明かなり。）］故に、斯く系統主義の家長国時代に入りて君位の世襲せらるるに至りては是れ社会の生存進化の必要に基くものにして、桀紂の如く甚しく社会の目的理想と背馳《はいち》するものに非らざるよりは国家の人格が一夫紂論となりて発動することなきなり。『天子天下を以て人に与ふる能はず（』）とあるは実に土地人民を君主の利益の為めに存する物格と考ふる君主々権論の思想を排し、堂々として明らかに国家主権論の思想を表白せるものなり。而して彼は吾人が凡て宇宙目的論の哲学と生物進化論の科学とによりて天下のことを挙げて『天則』の致すなりと云ふと等しく、『天之を与ふ』と云ふ宗教的信念に起ちて凡てを是認したり。［『］禹に至つて徳衰ふ、賢に与へずして子に与へたればなり［』］と云へる如き君位の継承を君主の私曲に出《い》づるかの如く解するは独断論を事とする▽改盲動者のこと［▽似而非なる民主主義者の発問］にして、彼は吾人の如く社会進化の方則を眼前に見るかの如き意気を以て断々として斯る輩を排斥したり。［曰く］『天（、）賢に与ふれば即ち賢に与へ（、）天、子に与ふれば即ち子に与ふ』と。［——］『天』は幾多貴族の手より奪ひて現天皇の賢に与へたり、而して『天』は更に帝国憲法に於て後世子孫たとへ現天皇の如く賢ならずとも子に与ふべきことを国家の生存進化の目的の為めに命令しつつあり。［——此の『天』が『賢』と『子』に与ふるの哲理を解せず、徒らに投票を以て『天』其者と考ふる通俗的共和主義者は、実に『禹に至つて徳衰ふ』と云ふ盲動者なることを深く注意すべし。——］『天』がロシア皇帝の愚より天下を奪ひ、ドイツ皇帝の子（ドイツ帝国は皇太子の時に至つて純然たる共和政体たるべし）に天下を与へざらんとしつつある現状を見て、直に［日本に於ける］▽改社会民主々義［▽民主社会主義］なるものが皇帝と仇敵なるかの如く考ふるはラマルクの用不用説が社会と云ふ大生物にも原則たることを解せざるが故なり。天（、）賢に与へず天（、）、子に与へずして奈何《いかん》ぞ維新革命と帝国憲法とあるべき。機関の発生するは発生を要する社会の進化にして其の継続を要する進化は継続する機関を発生せしむ。日本の天皇は国家の生存進化の目的の為めに発生し継続しつつある機関なり。

［第八十七節］

実に、孟子の理想的国家論は斯くの如く堂々として東洋のプラトーたるに恥ぢざ▽改りき。[▽ざる者なり。] 然るに、日本民族に於ては此の国土に移住し来れる当時已《すで》に戦闘によりて土地を掠奪せし農業的民族たりしを以て、尭舜時代の原始的共和平等の時代は固《もと》より他の国土に漂浪せる中に於て経過し、『天、子に与ふる』の時代にまで進化し来れりと想像さるべし。而してこの君位継承は[歴史的生活以前の『神代時代』に於ては尭舜と大差なき禹水を治めし程度の父子相続なりしと雖《いえど》も、――正確に言へばゲルマン蛮族の如く戦闘の英雄が其の子の英雄に部落の代表的地位を相続せしめたる者なりと雖《いえど》も、――歴史的生活時代に入りては] 孟子の理想せる意義のものと異なりて今日の如く国家の統治権を行使する機関たる制度に非らず統治権を国家と云ふ財産に対する所有権と云ふ意味に於て相続せる家長国なりき。(孟子の説▽改ける [▽出現せる] 春秋戦国時代も家長国なりしは前《さ》きに説ける如し)。故に、日本民族の歴史的記録は家長国を以て筆を起し、▽削除△彼のゲルマン民族が其原始的共和平等時代を他の文化の▽改 [▽的] 民族ローマ人によりて記録されて伝はれるが如くならざりしを以て後世儒教の講ぜらるるに至りても孟子の国家学原理論を解得(理解体得)すべき歴史 [経験] なく従《したがっ》て [其の一夫紂論も] 単に君主の政治道徳に背馳《はいち》する場合に於ける制裁との意義に取扱はるるの外なかりき。而して今の天皇の祖先は長き間家長君主としての意味に於ける天皇たりしに係らず二三《にさん》の例外を外にして嘗《かつ》て孟子の政治道徳を無視するの行動に出《い》づることなく、中世史に入りて続出せし他の多くの家長君主等は常に一夫紂論の発現によりて将軍諸侯の興隆滅亡となりて厳粛に制裁せられたりき。『一夫紂論』とは之を家長国時代の君主等の側より見れば未だ法上の人格を認識されざりし奴隷の国家が生物たる実在の▽改 [▽的] 目的の為めに残虐暴戻《ぼうれい》なる奴隷所有者を反撃することなり。奴隷が叛乱の反覆によりて漸時《次》に法律上の人格を認識さるべく進化せる如く、国家も亦《また》一夫紂論の反覆によりて中世史の家長国時代を進化し来り終に国家の目的理想が国家の全分子に意識せられて愛国が道徳の目的となり法律の上に人格者となりて凡ての法律命令の源泉▽改 [▽根源] たるに至れるなり。只如何せん、日本中世史の家長国が維新革命の社▽改会民主々義 [▽民主社会主義] によりて掃蕩せらるるの時、古事記日本紀の古典が家長君主国の記録を以て始まれるが為めに儒教の理想的国家論たる国家主権論を解得し得ずして、議論の組織を仮令《たとい》暫《しばら》くなりとは云へ神武▽改 [▽王朝] 時代の家長君主としての天皇に復古せんとして組み立つるに至りしなり。即ち、貴族階級の土地人民の上に有する殺活与奪の権を否認するに天皇の其れを全国家の上に拡張するに至り、▽改 [▽せんとする理論を求めしが為めに、] 終に欧米の革命以後の [民権論的] 法理学国家学を▽削除△承けて二十三年の帝国憲法に [妥協的] 一段落を劃《かく》するまで、絶へず国家国民主義の要求と背馳《はいち》する復古的革命論を余儀なくされつつありし所以なり。而してこの『国体論』に対して最も苦闘せるものは今の政党にして彼等は其の経済的独立を得たる私有財産制の基礎に立ちて、其の民主主義の要求を血腥《ちなまぐさ》き仏国革命の直訳に掲げたり。社会民主々義［▽民主社会主義］は堕落せざる以前の彼等に感謝す！

この感謝は今の講壇社会主義［▽国家社会主義］者なるものに対する無限の軽蔑を表白するものなり。講壇社会主義［▽国家社会主義］が［▽は］経済学の上に於ても倫理学の上に於ても一切の科学哲学の上に於ても、一の理論なく組織なく主張なく理想なきは上来の説明に至りて明らかなるべし。而して彼等は其の『国家社会主義』と標榜するに係らず国家の本質及び法理につきて亦《また》全く無智なるは只以て呆るる外なし、樋口勘次郎氏の『国家社会主義新教学（育）』を見よ。曰く、［▽彼等の或者は曰く。］［行改］『我が国には社会主義の行はれ易き歴史上の事実あり。我が国は全国挙《こぞ》つて一家なり。恐れ多くも皇族は一家の主長にまします。天皇の前には四民平等にして天皇の皇民を見給ふは一視同仁なり。されば国土は日本と云ふ一家の所有なりとの観念は古《いにし》へよりあり、今に至りてかはらず。三十七代孝徳の朝、豪族の領地を没し代ふるに俸禄を以てして人之《こ》をあやしまず。土豪の小農を併呑するを禁じ、一般人民に其の好む所の職業を撰《えら》ましめしは之れ社会主義的革命にして、全国一家観念の上に一視同仁の徳を以て実行せるものなり。令義解《りょうのぎげ》を見よ。人生れて五歳に達すれば、男に二段女に其の三分の二の口分田を賜ひ人死すれば公に返へさしむ。其の後功《こ》田荘園等の発達して封建の制をなしたりと雖《いえど》も領土を与ふるは天皇なり。維新の際全国大小名の領地の所有権を抛《なげう》つや天皇に奉還すと云へり。是れ外国に無き美はしき観念なり。土地財産は天皇の御物《ぎょぶつ》なり。此を日本と云ふ大家の為めに家の子より没収するは家長の勝手なり。之を一家の為めに奉還するは子供の徳なり。只一度与へたる菓物なり菓子なりを没収するに当りては玩具か砂糖を与ふるは父母の情なり。大小名に公債を賜はりたるは斯くの如きのみ。我が国にては斯くの如き改革比較的に円滑容易に行はるべし。時に子供の争《あらそい》はあるべきも家長の一喝之れを制せんこと難からじ云々』。ああ斯る言を聴くものの背は慚汗《ざんかん》（恥じ入り流す汗）に沾《うるお》ふ！

［▽（樋口教授『国家社会主義の教育学』）］

恥ぢよ！　恥ぢよ！『国家社会主義』なるもの斯くの如くんば、国家主義にもあらず社会主義にもあらずして絶対無限の君主々義［▽『絶対無限の君主主義』］となる！　是れ『余が国家社会主義は我が歴史、我が国体、我が現状の上に立つものにして世間に流布せる直訳的社会主義にあらず』と高く持するものの面目なりとするか！　日本国民は躯幹《くかん》（体身）の小なるを以て遺憾としつつある国民なりと雖《いえど》も天皇より『玩具』と『砂糖』とを与へられて争《あらそい》を止むる『子供』にあらず。

髯《ひげ》ある子供、禿頭せる子供、子を孕《はら》める子供、老婆の子供、孫を持てる子供！　万世一系の後は如何なる年少者と雖《いえど》も天皇たるべく、而しながら嬰児《えいじ》なる父母、十歳の父母は今の国家社会党諸君と一家をなせる父母として諸君を産みしものにあらず。伊藤博文氏は現天皇の高貴なる血を分けたる子供として皇太子殿下の同胞にあらず、桂太郎君は皇太子殿下を父母として皇孫殿下等と兄弟たる如き恐れ多き者にあらず。是れ少しも『我が歴史』にあらず『我が国体』にあらざるなり。否！　世界何処を探険するも斯る噴飯すべき歴史斯る抱腹を極めたる国体の存せしことなし。明らかに答弁せよ。『土地財産は天皇の御物にして』『一たび与へたる菓物なり菓子なり』と云はば、『我が歴史』によりて蒸気と電気との凡ての生産機関が▽改［▽を］第何代の天皇の第何年に今の資本家等に与へたりしかを答弁せよ。『外国に無き美《うる》はしき観念なり』として『此の日本と云ふ大家の為めに家の子より没収するは家長の勝手なり』とし外国資本家の資本を恣《ほしいまま》に奪ひて皇室費の中に加へ、外国貴族の漫遊を擁し其の珠玉を勝手に没収して帝冠を飾るべき権利ありとするかを答弁せよ。斯くの如きは敢て▽改樋口氏一人［▽二三子《にさん》］に限らざるは論なく、東洋の土人部落たるが為めに今の『国家社会党』の主義綱領にして八字髯《ひげ》の『赤子』山路愛山氏の如き其の維新革命の▽改社会民主々義［▽民主社会主義］を解せざることより放誕に▽改生産権奉還［▽生産権奉還］の経済的尊王攘夷論を唱へつるあるものなり。▽改社会民主々義［▽民主社会主義］は私有財産制と個人主義の完《まった》き発展を承けて国家の理想的独立。個人の絶対的自由に至るべき国家主義世界主義なり。即ち、国家の全分子が私有財産権の主体となれる個人主義の社会進化の過程を経ずしては、全分子の自由平等の競争発展と扶助協同によりて全分子の全部たる社会を進化せしめんとする国家主義。世界主義は夢想に止まるを以てなり。大化の土地国有論の夢想たりしが如きは是れ▽改［▽の故］にして、社会全分子の覚醒せずして一分子たる天智のみの理想が如何に高遠なるも、眠れる分子の集合たる社会は依然として古代の眠に耽《ふけ》るより外なかりしを以てなりとす。天皇一人『父母』の如く覚め、四千五百万人の凡てが『赤子』として只命のままに自己の意識なきとき、▽削除朕即ち国家にして四千五百万人は国家の外なる禽獣《きんじゅう》なりと云はざる限り、△無意識なる赤子の集合たる国家は依然たる無意識の国家にして、或は以て原始的共産の社会たり得べし。――而しながら原始的共産の社会より進化せる第一の過程は実に凡ての土地及び財産が酋長の所有権の下にありし君主政の萌芽なりしことを記憶せよ。凡てはプラトーの期待せる哲学者の君主にあらず。孟子の▽改社会民主々義［▽民主社会主義］の［理想を］道徳的高調に於て遺憾なく▽削除理想を△実現したるものは日本の皇統中と雖《いえど》も大化革命の英雄と維新革命の其れとに過ぎざりしにあらずや。大化革命の英雄の後に英雄の事業を解せざる凡庸の君は出《い》でて大化の社会主義を打破し、天智の国有にしたる土地を君主の所有財産となして寵臣に与へ寺僧に寄贈し国家の機関として設定し置けるものを君主の財産権の譲渡として土豪に国司を売りしに▽改非らざりしか。［▽非ずや。］社会進化の先登に立つ所の日本天皇が社会進化と背馳《はいち》して古代に退化すと考ふる余地なきは論なく、従《したがっ》て国家社会主義者の云為《うんい》する所が単に一種の弄策――乱臣賊子の多くは斯る策を弄して天皇を祭り込みたりき――に過ぎざるは論なしと雖《いえど》も、明《あきら》かに弁明を求めざるべからざるは其の土地の公有とは土地国有論か土地君有論かと云ふことなり。資本家が掠奪せる蒸気と電気との機械は社会の生産を壟断《ろうだん》せるものなりしか又天皇の労働を盗みしものなりしかと云ふことなり。奴隷よ！　奴隷の集合よ！　吾人はむしろ所謂『国家社会主義』と共に古代の奴隷制度に鼓腹せんよりも国家主権の名に於て資本家地主の権利救済に努力すべし。彼等は何者も解せず、一のことも解せず『国家』と云ひ『社会』と云ふも其の自ら称する赤子の智識だもなし。社会主義とは社会の全部分が財産権の主体たることなり。国家主義とは国家の全部分が利益の帰属する権利者たることなり。社会の少数部分が財産権の主体として大部分が単に使用権より外に有せざるは現今の経済的貴族国なり――［自ら『国家』の名を僭する］国家社会主義者なるものは経済的貴族国より経済的民主国に至らしめずして、経済的君主国に法律の上より逆倒せしめんとするか。▽削除国家の或る少数部分が利益の帰属する主体にして他の大部分が戦争と貧困との為めに犠牲となりつゝあるは現今の経済的階級国家なり――国家社会主義なるものは経済的階級国家より経済的公民国家に至らしめずして国民の身体其者を君主の経済物たりし絶対無限の家長権を法律の上に設定せんとするか。△誠に更に▽改［▽明かに］答弁せよ。国家社会党の諸子は、勇《雄》略天皇の所有権の下に其の妻を献ぜんとするか。武烈天皇の所有権の下に其の親を献じて経済物として破壊せしむるか。――否と云ふべし。然らば是れ自家の主張の利益の為めに天皇を玩ぶ唾棄《だき》すべきの卑劣にして、亦《また》所謂『不敬』と云ふものなるは論なし。然るに彼等は却《かえっ》て『不敬』なる矢を番《つが》へて社会▽改民主々義［▽民主社会主義］を射ることあるに至っては、只以て土人と云ふの外なきなり。常に『国体論』を以て社会▽改民主々義［▽民主社会主義］に対抗する桑田▽改［▽一］博士の如きはこの最も露骨なる例にして（▽削除氏は山路氏等の国家社会党にすら入会を求めて拒絶されたりと伝へらるるほどなるを以て）、△ドイツ皇帝とドイツ社会民主党との争闘を以て日本社会党に推想し、社会民主党は国体に危険なり天皇に対する不敬漢なりと云へり。ドイツ皇帝の如く国家機関たる地位を逸して『削除一夫紂削除』となれる帝冠の叛逆者ならば社会民主党を御陪食と云ふ光栄に与《あずか》らしめず（而して是れ社会民主党の羨望に堪へざる所なりと云ふ）、社会民主党も亦《また》この叛逆者に対して嘗《かつ》て最敬礼と云ふものをせしことなく、不敬罪の刑法を廃すべきことを発案して暫《しばら》くの少数の為めに敗れたるなり（而して是れ社会民主党の落胆に堪へざる所なりと云ふ)。而しながら日本天皇はドイツ皇帝輩と同一の水準に置かるべき凡物にあらず。[――]『天』は維新革命によりて現天皇の『賢』に与へ更に帝国憲法によりて万世一系の『子』に与へたる重大なる国家機関なり。国家機関に反するものは国家に対する叛逆なり、▽改社会民主々義[▽民主社会主義]は国家の叛逆たるべからずして国家主権の完全なる▽改自由[▽発動]によりて国家の▽改生存[▽躍進的]進化に努力するのみ。○天皇○と云ふ文字言語の形態発音によって其の内容の地理的に時代的に異なることを忘却すべからずとは常に重要なり。(▽削除『所謂国体論の復古的革命主義』を見よ)。△

[第八十八節]

上来の説明によりて所謂『国家社会主義』なる者が社会主義と名《なづ》けらるべき根本思想の何者をも有せざるのみならず、特にその冠する『国家』につきて些《いささか》の解する所なきを知るべし。而してこの主張は今の所謂『社会主義』と称しつゝあるものが実は純然たるユトピア的世界主義、即ち個人主義にして、等しく『国家』を解せずして国家を否定するの盲動なることを▽改表白[▽結論]せしむるに至る。

実に今の所謂▽改日本社会党[▽『日本社会党諸氏』]の非戦論は其の自ら称する者のある如く無抵抗主義の宗教論なり。――而しながらこの宗教論の無抵抗主義はトルストイの▽改其れの[▽其人に見る]如く下層階級が上層に対する抵抗の階級闘争をも否認して社会主義を排斥するに至らしむ。[其の世界主義は]原子的個人を仮定して直ちに今日の十億《ママ》万人を打《うっ》て一丸たらしめんとするが如き世界主義なり。――而しながらこの世界統一主義は個人主義の仏国革命に擁せられたるナポレオンの夢想を承認するものにしてロシアの侵略に対して日本国の独立を放拋《ママ》すると共に、支那朝鮮に対して日本国の侵略せんとする場合にナポレオンの下に兵卒たらざるべからざるに至らしむ。ユトピア的世界主義は個人主義の仮定の上に立つ。個人主義が他の国家を無視するときにナポレオンとなり、自己の国家を忘却せるときにユダヤ民族となる。▽削除△――この故に吾人は断言す、国家を否定するものは仮令《たとい》激語に於てすとも、(而してマークスは[恐くは]激語に於てしたりと雖《いえど》も)、▽改社会民主々義[▽民主社会主義]は一の▽改[▽斯る基本観念の迷妄を]是認すべき[一の]理由をも発見せずと。この断言は更に次ぎの断言に導く▽削除△――マークスの共産党宣言の激語を先入思想とし日本社会党の個人主義者等の云為《うんい》を材料として決議せる万国社会党大会の日露戦争の否認は断じて執るに足らずと。[――吾人は日本に於ける一民主社会主義として之れを全世界に向つて宣言する者なり。]

微《小》少なる吾人は全世界の社会党を挙《こぞ》れる決議に対して一管の筆を以て抗し得べしとするものにあらず。而しながらマルクスの偉大に心酔することは今の全世界の社会党に取りて由々しき誤謬なり。彼の偉大は近世機械工業の資本につきて歴史的に説明したる経済学の方面と社会の進化が階級闘争によることを発見せる歴史学の局部とに於てのみにして、而も其の価格論は誤まり階級闘争説も心的考察にあらず。▽改社会民主々義［▽民主社会主義］とは十九世紀の発明にあらず人類の文明に入りてより以来哲学史の源泉よりして流れ来れる大思想なり。プラトーの『理想的国家論』是れなり。［――民主社会主義者はマルクスよりもプラトーに依るべしとの前言は力を極めて反覆せざるべからず。］▽改社会民主々義［▽民主社会主義］の大思潮は古代に於て土地が唯一の経済的▽改源泉［▽根源］たりしを以て土地国有論となり近世に至りて資本が最も多く経済的▽改源泉［▽根源］たるを以て土地資本の公有を併称するに至りしのみ。社会の進化は階級競争の外に国家競争あり。プラトーは土地国有論を其の否認さるべき国家の為めに唱へしか！　万国社会党員の凡てよ。『国家の外に在るものは神か然らざれば禽獣《きんじゅう》なり』と云へるプラトーの言が、凡ての思想も道徳も人種民族も悉《ことごと》く社会的作成なりとする今日の科学的社会主義と合致する▽削除こと△を否定せざるならば――何ぞ国家を否定し国家競争を否定するや。万国社会党員は悉《ことごと》く神か然らざれば悉《ことごと》く禽獣ならざるべからず。ユトピア的世界主義を以て原始的共和平等の世を神の郷なりとしつつあるトルストイは若年の時《、》交接作用をなし今日尚天下に向つて交接作用を止めよと云はざるを以て神にあらざる如く、ドイツ皇帝と等しくベーベル君は排泄作用を余儀なくせられつつあるが故に決して神にあらず。人類はこの交接作用と排泄作用と無き神に到達せんが為めに禽獣の如く個々に存在せずして既《すで》にプラトーの言へる国家に在るものなり。（『生物進化論▽削除と社会哲学△』に於て人類今後の進化の理想郷を論じたるを見よ）。已に国家に在り、国家競争なからんや。固《もと》より国家競争の現実は速かに脱却せざるべからず、而しながら未だ脱却する能はざる現実たることに於て排泄作用と交接作用との止むべからざると同一なり。［――進化論の発見せられたる今日に於て進化の観念を無視したる思想、則ち『時間的進行』を議論の基礎とせざる思想は何人が何事を唱ふるにせよ非科学空想なるは論なし。］凡ては社会的作成なり。故に階級的道徳、階級的智識、階級的容貌によりて今日階級闘争の行はれつつある如く、階級間の隔絶より甚しく同化作用に困難なる今日の国家間に於ては国家的道徳。国家的智識。国家的容貌の為めに行はるる国家競争を避くる能はず。社会民主々義は階級競争と共に国家競争の絶滅すべきを［究極最後の］理想としつつあるものなり。而しながら現実の国家として物質的保護の平等と精神的開発の普及となきを以て、社会主義の名に於て階級闘争が戦はれつつある如く（▽削除『社会主義の倫理的理想』及び『生物進化論と社会哲学』を見よ）、△経済的境遇の甚しき相違と精神的生活の絶大なる変異とが世界聯邦の実現と及び世界的言語（例へばエスペラントの如き）とによりて掃蕩されざる間、社会主義の名に於て国家競争を無視する能はず。著しく卓越せる者に非らざるよりは階級的真善美より超越する能はざる如く、国外の人種民族に接すること少なく又外国の言語思想を解せざる一般の国民に取りては国家的道徳。智識。容貌の外に出《い》づる能はざるなり。［――］即ち個人の世界に対する関係は階級と▽改［▽よりも多く］国家削除とを通じてならざるべからず。階級闘争が階級的隔絶に依る如く、国家競争は実にこの国家的対立に原因するなり。然るに彼の矯　々《きょうきょう》として戦勝熱の沸濤（騰）せる中に立ちて非戦論を唱へたる日本社会党の志士▽改［▽諸氏］と、及び彼等の云為《うんい》を材料として日露戦争を否認せし万国社会党大会とは、実に事実を無視するの甚しき、日露戦争とは単に満洲朝鮮に利害を有する資本家等の恣《ほしいまま》に起したるものなるかの如く解す。日本の渺《びょう》たる三井。岩崎が今日斯る力ありと考ふるならば直訳的慷慨も極まる。南阿戦争が大《おおい》に英国資本家の利益に動機を有し、西米戦争が亦《また》米国の其等の利益に動機を有したることは事実なりと雖《いえど》も、日本資本家の利害が日露戦争に於て有したる動機の如き誠に微少なり。吾人は断言す▽削除――△日露戦争の動機の多く▽改［▽凡て］は国家的権威の衝突にして戦争を要求したる根本思想は実に尊王攘夷論の継承にありと。

　吾人は科学的研究の名が余りに甚しく感情と背馳《はいち》することの苦痛に堪へず、実に斯くの如き断言は全日本に対抗して苦闘せる非戦論者に対して有する感歎の情と余りに甚しく背馳《はいち》する者なり。▽削除――△而しながら是れ即ち［民主］社会主義の運動が根本的啓蒙ならざるべからざるを主張する所以にして［彼等自身］亦《また》其の根本思想より啓蒙されざるべからざる所以なり。日露］戦争は軍人の名誉心の為めに戦はる▽改［▽れし］にあらず資本家の利益の為めに戦はる▽改［▽れし］に非らず、実に尊王攘夷論（ママ）の国民精神なり。民族心理学が二三《にさん》十年にして国民の精神を一変する者なりと教へつつあるに非ざるならば、日本国民が今日尊王攘夷論を継承しつつあるは論なきことにあらずや。資本家の利害問題ならば単に満洲開放にして足れりとす。彼の日比（谷）野原頭の爆発は日露戦争の戦はれたる要求を裸体に発現せるものにして、欧洲の或批評家が文明の服装せる韃靼《だったん》民族なりと云へる如く実に尊王攘夷論に存したるなり。屈辱の外交！　この一語は資本家階級等の利害以上のものなり。曰くロシアと尚対等を持して全く屈従せしむる能はざるは外交の拙劣の為めに国家の権威が侮辱せられたる者なりと。△曰く地図面の彩色が単に樺太の半ばに過ぎざるは往年の怨を報復するに足らずして彼［れ］の［敗戦］屈従▽削除者たることを表はす所以に非らざるなりと。而して下層階級は凡ての智識道徳に▽改於て進化の低級に在りて［▽於ける如く］外国の思想文字と国外の人種民族に接触すること少なきが為めに最も誠実にこの尊王攘夷論の為めに死▽改せる［▽『相互扶助』

せる」ものなり。　［クロポトキンの相互扶助説が相互扶助の目的に於て種属対種属の生存競争を前提とすとは前説に詳かなり。　民族対民族の生存競争に於て如何に相互扶助が完全に行はれ、而して相互扶助の目的が直接に他の生存団体に対する生存競争なるかの立証を此の日露戦争の大事実に見よ）。」日露戦争を以て未だ萌芽に過ぎざる資本家等の責任に帰する所謂社会主義者なるものに告げん。――『国体論』の如く▽改［▽が］乱臣賊子とは義時と尊氏とのみにして天皇の軍を敗りたる数十万人は天皇の忠臣義士なりと云ふことの笑ふべきと同様に、日露戦争は三井◦岩崎と乃木◦東郷との為めに戦はれて四千五百万人は余儀なく開戦論を唱へ突撃隊となり決死隊となりしと云ふことは依然たる国体論式の論理なりと。

天則に不用と誤謬となし。尊王攘夷論は実に国家と云ふ［実在的生物たる］人格が其の権威を野蛮なる形▽改［▽中世的形式▽改］［▽野蛮なる形］に於て主張し始めたるものなり個《゜》人が其の権威に覚醒せるとき茲《ここ》に戦国▽改［▽戦闘］となりて他の個人の上に自己の権威を加へんとする如く、君主等の所有権の下より脱したる国家は其の実在の人格たる権威に覚醒したる結果、他の国家の権威を無視して自己の其れを其の上に振《ふる》はんとす。▽削除△――帝国主義と云ふもの是れなり。天則に不用と誤謬となし。［世界的］社会主義は国家の権威を主張すべき点に於て［亦《また》］明らかに帝国主義の進化を継承す。即ち個人の権威を主張する私有財産制の進化を承けずしては［民主］社会主義の経済的自由平等なき如く、国家の権威を主張する国家主義の進化を承けずしては万国の自由平等を基礎［と］する世界聯邦の［世界的］社会主義なし。［――］『帝国主義』の最も始めの名はナポレオンの個人主義的世界主義に対して国家の権威を主張して叫ばれたる者なり。――然るに何たる事ぞ、国家単位の世界主義を唱ふる社会民主々義▽改［▽民主社会主義］者が今日翻《ひるがえっ》て国家を否定し［て］仏国革命の個人主義に擁せられたるナポレオンの世界主義を取り、却《かえっ》て個人主義を執る所の資本家地主の階級が国家の権威を主張せる所の帝国主義を掲げて立つとは！　ああ思想界の大混戦の為めに敵と味方とは其の旗幟《きし》を取り違へて立てつつあり。個人主義なくして全個人の権威の上に立てる［民主］社会主義なり《ママ》［自筆修正の定本とした版では「なく」と活字が組まれている。ただし自筆修正の扱いではない］、帝国主義なくして全国家権威上に築かるる世界聯邦の世界［的社会］主義なく《ママ》［自筆修正の定本とした版では「なし」と活字が組まれている。ただし自筆修正の扱いではない］。故に凡ての個人が貴族君主の下に奴隷的服従を事とせし個人の権威なき『平民』に社会民主々義▽改［▽民主社会主義］の夢想なる如く、強力に仕ふる▽改［▽奉仕する］ことを事として自国の国家的権威を解せざる国家の集合にてはローマ帝国はあり得べきも世界聯邦なし。▽削除（この点に於て阿辺《安部》磯雄氏が其著『瑞西《スイス》』を指して地上の理想国となし其の軍備の存するを遺憾なりとせしは論なく誤まる。彼の如く他の銃鎗の間に支へらるる独立は理想的国家にあらず。スイスの理想的なりと云はるるは一旦の暁その微少なる軍備を以て仆《たお》れて後止むの国家的権威に在りと云はん)。△ 凡ての人格が権威に覚醒して自由を主張するときに先づ他の自由を尊重せずして自己の自由の為めに他の是れを無視す。 故に民主国時代の自由の如く自己の自由に於て他の自由を尊重する所の自由の前に、先づ貴族等の攻戦討伐となりて他の自由を圧伏するの▽改［▽中世的］自由となる。『国家』が君主等の手より放れて自由を得て僅少なる進化の今日――欧米にては『愛国』の叫ばるるに至りて二▽改［▽一］百年に至らず、日本にては漸《ようや》く維新革命前後の五六《ごろく》十年に過ぎざる今日――吾人は実に日本と名《なづ》けられたる小さき貴族がスラヴなる大貴族の圧迫を排除して自由を主張したることを万国社会党大会の決議に反して讃美す［る者なりとす］。▽削除の後、削除を取り消す 只而しながら自由は自己の自由を尊重すると共に他の自由を承認するの自由ならざるべからず。△ ▽改吾人は日本国の貴族的蛮風の自由が更に進化して文明の民主的自由となりて支那朝鮮の自由を蹂躙しつつあるを断々として止めしめざるべからず。［▽世界聯邦を憧憬する世界的社会主義は究極最後の理想として国家間の自由 亦《また》他の自由を圧伏せざる近代的民主的自由に進化すべきを信ずるは論なし。］▽削除 社会民主々義の非戦論は実に今後の努力に存するなり。△ ▽削除［今の日露戦争に対して唱へられるべきに非らず。 国家的自由を他の国家の上に圧倒しつつある欧米諸国家に対して］△

故に外国の圧迫の為めに国家の自由なくしては［世界的民主］社会主義の実現さるべからざる如く、『国体論』の脅迫の下に［実在的大人格たる］国家の権威なき東洋の土人部落は南洋の其等と等しく世界聯邦に加盟を要求すべき権利無しと云ふ。

▽改国体論及び純正社会主義［▽改▽国体論及社会民主主義］［▽改▽社会民主主義原論］［▽改▽国体論及社会進化論等］［▽改▽国体論及社会民主主義等］［▽国体論及民主社会主義］　終

（底本ではこれに続き五ページにわたり正誤表が、「重要なるものゝみ」として掲げられている。本書ではそれに従い訂正済）

Ⅲ　日本改造法案大綱

第三回の公刊頒布に際して告ぐ

日本改造法案の第一回の頒布は猶存社《ゆうぞんしゃ》同人の謄写版に依りて数百部程秘密に手より手に交付されたものである。そして九《大正》年の一月発行頒布を禁止された。第二回のものは書肆《しょし》改造社の売本として多少世間に弘められたが、改造行程の手段方法の一端を示した部分等を削除することに依りて公表を許可されたものである。これが十二《大正》年の五月であった。

今第三回の印刷頒布に同意して西田税君の労に委ねた。二回目の売本の時に、特に凡例の三と四とに於て批評にも応ぜず質問にも答へない所以を注意して置いたに係らず、稀に批評を見（、）又質問に接した。来て問ふ者にも多く答へず、書簡の質義等に対しては一律に書簡其儘《そのまま》を封入して返戻するを例とした。然り々否な々にて足れりとは其節注意した通り今も同じである。

西田君は鞍馬帯剣の年少々尉である。武に養はれたるが故に克《よ》く文を解し得るのであらうか。特に此の書冊は法案である。法案なるが故に終に法典として国家を組み立つべきものである。君及び君等の剣頭鏃尖《ぞくせん》を以てのみローマの十二銅柱に如意輪堂の鉄扉《てっぴ》に刻み彫らるべきものである。二回目の時と同じく勿論官憲に毀傷されたままの者ではあるが、気運の熟成、行路の進展、終に君及び君等の鉄血を中心時代とするに至れる象徴として、今回の印刷頒布を悦《よろこ》ぶこと甚深なる者がある。

右、誠に無遠慮なる申分なるが故に序《つい》でに有りのままを告白する。真実此の法案を上海の一病室に横《よこた》はって起草するに至るまでに四十幾日かの断食をした。参考論文に収めてある『ヴェルサイユ会議に対する最高判決』の書簡は実に断食中の者で、而して其れを投函して帰れる岩田富美夫君が雲霞怒濤の如き排日の群集に包囲されて居るのを眼前に見た。全世界の是認に抗して一人の否認が着々事実に挙証せられた智見をのみ値する勿《なか》れ。其の否認を現実に米国其者からの否認とウィルソン其人の墜落とを以て『皆是真実』に示さんが為めには、実に我が神々及び全世界のサタン等の前に一身を投げ出したる不惜身命《ふしやくしんみよう》（仏法のためには命もかえりみない（法華経譬喩品））の禱《いのり》があるのだ。日蓮は日本国なりと云ひ朕則ち国家なりと云ふ。ヴェルサイユから全世界に漲《みなぎ》れる排日熱、支那全土を洗ひ流《な》がす排日運動の中に在りて、——三千年の生命と六千万人とを一人格に具体化せる皇帝其人の写像が口にすべからざる侮辱を蒙りて各国環視の街頭に晒された時、——苟《いやしく》も『唯我一人能為救護』の大責任感を有する者、日本国に対する排侮を日蓮自らの排侮に感じ、皇帝の蒙りたる恥辱を唯我一人の恥辱に受取るのは当然の事である。

自分は十有余年間の支那革命に与《あず》かれる生活を一抛《ママ》して日本に帰る決意を固めた。十数年間に特に加速度的に腐敗堕落した本国をあのままにして置いては、対世界策も対支策も本国其者も明《あきら》かに破滅であると見た。清末革命の頃、則ち民国及び大正元年の前後の年頃には、危ぶないと思ひつつ、其れは間違ひだと争ひつつ、而して固《もと》より常に抑へ付けられつつ、而も未だ嘗《かつ》て万事休すとまで絶望はしなかつたのである。——さうだ、日本に帰らう。日本の魂のドン底から覆へして日本自らの革命に当らう。其れには雑多に存在し行動して居る本国の革命的指導者にだけなりとも、革命帝国の骨格構成の略図をでも提供する必要があらう。然り、全アジアの七億《ママ》万人を防衛すべき『最後の封建城廓』は太平洋岸の群島に築かるべき革命大帝国であると。斯くして此の法案を起草し始めたのである。

斯《こ》んな煩悶懊悩に一箇月。執筆に一箇月。——而も此の期間に於て眼前に見る排日運動の陣頭に立ちて指揮し鼓吹し叱咤《しつた》して居る者が、悉《ことごと》く十年の涙痕血史を共にせる刎頸《ふんけい》の同志其人々である大矛盾をどうする。敢て大戦参加の第一歩の誤に遡らずとも、兎《と》に角《かく》其れに参加した日本の山東攻略に対して、同一なる参加を要求して来た支那を拒んだならば其れで宜ろしいではないか。これ尠少《せんしょう》の実力をも供せずして山東の発言権を獲得せんとしたからの者である。然るに三年後に米国が支那を誘引した時には、米国と寵を争ふかの如く支那の参加に努力した。是れ支那の出席すべきを拒んだ日本其者の手を以て、後年ヴェルサイユに於ける支那の大踏潤歩の為めに門を開いたのである。——日本といふ大馬鹿者に貼つてやる膏薬を後の外交史の編者に残して置く。——米国が『海洋の自由』の為めにドイツとの国交断絶に至らうとも、海洋にジャンク一隻の通商をも有せざる支那が国交を絶つべき道連れにならう理由も必要もない。自分が日本から海を渡つて一年たたぬ間に、日本の内閣会議の卓に列《なら》べる眼玉が皆猫の眼玉に代つて居たことを知らなんだ。（誰か一帝国の政策が朝夕にグルグル代はる者だと考へてかかる者があらう）。実に六年二月十一日、神武建国の其日に於て、不肖北一輝なればこそ断乎として支那の対独断交に参加すべき理由なきを彼等に指示し、故譚人鳳・章大《太》炎の獅子吼一声を鳴鏑《なるかぶら》（鏑矢）として殆ど米国と当時の聯合国の所為を打破するに垂《なんな》んとしたのである。――北一輝が悪いか日本帝国が悪いかは高祖高宗の前に出て裁いて貰《もら》はうではないか。――勿論此の事を最初の且つ凡ての動因として支那は内乱を勃発し幾年間の南北交戦を継続した。而も僅かに半年以前袁世凱の頓死によりて第三革命を中止し各省の兵車　悉《ことごと》く当時の排置《はいち》のままであつたが故に、革命の徹底によりてのみ支那を救ひ得る者に取りては此の国家的題目を捉へて兵を動かさんとしたのは亦《また》当然ではないか。超憲法的に大総統黎氏をして内閣総理段公を免職せしめた者がある。忽《たちま》ち段の一督軍《とくぐん》（辛亥革命後設置の地方軍政長官。省長を兼ね独立軍閥を形成）が長江の一角に拠りて兵を挙げる。無作法な復辟《ふくへき》（退位した君主が再び位につくこと）の狂言師が登場して黎総統其人に議会を解散せしめる。『黎さん』亦《また》泣虫の本性を暴《あら》はして日本公使館に逃げ込む。帝政袁世凱の両腕を働いた段祺瑞は天津から、馮国璋は南京から、民主政治の擁護者に早変りして張勲の三日天下を討伐する。対世界戦の参否の本目的から横道に外れて、広東の議会万能主義者は広東に護法政府なるものを組織する。終に独支国交断絶が聯合軍参加となるに至つて、故孫逸仙君等は亦《また》長い者に巻かれたる戦争参加を宣言する。而して隣国の大馬鹿者は『参戦軍』なる者を支那に組織せしむると称して莫大なる戦費と兵器とを馮段の同盟的勢力に貸付けた。（元も子も返らぬ一億五千万両の西原借款である）。大戦参加に抗争せんが為めに北京の政局を打破し長江の戦雲を動かした諸友同志は、北京政府を通ぜる日本の兵器と軍費に依りて常に江の南岸に圧迫せられ全敗を免るることに天佑を求めた。彼の参戦軍なる者苦力《クーリー》の輸出以外一兵と雖《いえど》も欧洲の土に送らるることなくして徒らに革命的同胞の殺戮に用いられたのである。革命的勢力は終に馮段の間隙に乗じて其の勢力を二分し、馮系と合縦連衡《がっしょうれんこう》して段を北京から退けた。日本に国を売る者であるとして彼が落されたならば、国を買つた日本を侵略者となし、漸《ようや》く死を免かれたる戦場からの喚声を挙げて日本の万悪を数ふる時、尋常一様なる排日運動に終らざるは言ふまでもない。北京は馮系が広東は排日的革命系が占有して居る。両者の握手に依りて段系を覆滅せる余威を以て日本に臨み、而して両者の握手せる全権代表が米国からヴェルサイユに飛舞跳躍した時、――米国の誘引したる引出物が『支那に還附する目的』なりし山東省の横取であつた事実を始めて鼻頭につきつけられた時――日本の阿呆鳥共は朝野一整《斉》に国難来と鳴号したのである。泣きもされぬ大悲劇は往々喜劇の一齣《ひとこま》を挟んで人天の侮弄を逞《たくましゅ》うする者である。

（序《つい》でに更に言はうか。支那の南北政府からの全権代表が、米国に於てヴェルサイユに於て叩きつけた紙幣束撒き散らした銀行券が西原借款中の数百万円であつたのだぞ！　馮系と段系に交付された通貨は広東系と馮系が支那に於て段を倒し日本を傷《きずつ》くる政治費として流通し、其二者が南北政府として講和政府に当つた時には外交費となつて流通したのだ。通貨である。支那自身の租税は一弗《ドル》と雖《いえど》も革命後国庫に納入されたことなく、五国借款以後一回の外債成立なく、而して世界大戦中英米仏独露の対支投資国は只支那以外の戦場に砲弾を投じて居たのだ。仮りにも一億五千万円である。其中の一千数百万円が支那に於て討段排日の政治費となり、三五《さんご》百万円が米仏の外交舞台に於ける宣伝費買収費となつたことはどうだ！　其れを日本に於ける対米国士等は逆に米国の出資と信じ、倒《さかさ》まに支那が米人に買収されたかと考へて居る。凡て、為ることも、言ふことも考へることも、角兵衛獅子の逆施倒行である）。

　自分は革命帝国の法案を考へた。此の法案は秋毫《しゅうごう》（わずか）も冷静厳粛を紊《みだ》されてはならない。而も自分は閑《しず》かなる書斎の代りに、この全世界から起り全支那に渦巻く排日運動の鬨《とき》の声の中に身を縛られて居た。一冊の参考書を許されざる代りに、――御前の主張に依りて戈《ほこ》を執り御前の本国に依りて殺されたるものの瞑せざるを見よとして、――参戦軍に銃殺されたる同志の忘片見を与へられた。附紐の附いた日本の単衣を着て、小さい下駄をはいて父よ々々と慕ひ抱かれる。而も涙の眼を転ずれば、ヴエランダの下は見渡す限り此の児の同胞が故国日本を怒り憎みて叫び狂ふ群集の大怒濤である。地上に生を享けたるものの多く会せざる矛盾、大矛盾ではないか。泣いて悲しみが和らぎ怒りて当るところあらば地獄《ママ》ではない。地獄《ママ》、焦熱地獄《ママ》の火炎に身を焼かるる悶《もだ》へに日々水を吸ふこと幾十瓶。豪侠岩田の鉄腕さへ痺《し》びるる力を以て、岑々《しんしん》と時には轟々と鳴り痛む脳骨を打ち叩かせつつ、（御前には常に御世話になつたことを謝する）。真に気息奄々《えんえん》として筆を動かしたものである。二三《にさん》行にして枕し、五六《ごろく》行にして横《よこた》はり。

　故に自分は信ずる。後十年秋、故朝日平吾君が一資本閥を刺して自らを屠《ほふ》りし時の遺言状が此の法案の精神を基本としたからとて聊《いささ》か失当ではないと。死を以てする者と、死に優る生を貪《むさぼ》る者との間には其の根底に於て一脈相通ずる或者があるのだ。自分が勿論足下《そっか》（貴殿）を教へた者でない如くに、足下《そっか》の魂を天上に召した偉いなる者が自分を召して地上に之れを書かしめたのである。従《したが》つて猿から僅かに進化した理論に甘んずる頭脳の人々、虚偽飾善の時代に適者生存の名誉を負へる国士。志士。学者。人格者。三角《ママ》者の如きが、或は追随したり或は背叛したりしやうとも一顧する気にもなれない筈であると思ふ。当時は真に死の易きに比せらるる生の痛惨悲愁を嘗《な》めた。而も今にして回顧すれば、かの火の海の書斎と涙の冊子とは自分を書かしめし者が其の書記生に恵まれた者であつたのだ。拝跪稽首《けいしゅ》して告ぐ。此の文字が諸子を導くところあらば、諸子の感謝すべきものはあめつちに満つる我が神及び諸子の神々である。

参考論文に収めてある『支那革命外史』の序文は十年《大正》秋公刊の機会に於て書いたもので、本文は四年末五年春第三革命中或る余儀なき必要の為めに限定部数の印刷配布のものである。当時全然捨てて居た筆を執るに当つて、『国体論及《および》純正社会主義』の明治三十九年から十年《大正》の歳月を経たのを回顧して感慨多少のものがあつた。『国体論』の出版及び同時の発行禁止から其年の冬直ちに支那の革命者の一団の中に生活せしめられて居た。幸徳秋水事件等の外に神蔭《ママ》しの如く置かれたる冥々の加護を今更の如く考へしめられることもあり、真実の革命の本義と革命運動とは決して書冊や歴史では解することの出来ない境地であることも悟られて来た。同時に人間生活の殆ど凡ての窮乏も、屈辱も、成功らしきことも、失敗其者の至重至大なる意義も、——特に腸《はらわた》の千切れる悲しみや血の涙といふもの、天人共に怒ると云ふ憤怒の如きもの、——此等の体験と其中に起伏する一糸紊《みだ》れざる法則も多少は悟ることも出来た。特に革命的中心人物は凡ての歴史に於て似而非《似て非＝えせ》なる同一戦列の鍍金《メッキ》者流（名誉権力、我見邪慢の地金に外部周囲から革命的光輝を塗られた似而非《えせ》者）によりて終滅せしめらるる事実と其の天意とに就きて深く心得ることも出来たつもりで居る。而して此の二著の序文だけにても収録した理由は、理論として二十三歳の青年の主張論弁したことも、実行者として隣国に多少の足跡を印したことも、而して此の改造法案に表はれたことも、二十年間嘗《かつ》て大本根柢の義に於て一点一画の訂正なしと云ふ根本事の諒解を欲するからである。思想は進歩するなんど云ふ遁辞《とんじ》を以て五年十年、甚しきは一年半年に於て自己を打消して恬然《てんぜん》恥なき如きは、——政治家や思想家や教師や文章家は其れでも宜ろしいが、——革命者として時代を区劃《くかく》し、幾百年の信念と制度とを一変すべき使命に於て生れたる者の許すべきことではない。純粋の理論を論説して居た二十台の青年だらうが、千差万別の事情勢力の渦流に揉みくちやにされて一定の航路を曲げ易い三十台だらうが、已《すで》に社会や国家に対して言説をなし行動を取つた以上は年齢や思想如何を以て免除さるべからざる責任を感ずべき筈と思ふ。

一貫不惑である。故に同じき参考論文に収めて在る『ヨッフェ君に訓《おし》ふる公開状』は其れ自身の価値、則ちロシアの革命が百年後《おく》れたるフランス革命の継続であつて社会主義の実現に非ざることや、国際債務の否認が主義の理論でなくてドイツ皇帝との降伏同盟から生じたことや、国際法学上の承認とは領土継承権の承認以外は何もないと云ふことやの価値は今も鮮かなる論証として存する。又この論文の数万部を以て、且つこの論文からの満三箇月を以て、彼を自分の領土から逐出した実力の行動を承知してる者も多からう。而しながら其論調が所謂『戦場言葉』であつたが為めに、——自分が言説をする時は則ち行動の一部であるが故に、――反動主義者でないかと愕《おどろ》いた昏迷者は二十年前の『国体論及《および》純正社会主義』の論文を見るがよろしい。非戦論に雷同せざるものは革命主義者に非ずとされた当時の世界風潮に於て『万国社会党大会の決議を以てすとも著者の自由を拘束する能はず』と大書特筆して日露戦争を是認してある。（彼れの凡てを無視せよ、彼れの一貫不惑なる二十年の生活を信頼せよ）。然り。日露戦争によりて、一島国の黄人が白人の大陸帝国を単独に打破したることに依りて、支那に革命精神の勃興となり、インドに独立運動の萌芽を見たのだとせば其れを非認して革命者を自任した人々の如き今更支那やインドやアジアの革命を語り解放を言ふは社会に対し自己に対しても恥無きわざではなからうか。

『国体論及《および》純正社会主義』は当時の印刷で一千頁ほどのものであり且つ二十年前の禁止本であるが故に、一読を希望することは誠に無理であるが、其機会を有せらるる諸子は『国体の解説』の部分だけの理解を願ひたい。右傾とか左傾とか相争ふことの多くは日本人自らが日本の国体を正当に理解して居らぬからであると思ふ。この著書はそれを閲読した故板垣老伯が著者の童顔を眺めて、御前の生れ方が遅かつた、この著述が二十年早かつたならば我が自由党の運動は別の方向を取つて居つたと遺憾がられたことがある。同時に保守党の鎮台と目せられて居た故谷干城子《し》は別の意味に於て著者を過分に論評して居た記事を見た記憶がある。坦々たる長安の大道を何が故に泥酔者の如く右傾し左傾して歩するのか。現在の革命的指導者諸子に影響した点の多いのは多く此の著である。（当時の啓蒙時代に於て福田徳三氏が世界的大著述となし、社会主義研究者の為めに列挙したる各国の代表的著述中に日本を代表せる唯一の者としてあつた如き、此著に亦《また》学術的価値もあるのであらうか。）

『支那革命外史』は序文だけで本文を見らるるを欲しない。絶版でもある。大石良雄を行動する者と浪花節語りとを混同する現代日本人から劇的興味を以て視らるることは不快此上もない。自分は芝居を見ることを欲せず歴史も其の大部分は忘却の屑籠に投げ込んで居る。文字と所作事に感激する程度のものは敵でも味方でも御免を蒙りたい。

小さき讃美と群盲象評の是非より離るることを祈る。大正五年一月よりの満十年間の見仏の生活に於て『柔和質直者則皆見我身を身読したる如く、――其れ以前の十年間の『国体論』時代より『雖近而不見』の冥々の愛護を今更のやうに顧想して拝謝し得る如く、――今後恐らくは真に波瀾重畳なるべき人生無限の行路に於て等しき指導愛護を垂《た》れ給はんことを祈る。見と不見との二十年間を幸ひにして一貫せし者惑はざりし者を、必ず決定して故国日本の巌上に築かんことを祈る。而して若《も》し余命あらば、――何ぞ命の余れると足らざるとを言はんや。

大正十五年一月三日

北　一　輝

東京千駄ケ谷九〇二

（この住所表記は伏字の多い方の「初版」のみにある）

日本改造法案大綱

一九一九年（大正八年）稿

（原文片仮名。伏字の多い方の版における伏字範囲を▽　△のルビで示した）

凡例

一。此の改造法案は世界大戦終了の後、大正八年八月上海に於て起草せる者なり。「極秘」を印し謄写に附して未だ公刊に至らざる時、九年一月発売頒布を禁ぜらる。書中に存する○○は公刊に際し官憲の削除したるものなり。

二。固《もと》より削除せられたる一行一句と雖《いえど》も日本の法律に違反せる文字に非ざるは論なし。恐くは単なる行政上の目的に出《い》でしと信ず。従《したがっ》て何等か不穏矯激なる者の伏在せるかに感じて草案者に質問照会する等のなからむことを望む。二三枝《にさん》を折るも大樹は損傷さるることなし。

（上記「一」と「二」は、伏字のわずかな方の「初版」のみ「一。二。不要削除」となっている。巻末参考資料（底本画像）参照）

三。奈翁《なおう》（ナポレオン）戦争が十八世紀と十九世紀とを劃《かく》せる如く、十九世紀の終焉二十世紀の初頭は真に世界大戦の一大段落を以て限らるべし。（世紀の更新を十進数に依りて思考すべからず。）天の命、二十世紀の第一年を以て此の法案を起草せしめたるを拝謝す。従《したがっ》て前世紀に続出したる旧き哲人等の誤謬多き革命理論を準縄（規則手本）として此の法案を批判する者を歓ぶ能はず。時代錯誤とは是れなり。昔者《せきしゃ》（むかし）娘をして其の母に背かしめんが為めに来れりと云へる者あり。二十世紀に命じて十九世紀に背くを禁ずる革命論の多きを不審なりとす。

四。「註」は固《もと》より説明解釈を目的とせるも、語辞悉《ことごと》く簡単明瞭、時には只結論のみを綴りし者あり。第二十世紀の人類は聡明と情意を増進して「然り然り」「否な否な」にて足る者ならざるべからず。現代世界を展開せしめたる三大発明の中《うち》火薬が人類を殺すよりも甚しく、印刷術の害毒全世界の頭脳を朽腐し尽くせり。為めに簡明なる一事一物をも迂漫なる愚論なくして解悟する能はざる稚態は阿片中毒者と語る如し。日本改造法案の起草者は当然に革命的大帝国建設の一実行者たらざるを得ず。従《したがっ》て其れが左傾するにせよ右傾するにせよ前世紀的頭脳よりする是非善悪に対して応答を免除されんことを期す。恐らくは閑暇なし。

大正十二年五月（この日付は改造社版の発行時に対応しているもの）

北　一　輝（この署名は伏字のわずかなの方の「初版」にはない）

日本改造法案大綱目次

国有地たるべき土地

巻四　大資本の国家統一

私人生産業限度

▽私人生産業△限度を超過せる生産業の国有

資本徴集機関

改造後私人生産業限度を超過せる者

国家の生産的組織

其の一　銀行省

其の二　航海省

其の三　鉱業省

其の四　農業省

其の五　工業省

其の六　商業省

其の七　鉄道省

莫大なる国庫収入

巻五　労働者の権利

労働省の任務

労働賃銀

労働時間

労働者の利益配当

労働的株主制の立法

借地農業者の擁護

幼年労働の禁止

婦人労働

緒言

今や大日本帝国は内憂外患並び到らんとする有史未曽有の国難に臨めり。国民の大多数は生活の不安に襲はれて一に欧州諸国破壊の跡を学ばんとし、政権。軍権。財権を私せる者は只竜袖に陰《かく》れて惶々其不義を維持せんとす。而して外英米独露悉《ことごと》く信を傷《きずつ》けざるものなく、日露戦争を以て漸《ようや》く保全を与へたる隣邦支那すら酬ゆるに却《かえつ》て排侮を以てす。真に東海粟島の孤立。一歩を誤らば宗祖の建国を一空せしめ危機誠に幕末維新の内憂外患を再現し来れり。

只天佑六千万同胞の上に炳《へい》たり（明らか著しい）。日本国民は須《すべか》らく国家存立の大義と国民平等の人権とに深甚なる理解を把握し、内外思想の清濁を判別採捨するに一点の過誤なかるべし。欧洲諸国の大戦は天其の驕侈乱倫を罰するに「ノア」の洪水を以てしたるもの。大破壊の後に狂乱狼狽する者に完備せる建築図を求む可《べか》らざるは勿論の事。之と相反して、我が日本は彼に於て破壊の五ケ年を充実の五ケ年として恵まれたり。彼は再建を云ふべく我は改造に進むべし。全日本国民は心を冷かにして天の賞罰斯くの如く異なる所以の根本より考察して、如何に大日本帝国を改造すべきかの大本を確立し、挙国一人の非議なき国論を定め、全日本国民の大同団結を以て終に天皇大権の発動を奏請し、天皇を奉じて速かに国家改造の根基を完うせざるべからず。

支那インド七億の同胞は実に我が扶導擁護を外にして自立の途なし。我が日本亦《また》五十年間に二倍せし人口増加率によりて百年後少くも二億四五《しご》千万人を養ふべき大領土を余儀なくせらる。国家の百年は一人の百日に等し。此の余儀なき明日を憂ひ彼の悽惨たる隣邦を悲しむ者、如何ぞ直訳社会主義者流の巾幗《きんかく》（女の頭飾転じて女）的平和論に安んずるを得べき。階級闘争による社会進化は敢えて之を否まず。而も人類歴史ありて以来の民族競争国家競争に眼を蔽ひて何の所謂科学的ぞ。欧米革命論の権威等悉《ことごと》く其の浅薄皮相の哲学に立脚して終に「剣の福音」を悟得する能はざる時、高遠なるアジア文明のギリシヤは率先其れ自らの精神に築かれたる国家改造を終ると共に、アジア聯盟の義旗を翻して真個《しんこ》（まことに）到来すべき世界聯邦の牛耳を把り、以て四海同胞皆是仏子の天道を宣布して東西に其の範を垂るべし。国家の武装を忌む者の如き其智見終に幼童の類のみ。

巻一　国民の天皇

▽憲法停止。天皇は全日本国民と共に国家改造の根基を定めんが為めに天皇大権の発動によりて三年間憲法を停止し両院を解散し全国に戒厳令を布《し》く。△

註一。▽権力が非常の場合有害なる言論又は投票を無視し得るは論なし。如何なる憲法をも議会をも絶対視するは英米の教権的「デモクラシー」の直訳なり。是れ「デモクラシー」の本面目を蔽ふ保守頑迷の者、其の笑ふべき程度に於て日本の国体を説明するに高天ケ原的論法を以てする者あると同じ。海軍拡張案の討議に於て東郷大将の一票が醜悪代議士の三票より価値なく、社会政策の採決に於て「カルル・マルクス」の一票が大倉喜八郎の七票より不義なりと云ふ能はず。由来投票政治は数に絶対の価値を附して質がそれ以上に価値を認めらるべき者なるを無視したる旧時代の制度を伝統的に維持せるに過ぎず。△

註二。▽「クーデター」を保守専制の為めの権力濫用と速断する者は歴史を無視する者なり。奈翁《なおう》（ナポレオン）が保守的分子と妥協せざりし純革命的時代に於て「クーデター」は議会と新聞の大多数が王朝政治を復活せんとする分子に満ちたるを以て革命遂行の唯一道程として行ひたる者。また現時露国革命に於てレニンが機関銃を向けて妨害的勢力の充満する議会を解散したる事例に見るも「クーデター」を保守的権力者の所為と考ふるは甚だしき俗見なり。△

註三。▽「クーデター」は国家権力即ち社会意志の直接的発動と見るべし。其の進歩的なる者に就きて見るも国民の団集その者に現はることあり。日本の改造に於ては必ず国民の団集と元首との合体による権力発動たらざるべからず。△

註四。▽両院を解散するの必要は其れに拠る貴族と富豪階級が此の改造決行に於て、天皇及び国民と両立せざるを以てなり。

憲法を停止するの必要は彼等が其の保護を将に一掃せんとする現行法律に求むるを以てなり。戒厳令を布《し》く必要は彼等の反抗的行動を弾圧するに最も拘束されざる国家の自由を要するを以てなり。而して無智半解の革命論を直訳して此の改造を妨ぐる言動をなす者の弾圧をも含む。△

天皇の原義。天皇は国民の総代表たり、国家の根柱たるの原理主義を明《あきら》かにす。

▽此の理義を明《あきら》かにせんが為めに神武国祖の創業、明治大帝の革命に則りて宮中の一新を図り、現時の枢密顧問官其他の官吏を罷免し以て天皇を補佐し得べき器を広く天下に求む。

天皇を補佐すべき顧問院を設く。顧問院議員は天皇に任命せられ其の人員を五十名とす。

顧問院議員は内閣会議の決議及《および》議会の不信任決議に対して天皇に辞表を捧呈すべし。但し内閣及《および》議会に対して責任を負ふものに非ず。△

註一。日本の国体は三段の進化をなせるを以て天皇の意義又三段の進化をなせり。第一期は藤原氏より平氏の過度期に至る専制君主国時代なり。此間理論上天皇は凡ての土地と人民とを私有財産として所有し生殺与奪の権を有したり。第二期は源氏より徳川氏に至るまでの貴族国時代なり。此間は各地の群雄又は諸侯が各《おのおの》其の範囲に於て土地と人民とを私有し其上に君臨したる幾多の小国家小君主として交戦し聯盟したる者なり。従《したがっ》て天皇は第一期の意義に代ふるに、此等小君主の盟主たる幕府に光栄を加冠するローマ法王として、国民信仰の伝統的中心としての意義を以てしたり。此の進化は欧洲中世史の諸侯国神聖皇帝ローマ法王と符節を合する如し。第三期は武士と人民との人格的覚醒によりて各《おのおの》その君主たる将軍又は諸侯の私有より解放されんとしたる維新革命に始まれる民主国時代なり。此の時よりの天皇は純然たる政治的中心の意義を有し、此の国民運動の指揮者たりし以来現代民主国の総代表として国家を代表する者なり。即ち維新革命以来の日本は天皇を政治的中心としたる近代的民主国なり。何ぞ我に乏しき者なるかの如く彼《か》の「デモクラシー」の直訳輸入の要あらんや。此の歴史と現代とを理解せざる頑迷国体論者と欧米崇拝者との争闘は実に非常なる不祥を天皇と国民との間に爆発せしむる者なり。両者の救ふべからざる迷妄を戒しむ。

註二。国民の総代者が投票当選者たる制度の国家が或る特異なる一人たる制度の国より優越なりと考ふる「デモクラシー」は全く科学的根拠なし。国家は各々其国民精神と建国歴史を異にす。民国八年までの支那が前者たる理由によりて後者たるベルギーより合理的なりと言ふ能はず。米人の「デモクラシー」とは社会は個人の自由意志による自由契約に成ると云ひし当時の幼稚極まる時代思想によりて、各欧洲本国より離脱したる個々人が村落的結合をなして国を建てたる者なり。其の投票神権説は当時の帝王神権説を反対方面より表現したる低能哲学なり。日本は斯る建国にも非ず、又斯る低能哲学に支配されたる時代もなし。国家の元首が売名的多弁を弄し下級俳優の如き身振を晒して当選を争ふ制度は、沈黙は金なりを信条とし謙遜の美徳を教養せられたる日本民族に取りては一に奇異なる風俗として傍観すれば足る。

註三。現代の宮中は中世的弊習を復活したる上に欧洲の皇室に残存せる別個の其等を加へて、実に国祖建国の精神たる平等の国民の上の総司令者を遠ざかること甚し。明治大帝の革命は此の精神を再現して近代化せる者。従《したがつ》て同時に官中の廓清《かくせい》を決行したり。之を再びする必要は国家組織を根本的に改造する時独り宮中の建築をのみ傾柱壊壁のままに委する能はざればなり。

註四。▽顧問院議員が内閣又は議会の決議によりて弾劾せらるる制度の必要は、天皇の補佐を任とする理由によりて専恣《せんし》を働く者多き現状に鑑みてなり。枢密院諸氏の頑迷と専恣とは革命前の露国宮廷と大差なし。天皇を累するものは凡て此の徒なり。△

華族制廃止。華族制を廃止し、天皇と国民とを阻隔し来れる藩屏《はんぺい》（囲い）を撤去して明治維新の精神を明《あきらか》にす。

貴族院を廃止して審議院を置き衆議院の決議を審議せしむ。

審議院は一回を限りとして衆議院の決議を拒否するを得。

審議院議員は各種の勲功者間の互選及《および》勅選による。

註一。貴族政治を覆滅したる維新革命は徹底的に遂行せられて貴族の領地をも解決したること、当時の一仏国を例外としたる欧洲の各国が依然中世的領土を処分する能はざりしよりも百歩を進めたるものなりき。然るに大西郷等革命精神の体現者世を去ると共に単に附随的に行動したる伊藤博文等は、進みたる我を解せずして後れたる彼等の貴族的中世的特権の残存せるものを模倣して輸入したり。華族制を廃止するは欧洲の直訳制度を棄てて維新革命の本来に返へる者。我の短所なりと考へて新なる長を学ぶ者と速断すべからず。既に彼等の或者より進みたる民主国なり。

註二。二院制の一院制より過誤少なき所以は輿論《よろん》が甚だ多くの場合に於て感情的。雷同的。瞬間的なるを以てなり。上院が中世的遺物を以てせず各方面の勲功者を以て組織せらるる所以。

普通選挙。二十五歳以上の男子は大日本国民たる権利に於て平等普通に衆議院議員の被選挙権及び選挙権を有す。

地方自治会亦《また》これに同じ。

女子は参政権を有せず。

註一。納税資格が選挙権の有無を決する各国の制度は、議会の濫觴《らんしょう》（原起）が皇室の徴税に対して其の費途を監視せんとしたる英国に発すと雖《いえど》も、日本国自身の原則としては国民たる権利の上に立てざるべからず。即ち如何なる国民も間接税の負担者ならざるはなしと云ふ納税資格の拡張せられたる普通選挙の義に非ず。徴兵が「国民の義務」なりと云ふ意義に於て選挙は「国民の権利」なり。

註二。国家を防護する国民の義務は国政を共治する国民の権利と一個不可分の者なり。日本国民たる人権の本質に於て、ローマの奴隷の如く、又昇殿をも許されざる王朝時代の犬馬の如く、純乎たる被治者として或る治者階級の命令の下に其の生死を委《まか》すべき理なし。此の権利と此の義務とは一切の条件に依りて干犯さるることを許さず。従《したがっ》て、仮令《たとい》国外出征中の現役将卒と雖《いえど》も何等の制限無く投票し且つ投票せらるべし。

註三。女子の参政権を有せずと明示せる所以は日本現存の女子が覚醒に至らずと云ふ意味に非ず。欧洲の中世史に於ける騎士が婦人を崇拝し其の眷顧《けんこ》を全うするを士の礼とせるに反し、日本中世史の武士は婦人の人格を彼と同一程度に尊重しつつ婦人の側より男子を崇拝し男子の眷顧を全うするを婦道とする礼に発達し来れり。この全然正反対なる発達は社会生活の凡てに於ける分科的発達となりて近代史に連なり、彼に於て婦人参政運動となれる者我に於て良妻賢母主義となれり。政治は人生の活動に於ける一小部分なり。国民の母◦国民の妻たる権利を擁護し得る制度の改造をなさば日本の婦人問題の凡ては解決せらる。婦人を口舌の闘争に慣習せしむるは其の天性を残賊《ざんぞく》（そこなうこと）すること之を戦場に用ふるよりも甚し。欧米婦人の愚昧なる多弁、支那婦人間の強奸《ママ》なる口論を見たる者は日本婦人の正道に発達しつつあるに感謝せん。善き傾向に発達したる者は悪しき発達の者をして学ばしむる所あるべし。この故に現代を以て東西文明の融合時代と云ふ。直訳の醜は特に婦人参政権問題に見る。（国民の生活権利参照）。

国民自由の恢復《かいふく》。 従来国民の自由を拘束して憲法の精神を毀損せる諸法律を廃止す。文官任用令。治安警察法。新聞紙条例。出版法等。

註。 周知の道理。只各種閥族等の維持に努むるのみ。

国家改造内閣。戒厳令施行中現時の各省の外に下掲の生産的各省を設け更に無任所大臣数名を置きて改造内閣を組織す。

改造内閣員は従来の軍閥、吏閥、財閥、党閥の人々を斥けて全国より広く偉器を選びて此の任に当らしむ。

註。 徳川の君臣を以て維新革命をなす能はざる同一理由。但し革命は必ずしも流血の多少によりて価値を決するものに非ず。恰も外科手術に於て流血の多量なる理由を以て少量なる者を不徹底なりと云ふ能はざるが如し。要は手術者の力量と手術せらるべき患者の体質如何に在り。現時の日本は充実強健なる壮者なり、ロシア支那の如きは全身腐肉朽骨の老癈患者なり。古今を達観し東西に卓出せる手術者のあらば日本の改造の如き談笑の間に成るべし。

国家改造議会。戒厳令施行中普通選挙に依る国家改造議会を召集し改造を協議せしむ。

国家改造議会は天皇の宣布したる国家改造の根本方針を討論することを得ず。

註一。 これ国民が本隊にして天皇が号令者なる所以、権力濫用の「クーデター」に非ずして国民と共に国家の意志を発動する所以。

註二。 是れ法理論に非ずして事実論なり。露独の皇帝も斯かる権限を有すべしと云ふ学究談論に非ずして日本天皇陛下にのみ期待する国民の神格的信任なり。

註三。 現時の資本万能官僚専制の間に普通選挙のみを行なふも選出さるる議員の多数又は少数は改造に反対する者及《および》反対する者より選挙費を得たる当選者なるを以てなり。但《ただし》戒厳令中の議員選挙たり議会開会なるを以て有害なる候補者又は議員の権利を停止すべきを得るは論なし。

註四。 斯《か》かる神格者を天皇としたることのみに依りて維新革命は仏国革命よりも悲惨と動乱なくして而も徹底的に成就したり。再び斯かる神格的天皇に依りて日本の国家改造はロシア革命の虐殺兵乱なくドイツ革命の痴鈍なる徐行を往過せずして整然たる秩序の下に貫徹すべし。

○▽○○○○○○○○。○○○○○○○○○○○○○○○○○○○○○○○○○○○○。
○○○○○○○○○○○○○○○○○○○○○。
○、○○○○○○○○○○○○○○○○○○○○。△
註。○▽○○○。○
○○○○○○○○○○○○○○○○○○○○○○○○。△

（右記伏字部分は左記の通り。出所、内務省警保局『国家改造論策集』昭和十年五月）

皇室財産の国家下附。天皇は自ら範を示して皇室所有の土地山林株券等を国家に下附す。
皇室費を年約三千万円とし、国庫より支出せしむ。
但し、時勢の必要に応じ議会の協賛を経て増額することを得。

註。現時の皇室財産は徳川氏の其れを継承せることに始まりて、天皇の原義に照すも斯かる中世的財政をとるは矛盾なり。
国民の天皇は其の経済亦《(また)》　悉《(ことごと)》く国家の負担たるは自明の理也。

巻二　私有財産限度

私有財産限度。日本国民一家の所有し得べき財産限度を一百万円とす。
海外に財産を有する日本国民亦《また》同じ。
此の限度を破る目的を以て財産を血族其の他に贈与し又は何等かの手段によりて他に所有せしむるを得ず。

註一。一家とは父妻子女及び直系の尊卑族を一括して云ふ。

註二。限度を設けて一百万円以下の私有財産を認むるは、一切の其れを許さざらんことを終局の目的とする諸種の社会革命説と社会及《および》人性の理解を根本より異にするを以てなり。個人の自由なる活動又は享楽は之れを其の私有財産に求めざるべからず。貧富を無視したる画一的平等を考ふることは誠に社会万能説に出発するものにして、或者は此非難に対抗せんが為めに個人の名誉的不平等を認むる制度を以てせんと云ふも、こは価値なき別問題なり。人は物質的享楽又は物質活動其者に就きて劃一《かくいつ》的なる能はざればなり。自由の物質的基本を保証す。

註三。外国に財産を有する国民に此限度の及ぶは法律上当然なり。之を明示したる所以は此限度より免かるる目的を以てする外国の財産を禁ずるを明《あきら》かにしたる者。フランス革命の時の亡命貴族の例。租界に逃居して財産の安固を計る現時支那官僚富家の例。

註四。社会主義が私有財産の確立せる近代革命の個人主義◦民主主義の進化を継承せる者なりとは此の故なり。民主的個人を以て組織されざる社会は奴隷的社会万能の中世時代なり。而して民主的個人の人格的基礎は則ち其の私有財産なり。私有財産を尊重せざる社会主義は、如何なる議論を長論大著に構成するにせよ、要するに原始的共産時代の回顧のみ。

私有財産限度超過額の国有。私有財産限度超過額は凡て無償を以て国家に納付せしむ。

此の納付を拒む目的を以て現行法律に保護を求むるを得ず。

▽若《も》し是に違反したる者は天皇の範を蔑《ないがしろ》にし、国家改造の根基を危くするものと認め、戒厳令施行中は天皇に危害を加ふる罪及び国家に対する内乱の罪を適用して之を死刑に処す。△

註一。経済的組織より見たるとき、現時の国家は統一国家に非ずして経済的戦国時代たり経済的封建制たらんとす。米国の如きは確実に経済的諸侯政治を築き終れるものなり。国家は、嘗《かつ》て家の子郎党又は武士等の私兵を養ひて攻戦討伐せし時代より現時の統一に至れり。国家は更に其の内容たる経済的統一をなさんが為に、経済的私兵を養ひて相殺傷しつゝある今の経済的封建制を廃止し得べし。

註二。無償を以て徴集する所以は、現時の大資本家大地主等の富は其の実社会共同の進歩と共同の生産による富が悪制度の為め彼等少数者に停滞し蓄積せられたる者に係はるを以てなり。理由の第二は、公債を以て悉《ことごと》く此等を賠償する時は、彼等は公債に変形したる依然たる巨富を以て国家の経済的統一を毀損し得べき力を有するを以てなり。第三の理由は。《、》国家として不合理なる所有に対して賠償をなす能はず、実に其の資本をして有史未曾有の活用をなすべき切迫せる当面の経綸を有するを以てなり。

註三。違反者に対して死刑を以てせんと云ふは必ずしも希望する所に非ず。又固《もと》より無産階級の復讐的騒乱を是非するにも非ず。実に貴族の土地徴集を決行するに、大西郷が異議を唱ふる諸藩あらば一挙討伐すべき準備をなしたる先哲の深慮に学ぶべしとする者なり。二三《にさん》十人の死刑を見ば天下悉《ことごと》く服せん。

改造後の私有財産超過者。国家改造後の将来、私有財産限度を超過したる富を有する者は其の超過額を国家に納付すべし。

国家は此の合理的勤労に対して其の納付金を国家に対する献金として受け明《あきら》かに其の功労を表彰するの道を取るべし。

此の納付を避くる目的を以て血族其他に分有せしめ又は贈与するを得ず。

違反者の罰則は、国家の根本法を紊乱する者に対する立法精神に於て、別に法律を以て定む。

註一。現時の致富と改造後の致富とが致富の原因を異にするを了解すべし。
註二。最少限度の生活基準に立脚せる諸多の社会改造説に対して、最高限度の活動権域を規定したる根本精神を了解すべし。深甚なる理論あり。
註三。前世紀的社会主義に対する一般且つ有理の非難、則ち各人平等の分配の為めに勤勉の動機を喪失すべしと云ふ如き非難を此の私有財産限度制に移し加ふるを得ず。第一、私有財産権を確認するが故に尠《すこ》しも平等的共産主義に傾向せず。而して私有財産に限度ありと雖《いえど》も聊《いささ》かも勤勉を傷《きず》つけず。一百万円以上の富は国有たるべきが故に、工夫《こうふ》は多くの賃銀を要せず商家は広き買客を欲せずと思考する者なし。
註四。私人一百万円を有せば物質的享楽及び活動に於て至らざる所なし。国民の国家内に生活する限り神聖なる人権の基礎として国家の擁護する所以。数百万数千万数億万の富に何等立法的制限なきは国家の物質的統制を現代見る如き無政府状態に放任する者。国家が国際間に生活する限り国家の至上権に於て国家の所有に納付せしむる所以。
註五。私産限度超過者が法律を遵守せずして不可行に終るべしと狐疑《こぎ》（事に臨んで疑いためらうこと）する勿《なか》れ。刑法を遵守せずして放火殺人を敵てする者あるが故に刑法は空想なりと云ふ者なし。国憲を紊乱する者に課罰する別個重大精密なる法律を制定する所以なり。

▽**在郷軍人団会議。天皇は戒厳令施行中、在郷軍人団を以て改造内閣に直属したる機関とし、以て国家改造中の秩序を維持すると共に、各地方の私有財産限度超過者を調査し、其の徴集に当らしむ。**
在郷軍人団は在郷軍人の平等普通の互選による在郷軍人団会議を開きて此の調査徴集に当る常設機関となす。△
註一。▽在郷軍人は嘗《かつ》て兵役に服したる点に於て国民たる義務を最も多大に果したるのみならず其の間の愛国的常識は国民の完全なる中堅たり得べし。且《かつ》其の大多数は農民と労働者なるが故に同時に国家の健全なる労働階級なり。而して既に一糸紊《みだ》れざる組織あるが故に、改造の断行に於て露独に見る如き騒乱なく真に日本のみ専らにすべき天佑なり。△
註二。▽ロシアの労兵会及《および》其れに倣《なら》ひたるドイツ其他の労兵会に比する時在郷軍人団の如何に合理的なるかを見るべし。在郷軍人団は兵卒の素質を有する労働者なる点に於て労兵会の最も組織立てる者とも見らるべし。△
註三。▽現役兵を以て現在労働しつつある者と結合して、同族相屠《ほふ》る彼等は悲《かな》しむべき不幸なり。且《かつ》日本の軍隊は外敵に備

ふるものにして自己の国民の弾圧に用うべきに非ず。△

註四。▽国民の資産納税等に関与する各官庁を用ひざる所以は其等と大富豪との結托(託)は既に脱税等に見る如く事々《ことごと》国家を欺きて止まざればなり。第二の理由は此の改造が官僚の力による改造に非ずして国民自らが国民のためにする改造なる根本精神に基づく重大なる眼目。△

註五。▽固《もと》より在郷軍人団が其の調査と徴集に一の過誤失当なきを期するために必要なる官庁をして必要に応じて協力補佐せしむるは論なし。而して亦《また》固《もと》より在郷軍人団会議は各種の労働団体によりて協力補佐せらるるは論なし。△

註六。▽現在の在郷軍人会其者に非ず。平等普通の互選と明示せるを見よ。△（伏字の多い方の版には註六の見出しはない。誤植による註番号のズレ）

巻三　土地処分三則

私有地限度。日本国民一家の所有し得べき私有地限度は時価十万円とす。此の限度を破る目的を以て血族其他に贈与し又は其他の手段によりて所有せしむるを得ず。

註一。国民の自由を保護し得る国家は同時に国民の自由を制限し得るは論なし。外国の侵略又は其他の暴力より完全に其の土地を私有し得る所以は凡て国家の保護による。資本的経済組織の為に国内に不法なる土地兼併が行はれて、大多数国民が其生活基礎たる土地を奪取せられつつあるを見るとき、国家は当然に土地兼併者の自由を制限すべし。

註二。時価十万円として小地主と小作人との存立を認むる点は一切の地主を廃止せんと主張する社会主義的思想と根拠を異にす。又土地は神の人類に与へたる人権なりと云ふが如き愚論の価値なきは論なし。凡てに平等ならざる個々人は其経済的能力享楽及《および》経済的運命に於ても劃一《かくいつ》ならず。故に小地主と小作人の存在することは神意とも云ふべく、且つ社会の存立及《および》発達の為めに必然的に経由しつつある過程なり。

私有地限度を超過せる土地の国納。私有地限度以上を超過せる土地は之を国家に納付せしむ。
国家は其賠償として三分利付公債を交付す。但し私産限度以上に及ばず。
其の私有財産と賠償公債との加算が私産限度を超過する者は其超過額丈《だ》け賠償公債を交付せず。
▽違反者の罰則は戒厳令施行中前掲に同じ。△

註一。日本現時の大地主は其経済的諸侯たる形に於て中世貴族の土地を所有せるに似たるも、所有権の本質に於て全く近代的の者なり。中世の所有権思想は其の所有が奪取なると否とを問はず強者の権利の上に立てる者なりき。維新革命は所有権の思想が強力による占有に非ずして労働に基く所有に一変すると共に強力が其強力を失ひて其所有権を喪失したる者。之に反して此の私有地限度超過を徴集することは近代的所有権思想の変更に非ず。単に国家の統一と国民大多数の自由の為に少数者の所有権を制限する者に過ぎず。故に私有財産限度以下に於て所有権に伴ふ権利として賠償を得る者なり。

註二。故に中世貴族の所有地を現今に至るも解決する能はずして終に独立問題にまで破裂せしめたるアイルランドの土地問題と、此の私有地限度制とは其思想に於ても進歩の程度に於ても雲泥の差あるを知るべし。又現時ロシアの土地没収の如きは明《あきら》かに維新革命を五十年後の今に於て拙劣に試みつつある者に過ぎず。彼が多くの点則ち軍事。政治。学術其他の思想に於て遙かに後進国なるは論なし。土地問題に於て英語の直訳や「レニン」の崇拝は佳人《かじん》（美人）の醜婦を羨むの類。

▽**土地徴集機関。在郷軍人団会議は在郷軍人団の監視の下に私有地限度超過者の土地の評価徴集に当るべし。**△

註。▽前掲の如し。△

将来の私有地限度超過者。将来其の所有地が私有地限度を超過したる者は其の超過せる土地を国家に納付して賠償の交付を求むべし。

此の納付を拒む目的を以て血族其他に贈与し又は其他の手段によりて所有せしむることを得ず。違反者の罰則は、国家の根本法を紊乱する者に対する立法精神に於て、別に法律を以て定む。

徴集地の民有制。国家は皇室下附の土地及《および》私有地限度超過者より納付したる土地を分割して土地を有せざる農業者に給付し、年賦金を以て其所有たらしむ。

年賦金額年賦期間等は別に法律を以て定む。

註一。社会主義的議論の多くが大地主の土地兼併を移して国家其者を一大地主となし以て国民は国家の所有の土地を借耕する平等の小作人たるべしと云ふは原理としては非難なし。之に反対してロシアの革命的思想家の多くは国民平等の土地分配を主張して又別個の理論を土地民有制に築く者多し。併《しか》し乍《なが》ら斯る物質的生活の問題は或る劃一《かくいつ》の原則を予断して凡てを演繹すべき者に非ず。若《も》し原則と云ふ者あらば、只国家の保護によりてのみ各人の土地所有権を享受せしむるが故に、最高の所有者たる国家が国有とも民有とも決定し得べしと云ふこと是れのみ。ロシアに民有論の起るは正当なると共に、アイルランドの貴族領が国有たるべきも可能なり。則ち二者の孰《いず》れかを決し得る国家は其の国情の如何を考へて最善の処分をなせば可なりとす。日本が大地主の土地を徴集することは最高の所有者たる国家の権利にして国有なり。而して日本が小農法の国情なるに考へて之を自作農の所有権に移し以て土地民有制を取ることも日本としての物質生活より築かるべき幾多の理論を有す。且つ動かすべからざる原理は都市の住宅地と異なりて農業者の土地は資本と等しく其の経済生活の基本たるを以て、資本が限度以内に於て各人の所有権を認めらるる如く、土地亦《また》其の限度内に於て確実なる所有権を設定さるることは国民的人権なりとす。

註二。此の日本改造法案を一貫する原理は、国民の財産所有権を否定するものに非ずして、全国民に其所有権を保障し享楽せしめんとするに在り。熱心なる音楽家が借用の楽器にて満足せざる如く、勤勉なる農夫は借用地を耕して其勤勉を持続し得る者に非ず。人類を公共的動物とのみ考ふる革命論の偏局せることは私利的欲望を経済生活の動機なりと立論する旧派経済学と同じ。共に両極の誤謬なり。人類は公共的と私利的との欲望を併有す。従《したがっ》て改造さるべき社会組織亦《また》人性を無視したる此等両極の学究的憶説に誘導さるること能はず。

都市の土地市有制。都市の土地は凡て之を市有とす。市は其賠償として三分利付市債を交付す。

賠償額の限度及《および》私有財産と其加算が私有財産限度を超過したる者は前掲に同じ。

▽土地徴集機関亦《また》前掲に同じ。△

註一。都市と限りて町村住宅地を除外せる所以は、公有とすべき理由が町村の程度に於ては完成せざるを以てなり。

註二。都市地価の騰貴する理由は農業地の如く所有者の労力に原因する者に非ずして大部分都市の発達其者に依る。都市は其発達より結果せる利益を単なる占有者に奪はるる能はず。以て之を市有とするものなり。

註三。都市は其の借地料の莫大なる収入を以て市の経済を遺憾なからしむるを得。従《したがっ》て都市の積極的発達は此財源により て自由なると共に、其の発達より結果する借地料の騰貴は亦《また》循環的に市の財源を豊かにす。

註四。家屋は衣服と等しく各人の趣味必要に基く者なり。三坪の邸宅に甘ずる者あるべく、数十万円の高楼を建つるものあるべし。或る時代の社会主義者の市立の家屋を考へし如きは市民の全部に居常（普段）且《かつ》終生劃一《かくいつ》なる兵隊服を着用せしむべしと云ふと一般、愚論なり。

註五。既に都市の私有地を許さざるが故に、設定せられたる地上権より利得を計ることを得ず。則ち借家を以て利得を為す者は家屋其者よりの利得にして、地上権に伴う利益を計上するを得ず。此の為めに市は五年目毎に借地料の評価をなす。

国有地たるべき土地。大森林又は大資本を要すべき未開墾地又は大農法を利とする土地は之を国有とし国家自ら其経営に当るべし。

註一。下掲大資本の国家統一の原則に依る。

註二。我が日本に於ては国民生活の基礎たる土地の国際的分配に於て将来大領土を取得せざるべからざる運命に在り。従《したがっ》て国有として国家の経営すべき土地の莫大なるを考ふべし。要するに凡てを通じて公的所有と私的所有の併立を根本原則とす。

註三。日本の土地問題は単に国内の地主対小作人のみを解決して得べからず。土地の国際的分配に於て不法過多なる所有者の存在することに革命的理論を拡張せずしては、言論行動一瞥の価値なし。（「国家の権利」参照）

巻四　大資本の国家統一

私人生産業限度。私人生産業の限度を資本一千万円とす。

海外に於ける国民の私人生産業亦《また》同じ。

註一。私有財産限度と私人生産限度とを同一視すべからず。合資。株式。合名又は自己の財産に非《あらざ》る借入金を以て生産を営む後者の制限は財産の制限たる前者と全く別事なり。

註二。限度を設けて私人生産業を認むる所以は前掲の諸註より推して明《あきらか》なる如く幾多の理由あり。人の経済的活動の動機の一が私欲にありと云ふも其一。新たなる試《こころみ》が公共的認識を待つ能はずして常に個人の創造的活動に依ると云ふも其二。如何に発達するも公共的生産が国民生活の全部を蔽ふ能はずして、現実的将来は依然として小資本による私人経済が大部分を占むる者なりと云ふも其三。国民自由の人権は生産的活動の自由に於て表はれたる者につきて特に保護助長すべき者なりと云ふも其四。数ふるに尽きざる是等の理由は社会主義が其の建設的理論に於て未だ全く世の首肯を得ざる欠陥を示す者なり。「マルクス」と「クロポトキン」とは未開なる前世紀時代の先哲として尊重すれば可。

私人生産業限度を超過せる生産業の国有。私人生産業限度を超過せる生産業は凡て之を国家に集中し国家の統一的経営となす。
▽賠償金は三分利付公債を以て交付す。賠償の限度及《および》私有財産との関係等凡て私有財産限度の規定による。
違反者の罰則は戒厳令施行中前掲に同じ。△

註一。大資本が社会的生産の蓄積なりと云ふことは社会主義の原理にして明白なること説明を要せず。然らば社会則ち国家が自己の蓄積せる者を自己に収得し得るは亦《また》論なし。

註二。現時の大資本が私人の利益の為に私人の経営に委せらるることは人命を殺活し得べき軍隊が大名の利益の為に大名に私用せらるることと同じ。国内に私兵を養ひて私利私欲の為に攻伐しつつある現代支那が政治的に統一せる者と云ふ能はざる如く、鉄道電信の如き明白なる社会的機関をすら私人の私有たらしめて甘んずる米国は金権督軍《とくぐん》（督軍。辛亥革命後設置の地方軍政長官。省長を兼ね独立軍閥を成形）の内乱時代なり。国民の安寧秩序を保持することが国家の唯一任務なりとせば、国民の死活栄辱を日夜に亘り終生を通じて脅威しつつある此等を処分せずしては国家なきに同じ。無政府党は怖るるの要なし。国家が国家自らの義務と権能とを無視することを畏るべしとなす。

註三。積極的に見るとき大資本の国家的統一による国家経営は米国の「ツラスト」ドイツの「カルテル」を更に合理的にして国家が其の主体たる者なり。「ツラスト」「カルテル」が分立的競争より遙かに有理なる実証と理論によりて国家的生産の将来を推定すべし。

註四。大生産業の徴集に於て其等を有し、更に土地徴集に於ても各所に其等を有する大富豪等は、要するに只一百万円を所有し得るのみなり。之と同時に一百万円以下の株券を有し合資を有する者は、其の干与せる株式会社。合資会社の徴集せらるる時一の傷害なき賠償を受くる者なり。則ち所謂上流階級なる者を除ける中産以下の全国民には寸毫の動揺を与へず。

▽**資本徴集機関。私人生産業限度を超過せる資本の徴集機関は在郷軍人団会議たること前掲に同じ**。△

註。▽私有財産限度超過者の調査と徴集が根本なるを以て土地超過者と資本超過の処分に当ることは只根本を収めて枝葉に及ぶ者に過ぎず。在郷軍人団を以てする時必ずしも三年の戒厳令を要せず。△

改造後私人生産業限度を超過せる者。改造後の将来、事業の発達其他の理由によりて資本が私人生産業限度を超過したる時は凡て国家の経営に移すべし。国家は賠償公債を交付し且つ継承したる該事業の当事者に其人を任ずるを原則とす。違反者の罰則は国家の根本法を紊乱する者に対する立法精神に於て、別に法律を以て定む。

其の事業が未だ私人生産業限度の資本に達せざる時と雖《いえど》も、其の性質上大資本を利とし又国家経営を合理なりと認むる

時は、国家に申達し双方協議の上国家の経営に移すことを得。

註一。一千万円以上の生産業が国営たるべき為めに起る疑惑は事業家の奮闘心を挫折せしむべしと云ふことなり。是に対して人類は公共的動物なりと云ふ共産主義者の人生観が半面より最も有力に説明し尽したるは人の知る如し。且つ利己的欲望其者を解剖するも、事業家の事業経営に於ては其の手腕の発揮を見る自己満足、其の経営的手腕の社会に認識せらるるを欲する功名的動機が多大に含有せらるるを発見すべし。現代の将軍等が愛国心の外に此等功名的動機、軍事的手腕を発揮せんとする自己満足の動機の為めに戦場に死戦するを見よ。彼《か》の戦国時代の将軍等が一州を略せば一州を領し一城を抜けば一城の主たりと云ふ私利的◦経済的欲望を掲げたる争闘より劣る者なし。固《もと》より敢て凡てを事業家の公共的動機に要《もと》めず。其の利己的欲望中に合有さるる斯る幾多の動機は、其の事業を発展せしめたる国家的認識と、国家に移れる事業を其人に経営せしむる手腕発揮の自己満足とによりて、実に争ひて私人生産業限度を超過せんとする奮闘心を刺戟《しげき》し鞭撻すべし。況《いわ》んや斯る改造組織の後に於ては、公共的動物たる人類の美性は之を阻害する悪制度なきが為めに、著しく国民の心意行動を支配するに至るは確定したる理論を有す。

註二。私人一百万円の私的財産を有するに至らば、一切の私利的欲求を断ちて只社会国家の為めに尽くすべき欲望に生活せしむべし。私人一千万円の私的産業に至らば其の事業の基礎及び範囲に於て直接且つ密接して国家社会の便益福利以外一点の私的動機を混在せしむべき者に非らず。故に此の二者の制限は現今まで放任せられたる道徳性を国家の根本法として法律化するに過ぎざるなり。

国家の生産的組織。

其一。銀行省。私人生産業限度以上の各種大銀行より徴集せる資本、及び私有財産限度超過者より徴集したる財産を以て資本とす。

海外投資に於て豊富なる資本と統一的活動。他の生産的各省への貸付。私人銀行への貸付。通貨と物価との合理的調整。

絶対的安全を保証する国民預金等。

註一。現時の分立せる銀行と此の銀行省との対外能力を考ふる時、其の差等は殆ど支那の私兵と日本の統一軍隊程の懸隔を見るべし。私兵を糾合して対外利権を争ふが如きは資本の乏しき日本に取りて必敗なり。

註二。貿易順調にして外国より貨幣の流入横溢《おういつ》し為めに物価騰貴に至る恐《おそれ》ある時、銀行省は其の金塊を貯蔵して国家非常の用に備ふると共に物価を合理的に調整するを得べし。経済界の好況を却《かえっ》て反対に国民生活の憂患とする現下の大矛盾は一に国家が「金権」を有せざるに基く。

註三。国民膏血《こうけつ》（あぶらと血。辛苦して得た収益・財産）の貯金又は事業の運命を決すべき預金等が銀行の破産によりて消散することは国民生活の一大不安なり。如何に岩下清周《いわしたせいしゅう》に重刑を課するも幾万人の被害者に何の補ひたらず。大日本帝国が国民と共に亡びざる限り銀行省の預金に不安なし。

其二。航海省。私人生産業限度以上の航海業者より徴集したる船舶資本を以て遠洋航路を主とし海上の優勝を争ふべし。造船造艦業の経営等。

註。是海上の鉄道国有に過ぎず。其の外国同業者との競争能力等は「トラスト」「カルテル」より推論し得べく、以下の各省皆同じ。

其三。鉱業省。資本又は価格が私人生産業限度以上なる各種大鉱山を徴集して経営す。銀行省の投資に伴ふ海外鉱業の経営。新領土取得の時私人鉱業と併行して国有鉱山の積極的開発等。

註一。資本のみならず鉱山の価格を明示せる所以。機械其他の設備を資本として鉱山其の者の価格が資本なることを忘れんとする誤解を防ぐ。

註二。国民の屍山血河によりて獲得したる鉱山（例へば撫順《ぶじゅん》炭鉱（中国屈指の炭田。満鉄が経営）の如き）を少数者に壟断《ろうだん》しつつある現時の状態は実に最悪なる政治と云ふの外なし。愛国心の頽廃も無政府党の出現も国家自らが招く者。

其四。農業省。国有地の経営。台湾製糖業及び森林の経営。台湾、北海道、樺太、朝鮮の開墾。南北満洲、将来の新領土に於ける開墾、又は大農法の耕地を継承せる時の経営。

註。台湾に於ける糖業及び森林に対する富豪等の罪悪が国家の不仁不義に帰せらるる如きは国家及び国民の忍び得べき者に非ず。将来台湾の幾十倍なる大領土を南北満洲及び極東シベリアに取得すべき運命に於て、同一なる罪悪を国家国民の責任に嫁せらるることは日本の国際的威厳信用を汚辱し、土地の国際的分配の公正の為めに特に日本の享有せる領土拡張の生活権利を損傷し、如何なる大帝国建設も百年の寿を全うする能はざるべし。

其五。工業省。徴集したる各種大工業を調整し統一し拡張して真の大工業組織として、各種の工業悉《ことごと》く外国の其等と比肩するを得べし。私人の企てざる国家的欠陥たるべき工業の経営。海軍製鉄所、陸軍兵器廠の移管経営等。

註。工業の「トラスト」的「カルテル」的組織は資本乏しく列強より後《おく》れたる日本には特に急務なり。又今回の大戦に暴露せられたる如く日本は自営自給する能はざる幾多の工業あり。自己の私利を目的とする資本制度に依頼して晏如《あんじょ》たる（やすらかで落ち着いた様子）ことは、今日及び今後日本の国際的危機の忍ぶ能はざる所なり。

其六。商業省。国家生産又は私人生産による一切の農業的工業的貨物《かぶつ》を案配し、国内物価の調節をなし、海外貿易に於ける積極的活動をなす。

此の目的の為に凡て関税は此省の計算によりて内閣に提出す。

註一。已《すで》に私有財産限度あり、私有地限度あり、私人生産業限度あり。私人は悪用すべき大資本を奪はれたるが故に国家の物価調節に反抗して買占め売惜しみ等をなすこと能はず。従《したがっ》て国家の物価調節は一糸紊《みだ》れず整然として行はるべし。大地主と投機商人との有する大資本が米穀の買占め売惜みを自由ならしめて現時の米価騰貴を現出しつつあるを見よ。凡ての物価問題悉《ことごと》く茲《ここ》に発す。彼等の大資本を奪はずして物価調節を云ふ如きは抱腹すべき空想政治なり。

註二。国内の物価が世界的原因、則ち世界大戦中の如き世界的物価騰貴の為に騰貴するときは国家は一般国民の購買能力と世界市価との差額を輸出税として課税すべし。公私生産品一律に課税さるるは論なし。斯くして国内物価の暴騰を防ぐと同時に、貿易上の利益を国庫に収得するを得べし。但し此等は非常変態の経済状態にして輸出税を課する如き原則に非ざるは論なし。而も非常に遭遇したる時国民の不安騒乱を招くが如き国家組織を以てして、如何ぞ大日本帝国の世界的使命を全うするを得べき。将来一大戦争を覚悟するならば特に非常時に安泰なるべき改造を要す。

其七。鉄道省。今の鉄道院に代へ、朝鮮鉄道。南満鉄道等の統一。将来新領土の鉄道を継承し、更に布設経営の積極的

活動等。

私人生産業限度以下の支線鉄道は之を私人経営に開放すべし。

註一。鮮血の南満鉄道が富豪に壟《ろう》断《だん》さるるの不義と危険とは鉱業省の註に述べたるが如し。若《も》し将来の大領土に於ける諸多の鉄道を再び南満鉄道に学ばしむることあらば国民に闘志なきこと明白なり。

註二。鉄道の国有なるが故に現時の如く民間の鉄道布設が阻害せらるるは、第一国民の経済的自由を蹂躙するのみならず、国有鉄道其者の利益を減殺《げんさい》するものなり。陸上の鉄道なるが故に山間僻村の支線をも国有とし、海上の鉄道なるが故に全世界に通ずる幹線をも民有とすべしとは道理に合せざるも甚し。鉄道の国有たるべき者と民有たるべき者と、亦《また》実に私人生産業限度の原則及び大資本の国家統一の原則の下に律せらるべし。国家の大本は一にして二なし。

莫大なる国庫収入。生産的各省よりの莫大なる収入は殆ど消費的各省及び下掲国民の生活保障の支出に応ずるを得べし。従《したがっ》て基本的租税以外各種の悪税は悉《ことごと》く廃止すべし。

生産的各省は私人生産者と同一に課税せらるるは論なし。

塩、煙草の専売制は之を廃止し、国家生産と私人生産との併立する原則によりて、私人生産業限度以下の生産を私人に開放して公私一律に課税す。

遺産相続税は親子権利を犯す者なるを以て単に手数料の徴収に止む。

註一。国家の徴集し得べき資本の概算は推想するを得べきも、其真実を去る甚だ遠きことは在▽郷軍人団△の調査徴集を必要とする所以なり。

註二。国家の生産的収入の増大するに従ひて、啻《ただ》に悪税のみならず多くの租税を廃止し得るの時来《こ》る可《べ》きは推想し得べし。

註三。遺産相続を機として国家が収得を計らんとする社会政策者流の人権的思想に不徹底なるを思考すべし。

（この先に伏字なし）

巻五　労働者の権利

労働省の任務。内閣に労働省を設け国家生産及び個人生産に雇傭さるる一切労働者の権利を保護するを任務とす。労働争議は別に法律の定むる所によりて労働省之《こ》を裁決す。此の裁決は生産的各省。個人生産者及び労働者の一律に服従すべき者なり。

註一。労働者とは力役又は智能を以て公私の生産業に雇傭せらるる者を云ふ。従《したがっ》て軍人。官吏。教師等は労働者に非ず。例へば巡査が生活権利を主張する時は其所属たる内務省が決定すべく、教師が増給運動をなす時は文部省が解決すべし。労働省の与《あず》かる所に非ず。

註二。同盟罷工は工場閉鎖と共に此の立法に至るべき過程の階級闘争時代の一時的現象なり。永久的に認めらるべき労働者の特権に非ざると共に、一躍此の改造組織を確定したる国家に取りては断然禁止すべき者なり。但し此の改造を行はずして而も徒らに同盟罷業《ひぎょう》を禁圧せんとするは、大多数国民の自衛権を蹂躙する重大なる暴虐なりとす。

労働賃銀。労働賃銀は自由契約を原則とす。
其争議は前掲の法律の下に労働省之《こ》を決定す。

註一。自由契約とせる所以は国民の自由を凡てに通ぜる原則として国家の干渉を背理と認むるに依る。真理は一社会主義の専有に非ずして自由主義経済学の理想に亦《また》犯すべからざる者あり。等しく労働者と云ふも各人の能率に差等あり。特に将来日本領土内に居住し又は国民権を取得する者多き時、国家が一々の異民族につき其の能率と賃銀とに干渉し得べきに非ず。現今に於ては資本制度の圧迫によりて労働者は自由契約の名の下に全然自由を拘束せられたる賃銀契約をなしつつあり。而も改造後の労働者は真個《しんこ》其の自由を保持して些《いささか》の損傷なかるべきは論なし。

註二。自由（則ち差別観）を忘れて只観念的平等に立脚したる時代の社会主義的理想家は国民に徴兵制の如く労働強制を課せんと考へしことあり。人生《ママ》は労働のみによりて生くる者に非ず。又個々人の天才は労働の余暇を以て発揮し得べき者にあらず。何人《なんびと》が大経世家たるか大発明家。大哲学者。大芸術家たるかは、彼等の立案する如く社会が認めて労働を免除すと云ふ事前に察知すべからずして悉《ことごと》く事後に認識せらるる者なればなり。社会主義の原理が実行時代に入れる今日となりては其れに付帯せる空想的糟粕《そうはく》（絞りかす）は一切棄却すべし。

労働時間。労働時間は一律に八時間制とし日曜祭日を休業して賃銀を支払うべし。

農業労働者は農期繁忙中労働時間の延長に応じて賃銀を加算すべし。

註。説明の要なし。但し余の時間を以て修養に享楽に自由なる人権に基きて、家庭的労働をなし又他の営業をなすは等しく個人の自由なり。

労働者の利益配当。私人生産に雇傭せらるる労働者は其の純益の二分の一を配当せらるべし。

此の配当は智能的労働者及び力役的労働者を総括したる者にして、各自の俸給賃銀に比例して分配す。

労働者は其の代表を選びて事業の経営計画及び収支決算に干与す。

農業労働者と地主との間亦《また》之に同じ。

国家的生産に雇傭せらるる労働者は此の利益配当に代はるべき半期毎の給付を得べし。事業の経営収支決算に干与する代りに衆議院を通じて国民として国家の全生産に発言すべし。

註一。労働者は其の労働を売却する者なりとは旧派経済学の誤説なり。企業家が其の企業的能力を其の資本たる機械。鉱山。土地等に加へて利益を計ると同じく、労働者は其等の資本に労働を加へて利益を計る者なり。機械其者は人類の知識を結晶したる祖先の遺産たり、社会の共同的産物たり。鉱山土地等其者は全く自然の存在にして其れを所有せしむる凡ての力は国家なり。而して是等の資本より利益を得んとして茲《ここ》に各種の人力を要す。企業家は企業的能力を提供し労働者は智能的力役的能力を提供す。労働者の月給又は日給は企業家の年俸と等しく作業中の生活費のみ。一方の提供者には生活費のみを与へて其の提供のために生れたる利益を与へず他方の提供者のみ生活費の外に凡ての利益を専有すべしとは、其の不合理にして無智なること殆ど下等動物の社会組織と云ふの外なし。労働者が経営計画に参与するの権は此の一方の提供者としてなり。

註二。国家生産の労働者に利益配当を用ひざる所以は、国家は全生産の永遠的経営を本旨とするが故に、全国家の生産的活動の為めに或省には殊更に投売を行はしめて損失を顧みざることある如く、或る省を犠牲として或省の対外競争を専《もっぱ》らならしむることもあるべきを以てなり。斯る場合に於て各《おのおの》別に利益配当をなす時は非常なる不公平を生じ甲省の労働者の利益配当を奪ひて乙省の其れに与ふるが如きを生ずべし。従《したがっ》て又生産方針に干与するの権は国家全局の生産成績を達観し得べき衆議院に於てせざるべからざる所以となる。

労働的株主制の立法。私人生産業中株式組織の事業は其れに雇傭さるる肉体的。精神的労働者をして、自ら其の株主たり得る権利を設定すべし。

註一。是れ自己の労働と自己の資本とが不可分的に活動する者なり。事業に対する分担者としての当然なる権利に基づきて制定さるべし。別個生産能率をも思考すべし。

註二。私人生産業限度内の事業に於て将来半世紀一世紀間は現代の如き腐敗破綻を来す怖《おそれ》ある者と推定すべし。従《したがっ》て労働的株主を併存せしむることは内容的根本的に常に該事業を健確に支持すべし。

註三。労働的株主の発言権は労働争議を株主会議内に於て決定し、一切の社会的不安なからしむべし。

借地農業者の擁護。私有地限度内の小地主に対して土地を借耕する小作人を擁護する為めに、国家は別個国民人権の基本に立てる法律を制定すべし。

註一。限度以上の土地を分有せしむる大本は別に存せり。而も小地主対小作人の間を規定して一切の横暴脅威を抜除すべき細則を要す。

註二。一切の地主なからしめんと叫ぶ前世紀の旧革命論を、私有限度内の小地主対小作人の間に巣《すく》はしむ可《べ》からず。旧社会の惰勢を存せしむる凡ての所に、旧世紀の革命論は繁殖すべし。

幼年労働の禁止。満十六歳以下の幼年労働を禁止す。之に違反して雇傭したる者は重大なる罰金又は体刑に処す。尊族保護の下に尊族の家庭に於て労働する者は此限りに非ず。

註。国民人権の上より説明を要せず。満十六歳以下とせるは下掲の国民教育期間なるを以てなり。体刑を課する所以は国家の児童を保護するに最も厳励なるべきを以てなり。実に国家の生産的利益の方面より見るも、幼童にして残賊《ざんぞく》するよりも其の天賦を完全に啓発すべき教育を施したる後の労働が幾百倍の利益なるは論なし。四海同胞の天道を世界に宣布せんとする者が、自らの国家内に於ける幼少なる同胞を酷使して何の国民道徳ぞ。

婦人労働。婦人の労働は男子と共に自由にして平等なり。但し改造後の大方針として国家は終に婦人に労働を負荷せしめざる国是を決定して施設すべし。

国家非常の際に処し婦人が男子の労働に代はり得べき為めに男子と平等なる国民教育を受けしむ。（「国民の生活権利」参照）。

註一。現時の農業発達の程度に於ては婦人を炎天に晒らして其の美を破り、又は貧困者多き近き将来に於ては婦人を工場に駆使して其の楽を奪ふとも止むを得ざる人間生活なり。然しながら大多数婦人の使命は国民の母たることなり。妻として男子を助くる家政労働の外に、母として保姆の労働をなし、小学教師に劣らざる教育的労働をなしつつある者は婦人なり。婦人は已《すで》に男子の能はざる分科的労働を十二分に負荷して生れたる者。是等の使命的労働を廃せしめて全く天性に合せざる労働を課するは啻《ただ》に婦人其者を残賊《ざんぞく》するのみならず、直に其の夫を残賊し其子女を残賊する者なり。此の改造によりて男子の労働者の利得が優に妻子の生活を保証するに至らば、良妻賢母主義の国民思想によりて婦人労働者は漸次的に労働界を去るべし。

註二。此の点は女子参政権問題に於けるが如く、日本と欧米とが全然発達の傾向を異にし来り且つ異にすべき将来を示す者なり。日本婦人の人格は欧米の如く男子の職業を争ひて認めらるべき将来を仮想するの要なし。国家組織が下掲の如く母として又妻としての婦人の生活を保証し、婦人が男子と平等の国民教育を受くるならば、其の妻としての労働、母としての労働が人格的尊敬を以て認識せらるるは論なし。

註三。婦人は家庭の光にして人生の花なり。婦人が妻たり母たる労働のみとならば、夫たる労働者の品性を向上せしめ、次代の国民たる子女を益々優秀ならしめ、各家庭の集合たる国家は百花爛漫春光駘蕩《たいとう》たるべし。特に社会的婦人の天地として、音楽◦美術◦文芸◦教育◦学術等の広漠たる未墾地あり。此の原野は六千年間婦人に耕やし播かれずして残れり。婦人が男子と等しき牛馬の労働に服すべき者ならば天は彼の心身を優美繊弱に作らず。

巻六　国民の生活権利

児童の権利。満十六歳（西田版の伏字のわずかな方の「初版」のみ「満十六歳」。他の西田版三種と改造社版では「満十五歳」）**未満の父母又は父なき児童は、国家の児童たる権利に於て、一律に国家の養育及び教育を受くべし。国家は其の費用を児童の保護者を経て給付す。父生存して而も父に遺棄せられたる児童亦《また》同じ。但し此の場合に於て国家は別途其の父に対して賠償を命じ、従はざるものは労働を課して賠償に充てしむ。父母の遺産を相続せる児童、又は母の資産或は特種能力に於て教養せられ得る児童は、国家と協議の上此の権利を放棄せしめらるべし。**

註一。人の居常且つ終生の憂惧《ゆうぐ》は子女の安全なる生長にあり。封建時代の武士が凡て後顧の憂なきがために其の道義的奮進又は犠牲的冒険を敢行し得たる如く、国民は其の子女の国家的保障のため戦場に於ても平和の其れに於ても何等後顧の憂なし。其の児童の権利として児童其者を権利主体とせるは、父母の如何に係らず、第二の国民たる点に於て国民的人権を有するを以てなり。

註二。父なき児童が孤児と同一なる権利を有する所以は、婦人は男子たる父と同一なる労働を為す能はざる原則に基く。慈悲深き賢母を労働の苦役に駆り、貞節なる良妻を売淫の汚濁に投ずるは夫たり子女たる国民の忍ぶ能はざる所。国家は夫と子女と婦人其者との為に其の義務を完うせざる可《べか》らず。但し母其人の生活は母自身の維持すべきものとす。

註三。父生存して遺棄せられたる児童亦《また》同じきは凡て此の理由に依る。結婚と単なる情交とを差別せず。而して賠償を別途に命じて同居を父に強ひざる所以は、遺棄したる事情が背徳にせよ又は積極的活動の為めにせよ干渉すべからざる別事なればなり。

註四。父母共になき児童を孤児院に収容せざる所以は、孤児院の弊害甚だしきと、児童の保護者として血族長者の保護に優る者なきを以てなり。全然保護者なき孤児は国家の収容すべきは論なし。

註五。以上児童の権利は自ら同時に母性保護となる。


国家扶養の義務。貧困にして実男子又養男子なき六十歳以上の男女、及び父又は男子なくして貧困且つ労働に堪へざる不具癈疾《はいしつ》は国家之《こ》が扶養の義務を負ふ。

註一。実男子又は養男子として婦人に扶養の義務を負荷せしめざる所以は、婦人は自己一人以上を生活せしむる労働力なき原則に依る。且つ其の女が他家に嫁して余力ある者と雖《いえど》も、其の老親の扶養を夫の資産労働に依頼せしむることは父母の屈従不安を招き更に婦人をして夫の前に其の人格的尊重を傷《きず》つくるに至らしむ。則ち婦人に老親を負担せしめざるは日本古来の不文律にして同時に婦人人権の擁護なり。

註二。実男子又は養男子に貧困なる老親を扶養せしむるは欧米の贋《にせ》的個人主義と雲泥の差ある者。彼《か》の「ロイド・ヂョーヂ」氏の試みたる養老年金法案の如きは、国民の大部分が扶養すべき男子を有するが故に日本に於ては茲《ここ》に掲ぐる例外的不幸を除きて無用なる立法なりとす。

註三。不具癈疾《はいしつ》者を其の兄弟遠族又は慈善家の冷遇に委するは不幸なる者に虐待を加ふると同じ。其の母又は女子に負荷せしめざる所以は、愛情ありと雖《いえど》も扶養能力なきが故に、結局其の兄弟又は娘の夫の負担となりて、立法の精神を殺す者となるを以てなり。

註四。兵役義務の為めに不具癈疾となれる者の国家扶養の義務は別に法律を以て其の扶養を完うすべし。固《もと》より別個の問題なり。


国民教育の権利。国民教育の期間を、満六歳より満十六歳までの十ケ年間とし、男女を同一に教育す。

学制を根本的に改革して、十年間を一貫せしめ、日本精華に基《もとづ》く世界的常識を養成し、国民個々の心身を充実具足せしめて、各《おのおの》其の天賦を発揮し得べき基本を作る。

英語を廃して国際語《エスペラント》を課し第二国語とす。

女子の形式的又特殊的課目を廃止し小学、高等小学、中学校に重複するものを廃して一貫の順序を正しくす。

体育は男女一律に丹田の鍛冶より結果する心身の充実具足に一変す。従《したがっ》て従来の機械的直訳的運動及《および》兵式訓練を廃止すべし。

男女の遊戯は撃剣。柔道。大弓。薙《なぎなた》刀。鎖鎌等を個人的又は団体的に興味付けたる者とし従来の直訳的遊戯を廃止す。

此の国民教育は国民の権利として受くる者なるを以て無月謝。教科書給付。中食の学校支弁を方針とす。

男生徒に無用なる服装の劃一《かくいつ》を強制せず。

校舎は其の前期を各町村に存する小学校舎とし、後期を高等小学校舎とし、一切物質的設備に浪費せず。

註一。男女共中学程度終業を以て国民たる常道常識を教育せらるる者。漸《ようや》く文字を解し得るか得ざるかの小学程度を以て国民教育の終了とするは国民個々の不具と国家の薄弱を来す者なり。之れ教育すべき国家の窮乏せると、教育せらるべき国民に余裕なかりしを以てなり。一貫したる十年間の教育は、其の終了と同時に完全具足したる男女たるべく、更に其の基本を以て各《おのおの》其の使命的啓発に向つて進むを得べし。

註二。女子を男子と同一に教育する所以は、国民教育が常識教育にして或る分科的専攻を許すべき年齢に非《あらざ》ると共に、満十六歳までの女子は男子と差別すべき必要も理由もなきを以てなり。従《したがっ》て女学校特有の形式的課目女礼式。茶湯。生花の如き又女子の専科とせる裁縫。料理。育児等の特殊課目は全然廃止すべき者となる。前者を強制するは無用にして有害なり。後者は各家庭に於て父母の助手として自ら修得すべし。女子に礼式作法が必須課目ならば男子にも男子の其れが然るべく、茶の湯。生花が然るならば男子に謡曲を課せざれば不可。車夫の娘に「ビフテキ」の焼方を教授し外交官の妹に袴の裁方を説明し、月経なき少女に育児を講義する如き、今の女子教育の凡ては乱暴愚劣真《こ》に百鬼夜行の態なり。学校は凡てに非ず。各人の欲する所に随《したが》ひ各家の生活事情に応じて学ぶべき幾多の者を有す。

註三。一切に亘りて英語を廃する所以。英語は国民教育として必要にも非ず、又義務にも非ず。現代日本の進歩に於て英語国民が世界的知識の供給者に非ず。又日本は英語を強制せらるる英領インド人に非ず。英語が日本人の思想に与へつつある害毒は英国人が支那人を亡国民たらしめたる阿片輸入と同じ。只英語ほど普及せずして而も英語思想以上に影響を与へたるドイツ語に依りて其の害毒の緩和せられたる天佑を有するのみ。英語国民の浅薄なる思想を通じて空洞なる会堂建築として輸入されたるキリスト教。人格権の歴史的覚醒たる民主々義が哲学的根拠を欠如したる民本主義となりて輸入されつつある「デモクラシー」。英米人の持続せんとする国際的特権のために宣伝されつつある平和主義◦非軍国主義が、其の特権を打破せんが為めに存する日本の軍備及び戦闘的精神に対する非難として輸入されつつある内容皆無の文化運動。単に是等をのみ視るも一利に対して千百害あること阿片輸入の支那を思はしむ。言語は直ちに思想となり思想は直ちに支配となる。一英語の能否を以て浮薄軽佻なる知識階級なる者を作り、店頭に書冊に談話に其の単語を挿入して得々恬々《とくとくてんてん》として恥無き国民に何の自主的人格あらんや。国民教育に於て英語を全廃すべきは勿論、特殊の必要なる専攻者を除きて全国より英語を駆逐することは、国家改造が国民精神の復活的躍動たる根本義に於て特に急務なりとす。

註四。国際語を第二国語として採用する所以。而しながら実に他の欧米諸国に見ざる国字改良◦漢字廃止◦言文一致◦ローマ字採用等の議論百出に見る如く、国民全部の大苦悩は日本の言語文字の甚だしく劣悪なることにあり。其の最も急進的なるローマ字採用を決行するとき、幾分文字の不便は免るべきも言語の組織其者が思想の配列表現に於て悉《ことごと》く心理的法則に背反せることは、英語を訳し漢文を読むに凡て日本文が顚倒して配列せられたるを発見すべし。国語問題は文字又は単語のみの問題に非ずして言語の組織根柢よりの革命ならざるべからず。而して不幸なる幸は中学教育に英語を課し来れる慣習の為に、其の程度の教育者も被教育者も、何等かの言語を習得すべきことを必須的に確信せることなり。国際語の合理的組織と簡明正確と短日月の修得とは世人の知る如し。成年者が三月又は半年にて足る国際語の修得が、中学程度の児童一二《いちに》年にして完成すべきことは、英語が五年間没頭して尚何の実用に応ずる完成を得ざる比にあらず。児童は国際語を以て国民教育期間中に世界的常識を得べし。而して欧米の革命的団体は大戦の遥に以前此れを以て国際語とせんと決議せし程の者。最も不便なる国語に苦しむ日本は其の苦痛を逃るるために先づ第二国語として並用する時、自然淘汰の理法によりて五十年の後には国民全部が自ら国際語を第一国語として使用するに至るべし。従《したがっ》て今日の日本語は特殊の研究者にとりて梵語「ラテン」語の取扱を受くべし。

註五。国際語の採用が特に当面に切迫せる必要ありと云ふ積極的理由。下掲国家の権利に説く如く、日本は最も近き将来に於て極東シベリア濠州等を其の主権下に置くとき、現在の欧米各国語を有する者の外に新たにインド人◦支那人◦朝鮮人の移住を迎ふるが故に、殆ど世界凡ての言語を我が新領土内に雑用せしめざるべからず。此に対して朝鮮に日本語を強制したる如く我自ら不便に苦しむ国語を比較的良好なる国語を有する欧人に強制する能はず。インド人◦支那人の国語亦《また》決して日本語より劣悪なりと云ふ能はず。此の難問題は実に三五《さんご》年の将来に迫れる者なり。主権国民がシベリアに於て露語を語り濠州に於て英語を語る顛倒事をなす能はざるならば、日本領土内に一律なる公語を決定し彼等が日本人と語るときの彼等の公語たらしめざるべからず。劣悪なる者が亡びて優秀なる者が残存する自然淘汰律は日本語と国際語の存亡を決する如く、百年を出《い》でずして日本領土内の欧洲各国語、支那、インド、朝鮮語は亦《また》当然に国際語のために亡ぶべし。言語の統一なくして大領土を有することは只瓦解に至るまでの槿花《きんか》一朝の栄のみ。

註六。体育を丹田本位と決定する所以は、只肉体の一面のみを見るも根本的体育たるを以てなり。已《すで》に日本の各方面に先覚者の簇出《そうしゅつ》して実証を示しつつある所なり。是等に示さるる如くインドに起りたるアジア文明は世界より封鎖せられたる日本を選びて天の保存したる者。単に手足を動かし器具に依頼し散歩遠足を以て肉体の強健を求むる直訳的体育は実に根本を忘れて枝葉に走りたる彼等の悪摸倣なり。特に女子をして優美繊麗のままに発達したる強健を得しむるには丹田の根本を整ふる以外一の途なし。変性男子の如き醜き手足を作りて而も健康の根本を培はざる直訳体操はとくに厳禁を要す。

註七。兵式体操を廃止する所以は、其形式亦《また》実に丹田の充実を忘れたる外形的整頓に捉はれたるに依るも一理由なり。且つ下掲の如く日本国民は永久に兵役の義務を有し、且つ一年志願兵特権は此等の訓練あるを一理由となすを以て其れをも廃止するが故に、兵役に於てすべきことは凡て兵営に於てすべし。更に他の一理由は日本の将来は陸上にあると同一以上の程度に於て海上に在るが故に、国民教育に於て只陸軍的摸倣をなさしめて海兵的訓練を閑却することの矛盾なるを以てなり。国民教育の要は根本の具足充実にあり。丹田本位の心身を鍛冶し十年間一貫の常識教育を施さば以て海兵に用ふべく以て陸兵に用ふべし。兵の素質に於て二等卒も今の少尉級に劣らず。

註八。単純なる遊戯として男子が撃剣。柔道に遊び女子が長刀。鎖鎌を戯るるは其興味に於て「ベースボール」「フートボール」等と雲泥の相違あり。精神的価値等を挙げて遊戯の本旨を傷《きずつ》くべからず。こは生徒の自由に一任すべし。現今の武器の前に立ちて此等に尚武的価値を求むるに及ばず。日本人の一般生活に没交渉なる直訳的遊戯を課するの滑稽さは床柱を背にして小猿の如く跪坐する洋服姿と同じ。

註九。国民教育の児童に対して無月謝。教科書給付。中食の学校支弁とする所以は、国家が国家の児童に対する父母としての日常義務を果すものなり。現今の中学程度に於ける月謝と教科書とは一般国民に対する門戸閉鎖なり。無月謝より生ずる負担は各市町村此れを負ふべく、教科書は国庫の経費を以て全国の学校に配布すべし。中食の学校支弁の理由は第一に登校児童のために毎朝母を労苦せしめざることにあり。第二の理由は其の中食に一塊の「パン」◦薩摩芋◦麦の握飯等の簡単なる粗食をなさしめ、以て滋養価値等を云々して真の生活を悟得せざる科学的迷信を打破するにあり。第三の理由は幼童の純白なる頭脳に口腹の慾に過ぎざる物質的差等を以て一切を高下せんとする現代までの悪徳を印象せしめざるに在り。学校としては簡単なる事務にして、若《も》し児童の家庭が悪感化によりて食事を肯《がえ》んぜざる者あらば教師の権威を以て其の保護者を召喚訓責すべし。

註一〇。今の中学程度の男生徒に制服として靴洋服を強制することは実に門戸閉鎖の有力なる一理由なり。其不合理なること恰も現時の欧米に「キモノ」服が普及したるを以て其れを室内の制服として強制せんと云ふと一般なり。和服の不便なる裁方なりと云ふは別問題なり。居常の衣服を登校に用ふるを得ざる大々的不便を其の父母の経済に課して何の便不便ぞ。実に今の日本教育の凡ては教育に非ずして唯外形の摸倣なりとす。

註一一。校舎に巨費を投ずるは亦《また》最悪なる直訳的摸倣なり。此の国民教育の根本的革命は戒厳令施行中より実施すべき者なるを以て、現時の校舎を直ちに使用すべきことを明示したり。器械的科目たる理化学に於ても今の中学校程度に於て別個の教室を設備する如き摸倣的浪費の一。

註一二。以上の国民教育の説明によりて大学及び大学予備校の方針。又其れが生徒の自費たること等は推想し得べし。而して不用なるべき各地の中学女学校舎は或は是を取り毀《こぼ》ち、又は大学予備校の校舎又は単科大学の校舎となすを得。

婦人人権の擁護。其の夫又は其の子が自己の労働を重視して婦人の分科的労働を侮蔑する言動は之れを婦人人権の蹂躙と認む。婦人は之れを告訴して其の権利を保護せらるる法律を得べし。

有婦の男子にして蓄妾又は其の他の婦人と姦したる者は婦の訴によりて婦人の姦通罪を課罰す。

売淫婦の罰則を廃止し其れを買ふ有婦の男子は之を拘留し又は罰金に処す。

註一。現行法律に於ける離姻《婚》の理由たる虐待云々の意味に非ず。且つ此の訴は必ずしも離姻《婚》を目的とせず、実に婦人が男子の労働に衣食するかの誤解ありて、男子の労働が其実却《かえ》つて婦人の分科的労働の助力あるが故に行はるるを忘却する横暴なる行為を禁じ、特に法律を以て婦人の人権を擁護する者なり。若《も》し此の立法が男子の道念によりて行はれざるならば忌むべき婦人労働となり婦人参政権運動となるべし。

註二。男子の姦通罪を罪することは第一に一夫一婦たる国民道徳の大本を明《あきら》かにするがためなり。国家の興廃は悉《ことごと》く男女の大本の清濁に在り。現時の欧洲諸国に「ノア」の洪水が来れる所以を考へ、同胞残害して地獄を現世に示しつつあるロシアを考へよ。如何に早く已《すで》に此の大本が腐爛し尽したるかを見ん。日本国民が全アジアの盟主たる大使命あるならば、人倫の大本を厳守励行する立法は実に一日を忘るべからず。第二の理由は国家が国家の児童に対して大父母たる立場に於て其の生みの父母は単なる保姆の任を負ふ者なり。保姆の一方が残虐なる苦痛を他の一方に加へて横暴と悲惨とを居常見聞せしめらるる児童の悪感化に対して、国家は大父母の権利に於て残虐なる一方を処罰すべし。第三の理由は婦人人権の擁護なり。

註三。此の一夫一婦制の励行は彼《か》の自由恋愛論の直訳革命家と人生の理解を根本より異にせる者なり。彼れに従へば男子の姦通罪を罰する法律の代りに女子の姦通罪を罰する現行法律を廃止せば足れりと云ふべし。自由恋愛論の価値は恋愛の自由を拘束する時代の政治的。経済的。宗教的阻害者を打破せんとする点にあり。之れを途方もなき一夫一婦制に対する反逆と考ふるは恰も政治的特権者に向つて叫ばれたる政治の自由を平等なる国民間に脱線せしめて、相犯さざる各自の自由を蹂躙することも等しく政治の自由なりと云ふ低能者の昏迷なり。国民平等の自由が特権に非《あらざ》る如く、一夫一婦制は何等の特権に非ず。自由は自由の侵害者を拘束せざるべからず。一夫一婦は妻の恋愛を自由ならしめんが為めに夫の濫用せんとする恋愛の自由を拘束せんとするなり。彼等の昏迷せる自由の解釈は、自由を以て放火の自由。殺人の自由も自由なりと結論せしむるものなり。凡ての自由が社会と個人其人の利益の為めに制限さるる如く、恋愛の自由亦《また》国民道徳と其の保護者との為めに制限せらるるは論なし。この一夫一婦制は理想的自由恋愛論の徹底したる境地なり。但し今は之を説くの時期到来せず。

註四。現行法律が売淫婦人をのみ罰して買淫男子を罰せざるは姦通罪が婦人をのみ罰して男子に及ばざると等しき片務的横暴なり。貞操の売買は此の改造組織の後に於ては漸次消滅すべきことを信ずると共に、暫《しばら》くの近き将来に存在すべき其等に対して、国家は両者共に法律を以て臨まざる方針を取るべし。但し有婦の男子が淫を買ふは明《あきら》かに一夫一婦の大本を紊《みだ》る者なるを以て別個の意味に於て加罰する者なり。拘留罰金を以てせるは婦の訴なき場合に於て姦通罪を検挙せざる原則に依る。斯くして軽き国家の制裁を受くることによりて、男子は家族に対する権威を失し交友に於ける信用を損する重大なる苦痛を受くるを以て自ら身を慎み亦《また》以て婦人人権の擁護となり、全家族生活の保障を加ふることとなるべし。

註五。独身の男子を除外せるは決して其性慾を正義化する所以に非ず。婦人が純潔を維持する如く男子が其の童貞を完うして結婚することは双方の道義的責務なり。其の之れを罰せざる理由は、未婚婦人が純潔を破るも法律の干与せざると等しく道徳的制裁の範囲に属するを以てなり。

国民人権の擁護。日本国民は平等自由の国民たる人権を保障せらる。若《も》し此の人権を侵害する各種の官吏は別に法律の定むる所によりて半年以上三年以下の体刑を課すべし。

未決監にある刑事被告の人権を損傷せざる制度を定むべし。又被告は弁護士の外に自己を証明し弁護し得べき知己。友人。其他を弁護人たらしむべき完全の人権を有すべし。

註一。人権を蹂躙して却《かえっ》て得々たること我国の官吏の如きは少なし。此れ欧米諸国より一歩を先んぜんとする国民的覚醒を裏切る大汚濁なり。体刑と明示せる所以は其の弊風実に体刑を以てせずんば一掃する能はざる官吏横暴国なるを以てなり。此の戦慄より来る反省改過は鏡に掛けて見るが如し。

註二。未決監にある被告を予備囚徒として待遇しつつあることは純然たる封建の遺風なり。之を反対に無罪なる者と仮定するとき現時の如き凌辱なし。警察亦《また》然り。要するに有罪を仮定するが故に未決期の日数を刑期に加算する等のことあるにて明《あきら》かなり。此の根本にして明白ならば未決監中の人権蹂躪は自らにして跡を絶つべし。

註三。被告人は罪人に非ず、従《したがっ》て弁護人の自由を無視又は制限さるる理由なし。特に職業弁護人と限らるるが為めに被告の平常事件の真相に通ずる者を以て直接に法官と対せしむる能はず。為めに事件の鑑《監》察。法の適用に於て遺憾多く、被告の不利及び延いて法官の判断を誤り法の威厳を損傷する甚しき現状なり。

註四。社会主義者の或る者の如く一切の犯罪なき理想郷を改造後の翌日より期待するは空想なり。固《もと》より現今の政治的経済的組織より生ずる犯罪の大多数は直ちに跡を絶つべきは論なし。国家の改造とは其の物質的生活の外包的部分なり。終局は国民精神の神的革命ならざるべからず。十年一貫の国民教育が改造の根本的内容的部分なり。

勲功者の権利。国家に対し又は世界に対して勲功ある者は、戦争。政治。学術。発明。生産。芸術を差別せず、一律に勲位を受け、審議院議員の互選資格を得、著しく増額せられたる年金を給付せらるべし。

婦人亦《また》同一なるは論なし。但し政治に干与せざる原則によりて審議院議員の互選資格を除く。

註一。国民は平等なると共に自由なり。自由とは則ち差別の義なり。国民が平等に国家的保障を得ることは益々国民の自由を伸張して其の差別的能力を発揮せしむる者なり。彼《か》の勲位を忌み上院制を否む革命的思想家は、人類の進化程度を過上《ママ》に評価せる神学者的要求に発足する者なりと見るべし。

註二。勲功に伴ふ年金が現時の如き消極的の小額なるは不可なり。凡ての光栄は其れを維持すべき物質的条件を欠くべからず。

私有財産の権利。限度以下の私有財産は国家又は他の国民の犯すべからざる国民の権利なり。国家は将来益々国民の大多数をして数十万数万の私有財産を有せしむることを国策の基本とするものなり。

註一。社会主義◦共産主義を誤解して其の私有財産を分与するものなるかの如く考へ、又は国民の凡てに其日暮し其年暮しの生活をなさしむる者と考ふるが如きは、現実的改造の要求せられつつある現代社会革命説の躍進的進歩を解せざる者なり。従《したがっ》て此の改造後の国民にして如何なる思想に導かるるにせよ、国民の財産権を犯す者は、人類社会の存する限り存すべき法律の原則によりて、強窃盗として罰せられ又は乞食として待遇せらるるは論なし。

註二。年々多大の収益ありて近く私産限度を超過すべく、而して超過額を国家に納付するを欲せざる目的を以て、限度以下の時に於て、自己自身の欲望に従ひて消費せんとするは亦《また》国民の権利なり。此の権利は国家の保障する所有権の行使にして其の消費が道徳的なると酒色遊蕩なるとを問ふの要なし。人は各々其人を中心又は分子としたる小社会を国家内に有し、或者は国境を超越したる大社会の中心又は分子たり。従《したがっ》て其の消費せる所を収得する者は国家の手を経由せざる国民なり。私産限度制は国家と国民を害せざる程度の富の限度を定むる者のみ。是を誤解して限度超過額の上納を促す者とし又は国民の独自放胆なる消費を拘束する者と考ふべからず。

平等分配の遺産相続制。特定の意志を表示せざる限り、父の遺産は其の子女に平等なる分配を以て相続せらる。父の妻たる其の母亦《また》同じ。

母の遺産は夫たる父に於て凡て相続せらるべし。

註一。遺産相続の正義を規定するに見るも、合理的改造案が必ず近代的個人主義の要求を一基調とすることを知るべし。

註二。現代日本にのみ存する長子相続制は家長的中世期の腐屍のみ。父母の愛の百千分の一に足らざる長子の愛情利害に一切弟妹の運命を盲従せしむるは没人情の極。本然の人情其者が凡ての法律道徳の根源なるを忘るべからず。

註三。遺産相続に際して国家が課税の理由なきことは、相続者則被相続者の肉体的延長なるを以てなり。

巻七　朝鮮其他現在及び将来の領土の改造方針

朝鮮の郡県制。朝鮮を日本内地と同一なる行政法の下に置く。朝鮮は日本の属邦に非ず又日本人の植民地に非ず。日韓合併の本旨に照して日本帝国の一部たり一行政区たる大本を明らかにす。

註一。朝鮮をして日本のアイルランドたらしむる如きことあらば、将来大ローマ帝国を築かんとする日本は全然其の能力なきことを第一歩に於て立証するものなり。由来朝鮮人と日本人とは米国内の白人と黒人との如き人種的差別ある者に非ず。単に一人種中最も近き民族に過ぎざるなり。従《したがっ》て過般の暴動と米国市中の黒白人争闘とを比較するとき其の恥辱の程度に於て日本は幾百倍を感ぜざるべからず。朝鮮問題は同人種間の問題なるが故に所謂人種差別撤廃問題の中に入らず。只一に統治国たる日本其者の能力問題たり、責任問題たり、道義問題たりとす。

註二。朝鮮人が異民族たる点は其の言語と風俗との一部なり。国民生活の根本たる思想に於ては有史以来日本の文明交渉が朝鮮を経由したるによりて明《あきら》かなる如く全然同一系統に属する者なり。而して現在吾人の血液が如何に多量に朝鮮人の其れを混じたるかは人類学上日本民族は朝鮮◦支那◦南洋及び土着人の化学的結晶なりとせらるるにても明白なり。特に純潔の朝鮮人の血液を多量に引ける者は彼と文明交渉の密接せし王朝時代の貴族に多く、現に公卿華族と称せらるる人々の面貌多く朝鮮人に似たるは凡て其の類型を現すものなり。既に王朝貴族に朝鮮人の血液が多量なりと云ふことは、実に其の貴族の血液が皇室に入り得べき特権階級たりし点に於て、日本の元首其者が朝鮮人と没交渉に非ずと云ふことなり。敢て今次の朝鮮太子と日本皇女との結合を以て日鮮の融合が試みらるるにあらず。是決して人種問題の範囲に非ず。

註三。要するに凡ての原因は朝鮮が日本◦支那◦ロシアの三大国に介在して自立する能はざりし地理的約束と、其の道義的廃頽より一切の政治◦産業◦学術◦思想の腐敗萎微（靡）（萎靡（いび）。萎えてしおれる。衰え弱る）を来して内外相応じて亡びたるものなり。朝鮮其者の歴史が示す如く、又清国が此れを属国とせんが為めに起りたる日清戦争、及び満洲に来たれるロシアが其を侵略せんとせしがために破れたる日露戦争に示す如く、其の亡国たるべき内外呼応の原因は統治者が日本たらざる時は露支両国の焉《いず》れかなりしは明白なり。日本の国防に取りて彼が日本の脅威たる強国の領有又は同盟者たる危機は、恰も英国に取りてベルギーがドイツの領土たり同盟国たる其れと同じき存亡問題なり。今次の大戦に於て若《も》しベルギーがドイツと握手し而して英国の軍隊が其れを撃破してベルギーに滞陣せしとせよ。彼は講和会議に於て其の独立を承認せざるのみならず明《あきらか》に其の領有を主張すべきは論なし。朝鮮の亡国的腐敗は悉《ことごと》く事大的国是となりて現はれ、日清戦争に於ては清国に従ひ、日露戦争に於てはロシアを迎へ、聊《いささ》かも英国とベルギーの結託に似たる者なかりしは開戦原因を顧れば明白なり。此の間に於て彼《か》の革命党のみは大局を達観し日本と結びて独立を企画して労苦止まざりしと雖《いえど》も、終に日露開戦に至る迄国政を把《と》りて志を行ふ能はざりき。而して戦争中日本の朝鮮に於ける立場は英国のベルギーに於ける如くならず、朝鮮全部を掩有《えんゆう》するに実力を以てしたり。国内の革命党は依然として志を得ず、露国又依然として強大を維持し講和条約は単なる休戦条約として調印せられたり。自立し能はざる地理的約束と真個《しんこ》契盟する能はざる亡国的腐敗の為に、日本は露国の復讐戦に対する自衛的必要に基きて独立擁護の誓明を取り消したる事が真相なり。是れ侵略主義に非ず、又謂《い》ふ所の軍国主義に非ず。朝鮮を領有する結果より見て、恰も百万円を貯蓄したる結果より見て、其れが高利貸によると忠実なる労働によるとを考査せずして等しく守銭奴と詈り侵略者と誣《し》ゆるは昏迷者の狂言なり。重大なる罪悪なり。朝鮮の亡国史を知り露国の脅威に戦慄したる危機を顧るならば、アイルランド独立問題を朝鮮に直訳して論及するの理なし。空疎守旧の学説と薄弱なる意志と衆愚の喝采を足れりとする虚栄と、実に通俗政治家の標本たる「ウィルソン」輩の通弁に得々たりし所謂学者なる者の反省を要す。

註四。故に日本存立の国防上より朝鮮は永久に独立を考ふべき者に非ず。ロシアの脅威が「ツァール」の亡びたるを以て去れりと考ふる如きは歯牙に足らざる浅慮。「ツァール」が侵略し来れると「レニン」が幾多の謬妄を付帯せる社会革命説を奉じて殺到し来るべきと、日本が国防上朝鮮に拠りて戦ふことは国家の国際的権利なり。特にロシアの脅威は過渡時代の「レニン」に非ずして「レニン」無き後（、）真に再建せらるべき十年後の将来に存す。漸《ようや》く中世史の革命を学びつつある未開後進なる彼に対するには現代的再建を想像するよりも、反動の襲来又は真乎《しんこ》の建国者によりて「ピーター」大帝の再現をも打算外に置く能はず。

註五。此の国防上朝鮮を独立せしめずと云ふことは、英人がインドを独立せしめず又アフリカ植民地を独立せしめずと云ふこととは全く別事なり。インドが英国の属邦たり英領アフリカが植民地たるに対して、朝鮮は日本の属邦に非ず亦《また》植民地に非ずと明示せし所以なり。インド又はアフリカの住民が全然英人と人種を異にせるに対して、日鮮人は古来の混血融合のみならず同一人種中の最も近き異民族なる点に於て属邦たるべからず又植民地たるべからず。朝鮮は日本の一部たること北海道と等しく正に「西海道」たるべし。日本皇室と朝鮮王室との結合は実に日鮮人の終に一民族たるべき大本を具体化したる者にして、泣く泣く匈奴に皇女を降嫁せしめたる政略的の者に非ず。実に現時の対鮮策なるものは甚だしく英国の植民政策を摸倣したるが故に、根本精神よりして日韓合併の天道に反するものなり。朝鮮が日本の西海道なる所以を明《あきらか》にするとき百般の施設悉《ことごと》く日鮮人の融合統一を来さざる者なく、独立問題の如き希《こいねが》ふと雖《いえど》も生起せざるは論なし。

註六。「コルシカ」島民の大皇帝は「コルシカ」独立の戦陣に孚《はぐく》まれ独立の憤を抱きて敵国の士官学校に学べり。而も革命フランスが「コルシカ」をフランスの本国と平等ならしめ「コルシカ」島民をフランス人の自由に開放するや、独立党の青年士官はフランスに対する愛国心を「エルバ」島に葬るまで変ぜざりき。日本海を庭池として南北満洲と極東シベリアとに革命大帝国を建つる時、朝鮮は特に其の心臓肺肝の重きをなさんとす。日本本国の一部としての平等、日本人としての自由を対鮮策の眼目となす。

朝鮮人の参政権。約二十年後を期し朝鮮人に日本人と同一なる参政権を得しむ。
此の準備の為めに約十年後より地方自治制を実施して参政権の運用に慣習せしむ。

註一。是れ流行の所謂民族自決主義に非《あらざ》るは論なし。朝鮮が日本の西海道たり朝鮮人が日本人と大差なき民族たる理由によりて、日本国民たる国民権を最初に且つ完全に賦与せらるるを明らかにする者なり。

註二。奈翁《なおう》（ナポレオン）の世界統一主義に対して起れる民族主義が近世史の一大潮流なりしは言ふの要なし。只之れが彼《か》の暗昧《あんまい》（道理に暗く愚か）なる「ウィルソン」の口より民族自決主義と呼ばるるに至りて空想化し滑稽化したるなり。自決とは抑々《そもそも》何ぞや、或る民族が其の国家組織を失ふ所以は外部的圧迫と内部的廃頽とによりて自決する力を欠けるがためなり。覚醒せる民族が内部的興奮によりて外部的圧迫を排斥せんとする時、是れ無用なる自決の文字を加へざる伝来の民族主義なり。幾多の民族の中に於て自決するを得る覚醒的民族と然らざる者とあるは、恰も等しき人間の中に於て自決する能はざる八十歳の老婆あり十歳の少女あるが如し。民族主義の本旨は人道主義と云ふが如き合理的命題なり。是れを民族自決主義と名《なづ》くるに至りては人道主義の命題に代ふるに人間自決主義と云ふが如き笑倒の沙汰。老幼男女を論ぜず各人の人格を認識する人道主義を滑稽化して八十歳の老婆にも生活を自決せしむべく十歳の少女にも恋愛を自決せしむ可《べ》しと云はば如何。或る民族は老婆の如く或る民族は少女の如し。此の国際間に於ける民族の老幼をも圧迫し虐遇《ぎゃくぐう》せざるべき人道主義が則ち民族主義の終局理想たるべき者なり。現時の強国中各種老幼の民族を包有せざる者なきこと各家庭に於て老婆少女を有するが如し。是等に向つて自決を迫らば各家庭の分散すべき如く一切の強国は分解すべし。強国の無用を云ふか。然らば「ウィルソン」は「ヴェルサイユ」に行かずしてスイスの社会党大会に列席すべかりしなり。而して其の主張を堂々たる非国家主義。世界統一主義に宣明する彼等は大なる歓迎を以て噴飯すべき此の命題の製造者を嘲弄すべし。

註三。 実に朝鮮は合併以前自決の力なかりしことは八十歳の老婆の如く、合併以後未だ自決の力なきこと十歳の少女の如し。末節枝葉に於て如何なる非難あるにせよ、朝鮮はロシアの玄関に老婆の如く窮死すべかりし者を日本の懐に抱かれて少女の如く生長しつつあるは之を無視する能はず。已《すで》に日本の懐に眠れる以上、日本建国の天道によりて一点差別なき日本人なり。日本人とし日本人たる権利に於て其の生長と共に参政権を取得すべき者なるは論なし。

註四。 約十年と云ひ約二十年と云ふ年限を予定したるは、過去の専制政府等が民権運動に譲歩するとき成るべく長く専制を維持せんと欲する期間の留保に非ず。数百年間の半亡国史は実に朝鮮人の道念をも生活をも腐敗し尽したるを以て、真の国家的覚醒ある鮮人は之を現在新精神によりて教育せられつつある人々の生長に待つの外なきを以てなり。教育とは必ずしも「サーベル」教師に非ず。必ずしも日本語の教科書に非ず。愛国的暴動の如き之を覚醒して顧るとき貴重なる政治教育の一なり。医学に万能の薬品なきに係らず政治学に参政権を神権視することは欧米の迷信なり。彼《か》の投票神権説に累《わずらわ》せられて、鮮人に先ず参政権を与へて政治的訓練をなすべしと考ふるは、其の権利の根本たる覚醒的生長を閑却したる愚人の云為《うんい》なりとす。日本は真個《しんこ》父兄的愛情を以て、斯る短時日間に此の道義的使命を果たし、以て異民族を利得の目的とせる白人の所謂植民政策なるものに鉄槌一下せざる可《べ》からず。

三原則の拡張。私有財産限度。私有地限度。私人生産業限度の三大原則は大日本帝国の根本組織なるを以て現在及び将来

の帝国領土内に拡張せらるる者なり。

註一。東洋拓殖会社の横暴は実に当年の東インド会社に学ばんとする一大罪悪なり。日本のアジアに与へられたる使命は英人の罪悪を再びするを許さず。拓殖会社の土地は土地私有限度によりて一度国家に徴集すると共に、朝鮮に在る内鮮人は平等の権利に於て其の分配を受くべし。日本建国の精神は内外人によりて正義を二にせざることを誇りとす。朝鮮に於ける所謂拓殖政策なる者亦《また》実に欧人の罪悪的制度を直訳したる者多し。日本は凡てに於いて悪摸倣より蟬《せんだつ》脱して其の本《もと》に返らざる可《べ》からず。

註二。将来の帝国領土中、先住国民の大富豪大地主ありて多大の土地を独占し又は生産業を専有する時是を是認する如きあらば、日本国家は只彼等の不義なる財産の保護を負担せしめられ、日本国民は只其の小作人たり労働者たるに過ぎざる可《べ》し。是れ主権国民たる自負と欲望に於て忍ぶ能はざる所。為めに遂に国家の法律を枉《杠＝曲》げて自国民を保護し彼等の財産を奪はんとする非違を頻出し不仁の名を国家に冠せしむるに至る。故に日本々国に於てまず此の三大原則を確立して拡張せられたる領土に臨むとき、真の公平無私は自《おのずか》らにして得べし。大領土を有する名実具足の大日本帝国を考ふる者、此の三大原則を確立する日本自らの改造が実に将来の建設に避く可《べ》からざる準備なるを悟得すべし。

現在領土の改造順序。朝鮮。台湾。樺太等の改造は此の三大原則を決定するに止め、漸を追ひて其の余を施行し、十年乃至《ないし》二十年後に於て日本人と同一なる生活権利の各条を得しむるを方針とす。

但し日本内地の改造を終り戒厳令を撤廃すると同時に三大原則の施行に着手す。

此等の領土内に在郷軍人団なきを以て、国家任命の改造執行機関をして土地資本財産の調査徴集に当らしむ。（この項の「在郷軍人団」の文言はどの版でも伏字化されていない）

改造執行機関は日本内地の改造に経験を得たる官吏又は同じき在郷軍人団中より任命す。

註一。日本の改造を終りたる後に着手する所以は、無智と事情不通との為めに日本内地と同時に着手するときは、内地の紛囂《ふんごう》（乱れて喧しいこと）を誤伝したる不安騒擾を醸《かも》すべきを以てなり。第二の理由は在郷軍人団なる好適の機関なく、今の植民政策的頭脳の総督府等に此の大任に当らしむるは明白に不正不義を残して改造の精神を傷《きずつ》くるのみならず、或は意外の変を招くべきを以てなり。第三の理由は三年間の日月は日本の整然たる改造組織を伝聞せしむるに十分なるが為めに、日本大多数国民の歓喜を伝へて彼等の大多数国民亦《また》速《すみやか》に其の福利恵沢に浴せんことを欲するに至るべきを以てなり。

註二。過般《かはん》（頃先）朝鮮の内乱は今の総督政治が一因ならずとは云はず。而も根本原因は日本資本家の侵略が官憲と相結びて彼等の土地を奪ひ財産を掠《かす》めて不安を生活に加へ怨恨を糊口《ここう》の資に結びたることに存するを知らざるべからず。「ウィルソン」輩の呼号何の影響あらん。国家の内外を毒して終に大ローマをも亡ぼしたる者の金権政治なりしことを忘るべからず。

改造組織の全部施行せらるべき新領土。将来取得すべき新領土の住民が其の文化に於て日木人と略《ほぼ》等しき程度にある者に対しては、取得と同時に此の改造組織の全部を施行すべし。但し日本々国より派遣せられたる改造執行機関によりて改造せらるる者なり。

其の領土取得の後移住し来れる異人種異民族は、十年間居住の後国民権を賦与せられ日本国民と同一無差別なる権利を有すべし。

朝鮮人。台湾人等の未だ日本人と同一なる国民権を取得すべき時期に達せざる者と雖《いえど》も、此の新領土に移住したる者は居住三年の後右に同じ。

註一。例へば濠洲を取得したる時其の住民の文化程度は直に此の改造組織の下に生活するを得べし。極東シベリアの如きは其の程度先づ三大原則を施行し順を追ひて施行すべき者なり。

註二。将来の新領土は異人種異民族の差別を撤廃して日本自ら其の範を欧米に示すべきは論なし。濠洲にインド人種。支那民族を迎へ、極東シベリアに支那。朝鮮民族を迎へて先住の白人種とを統一し、以て東西文明の融合を支配し得る者《　》地球上只一の大日本帝国あるのみ。従《したがっ》て此の改造組織を其等の領土に施行して主権国民自ら私利横暴を制すると共に、先住の白人富豪を一掃して世界同胞のために真個《しんこ》楽園の根基を築き置くことが必要なり。単なる地図上の彩色を拡張することは児戯なり。天道宣布の為めに選ばれたる日本国民は将に天譴《てんけん》（天罰）に亡びんとする英国の二舞《にのまい》を為《な》さざるは論なし。

註三。朝鮮人。台湾人が其の故郷にありて未だ取得する時期に達せざる国民権を此の領土に於て三年後に取得し得べき理由は、既に移住し居住するほどの者は大体に於て優秀なるを以てなり。第二に白人の新移住者インド人。支那人の移住者が取得する所を、已《すで》に早く日本国民たりし彼等に拒絶すべき理由なきを以てなり。第三の理由は東西文明の融合を促進するために、特に日本の思想制度に感化せられたる彼等の移住を急とするが故なり。

註四。 日本人の改造執行機関を以てして土着人に当らしめざる所以は主権本来の性質として説明の要なし。

巻八　国家の権利

徴兵制の維持。国家は国際間に於ける国家の生存及び発達の権利として現時の徴兵制を永久に亘りて維持す。

徴兵猶予一年志願等は是を廃止す。

現役兵に対して国家は俸給を給付す。

兵営又は軍艦内に於ては階級的表章以外の物質的生活の階級を廃止す。

現在及び将来の領土内に於ける異民族に対しては義勇兵制を採用する者あるべし。

註一。支那に於て傭兵と云ふ者(、)英米に於て義勇兵と名付く。則ち雇傭契約による兵士なり。是れ彼等の国民精神に適合する制度なり。米国の建国が社会契約説を理想として植民せる者の契約結合なるは前説の如し。英国又実に其の謬説の誕生地なるを以て、今尚「ジョンブル・ソサイテー」と名《なづ》くる如く英帝国其者を組合視し会社視して悉《ことごと》く社会契約説に基く立法ならざるなし。従《したがつ》て其の国防に於ても組合と組合員との間に雇傭契約を締結するは、米の建国として又英の国家組織として少しも不可なし。而も此の故を以て「ヴェルサイユ」会議に於て英米が傭兵制度を日本に強ひたるは何たる迷妄ぞ。日本は建国精神より、又現代国民思想の凡てに於て、日本帝国を契約によりて組織したる者と一考せしこともなし。日本国民の国家観は国家は有機的不可分なる一大家族なりと云ふ近代の社会有機体説を、深遠博大なる哲学的思索と宗教的信仰とにより発現せしめたる古来一貫の信念なり。徴兵制度の形式は独仏に学びたるも、徴兵制度の精神たる国民皆兵の義務は、中世封建の期間を除きて、上世建国時代に発源し更に現代に復興して漲溢《ちょういつ》しつつある国民的大信念なり。日本の講和委員は何が故に英米と日本とが国民精神の根本、国家組織の信念より異にする所以を指摘して、日本国民本有の国家有機体的信仰を彼等に訓《おし》ふることなかりしか。徴兵制其者が直に所謂軍国主義に非ざる事は、徴兵制なりしが故に辛うじてドイツを防止するを得たるフランスが、会議の人々より軍国主義なりしとて攻撃せられざりしが如し。日本の講和委員は何が故に「カイゼリスム」と日本の国家有機体的信仰より結果せる国民皆兵主義とを混同して臨みし無智の昏迷者に学ばしむる所なかりしか。軍国主義なるか否かは傭兵と徴兵とによりて決せらるる者にあらず。軍備に依頼して弱国を併呑し以て私慾を恣《ほしいまま》にせんとする意味の者が軍国主義ならば嘗《かつ》て陸上に於てドイツが然りし如く、海上に於て英国のなしつつある者は実に遺憾なく完成したる海上軍国主義なり。此の軍国主義が、単に自己が問題外なる傭兵制なりと云ふの理由を以て他の徴兵によりて斯る軍国主義者の侵害を防衛せんとする者に己の冠を冠せんとせしは悪《にく》むべし。彼《か》の愚昧なる善人が斯る悪魔の喇叭《ラッパ》卒に使役せられて其れを日本に向つて吹きしことは米国史上空前の恥辱なりとす。

註二。従《したがつ》て傭兵と徴兵との強弱を論ずることは無用なる詮議なり。英米の国情に於ては必ずしも強兵を意味せずして、日本の建国と信念とに於ては傭兵は必ず弱兵なるは論なし。是れ徴兵制を明確に永久の制度なりとせる所以なり。只ドイツが最後に破れたるが故に徴兵制の価値を疑ふは非常なる妄断なることを注意す。一人と五人と角力《すもう》して已《すで》に三人を倒したる者が他の二人より足を奪はれたるを見て其の人を弱者なりと云ふ能はず。特にドイツの実戦したる軍隊は徴兵制のフランスとロシアにして、甲の徴兵国が乙の徴兵国に破られたりと云ひ得べし。今次の大戦に於ける英米は只海上封鎖によりて食料と軍需品とを遮断したる任務に働きし者。英米の傭兵とドイツの徴兵との優劣は実戦によりて立証せられたるものに非ず。只退却将軍の報告文として古今独歩の文豪「ヘーグ」元帥によりて英国傭兵の光栄が十分に認知せられたるは周知の如し。

註三。或る理想又は或る信仰に基きて徴兵を拒否せんとする者の欧米に多きを以て、日本が国家の権利として主張するを非議する者あらん。而しながら政治の自由。経済の自由。恋愛の自由が他の社会的生活を犯さざる自由の意味に於て、思想の自由。信仰の自由亦《また》絶対的の者に非ざるは論なし。自由の誤解せる解釈より来る思想の自由信仰の自由は、自由恋愛説の註に説明したる所を移して直に説明とするを得べし。思想又は信仰の点を考ふるとき実に価値なき又は有害なる者を神の如く裁決し得るの大処に立つを要す。インド人が生殖器の形像たる「リンガム」を頸に掛け寡婦が自ら薪を抱いて夫に殉死することを天国に行く道なりと信仰すとも、チベット人。蒙古人が諸神と動物との生殖行為の彫像図画を礼拝して極楽行を信仰すとも、キリスト教徒中の旧教一派が一度結婚したる者の離別は地獄の火に焼かると信仰すとも、是等の信仰が信仰なるが故に自由なりと認むる能はざることは、恋愛なるが故に自由なりと認むる能はざると同じき意味と程度に於て然り。思想信仰の価値は其の民族精神又は世界思想に戦ひて凱歌を挙《あげ》たる時に認めらるる者なり。戦の中途に於て又は退却或は降伏の状態に於て信仰の自由を鳴号する如き信仰は終に十字架上「我れ勝てり」として国家と世界の上に其自由を建設する価値なき者なり。彼《か》の兵役忌避を本旨とする「クエーカー」宗の如きは、小乗教のキリストに於てすら天国の戦を指し、地上に於て尚我れ刃を出さんが為めに来れりと宣して終にローマを天火に亡したる一面を有するに係らず、只其の殺す勿《なか》れの一項を盾として盲守するに過ぎざる者。同じき一神教に於て「マホメット」は刃を出さんが為めに来れるを明言して「殺すべし」と教ふるに非ずや。「コーラン」と共に剣を示して殺すべしと云ふ信仰と殺す勿《なか》れと云ふ信仰とを両立せしむるに、liberty なる「アルファベット」七個に依頼せんとするが如き浅薄なる信念にて何の信仰ぞ。「クエーカー」宗の価値は天理教より遙かに以下にして「リンガム」礼拝より聊《いささ》か以上なる程度の者なり。彼等の信仰が強固にして犠牲を甘んずる事例を挙げて対抗するならば宗教の低級なる者に於て斯る例の他に無数なる者を挙ぐ可《べ》く、更に斯く頑迷移さざる者多きが故に殺すべしと云ふ回教の信仰によりて答へざるべからず。神は全智にして全能なるが故に、古《いにし》へ「ノア」の洪水を以て大殺戮をなし、現時又六月二十八日に始まりて六月二十八日に終れる五年間の屍山血河あり。神を信じて而も殺すことを否む「クエーカー」宗徒は、神の能力と智見が此の殺戮を防ぐ能はざりし完《まった》き者に非ずと云ふ信仰根本の矛盾に立つ者。キリスト其人すら彼れの弟子等に向ひて明らかに「我が神」「汝の神」として神其者に自他。彼此。大小。高級を差別したり。日本国民の神は「クエーカー」教徒の神に対して弥陀の利剣を揮ふべきのみ。生死の煩悶を天空に求むる如き低級極まる小乗的信仰を以てインド文明の密封せられたる宝庫として漸《ようや》く将に二十世紀の今日を待ちて開かれんとする日本民族の大乗的信仰に対せんとする如きは、真に竜車《りゅうしゃ》（天子の車あるいは戦車）に向う蟷螂《とうろう》の斧（カマキリが斧を取って隆車（立派な車）に向かう。自分の弱さを省みず強敵に挑むこと。はかない抵抗の譬え）。信仰既に然り。況《いわん》や学者文士輩の口耳《こうじ》より濫造せられたる思想なる者の自由をや。将来「クエーカー」宗の如き又浅薄なる非戦主義の如きを輸入して徴兵忌避を企つる者あらば、刑罰は断々として其の最も重き者を課して可なり。

註四。徴兵猶予一年志願兵等は現時の教育的差等より結果せる者なるを以て、十年一貫の国民教育によりて此等を存置する善悪一切の理由は消失すべし。特に其の兵質が、前註説明の如く今の少尉級に匹敵すべきを以て自ら現役年限の短縮となるべく、一年又は一年半の軍隊的軍艦的訓練は如何なる専門的使命ある者も身心の根源を培養して其の使命の大成を準備せしむる者なり。今の徴兵猶予は速成学士の「ローズ」物を官庁会社に売出さんとする現経済組織より来れる者。特に彼等の殆ど凡ては今の大学教育なる高等職業紹介所に入ることを以て一種の特権階級の如く考へ、心裏実に徴兵忌避の私を包蔵して其の猶予を求むる者ならざるはなし。此の一点を寛過《仮》するは実に国家の大綱を紊《みだ》る者。他に百利ありと仮想するも存置せしむべき除外例に非ず。

註五。現役兵に俸給を給付すべきは国家の当然なる義務なり。俸給が傭兵の其れと全く別個の義なるは論なし。国民の義務にせよ、父母妻子の負担ある男子より其の労働を奪ひて何等の賠償をなさざることは国家の権利を濫用する者なり。此の権利濫用の下に血涙を呑みし爆発は眼前に見るロシアの労兵会の蹶起なり。軍隊の強盛を念とする軍事当局すら此の強兵をなす根源を提唱する者無く、凡ての国民の義務なる道念に忍びて一に只忘却に封じつつあるとき、兵卒其者が憤恨に爆発するの日は則ち労働者と結合したる労兵会の出現ならざるべからず。「ボルセヴィキ」は此を防ぐべく、「ボルセヴィキ」を必然する義務の忘却は可なりと云ふの理なし。或は国庫の負担堪へざるを云はん。然らば多大なる俸給による傭兵を以て戦ひし英米を見よ。生産各省の収入優に余りあり。

註六。兵営又は軍艦内に於ける将校と兵卒との物質的生活を平等にする所以は自明の理なり。古来将は卒伍の飲食に後れて飲食すと云ふが如く、口腹の慾に過ぎざる飲食に差等を設けて部下の反感を平時に養成し戦時にも改めざる如きは殆《ほとん》ど軍隊組織の大精神を知らざる者なり。敗戦国又は亡国の将校が常に兵卒の粗食飢餓を冷視して己れ独り美酒佳肴を列《なら》べしは一の例外なき史実なり。之に反して皇帝に堕落せざる以前の奈翁《なおう》（ナポレオン）軍の連勝せし精神的原因は、彼の無慾と其の物質的生活が兵卒と大差なかりし平等の理解に立ちしが故なり。日本の最も近き将来は　奈翁の軍隊を必要とす。乃木将軍が軍事眼より見て許す可《べ》からざる大錯誤をなして彼《か》の大犠牲を来たせしに係らず、彼が旅順包囲軍より寛過《仮》されし理由の一は己れ自ら兵卒と同じき弁当を食ひし平等の義務を履行せしが故なり。士卒を殺して士卒に赦《ゆる》さるる将軍は日本の最も近き将来に於て千百人と雖《いえど》も足れりとせざる必要あり。まさかに兵卒と同じき飲食にては戦争に堪へずと云ふ者あるまじ。是れ其の飲食をなす兵卒が戦争する能はずと云ふもの。斯る唾棄《だき》すべき思想が上級将士を支配するとき、其の国の往くべき唯一の途は革命か亡国かなり。労兵会を作らしむべき宮廷の権臣と腐敗将校とは実に日本に「レニン」の宣伝を導くべき内応者なりと云ふべし。但し家庭等の隊外生活に於て物質的差別あるべきは、兵卒が等しく其の範囲に於て貧富に応じたる自由あるが如し。

開戦の積極的権利。 国家は自己防衛の外に不義の強力に抑圧さるる他の国家又は民族の為めに戦争を開始するの権利を有す。（則ち当面の現実問題としてインドの独立及び支那の保全の為めに開戦する如きは国家の権利なり）。国家は又国家自身の発達の結果他に不法の大領土を独占して人類共存の天道を無視する者に対して戦争を開始するの権利を有す。（則ち当面の現実問題として濠洲又は極東シベリアを取得せんがために其の領有者に向て開戦する如きは国家の権利なり）。

註一。 近代に至て世界列強が戦争を開始せんとするとき悉《ことごと》く自他を欺く旧道徳的名分を掲げ、又は之を自己防衛の口実に求むるは国家生活の権利を半解するより来る卑怯なり。真の徹底的理解は自らにして正々堂々たる宣布となる者。日本が積極的発展の為めに戦ふことの単なる我利私欲に非ざることは、他の民族が積極的覚醒の為めに占有者又は侵略者を排除せんとする現状打破の自己的行動が正義視せらるる如く正義なり。自利が罪悪に非ざることは自滅が道徳に非ざると同じ。従《したがつ》て利己其者は不義に非ずして他の正当なる利己を侵害して己を利せんとするに至て正義を逸す。正義とは現在の状態其者に非ざるは論なし。英国がインドを牛馬視して己を利しつつある現状が正義に非ざる如く、日本及び近接のアジア七億の民族より濠洲を封鎖しつつある現状は同一なる不義なり。支那を併呑し朝鮮を領有せんとしたる「ツアール」の利己が当時の状態に於て不義なりし如く、広漠不毛のシベリアを独占して他の利己を無視せんとするならば「レニン」政府現在の状態亦《また》正義に非ず。正義とは利己と利己との間を劃定《かくてい》せんとする者。国家内の階級争闘が此の劃定線の正義に反したるが為めに争はるる如く、国際間の開戦が正義なる場合は現状の不義なる劃定線を変改して正義に劃定せんとする時なり。英国は全世界に跨る大富豪にして露国は地球北半の大地主なり。散粟の島嶼を劃定線として国際間に於ける無産者の地位にある日本は正義の名に於て彼等の独占より奪取する開戦の権利なきか。国内に於《おけ》る無産階級の闘争を認容しつつ独り国際的無産者の戦争を侵略主義なり軍国主義なりと考ふる欧米社会主義者は根本思想の自己矛盾なり。「ヒユース」が労働者出身なりとも、「レニン」が社会主義者の尊敬すべき同志なりとも、国際的対立より見て彼等が大地主たることは、昔時《せきじ》魚売たりし大倉喜八郎、貧書生たりし加藤高明が無産階級より見て富豪たると同じ。国内の無産階級が組織的結合をなして力の解決を準備し又は流血に訴へて不正義なる現状を打破することが彼等に主張せらるるならば、国際的無産者たる日本が力の組織的結合たる陸海軍を充実し、更に戦争開始に訴へて国際的劃定線の不正義を匡《ただ》すこと亦《また》無条件に是認せらるべし。若《も》し是れが侵略主義軍国主義ならば日本は全世界無産階級の歓呼声裡に黄金の冠として之を頭上に加ふべし。合理化せられたる民主社会主義其の者の名に於ても日本は濠洲と極東シベリアとを要求す。如何なる豊作を以てすとも日本は数年の後に於て食ふべき土地を有せず。国内の分配よりも国際間の分配を決せざれば日本の社会問題は永遠無窮に解決されざるなり。只ドイツの社会主義に此の国際的理解なく、且つ中世組織の「カイゼル」政府に支配せられたるが為に、英領分配の合理的要求が中世的組織の破滅に殉じて不義の名を頒《あか》ちたることを注意すべし。従《したがっ》て今の軍閥と財閥の日本が此の要求を掲ぐるならばドイツの轍《てつ》を踏むべきは天日を指す如し。改造せられたる合理的国家、革命的大帝国が国際的正義を叫ぶとき之に対抗し得べき一学説なし。

註二。インド独立問題は来るべき第二世界大戦の「サラエヴォ」なりと覚悟すべし。而して日本の世界的天職は当然に実力援助となりて現るべし。仮令《たとい》英国が彼等の所謂自治を許容して「ヂョンブル・ソサイテー」の組合を脱せしめざらんと計るときも、彼にして全然没交渉なる独立を欲して蹶起するならば固《もと》より然るべきは論なし。大戦中に於けるインド独立運動の失敗は凡て日本が日英同盟の忠僕たりしが為めにして、従《したがっ》て英国が一時的全勝将軍たるが為めに瞬時雌伏するに過ぎず。而して日本の実力援助につきて大方針とすべきは海上に於てのみ彼の独立を援護することなり。インドの独立は尚米国の独立の如し。米国の十三洲独立戦は其の始め常に英兵に敗られつつ幾年を経過したる後、最も有力なる実力援助を与へたるフランス海軍が英国海軍を「メーン」岬に決定的に撃破して陸兵輸送を不可能ならしめたることに存す。外力の援助なくして植民米人が戦うべき武力を有せざりし如く、一切の武器を奪はれしインド独立軍に対して恣《ほしいまま》に鎮圧軍を輸送せしむるならば其の独立は永久に期待すべからざる者なり。実に米国の独立を決定したる者がフランス海軍なりし如く、インド独立の能否を決定する者は一に只英国海軍を撃破し得べき日本及《および》日本の同盟すべき国家の海軍力如何に在り。日本の陸軍援助は多く有用ならず。却《かえっ》て戦後に於ける利権設定等の禍因を播き、インド其者よりは何等の報謝を求めざる天道宣布の本義に汚点を印し易きは予め深く戒むべし。「レニン」政府の尚存続して陸上よりの援助を仮想すとも、決定的成否は已《すで》に海軍力を喪失せる露国に非ず。日本は此の改造に基く国家の大富力を以て海軍力の躍進的準備を急ぐべし。日英両国は中立的関係に立つ能はずして、彼の従属的現状を維持するか彼の分割を結果する征服者たるかの二なり。日本が永遠に政治的。言語的。思想的属邦としてインドの志士を屠《ほふ》らんとせば止む。国を挙げて道に殉ずる天道の使徒として世界に臨まんとせば、英国の海上軍国主義を砕破《さいは》するに足るべき軍国的組織は不可欠なり。「カイゼル」は海上にあり。これフランスが陸上の英国に対して軍国的組織を放棄し得ざりし所以。日本に加冠せられたる軍国主義とはインド独立の「エホバ」

なり。此の万軍の「エホバ」を冒瀆《ぼうとく》して誣妄《ふもう》を逞《たくましゅ》うする所謂平和主義なる者は、其の暴戻《ぼうれい》悪逆を持続せんとして「エホバ」の怒を怖るる悪魔の甘語なりとす。英人を直訳する輩は「レニン」を宣伝するよりも百倍の有害なり。

註三。支那は亦《また》大戦の結果によりて急転直下純然たるインドたらんとす。日本がインドの独立を欲する如く支那の保全を希《こいねが》ふならば、眼前に迫れる支那と英国との衝突は日英同盟を存立せしめざる者なり。英国が早く已《すで》に支那を財政的准保護国とせることは説明の要なし。仮令《たとい》平家全滅の前の隆盛の如きにせよ、英国が今次の大戦に於て本国を脅威せしドイツと、インドを脅威せし露国とに恐怖なきに至れることは、支那に於て二国が亦《また》同様なる脅威を満蒙と青島《チンタオ》より加へたる恐怖を除去したる者なり。英国は日本を外にして支那に恐るべき実力を見ず。而して日本の奴隷的臣従は大戦中と講和会議とに於て彼の十分に安意《あんい》（安心）したる所。則ち彼はチベット独立の交渉中に青海◦四川◦甘粛の一部を包有する要求を加へ来れり。是れ日露戦争によりてロシアが南下の途を日本の満洲に塞がれたるが故に、直路中央アジアより中部支那に殺到せんとせし大道の継承を要求する者。インドを基点として已《すで》にアフガンに及びペルシャに及びたる彼が中央アジアに進出するは論なく、極東海上の基点香港と相応して中部支那以南の割取を考へ始めたるは明白なり。此れ往年ロシアの満洲に進出したるよりも支那の一大危機。而《しか》して支那保全主義を堅持する日本は彼との衝突に於て其の支那経略の根拠地香港の有害なることは、日露戦争に於ける旅順◦ウラジオストクの根拠地に優るとも劣らず。彼は日本の口舌的抗議等を眼中に置かず天下無敵の全勝将軍として支那に臨むべし。是れ単なる推定に非ず。事実を以て立証せらるるの日は則ち日英両国が海上に見ゆるの日なり。支那保全に於ける日英開戦は已《すで》に論議時代に非ざるなり。

註四。日本は支那に於て東洋のドイツを学ばんとする野心国なりと云ふ世界の批評に対して男子的に是認し而《しか》して男子的に反省し改過すべし。周知の如く英独協商は香港を根拠とせる英国と青島《チンタオ》を根拠とせるドイツとが、支那分割のアフリカ大陸の如く実現すべきことを確信して、北支那をドイツに中央支那以南を英国に妥協したる者なり。彼《か》の津浦鉄道（天津・浦口間）が南北に分割されて列車を直通する能はず、南段の英資に対して北段の独資なるは先づ投資的分割に現はれたる者。然るに今次の大戦中に於て日本はドイツの青島《チンタオ》を領有して支那に還付せざらんことを企つると共に、ドイツの投資を継承し更に北支那に投資的侵略を学びたること悉《ことごと》くドイツの跡を追ふ者ならざるはなし。天道は甲国の罪悪を罰して乙国の同一なる其れを助くる者に非ず。日本が東洋のドイツなりと云はれ、ドイツと等しき軍国主義侵略主義の国なりと云はれ、列国環視の間「ウィルソン」輩の口舌に萎縮して面上三斗《と》の汗を拭ふの恥晒しを為せし者 悉《ことごと》く是れ天意。敢て軍閥内閣と党閥内閣とに差等を附するの要なし。明治大帝なき後の歴代内閣の為す所悉《ことごと》く大帝降世の大因縁たる日露戦争の精神に叛逆せざる者なし。一幸徳秋水のみが大逆罪に非ず。其の罪正に大帝の陵墓を発《あば》くの大逆政策を改めずして支那の排日を怒り米国の排日に憂へ尚且つ茫々然として天佑を夢む。彼等は講和会議に於て英国の保護を蒙りてドイツの利権を継承することを認容せられたるとき相賀して「国難去れり」と云へり。何ぞ然らん。英国は英独協商の相手方を日本に代へたるが故に、今や該協商の目的たりし中部支那以南の領有を現実ならしめんとして茲《ここ》に青海。四川。甘粛を包有せるチベット独立の要求となりて現れたるなり。早く已《すで》に揚子江流域は英国の範囲なりと云はるる今日、日本を相手方として英独協商を日英協商として支那に臨む時、明治大帝は何の為めに日露大戦を戦ひしかを解すべからざらんとす。日本は「ヴェルサイユ」に救はれたる同盟の誼《よしみ》によりて英国の支那本部併合に報謝すべしと云ふか。排日の声が支那と米国とに一斉に挙れる所以は日露戦争によりて保全されたる支那と、日露戦争を有力に後援して日本に支那を保全せしめたる米国とが、天に代りて当年の保全者に脚下の陥穽を警告する者なり。驕児《きょうじ》「カイゼル」は世界的排斥に反省せずして陥穽に墜落したり。米支両国の排日に省悟一番して日露戦争の天道宣布に帰る時、日本は排日の実に天寵限りなきを見るべし。英国の恩恵の下に青島《チンタオ》に租借地を得るよりも、英国其者の香港を奪ひて日本の海軍根拠地とせよ。香港に根拠せば青島《チンタオ》の如きは無用の長物なり。山東苦力《クーリー》として輸出せざるべからざるほどに人口漲溢《ちょういつ》せる支那の貧弱なる一角に没頭するよりも、支那其の者より広大にして豊饒なる英国の濠洲を併合せよ。日本に取りて支那は只分割されざれば足る。四千年住み古したる支那を富源なるかの如く垂涎《すいぜん》する小胆国民にして、如何ぞ世界的大帝国を築くを得べき。日本が首を擡《もた》げて英領を直視する時、支那の排日は根本的に永久的に跡を絶つべし。

註五。此の支那保全主義の徹底より見る時、日本の極東シベリア領有は日本の積極的権利たると同時に、支那を北方より脅威せるロシアの伝統的国是を打破する者。日本が東清鉄道を取得して、極東シベリアとを結合する時、内外蒙古は支那自らの力を以て露国の侵略を防禦するを得べし。斯くして日本は北に大なる円を画きて支那を保全し、支那亦《また》日本の前営たるべし。ロシアの外蒙古進出に押されて日本亦《また》内蒙古に進出して防備を試みんとする軍閥の支那保全策は、或る程度に於て支那を保全しつつ或る程度に於て支那を分割する者。其の無策と不徹底と断じてアジア聯盟の盟主たるべき器に非ず。特に「セミヨノフ」輩を用ひて内外蒙古の独立を策しつつある如きは誠に小策士の陰険手段。国家の有する開戦の積極的権利を心解せば公々然日本及び支那の必要を主張して「レニン」其人に向《むかっ》て極東シベリアの割譲を要求すべし。「チェック・

スローバック」援助口実の蔭に国家の当然なる権利を陰蔽するが故に野心を包蔵すとなして敵味方の警戒を受くるなり。日本の対外行動は取るべからざる者より寸土を得ざると共に、天日照覧の下　苟《いやしく》も奪ふべくんば全地球をも大なりとせざるべき大丈夫の健脚に立つべし。

註六。要するに日本は日本海◦朝鮮◦支那の確定的安全の為めに、則ち日露戦争の結論の為めに、極東シベリアを領有すべくロシアに対する大陸軍を欠くべからず。而してインド独立の援護、支那保全の確保、及び日本の南方領土を取得すべき運命の三大国策に於て、英国と絶対的に両立せざるが故に実に大海軍を急務とす。若《も》し今次の大戦に際して大西郷あり明治大帝ありしならば、ドイツの陸軍と東西呼応して一挙露国を屈服せしめ、海軍亦《また》東西に相分れて英国艦隊を本国とインド濠洲との防備に両分せしめ十分なる優勢を持して各々之を撃破し、朞年《きねん》（満一年）ならずして早く已《すで》に北露◦南濠に大帝国を築きたりし筈。ドイツの敗因実に其の始めに於て背後に迫れる露軍の為めにパリ占領の好機を逸し、更に英国艦隊全部を本国に集中せしめたるが為めに一挙根本を屠《ほふ》る能はざるのみならず、却《かえっ》て其の艦隊を「キール」軍港に封鎖せられて国内物質の空乏を来し僅かに潜航艇戦の窮策に訴ふるや、亦《また》却《かえっ》て米国を脅威して之を敵に駆りしに基く。開戦当初より露の陸軍と英の海軍とを両分し得べき日本一国の向背《こうはい》実に世界大戦の勝敗を決したるを見るべし。日本は明《あきら》かに英独の間に「キャスチングヴォト」して其力を以てドイツを亡ぼし英国を活かせし者。然るを挙国一致此《こ》の天寵を逆用して却《かえっ》て両立すべからざる敵国の犬馬《けんば》に就き、救国の恩主《おんしゅ》倒《さかさ》まに其の脚下に俯伏して糞土に値せざる小群島と一青島《チンタオ》とを哀訴す。国政を執つて国を亡ぼさんとする斯くの如き者に加ふべき大逆罪の法文なきを如何せん。

註七。只一大事因縁を告ぐ。「ヴェルサイユ」に於ける調印はドイツを目的として聯合したる列強が、更に英国を第二のドイツとして新たなる聯合軍を組織すべき天与の一大転機。日本は米独其の他を糾合して世界大戦の真個《しんこ》決論を英国に対して求むべしと云ふこと是れなり。講和会議はインド洋の波濤を「テーブル」とすべし。米国の恐怖たる日本移民。日本の脅威たるフィリピンの米領。対支投資に於ける日米の紛争。一見両立すべからざるかの如き此等が、其実如何に日米両国を同盟的提携に導くべき天の計らひなるかの如き妙諦《みょうてい》は今是れを云ふの「時」に非ず。一に只此の根本的改造後に出現すべき偉器に待つ者なり。天皇に指揮せられたる全日本国民の超法律的運動を以て先づ今の政治的◦経済的特権階級を切開して棄つるを急とする所以の者、内憂を痛み外患に悩ましむる凡ての禍因只この一大腫物に発するを以てなり。日本は今や皆無か全部かの断崖に立てり。国家改造の急迫は維新革命にも優れり。只天寵はこの切開手術に於て日本の健康体なることに在りとす。

結言

「マルクス」と「クロポトキン」とを墨守する者は革命論に於てローマ法皇を奉戴せんとする自己矛盾なり。英米の自由主義が各《おのおの》其の民族思想の結べる果実なる如く、独人たる「マルクス」の社会主義露人たる「クロポトキン」の共産主義が幾多の相異扞格《かんかく》（互いに相容れないこと）せる理論を以て存立することは各《おのおの》其の民族思想の開ける花なり。其の価値の相対的の者にして絶対的に非ざるは勿論の事。

故に強ひて此の日本改造法案大綱を名《なづ》けて日本民族の社会革命論なりと云ふ者あらば甚だしき不可なし。然しながら若《も》し此の日本改造法案大綱に示されたる原理が国家の権利を神聖化するを見て「マルクス」の階級闘争説を奉じて対抗し、或は個人の財産権を正義化するを見て「クロポトキン」の相互扶助説を戴きて非議せんと試むる者あらば、其は疑問なく「マルクス」と「クロポトキン」の智見到らざるのみと考ふべし。彼等は旧時代に生れ其の見る所（、）欧米の小天地に限られたるのみならず、浅薄極まる哲学に立脚したるが故に、躍進せる現代日本より視る時（、）単に分科的価値を有する一二《いちに》先哲に過ぎざるは論なし。過去に欧米の思想が日本の表面を洗ひしとも今後日本文明の大波濤が欧米を振《震》撼するの日なきを断ずるは何たる非科学的態度ぞ。「エヂプト」「バビロン」の文明に代りてギリシャ文明あり。ギリシャ文明に代りてローマ文明あり。ローマ文明に代りて近世各国の文明あり。文明推移の歴史を只過去の西洋史に認めて而も二十世紀に至りて漸《ようや》く真に融合統一したる全世界史の編纂が始まらんとする時、独り世界史と将来とに於てのみ其の推移を思考する能はずとするか。インド文明の西《ママ》したる小乗的思想が西洋の宗教哲学となり、インド其者に跡を絶ち経過したる支那亦《また》只形骸を存して独り東海の粟島に大乗的宝蔵を密封したる者。茲《ここ》に日本化し更に近代化し世界化して来るべき第二大戦の後に復興して全世界を照す時往年の「ルネサンス」何ぞ比するを得べき。東西文明の融合とは日本化し世界化したるアジア思想を以て今の低級なる所謂文明国民を啓蒙することに存す。

天行健なり。国は興り国は亡ぶ。欧洲諸国が数百年以上に「ジンキス」汗「オゴタイ」汗等蒙古民族の支配を許さざりし如く、「アングロサクソン」族をして地球に濶歩せしむる尚幾年かある。歴史は進歩す。進歩に階梯あり。東西を通じたる歴史的進歩に於て各々其の戦国時代に亜ぎて封建国家の集合的統一を見たる如く、現時までの国際的戦国時代に亜ぎて来るべき可能なる世界の平和は、必ず世界の大小国家の上に君臨する最強なる国家の出現によりて維持さるる封建的平和ならざるべからず。国境を撤去したる世界の平和を考ふる各種の主義は其の理想の設定に於て、是れを可能ならしむる幾多の根本的条件則ち人類が更に重大なる科学的発明と神性的躍進とを得たる後なるべきことを無視したる者。全世界に与へられたる現実の理想は何の国家何の民族が豊臣徳川たり神聖皇帝たるかの一事あるのみ。日本民族は主権の原始的意義、統治権の上の最高の統治権が国際的に復活して、「各国家を統治する最高国家」の出現を覚悟すべし。「神の国は凡て謎を以て語らる。」嘗《かつ》てトルコの弦月旗ありき。「ヴェルサイユ」宮殿の会議が世界の暗夜なりしことは其れを主裁したる米国の星旗が黙示す。英国を破りてトルコを復活せしめ、インドを独立せしめ、支那を自立せしめたる後は、日本の旭日旗が全人類に天日の光を与ふべし。世界の各地に予言されつつあるキリストの再現とは実にマホメットの形を以てする日本民族の経典と剣なり。

日本国民は速かに此の日本改造法案大綱に基きて国家の政治的◦経済的組織を改造し以て来るべき史上未曽有の国難に面すべし。日本はアジア文明のギリシャとして已《すで》に強露ペルシャを「サラミス」の海戦に砕破《さいは》したり。支那◦インド七億民の覚醒実に此の時を以て始まる。戦なき平和は天国の道に非ず。

大正八年八月稿於上海 （伏字のわずかな方の「初版」における表記は「大正八年八月稿」）

北一輝

日本改造法案大綱 終 （伏字のわずかな方の「初版」のみこの表記はない）

無数千万衆　欲過此険道――時有一導師
強識有知慧　明了心決定　在険済衆難―
―慰衆言勿懼　汝等入此城　各可随所楽
（妙法蓮華経化城喩品）

（この経文は西田版の「伏字の多い方の版」（初版、再版とも）の『日本改造法案大綱』本文末尾の次ページに掲載されている（巻末底本画像参照））

Ⅳ 対外論策篇

ヴェルサイユ会議に対する最高判決

一九一九年（大正八年）

大戦満五年目の調印当日たる六月廿《二十》八日
講和会議第一の失敗者ウィルソンを成功者の如く見るは非常なる幻惑だ
権威を持して断言す
米国自身の戦争目的『海洋の自由』を忘却した『憲政の神様』
『海洋自由』の一点張で押せば日仏伊を味方として英を挫き得た筈だ
日本を敵にした彼と、彼に結び得ざりし日本の無策
凡ての講和会議を決定する勢力の原則
舌切雀の慾張婆の如く選び取つた三目小僧の箱
海洋の自由なき国際聯盟ありや
大馬鹿者を笑殺せよ
日本こそ米国の不併土不賠償の主張を支持すべきであつた
英一国の独領占有を阻止すべき日米一致の利害
国際聯盟は不併土不賠償の変形である
米国をして国際聯盟か独領アフリカかを選ばしめよ
米国の東進は英領植民地に失望するより起る
米国が失敗に気づく時を期待するの外なし
ウィルソンの九天落下を明言す

ドイツの調印は日本の天佑にして条約はカイゼルとレニンの約束だ
ヴェルサイユ共者の革命に包まるる日
国際聯盟を今の時代に云うウィルソンは未来の意味に於ける時代錯誤だ
日米の将来を日本より米国に向つて宣伝せよ
英帝国分割の時代
米籍を有する一千万のドイツ人が米国の国是を一変するの日を見よ
米国の排日言動に神経を刺激さるるは英人の術中に陥るのみ
支那の革命は資本労働の者と全然別個なる中世的革命だ
旧著の立証さるるにつけて益々断乎国策の革命的一変を要す

拝啓。過日の書簡を広く示され誠に感謝します。支那の事終に実行時代に入りましたので、今後は鮮血の筆が小生の拙文に代て御報告申すであらうと信じます。今月今日は大戦満五年目を以て調印する筈の日でありますから、欧洲講和会議に対する『最高の判決』を君に向て書きます。此事は世上の見る所と大《おおい》に異て居りますが、四年前の旧著が一歩一歩立証さるる点よりしても、小生の所述を納受さるる方々に御伝へを願ひたい。そして明確に各方面の根柱たるべき方々に慎重なる熟慮と泰山の決意を促して下さい。

小生が力を極めて断言せんとすることは、講和会議に於ける失敗者は日本であることは固《もと》よりであるが、其の第一の失敗者はウイルソン其人なりと云ふことです。彼と日本委員との個人的軽重を比較して、彼を以て講和会議に於ける成功者の如く考ふるは非常なる幻惑であつて、実に彼の失敗を正当に理解することは、将来の対支政策、対米政策、否凡てを包括する日本の国策の樹立に於て、最も必要欠く可《べか》らざることである。則ち是によりて日本が如何にして失敗したかの根本的了解を得ることも出来、従《したが》つて日本の方針を将来如何にすべきかの事も自ら結論さるることとなるのです。小生はパリに於ける人々よりも法華経の前に安座して此の断言に権威を持ちます。

それはウィルソンなる男は其本国が何故に大戦に参加したかと云ふ『戦争目的』を忘却して、鐘太鼓に浮かれ廻つた事に在る。申すまでもなく米国参戦の理由は『海上の自由』と云ふことにあつた。海上の自由が公海に於ける英国の捕獲臨検に脅かされたる当時英国に向て起たんとしたと同じ理由によりて、海上のそれがドイツの潜航艇に脅されたが故に、一転してドイツに向て起つた開戦当時の事情を回顧すれば明白です。正義人道はツァールの言ふのもカイゼルの言ふのもウィルソンの言ふのも同じ事で眼中に置くに足りない。米国を考ふるには只海洋自由の一事にて充分であつたのだ。若《も》しウィルソンにして『憲政の神様』と等しき御調子者で無かつたならば彼れは英、仏、伊が風説さるる同盟を結んでウィルソンの来るのを待つた時に、彼は此の三国を引裂くに『海洋自由』の一默張りで押すべきであつた筈だ。米国の此の要求に対して苦痛を感ずるものは一英国のみであつて、仏国の如きイタリアの如き、将《は》た日本の如きは、海上に於ける自由を求むる点に於て米国と利害一致するものである。然らば彼は一の是れによりて英仏伊同盟を引裂き、日英同盟を揺憾《ようかん》(激刺)し、以て全勝将軍たる英国を脚下に屈服せしむることが出来たのである。独立戦争後戦はれたる英米戦争なる者は実に『海洋自由』の為めではなかつたか。米国は大戦参加の目的上よりして且つ此の歴史上の回顧よりして、彼に絶大なる後援をなし、一時両国を危機に置くかの如き形勢を現ずるとも彼れを支持したであらう。小生の実に洪歎に堪へざりしは、何故に日本が率先して先づ彼の主張を助けなかつたかと云ふ大眼目である。彼れにしても少しく歴史的価値を有する如き人物ならしめば、何故に日本を敵に駆りて自ら墓穴を掘るが如きことをしたかを反省して宜しい。講和会議の勝敗を決する者は戦争に尽力したる功労ある国にあらずして、戦争終了の時に有する兵力財力に在りと云ふ原則に依りて、日米両国の完全なる提契あらば、疲弊せる英仏伊を屈服せしむる易々たるものであつたのだ。況《いわ》んや仏も伊も此点に於て英と利害を異にせるをや。

　彼は舌切雀の慾張婆の如く大小二個の箱を提示された。一は小さき宝物を満たした『海洋自由』の箱であつて、一は百足や蛇や三目小僧の出て来る『国際聯盟』と云ふ大きな箱である。一個口舌の雄にして乾坤《けんこん》を呑吐《どんと》する大器に非ざる彼は、小さき宝物の箱を日本の手を借りて開くことを忘れたるのみならず、柄にも無き世界改造といふ大望に逆上して化物の箱を背負つたものである。此の二つの箱が両立する性質の者でない如くに、米国の立場より見る時(、)海洋の自由なき国際聯盟が成立するものでないことは小学児童でも承知のことだ。彼の反対党が彼の極力主張せし聯盟と講和条約との合本を分冊にせよといふのは、是れ将に三目小僧が飛出さんとしてる《ママ》者である。日本の輿論《よろん》は何故に此の大馬鹿者を笑殺しないのか。実に小生の見る所では、非難のある西園寺よりも牧野よりも、彼が如き其愚劣さの程度に於て三文銭の価なき凡骨である。

　固《もと》より小生は日本の失敗を非難することに於て異論を挟むものではない。其れは日本委員なる個々氏の成敗に非ずして、日本の朝野凡ての負担すべき国策の樹立せざるより生したる失敗である。則ち米国が海洋自由に於て日本に握手を求めざりし失敗と同じく、日本が米国の『不併土不賠償』の主張を極力支持せなかつた事である。戦争すれば必ず鼻糞ほどの土地でも取らなければならぬと云ふ伝統的思想が先づ此事に累してをる。之は金を貸せば必ず利子を取らねばならぬといふ質屋の禿頭の考であつて大建国者の大策でない。現にビスマークは来るべき普仏戦争の目的準備のためにオーストリアから何者をも割取しなかつたではないか。大正五年六月に小生がドイツとの提携を言説した当時とは異なつて、近時日本国民の親独的傾向は殆ど輿論《よろん》の如くなつて居たにも拘《かかわ》らず、依然たる猫の割前を争ひて他に独り獅子の満腹するを恣《ほしいまま》にしたとは何事である。戦後の対独策は今日となつては別問題だ。講和会議に於ける問題は、獅子の貪食を阻止する事が日本及《および》米国の熟慮すべきことではなかつたか。米国は此点に注意したるが故に『不併土不賠償』を高調した。彼としては英国独り独領を併合すべきを看たのであるからして、少くも此点に於ては日本よりも高眼大処の国策と云ふべき者だ。小生の思考では『国際聯盟』とは此不併土不賠償の主張がドイツの対抗力なき全敗と云ふ意外なる結果によりて表皮を着せ替へた者に過ぎない。ドイツが彼の十四ケ条の宣言せられたる当時の如き形勢で講和する者であつたならば、彼は国際聯盟を云はずして不併土不賠償を固守したことは勿論である。只ウィルソンは形勢の激変に応ずるに足る妙境に達した達人でないだけに、御面が外れたら胴を打つと云ふことを知らぬ。彼は正義人道屋の看板に対し遁辞《とんじ》（逃げ口上）を設けて、凡ての敵国領は国際聯盟の領有とすべしと脱線して来た。満川君。日本は何故に彼の本心が何を求めてるかを見破らなかつたか。彼が英国の独占を阻止せんとして、品のよい大学教授の昔を出して旧式な非科学的な政治学講義を始めたといふことが分からなかつたのか。国際聯盟が不併土の変形であると知つたならば、日本は二段の計画を胸に畳んで言下に賛意を表し、日本亦《また》独領を得んと欲する者にあらず、青島《チンタオ》の如き、マーシャル、カロリンの如きドイツに還附すべしの意を示すべきであつた。日本と米国とは講和会議に於ける唯二国のみの強者であるが故に、英仏伊三国を十二分に威嚇することが出来る。而して三国の中仏国の如きイタリアの如きは各々存立上譲歩すべからざるアルサス、ローレンの如きフユメ《フイウメ》港の如き領土併合上の欲求を有する。故に、英国に裏切つても日本と米国とに不併土不賠償の主張の緩和を求めて来る。其時である。日本と米国とは国家存立上必要とする仏伊の要求のみを聴入れて、単なる強慾なる英国の独領々有を打ち破るべき裏切者として味方せしむる事が出来るのだ。米国と日本との戦時中の功労、及び戦後に有しつつある実力より考へても、広大なる独領を一英国にのみ恣《ほしいまま》にせしむべき理由が何処に在るか。

日本は米国に向てアフリカの独領占有を約束し、米国は日本に向つて赤道以南の南洋独領を約束する。然らば青島《チンタオ》争奪の醜態なく、マーシャル、カロリンの尠《せんしょう》少なる獲物に非ざるのみならず、欧洲の舞台に於て真個《しんこ》の強国たる認識を得るのであつた。或は米国が承知すまいかと云ふ者あらん。国際聯盟かアフリカ独領かと云ふ二つを提出した時、ウィルソンと雖《いえど》も後者を取るは自明の理である。米国の侵略を東洋に招来する根本原因は、彼れをして英国の植民地に絶望せしむるから起ることであります。要するに国家が一時聯合して共同の敵を仆《たお》したる時は、其の刹那に於て打勝ちたる国家間に於ける戦争を決意せずしては断じて講和会議に臨むことは出来ぬ。米国の斯かる不用意に加へて、日本は出席前何れを敵とし何れを味方とするかの大略方針すら決定して居なかつたとは、実に情けないにも程がある。昨年小生が書簡にて『今後日本の方針は如何にして英米を引裂くことに成功すべきかに在り』と申上げしに、御返事に其書旨に御同意の方々が多かつたとありました。而も今にして見ると日本政府も在野の国柱諸氏も、未だ此事に具体的政策を有して居らなかつたであらうか。

小生は只茲《ここ》に一つの期待を持つ。其は米国がウィルソンの箱を開いて見て百足や蛇や三目小僧を発見し、以て絶大なる国力を有して史上未曽有の失敗をした講和全権であつたと気の付《つく》日の遠かるまいと云《いう》ことを。日本は自らのなせる失敗を正当に受入れて内外に示すと共に、――米国民に其失敗を理解せしめ、――以て両国の将来を如何せんと云ふ同病相憐むの情を涌起《ようき》せしむるの外はない。是英米相食《は》むの第一歩である。英米相和する時パリに於て日本全権の被告扱となり、支那に於ては全部に亘る排日熱の昂騰《こうとう》となる。ウィルソンが米国に於て逆起《さかだ》ちの曲芸を演じて九天落下するの日は、支那に於ける親米的忘《妄》動の閉息する時である。

要するに今日の調印は日本の天佑である。若《も》しドイツが調印せずして日本も米国も従前の行きがかりに引摺《ひきず》られて、出発の第一歩より誤れる聯合軍参加を続くならば、或は国家を底無し沼に投じたかも知れぬ。固《もと》より此の調印はカイゼルとレニンとの其れである。小生は近き将来に於てドイツが社会革命の大風潮を煽つて一片の反故紙《ほご》となすことを確信し且《かつ》一の権威を以て予言する。日本は速かに彼の使節等を帰朝せしめて、ヴェルサイユ其者が革命に包まるる日を望見して準備しなければならぬ。

固《もと》より国際聯盟の如きは大馬鹿者の喜劇として残さるるに過ぎぬ。由来国際聯盟とは我々社会革命的思想家が各《おのおの》其の国を支配したる将来の問題である。西園寺、牧野等が岩倉卿もどきに、ちよん髷《まげ》を載せてパリの見世物となりしことが時代錯誤なる如く、ウィルソンは『未来の意味に於ける時代錯誤』である。資本家の番頭等によりて組織さるる今の米国政府の一員の分際としては誠に大外れた野望である。カイゼルが世界征服を夢みて天の斧鉞《ふえつ》（おのとまさかり）に仆《たお》れた如く、世界改造を旧式なる政治学講義の舌先で言上する彼が如きを、如何なる天か之を怒らざるべきぞ。小生は日本先覚の力を以て日米両国を誤る斯かる『憲政の神様』を米本国より葬らしむべく期望する。則ち米国に向つて日米将来の根本方針の了解を宣伝する如き其の一の方法なりと信じます。

約言すれば今日の講和条約が故紙となる時に起る問題は、英帝国の分割に在る。今の英国は軍艦の数のみ多くを有して居る点に於て外見に驚倒する田舎者には強国と見えるだらうが、満五ケ年の大戦によりて疲弊し尽したること、全く講和前のドイツと同一程度の弱国と打算して掛かれば宜しい。日本が米国の野心を支那より外に転ぜしむるには、彼に向て英国が今日有するアフリカの英領及《および》新たなる独領（委任されたといふ占領地）を以てすることである。日本は則ち赤道以南の独領たりし植民地及び濠洲を領有する。濠洲の日本に対する恐怖は明《あきら》かに日本の来襲を予覚したる叫《さけび》である。

勿論日本はドイツを中心としたる従来の敵国側を味方に引入るる準備をも要するが、是等は日本の決心如何によりて容易なことで論ずるまでもない。而して米籍を有する一千万の独人が米国参戦の無意味なりしことを覚醒し始むると同時に米国内に於て米国の国論を一転せしむべく、茲《ここ》に始めて日独米提携の英帝国分割といふ歴史的大段劃《ママ》を見るであらう。日本の朝野は日露戦争前に日英同盟を準備したる如く、英国を分割すべき共同目的の為に、米国を正道に導くべく堅忍力説して中挫してはなりません。機会は固《もと》より天の与ふる所。要するに此れが日本の大方針たるべきもので、是れ以外（、）今の小日本が名実伴へる大日本たる日は断じて有りとは信じませぬ。講和会議に於ける英米の提携、――現時の支那に於ける英米提携の排日運動――を大きくする時は、――英米同盟の日本叩き潰ぶしといふ元寇来の恐怖を推論することが出来ます。小生はパリと支那とに於ける米人の排日的行動に感情を刺戟《しげき》せられて、而も此間に漁夫の利を占めつつある英国を忘れんとする日本の現状を見て深甚なる憂惧《ゆうぐ》を抱く者です。神功皇后は熊襲《くまそ》を討するに其後援をなす三韓の根本を衝きて後世の経国者に英米の関係を指示して居るではないか。

序《つい》でながら芳書に支那の過激化といふ点を論ぜられ、又内地の新聞にも然様《さよう》に見えますが此俗称が若《も》し徹底的革命と云ふ意味ならば勿論左様です。而し資本対労働の争が現はれたる露独の如き其れであるとすると其れは大間違です。産業の勃興した結果の社会革命を要求するドイツの者、及《および》ドイツの理論とドイツ人の移住とによりて社会主義が培養されたロシアの者は近代的の革命であつて、支那の徹底的革命は拙文に『中世的代官階級』と称して置いた中世的遺物が政治則掠奪をやつて居るのである。従《したがつ》て独露の社会革命党の云ふ資本則掠奪といふのとは全く政治組織も社会組織も異なつて居るのです。只新人物中にウイルソンが出れば直ちにそれを崇拝し依頼するといふ風に妙に事大的流行的の者があつて、今回の排日運動がバタ臭い理由で過激化とは申されません。凡て支那の事は近き将来の事実が説明します。只一事承知すべきことは現時支那を掩有《えんゆう》せんとしつつある英米的勢力を打破する者は支那本来の徹底的革命家の一団であつて、日本が真個《しんこ》生死栄辱を共にするに足る新興支那の国柱的人物である。

小生は固《もと》より文筆の士に非ず。従《したがつ》て前書の旧説を固持する次第でありませんが、事実は満三年後の今日支那革命に於ても、列強の向背に於ても着々として卑見を証明して来始めました。大戦参加の第一歩より国歩を反対方面に導きて、今日の四面楚歌の危機に投じたことを悟つた以上は、大勇猛心を揮《ふる》つて国策を樹て直さなければなりません。芳書には日本の外交革命に絶望したかの如く見えますが大丈夫です。数十人の国柱的同志あらば天下の事大抵《(こ)》は成るものと御決意下さい。

今日講和会議の帰途に在る永井柳太郎君に逢ひました。氏と懇談の暇がありませんでしたから此書簡を氏にも示して下さい。又同じく講和会議に於ける日本委員の不始末を国民に警告せられた中野正剛氏にも頼みます。更に拙文を読まれた小笠原海軍中将にも願ひます。

（（大正）八年六月二十八日於上海満川亀太郎君宛書簡）

支那革命外史　終

（「ヴェルサイユ会議に対する最高判決」は『支那革命外史』の「補」として、著者生前発行の単行本各版に収録された）

『支那革命外史』序

一九二一年（大正十年）

日本の東方には今ワシントン会議なる名に於てヴェルサイユ条約が寸裂焼却されんとする国際的大舞台の廻転が轟き始めた。而して西の方支那の革命的進行が十年間の下燃えから噴出して将に沖天《ちゅうてん》の（空高くのぼる）焔を挙げんとして居る。時を同じうして起れる東西両大陸の驚異の間に、六年間埋もれて居た此書を公けにする。

今秋の十月十日で清朝三百年の君主政治を顛覆した武漢の烽火から満十年目になる。隔世の感の如く又昨今の想もする。支那は民国元年となり、同時に日本亦《また》大正元年となつた。日露戦争に打勝つた日本の思想とに啓蒙されて起きたものが十年前の清末革命である。徒らに民主国の名を冠して而も何等の建設、何等の破壊を為し得なんだ爾後《じご》十年間の支那は、支那自身の為めにも恥づべき限りであつた。支那が日本の軽侮を招いたのは必ずしも不当でない。日本亦《また》徒らに大正義の改元を宣して而も其の支那に加へた言動は悉《ことごと》く不義の累積であつた。支那の革命を啓発した戦争の国家的大道念其者を喪失してウロウロして居たのが爾後《じご》十年間の日本であつた。日本自身の恥辱に於て支那の百千倍である。日本が支那より排侮され列国より脅威さるるのに少しも不当はない。

民国及び大正の三年、支那及び日本の為めに、参加すべからざる世界大戦に先頭第一の軽燥《躁》（軽躁。軽はずみ）を以て日本は引摺《ひきず》り込まれて居た。此書は翌四年、故袁世凱が帝政計画を遂行し日本の施策再び三たび謬妄を重ねんとしつつあるを見て、其年の十一月執筆の傍より印刷しつつ時の権力執行の地位に在る人々に示した者である。第八章『南京政府崩壊の真相』迄が其れである。然るに暗合の如く一致して同月故蔡鍔が雲南から通称第三革命といふ討袁の兵を挙げたので、革命党の諸友悉《ことごと》く動き、故譚人鳳の上京して時の大隈内閣との交渉を試むる等のことあり、為めに筆を中止した。後半の執筆は翌五年四五月《しご》の間で、革命も酣《たけなわ》はならんとするかに見えたので真に寸閑を窺《ママ》んで筆を走らせる後から後からと印刷を急がせた。元来文筆の士に非ざる者の文字更に拙悪蕪雑を加へた所以である。当時老眼鏡の人々に見易きため大きな活字の者であつたのを、此冊子に組み改める機会に於て章句段落等を整へて見たが、文章としては誠に申訳ないものである。而して最後の印刷が配布されつつある時、実に六月六日討袁軍の目標として居た袁世凱が急死した。革命は又々頓挫した。不肖は別個満腹の決意を抱いて一人再び支那に渡つた。

　而しながら後半の配布に論述して在る凡ての題目、則ち支那の革命が如何に徹底し而して如何に其れが日本及び其他の国際政局に決定的方向を与へるかの洞察は、当時に於て不退転の大信念なりし如く今日に及んで不可抗の大現実として日本の東西に出現して来た。大兵乱を捲き起さんとしつつある革命支那とワシントン会議とは、此書を道念と聡明を以て読み得る者の当り得るところである。故に此の書は支那の革命史を目的としたものでないことは論ない。清末革命の前後に亘る理論的解説と革命支那の今後に対する指導的論議である。同時に支那の革命と並行して日本の対支策及び対世界策の革命的一変を討論力説してある。則ち『革命支那』と『革命的対外策』といふ二個の論題を一個不可分的に論述したものである。

　書中、二十一ケ条の対支交渉を遺憾限りなしとし又、対支政策及《および》対外策の全局に於て日本は日英同盟に拠るべからず日米の協調的握手にあることを指示した所が多い。今にして明《あきら》かに見るのは当時の執権者全部よりも不肖の正当であつたことだ。英国に引摺《ひきず》られて鼻糞大の三五《さんご》個の島嶼と山東の一角の為めにヴェルサイユの暗礁に乗り上げたのは誰だ。此等を仕出来《しでか》した加藤外務卿が首縊《くく》りをするだけの良心もなくて、今更日英同盟の無用を陳述するから凄まじい。已《すで》に日露戦争の大事実によりて決定されて居る満洲の主権を、九十九ケ年に猿まねをして二十一ケ条に盛り込んだ汚らはしき小細工。反対に九十九年にして支那に返附さるることなき青島《チンタオ》を、『支那に還附する目的を以て』と自ら全世界に公約したベラボー至極の顛倒事。――大戦参加の発足より地獄の港に向けた船である。為る事為す事悉《ことごと》く国家を残害するものであつたのは勿論の事だ。

　実に『日米経済同盟』は大戦中に於て固《もと》より決行すべき者であつた。たとへ大戦参加の途を誤れりとも支那に対して日米の同盟的利害を確定してあつたならば、尠《すくな》くもヴェルサイユに於て支那と米国とから一整《斉》に排日の泥を投げつけられることはなかつたのである。この点に於て彼等の最悪に亜《つ》いだ寺内政府の対支策が亦《また》最悪の者であつたのは論ない。此書は、米国と、及び米国に盲従して支那が大戦に参加せなかつた以前に書かれた。而も今日に至て権威を持てる者の如く日本の進むべき一道を指示して居る。――ワシントン会議の議題の一とさるる支那が大革命の火を挙げんとしつつある時、ワシントン政府と革命支那との間にこの一事、――日米経済同盟の一事を決行することは政府及び国民の国家的大義務となつた。是れ日英同盟より日米同盟に転向する槓桿《こうかん》（子梃）である。当時日英経済同盟の如きを放言して居た大隈侯が、此書を熟読せしめられたことによりて、爾来《じらい》米国資本団の来朝者等に向つて日米経済同盟の説法を試みつつあつたのは悦ばしい。勿論、鉄道の大々的統一の為めの日米合同借款と云ふ大眼目を把握し得ず単なる口頭的反響であつたが、彼等としては上出来の部である。書中、如何に此翁をさへ正道に導かんとして期待激励に努めたるかを憫《あわ》れめ。只経国の大業に仕ふるを以ての故に、辞を厚ふし礼を卑ふするの文章がある。

書中、『革命支那』の為めには支那の武断的大統一を力説し、日本の『革命的対外策』の為めには南北満洲とシベリアの領有を力論した。ロマノフのロシアがレニンのロシアに代はれりとも日本の大アジア政策に一分の退転はない筈だ。国家内に於て国民生活の分配的正義が主張さるる根拠に立ちて、国際間に於ける国家生活の分配的正義を剣に依りて主張するのだ。――これ不肖の民主社会主義が日本群島に行はるる時革命的大帝国主義たる所以の一である。故寺内元帥が朝鮮に鎮坐まします時『此の書物に読まれた』ことは感謝する。而も大隈内閣に代るや直ちに日独同盟の失言事件を生じたり、袁世凱の更に無価値なる者に過ぎざる段祺瑞に一億五千万円の軍資軍器を貢いだり、シベリアに――チェック・スロバックと申すものの為めに――御覧の如き出兵をしたりした。何たる迷惑な読まれ方であるぞ。虎を描いて狗に類するとは真実この事である。

本書を読まるる方は文調の旧式であり態度の諫諍《かんそう》（強くいさめる）的であるのを怪むであらう。不肖は六年後の今日之れを校正しつつ、符節を会する如き古今の一致に眉を顰《ひそ》めた。日蓮と雖《いえど》も元冠襲来を警告せる立正安国論は彼自身の文調でなく又時の権力者に対する諫諍的態度であつた。不肖は此書を時の権力階級の人々に配布して支那に去る時、是れ『大正安国論』なり、正義を大成して国家を安んずるの道を論叙せる者なりとして書いた。而も之を受取つた彼等は殆ど悉《ことごと》く書中の作為名詞支那の『亡国階級』其者ではなかつたか。不肖は日蓮に非ず又日蓮の奴隷に非ず。切に読者諸公の間より胆甕の如き相模太郎（北条時宗）の出現を待望止まざる者である（頼山陽の詩「蒙古来」中に「相模太郎胆如甕」の一節）。

不肖は此書が極めて限られた範囲の配布なりしに係らず、これに依りて満川亀太郎君を得た。大川周明君を得た。五年に来訪を受けただけの満川君に『ヴェルサイユ会議の最高判決』を書き送り得る信頼の大節義を見た。一面識だにない六尺豊かな大川君が、日本が革命になる、支那よりも日本が危いから帰国しろとワザワザ上海にまで迎へに来た大道念に刎頸《ふんけい》の契を結んだ。此書が大隈。寺内氏等に誤り読まれても、斯く炎々焔の如き魂を以て此書が何を欲し何を目的とするかを看破したものがある。若《も》し此書にして更に幾十人かの大川公満川伯を得ば、日本の事、大アジアの事、手に唾して成すべしである。

相抱いて淵に投じた二人（西郷月照）の中、一人は眠から覚めなんだ。一人は蘇生した。蘇生した一人が倒幕革命の一幕を終つて空しく墓前に哭《こく》した時、頭を回らせば已《すで》に十有余年の夢である。不肖亦《また》支那の革命に与《くみ》して十有余年、真に一夢の如し。碌々《ろくろく》何事をも成す能はざりし遺憾は盟友等の墓石に対するも快くない。清朝顛覆の一幕、盟友等にとりて何程のことであらう。非命に仆《たお》れた宋教仁。范鴻仙君等の悽惨な屍《しかばね》を巻頭に弔らひ掲げて、独り暗涙を呑みつつ筆を執つて居た六年前の不肖自身の心中が悲まれる。

当時世に在り、功罪を論ずるには余りに中心的人物であつたので筆法に大なる制限を用ひた譚人鳳も昨九年四月——共に或は生きて相見ざるべきかの訣別をして僅か四ケ月の後——老楠の摧《くだ》くる如く上海に客死した。翁の遺像を掲げて三世を契れる知己を弔つて置く。実に彼は清末革命の大根柱であつた。彼の雄略斗胆は豊太閤を現代支那に再生せしめたかとも見えた。宋范二友の遺志を一人生き残りて負へるかの如き干右任君の大徳と共に天の嘱望した双璧であつた。今日彼の愛孫を撫育しつつあるにつけても思出の種のみである。翁の二子故譚二《弐》式君が七年夏湖南の獄を逃れんとして背後より銃殺されたために、生後已《すで》に十日にして母を失つて居た彼の愛孫——父と祖父との恨を負へる孤児は今隣国革命家の手に養はれて外国人なる我を父と呼んで居る。悲憤其者を揺籃にして睦み戯むるる児よ。不幸若《も》し汝が今父と呼べる者の世に無き運命に会した時、汝の真の父と祖父と而して汝の故国とを此書によりて学べ。汝を抱くことによりて隣国の父は産れた許《ばか》りな汝の革命支那を抱いて居るのだ。何たる不可思議なる一致ぞ。母を弑《しい》して産れた汝を懐《ふとこ》ろにして祖父の老英雄が亡命の地に断腸の想をして居た時、——四年の十一月、——時を同じうして此書が汝の故国を隣国に訴へんが為めに書かれ始めたのである。朝々暮々の禱《いのり》は汝の健かに長じて汝の父と祖父の遺志を汝の故国に継ぐとであるぞよ。此書は汝一人の為めにも世に留むべきものである。——三更《さんこう》（夜更け十一～一時頃）経前に黙坐する時の如き、綿々の恨を引く此等盟友の魂が迷ふ支那の山河がありありと眼底に現ずる。ああ歴史とは斯る魂より滴り落つる血の聯続《れんぞく》であるのか。

此書の当時はロシア皇室の顚覆せる革命も起らず、ドイツ◦オーストリアの君臣万々歳に見えたと、恰も今日大英帝国と其の皇室とが然か見ゆる如くであつた。フランス革命以後百年にして始めて、ロシアの革命がガボンの火花に一蹶《いっけつ》して以来亦《また》始めて、而かも意外なるアジア民族に突発した君主政顚覆の革命であつたのである。固《もと》より深刻なる理解者に取りて古今凡ての革命とは君主政対民主政と云ふが如きものでない。従《したがっ》て清末革命亦《また》一民族の一体的復活の為めに其の命を革《あらた》めんとする躍動、則ち民族主義の革命であつたことは書中に説ける通りである。而しながら今日と全然時代の風潮が異つて居た為に全世界、特に日本の驚異であつた。実に大戦の始と終とに於て世界の革命風潮は真実一世紀を隔つる急変をした。従《したがっ》て此書は一世紀前の旧文字とも言ひ得る。而しながら支那の革命的進行を推断してある部分、——例へば破産せる財政革命の基本として掠奪◦没収◦徴発等の前提的過程を要することを指示したり、列強の分割を予劃せる財政的侵略則ち外債全部の没収を避くべからざる道程なりとして論叙せる部分の如き、——当時日本及び支那の識者の首肯に危ぶんだところの者も今は却《かえっ》てロシアの人々によりて実証されたのを見よ。革命の鮮血舞台に演舞すべく天より遣はさるるほどの者の思想行動には、国境と時代を一貫して枉《ま＝曲》ぐべからざる或者がある。大西郷のしたことはレニン君の為す所であり、大奈翁《なおう》（ナポレオン）の行つたところは明治大皇帝の踏める道である。彼此《ひし》相学ぶに非ず、先聖後聖其軌一なるが故である。有田ドラックの梅毒広告と皇室中心主義者流によりて維新革命の君臣二英雄が理解されると思ふか。小田原のラスプーチンの前に最敬礼を表する軍閥者輩によりて、フランス革命の産んだマホメットが知悉《ちしつ》されると思ふか。然らばレニン和尚ほどのもの亦《また》凡骨でない限り、センチメンタルな翻訳蚊士《ぶんし》共によりて窺知されやう道理がない。レニン君が革命支那から何等の指導を受けない如くに、来るべき日本の英雄——諸公はレニンと没交渉の後聖であると信ずる。然り。来るべき支那が此書以後ロシアの革命によりて立証された如く、革命の支那は東洋革命のロシアである。（日本は支那から火のつく東洋のドイツではない）。官僚と翻訳蚊士とはレニンの宣伝によりて支那の赤化するかに考へて恐怖し又は待望して居る。其の低能さ加減に於て両々相下らざる野呂間共である。革命は維新の日本を赤化した。然らば支那が自ら燃ゆる時其の火の赤きに何の愕《おどろ》くことがある。

諸公。此書が革命の支那を解説せんとして筆をフランス革命と維新革命とに横溢《おういつ》せしめた所以は是の為めである。今の元老（一世紀前の此書なるが故に礼を厚ふして指名した人々）及び死去せる元老なる者等が維新革命の心的体現者大西郷を群がり殺して以来、則ち明治十年以後の日本は聊《いささ》かも革命の建設ではなく、復辟《ふくへき》（退位した君主が再び位につく）の背進的逆転である。現代日本の何処に維新革命の魂と制度とを見ることが出来るか。押される者の押し返へさんとする物理的原則、――封建時代への反動的要求を挟んで、是亦《また》反動時代であった英仏独露の制度を輸入せる――朽根に腐木を接いだ東西混淆の中世的国家が現代日本である。屍骸には蛆が湧く。維新革命の屍骸から湧いてムクムクと肥つた蛆が所謂元老なる者と然り而して現代日本の制度である。維新革命の奈翁《なおう》（ナポレオン）皇帝の内容に大西郷と其の他の二三子《にさん》の魂が躍々充塞して居た時代と、伊藤。山県等の成金大名（権助（下男）ベク内（可内。武家の下僕）から成り上つた）の輩が光輝を蔽つてしまつた時代との差別さへ附かない現代日本だ。我自ら中世的国家の泥の中に住んで居る鰌《ドジョウ》の如き人々に、支那の革命を理解せしめんとした此の書は恥づべき努力であつた。大西郷が何故に第二革命の叛旗を挙げたか。而して其の失敗が如何に爾後《じご》四十年間の日本を反動的大洪水の泥土に洗ひ流して、眼前見る如き黄金大名の聯邦制度と其れを維持する徳川其儘《そのまま》の御役人政治とを築き上げたか。是等日本自身の一大事を心得て居るならば、清末革命の後に第二第三の革命あり更に革命目的を徹底せんとする現下支那の戦雲に一々の註釈を要しない筈である。革命とは順逆不二の法門であり、其の理論は不立文字である。湊川の楠公は二百年間逆賊であつた。其墓碑さへも外国人の一亡命客に指示されて建つた。是れ英国人自身のカーライルによりてクロムエルの泥が洗はれたよりも恥かしき逆賊である。大西郷亦《また》足利尊氏でよろしい。彼の銅像は図々しくも彼れを乱刺したブルタス共によりて築かれた。而して今や忠臣蔵のお化けの如く上野の森に迷つて居る。――ああ『支那革命外史』に万言を列ねて而して求むる所の者は何ぞ。不肖は歴史を書く為めに生れては来ない。彼等と共に書かるべき運命の波に投げ込まれて居る。恰も頼山陽の日本外史が日本の歴史的記録に非ざるが如し。

『ヴェルサイユ会議に対する最高判決』の全部的適中によりて不肖を売卜者《ばいぼく》（占者）の如く取扱ふことに不可なし。而も是れを以て過去の者と看じ去るならば此の憐むべき売卜者を遇する所以ではない。三年の前に、道理を卦《け》とし事実を筮竹《ぜいちく》として下した断案が今日に至て世界的現実として表はれたならば、未だ現実に現はれて来ない部分の断案は更に三年の今後を指示する者でないか。――英米の割裂。延《ひ》ひて英米相屠《ほふ》るべき第二世界大戦の運命。其渦中に処してインドの独立と支那の自立とを負へる日本国自身の革命的大帝国の破壊及び建設。日の本の神々は若き『明治三世』の御見学の為めに、日英同盟の屍骸を土左衛門の如くテームス河に浮き上げて指し示した、而してワシントン会議がヴェルサイユ条約を葬むる会葬式である黙示を、亦《また》米国々務省に蔵せる条約正文の盗失によりて全世界に掲げ示した。神々の照覧の下に敢て此言をなさん。――啻《ただ》に此の一書簡のみでなく、此書全部が今や我が日本国の進むべき唯一の対支策及び全部の対外策となつたのである。若《も》し此書の指示する所と反対に日本国を導く者あらば、是れ三千年の歴史を亡ぼすロマノフの廷臣でありカイゼルの臣僕である。

支那公使山座円次郎氏と同参事官水野幸吉氏の遺影を書中に挟んで置いた理由につきては不肖自身の語るべき限りの者でない。歴史は沈黙のままに流れて居ればよろしい。或は天、選ばれた者の手を借りて歴史の唇を引裂く日もあらう。ああ黒い血潮を吐いて前後任地に仆《たお》れた公等の道義的対支策を継承すべき第二の公等は今何処にあるのだ。凡ての聡明の源泉である道念の人々こそ、公等の尽くるなき恨を嚙み殺しつつ洩し訟《うった》へて居る此の書の謎を解き得るであらう。――さうだ。今日終に時機到来した日英間の訣別は公等の死を以て購ひ得たのであるか。支那と、インドと、而して日本国自身の為めに、日英戦争の運命を憤叫して置いた此書こそ、今は公等の恨の為にも公等の国家に捧ぐべきものとなつた。

経文に大地震裂して地湧の菩薩の出現することを云ふ。大地震裂とは過ぐる世界大戦の如き、来りつつある世界革命の如き是れである。地湧菩薩とは地下層に埋るる救主の群といふこと、則ち草沢の英雄下層階級の義傑偉人の義である。――支那は十年前の十月十日、清末革命の本義を徹底せんが為めに禹域四百州の大地今将に震裂せんとして居る。ロシアの大地震裂に際して地湧の菩薩等は不動尊の剣を揮ひ不動尊の火を放つた。ロシアと同じき中世的制度と中世的堕落を持てる支那は、ロシアの救はれつつある途を踏むことに依りてのみ救はるる。書中、革命過程に於ける議会の法理的不合理と事実的有害とを論究し、哲人的皇帝の意味に於ける終身大総統制を革命の支那に見んことを提示した。是れ亦《また》内外に対する財政的没収の主張と共に皮相的デモクラシーの徒の愕《おどろ》き否んだ所の者であつた。而も不肖の革命哲学は支那の立証を待たずして先づロシアの不動尊共に裏書人を得た。レニン君の現はれざる以前、奈翁《なおう》（ナポレオン）皇帝と明治大帝とに学ぶべしとて示して置いた支那の大統一は、支那の何処より湧出する菩薩摩訶《まか》薩によりて為さるるであらうか。泥人形の如き大総統が三頭交々《こもごも》迭立《てつりつ》し、烏《カラス》の雌雄を弁ぜざる議会が南北に正閏《せいじゅん》（正統とそうでない系統）を争ふ。フランス革命に恥ぢ、維新革命に恥ぢ、而して後れたるロシア革命に恥ぢよ。

明《あきら》かに告ぐ。隣国の革命的諸友と後進とは亦《また》此の書に学ぶべき者である。此書は公等の先進犠牲の魂を埋めた聖なる墓標である。何ぞ著者に抱かるる一孤児のみならんや。書中革命支那の大統一者を『オゴタイ汗』と名《なづ》けた。是れ革命的統一の潮頭に立つ程の大器は、必ず其の馬首を中央アジアに進むべき必然を密かに暗示したのである。人口過剰の支那に欠くべからざる土地、則ち『第二支那本部』は中央アジアの沃野であらねばならぬ。是れ中央アジアに国を建てて、欧亜両大陸を支配した古英雄の名を借りた所以である。ピーター大帝は東に来た。革命支那の大道は坦々として西に通じて居る。日英戦争が日本の運命なる如く、書中に論述せる露支戦争は、露国が如何に変化し支那が如何に変化すとも露支両国の避くべからざる運命である。

　ああ支那は清末革命の十月十日に帰へらんとする。而も日本は何処へ帰へれば宜いのであるか。隣国の生残者によりて『支那革命外史』が書かるる如きことは、日本の想ひも寄らざる所である。

北　一　輝

大正十年八《ママ》月

ヨッフェ君に訓《おし》ふる公開状（ロシア自らの承認権放棄）

一九二三年（大正十二年）

敬重すべきヨッフェ君。君は今革命ロシアの承認と其れに附帯せる外交的折衝の為めに日本に来た。病軀《びょうく》を担荷《架》に横《よこた》へて敵国に乗り込む信念と勇気だけに於て已《すで》に君の歴史に悲壮なる幾頁を加へて居る。君が交渉の相手として居る後藤新平君の階級及び其れを中心として愚論を渦《うずま》いて居る知識階級とに対照する時、拙者共は実に御恥かしい次第だと思つて居る。

而し乍《なが》ら君が今相手として居る後藤君及び輿論《よろん》は君等の政府が革命の始めに於て投獄し銃殺し絞殺した地主貴族階級と知識階級とである。君の周囲に群《むらが》り接して居る彼等の心理状態を側面から観察して居ると実に面白い。怖いやうな安堵したやうな接近したいやうな逃出したいやうな、丁度小供《ママ》等が猛犬の耳や尾に触れる時のビクビクした又強がりを示す心持で居る。胆力も智力も分娩の時産婆に盗まれて持合せない連中ではあるが、只もう如何にしてヨッフェ閣下の逆鱗に触れまいかと云ふ憂慮が彼及び彼等の全部を支配して居る。君が一言ノーと吼えれば子供等はワアと逃腰になる。君が目を細くして「後藤君の顔を立ててやる」とでも言へば、子供の一人は君の耳を引き尾を摑んで他の子供等に向つて己れの強がりを誇示する。是れだけで君は全勝に近い程度の勝利を把握して居る。

而《し》かし御同類の拙者共から見る時、斯《こ》んなことは君に取つて何んでもない茶飯事だ。君等がロマノフの全盛時代に極度の少数者として彼等に接した時の翻弄術。眩惑手段で、風霜《ふうそう》幾十年の練磨を以てするのだ。殊に一旦権力を握るや一疋《いっぴき》残らず噛み殺ろして猶《なお》満腹の虎舌を吐いてる君等だ。日露交渉の相手方に後藤新平君と其の輿論《よろん》とを選ぶなどは、余りに人の悪い腕の凄さで御座《ござ》る。

ヨッフェ君。君は今日本の首都の最只中《ただなか》に大の字になつて寝そべつて居る。猫は如何なる群集と雖《いえど》も鼠の中ならば安眠を妨げない。而も其中の最も肥えたる一疋《いっぴき》を捕へて前足でヂャレて居る。この猫の快さは日本にも存する多くの猫共の羨望の的である。日本の猫属は——猫属の中には虎もあり豹もありライオンもある——空腹の面前に君一人の満腹を見て喉を鳴らし舌を甜《ママ》めて（舌舐（なめず）りして）居る。温泉に浸り乍《なが》らの極東宣伝も、茲《ここ》に至つては亦《また》満点だ。

依《よっ》て猫が猫に物申さう。ライオンが虎に物申さうでも宜ろしい。——全体貴公は何の理由ありとして日本に承認を求めに来られたか。ロシア対列国の承認交渉に於て、非を列国に塗りつけて来た君等の言分は何年来詳知して居る。道理を踏み外《はず》づした又愚劣な言分は何年反覆しても同じく無効だ。古今を貫き東西を通ずる自然律の法則——この法則の中に革命の法則もある——に依りて君等自身が革命の第一歩に於て、国際間に自己の承認権を放棄して居るのではないか。列国が与へないのではない。君等自ら放棄して居るのだ。

頭の悪い奴は鼠の中にも居るが猫の中にも沢山居る。諸君の政府は世界革命史中に於て頗《すこぶ》る頭の宜ろしからざる分類に属する。ヨッフェ君の虎頭に事理弁別の能力あらばライオンの問題に答へよ。——承認とは何ぞや。承認を求むるとは大使の往来と云ふタワけたことではあるまい。則ち前代主権者の有せし国際的諸権利を継承することを承認せよと云ふ義である。諸権利の中の根本的権利——前代主権者の領有せる領土継承権の承認——是が則ち承認問題の実質である。（鼠共の輿論《よろん》が言ふ実質的承認とは意味をなさない）。

然らばヨッフェ君。承認を要求すること、ロマノフ皇帝の領土継承権を主張することはソヴィエト政府がロマノフ政府の延長であると云ふ法理の上に立つのだ。則ち君等自身の主張を以て、革命当初の君等の革命宣言を根柢から全部抹殺する。此の点は今論ずまい。拙者共の諸君に敬意を保ち得る点は、其の行動の男子的なることであつて其の議論の出鱈目《デタラメ》なる故ではない。殊に世界中で嘘を吐く国民は支那人とロシア人であるが故に、五六《ごろく》年前の世界的約束を証文に取つて諸君を革命理論で攻め立てても牛角に蜂の無関心と信ずる。依て今日諸君の主張してるロマノフ政府の延長説を許容して、——其れだから諸君自ら承認権を放棄してると云ふ根本義を講釈して上げやう。

革命当初の如く、地球北半の地理的土地に——ロマノフ帝国の政治的城跡ではない。——社会主義国家の建設を試みるのだと云へば、是れ初期の空想的社会主義者が『理想郷』なる考案を村落的区劃《くかく》に試みたのを大平原に試みるだけの者である。従《したがっ》てレニンの『理想郷』とロマノフ帝国との間に何等の義務はない。労農組合政府は此の主張に立ちし点に於て、何百億円の義務を拒絶しやうと自己を欺かざる自己の理論に立つて居たのだ。斯《こ》の、レニンの理想郷ロマノフ帝国の義務を負はずと云ふ主張は、則ち、ロマノフ帝国の凡ての権利――何百億円の債務に何百倍せる価格の大領土は労農政府の継承せんと欲する所に非らずと云ふ結論と一個不可分の者である。依て英米仏等の債権者はロマノフ帝国なる債務者を失へるが故に、債務者の所有せし領土の上に兵力を以て強制執行に出た。当時のロシアは法理上単なる月世界である。レニン政府は無主の世界に漂着した気分を以て一切の義務を負はずと声明して村落を結んで行く。債権国等は兵力の強制執行に出《い》でつつ而も無主の土地を分劃《ぶんかく》して居据はる高利貸の見識決断さへ無かつた。要するに拙者共から見ればバカとバカの摑合ひであつたのだ。

　而しながら体験は諸君のバカを一級だけ悧巧《りこう》者にした。諸君は革命建国の理論を打捨てて別個の主張に乗り替へた。自分共は前代のロマノフ帝国と没交渉の者ではない。前代帝国の財産――ロシアでは悉《ことごと》く土地――は其の子孫の相続すべき者である親爺も阿母《あぼ》も悉《ことごと》く叩き殺した極道者ではあるが、其家に生れた戸籍上、一切の田畑山林は息子の所有権に属すると云ふ主張に一変して来た。然り！　聡明にして御尤《ごもっとも》なる御変説で御座《ござ》る。則ちマルクスの祖述者からピーターの相続人に宙返へりして来たのだ。社会主義から大帝国主義大侵略主義に一足飛びをして来たのだ。

　斯くして諸君はバカを止めた。然らば相手も亦《また》バカを止めなければならぬ。――宜ろしい。親殺しの息子だが相続を承認しやう。君の家の親子喧嘩に割込みはしない。只親爺様の借金は如何《ど》うなさるか。

　敬重すべきヨッフェ君。諸君は是れに対して何と答へて来、又答へつつあるか。英米仏は資本主義国である。金貸である。吾々は社会主義である。プロレタリアトである。吾々が父祖の大資産を相続するのに対して父祖の負債をも相続せよと云ふのは迷惑である。吾々は斯る資本主義に屈服することは出来ぬと。――ああヨッフェ君。諸君は革命の後に権力を握れる者が常に堕落して天の斧鉞《ふえつ》（おのとまさかり）に亡びた史上の戒をも見ざるやうに逆上して居るのか。革命者の少数が警察と軍隊とを以て蔽へる全天下を粉砕し得る所以は、其の理論と行動が天地一貫の大自然律に則りて行くからである。諸君の栄冠を全世界が手を額にして慶賀した所以は何だ。諸君の行動に諸君自らを裏切る者がなかつたからである。――然るに五六《ごろく》年の瞬時に於て、全世界の血を嘗《な》めても自己の利益ある権利は主張し自己の損失になる義務は負はぬと頑張るのはどうしたのだ！　ベルギー国に何百億円の金を貸す者はない。水呑百姓に一万円を貸すユダヤ人もない。彼の大領土を有する大地主なるが故に、フランスの農民と工夫《こうふ》とは其の額上の汗を積んで君等の前代に預金したのだ。兄は鍬《くわ》を以て弟は鋤《すき》を以て其の父を撲殺した。而して其の土地を占有して大地主となつた。子に殺されるやうな親爺の借金は返へす義務がない。

国際債務の問題は国内に於ける争闘《そうげき》、殺した子が悪いか殺された父が悪いかの問題とは別個独立の者である。大債務の維承を承認せざる者に大領土の継承権を承認すべき御用は拙者共に於て断じて罷《まか》り成らぬ所である。斯る両立すべからざる辻強盗の言掛りを社会主義国家の名に於て宣伝しつつ来れる如きは、君等の師匠——拙者共には師匠ではない——マルクスを売る者である。師を売れるユダの子孫を以て政府の中枢を構成せるが故にユダを行ふのみと言はしむる勿《なか》れ。ユダヤ人の中よりキリストが出たではないか。

ヨッフェ君。真実、諸君は今世界と其の国民に対してユダたるかキリストたるかの分水嶺に立つて居るぞ。依《よっ》て諸君の革命行路を公明と安全の一路に導かんが為めに、諸君の隣国、支那が如何にして其の革命の時列強の爪牙を免かれて承認を得たるかを御聞かせ申さう。革命は諸君が元祖でもなければ特権者でもない。承認問題に於て支那の諸君は君等よりも非常に複雑な険呑《けんのん》な列強関係に絡まつて居たに係らず、一滴の流血もなく極めて滑かに之れを処理した。君等は承認問題よりも先に君等自身から捲き起した国際債務不承認問題に依りて国境の全線に幾年の国際戦争を招いた。支那は弱国なり吾々は強国なりと云ふまいぞ。弱国として常に列強の侵害に悩まされて居たればこそ、支那の諸君は革命の時にも自ら守るべき国際的公義を忘るる如き驕慢専恣《せんし》に走らなかつたのである。諸君は全世界を脅威しつつあつた大帝国の臣民として国際的苦労の如きは薬にしたくも味ふことがなかつた。国際生活に於ては権門の驕児《きょうじ》である。大抵の暴逆は隣家の父老に加ても咎められない習慣に養はれて来た。——此の幸運が革命決行の壮気沖天《ちゅうてん》の機に際して国際的交渉の時不運に齎《もた》らし現はれたのである。殊更に不承認を声明せずとも事足れる正当の国際債務を蹂み躙《にじ》りて、ロマノフ帝国の大戦敗に加算すべき天命の如く内乱外戦の幾十万人を殺ろした。殺人の多きは革命の徹底だなど云ふ迷信で自己弁護は許されない。革命家に過誤なしと云ふ無反省は、ローマ法王に過誤なしと云ふと同一なる中世史の福音である。諸君の革命行程に於ける国際戦争は悉《ことごと》く是れ諸君の自己迷信より発したる大過誤に原因する者である。但し古来ロシア民族ほど国際戦争を戦つた民族はないが故に自分共も親譲りの遺伝梅毒だと申さるるならば亦《また》何をか云はんやである。

革命支那の承認に返へらう。支那の革命は漢民族の土地を征服して君臨せる異民族に対する追放戦の理論と運動であつた。革命の烽火《ほうか》は異民族の首府北京方面から挙がらず、漢民族の中心地方より起つた。彼は異民族の大清帝国に対峙せる交戦団体として中華民国と号した。革命の始より別個の国家、二個の国家である。処が革命の進展と共に国際間に彼等の占有すべき領土問題に面接したのである。異民族の帝国と全然没交渉なる別個の民族が他の領土に共和国を建る時は、異民族の所有せる帝国発祥の領土南北満洲を放棄しなければならぬ法理に落ちて来る。又蒙古民族の住する内外蒙古、チベット民族の住するチベットの領土を占有すべき法理的根拠を失ふことになるのだ。支那の諸君は玆《ここ》に於て全国一斉に革命理論を根底より転換した。曰く大清皇帝の退位と同時に民族革命は終結した。今後は支那に存する五族を統一して、大清皇帝の領土全部を継承するのであると。彼等は理論及び行動の全部的一変と同時に其の革命旗をも一変した。民族革命と社会革命とを併《なら》べ掲げた孫逸仙考案の国旗を棄てて五民族統一の国家を表はす今の五彩旗にしたのは是故である。理論が大事か革命が大事かと云ふ問題は、馬が大事か騎手が大事かと云ふ問題である。ロシア諸君の如き騎手は百頭の名馬を以てするも償ふ能はざる英雄漢と信ずるが故に、其の理論として乗れる馬を捨つること支那の諸君の如くすべきであったのだ。

——則ち社会革命はロマノフ皇室を倒すまでの理論であった。今ロマノフは倒れた。吾々はロマノフを継承した。吾々の馬は正に大帝国主義、大軍国主義であると。(これは失敬! 又社会主義より帝国主義への御変説を御勧め申した)。

而《し》かし、国際的に承認を求めると云ふ以上は、承認の実質則ち前代主権者の領土継承を承認せよと云ふことの外には無い。馬に騎して野を渉り山を越えて来た。今ゴビの大沙漠に来た時に馬を駱駝《ラクダ》に代へて旅することが革命行程に於て何の恥辱であり得る。ヨッフェ君等は支那の諸君が敢然其の理論と行動を一変した如く、地球北半の大領土の相続人たらんが為めに「ソヴィエト政府は前代侵略者の奪略せる所を把持するを主義とする大侵略主義に一変せり」と声明すべし。これに何等の恥はない。

ヨッフェ君は満足を以て此の変節の忠言を首肯するであらう。其の通り恥辱どころか其故に日本をシベリアより欺き追ひ、更に北樺太からも欺き追はんとして来たので御座《ござ》ると。誠に善い度胸である。然らばロマノフ帝国の負へる義務、凡ての国債は帝国主義の継承者たる理論に於て——ロマノフ帝国の延長はロマノフ其者たる常識に於て、之れを拒絶し得る主張は全然消え失せるのだ。権利は樺太の半片でも主張する。義務は一切御免を蒙る。是れが社会主義原理だ。——余り馬鹿を言ふものではない。

諸君の国際債務とは何ぞや。諸君が今相続継承の承認を求めつつある領土に投下された大資金ではないか。シベリアの大鉄道も各所の大鉱山大農原も其等の大資本に依りて今在る如くあるのだ。此の鉄道。鉱山。農原を継承すべき権利の承認を相手方の債権者其者に要請しつつ、而も其等の上に負へる債務の承認を拒むに社会主義を盗み用ふるとは何だ。是れ諸君の屠殺した天主教の坊主共が其の盗犯的慾望を他の財物妻女の上に遂げんとする時、善悪共に神の名を用ひたと同じき堕地獄の沙汰である。

更に別種の債務がある。其れは諸君の過去の延長である前代がドイツとの戦争に負へる者だ。諸君の経済学説は相場に負けた時は銀行に尻を捲くるべしと云ふ愕《おどろ》くべき哲理に築かれて居る。今回の世界大戦の最初且つ最大の元兇はドイツの前代と諸君の前代である。其の責罰としてドイツは彼等の革命を以て諸君は諸君の革命を以て、各々其のカイゼルとツァールに課する所があつた。自分の一家内の喧嘩に血迷つて、隣家から向岸まで暴《あ》ばれ込む革命家様は近所合壁《がっぺき》の鼻摘み者である。由来諸君は革命位したことを英雄の事業の如く逆《の》ぼせ上つて居るのが火傷の本《もと》だ。革命と云ふ者は火災に風向の悪くなつた位の者に過ぎない。火事に気が狂《ふ》れるやうな奴は少《小》人匹夫と相場が定つてる。カイゼルとツァールに課して足れる所の者を、隣家フランスの農民工夫《こうふ》の貯蓄に加ふる発狂漢は世界革命史中の恥辱である。而も此の恥辱をマルクスの理論に塗り附けて恬《てん》として省みざるを見る時、――終に諸君はユダを産める者の裔、蝮《マムシ》の裔である。

ライオンは徒らに虎を弄殺して楽しむ者ではない。諸君の為めに助舟を下ろして、国際債務否認に至る迄の諸君の行動を合理化して上げやう。然り。諸君が債務承認を拒否して来たのは決して社会主義の理論からではないのだ。ヨッフェ君等がブレスト・リトウスクに於ける降伏条約に調印してドイツ帝国との提携を公けにするに至るまで、諸君は国内に倒すべき抗争者を持つて居た。則ち英米仏を後援とするケレンスキーと云ふ色男の一派だ。諸君は是等を倒す為にドイツ皇帝政府の援助を受けた。国内の争闘は諸君の全勝に帰した。(これ拙者共の同慶とする所である)。諸君は此勝利を国内に得たが、国外のドイツに対しては全然の降伏者となつた。――敬重するヨッフェ君。君は此の条約の時、ドイツの将軍等の前に直立不動の姿勢を取り一列横隊をなして最敬礼をして居たさ。何でも知つてるだらう。其時君等の醜体《態》無恥を憤つて自殺した諸君側の軍事委員スカロン将軍もある。――降伏者は凡ての命令に服従せねばならぬ。征服者の命令する所の者を敵として戦ふことをも辞することが出来ぬ。諸君はドイツ皇帝陛下より今日までの戦友を敵として戦ふべきことを命令され、然して其れに悦《よろこ》んで服従した。敢て悦んで聯合国を敵としたと断言する。何となれば、聯合国は諸君の命懸けの政敵を支持して居た根本の敵であつたからである。加ふるにドイツの旗風は全世界にはためいて居た時だ。ドイツの後援に依りて本国の主権を奪取した甘味に加へて、更にドイツの著しき優勢が誘惑する。御恩と御利益との並び備はれるかに見えたドイツと同盟的提携に出たことは、降伏者の義務以上に諸君をドイツ皇帝の犬馬《けんば》たらしめた所以である。諸君は御恩と御利益の命令者の前営たらんことを欲した。而も如何せん敗戦の為めに軍隊は潰滅状態に在るし、且つ戦争中止を題目としての革命であり降伏であり露独提携であつたが故に、軍隊の出動を以て英米仏や日本に対することは出来なかつた。

依《よつ》て諸君は別個平凡なる対敵行動に訴へて来た。英米仏伊等一切聯合国の債権全部を踏み蹂《ママ》つて喧嘩を売つて出た。曰く聯合国に負へる債務は返金罷《まか》りならぬ。乃公《だいこう》（俺様）に於て没収して遣はす。欲《ほし》くば腕で来いと。当時ドイツ軍の優勢に悩まされて居た英米仏諸国は、露国の敵国への降伏に愕《おどろ》き、更に降伏者の対敵行動の凄まじいのに泡を吹いた。自国内に於て敵国の大使を捕縛するよりも容易に、（今君を東京に於て捕縛するよりも容易に）、自国内に貸付けた敵国の財産を押収して了《しま》つた。開戦の時に敵国の財産でも生命でも奪ひ易き所に在る者を奪ふのに何の遠慮はない。ヨッフェ君の政府は交戦状態に於ける政府者として一点恥づる所がないのだ。然り。これに対して聯合各国亦《また》諸君の土地を差押へんが為めに遠征の軍を動かした。腕を出して恥とせざる者に臑《すね》を出したからとて亦《また》恥ではない。社会主義対資本主義で胡魔化してはいけないよ。諸君が敵国の財産をフンダクる時に社会主義呼ばはりすることの狼藉《ろうぜき》は、米国がメキシコの石油を狙ふに正義人道の名を用ふると等しき喧嘩の原則である。喧嘩の原則をマルクスの経済学説に結びつけて、社会主義国家は借金を踏み倒して可なりとは獣類の脳髄に於て構成さるる論法である。

凡て此の通りだ。只其の行動に於てのみ男子的なる諸君は、債務不承認の主張を社会主義の名に求める卑怯未練があつてはならぬ。腕の奴と臑《すね》の奴と講和の出来ぬことはない。承認の要求是れ喧嘩中止の提言ではないか。承認が、其の実質ロマノフ帝国の領土継承権の承認に進展せんとする時、諸君は先づ断乎として債務不承認の腕を引かなければならぬ。殊に況《いわ》んや諸君の債務不承認は、露独同盟の為めに聯合各国に宣戦を布告したための者であるのだ。同盟国として盟主として選んだドイツが存外に早く脆《もろ》かりし諸君の意外事は、ウィルソン其人と雖《いえど》も十四箇条の公約をメチャメチャにした意外事である。諸君自らが意外のドブ溜に落ちて無用なる敵軍を四境《しきょう》に招いた後悔は当然に諸君自らが国民と世界に負ふべき大責任である。マルクスに尻を持ち込むなど不心得の限りではないか。――ヨッフェ君。変説位は何んでもないことだ。論点は明瞭になつた。国際債務の拒否は社会主義と何の関係がない。債権国に対する対敵行為は兜を脱ぐから止めに致します。ドイツと道連れになりかけたのは一生の不覚で御座《ござ》つた。何百億円の債務は前代の帝国が負担して居た通りに自分共に於て負担します。故にロマノフ帝国の領土継承権の承認を求むと。――何んのことだ。タダの戦争からタダの平和に行くだけのことだい。（混雑してはなりませぬぞ。以上は君等の「承認」すべき者に対して他の与ふべき「承認」に過ぎない。ドイツとの攻守同盟から売つた喧嘩に対する開戦責任、則ち各国の賠償を求むべき戦費如何、土地の割譲如何等は全部別個に残されてあることを特に強く注意して置く)。

敬重から侮笑すべき者に移れるヨッフェ君。君等は常に言ふ。社会主義国家建設の為に至急数十億金が欲しい。返へす談判よりも貸す相談を先きにして貰《もら》はふと。是れは貸した金の可愛さに迷ふ高利貸共を釣る無頼漢の論法である。社会主義国家の建設だろうが、エデンの花園の庭作りだろうが入用の者は第一第二第三共に金だ。金故に諸君のやうな夢を喰ふ獏《バク》の如き社会主義者が帝国主義者ともなり、開戦行為の財産没収にマルクスの経済学説を盗用したりするのだ。是れ人生其者に絡《から》み附いた悲惨なる運命である。皇帝も其の女房子供も叩き殺して来た諸君に今更の泣言は鬼眼涕涙《ているい》の妙ありとも言へまい。——要するに諸君の政府は獣類の論法から人類の言論に移ることを急とする。則ちタダの開戦からタダの講和談判に進行する道に出て、押収したる国際債務を英米仏等に返却することが第一。社会主義村落の建設は不可能にして不利益なるを見たるが故に、ロマノフ帝国の相続者として大帝国主義を持することを声明し、以て従前のタワケた出鱈目《デタラメ》宣伝を止むることが第二。然り而してドイツの同盟国に裏返へりした開戦責任者として第二のヴェルサイユ会議に引出さるることが第三。——然らざれば日本が今占有しつつある北樺太の如き、否、一度び誤りて軍を撤去せるシベリアの如き、諸君の領土継承権を承認せざる理論の上に立ちて、而して今日固《もと》より戦闘状態を継続しつつある現実の日露関係に立ちて、如何なる民族の如何なる国旗を翻へすやは敢て保せざる所である。

ヨッフェ君。諸君は諸君の虐殺せる皇帝等の祖先に拝謝を忘れてはならぬ。全世界の上に鷲旗を蔽へるロマノフ帝国の大領土と大軍隊ありしが故に、諸君は支那の革命政府の如き国際的苦労艱難《かんなん》が無かつたのである。支那の革命の時はロシアは蒙古満洲より英国は香港の海上とチベットの山脈より、ドイツは山東の咽喉より全領土を四分五裂する所であつた。彼等の国際債務は君等の如き富源開発と弱国併呑に用ひた者でなく一に只分割を目的としたる侵略債権であるのだ。其上に租界地条約と云つて国土の心臓肺肝の要所々々悉《ことごと》く九十九年ならざる者はない。治外法権と云ふ国際義務もある。彼等が中華民国の承認を求むる時、此等前代の国際義務は悉く承認すべきが故に、大清帝国の領土継承権を承認せよと云ふことであつた。ロマノフ帝国は世界の恐怖であり大清帝国は世界の軽侮であつたが故に、同一なる革命政府に権門の驕児《きょうじ》と貧家の有道《ゆうどう》とを別つに至つたのだ。労農ロシアには租界地条約もなく治外法権もなく侵略借款もない。只履き違へたる社会主義と形勢の打算を誤れる対敵行動との為めに、領土拡張と富源開発に投下した債務を蹂躙し、以て無名の戦禍幾年自己の同胞と四隣の子弟とを屠《ほふ》つた者に過ぎないのだ。円滑平和に国防義務を負ふと共に領土継承権を承認された革命支那の前例に照らす時、革命ロシアを中心として継続せる幾年の屍山血河は諸君等指導者の無智暴逆が負ふべき者である。世界大戦を源因《ママ》せるカイゼルの暴逆とツァールの無智とは天斧《てんぷ》の許さざる所であつた。然らば同一程度の無智と暴逆から地球北半の大地域を血ノ池地獄にした元兇等に天斧《てんぷ》は其の執行を猶予するであろうか。ルイ十六世を殺したダントンとロベスピ《エ》ールは後から後からとルイの断頭台に上つた。レニン君と来遊せるヨッフェ君とは拙者共の健在を祈る丈夫児である。而も人類の歴史に於て英雄を断腸せしむる者は、神の導きに於て殺活せざる革命者の末路である。

　ヨッフェ君は世界と日本との歴史的交渉に蒙古来襲戦のありしことを想起する必要がある。蒙古大帝国は欧洲大陸の殆ど凡てを征服し諸君のロシアを属邦たらしむる亦《また》二百有余年の強者であつた。而も此の粟大の群島に来襲して撃破されたことに依つて彼の大帝国の破滅を原因した。歴　山《アレキサンダー》大帝よりも奈翁《なおう》（ナポレオン）皇帝よりも遥かに雄大なる世界征服者が、実に一日本島の逆撃に依りて致命傷を蒙つたのである。後世の詩人之れを歌つて曰く。趙家の老寡婦を嚇《おどか》し得て、是れを以て来り擬す男子の国と。君の今交渉して居る後藤新平君と其の輿論《よろん》とは年老いた寡婦と同じき女性的人物なのだ。君等の嚇《おど》かし得る趙家の女房共だ。日本に人無しとして帰へる勿《なか》れ。相模太郎胆甕の如し。此の一書簡に依りて諸君の政府が五六《ごろく》年間、全世界の資本主義者を脅威し無産階級に君臨拝脆せしめて来た革命理論、――従《したがっ》て理論を宿す貴公の首を――喝ツ！　今由《比》井ケ浜に斫《き》り落したのである。

　日露の交渉を論題とせずして露国対各国交渉を論述した。日本の国際的行動は則ち古今不変の国際的法則の外に逸することが出来ないからである。日本の債権三億金を計算する要はない。――日本はシベリアを計算する時があろう。仏人英米人の被害幾百億なるを思考し、仏国の律義者は露国債権の紙片を蔵して飢えて居る者すらあることを忘却してはならぬ。明《あきら》かにヨッフェ君に告ぐ。苟《いやしく》も睾丸を股間に垂れてる者は出来ない相談はサラリと見切りを附けることである。山紫水明の養痾《ようあ》（養痾――病気療養。ヨッフェは病気療養の名目で来日。温泉地にも滞在）。これ君のためにする日本の礼遇である。若《も》し君の病、及びレニン君の病が医学の範囲を超出した者であることに気附くならば、是れ革命幾十年の血涙辛酸と其の勲功に依りて神の手が君の為めに天国の門を開かんとする者である。

　御回答は必ずしも待つに非ず又待たざるにも非ず。

大正十二年五月九日

ヨッフェ君に訓ふる公開状

北　一輝

東京千駄ケ谷九〇二

（署名と住所は西田版の伏字の多い方の「初版」のみにある）

対外国策に関する建白書

一九三二年（昭和七年）（原文片仮名）

恭恐頓首　一書奉呈《ほうてい》仕《つかまつり》候《そうろう》　薄徳菲才《ひさい》を顧みず敢て尊厳を冒す所以のもの誠に対外国策の重大事黙過傍観に堪えざるが故に御座《ござ》候。希《こいねがわ》くは篤《とく》と御熟議の上千障万難を排して御断行有之度《これありたく》伏して奉《切願たてまつり》切願候。

直言すれば近時十数年間我が帝国の対外策に於て其の根幹たり眼目たり精神たる者なく、為めに歴代政府の対外策悉《ことごと》く只其日暮し其時の風次第と云ふ状態の継続に御座《ござ》候。是れ閣下等も偽りなき御心事に於て御肯定の事と存上《そんじあげ》候。彼の満洲事変以来国際聯盟の一顰一笑《いっぴんいっしょう》（顔に出る感情の動き）を以て如何に帝国朝野の一喜一憂とせしか。一に是れ対外根本策の皆無空虚の故に政府自ら信ぜず国民亦《また》安んぜざるより来る所と存上《そんじあげ》候。不肖自身亦《また》率直に告白して政府を信ずる能はず国民と共に安んずる能はざる者なりと申上げざるを得ず候。

然らば如何すべきか。是に対し多くは日米戦争あるのみと申し候。然し乍《なが》ら日露戦争又は独仏戦争と云ふが如き日米二国間に限定せられたる戦争を思考する如きは現代世界に於て有り得べからざる事に御座《ござ》候。日米戦争を考慮する時は、則ち日米二国を戦争開始国としたる世界第二大戦以外思考すべからざるは論なし。則ち米国及び米国側に参加すべき国家と其の国力を考慮せずしては、経国済民の責に任ずる者の断じて与《くみ》する能はざる所と存上《そんじあげ》候。不肖嘗《かつ》て海軍の責任者に問ふ。対米七割の主張は良し。若《も》し米国海軍に英国の海軍を加へ来る時、将軍等は能《よ》く帝国海軍を以て英米二国の其れを撃破し得るかと。答て曰く、不可能なり。一死以て君国に殉ぜんのみと。不肖歎じて独語すらく、君国は死を以て海軍に殉ずる能はざるを如何にせんと。

是れ切に閣下等の御熟慮を請《こ》はんとする点に御座《ござ》候。日米戦争に際して英国は或る場合に於て開戦当初より米国の側に参加すべし。或る他の場合に於ては日本に悪意ある中立を持しつつ米国の軍器軍需に巨利を博したる後米国側に立ちて参加すべし。是れ過ぐる大戦に於て米国が英国に参加したるよりも容易且《かつ》必然なる可能に御座《ござ》候（日英同盟の廃棄事情、其後の英米対日関係及び支那並《ならび》に英領アジアに於ける関係等）。然らば現状の儘《まま》に於ける日米開戦論者は日本対英米戦争論者として、最も警戒を要する論議又は行動なりと見做《みな》さざるを得ずと存《そんじあげ》上候。

更に別個の一敵国あり。ソビエットトロシアは日米開戦の翌日を以て断じて日本の内外に向て全力を挙げて攻撃を開始すべし。是れソビエットトロシアの大方針にして、日米戦争則ち世界第二大戦を捲起して以て彼のアジア攪乱並《ならび》に世界攪乱の大目的を達成せんとするは言ふ迄もなき事に御座《ござ》候。彼は是れを世界革命と申《もうしおり》居候。不肖は彼と今の支那との関係に就き特に深甚なる御注意を喚起せられたく存《ぞんじ》候。実に日本は国際聯盟を以て支那に対する認識不足と申《もうし》候へども、日本自身が今の支那政府とソビエットトロシアとの関係につきて至重至大なる根本点を認識せざることを驚き入る者に御座《ござ》候。

則ち世界大戦終了後突如飈《ひょうふう》風（＝飆風。つむじ風）の如く起りたる支那の排日熱、排日政策は何故の者に御座《ござ》候哉《かな》。勿論日本が大戦参加の唯一の戦利品たる青島《チンタオ》が米国の恫喝によりて何の苦もなく支那に奪取せられたる軽侮より生起したる事は事実に御座《ござ》候。支那は以来日本を以て米国の一喝によりて何等為す能はざる弱小国として其の軽侮を年々に増加し、日本又米国の前に自ら軽侮を重ねて支那の軽侮に値する事を進んで立証し来り候。此の点に於て支那の排日政策が米国の支持援助を基調として進展し遂行せられたることは論ずるの要なき儀に候。而しながら此の形勢を看破し以て乗ずべき国策を確立したる者はソビエットトロシアに御座《ござ》候。彼は当時近東及びインドに向け来れる世界攪乱の鉾《ほこ》を転じて排日の支那に其の指導と援助とを注集《ママ》仕候。生前の孫文及び死後彼の精神と党国とは其の全部を挙げてソビエットトロシアの成功に随喜《ずいき》し、其の革命理論と組織とを輸入継承致《いたし》候。認識の要点は大正八年に御座《ござ》候。而して彼我の往来密かに繋く終に幾百万金の援助によりて広東の一角に蟠《ばんきょ・蟠踞》居し、長江に出《い》で、ボロヂン（ボロディン。コミンテルン代表・国民党顧問（一九二三年～））等を迎へ更に北伐の完成を告ぐるや、ソビエットト政府其儘《そのまま》の党国政府なる者を形成して今日に至り候。則ち国民性による唯物主義。事大主義の彼等は革命前期に於て米国を做《倣》ひて大総統制と共和制を試みたることを一抛《ママ》して、今や議会も共和政をも廃止して一党団を以て国家を掌握する今の党国政府なる者を作り上げ候。

共産主義が支那に行はれ居らざることは尚ソビエットトロシアに行はれ居らざるに等し。ロシアと支那に実現せられたる者は只一つ党国を以て国家を掌握して放たざる奇怪なる制度是れのみに御座《ござ》候。今の新支那の政府が其の南京の者と広東の者とを問はず斯くして其の呱々《ここ》の誕生より北伐統一の現時まで凡ての指導と援助とを蒙りしとせば其の対日本方針に於て亦《また》当然ソビエットロシアの忠実なる遵奉者なるべきは論なき議に御座《ござ》候。否。支那自ら已《すで》に米国の支持を青島《チンタオ》奪取の現実に見て以来勇敢に日本排撃を国策とし来れるに於ては、ロシアは其の期待せる日米戦争を排日の支那より導火せんと試むることは当然に候。支那は終に米国の日本攻撃を期待して皇軍の兵馬を自家の南北に迎へたり。日米は未だ僅《わずか》に一戦を免れつつあるのみ。ソビエットロシアたる者自らの大計画の奏功したる日米開戦を見ん時、支那の対日抗争を千倍せしめ日本内地の共産党と共に日本に攻撃を開始せんことは一点の疑問だになし。実に大戦終了大正八年以来の支那の排日政策が一面米国に交渉を有する外に、其の根本に於てソビエットロシアの日米戦争を爆発せしめんとせる長久深甚なる計画によりて行はれたる者なることを御承知有之度《これありたく》候。認識は凡て皮相又は枝葉末節に亘るまじく候。日本対英米大戦の場合に於てソビエットロシアが日本に対して頑固執拗なる敵国たるべきは明白なりと言はんよりも、ボルセビーキの魔手支那を導火線として日米両国を爆破せんとするに存すと考ふることの方却《かえっ》て至当なるかに存《ぞんじ》候（日本が米国其他の列強に対し此の根本点の理解を与へざりしことを遺憾と存《ぞんじ》候）。要するに米露何れが主たり従たるにせよ、日米戦争の場合に於ては英米二国の海軍力に対抗すると共に支那及びロシアとの大陸戦争を同時に且《かつ》最後迄戦はざるべからざる者と存《ぞんじ》候。米国と英国とが日本に屈せざる以前に於て露支両国の無抵抗的に処理せらるべきを言ふ者の如きは頗《すこぶ》る危険なる児童輩と存《ぞんじ》候。

然り。所謂日米戦争は英米露支対日本の戦争なりとせば、我が帝国は此の災禍より免かれんとするの外なきか。閣下。此れを免かれんとする対外策は大正八年より昭和六年秋に至る迄の日本歴代政府の方針——無方針の方針なりと存《ぞんじ》候。仮に名《なづ》けて之れを衰亡政策と云ふべく、一挙日本を破滅せしめんとする恐怖より優れりとして歴代政府の墨守し来れる所の者に御座《ござ》候。ヴェルサイユ会議よりワシントン会議を経てロンドン会議に至る迄の対外策を見よ。凡て米国と及び其の背後の英国とに恐怖したる衰亡政策に御座《ござ》候。支那に続出したる百千の不祥事に対して如何に無恥無慙《むざん》なる忍従を事としたるかを見よ。衰亡政策の墨守に御座《ござ》候。支那を攪乱し朝鮮を煽動し更に大帝国の君主国体と国家組織の破壊顚覆を日本の本国に試みたる共産党検挙に於て、其の指揮。命令。計画及び資金の凡てがソビエットロシアより出《い》でたることの明白なる証拠堆積せるに拘《かかわ》らず、今尚其の公表を禁じ未だ一片の抗議問責の挙に出《い》でざるを見よ。万世一系の帝位帝権をすら冒さるるに忍び得べくんば、何の帝国か衰へ而して亡びざるを得んや。上下悉《ことごと》く一日の安を貪《むさぼ》つて大帝国衰亡の道に迷ふこと正に十有余年。皇天の加護、終に三千年の国魂未だ滅せずして秋天一夜満洲の天地を震憾して躍出したり。日本は昭和六年九月十八日を以て明《あきら》かにルビコンを渡り候。江南の大軍未だ屯して帰らずと雖《いえど》も衰亡政策の道は閉ぢて再び返へる能はず前路大光明と大危機に直面したる者に御座《ござ》候。

閣下。然らば汝は汝の恐れ戒しむる所の英米露支対日本の大戦を提唱する者に非ずやと。固《もと》より然り。以下の建白特に秘事に属する者に有之《これあり》、文書の記載に躊躇致《いたし》候へども大要を略述仕《つかまつり》候。

不肖は始めに歴代政府の対外策に於て根幹たり眼目たり精神たる者なきことを以て一切の禍根なりと申上候。四境悉《ことごと》く敵国たるべき形勢に置かれて而も其等を牽制し又は攻撃し得べき同盟国を考慮せざる外交なる者世に有之《これあり》候や。嘗《かつ》て考慮し計画したるときは笑ふべき日英同盟の継続運動と其の恥づべき失敗に候。大戦後米国が日本及びアジアに脅威を感ぜしむるまでの勢力となりしが故に或る他の同盟国を必要とするに於て、之れを英国に求めたりとは何たる無智昏迷の沙汰に候や。米国を顧慮して日本と攻防を共にする能はざる同盟国が日本に何の必要ありとするか。日英同盟は英国側より其の継続を拒絶せられたる通りに対米関係に於て当初より日本の思考だもすべき性質の者に非ず候。（今尚日米戦争論者中英国の好意又は其の米国との利害不一致を打算する者無之《これなき》とせず沙汰の限りに御座《ござ》候）。由来日本朝野の対外的頭脳は中学生徒が外国語則英語と考ふる如く、英米二国以外の大陸諸国を考慮し能はざるやう伝統化し鉱物化したるに非ざるかと存《ぞんじ》候。

死児の齢を数ふるは詮《せん》なき事なるも死児の齢を数へんとするは人の情に御座《ござ》候。過去の歴代当局が英米以外の大陸諸国を考慮する識見雄才ありしならば、世界大戦参加の第一歩に於て当時のドイツを深甚に注意すべき筈なりしは今日となりて之を言ふ者の通りに御座《ござ》候。為に日本は何者をも得ず一青島《チンタオ》をも得ず、得たる所は支那の排日と俄《にわ》かに強大化したる米国の日本に加ふる脅威のみに御座《ござ》候。何ぞ死児の齢ならんや。一昨年のロンドン会議の醜態に見よ。自己と利害行動を共にすべきフランスを見捨てて独り英米の膝下に媚を呈し、却《かえっ》て前《さ》きに速かに脱退せるフランスが遙かに優勢なる比率を以て其の潜水艦を維持せるは如何。閣下。世界大戦前に於てドイツを考慮すべかりしよりも深甚に重大に、今の日本帝国にとりて興亡を決するものはフランス共和国に御座《ござ》候。不肖はロンドン会議を覆轍《ふくてつ》の戒として今次のヂュネーヴ軍縮会議に出席したる諸氏に此事を切言《せつげん》し来れる者に候。昨春五六月《ごろく》の交より要所枢機の諸氏に向て口耳《こうじ》密かに語る所のものは一に唯日仏同盟の一事に有之《これあり》候。爾来《じらい》奉天の事変あり上海の兵伐あり日米の間将に戦雲低迷せんとするに至て痛切に不肖の提言を是認考慮する者多きを加へ、他面日仏の懽交天の意ありて然るかの如き甘密《ママ》を増長せる風を見聞仕《つかまつり》候こと恐らく終に時期到来を示す者のごとく存《ぞんじ》候。

平和を愛する者は米国貴婦人と米国々務卿とのみに限らず日本国民の最も然る所に御座《ござ》候。只米国が今の強大を以て其の背後に英国の海軍力を恃《たの》み得ることが彼の側より何時《なんどき》にても平和を破り得る恐怖に有之《これあり》候。日本対米国に限られたる戦争ならば聊《いささか》も日本の怖るる所に非ざるが故に米国の側より平和を破ることも有之《これある》まじく、太平洋は必ず太平の海なるべくを確信仕度《つかまつりたく》候。日本に対する英米二国の海軍力を仮定するが故に、ワシントン会議に日本を辱かしめて足らず、ロンドン会議に繰返して足らず、奉天の事上海の事一々を挙げて平和を破るの口実を見出さんとする者と被存《ぞんぜられ》候。フランスとの同盟は米国が日本に対して平和を破り得ざるやう英国を牽制し得るための者に御座《ござ》候。英国の艦隊を加算せずして米国が日本に攻撃を加ふるが如きは其の貴婦人と国務卿の敢てせざる冒険と存《ぞんじ》候。フランスは世界大戦の反覆を防止するが為に、真に日本の提言を世界絶対平和の保証として受取るべきは十分に推想し得べしと存《ぞんじ》候。

日本が根本国策を有せざる通りに、大戦以後世界列強の何れもが国策の根本たるものを把握せずして盲動しつつあることが事実に御座《ござ》候。米国の日本に対する事々物々の暴慢《ぼうまん》無礼も亦《また》根本策なきよりの盲動に有之《これあり》候。特にフランスに至りては日本と同等なる四顧暗澹たる者と存《ぞんじ》候。自己と不倶戴天のドイツを復興せしめんとして努力止まざる英米両国に対し、彼は痛切に生死栄枯を共にし得べき真の友邦を求め来れる者に御座《ござ》候。大戦後の英仏関係は大戦前の英独関係なるは申すまでもなし。英国が米国を率ひて仏国に加ふる時彼の受くる孤立的脅威は今の日本帝国と符合する所のものに御座《ござ》候。日本が米国に対して平和保障の牽制力を有することは、欧洲に於て英仏間の平和を保障せしむる者に御座《ござ》候。

然らば日仏同盟は今の無用有害なる国際聯盟に代りて全世界の平和を保証する者と可相成《あいなるべく》候。古今の史上来るべき戦争の前に於て必ず各種各様の会議協商等行はれ、為めに会合を重ぬるに従ひて利害感情等の不一致衝突等を重ね却《かえっ》て以て戦争勃発の動因を作る者に有之《これあり》候。ワシントン会議、ロンドン会議等が如何に日本を憤恨《ふんこん》せしめ、米国亦《また》日本の憤恨《ふんこん》が己れに出《い》で、己れに返へるものなることを忘れて日本に戒め、終に今日見る如き日米間に不祥なる感情を醞醸《うんじょう》せしめたる如し。国際聯盟亦《また》甚しく然り。君子は危きに近づかずの通りに日本はフランスと共に世界の平和を荷《にな》ひて禍因重畳せる聯盟又は軍縮会議等の危地に遊ばざるを可《べ》しと存上《ぞんじあげ》候。日仏同盟成立の日は日本はフランスと共に百ダースの国際聯盟よりも世界の平和と正義と人道とに奮進すべき重大事を有し居《おり》候。

則ちボルセビーキ国家の根本的処分に御座《ござ》候。排日の支那を導火線として日米両国を爆破せんとする陰謀は前述の通りに候。前年欧洲の秩序が如何に彼によりて脅かされたるかを考ふる時、日本及びアジアの蒙る脅威は其の体験によりて同情する所なるべしと存《ぞんじ》候。否、フランスはドイツより受くる償金よりも遙かに正当なる債権をロシアに対して有する筈の者に候。強盗に奪はれたる財宝が時効によりて強盗の所有権を認定せらるる如くに、フランスは自己の債権を奪取せる強盗を承認したりとは何事ぞ。日本の軽卒《けいそつ》無理解なる承認が彼を余儀なくせしめたりとは然るべし。而も日本が「衰亡政策」を取りしが故に我亦《また》衰亡を政策とせざるべからずとはフランスの朝野亦《また》憐むべしと云ふ外なく候。正義と人道と平和の為めに日本はソビエットロシアに対する限り最早《もはや》忍ぶ能はざるに立ち至り候。北満鉄道の爆破は天《ママ》日の本の神々に凶悪残虐なる偽国家の誅伐《ちゅうばつ》を命じ給ふものに御座《ござ》候。中村大尉の虐殺と同一意味に於て凱旋将士の無惨なる横死は天《ママ》日本の対露誅伐《ちゅうばつ》を促して茲《ここ》に至りし儀と存《ぞんじ》候。日本は全世界の平和と秩序を攪乱し鬼畜に非ざれば敢てせざる残虐凶悪の偽政府を地球上に存在せしむる能はざる者に御座《ござ》候。只前年のシベリア出師《すいし》（出兵）に非ずと雖《いえど》も、彼の盲動の米国亦《また》之を妨ぐるの恐れなしとせず。則ち此儀欧洲よりするフランスの積極的攻撃と相応じて速《すみやか》に地獄の恐怖より全地球の平和安寧を擁護せざるべからず候。

実に為政者政柄《せいへい》を誤りてソビエットロシアを承認せし以来、日本国内の共産者の蔓延ペスト。コレラの其れよりも甚しきを承知仕《つかまつり》候。国家の恥にして且《かつ》国民に伝染することを怖るるが故に多く之れを秘するを以て施策とすと雖《いえど》も、若《も》し日本の共産党を露国の指揮援助の下に放置すること更に一二《いちに》年ならしめば国家と万世一系の安泰誰か保証し得べき。支那を攪乱し朝鮮を攪乱し天子の赤子をして其父に叛《そむ》かしむる悪魔を隣国に居らしめて交を結ぶとは何ぞ。帝国の尊厳と安泰とを来り脅かす者を伐つに何の国か之れを妨ぐるを許るさんや。昔時《せきじ》熊襲《くまそ》の叛乱に悩まさるるや其の背後に存する三韓を降して帝国の平和を恢復《かいふく》したる事有之《これあり》候。修交国民を使嗾《しそう》（指図しそそのかす、けしかける）指揮して不断の危害を其の国家と元首とに加ふる者の存する時、今の世界は之れに対して義憤を発するものなき迄に功利化し了《おわ》れるかと存《ぞんじ》候。日本は自己の正当なる防衛を為すと共に、全世界の為めに正義の師を動かし以て打算を超越したる天地の大道を行かざるべからずと存《ぞんじ》候。勿論フランスが欧露に於て自由なる行動を為し得る如く、三韓の領土は神功皇后の治下に併合せらるべきは言ふ迄もなき儀に御座《ござ》候。

帝国の前途大光明と大危機とあり。カイゼルは四境を敵として帝冠を失ひ申《もうし》候。明治大帝陛下は臥薪嘗胆して秘かに同盟攻守の交を結びて一挙世界の大恐怖を撃破仕候。衰亡政策は固《もと》より論外なりと雖《いえど》も、カイゼルの跡を追はんとするは戒しめざるべか《ら》ざる儀に候。天の加護によりて日米相屠《ほふ》ることは僅かに免かれつつあり。今の時最も速かに日仏同盟の一事を成就し以て　明治大帝陛下の範に従ふべき者に非《あらざ》るか。米国に対してと雖《いえど》も戦はずして勝つを得ば勝の上乗《じょうじょう》なる者と存《ぞんじ》候。日仏の攻守相結ばば対米の事《こと》対露の事《こと》而して更に対英の事《こと》和戦其の何れなるにせよ敢て一喜一憂を要せざるべしと存上《ぞんじあげ》候。

閣下。言ふは易く行ふは難し。不肖一輝輩の言ふは易くして之れを日仏の間に行ふ閣下等の難事なるは千万奉諒察《諒察たてまつり》候。三千年の帝国将に興亡を分たんとする時切に御熟慮御断行の程懇望に堪へず候。野人礼を知らず直言虎威を犯す。

泣訴百拝頓首々々。

昭和七年四月十七日

日米合同対支財団の提議

一九三五年（昭和十年）（原文片仮名（原文平仮名部分は片仮名に置換））

粛啓。内外稀有の難局に面し閣下等の御心労御対策等に対し衷心より深甚なる敬意を表し奉《たてまつ》り候《そうろう》。陳者《のぶれば》本書建言申上候儀は聡明なる閣下等の御所見と大差なかるべきを信じ候へ共《ども》微少《小》なる一国民の至誠なる陳述として一応の御考察を御願申上候。勿論煩瑣なる論述の如きを除きたる結論的、個条列挙的のものに御座《ござ》候。

一。支那を問題として日米間に戦争を勃発せんとしたること再三に有之《これあり》、幸にして今日まで是れを免かれ候へ共《ども》今後尚この儘《まま》に放置致《いたし》候ては近き将来に於て必ず両国の戦争則ち両国を破滅的深淵に投ずる不祥事を到来せしむるは言ふまでも無之《これなき》儀に御座《ござ》候。

二。勿論日本帝国の道義的使命、其の権威又は其の存立が脅かさるる場合に於ては国家を粉砕して太平洋の底に沈め一人の生くる者なきを期すべきは論ずるまでも無之《これなき》候。只日米両国が支那を問題として太平洋上に死闘すること仮りに一二《いちに》ケ年ならしめば其の結果する所は如何。太平洋の覇権も、問題とせる支那其者の権益も、其の一二《いちに》ケ年の期間に於て悉く《ことごとく》大英帝国の掌中に握らるるは天日を指す如く明《あきら》かなるを忘れまじく候。

三。太平洋が日米両国のみの争覇場なるかに考ふるは無智の児童輩に候。太平洋を周《め》ぐりて英国の領土は南方濠洲シンガポールあり、支那に沿ひて香港等あり、米国に隣りてカナダあり――則ち太平洋上に雄を争ひ得る者は日英米三国にして断じて日米両国のみに非ず。然るを日米両国のみの勝敗によりて其の焉《いず》れかに覇権を帰するかに速断するは何ぞ。誠に不心得千万なる痴言妄行と申す外なく候。

四。特に英国の伝統策なんどと称して英国は自己の安全の為めに常に独仏の不和争閲《ママ》（争闘／閲争（げきそう））の止まざるを望むとは彼の児童輩も申すに非ずや。然らばインドを有し香港シンガポールを有しカナダを有する同じき英国が、日米両国を常に不和争闘《ママ》の状態に置き以て日米開戦の好機を鶴首待望すべきは至当なる政策と考ふべきに非ずや。英国が本国の安全の為めに独仏を戦はしむるを政策とせるならば、其の太平洋及び支那に有する領土又は権益の為めに日米を相戦はしむること亦《また》其の政策ならざるを得ざる理に御座《ござ》候。

五。右の根本点に気付きたるが故に、先年国際聯盟脱退後日本全権石井菊次郎氏が米国に上陸するや大統領ルーズベルト氏は握手と同時に何と申《もうし》候哉《かな》。ざつくばらんの話に御座《ござ》候。どうだ石井君、日米を戦争させて英国始め一と儲けしやうとして居る、拙者はやつと気が付いたが君の国の方はどうぢやと。支那の一部たりし満洲が日本によりて独立国となり上海が日本によりて砲撃され日本帝国が国際聯盟より閉め出されたる時、日本上下の怒は悉《ことごと》く米国に向はしめられ居《おり》候。勇敢にして時に思慮を失し易きサムライの国日本は米国の三目入道に向ひて一剣を加へんと致居《いたしおり》候。而もルーズベルト氏自ら拙者も軽率で三目入道の役は致したが古狸は英国で御座《ござ》ると堂々日本全権其人に向ひて宣明したる以上、日本亦《また》背後の古狸を顧みるの要あるに非ずや。否、聯盟囂々《ごうごう》の当時、已《すで》に日本の外務陸海軍の当局の聡明克《よ》く状勢の根源を洞察して一切の妖怪変化悉《ことごと》く彼の古狸の為す所なるを看破し始めたる慶賀に不堪存《堪えずぞんじ》候。

六。満洲蒙古一帯がロシアに属すべからず支那に属すべからず日本に帰属すべき理論は条約の文字以上の大事実に基くものに御座《ござ》候。然る所、其の帰属の不安定なりしが故に、露支両国の陰密なる結托《ママ》となりて世界大戦後支那の日本に対する反抗殆ど膏盲《こうこう》に入りしは特に支那の為めに（多少日本の為めにも）不幸なる十数年を送り来り候。蒋介石氏等革命児の精神は貫徹して当時日本政府の或者等が故張作霖等を支持せるに拘《かかわ》らず北伐を完成し以て自己の一党を以て支那を掌握致《いたし》候。而も禍福は糾《あざな》へる縄の如し。数年間ロシア共産政府の支援後給によりて北伐を完成し革命を徹底したるは可なり。而も同時にロシア共産政府の目的、支那をして日本排撃を極度に到らしめ日支戦争延《ひい》て日米戦争、第二世界大戦を極東の一角より点火せんとするに在りしが為めに、北伐完成後支那に於ける日本排斥。日本侮辱は実に日本の忍ぶべからざるまでに到達致《いたし》候。禍福の縄は神国日本の手によりて幸福のみを選ばしめ候。虎父作霖の生める者に豚児学良あり、蒋介石政府亦《また》日本の為すなきを侮《あなど》りて――（要するに年少気鋭の致す所のみ）――終に、満洲国を支那の主権外に放棄して日本帝国の保護に置き、上海神兵の天譴《てんけん》（天罰）如何に日本の親しむべく狎《なれ》るべからざるかの教訓に接して一大団円を結び候。

七。実に日露戦争以後、日本が支那保全の為めに大ロシア帝国を撃退せるに拘《かかわ》らず却《かえつ》て日支間に衷心誠実なる親善の成立せざりし所以は、一に只満蒙一帯の帰属安定せざりし故のみに有之《これあり》候。謂《い》はば日支間の疎隔の為めに埋蔵せられたる地雷火とも云ふべく、該地方に対して日本が或る事をなし支那が或る事をなし又は第三国が或る他の事をなすとも直に日支両国に暗雲を捲き全世界に轟々の鳴動を響かしむる所なりしものに御座《ござ》候。然るに地雷火は完全に掘り出されて捨てられ申《もうし》候。日支間は第三国に禍さるる以外両国間に於て今後一点の親善和合を妨ぐる禍源たるべきものの存在を見ざるに至り申候。是れ一に　至尊陛下の御稜威に出ると共に閣下等尽忠報国の賜《たまもの》、不肖等国民の感謝感激に不堪《堪えざる》ところに御座《ござ》候。

八。只気の毒にも禍の縄は今尚蒋介石氏等の足に絡《から》み付居《おり》候。氏等革命児の一団は当時革命を完成する事を主たる目的とせしに反し、支持者たりしロシア共産政府に於ては支那の排日侮日を以て日支間の兵火より大戦乱を招来せしめんとせし目的の基本的相違に御座《ござ》候。蒋介石政府が満洲の独立を以て日支間の禍根摘抉《てっけつ》（あばき出す）なりと云ふ深甚の意義を大悟し、上海の砲火を以て日支相鬩《あいせめぐ》を戒しむる天の啓示なりと大覚したりとせば、是れロシア政府にとりては極東攪乱の大政策を千仞一簣《せんじんいっき》（千仞＝千尋。簣＝土を運ぶモッコ。「九仞の功を一簣に虧く」＝「九仞の山を築くためには、最後の一杯のモッコの土を欠いても完成しない」）に於て破却せしめられたるものに御座《ござ》候。即ち日本排撃を徹底し得ず、日本の武力に屈従する如きは我が大政策に害あるも益なしとするは当然の沙汰に候。支那に於てロシアを背景とせる共産軍が俄然重大なる勢力となりて、或は将に蒋氏政権の覆没《ふくぼつ》を宣伝せしむる等。凡て満洲事変以後上海事変以後の支那の状勢を洞察可被遊《あそばさるべく》候。則ちロシアにとりては支那に必要なる勢力は日本と相争ひ相戦はんとする勢力にして、蒋氏が排日策を転向せしめ又はせしめんとする今日に於ては寧《むし》ろ明《あきら》かに其の存立を許さざらんとするは明白の儀に御座《ござ》候。

九。以上、要するに満洲国が独立し日支間の地雷火が掘り捨てられたる今日、日支間を敵国関係に置かんとする者はロシア共産政府に御座《ござ》候。又支那を問題として日米間に戦争又は現在見る如き戦争直前の状態に対立せしめんとする者は、自己の伝統政策よりする英国のみに御座《ござ》候。然らば今後の事日支両国は只親善なるより外なく、親善を妨ぐる者（共産ロシアの如き）を除去するより外なく、而して日支の親善を以て支那を保全開発せしむるが故に、支那の保全開発を国是と主張する米国を参加せしめて日支親善を躍進完成せしむるより外途なし。——日米合同投資団は此の根基を築く者に御座《ござ》候。

十。日米合同財団の提議に対して直に首肯し兼ぬる考察としては現在有名無実の存在たる四国投資の約束に御座《ござ》候。然し乍《なが》ら此の列強均等の投資を意味する現在の日英米仏の約束は勿論規約に基きて廃棄通告の手続をとれば不可なく候。只、問題の重点は列強均等の投資が日本にとりて又支那其者にとりて果して納受すべき者なるや否やの根本に候。大清帝国の末期以来各国の支那に対する投資が支那分割の権域設定の為めの者なりしが故に、其れに対して別個支那を列強の共同統治下又は共同管理下に於て所謂保全せんとしたるものが列強財団結成の原因なりしは周知の所に御座《ござ》候。則ち大清帝国の末年日本及び当時のロシア帝国を除外したる四国、英米独仏の四国が北支那に於ける日露の武力的抗争が支那の分割を将来すべきを見て、四国共同して支那を四国の管理下に於て保全せんとしたる者、所謂ストレイトの四国借款団なる者にして実に二十四《しご》五年前に始まれる者に御座《ござ》候。然し乍《なが》ら是れ支那自身にとりて全然自己の独立を喪失するに至るべき亡国借款なるは何人《なんぴと》も察知し得べき所、終に該問題を切掛《きっかけ》として武漢革命の勃発となり、大清皇帝の退位となりたる次第に御座《ござ》候。然るを四国財団の当事者は是の国民の根本的要求の奈辺《なへん》に存するやを察せず更に袁世凱政府を通じて始めに除外したる日露両国を加へたる六国借款の交渉と相成申《もうし》候。支那の新興勢力は当然四国の其れに対すると同一なる反対に努め、米国亦《また》支那国民の要求に非ざるを悟りて財団を脱退し英仏独露日の五国財団として成立致《いたし》候。該財団は袁世凱に政治借款として若干の金額を給付し借款反対者は第二革命に破れて国外に亡命致《いたし》候。而して袁世凱政府が新興勢力の第三革命に依りて倒れたる時は則ち世界大戦の時にして列強悉《ことごと》く其の財資を戦場に蕩尽して対支投資の如き固《もと》より顧みるを得ざる有様に立到り申《もうし》候。是《か》く列強共同財団の足跡を一瞥して今の四国財団を見よ。今の有名無実の存在たる四国財団なる者は戦後革命ロシアと革命ドイツを除きたる日英米仏の約束にして最初の四国財団とも後の五国財団とも同じからず日本にとりては特に恥づべき拘束の者に有之《これあり》候。則ち大戦中は日本一国のみ自由奔放に対支投資を恣《ほしいまま》にせしが為めに、戦後日本を拘束する目的を以て伝統の共同投資の約束を仮用し復活せしめたる者に御座《ござ》候。当時日米両国の外に英仏両国の如きが支那に投資する能力と閑暇なかりしは説明の要も無之《これなく》、日米両国共に遺恨なる失策と存《ぞんじ》候。

十一。以上見らるる如く支那にとりて分割的侵略的投資が歓迎せられざると同時に、支那を共同統治又は共同管理に結果せしむる列強の共同投資は支那の納受する能はざる所の者に御座《ござ》候。支那の好まざる所は日本の好まざる国是にして、支那の革命に訴へても拒否せんとする所は日本の兵馬を動かしても拒否すべき国策に可有之《これあるべく》候。大アジアの盟主を帝国の道義的使命として自覚したる今日、支那の完全無欠なる保全は日本の使命に於て第一義的なるべく、従《したがっ》て或る一国の分割的投資も共同統治を将来すべき列国共同の投資も、支那と同一なる利害情熱を以て日本の拒否すべき者たるは明《あきら》かなる儀と存《ぞんじ》候。――則ち現時空文として存する四国財団の約束は支那の保全独立と其の保全独立を擁護すべき日本帝国の使命に於て当然且つ至急之れを廃棄すべき者に御座《ござ》候。

十二。然らば何故に日本一国の対支投資を提唱せずして日米両国の合同財団を考慮するやと。答は極めて簡単に候。此の地球は日本と支那のみの存在に無之《これなく》候。又日本のみが唯一最大の強国には無之《これなく》候。日本と幾年に亘りて互角なる戦争に堪ふる強国も有之《これあり》、又二国連合して日本を撃破し得る強国も可有之《これあるべく》候。近時屈辱外交の後を受けて勃興せる自主独往《どくおう》の精神的自覚は誠に慶賀すべきは勿論に候。而も、其局に当る者の一挙手一投足が如何に帝国の栄辱に結果し、或は時に百年の興亡にも係はるべき大事を惹起するかは常に戒慎を忘るまじき事と存《ぞんじ》候。満洲国の成立は該地域がロシア帝国の極東進出によりて日露戦争以前より已《すで》に支那の領有に非ざるものなりしが故に、全世界の囂々《ごうごう》に対しても敢て怖るる所なく日本の使命を遂行し以て天佑を享受したるものに御座《ござ》候。而も曩《さき=先》に此事ありしが故に支那に対して如何なる事を加ふるも可なりと考ふる者あらば実に　至尊陛下の聖徳を汚し近き将来に於ける世界的洪図《こうと》（大きなはかりごと）を破り帝国を列強の四面楚歌に投ずる者に御座《ござ》候。則ち支那は日本一国のみの力を以て保全し又は開発し得べき者に非ず日本の対支国是と一致したる強国との同能盟《ママ》的提携を欠ぐ《ママ》べからざる必要とすと申すことに御座《ござ》候。善き意味に於て《に》せよ支那の保全開発を日本一国に於て独占せんとするは、太平洋の平和を米国一己《いっこ》の力に依りて支配せんとすると等しき野郎自大の沙汰に候。西方の国土より日本を指して光は東方よりと言ひ得べき如く、日本の東岸に立ちて米国を眺むる時《、》光は東方の米国よりとも言ひ得べし。個人に於て無反省なる自己是認が其の一生を破滅せしむる如く、国家に於ては特に現実を離れたる自己礼讃は実に怖るべき国難又は其れ以上の事を将来せしむる者に御座《ござ》候。——則ち日本の現在及び近き将来の実力を見るに、日本一国のみの資本を以て支那を開発する能はず、日本一国のみの武力を以て英米又は該二国以上の武力を撃破して支那を彼等の分割又は共同統治より保全する能はざるは明白なる現実に御座《ござ》候。然らば当然に提起さるべき問題として、日本は支那の保全及び開発の為めに如何なる強国を抗争者とし如何なる強国を協同者とすべきかに深甚周到なる考察。討究を要すべきに非ずやと存《ぞんじ》候。

十三。此事は直に欧洲大戦の列強の留守中日本一国のみの対支投資に対して平和後直《ただち》に英米仏の聯合を以て日本を四国財団に封じ込めし前例を見るも明《あきら》かに御座《ござ》候。支那の事に関して英米両国を同一戦線に立たしむる如くんば日本の対外策は皆無と申すも過言なるまじと存《ぞんじ》候。時に英米二国を敵とするも何ぞ恐れんやと云ふが如きを聞き候へ共《ども》、斯くの如きは豆絞りの鉢巻にて市井の勇士が束になつて来いと申す者《、》単に査公《さこう》（おまわり）到来までの戯的光景に過ぎずと存《ぞんじ》候。日本の対支策は常に或る強国との提携を原則と致《いたし》候。明治時代に於ては日英同盟を以て支那を保全し得たり。日本の国力充実躍進して日英米の三大強国の一となれる今日、支那を単に保全せしのみならず積極的に大々的に開発せんとする今日に至りては必ず日米経済同盟の財資に依るの外なしと存《ぞんじ》候。対支投資に於ける日米経済同盟は支那及び太平洋の平和を維持すべき日米の武力的提携たるべし。

十四。日米財団の投資目的につき申上《もうしあげ》候。則ち支那本部の今の首都を中心として東西南北に縦横無尽なる鉄道網を布設することに御座《ござ》候。例へば百億として其の中の十億又は二十億を以て先づ主要本幹を布設せば交通に依る支那の政治的統一は実に堅確不動の者と相成るべく候。然して断じて政治的借款に流用し得ざるやう鉄道の会計を独立せしむる等忘るべからざる注意と存《ぞんじ》候。又日米何れも該財団より武器給付等の事を避け堂々たる名分支那の経済開発のみを任とせしむることと亦《また》忘るべからざる注意と存《ぞんじ》候。米国の資本が支那に入る能はざる多くの理由は日本の武力的執行力を欠如せるが故の者に御座《ござ》候。資本の安全性は日本の武力によりて何の疑なく支那に流入すべく、支那其者の利益を躍進せしめ米国の其れを豊富ならしむると共に日本の受くる所《︶》投資の多大に応じて多大なるべきは申すまでも無之《これなく》候。飛行機を某国に求め銃砲を某々国に購ふが如き何程の事かあらん。

十五。特に御考慮を請はんとするは支那政府其者が国内の不安反対等に悩まざる親切に御座《ござ》候。如何に日支提携に目覚めしとは申せ幾十年間に亘る日支紛争重畳し最近特に満洲独立の事あり、日本一国との経済的提携の如きは（小規模の者は兎《と》に角《かく》）彼等をして殆ど其の存立をも危ふからしむる恐れなしとせず候。特に日本の外に置かれたる米国を始めとし英国は固《もと》より仏伊等に至るまで悉《ことごと》く国内の反政府勢力に策動すべく、則ち日本自身の過誤より支那に於ける日本的勢力を覆没《ふくぼつ》せしむる結果と可相成《あいなるべく》候。米国と合同し混和したる日米財団なる時は反政府的勢力。排日的勢力と雖《いえど》も一切の疑惑猜疑なく一に只謳歌万歳を叫ぶのみと存《ぞんじ》候。特に排日的勢力の期待する所は日米戦争によりて日本が敗戦するか甚しき弱小国に堕するかに依りて日本の支那に加ふる所を免かるべしと云ふ目的の下に言動する者に有之《これあり》、日米の基本的提携を眼前に見るに於ては其の排日的理論も目的も雲散霧消すべきは御推想可被遊《あそばさるべく》候。則ち支那の親日的勢力は何等後顧又は脚下の憂なくして日本との根本的提携に猛進し得べく、其の親米的に走りし者も亦《また》自ら日本の傘下に来り投ずべく、説明の要なき自明のことに御座《ござ》候。

十六。或は狐疑《こぎ》して日本に対し殆ど仮装敵国として用意怠りなき米国其者を日本の力を以て支那に導くは禍根を樹《う》うる者に非ずや等。一応も二応も道理あることに御座《ござ》候へ共《ども》、今日の国際関係は純然たる元亀天正時代にして、其の妻妾に寝首を掻かるることもあるべく、実子より夜討せらるることも可有之《これあるべく》候。これが恐ろしく候ては東京市中の散歩もなるまじく、不良ありギャングあるが故に一室に閉ぢ籠りて品行方正を堅持せんと云ふ御令嬢方の論法に御座《ござ》候。日本の対外策が品行方正なりし時代は満洲事変上海事変以前の御令嬢方を以て終りと致《いたし》候。御壮齢《そうれい》成さんとして成す能はざるなき　聖天子を奉じて元亀天正の国際渦中に突入したる今日、日米婚嫁修交して四海波静かなるや否やを疑ふは何ぞ。聡明果断なる閣下等は斯かる巾幗《きんかく》（女の頭飾転じて女）者流に非ざるを信じ申《もうし》候。

十七。要するに凡ては議論にても建策にても無之《これなく》、只閣下等の聡明周到なる実現の情意手段に御座《ござ》候。而して凡ての事の根本は日米提携の対支策以外如何なる第三者をも許容せざる泰山富岳の大決心を固むる事に御座《ござ》候。此の大決心は亦《また》固《もと》より支那の執政者に於て微動だもせざるを根本と致《いたし》候。然らば当然来るべき英国の干渉横鎗の如き真に鎧袖一触《がいしゅういっしょく》（鎧の袖ひと振りで簡単に敵を打ち負かす）にして拒斥し得べし。

附言。四年前日仏同盟に関する建白書奉呈《ほうてい》仕《つかまつり》候。以後フランスの現状はヒットラーの出現に狼狽して共産ロシアと結ぶ等の次第にして暫《しばら》く冷静に其の推移を見るの外なく候。只日仏同盟の目的は実に英帝国の海軍力を東西に二分すべき大事に有之《これあり》、支那に於て日米合同財団よりフランスを除外せるが為めに、日仏の間に著しき疎隔を来すまじきは目的の別個に在る点より御了承なさるべしと存上《そんじあげ》候。現在の世界状勢及び其の推移を大処達観する時、大日本帝国は太平洋に於て米国、大西洋に於てフランスと契盟する、《ママ》外なく、又運命必ず然るべきを確信罷在《まかりあり》候。第二世界大戦を極東に於て点火せしむる勿《なか》れ。而も欧洲の天地再び戦雲に蔽はるるなきは何人《なんぴと》か之れを保せん。日仏の事、日米の事、閣下等に於て誠に誠に最大最重の儀と奉存《ぞんじたてまつり》候。

終りに臨みて閣下等の御健勝御清栄を祈上《いのりあげ》候。

昭和十年六月三十日　　頓首再拝

遺書・絶筆

大輝ヨ。此ノ経典ハ汝ノ知ル如ク父ノ刑死スル迄読誦セル者ナリ。汝ノ生ルルト符節ヲ合スル如ク突然トシテ父ハ霊魂ヲ見神仏ヲ見此ノ法華経ヲ誦持スルニ至レルナリ。則チ汝ノ生ル丶トヨリ父ノ臨終マデ読誦セラレタル至重至尊ノ経典ナリ。父ハ只此ノ法華経ヲノミ汝ニ残ス。

父ノ想ヒ出サルル時、父ノ恋シキ時、汝ノ行路ニ於テ悲シキ時、迷ヘル時、怨ミ怒リ悩ム時、又楽シキ嬉シキ時、此ノ経典ヲ前ニシテ南無妙法蓮華経ト唱ヘ念セヨ。然ラバ神霊ノ父、直ニ汝ノ為メニ諸神諸仏ニ祈願シテ汝ノ求ムル所ヲ満足セシムベシ。

経典ヲ読誦シ解説スルヲ得ルノ時来ラバ父カ二十余年間為セシ如ク誦経三昧ヲ以テ生活ノ根本義トセヨ。則チ其ノ生活ノ如何ヲ問ハス汝ノ父ヲ見父ト共ニ活キ而シテ諸神諸仏ノ加護指導ノ下ニ在ルヲ得ベシ。父ハ汝ニ何物ヲモ残サス而モ此ノ無上最尊ノ宝珠ヲ留ムル者ナリ。

昭和十二年八月十八日

父　一輝

獄裏読誦ス妙法蓮華経、或ハ加護ヲ拝謝シ或ハ血涙ニ泣ク、迷界ノ凡夫古人亦斯クノ如キ乎

八月十九日

北　一輝

（刑死する朝、看守兵で勤務していた平石光久に与えたもの（みすず書房版注釈より））

参考資料（底本画像）

本書収録主要諸篇底本の写真を以下に掲載する。

うち**『日本改造法案大綱』**（西田税発行版）は本書凡例に説明したように「伏字版」（伏字の多い方）と「伏字僅少版」（伏字のわずかな方）が初版と再版のそれぞれに同じ発行日をもって存在しており、つまり、**計四種の版**がある。「伏字版」の二者同士、「伏字僅少版」の二者同士は基本的に同じ内容といえるが、以下にみられるように、誤植・レイアウト等のわずかな差異がある。再版の「伏字版」のうち、東京都立中央図書館所蔵の本には、伏字を復元する「貼り紙」（印刷物）が施されており（「貼り紙」においても伏字はまだ残っている）、この「参考資料」においては「伏字版の再版」として、それを掲載した。以下に見られるように印刷物の「貼り紙」にはそれ対応するページ数の指示も印刷されている。東京都立中央図書館所蔵の同書には、都立図書館に所蔵される前の所蔵所を示す下記内容の印が（消印を伴って）見られる――「昭和十四年八月十二日　故海軍大将加藤寛治氏令息　加藤寛一氏御寄贈／海軍大学校図書　昭和十四年九月二十七日登録」。

『国体論及び純正社会主義』奥付・タイトルページ

北輝次郎著

國體論及び純正社會主義

明治三十九年五月六日印刷
明治三十九年五月九日發行

正價貳圓八十五錢

不許複製

新潟縣佐渡郡兩津町大字湊六十一番地
著者兼發行者 北輝次郎

宮城縣志田郡荒雄村鶴沼字長瀬廿三
印刷者 青沼勘左衛門

東京市麹町區飯田町三丁目拾番地
印刷所 東洋社

大賣捌所
神田一ツ橋通 有斐閣
神田裏神保町 同文館
神田神保町 東京堂

第壹編 社會主義の經濟的正義

『国体論及び純正社会主義』目次

『国体論及び純正社会主義』本文（章冒頭）

第壹編　社會主義の經濟的正義

第一章

所謂社會の秩序と國家の安寧幸福——政府の迫害と學者の議論——貧困の原因——機械の發明——機械工業の結果にあらず——經濟的貴族國——經濟的勢力と政治的勢力——人格なき經濟物——奴隷制度——個人主義の舊派經濟學——個人主義の發展と歷史の進化——個人主義經濟學の革命的任務——スミス當時の貴族國經濟組織——經濟界の民約論——個人主義の叛逆者——階級に阻害されたる自由競爭——機械と云ふ

二

封建城郭——自由競爭の二分類——機械中心問題の社會的諸科學——個人主義は革命に至る——個人主義の論理的歸結——官許無政府黨員——所謂社會主義者に混ぜる個人主義者

社會主義の深遠なる根本義は直に宇宙人生に對する一派の哲學宗教にして嚴肅なる科學的基礎の上に立ち、貧困と犯罪とに理性を攪亂せられて徒らに感情と獨斷とによりて盲動する者に非らず。而しながら貧困と犯罪とを以て蔽はれたる現社會より產れて、新社會の實現に努力しつゝある實際問題たる點に於て論究の順序が先づ貧困と犯罪の絕滅ならざるべからず。故に吾人は第一編「社會主義の經濟的正義」に於て社會主義の物質的幸福を說き、第二編「社會主義の倫理的理想」に於て社會主義の精神的滿足を論じ、而して第三編に於て「生物進化論と社會哲學」として社會進化の理法と理想とを論じ、社會主義の哲學を說き、社會的諸科學の根本思想たる者を述べ、以て第四編「所謂國體論の復古的

三

正誤表

〔重要なるもののみ〕

頁	行	誤	正
六	一	尊重	尊貴
一七	十三	機械	機會
四六	五	流れ	流し
五二	七	強國	強固
五九	二	結實	果實
七二	二	限光	眼光
九六	三	要せしや	要せんや
一〇二	十四	致達	到達
一〇四	十三	老排	老狒
一二一	五	文學上	文字上
一二五	十	經濟的	經驗的

一

頁	行	誤	正
八〇〇	五	系系	系統
五一九	五	權利と	權利は
五二二	十一	製踏	襲踏
五九八	八	姑姿	姑婆
六〇〇	十二	淫洞	淫祠
六四七	九	一ヶ年	一千年
六四八	八	國家	國定
七二〇	十四	系統	皇統
七三八	十二	發育	養育
七八二	九	君	クヅル
同	十	主	君主
七九三	一	退化せざるは	せざれば
七九六	十二	國家の	國家學
七九七	三	進行暦	進行の

四

『国体論及び純正社会主義』巻末正誤表

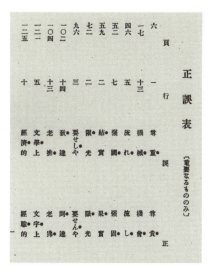

魂を祭る多神敎の在りて其の多神敎には大蛇、木石、鳥獸、甚しきは生殖器等が禮拜せらるゝ如く、基督敎傳播以前の歐州人も種々の動物奇石怪木を祖先の靈魂と共に拜りたる如く、八十万神を信仰する日本の祖先敎も其の多神敎たることに於て無數の噴飯憫笑すべきものを祭りたりき。穗積博士は酸素と炭素との化合による火の說明を斥けて加具土の神を信仰しつゝありや、氣壓の爲めに起ると云ふ暴風を級長戸邊の神が怒りて大木を拔くとして恐れつゝありや、波浪の起るは大渡津美の神の所爲として恐怖しつゝありや、蝗虫は歲の神の致す所にして農學は國體を傷くる神道の邪敎なりや、氏の邸宅の竈と厠とには供物を供して竈の神、厠の神を祭りつゝありや、氏は動物園の大蛇を神社に祭るべく主張し、木造の生殖器の前に朝夕合掌稽首しつゝありや。——斯る媱祠邪敎の存するが故に帝國憲法は安寧秩序を防げざる限りに於てと云ふ前置きを設けたるなるぞ。祖先敎と多神敎とは同一の根より生じたる宗敎と哲學の萠芽なり。今日に於て顧みれば固より笑ふ

本家地主個人主義が却て國家を主張する帝國主義を取る

羅馬帝國はあり得べきも世界聯邦なし

瑞西は理一國に非らず

界主義を取り、却て個人主義を眺る所の資本家地主の階級が國家の權威を主張せる所の帝國主義を掲げて立つとは！　あゝ思想界の大混戰の爲めに敵と味方とは其の旗識を取り違へて立てつゝあり。個人主義なくして全個人の權威の上に立てる社會主義なり、帝國主義なくして全國家權威上に築かるゝ世界聯邦の世界主義なく。故に凡ての個人が貴族君主の下に奴隷的服從を事とせし個人の權威なき『平民』に社會民主々義の夢想なる如く、强力に仕ふるとを事として自國の國家的權威を解せざる國家の集合にては羅馬帝國はあり得べきも世界聯邦なし。○この點に於て阿邊磯雄氏が其著『瑞西』を指して地上の理想國となし其の軍備の存するを遺憾なりとせしは論なく誤まる。彼の如く他の銃鎗の間に支へらるゝ獨立は理想的國家にあらず、瑞西の理想的なりと云はるゝは一旦の曉その微少なる軍備を以て仆れて後止むの國家的權威に在りと云はん』。凡ての人格が權威に覺醒して自由を主張するときに先づ他の自由を尊重せずして自己の自由の爲めに他の是れを無視す。

初版「伏字版」『日本改造法案大綱』奥付・タイトルページ

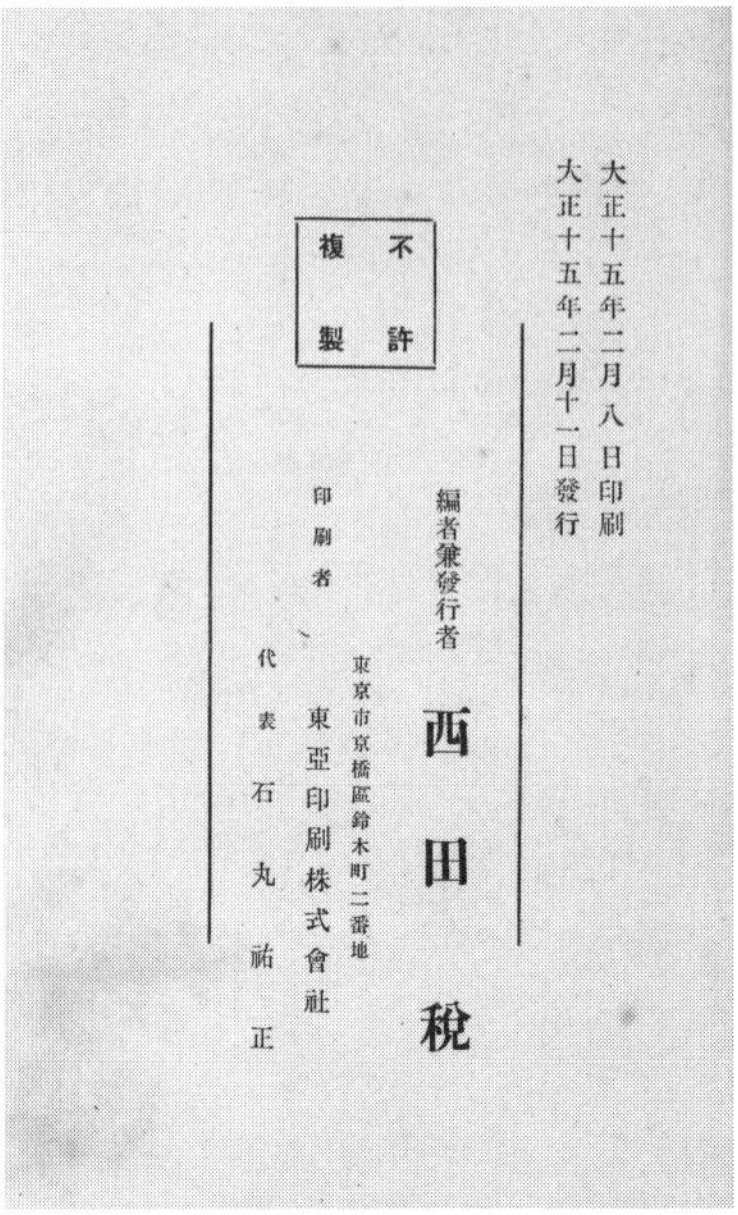

大正十五年二月八日印刷
大正十五年二月十一日發行

編者兼發行者　西田税

東京市京橋區鈴木町二番地
印刷者　東亞印刷株式會社
代表　石丸祐正

不許複製

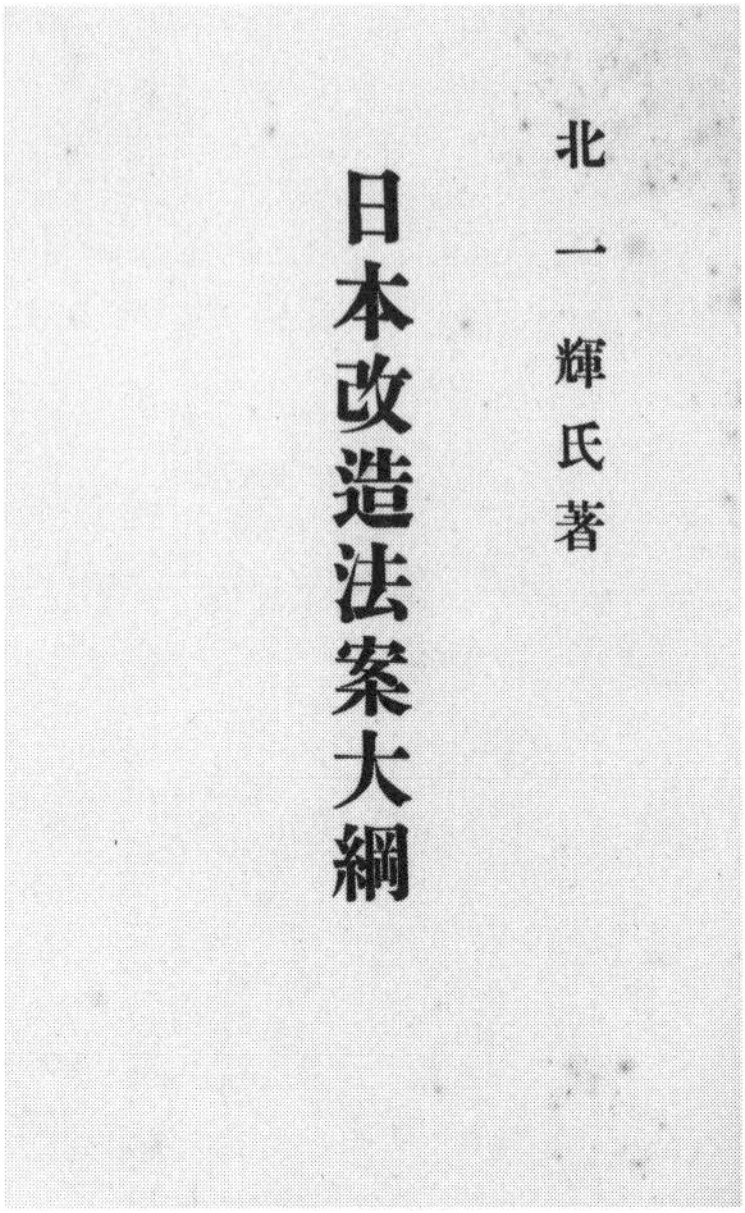

北一輝氏著

日本改造法案大綱

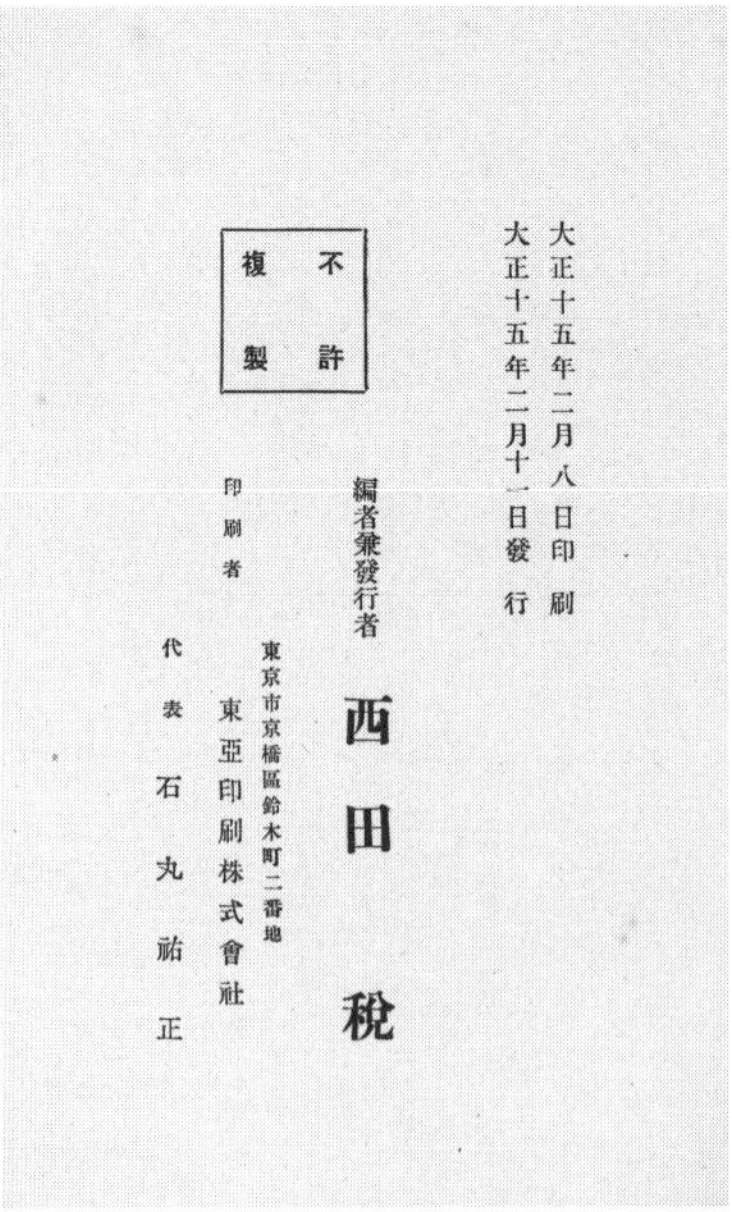

大正十五年二月八日印刷
大正十五年二月十一日發行

編者兼發行者　西田税

東京市京橋區鈴木町二番地
印刷者　東亞印刷株式會社
代表　石丸祐正

不許複製

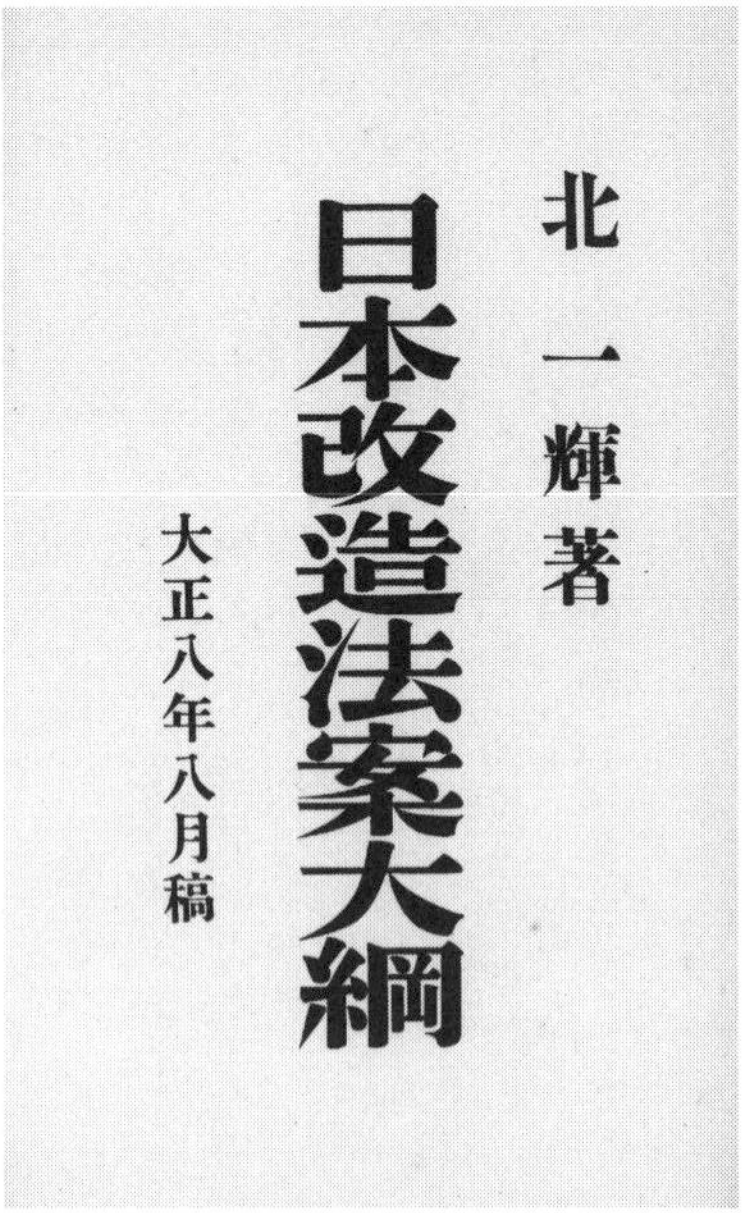

北一輝著

日本改造法案大綱

大正八年八月稿

初版「伏字僅少版」『日本改造法案大綱』奥付・タイトルページ

初版「伏字版」『日本改造法案大綱』

凡例

一。此ノ改造法案ハ世界大戰終了ノ後、大正八年八月上海ニ於テ起草セル者ナリ。「極秘」ヲ印シ謄寫ニ附シテ未ダ公刊ニ至ラザル時、九年一月發賣頒布ヲ禁ゼラル。書中ニ存スル○○ハ公刊ニ際シ官憲ノ削除シタルモノナリ。

二。固ヨリ削除セラレタル一行一句ト雖モ日本ノ法律ニ違反セル文字ニ非ザルハ論ナシ。恐クハ單ナル行政上ノ目的ニ出デシト信ズ。從テ何等カ不穩矯激ナル者ノ伏在セルカニ感ジテ草案者ニ質問照會スル等ノナカラムコトヲ望ム。二三枝ヲ折ルモ大樹ハ損傷サルルコトナシ。

三。奈翁戰爭ガ十八世紀ト十九世紀トヲ劃セル如ク、十九世紀ノ終焉二十世紀ノ初頭ハ眞ニ世界大戰ノ一大段

凡例　一

日本改造法案大綱目次

目次　一

凡例

一。二。不要削除

三。奈翁戰爭ガ十八世紀ト十九世紀トヲ劃セル如ク、十九世紀ノ終焉二十世紀ノ初頭ハ眞ニ世界大戰ノ一大段

凡例　一

日本改造法案大綱目次

目次　一

初版「伏字僅少版」『日本改造法案大綱』

初版「伏字版」『日本改造法案大綱』

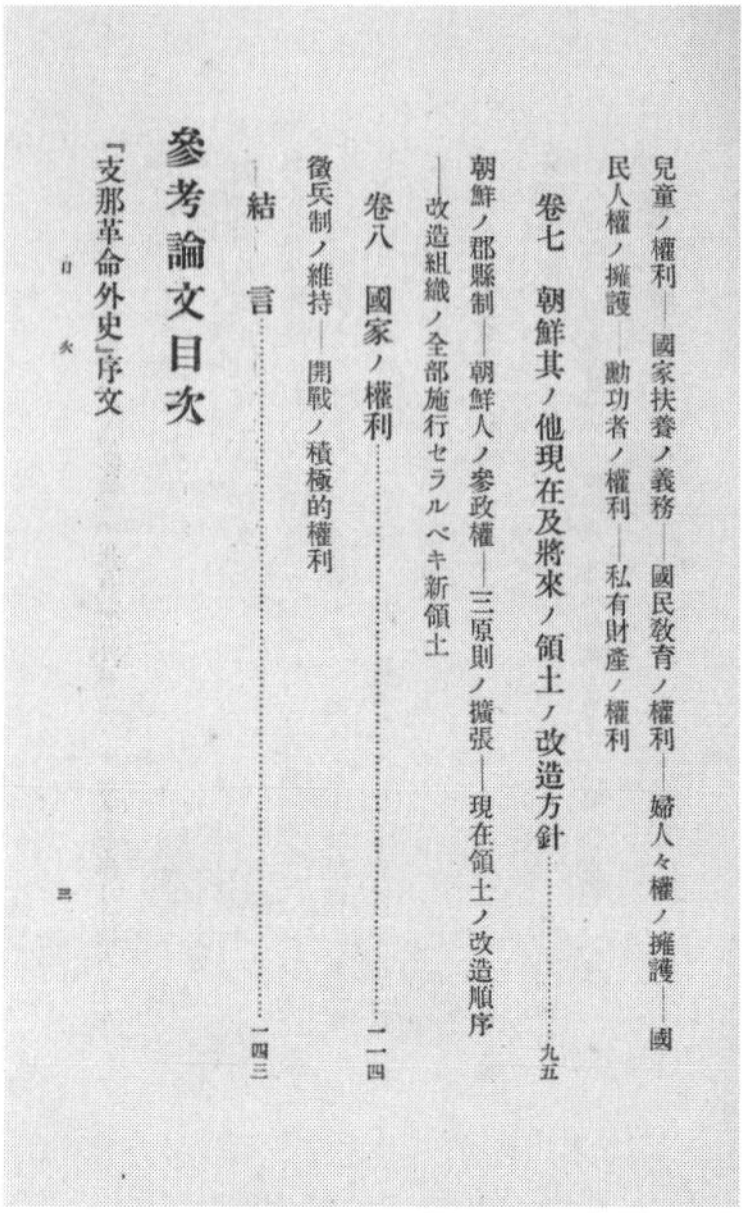

參考論文目次

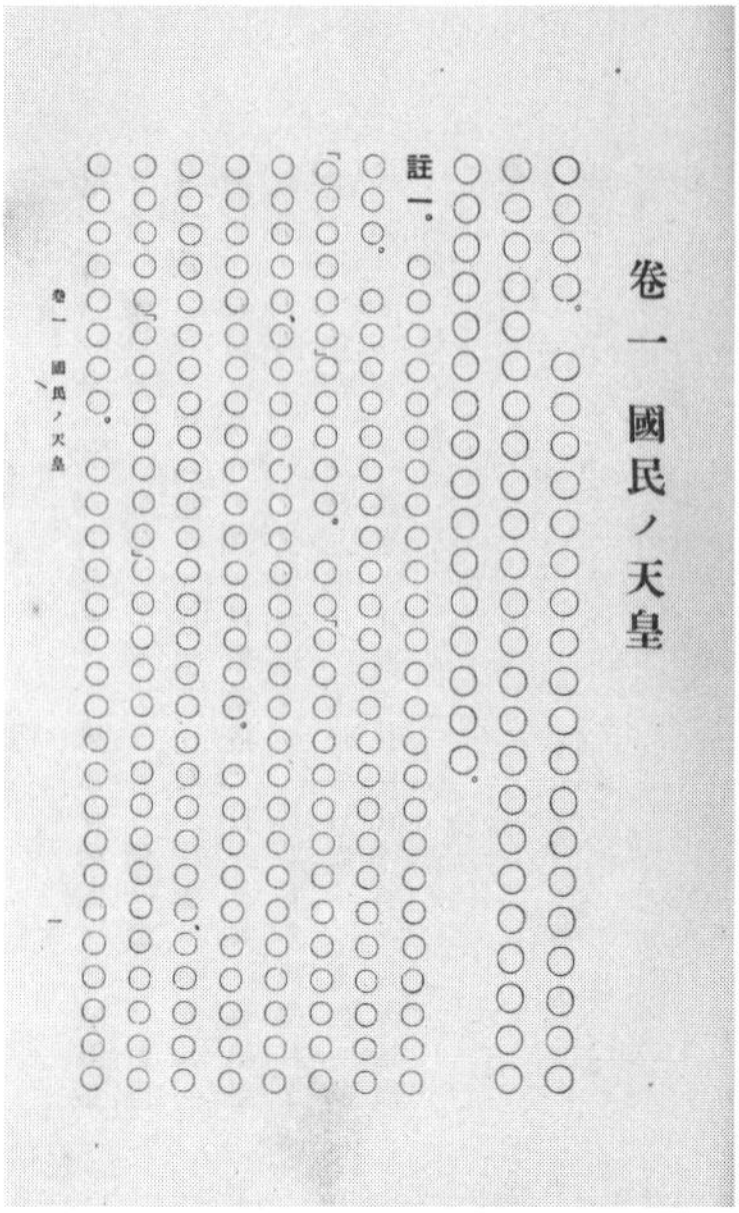
卷一　國民ノ天皇

○○○○。○○。

註一。○○○○○○○○○○○○○○○○○○○○○○○○○○。○○○○○○○○○○○○○○○○○○○○○「○○○○○○○」○○。○○○。○○。○○○○○○○○○○○○○○○○○

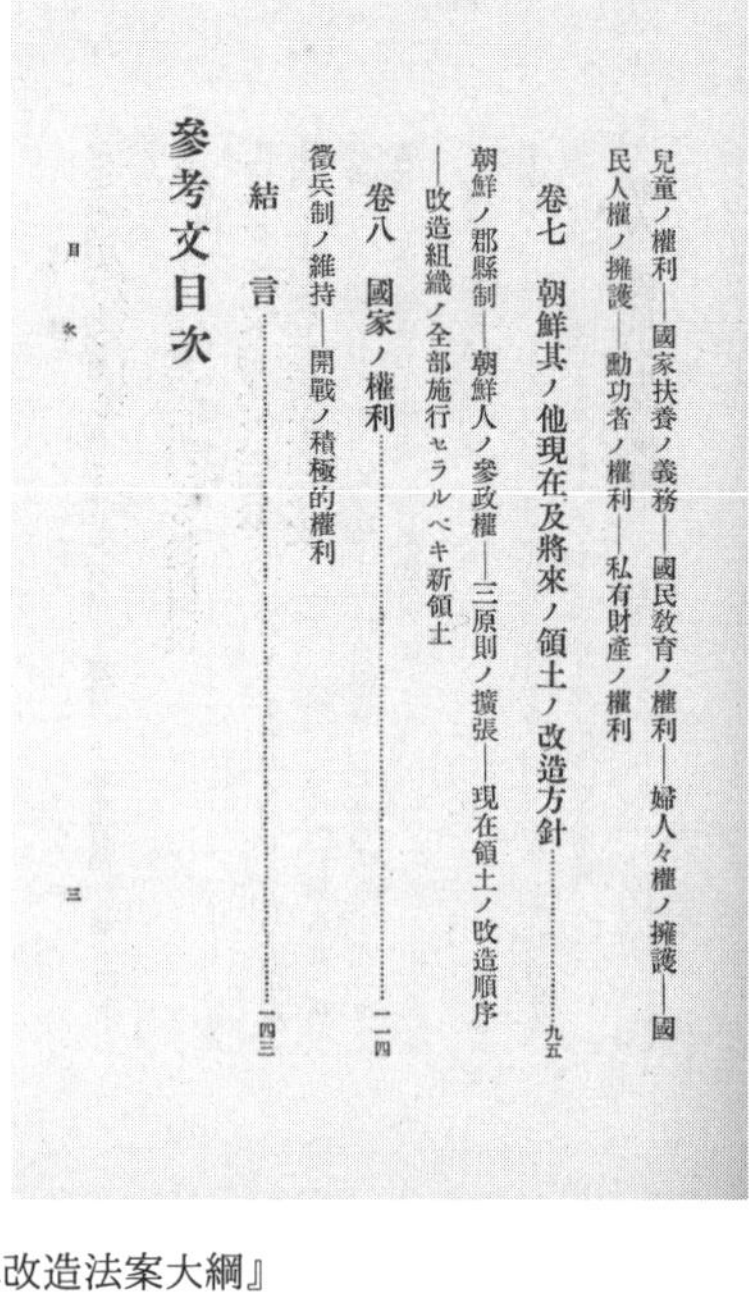

參考文目次

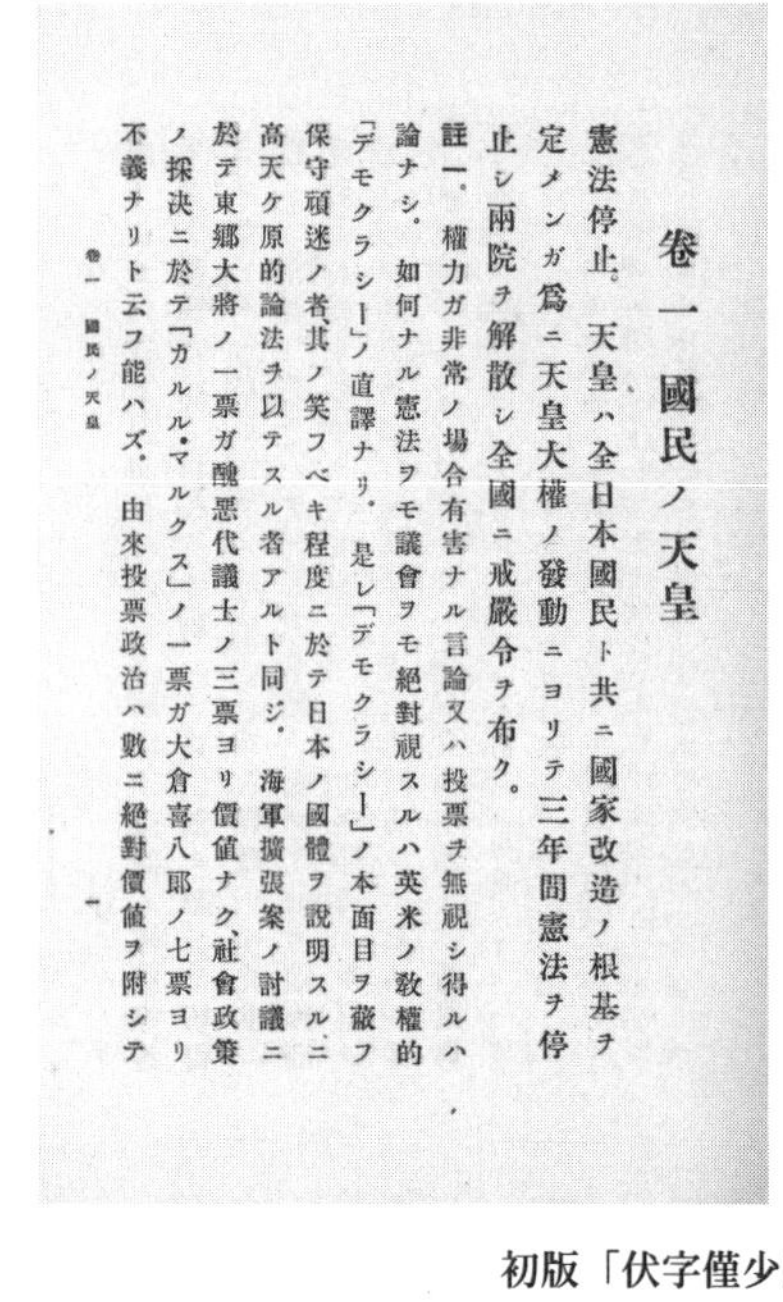
卷一　國民ノ天皇

憲法停止。天皇ハ全日本國民ト共ニ國家改造ノ根基ヲ定メンガ爲ニ天皇大權ノ發動ニヨリテ三年間憲法ヲ停止シ兩院ヲ解散シ全國ニ戒嚴令ヲ布ク。

註一。權力ガ非常ノ場合有害ナル言論又ハ投票ヲ無視シ得ルハ論ナシ。如何ナル憲法ヲモ議會ヲモ絶對視スルハ英米ノ敎權的「デモクラシー」ノ直譯ナリ。是レ「デモクラシー」ノ本面目ヲ蔽フ保守頑迷ノ者其ノ笑フベキ程度ニ於テ日本ノ國體ヲ說明スルニ高天ケ原的論法ヲ以テスル者アルト同ジ。海軍擴張案ノ討議ニ於テ東鄉大將ノ一票ガ醜惡代議士ノ三票ヨリ價値ナク、社會政策ノ採決ニ於テ「カルル・マルクス」ノ一票ガ大倉喜八郎ノ七票ヨリ不義ナリト云フ能ハズ。由來投票政治ハ數ニ絶對價値ヲ附シテ

初版「伏字僅少版」『日本改造法案大綱』

初版「伏字版」『日本改造法案大綱』

註三。○○○○○○○○○○○○○○○○○○○○○○○○○○
○○○○○○○○○○○○○○○○○○○○○○○○○○○○
○○○○○○○○○○○○○○○○○○○○。○○○○○○○
○○○○○○○○○○○○○○○○○○○○○○○○○○○○
○○○○○○○○○○○○○。
註四。○○○○○○○○○○○○○○○○○○○○○○○○○
○○○○○○○○○○○○○○○○○○○○○○○○○○○。
○○○○○○○○○○○○○○○○○○○○○○○○○○○○
○○○○○○○○○○○○○○○○○○○○○○○○○○○○
○○○○○○○○。

○○○○○○○○○。○○○○○○○○○○○○○○
○○○○○○○○○○○○○○○。

巻五 労働者ノ権利

労働省ノ任務。内閣ニ労働省ヲ設ケ國家生産及ビ個人生産ニ雇傭サルル一切労働者ノ権利ヲ保護スルヲ任務トス。

労働爭議ハ別ニ法律ノ定ムル所ニヨリテ労働省之ヲ裁決ス。此裁決ハ生産的各省個人生産者及ビ労働者ノ一律ニ服從スベキ者ナリ。

註一。労働者トハ力役又ハ智能ヲ以テ公私ノ生産業ニ雇傭セラルル者ヲ云フ。從テ軍人官吏教師等ハ労働者ニ非ズ。例ヘバ巡査ガ生活權利ヲ主張スル時ハ其所屬タル内務省ガ決定スベク、敎師ガ增給運動ヲナス時ハ文部省ガ解決スベシ。労働省ノ與カル

註三。現時ノ資本万能官僚専制ノ間ニ普通選擧ノミヲ行フモ選出サル、議員ノ多數又ハ少數ハ改造ニ反對スル者及反對スル者ヨリ選擧費ヲ得タル當選者ナルヲ以テナリ。但戒嚴令中ノ議員選擧タリ議會開會ナルヲ以テ有害ナル候補者又ハ議員ノ權利ヲ停止スベキヲ得ルハ論ナシ。

註四。斯カル神格者ヲ天皇トシタルコトノミニ依リテ維新革命ハ佛國革命ヨリモ悲慘ト動亂ナクシテ而モ徹底的ニ成就シタリ。再ビ斯カル神格的天皇ニ依リテ日本ノ國家改造ハ露西亞革命ノ虐殺兵亂ナク獨乙革命ノ痴鈍ナル徐行ヲ經過セズシテ整然タル秩序ノ下ニ貫徹スベシ。

○○○○○○○○○。○○○○○○○○○○○○○○
○○○○○○○○○○○○○○○。

巻五 労働者ノ権利

労働省ノ任務。内閣ニ労働省ヲ設ケ國家生産及ビ個人生産ニ雇傭サルル一切労働者ノ権利ヲ保護スルヲ任務トス。

労働爭議ハ別ニ法律ノ定ムル所ニヨリテ労働省之ヲ裁決ス。此裁決ハ生産的各省個人生産者及ビ労働者ノ一律ニ服從スベキ者ナリ。

註一。労働者トハ力役又ハ智能ヲ以テ公私ノ生産業ニ雇傭セラルル者ヲ云フ。從テ軍人官吏教師等ハ労働者ニ非ズ。例ヘバ巡査ガ生活權利ヲ主張スル時ハ其所屬タル内務省ガ決定スベク、敎師ガ增給運動ヲナス時ハ文部省ガ解決スベシ。労働省ノ與カル

巻五 労働者ノ権利　五五

初版「伏字僅少版」『日本改造法案大綱』

初版「伏字版」『日本改造法案大綱』

ナリ。事業ニ對スル分擔者トシテノ當然ナル權利ニ基キテ制定サルベシ。別個生産能率ヲモ思考スベシ。

註二。私人生産業限度内ノ事業ニ於テ將來半世紀一世紀間ハ現代ノ如キ腐敗破綻ヲ來ス怖アル者ト推定スベシ。從テ勞働的株主ヲ併存セシムルコトハ内容的根本的ニ常ニ該事業ヲ健確ニ支持スベシ。

註三。勞働的株券ノ發言權ハ勞働爭議ヲ株主會議内ニ於テ決定シ、一切ノ社會的不安ナカラシムベシ。

借地農業者ノ擁護。私有地限度内ノ小地主ニ對シテ土地ヲ借耕スル小作人ヲ擁護スル爲メニ、國家ハ別個國民人權ノ基本ニ立テル法律ヲ制定スベシ。

註一。限度以上ノ土地ヲ分有セシムル大本ハ別ニ存セリ。而モ

液ガ多量ナリト云フコトハ、實ニ其ノ貴族ノ血液ガ皇室ニ入リ得ベキ特權階級タリシ點ニ於テ、日本ノ元首其者ガ朝鮮人ト沒交渉ニ非ズト云フコトナリ。敢テ今次ノ朝鮮太子ト日本皇女トノ結合ヲ以テ日鮮ノ融合ガ試ミラルルニアラズ。是レ決シテ人種問題ノ範圍ニ非ズ。

註三。要スルニ凡テノ原因ハ朝鮮ガ日本支那露西亞ノ三大國ニ介在シテ自立スル能ハザリシ地理的約束ト、其ノ道義的廢頽ヨリ一切ノ政治産業學術思想ノ腐敗萎微ヲ來シテ内外相應ジテ亡ビタルモノナリ。朝鮮其者ヲ歴史ガ示ス如ク、又清國ガ此レヲ屬國トセンガ爲ニ起リタル日清戰爭、及ビ滿洲ニ來タレル露西亞ガ其ヲ侵略セントセシガタメニ破レタル日露戰爭ニ示ス如ク、其ノ亡國タルベキ内外呼應ノ原因ハ統治者ガ日本タラザル時ハ露支兩國ノ爲レカナリシハ明白ナリ。日本ノ國防ニ取リテ彼ガ日本ノ

ナリ。事業ニ對スル分擔者トシテノ當然ナル權利ニ基キテ制定サルベシ。別個生産能率ヲモ思考スベシ。

註二。私人生産業限度内ノ事業ニ於テ將來半世紀一世紀間ハ現代ノ如キ腐敗破綻ヲ來ス怖アル者ト推定スベシ。從テ勞働的株主ヲ併存セシムルコトハ内容的根本的ニ常ニ該事業ヲ健確ニ支持スベシ。

註三。勞働的株主ノ發言權ハ勞働爭議ヲ株主會議内ニ於テ決定シ、一切ノ社會的不安ナカラシムベシ。

借地農業者ノ擁護。私有地限度内ノ小地主ニ對シテ土地ヲ借耕スル小作人ヲ擁護スル爲メニ、國家ハ別個國民人權ノ基本ニ立テル法律ヲ制定スベシ。

註一。限度以上ノ土地ヲ分有セシムル大本ハ別ニ存セリ。而モ

液ガ多量ナリト云フコトハ、實ニ其ノ貴族ノ血液ガ皇室ニ入リ得ベキ特權階級タリシ點ニ於テ、日本ノ元首其者ガ朝鮮人ト沒交渉ニ非ズト云フコトナリ。敢テ今次ノ朝鮮太子ト日本皇女トノ結合ヲ以テ日鮮ノ融合ガ試ミラルルニアラズ。是レ決シテ人種問題ノ範圍ニ非ズ。

註三。要スルニ凡テノ原因ハ朝鮮ガ日本支那露西亞ノ三大國ニ介在シテ自立スル能ハザリシ地理的約束ト、其ノ道義的廢頽ヨリ一切ノ政治産業學術思想ノ腐敗萎微ヲ來シテ内外相應ジテ亡ビタルモノナリ。朝鮮其者ノ歴史ガ示ス如ク、又清國ガ此レヲ屬國トセンガ爲ニ起リタル日清戰爭、及ビ滿洲ニ來タレル露西亞ガ其ヲ侵略セントセシガタメニ破レタル日露戰爭ニ示ス如ク、其ノ亡國タルベキ内外呼應ノ原因ハ統治者ガ日本タラザル時ハ露支兩國ノ爲レカナリシハ明白ナリ。日本ノ國防ニ取リテ彼ガ日本ノ

初版「伏字僅少版」『日本改造法案大綱』

初版「伏字版」『日本改造法案大綱』

典ト劒ナリ。

日本國民ハ速カニ此ノ日本改造法案大綱ニ基キテ國家ノ政治的經濟的組織ヲ改造シ以テ來ルベキ史上未曾有ノ國難ニ面スベシ。日本ハ亞細亞文明ノ希臘トシテ已ニ強露波斯ヲ「サラミス」ノ海戰ニ碎破シタリ。支那印度七億民ノ覺醒實ニ此ノ時ヲ以テ始マル。戰ナキ平和ハ天國ノ道ニ非ズ。

大正八年八月稿於上海

日本改造法案大綱　終

北一輝

無數千萬衆　欲過此險道——時有一導師

強識有知慧　明了心決定　在險濟衆難——

——慰衆言勿懼　汝等入此城　各可隨所樂

（妙法蓮華經化城喩品）

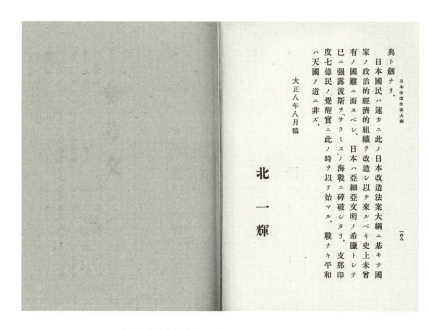

日本改造法案大綱

典ト劒ナリ。

日本國民ハ速カニ此ノ日本改造法案大綱ニ基キテ國家ノ政治的經濟的組織ヲ改造シ以テ來ルベキ史上未曾有ノ國難ニ面スベシ。日本ハ亞細亞文明ノ希臘トシテ已ニ強露波斯ヲ「サラミス」ノ海戰ニ碎破シタリ。支那印度七億民ノ覺醒實ニ此ノ時ヲ以テ始マル。戰ナキ平和ハ天國ノ道ニ非ズ。

大正八年八月稿

北一輝

一四八

初版「伏字僅少版」『日本改造法案大綱』

再版「伏字版」（貼付本）『日本改造法案大綱』奥付・タイトルページ

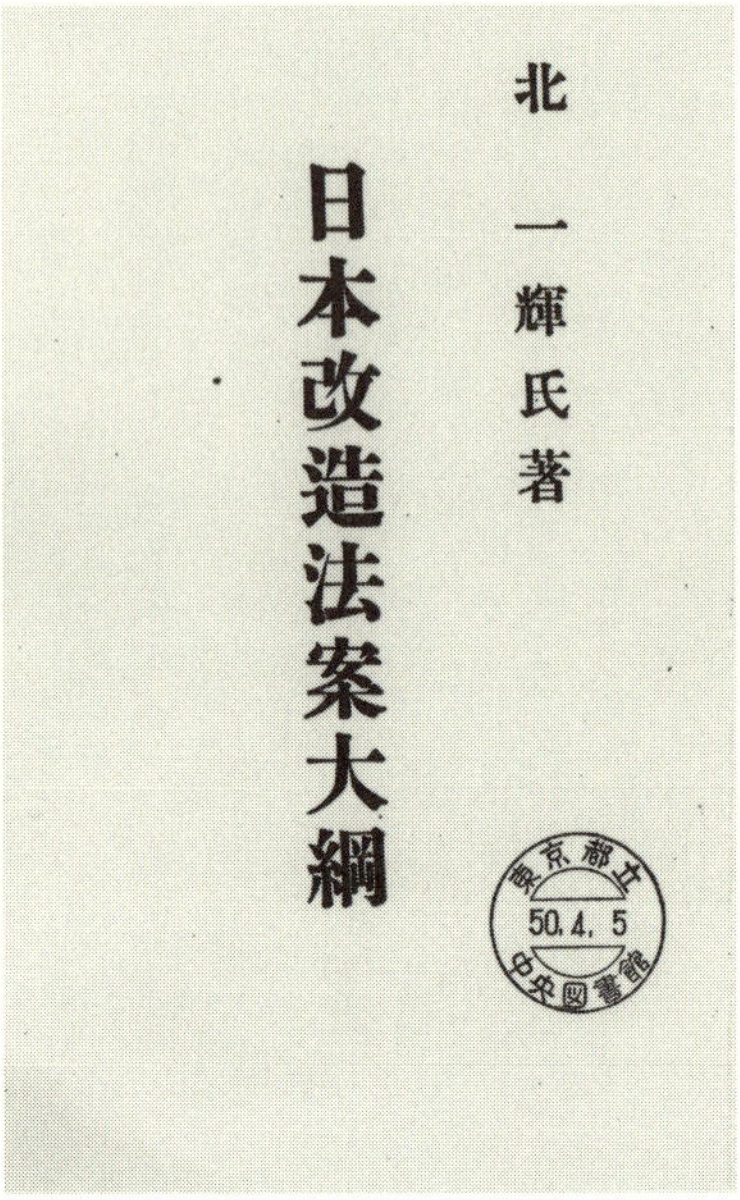

北一輝氏著

日本改造法案大綱

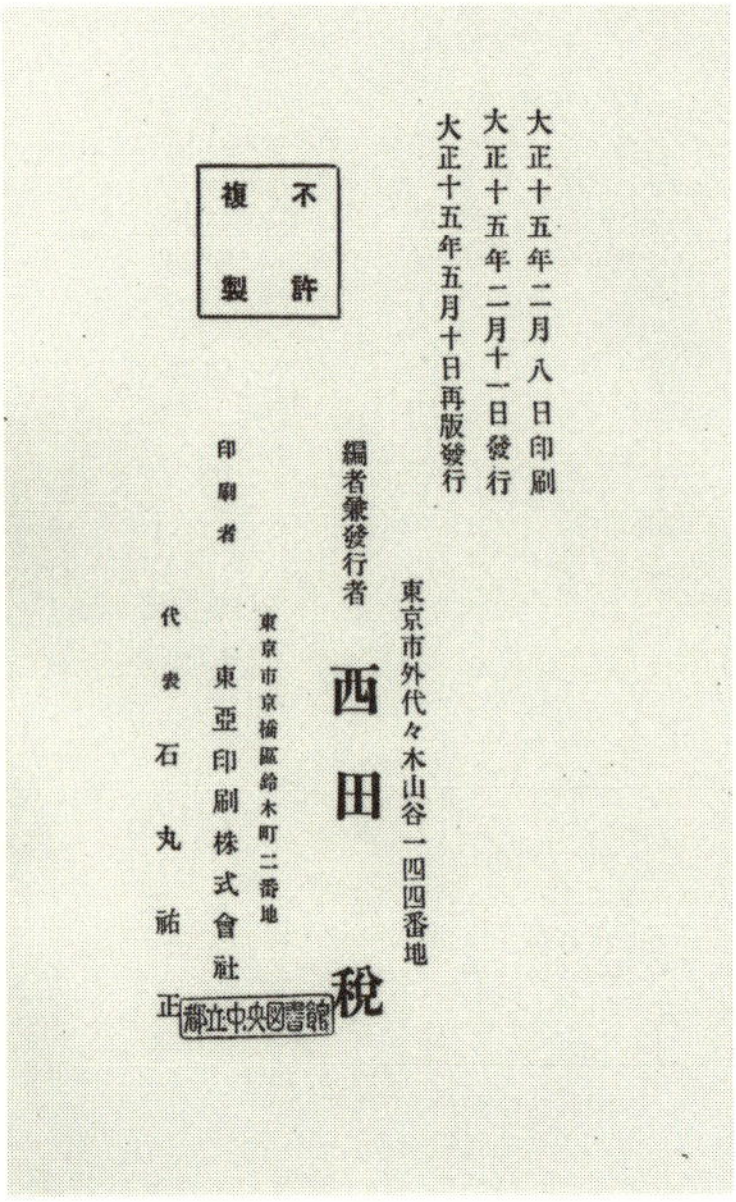

大正十五年二月八日印刷
大正十五年二月十一日發行
大正十五年五月十日再版發行

不許複製

東京市外代々木山谷一四四番地
編者兼發行者　西田税

東京市京橋區鈴木町二番地
印刷者　東亞印刷株式會社
代表　石丸祐正

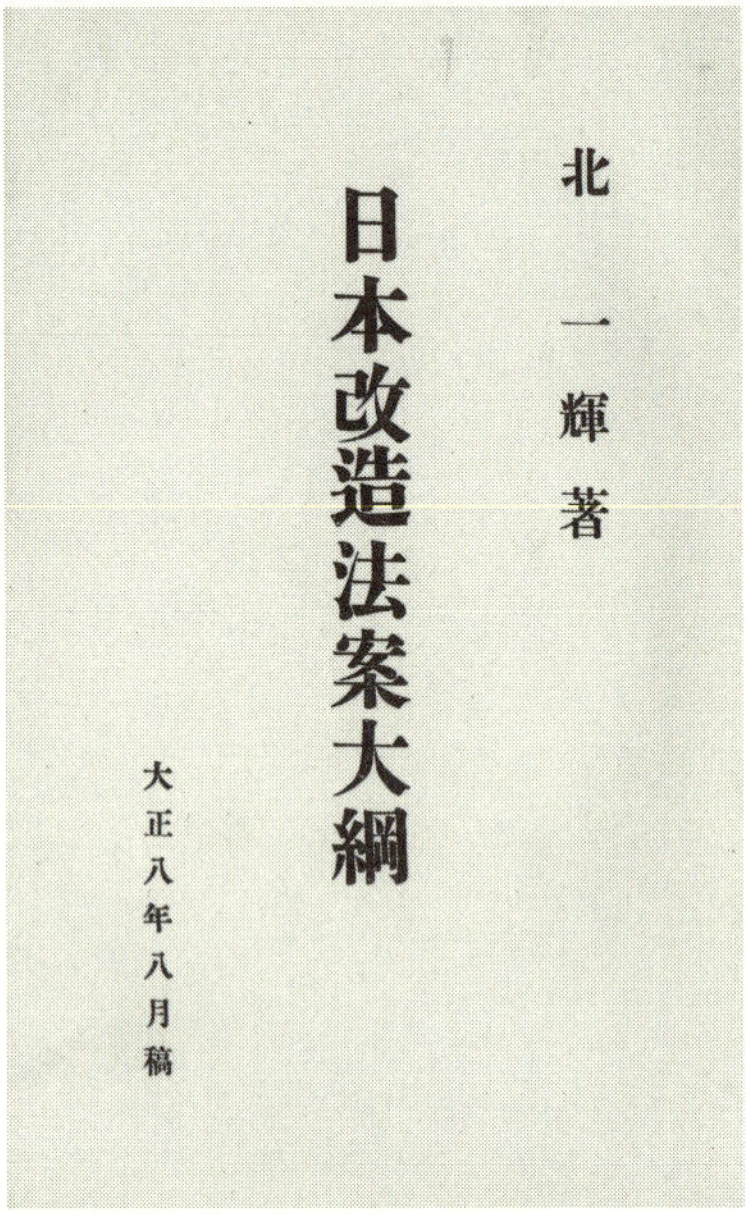

北一輝著

日本改造法案大綱

大正八年八月稿

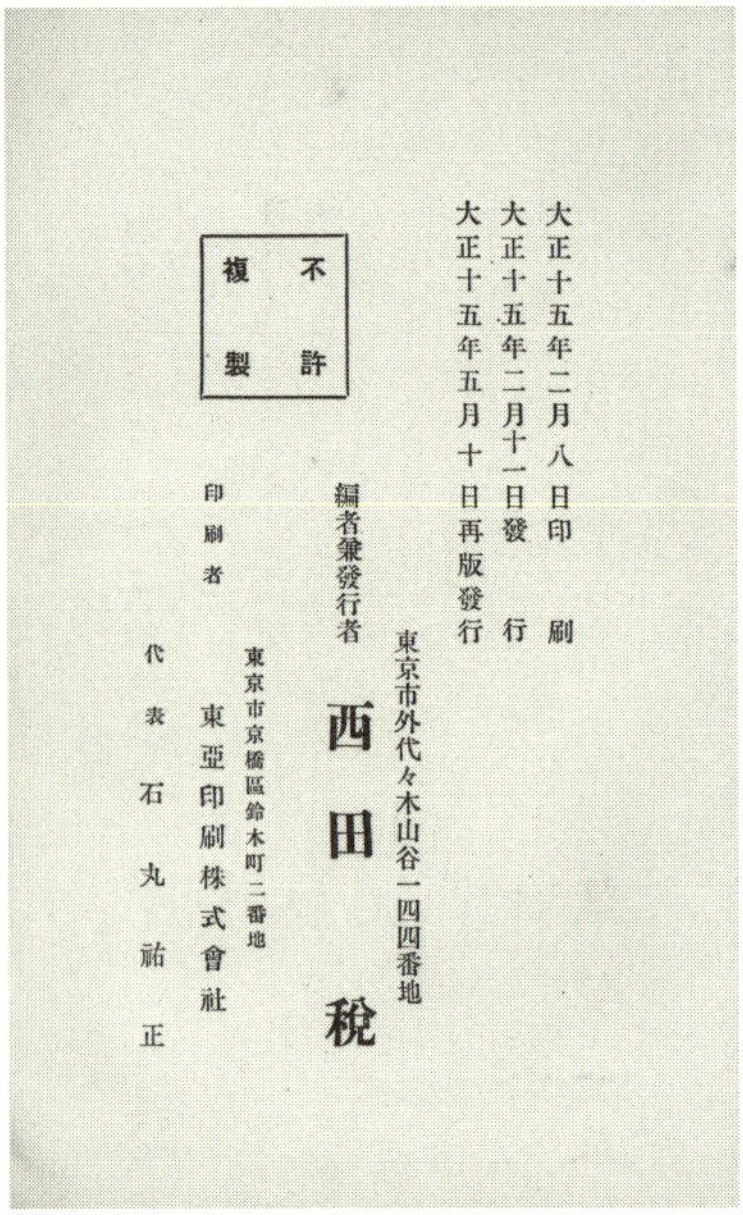

大正十五年二月八日印刷
大正十五年二月十一日發行
大正十五年五月十日再版發行

不許複製

東京市外代々木山谷一四四番地
編者兼發行者　西田税

東京市京橋區鈴木町二番地
印刷者　東亞印刷株式會社
代表　石丸祐正

再版「伏字僅少版」『日本改造法案大綱』奥付・タイトルページ

再版「伏字版」（貼付本）『日本改造法案大綱』

凡例

一、此ノ改造法案ハ世界大戰終了ノ後、大正八年八月上海ニ於テ起草セル者ナリ。「極秘」ヲ印シ謄寫ニ附シテ未ダ公刊ニ至ラザル時、九年一月發賣頒布ヲ禁ゼラル。書中ニ存スル○○ハ公刊ニ際シ官憲ノ削除シタルモノナリ。

二、固ヨリ削除セラレタル一行一句ト雖モ日本ノ法律ニ違反セル文字ニ非ザルハ論ナシ。恐クハ單ナル行政上ノ目的ニ出デシト信ズ。從テ何等カ不穏矯激ナル者ノ伏在セルカニ感ジテ草案者ニ質問照會スル等ノナカラムコトヲ望ム。二三枝ヲ折ルモ大樹ハ損傷サルルコトナシ。

三、奈翁戰爭ガ十八世紀ト十九世紀トヲ劃セル如ク、十九世紀ノ終焉二十世紀ノ初頭ハ眞ニ世界大戰ノ一大段

凡例　一

日本改造法案大綱目次

目次　一

凡例

一、此ノ改造法案ハ世界大戰終了ノ後、大正八年八月上海ニ於テ起草セル者ナリ。「極秘」ヲ印シ謄寫ニ附シテ未ダ公刊ニ至ラザル時、九年一月發賣頒布ヲ禁ゼラル。書中ニ存スル○○ハ公刊ニ際シ官憲ノ削除シタルモノナリ。

二、固ヨリ削除セラレタル一行一句ト雖モ日本ノ法律ニ違反セル文字ニ非ザルハ論ナシ。恐クハ單ナル行政上ノ目的ニ出デシト信ズ。從テ何等カ不穏矯激ナル者ノ伏在セルカニ感ジテ草案者ニ質問照會スル等ノナカラムコトヲ望ム。二三枝ヲ折ルモ大樹ハ損傷サルルコトナシ。

三、奈翁戰爭ガ十八世紀ト十九世紀トヲ劃セル如ク、十九世紀ノ終焉二十世紀ノ初頭ハ眞ニ世界大戰ノ一大段

凡例　一

日本改造法案大綱目次

目次　一

再版「伏字僅少版」『日本改造法案大綱』

再版「伏字版」（貼付本）『日本改造法案大綱』

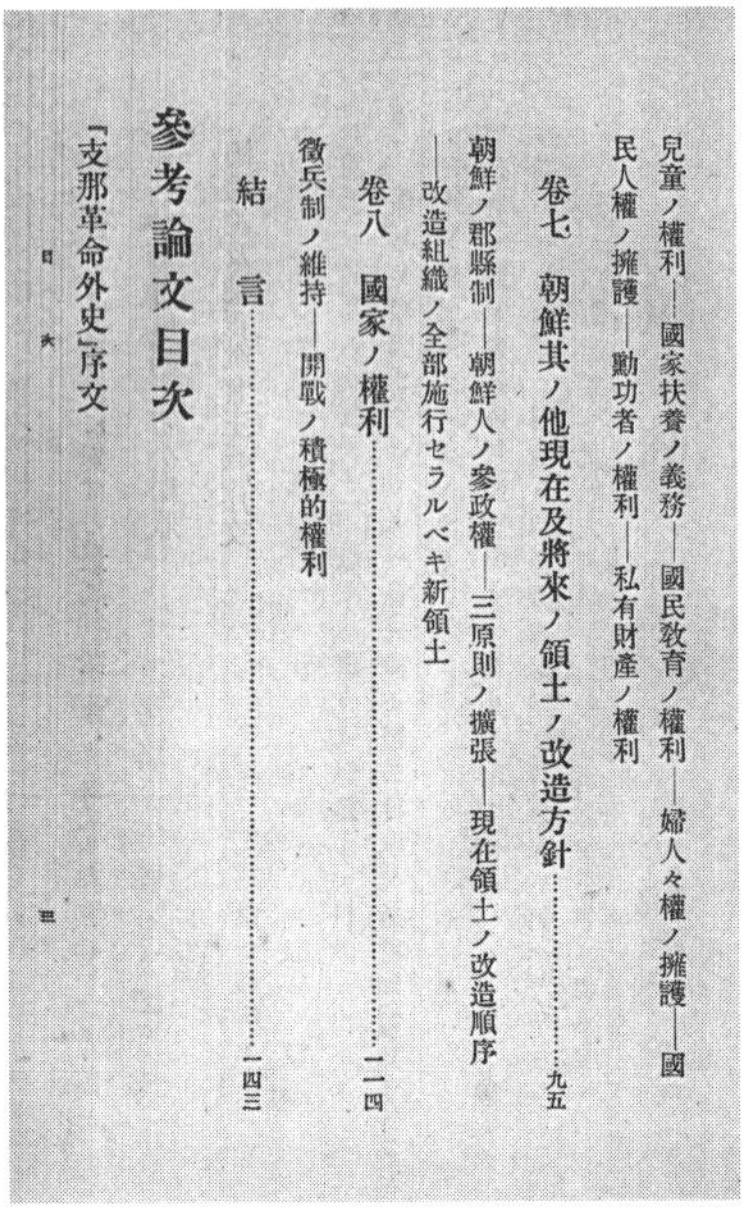

兒童ノ權利―國家扶養ノ義務―國民教育ノ權利―婦人々權ノ擁護―國民人權ノ擁護―勤功者ノ權利―私有財産ノ權利

參考論文目次

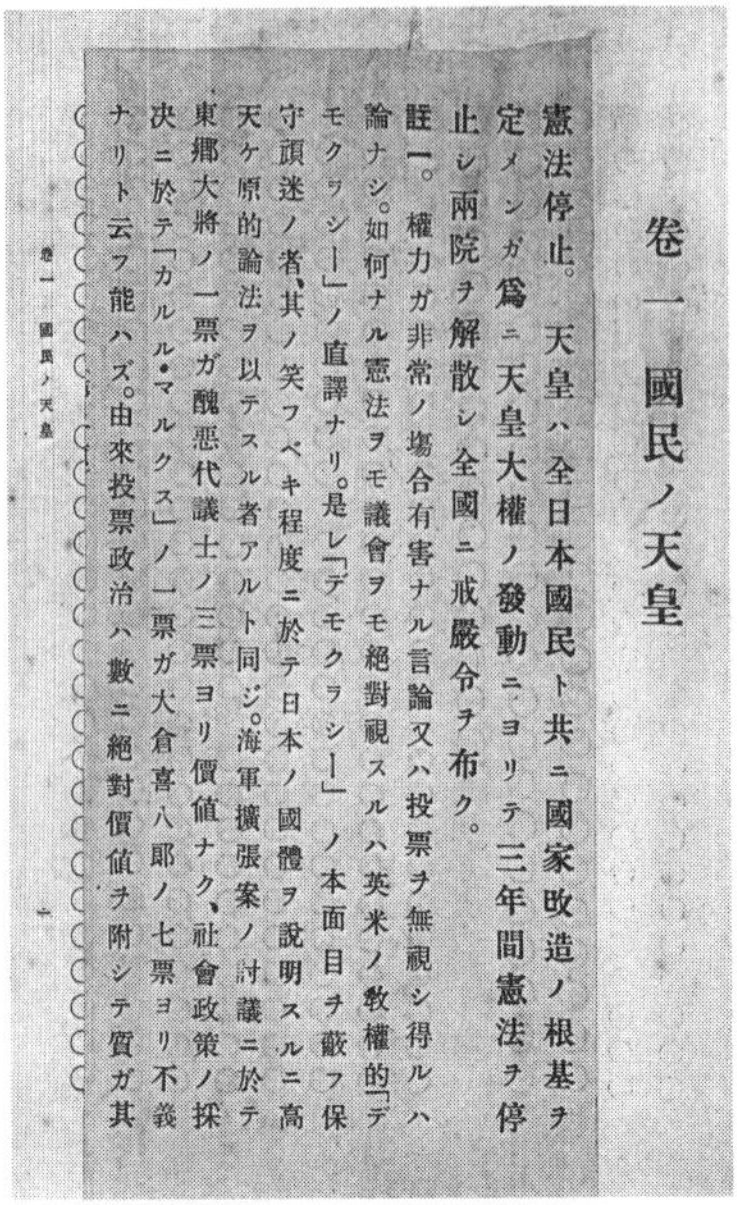

卷一　國民ノ天皇

憲法停止。天皇ハ全日本國民ト共ニ國家改造ノ根基ヲ定メンガ爲ニ天皇大權ノ發動ニヨリテ三年間憲法ヲ停止シ兩院ヲ解散シ全國ニ戒嚴令ヲ布ク。

註一。權力ガ非常ノ場合有害ナル言論又ハ投票ヲ無視シ得ルハ論ナシ。如何ナル憲法ヲモ議會ヲモ絶對視スルハ英米ノ敎權的「デモクラシー」ノ直譯ナリ。是レ「デモクラシー」ノ本面目ヲ蔽フ保守頑迷ノ者、其ノ笑フベキ程度ニ於テ日本ノ國體ヲ説明スルニ高天ケ原的論法ヲ以テスル者アルト同ジ。海軍擴張案ノ討議ニ於テ東郷大將ノ一票ガ醜惡代議士ノ三票ヨリ價値ナク、社會政策ノ採決ニ於テ「カルル・マルクス」ノ一票ガ大倉喜八郎ノ七票ヨリ不義ナリト云フ能ハズ。由來投票政治ハ數ニ絶對價値ヲ附シテ質ガ其

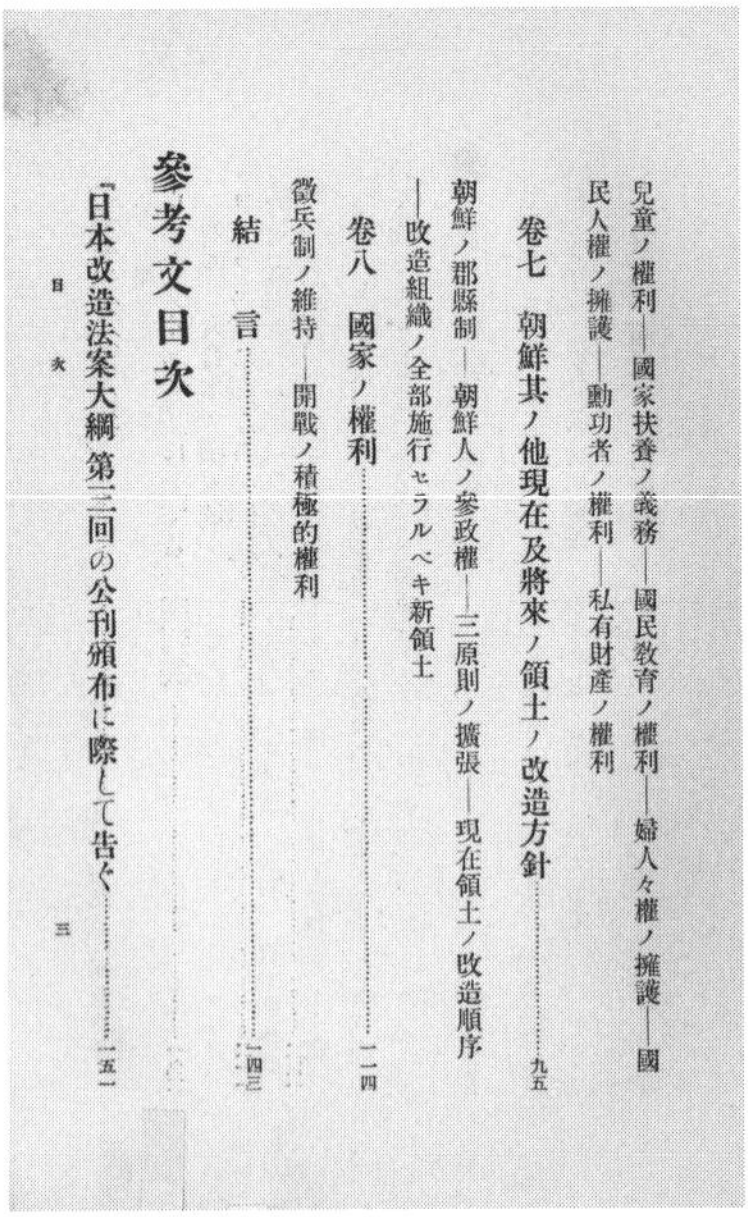

兒童ノ權利―國家扶養ノ義務―國民教育ノ權利―婦人々權ノ擁護―國民人權ノ擁護―勤功者ノ權利―私有財産ノ權利

參考文目次

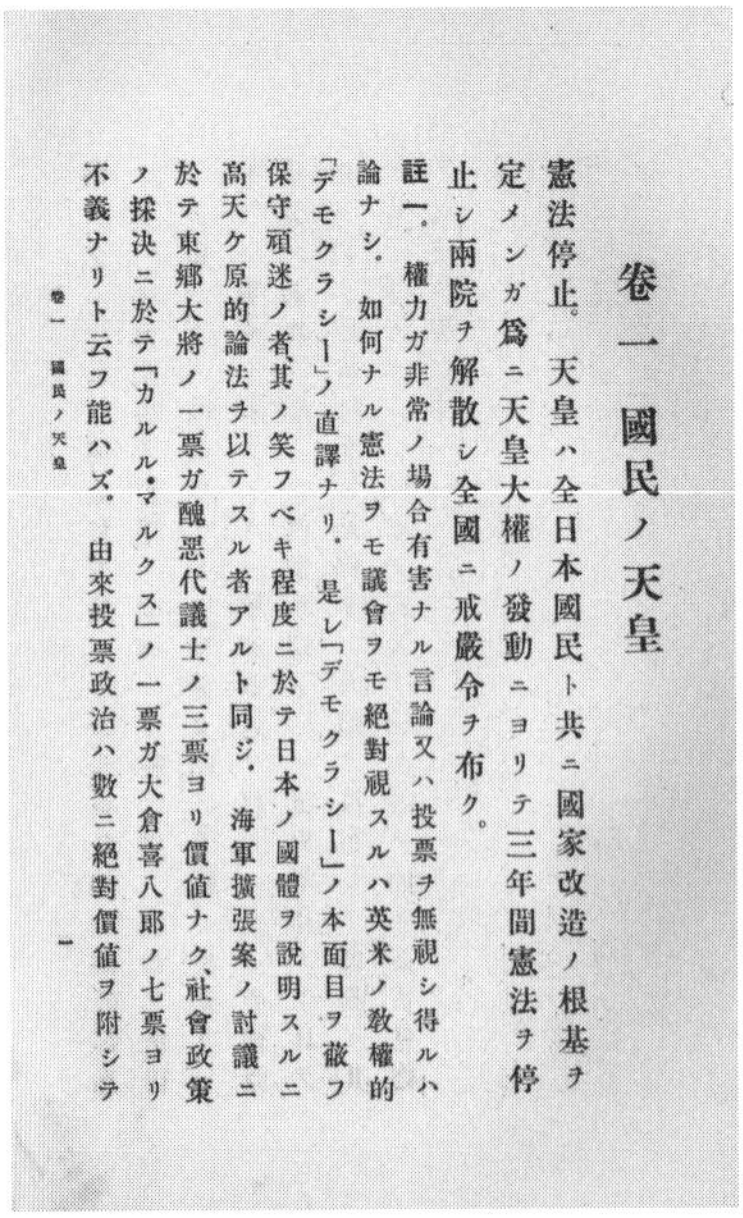

卷一　國民ノ天皇

憲法停止。天皇ハ全日本國民ト共ニ國家改造ノ根基ヲ定メンガ爲ニ天皇大權ノ發動ニヨリテ三年間憲法ヲ停止シ兩院ヲ解散シ全國ニ戒嚴令ヲ布ク。

註一。權力ガ非常ノ場合有害ナル言論又ハ投票ヲ無視シ得ルハ論ナシ。如何ナル憲法ヲモ議會ヲモ絶對視スルハ英米ノ敎權的「デモクラシー」ノ直譯ナリ。是レ「デモクラシー」ノ本面目ヲ蔽フ保守頑迷ノ者其ノ笑フベキ程度ニ於テ日本ノ國體ヲ説明スルニ高天ケ原的論法ヲ以テスル者アルト同ジ。海軍擴張案ノ討議ニ於テ東郷大將ノ一票ガ醜惡代議士ノ三票ヨリ價値ナク、社會政策ノ採決ニ於テ「カルル・マルクス」ノ一票ガ大倉喜八郎ノ七票ヨリ不義ナリト云フ能ハズ。由來投票政治ハ數ニ絶對價値ヲ附シテ

再版「伏字僅少版」『日本改造法案大綱』

再版「伏字版」（貼付本）『日本改造法案大綱』

（第十五頁）

註三。 現時ノ資本万能官僚專制ノ間ニ普通選擧ノミヲ行フモ選出サル、議員ノ多數又ハ少數ハ改造ニ反對スル者及反對スル者ヨリ選擧費ヲ得タル當選者ナルヲ以テナリ。但戒嚴令中ノ議員選擧タリ議會開會ナルヲ以テ有害ナル候補者又ハ議員ノ權利ヲ停止スベキヲ得ルハ論ナシ。

註四。 ○○○○○○○○○○○○○コトノミニ依リテ維新革命ハ佛國革命ヨリモ悲慘ト動亂ナクシテ而モ徹底的ニ成就シタリ。再ビ○○○○○○○○ニ依リテ日本ノ國家改造ハ露西亞革命ノ虐殺兵亂ナク獨乙革命ノ痴鈍ナル徐行ヲ往過セズシテ整然タル秩序ノ下ニ貫徹スベシ。

○○○○○○○○○。○○○○○○○○○○○○○○
○○○○○○○○○○○○○○○。

卷五 勞働者ノ權利

勞働省ノ任務。內閣ニ勞働省ヲ設ケ國家生產及ビ個人生產ニ雇傭サルル一切勞働者ノ權利ヲ保護スルヲ任務トス。

勞働爭議ハ別ニ法律ノ定ムル所ニヨリテ勞働省之ヲ裁決ス。此裁決ハ生產的各省個人生產者及ビ勞働者ノ一律ニ服從スベキ者ナリ。

註一。 勞働者トハ力役又ハ智能ヲ以テ公私ノ生產業ニ雇傭セラルル者ヲ云フ。從テ軍人官吏敎師等ハ勞働者ニ非ズ。例ヘバ巡査ガ生活權利ヲ主張スル時ハ其所屬タル內務省ガ決定スベク敎師ガ增給運動ヲナス時ハ文部省ガ解決スベシ。勞働省ノ與カル

註三。 現時ノ資本万能官僚專制ノ間ニ普通選擧ノミヲ行フモ選出サル、議員ノ多數又ハ少數ハ改造ニ反對スル者及反對スル者ヨリ選擧費ヲ得タル當選者ナルヲ以テナリ。但戒嚴令中ノ議員選擧タリ議會開會ナルヲ以テ有害ナル候補者又ハ議員ノ權利ヲ停止スベキヲ得ルハ論ナシ。

註四。 斯カル神格者ヲ天皇トシタルコトノミニ依リテ維新革命ハ佛國革命ヨリモ悲慘ト動亂ナクシテ而モ徹底的ニ成就シタリ再ビ斯カル神格的天皇ニ依リテ日本ノ國家改造ハ露西亞革命ノ虐殺兵亂ナク獨乙革命ノ痴鈍ナル徐行ヲ往過セズシテ整然タル秩序ノ下ニ貫徹スベシ。

○○○○○○○○○。○○○○○○○○○○○○○○
○○○○○○○○○○○○○○○。

卷五 勞働者ノ權利

勞働省ノ任務。內閣ニ勞働省ヲ設ケ國家生產及ビ個人生產ニ雇傭サルル一切勞働者ノ權利ヲ保護スルヲ任務トス。

勞働爭議ハ別ニ法律ノ定ムル所ニヨリテ勞働省之ヲ裁決ス。此裁決ハ生產的各省個人生產者及ビ勞働者ノ一律ニ服從スベキ者ナリ。

註一。勞働者トハ力役又ハ智能ヲ以テ公私ノ生產業ニ雇傭セラルル者ヲ云フ。從テ軍人官吏敎師等ハ勞働者ニ非ズ。例ヘバ巡査ガ生活權利ヲ主張スル時ハ其所屬タル內務省ガ決定スベク敎師ガ增給運動ヲナス時ハ文部省ガ解決スベシ。勞働省ノ與カル

卷五 勞働者ノ權利 五五

再版「伏字僅少版」『日本改造法案大綱』

再版「伏字版」（貼付本）『日本改造法案大綱』

ナリ。事業ニ對スル分擔者トシテノ當然ナル權利ニ基キテ制定サルベシ。別個生產能率ヲモ思考スベシ。

註二。私人生產業限度內ノ事業ニ於テ將來半世紀一世紀間ハ現代ノ如キ腐敗破綻ヲ來ス怖アル者ト推定スベシ。從テ勞働的株主ヲ併存セシムルコトハ內容的根本的ニ常ニ該事業ヲ健確ニ支持スベシ。

註三。勞働的株主ノ發言權ハ勞働爭議ヲ株主會議內ニ於テ決定シ、一切ノ社會的不安ナカラシムベシ。

借地農業者ノ擁護。私有地限度內ノ小地主ニ對シテ土地ヲ借耕スル小作人ヲ擁護スル爲メニ、國家ハ別個國民人權ノ基本ニ立テル法律ヲ制定スベシ。

註一。限度以上ノ土地ヲ分有セシムル大本ハ別ニ存セリ。而モ

液ガ多量ナリト云フコトハ、實ニ其ノ貴族ノ血液ガ皇室ニ入リ得ベキ特權階級タリシ點ニ於テ、日本ノ元首其者ガ朝鮮人ト沒交涉ニ非ズト云フコトナリ。敢テ今次ノ朝鮮太子ト日本皇女トノ結合ヲ以テ日鮮ノ融合ガ試ミラルルニアラズ。是レ決シテ人種問題ノ範圍ニ非ズ。

註三。要スルニ凡テノ原因ハ朝鮮ガ日本支那露西亞ノ三大國ニ介在シテ自立スル能ハザリシ地理的約束ト、其ノ道義的廢頹ヨリ一切ノ政治產業學術思想ノ腐敗萎微ヲ來シテ內外相應ジテ亡ビタルモノナリ。朝鮮其者ヲ歷史ガ示ス如ク、又清國ガ此レヲ屬國トセンガ爲ニ起リタル日清戰爭、及ビ滿洲ニ來タレル露西亞ガ其ヲ侵略セントセシガタメニ破レタル日露戰爭ニ示ス如ク、其ノ亡國タルベキ內外呼應ノ原因ハ統治者ガ日本タラザル時ハ露支兩國ノ爲レカナリシハ明白ナリ。日本ノ國防ニ取リテ彼ガ日本ノ

日本改造法案大綱　六二

ナリ。事業ニ對スル分擔者トシテノ當然ナル權利ニ基キテ制定サルベシ。別個生產能率ヲモ思考スベシ。

註二。私人生產業限度內ノ事業ニ於テ將來半世紀一世紀間ハ現代ノ如キ腐敗破綻ヲ來ス怖アル者ト推定スベシ。從テ勞働的株主ヲ併存セシムルコトハ內容的根本的ニ常ニ該事業ヲ健確ニ支持スベシ。

註三。勞働的株主ノ發言權ハ勞働爭議ヲ株主會議內ニ於テ決定シ、一切ノ社會的不安ナカラシムベシ。

借地農業者ノ擁護。私有地限度內ノ小地主ニ對シテ土地ヲ借耕スル小作人ヲ擁護スル爲メニ、國家ハ別個國民人權ノ基本ニ立テル法律ヲ制定スベシ。

註一。限度以上ノ土地ヲ分有セシムル大本ハ別ニ存セリ。而モ

液ガ多量ナリト云フコトハ、實ニ其ノ貴族ノ血液ガ皇室ニ入リ得ベキ特權階級タリシ點ニ於テ、日本ノ元首其者ガ朝鮮人ト沒交涉ニ非ズト云フコトナリ。敢テ今次ノ朝鮮太子ト日本皇女トノ結合ヲ以テ日鮮ノ融合ガ試ミラルルニアラズ。是レ決シテ人種問題ノ範圍ニ非ズ。

註三。要スルニ凡テノ原因ハ朝鮮ガ日本支那露西亞ノ三大國ニ介在シテ自立スル能ハザリシ地理的約束ト、其ノ道義的廢頹ヨリ一切ノ政治產業學術思想ノ腐敗萎微ヲ來シテ內外相應ジテ亡ビタルモノナリ。朝鮮其者ヲ歷史ガ示ス如ク、又清國ガ此レヲ屬國トセンガ爲ニ起リタル日清戰爭、及ビ滿洲ニ來タレル露西亞ガ其ヲ侵略セントセシガタメニ破レタル日露戰爭ニ示ス如ク、其ノ亡國タルベキ內外呼應ノ原因ハ統治者ガ日本タラザル時ハ露支兩國ノ爲レカナリシハ明白ナリ。日本ノ國防ニ取リテ彼ガ日本ノ

巻七　朝鮮其他現在及ヒ將來ノ領土ノ改造方針　九七

再版「伏字僅少版」『日本改造法案大綱』

再版「伏字版」（貼付本）『日本改造法案大綱』

典ト劒ナリ。

日本國民ハ速カニ此ノ日本改造法案大綱ニ基キテ國家ノ政治的經濟的組織ヲ改造シ以テ來ルベキ史上未曾有ノ國難ニ面スベシ。日本ハ亞細亞文明ノ希臘トシテ已ニ强露波斯ヲ「サラミス」ノ海戰ニ碎破シタリ。支那印度七億民ノ覺醒實ニ此ノ時ヲ以テ始マル。戰ナキ平和ハ天國ノ道ニ非ズ。

大正八年八月稿於上海

日本改造法案大綱　終

北一輝

無數千萬衆　欲過此險道――時有一導師
强識有知慧　明了心決定　在險濟衆難―
―慰衆言勿懼　汝等入此城　各可隨所樂

（妙法蓮華經化城喩品）

日本改造法案大綱　一四八

典ト劒ナリ。

日本國民ハ速カニ此ノ日本改造法案大綱ニ基キテ國家ノ政治的經濟的組織ヲ改造シ以テ來ルベキ史上未曾有ノ國難ニ面スベシ。日本ハ亞細亞文明ノ希臘トシテ已ニ强露波斯ヲ「サラミス」ノ海戰ニ碎破シタリ。支那印度七億民ノ覺醒實ニ此ノ時ヲ以テ始マル。戰ナキ平和ハ天國ノ道ニ非ズ。

大正八年八月稿於上海

日本改造法案大綱　終

北一輝

再版「伏字僅少版」『日本改造法案大綱』

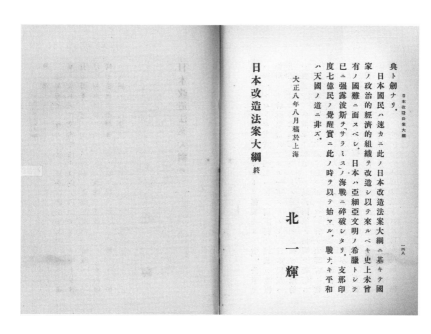

『支那革命外史』奥付・タイトルページ

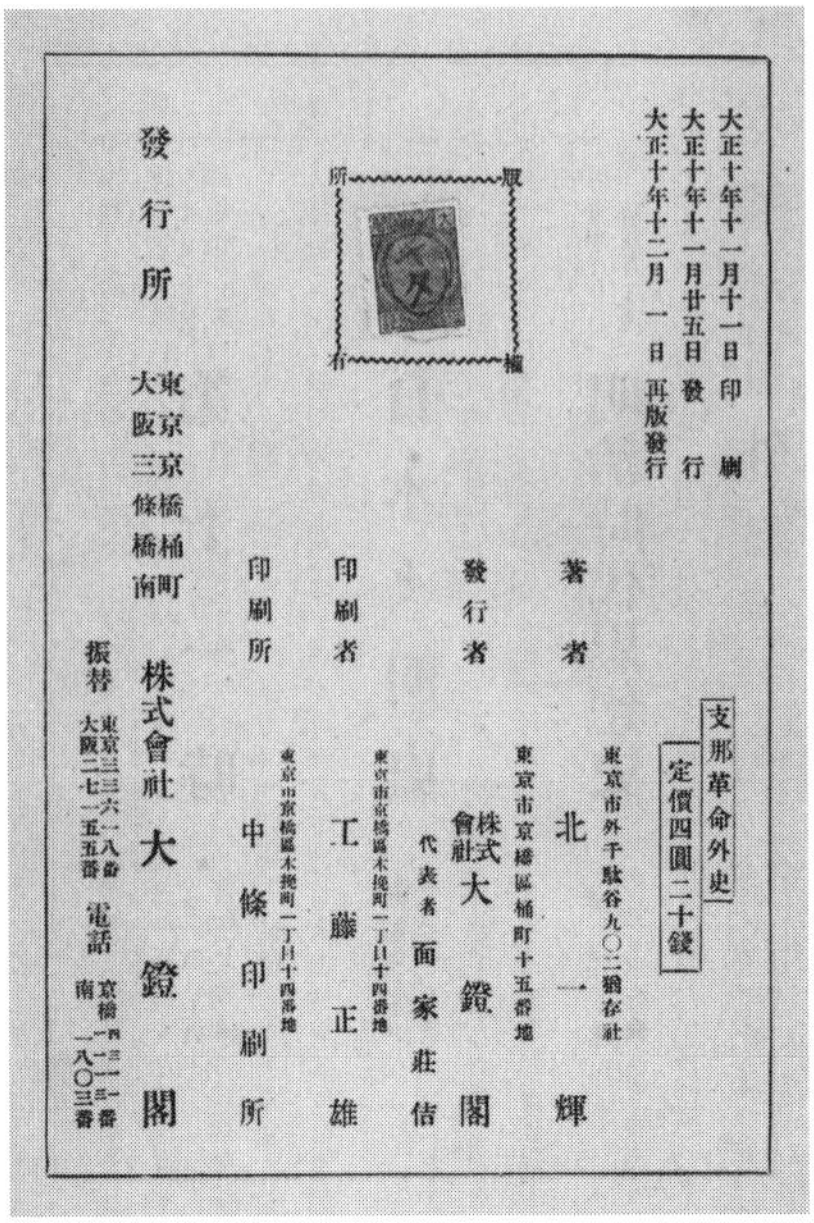

大正十年十一月十一日印刷
大正十年十一月廿五日發行
大正十年十二月一日再版發行

版權所有

支那革命外史
定價四圓二十錢

著者 東京市外千駄谷九〇二猶存社 北一輝
發行者 東京市京橋區桶町十五番地 株式會社大鐙閣 代表者 面家荘信
印刷者 東京市京橋區木挽町一丁目十四番地 工藤正雄
印刷所 東京市京橋區木挽町一丁目十四番地 中條印刷所

發行所 東京京橋桶町 大阪三條橋南 株式會社大鐙閣
振替 東京三三六一八番 大阪二七一五五番 電話 京橋一四一三番 一三一一番 南一八〇三番

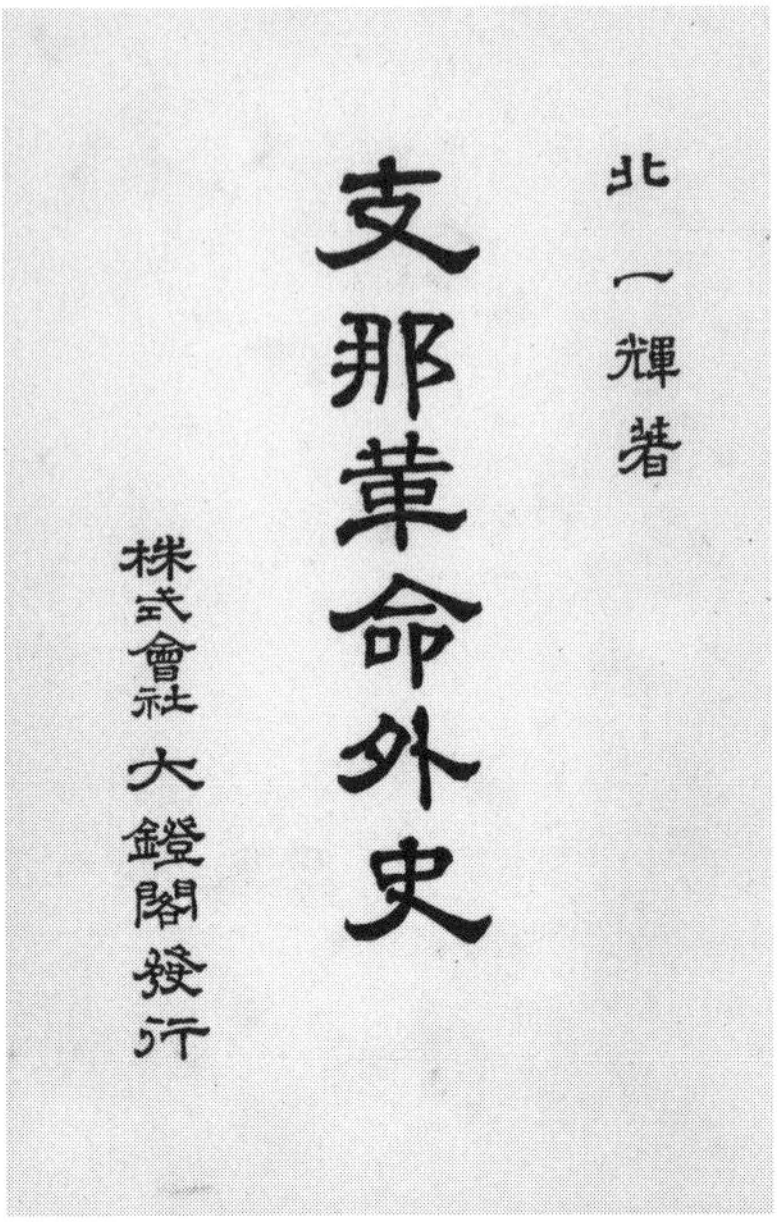

北一輝著
支那革命外史
株式會社大鐙閣發行

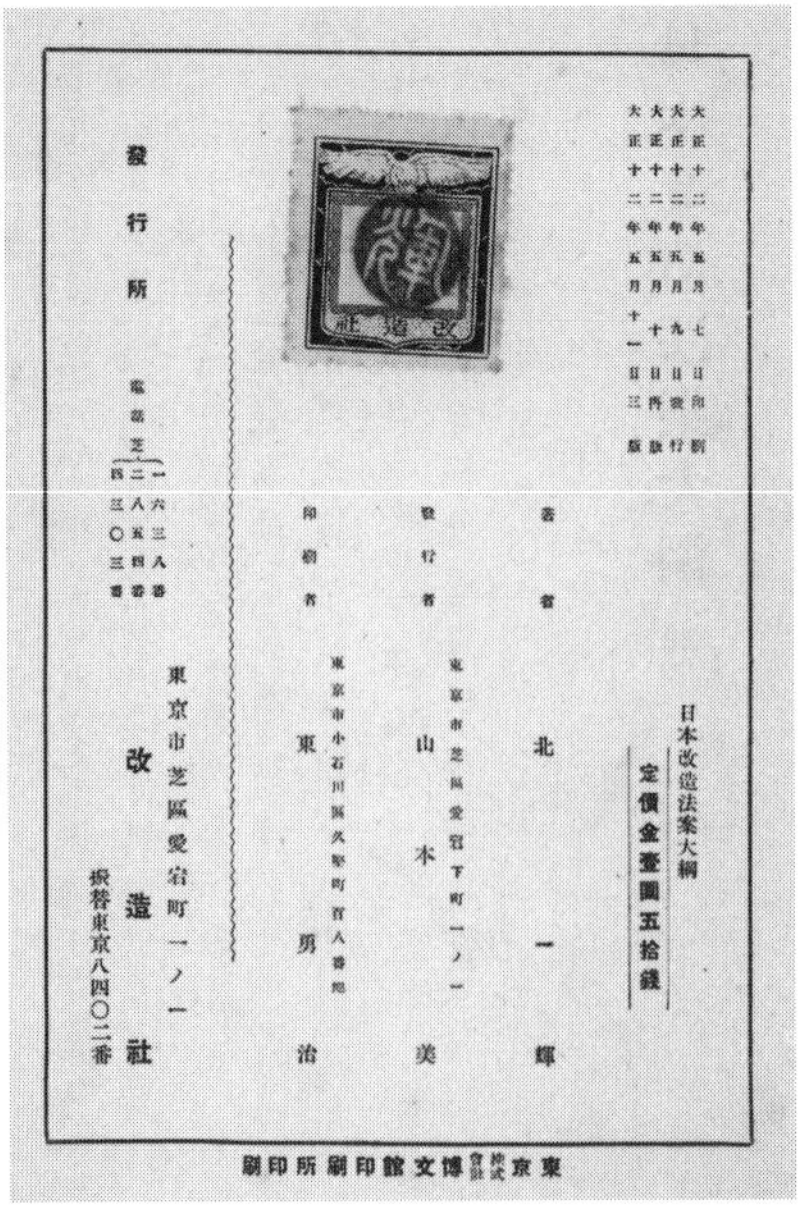

大正十二年五月七日印刷
大正十二年五月九日發行
大正十二年五月十日再版
大正十二年五月十一日三版

日本改造法案大綱
定價金壹圓五拾錢

著者 北一輝
發行者 東京市芝區愛宕下町一ノ一 山本美
印刷者 東京市小石川區久堅町百八番地 東勇治

發行所 東京市芝區愛宕町一ノ一 改造社
電話芝 一六三八番 二八五四番 四三〇三番
振替東京八四〇二番

東京株式會社博文館印刷所印刷

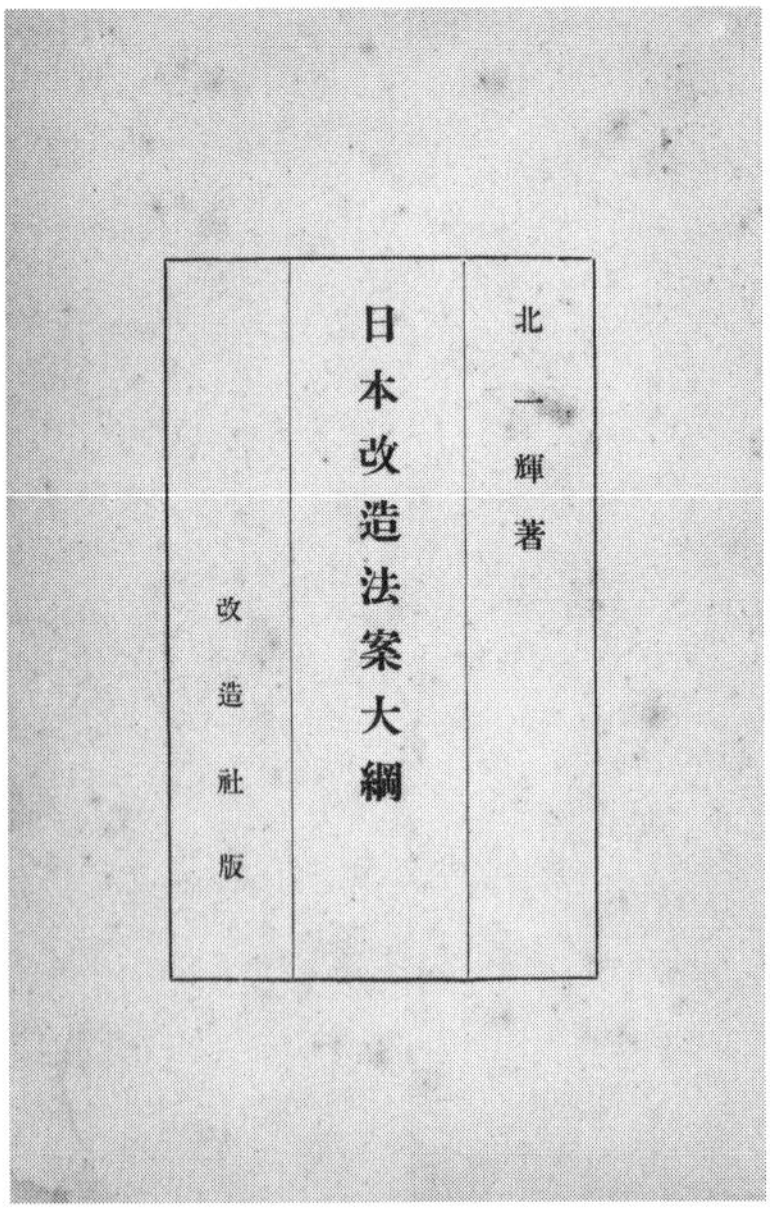

北一輝著
日本改造法案大綱
改造社版

改造社版『日本改造法案大綱』奥付・タイトルページ

北一輝略年譜

西暦	年号	齢	北一輝および関連事項
一八八三	明治一六	〇	四月三日、父慶太郎、母リクの長男輝次として新潟県佐渡郡湊町一四三番地（のち六一番地）に出生。慶太郎は酒造業者。姉に四歳上のイチ。二年後に弟昤吉、四年後に弟晶《（昌）》作（のち晶《（昌）》）出生。
一八八八	二一	五	湊尋常小学校入学。
一八八九	二二	六	**大日本帝国憲法発布**（二月一一日。翌年一一月二九日施行）。
一八九一	二四	八	眼病のため一年ほど休学。
一八九三	二六	一〇	加茂高等小学校入学。漢学者若林玄益（明治二八年歿）の塾で漢籍を学ぶ。
一八九四	二七	一一	**日清戦争**。
一八九七	三〇	一四	佐渡中学校入学。
一八九八	三一	一五	一〇月、選抜試験により三年に飛び進級。「彦成王ノ墓ヲ訪フ記」発表（『佐渡中学同窓会誌』第一号）。
一八九九	三二	一六	眼病（プテレギーム）のため新潟の阿部病院に入院。帝大附属病院に移り手術、東京滞在。二学期より復学。
一九〇〇	三三	一七	落第し四年に留まる（四月）。退学届（一一月一九日）。この頃眼病で新潟の阿部病院に七ヶ月再入院。
一九〇一	三四	一八	『明星』に短歌二首採用。上京。父慶太郎、初代両津町長に選出。
一九〇二	三五	一九	夏、帰郷。九月より『佐渡新聞』に執筆を始める。この年、日英同盟。
一九〇三	三六	二〇	五月九日、父慶太郎死去。『佐渡新聞』への論説発表続々（「国民対皇室の歴史的観察」六月二五、二六日の二回で不敬を理由に連載中止）。この年、輝次郎と改名。
一九〇四	三七	二一	**日露戦争**。夏、上京、早稲田大学で聴講、早大図書館通い。大学そばの貸家に昤吉（早大予科生）と同居。
一九〇五	三八	二二	秋、祖母ロク死去、帰郷。再上京。昤吉と牛込喜久井町に、のち谷中に一人で下宿、上野図書館通い。
一九〇六	三九	二三	**『国体論及び純正社会主義』**自費出版（五月九日発行、五百部、五月一四日発禁・差押え）。呼吸器を患い臥せる。同書第三編分冊『純正社会主義の哲学』出版（七月一三日付、千部、明治四三年発禁）。第一編分冊『純正社会主義の経済学』製作（一一月一日付）、発行日前日発禁。『国体論～』出版により社会主義陣営の誘い数多。一一月、宮崎滔天らの革命評論社より勧誘を受け入社。中国同盟会に入会し演説（一二月）。
一九〇七	四〇	二四	中国同盟会の反孫文の動きに加担。宋教仁との親交始まる。
一九〇八	四一	二五	この頃運動資金調達に腐心。この年の夏より、黒沢次郎家（東京）の食客に。秋、関西へ。
一九一〇	四三	二七	大逆事件検挙開始、身辺に捜査及ぶ。六月、孫文訪日の際、宋教仁と孫が面談、北の印象は「誠に冷やか」。
一九一一	四四	二八	黒竜会『時事月函』編集手伝（非会員、客分）。七月、宋教仁、譚人鳳ら上海で中部同盟会結成。**辛亥革命**（一〇月一〇日武昌蜂起）。一〇月一九日、宋教仁発内田良平宛電報「北君何時立ツカ」。一〇月二六日、黒竜会派遣通信員として上海に向う。一〇月三一日上海発内田宛電報「将校十人送レ」。武昌から南京へ。一二月、上海で出会った一歳下の

一九一二	明治四五	二九	間淵ヤスと結ばれる(北夫人スズとなる。大正五年入籍)。
一九一二	大正 一	二九	中華民国成立(首都南京)臨時大総統・孫文～袁世凱、農林総長・宋教仁。反袁世凱の宋教仁らが同盟会を改組し国民党成立(理事長・孫文、理事・宋教仁と黄興ら)、選挙戦に勝利。
一九一三	二	三〇	宋教仁、上海にて袁の刺客に暗殺される(三月二二日歿)。四月八日、在上海日本総領事による「三年間清国在留禁止」処分を受け帰国。青山四丁目に新居。夏、中国第二革命失敗、范鴻仙、譚人鳳らが日本に。
一九一四	三	三一	**第一次世界大戦**。八月、日本参戦、山東省出兵、青島攻略(一九二二年、ワシントン会議により対中返還)。
一九一五	四	三二	大隈内閣が中華民国大総統袁世凱に二十一ヶ条要求。一一月二八日、長崎で譚弐式の子(譚人鳳の孫)出生(後の北大輝)、母は産後一〇日で死去。譚人鳳上京、大隈内閣交渉の試み。 **『支那革命党及革命之支那』**執筆(一一月。『支那革命外史』第八章までの部分。矢野竜渓より大隈と石井外相に中国革命の事情紹介を求められて)、一二月、第三革命挙兵で執筆中断。謄写計百部を二、三回に分け、政界要人、言論機関に配布(翌年三月まで)。この配布が満川亀太郎、大川周明との関係の機縁に。
一九一六	五	三三	一月、一輝と号し、法華経信仰に入る。 **『支那革命外史』**後半執筆再開(四月末)、脱稿(五月二二日)、印刷配布。六月六日、袁世凱死去。同月、「三年間清国在留禁止」処分期限切れにて上海に渡る(医師長田実の好意により長田病院二階に暮らす)。
一九一七	六	三四	寺内内閣、中国の段祺瑞内閣の財政援助(西原借款)。 **ロシア革命**(三月、一一月)。一一月、石井・ランシング協定。
一九一八	七	三五	三月、ブレスト・リトフスク条約によりボリシェヴィキ政府ロシア、第一次世界大戦離脱。夏、譚弐式、湖南の獄を逃れようとして銃殺。譚弐式の子、瀛生(えいせい)は大輝と名づけられ北家の養子となる(一九四五年、上海にて客死)。八月、シベリア出兵。一一月、ドイツ降伏、第一次世界大戦終了。
一九一九	八	三六	一月、パリ講和会議開催。五月、中国で五・四運動。六月、**ヴェルサイユ講和条約調印**。 **『ヴェルサイユ会議に対する最高判決』**(六月二八日付、満川亀太郎宛書簡)、ひと月ほどの断食中に執筆。 **『国家改造案原理大綱』**(のち改題『日本改造法案大綱』)執筆(八月)、八月二三日、帰国を促す大川周明の訪問を受け巻七までを託す。大川、同月二五日に上海を発つ。(残りは二七日脱稿、岩田富美夫に託す)。この年、満川、大川、猶存社創設(八月一日)。一二月末、上海より帰国。
一九二〇	九	三七	一月、牛込南町の猶存社に入る。同月、大川、満川による『国家改造案原理大綱』謄写秘密配布が禁止処分に。皇太子(後の昭和天皇)に法華経献上(三月二日付宮内省受領証)。四月、譚人鳳歿。宮中某重大事件に介入。秋、千駄ヶ谷九〇二番地山本唯三郎邸に移る(猶存社とも)。
一九二一	一〇	三八	**『支那革命外史』序**(八月付)を付し、大鐙閣より出版(一一月)。九月、朝日平吾が安田善次郎を刺殺、血染の衣をおくられる。一一月、**ワシントン軍縮会議**(翌年二月まで)、伴って翌年、日英同盟廃止。
一九二二	一一	三九	西田税の初訪問を受ける(陸軍士官学校生徒、大正一四年六月、病気のため少尉で退役)。シベリア撤兵。
一九二三	一二	四〇	一月末、ヨッフェ極東全権代表、孫文との上海会談後来日(日ソ国交回復下交渉のため。東京市長職、後藤新平の招き)。二月、ヨッフェ東京方面に入り、半年ほどのあいだ日本側と交渉。

			『ヨッフェ君に訓《おし》ふる公開状』（五月九日付）、約三万部全国的に配布。後藤・ヨッフェに親和的な大川・満川と、これを機に訣別。千駄ヶ谷の猶存社表札を外し、裏に北一輝と書く（猶存社解散）。『日本改造法案大綱』部分削除版、改造社より出版（五月九日）。九月、関東大震災。
一九二五	一四	四二	西田税が安田生命事件（八月）を契機に行地社の大川周明を離れ（一二月）北につく。一二月、辰川竜之助の十五銀行怪文書事件。『日本改造法案大綱』版権を西田に委ねる。この年、孫文死去（三月）。
一九二六	大正一五	四三	一月、十五銀行より五万円受け取り、うち一万五千円を辰川に与え運動を止めさせる。
一九二六	昭和一	四三	『日本改造法案大綱』が「第三回の公刊頒布に際して告ぐ」（一月三日付）などを付し、伏字含みにて諸版出版（発行二月一一日、再版発行五月一〇日、三、四千部、編者兼発行者西田税）。五月、西田、辰川、宮内省怪文書事件。七月、朴烈・文子怪写真事件。八月、入獄（西田共）。
一九二七	二	四四	二月頃出獄。四月、若槻内閣倒れ森恪より五万円受ける。五月、十五銀行問題取調、八月、予審、ふた月ほど入獄。この年、西田税、天剣党結成（七月）。
一九二八	三	四五	一月、予審終了、十五銀行事件は免訴、宮内省事件は公判に。八月、パリ不戦条約問題で動く。夏、千駄ヶ谷から牛込納戸町に転居。『日本改造法案大綱』の小型版が西田を発行者として作成される。
一九二九	四	四六	霊告記録始まる（四月二七日）。
一九三〇	五	四七	一月、安田銀行を脅迫。同月、**ロンドン海軍軍縮会議**始まる。四月、ロンドン海軍軍縮条約問題で浜口内閣攻撃に動く。一〇月三〇日宮内省事件で懲役三月執行猶予四年の判決（西田、実刑五ヶ月、入獄）。
一九三一	六	四八	二月、牛込から大久保百人町に転居。三月事件（未遂）。三月、**『支那革命外史』**平凡社版出版。**満洲事変**（九月）。十月事件（未遂）。年末、三井の専務理事有賀長文の初訪問を受け三万円受け取り。
一九三二	七	四九	**『対外国策ニ関スル建白書』**（四月一七日付）、二、三〇部秘密謄写、陸海軍、外務、その他当局者に送付。**五・一五事件**。同事件に関連して西田、狙撃され重傷。これを機に北と青年将校との接触が深まる。この年、三井の有賀に日仏親善を説き、活動費二万円受ける。この年、満洲国建国。
一九三四	九	五一	初恋のテルを訪問（東京本郷）。この年と翌年、三井より盆暮各一万円受け取り（有賀から池田成彬引継ぎ）。
一九三五	一〇	五二	**『日米合同対支財団ノ提議』**（建白書、六月三〇日付）、二、三〇部秘密謄写、陸海軍、外務、その他当局者、財界有力者に送付（七月）。夏、大久保から岩田富美夫方に移る。八月、相沢三郎中佐が陸軍軍務局長永田鉄山を局長室にて斬殺。一〇月、中野桃園町に豪邸を購う。一一月、『日米合同対支財団ノ提議』を踏まえ中国行きを計画、池田から一万円受け取り（事情にて翌年三月に渡航見送り）。
一九三六	一一	五三	**二・二六事件**。二月二八日夕方、憲兵隊に検挙される。三月一日の枢密院会議緊急勅令可決を受け、三月四日、東京陸軍法会議開設（一審、上告なし、非公開、弁護人なし）。三月一七日～二一日、警視庁取調。四月二二日、北の調書が軍法会議に送られる。七月五日の判決を受け七月一二日に第一次一五名銃殺刑。一〇月、北の第一回公判、及び死刑求刑（二二日）。
一九三七	一二	五四	**日中戦争**（七月）。七月、**『支那革命外史』**増補版（内海文宏堂書店版）二つの建白書を付して出版。八月一四日、北および西田、死刑判決（罪名・首魁）。一六～一八日、家族、友人と面会。八月一九日、午前五時五〇分晴天、北、西田、村中、磯部、銃殺刑。戒名、経国院大光一輝居士。

北 一輝（きた・いっき）

1883年、佐渡生まれ。1906年、『国体論及び純正社会主義』自費出版（発禁）。同年末、宮崎滔天らの紹介で中国革命運動団体に加盟。1911年、武昌蜂起（辛亥革命）の報を受けて中国へ。1913年、日本総領事の3年間中国退去命令を受けて帰国。1915年、政府首脳への中国革命事情紹介を求められて『支那革命党及革命之支那』執筆（後に『支那革命外史』として市販）。1916年、一輝と号して法華経信仰に入る。同年、再び中国へ。1919年、「ヴェルサイユ会議に対する最高判決」執筆。同年、上海にて『国家改造案原理大綱』（後に『日本改造法案大綱』と改題）の執筆中、帰国を促す大川周明の訪問を受けて年末に帰国、猶存社に入る。1920年、大川ら謄写秘密配布の『国家改造案原理大綱』禁止処分。1923年、「ヨッフェ君に訓ふる公開状」執筆、3万部を全国的に配布、部分削除版『日本改造法案大綱』出版・市販。1926年、伏字をほぼなくした『日本改造法案大綱』を出版（発行者西田税）。1932年、「対外国策ニ関スル建白書」を秘密謄写して当局者に送付。1935年、「日米合同対支財団ノ提議」を秘密謄写して当局者に送付。1936年、3月の中国渡航計画を前に、2.26事件勃発により検挙。1937年、軍法会議判決により銃殺刑。

増補新版　北一輝思想集成

刊　行　2015年5月
著　者　北　一輝
刊行者　清藤　洋
刊行所　書肆心水

135-0016 東京都江東区東陽 6-2-27-1308
www.shoshi-shinsui.com
電話 03-6677-0101

ISBN978-4-906917-41-9 C0036

乱丁落丁本は恐縮ですが刊行所宛ご送付下さい
送料刊行所負担にて早急にお取り替え致します

西田幾多郎の声 手紙と日記が語るその人生 前篇・後篇 西田幾多郎著 各 四六上製 三五二頁 本体三五〇〇円＋税

エッセンシャル・ニシダ〈即の巻〉 **西田幾多郎キーワード論集** 西田幾多郎著 Ａ５並製 五一二頁 本体二八〇〇円＋税

エッセンシャル・ニシダ〈命の巻〉 **西田幾多郎生命論集** 西田幾多郎著 Ａ５並製 一九二頁 本体一九〇〇円＋税

エッセンシャル・ニシダ〈国の巻〉 **西田幾多郎日本論集** 西田幾多郎著 Ａ５並製 二二四頁 本体二五〇〇円＋税

語る西田哲学 西田幾多郎 談話・対談・講演集 Ａ５上製 三二〇頁 本体五九〇〇円＋税

種々の哲学に対する私の立場 西田幾多郎論文選 Ａ５上製 二八八頁 本体三七〇〇円＋税

実践哲学について 西田幾多郎論文選 Ａ５上製 二八八頁 本体三七〇〇円＋税

真 善 美 西田幾多郎論文選 Ａ５上製 二二四頁 本体三五〇〇円＋税

意識と意志 西田幾多郎論文選 Ａ５上製 三二〇頁 本体五七〇〇円＋税

師弟問答 西田哲学 西田幾多郎・三木清著 四六上製 一二八頁 本体一五〇〇円＋税

三木清批評選集 東亜協同体の哲学 世界史的立場と近代東アジア Ａ５上製 四八〇頁 本体五五〇〇円＋税

三木清歴史哲学コレクション Ａ５上製 三五二頁 本体五九〇〇円＋税

偶然と驚きの哲学（増補新版） 九鬼哲学入門文選 九鬼周造著 四六上製 二五六頁 本体三三〇〇円＋税

波多野精一宗教哲学体系 宗教哲学序論 宗教哲学 時と永遠 Ａ５上製 四八〇頁 本体六五〇〇円＋税

国文学への哲学的アプローチ　土田杏村著　A5上製　二五六頁　本体五四〇〇円+税

垣内松三著作選　国民言語文化とは何か1　国語の力（全）　A5上製　三三六頁　本体五七〇〇円+税

垣内松三著作選　国民言語文化とは何か2　形象理論の道　A5上製　二五六頁　本体五七〇〇円+税

山田国語学入門選書1　日本文法学要論　山田孝雄著　A5上製　二八八頁　本体三八〇〇円+税

山田国語学入門選書2　国語学史要　山田孝雄著　A5上製　二七二頁　本体三八〇〇円+税

山田国語学入門選書3　日本文字の歴史　山田孝雄著　A5上製　二四〇頁　本体三八〇〇円+税

山田国語学入門選書4　敬語法の研究　山田孝雄著　A5上製　三二〇頁　本体四八〇〇円+税

北里柴三郎読本　上　北里柴三郎伝　北里柴三郎論説選（前篇）　A5上製　三二〇頁　本体四九〇〇円+税

北里柴三郎読本　下　北里柴三郎論説選（後篇）　A5上製　三二〇頁　本体五九〇〇円+税

制定の立場で省みる日本国憲法入門　第一集　芦田均　四六上製　二五六頁　本体三三〇〇円+税

制定の立場で省みる日本国憲法入門　第二集　金森徳次郎　四六上製　三二〇頁　本体三八〇〇円+税

天皇制の国民主権とノモス主権論　政治の究極は力か理念か　尾高朝雄　A5上製　二八八頁　本体六三〇〇円+税

近代日本官僚政治史　田中惣五郎著　A5上製　四一六頁　本体六三〇〇円+税

立憲主義の日本的困難　尾崎行雄批評文集1914-1947　A5上製　三二〇頁　本体五九〇〇円+税